KB048976

비무장의 예언자

트로츠키

TROTSKY

1921-1929

THE PROPHET UNARMED : TROTSKY 1921-1929 by ISAAC DEUTSCHER

비무장의 예언자
트로츠키

TROTSKY

1921-1929

아이작 도이처 지음 | 한지영 옮김

시대의창

비무장의 예언자 트로츠키 1921-1929

초판 1쇄 2017년 2월 1일 펴냄

지은이 아이작 도이처
옮긴이 한지영
펴낸이 김성실
표지디자인 씨디자인
제작 한영문화사

펴낸곳 시대의창   **등록** 제10-1756호(1999. 5. 11)
주소 03985 서울시 마포구 연희로 19-1
전화 02) 335-6125   **팩스** 02) 325-5607
전자우편 sidaebooks@daum.net
페이스북 www.facebook.com/sidaebooks
트위터 @sidaebooks

ISBN 978-89-5940-583-1 (04990)
ISBN 978-89-5940-581-7 (전3권)

이 도서의 국립중앙도서관 출판예정도서목록(CIP)은
서지정보유통지원시스템 홈페이지(http://seoji.nl.go.kr)와
국가자료공동목록시스템(http:www.nl.go.kr/kolisnet)에서 이용하실 수 있습니다.
(CIP제어번호 : CIP2016032465)

머리말

칼라일은 크롬웰의 전기를 쓸 때 산더미같이 쌓인 쓸모없는 것들, 즉 어마어마한 양의 중상과 망각 속에서 호국경(영국 청교도혁명 과정에서 생겼던 최고관−옮긴이) 크롬웰을 건져올려야 했다고 말했다. 트로츠키의 전기를 쓰는 나의 작업도 이와 흡사했다. 차이가 있다면, 내 앞에 놓인 쓸모없는 것들을 걷어내는 작업에 착수하려고 하자 큰 사건들이 엄청난 기세로 일어나 그 쓸모없는 것들에 영향을 미치기 시작했다는 것이다. 내가 트로츠키 전기의 첫째 권인 《무장한 예언자》를 완성했을 때는 스탈린이 살아있었고, 트로츠키에게 찍힌 낙인이 지워지지 않을 것처럼 보였던 것과 마찬가지로 스탈린에 대한 개인숭배도 결코 무너지지 않을 것 같았다. 《무장한 예언자》를 읽어본 사람들은 대부분 그 책에 대해 "스탈린주의자들이 30년간 펼쳐온 트로츠키 격하 작업을 무력화시켰다"고 평가한 한 영국 평론가의 견해에 동의했다. 그러나 서구에서 나온 소련에 관한 글에 대해서는 그것이 아무리 하찮은 것이라도 엄청난 주의를 기울이곤 하던 소련의 역사학자나 평론가들은 《무장한 예언자》와 그 속에 제시된 문서적 증거들에 대해서는 단 한 마디의 논평도 하지 않았다. 그런 와중에 스탈린이 죽음을 맞았고, 이어 소련 공산당 20차 당대회에서 흐루시초프가 '비밀연설(1956년 2월 25일에 열린 당대회에서 제1서기 흐루시초프가 스탈린이 자행한 숙청과 학살 등의 만행을 4시간에 걸쳐 규탄한 연설로 스탈린 격하 운동의 시발점이 됐음—옮긴이)'을 했다. 이로 인해 일어난 지진이 쓸모없는 퇴적물을 뒤흔들어 그중 절반은 멀리 날려버렸고, 한동안은 남은 절반도 곧 바람에 휩쓸려 날아갈 것처럼 보였다. 러시아혁명에서 트로츠키가 한 역할을 역사적 진실에 맞게 언급한 글들이 30년 만에 처음으로 소련의 정기간행물에 나타나기 시작했다. 다만 그런 언급이 양적으로 매우 적고 내용상 조심스러웠다는 점은, 이 경우에 역사와 정치의 관계가 얼마나 밀접했으며 트로츠키의 역할이라는 주제가 얼마나 미묘한 것이었는지를 보여준다.

스탈린의 우상이 파괴되고 스탈린주의자의 역사왜곡이 공식적으로 강력한 비난의 대상이 되자 당연히 스탈린의 주된 정적이었던 트로츠키의 그림자가 새롭고 생생하면서도 혼란스럽게 대중의 관심을 불러일으켰다. 모스크바와 베이징, 바르샤바, 동베를린의 시민들은 트로츠키가 스탈린에 대항해 펼친 투쟁이 어떤 의미를 갖는 것이었으며 어떤 교훈을 주는 것이었던가를 새삼 자문했다. 그동안 자물쇠로 잠겨있던 문서보관실 문이 갑자기 활짝 열려 그 안에 들어가 볼 수 있게 된 젊은 역사가들은 볼셰비즘의 낯선 역사기록물들 속에서 그 대답을 열심히 찾았다. 스탈린이 터무니없이 조작된 비방으로 당내 비판자들을 제거해왔다는 흐루시초프의 발언을 전해들은 역사가들은 자연스레 대숙청의 희생자들이 명시적으로 복권될 것이라고 예상했다. 여기저기서 희생자들의 복권이 당연시됐다. 예컨대 폴란드에서는 트로츠키, 부하린, 라코프스키, 라데크의 저작이 인용되거나 재출간되어(내가 쓴 책과 글들도 포함됐다) 스탈린 시대의 수수께끼에 대해 새로운 조명을 할 수 있게 해주었다. 이는 당시에 절실하게 요구되던 것이었다.

　그러나 얼마 지나지 않아, 중상과 망각의 산더미에 대한 공격이 중단됐다. 1956년이 저물어갈 무렵부터 1957년 사이에 소련 정부는 헝가리 사태에 대한 대응으로 역사적 진실을 복원하는 작업을 중단시켰다. 이에 따라 그때그때의 정책에 내포된 딜레마와 우여곡절이 역사 저작물에 다시 반영되기 시작했다. 이런 양상은 특히 트로츠키에 대한 저작물에 집중적으로 나타났다. 이전보다는 완화되고 수정된 형태이긴 했으나 다시 트로츠키를 매도하려는 시도를 담은 새로운 《소련 공산당사》 요약본이 나왔다. 이것은 이미 불신의 대상이 된 스탈린의 《소련 공산당 약사》를 대체했다. 아울러 소련의 정기간행물에 실리는 글 중에서 트로츠키를 은밀하게 모략하기 위해 간교하게 작성된 글의 양이 스탈린 시대의 마지막 10년에 비해 훨씬 더 많아졌다.

　하지만 한때 드라마였던 것이 이제는 그저 소극(笑劇)이 돼버렸다. 스탈린주의자들의 트로츠키 왜곡은 터무니없는 것이긴 했으나 나름대로의 '논리'와 일관성을 갖고 있었다. 스탈린은 대대적이고 파렴치하고 체계적으로 과거를 조작하지 않고서는 트로츠키를 계속 효과적으로 왜곡할 수 없다는 점을 알고 있었다. 흐루시초프는 비록 노골적으로 사실을 왜곡하지는 않았지만 트로츠키와 관련된 진실을 은폐하려고 했다. 즉 그는 '적당'한 양의 왜곡에 만족하려 했다. 그러나 이것만으로도 그는 트로츠키에 대한 모략이 우스꽝스러운 것이 되게 했다. 소련 공산당의 역사를 새로 쓴 역사가들은 1917년에 군사혁명위원회가 한 일과 내전의 시기에 전쟁인민위원회가 한 일을 찬양했지만, 이 두 조직의 수장이 트로츠키였다는 사실은 언급하지 않았다. 그러면서도 그들은 두 조직이 한 일들 가운데서 오류를 지적할 때는 트로츠키가 그 수장이었다는 사실을 거론했다. 이는 마치 아직 숨바꼭질이 무엇인지도 모르는 어린아이가 엄마의 치마 속으로 들어가서 "나 여기 있다. 찾아봐"라고 소리치는 것과 같았다. 흐루시초프 시대의 소련 역사가들은 소련 독자들이 동일한 인물에 대해 칭송과 비난이 동시에 가해지고 있다는 사실을 알아차리지 못할 만큼 지능지수가 낮다고 생각했던 게 분명하다. 이에 비하면 스탈린은 자기의 신민(臣民)들이 훨씬 더 똑똑하다고 여겼다. 그래서 스탈린은 이단적인 추측을 자극할 만한 역사적 사실은 그 신민들에게 알리지 않음으로써 이단적인 추측을 할 여지를 아예 없애버리려고 했다. 《소련 공산당사》 수정판은 레닌과 트로츠키 사이의 의견차를 일방적으로 강조했다. 그러나 당의 새 지도부는 판금됐던 레닌의 저작들을 다시 간행하고 문서보관실을 공개한 것만으로도 트로츠키가 복권되는 데 필요한 모든 조치를 사실상 다 한 셈이었다. 트로츠키를 혁명의 연보에서 다시 추방하고자 했던 그들의 모든 시도가 결국 소용없게 된 것이다.

지금도 트로츠키의 유령이 스탈린의 후계자들을 괴롭히고 있는 게 분명하다. 나는 독자들이 기묘하게 보이는 이 현상에 대한 설명을 이 머리말에서 조금이나마 찾을 수 있으리라 믿는다. 1920년대 이후에 소련 사회가 커다란 변화를 겪었음에도 불구하고, 아니 오히려 그런 변화 때문에 스탈린과 트로츠키가 벌였던 논쟁의 주요 쟁점들 가운데 일부가 오늘날에도 여전히 살아있다. 트로츠키는 '노동자의 국가'가 보여준 '관료적 타락'을 비판했다. 그리고 '획일적'이고 '오류 없이' 지도되는 스탈린의 당에 대항해 표현, 토론, 비판의 자유를 요구했다. 자발적이고 진정한 공산주의 규율은 그 근거를 표현, 토론, 비판에만 둘 수 있으며, 또 실제로 그렇게 돼야 한다고 믿었기 때문이다. 1920년대의 러시아에서는 이런 트로츠키의 목소리가 억압당했다. 그러나 그 뒤에 소련에서 공업, 교육, 사회가 다각적으로 발전되자 그의 사상이 다시 살아나 많은 공산주의자들의 마음을 사로잡았다. 티토와 나지(Nagy, 1896~1958, 헝가리의 총리를 지낸 정치인─옮긴이)는 물론이고 흐루시초프, 미코얀, 마오쩌둥, 고물카, 카다르, 톨리아티도 짧은 진실의 시기에 트로츠키의 사상에 경의를 표시했다. 비록 마지못해 단편적으로 한 행동이긴 하지만 그들 각각이 '탈스탈린화'에 기여한 행동의 저변에는 '트로츠키주의'가 깔려 있었다. 그 진실의 시기에는 트로츠키가 그들 모두의 위대한 선구자로 보였다. 그들 중 어느 누구도 트로츠키가 지닌 비판적 사상만큼의 깊이와 범위와 활력을 갖고 스탈린주의에 맞서지 못했기 때문이다. 게다가 그들은 진실의 시기가 끝난 뒤에는 자기들이 그동안 허장성세를 부린 데 대해 스스로 놀라면서 가던 길을 되돌아왔다. 소련의 공산당과 정권 역시 두 걸음 전진했다가 한 걸음 후퇴하곤 하다 보니 그 '관료적 기형성'을 아직도 극복하지 못하고 있다.

트로츠키가 제기했던 쟁점들은 아직도 기껏해야 절반만 해결됐다. 그가 스탈린주의에 대해 반대했던 내용의 현실적 의미는 그동안 덜해지기는커녕 오히려 더해졌다. 또한 그가 스탈린 체제의 관료주의에 대항했던 것만이 그의 투쟁 중에서 유일하게 우리 시대와 관련이 있는 요소인 것은 아니다. 이 책의 내용 중 대부분은 그의 국제주의와 스탈린이라는 인물에 체화된 후기 볼셰비즘의 고립주의적 자족성 사이의 갈등에 집중될 것이다. 이 갈등은 스탈린 시대가 막을 내리기 전에 이미 재연돼 점차 예민하게 확대됐고, 그 뒤 국제주의 쪽으로 그 균형이 기울어졌다. 국제주의와 고립주의는 1920년대의 논쟁에 대한 관심을 새로이 불러일으키는 또 하나의 미해결 쟁점이다.

　스탈린의 후계자들은 트로츠키의 그림자를 몹시 두려워했다. 그가 시대를 훨씬 앞서서 파악했던 쟁점들과 마주치게 되는 것을 두려워했기 때문이다. 그들이 그런 태도를 보였던 이유는 객관적 상황에 의해서도 설명되지만, 부분적으로는 그들의 관성에 의해서도 설명된다. 흐루시초프와 그의 동료들은 스탈린주의에 반기를 드는 동안에도 여전히 스탈린의 아류였다. 그들은 자기방어라는 극히 협소한 동기에서 움직이기도 했다. 1957년 6월 당의 중앙위원회가 소집된 기간에 일어난 사건은 그들이 얼마나 난처한 입장에 있었는지를 잘 보여준다. 이때의 중앙위원회 회의에서 흐루시초프는 몰로토프, 카가노비치, 말렌코프를 축출하는 안에 대해 연설하면서 스탈린이 죽은 뒤에 여러 차례의 비밀논의에서 늘 주제가 돼 온 1930년대의 대숙청을 다시금 상기시켰다. 흐루시초프는 몰로토프와 카가노비치를 가리키면서 외쳤다. "당신들의 손은 우리의 당 지도자들과 셀 수 없이 많은 무고한 볼셰비키들의 피로 물들어 있소!" 몰로토프와 카가노비치는 "당신의 손도 그렇소!"라고 받아쳤다. 그러자 흐루시초프는 이렇게 응수했다. "그래, 내 손도 그렇소. 그것을 인정하오. 그러나 대숙청 기간 중에 나는 당신들이 내린 명령을 수행했을 뿐이오. 그때 나는 정치국 위원이 아니었고, 따라서 그때 정치국이 내렸던 결정을 지금의 나에게 책임지게 할 수는 없을 것이오. 그러나 당신들은 그때 정치국 위원이었소." 나중에 미코얀은 이 일을 모스크바의 콤소몰(공산청년동맹)에 보고하는 과정에서 왜 스탈린의 범죄에 공모한 자들을 법정에 세워 재판을 받게 하지 않느냐는 질문을 받았다. 미코얀은 이렇게 대답했다고 한다. "우리는 그들을 재판에 붙일 수가 없습니다. 일단 관련자들을 피고석에 앉히기 시작하면 언제 그 일을 중단해야 할지 알 도리가 없을 겁니다. 대숙청이 실행된 데 대한 책임은 우리 모두에게 조금씩 다 있습니다." 스탈린의 후계자들은 자기들의 책임을 확실히 모면하기 위해서라도 스탈린에 의해 희생된 사람들 가운데 일부의 유령을 계속 피고석에 앉혀놓아야 했다. 그러니 트로츠키를 혁명의 신전에 옮겨놓기보다는 그가 지금 있는 곳, 즉 반쯤 부서지긴 했으나 여전히 서있는 중상모략의 피라미드 밑에 그냥 놔두는 것이 더 안전하지 않았겠는가?

나는 소련의 통치자들이나 당 지도자들이 트로츠키를 복권시켜야 할 필요성을 느낀 적이 있다고 전혀 믿지 않았었고, 지금도 이 믿음에는 변함이 없다. 만약 트로츠키를 복권시킨다면 그들은 자신의 죄를 벗어내기 위한 작업을 벌여야 하는 상황에 직면하게 될 것이다!
　　나는 진실로 트로츠키가 모든 시대를 통틀어 가장 뛰어난 혁명의 지도자들 가운데 한 명이자 걸출한 투사, 사상가, 순교자였다고 생각한다. 그렇지만 나는 트로츠키를 우상화할 생각은 전혀 없다. 이 책에서 내가 보여주려는 인물은 완전무결하고 영예롭기만 한 인물이 아니다. 나는 있는 그대로의 트로츠키를, 실제 그의 인물됨 및 장점과 더불어 그의 모든 약점까지도 아울러서 보여주려 한다. 나는 그의 정신이 지닌 엄청난 힘, 생산성, 독창성뿐만 아니라 그의 오류도 보여주려고 애썼다. 나는 마르크스주의와 현대사상에 굉장한 기여를 한 그의 사상을 논할 때도 나름대로 오랫동안 객관적이고 지속적인 가치를 유지하게 될 것들과 일시적인 상황만 반영하거나 주관적인 감정 또는 판단의 오류가 섞인 것들을 구분하려고 애썼다. 나는 트로츠키의 영웅적인 면모를 공정하게 다루기 위해 최선을 다했다. 나는 그의 영웅적인 면모에 견줄 만한 다른 예를 역사에서 거의 찾지 못했다. 그러나 나는 그가 우유부단한 모습을 보인 경우도 빼놓지 않고 보여주고자 한다. 나는 곤경에 처한 티탄(Titan, 그리스 신화의 신족(神族) 중 하나. 제우스와의 싸움에서 패한 티탄 신족은 지하의 암흑 세계인 타르타로스로 추방됨 — 옮긴이)이 주춤거리고 비틀거리다가 마침내 자신의 운명을 맞으러 나서는 모습을 그린다. 나는 그가 스탈린주의 이전 공산주의의 대표적인 인물이며 스탈린 이후 공산주의의 선구자라고 생각한다. 그러나 나는 공산주의의 미래가 트로츠키주의에 있다고는 생각하지 않는다. 역사의 발전은 스탈린주의와 트로츠키주의를 모두 넘어설 것이고, 이 둘보다 더 폭넓은 무엇인가를 향해 나아갈 것이라는 쪽으로 내 생각은 기울어져 있다. 그러나 스탈린주의와 트로츠키주의가 역사의 발전에 의해 초월되는 방식은 아마도 서로 다를 것이다. 소련과 공산주의가 스탈린주의로부터 넘겨받는 것은 주로 그 실용적인 성취일 것이다. 반면 통치방법, 정치활동, 사상, '정신적 분위기' 등과 관련된 스탈린 시대의 유산은 아예 없는 것만 못하다. 그것은 빨리 해체될수록 좋다. 그러나 바로 이런 측면에서 트로츠키주의가 제공해줄 것은 많다. 그의 사상에서 핵심적인 것들을 모두 흡수하고 그것들을 그가 알고 있던 현실보다 훨씬 더 발전되고 다양해지고 복잡해진 현실에 적용하는 것 외에는 그 어떤 정치적 발전도 그를 넘어서기 어려울 것이다.

《무장한 예언자》의 머리말에서 나는 1921년 이후 트로츠키의 삶과 활동을 《비무장의 예언자》라는 제목의 한 권짜리 책에 모두 다 담을 것이라고 했다.[1] 그런데 어느 평론가가 〈더 타임스 문학판(The Times Literary Supplement)〉에 실린 글에서 과연 그 모든 이야기를 한 권의 책에 적절한 수준으로 다 담을 수 있겠느냐고 의문을 제기했다. 그의 의문은 옳았다. 《비무장의 예언자》는 1929년 1월에 트로츠키가 소련에서 추방당하는 것으로 끝난다. 트로츠키가 망명생활을 하는 마지막 격동의 12년간을 다루고 그의 역할에 대해 최종적인 평가를 하는 것은 또 하나의 책 《추방된 예언자》의 몫이 됐다. 이 세 권의 책은 더 큰 3부작의 일부다. 더 큰 3부작을 구성하는 한 부분인 《스탈린의 정치적 전기(Stalin, A Political Biography)》는 1949년에 간행됐고, 또 다른 부분인 두 권짜리 레닌 전기는 아직 집필 초기 단계에 있다. 내가 역사적 자료를 충분히 구할 수 있게 된다면 《스탈린의 마지막 날들》이라는 제목의 책을 써서 이미 간행된 나의 스탈린 전기를 보완할 생각도 있다.

트로츠키 전기 세 권은 물론 서로 연관된 책들이다. 그리고 내가 생각하는 전체 3부작도 다소 느슨하겠지만 서로 연관된 책들이 될 것이다. 그러나 나는 그 책들 하나하나가 가능한 한 완결된 독립작품으로 읽힐 수 있도록 쓰기로 했다. 트로츠키 전기 세 권 중 둘째 권인 이 책의 서술은 여러 가지 측면에서 소련의 형성기에 해당하는 시기를 다룬다. 그 내용은 내전 직후이자 트로츠키가 여전히 권력의 정점에 있던 1921년에서 시작되고, 트로츠키가 콘스탄티노플로 추방되고 소련이 강제적인 공업화와 집단화의 시기에 접어들던 1929년으로 끝난다. 이 기간에 볼셰비키 당의 드라마가 전개된다. 레닌이 죽은 뒤에 볼셰비키 당은 정책이 불확실한 가운데 새로운 방향을 모색하면서 현대의 가장 격렬하고 중요한 정치적 논쟁에 빠져든다. 그러면서 볼셰비키 당은 정치적, 사회적으로 엄청난 긴장에 사로잡히고 일당체제와 스탈린의 전제정치에 굴복하게 된다. 이 기간 내내 트로츠키는 스탈린의 최대 정적으로서 투쟁의 중심에 서 있었고, 볼셰비키 당의 새로운 지도자가 될 수 있는 유일한 대안이었다. 그는 또 '조속한 공업화'와 계획경제의 주창자였고, 일국사회주의에 대한 비판자였으며, '프롤레타리아 민주주의'의 옹호자였다.

내가 이 책을 집필하는 과정에서 의존한 문서들 가운데 다수는 그동안 알려지지 않았던 것이다. 나는 하버드대학의 트로츠키 자료실을 많이 이용했다. 거기서 나는 소련 공산당의 정치국과 중앙위원회가 어떻게 운영됐고 볼셰비키 당의 여러 분파들이 어떻게 활동했는가를 알 수 있게 해주는 많은 자료를 얻을 수 있었다. 나는 트로츠키, 라데크, 라코프스키, 프레오브라젠스키, 소스노프스키를 비롯해 많은 저명한 볼셰비키 지도자들의 편지와 당대회의 기록, 러시아어 등 여러 언어로 발행된 당시의 신문이나 정기간행물, 당시의 사건을 직접 목격한 사람들의 간행되거나 아직 간행되지 않은 저술과 증언의 도움도 많이 받았다. 트로츠키의 미망인인 나탈랴 세도바와 하인리히 브란틀러, 알프레드 로스메, 맥스 이스트먼, 그리고 스탈린과의 투쟁에 참여하고도 살아남은 이들과의 인터뷰도 큰 도움이 됐다. 그 당시의 배경과 '분위기'를 재현하는 데는 내 개인적인 경험도 어느 정도 쓸모가 있었다. 1920년대 중반부터 나는 그 어느 나라 공산당보다 볼셰비즘에 가까운 폴란드 공산당에서 활동했고, 트로츠키의 사상에 큰 영향을 받은 폴란드 공산당 내 반대파의 주된 대변자가 됐다. 1932년에 나는 반스탈린주의자라는 이유로 폴란드 공산당에서 축출되는 첫 번째 당원이 됐고, 이런 기이한 경험으로 세인의 주목을 받기도 했다.

　　나는 누구도 이용하지 못했던 자료를 활용할 수 있었기에 많은 중요한 사건들에 대해 완전히 또는 부분적으로 새로운 해석을 내릴 수 있었다고 생각한다. 이 책에서는 레닌이 죽기 전 몇 해에 걸친 레닌과 트로츠키의 관계, 레닌이 죽은 뒤에 벌어진 권력투쟁의 변천과정, 트로츠키와 부하린, 지노비예프, 카메네프, 라데크 등 당 지도자들 사이의 관계, 스탈린에 대항한 여러 반대파들의 형성과 좌절, 트로츠키가 중국 국경 근처에서

1년간 망명생활을 하면서 겪은 일들, 특히 반대파 내부에서 이때부터 벌써 등장한 분열(이는 모스크바 재판이 열리기 여러 해 전에 이미 반대파의 붕괴를 예고했다) 등이 대부분 그동안에는 알려지지 않았던 사실들에 기초해 서술되고 해석된다. 나는 《무장한 예언자》에서처럼 이 책에서도 문필가로서의 트로츠키에 특별히 주목해 과학, 문학, 예술에 대한 그의 견해, 특히 1920년대 초기에 러시아의 선도적 문학비평가로서 그가 쓴 글을 소개하는 데 많은 지면을 할당했다. 그의 문학비평은 그 시야가 폭넓었다는 점에서, 그리고 당이 과학과 예술을 감독하는 데 대해 분명한 거부의 태도를 보였다는 점에서 주목되며, 지금의 상황에도 들어맞는 측면을 갖고 있다. 그의 사상만큼 도그마에서 벗어나고 대담한 견해가 다시 소련에 나타나려면 아마도 많은 세월이 더 흘러야겠지만, 어쨌든 스탈린 사후의 '해빙기'에 소련에서 이루어진 과학, 문학, 예술 분야의 발전은 트로츠키의 사상 쪽으로 나아가는 것이었다.

나는 러시아혁명이라는 역사 드라마의 다양한 특징과 사실들을 두루 복원하는 데 많은 관심을 기울였지만, 그 드라마를 처음부터 끝까지 관류하면서 거의 모든 등장인물들에게 영향을 끼친 저 비극적 주제를 결코 내 마음에서 떠나보낼 수 없었다. 트로츠키 자신이 정의한 의미(3장 참조)에서의 현대 비극이 바로 여기에 있다. "사람이 아직 사회조직의 주인이 아닌 이상, 조직은 운명 그 자체인 것처럼 사람 위에 서있다. (…) 개인과 집단, 또는 여러 개인들이 대표하는 적대적 집단들 사이의 충돌에서 현대 비극의 소재가 발견된다." 트로츠키는 "혁명의 극작가가 '고차원'의 비극을 창작하는 것은 어려울 듯하다"고 했다. 분명 소련의 극작가는 아직 고차원의 비극을 창작하지 못했다. 그러나 아마 그 어떤 현대의 소포클레스나 아이스킬로스도 트로츠키의 삶만큼 고차원적인 비극을 창작하지는 못할 것이다. 그래도 그의 삶은 그 모든 고난과 희생이 헛되지는 않은 '낙관적 비극'이리라고 기대한다면 그것은 지나친 비약일까?

책이 완성되기까지 도널드 티어먼 씨에게 큰 은혜를 입었다. 그는 이 책의 원고는 물론이고 그동안 내가 쓴 모든 책들의 원고를 읽어주고 끊임없이 나를 격려해주었다. 문체에 대해 매우 고귀한 비평과 조언을 해준 댄데이빈 씨와 존 벨 씨에게도 감사의 마음을 전한다. 그리고 나의 아내. 그녀는 늘 유일한 연구조수였고, 최초의 비평가이자 가장 신랄하고도 가장 관대한 비평가였다.

1952년 10월, 아이작 도이치

| 차례 |

1장__ 권력과 꿈

볼셰비키들은 '인류를 궁핍의 영역에서 자유의 영역으로 도약시키는' 발걸음을 내딛는다는 신념으로 1917년의 10월혁명을 일으켰다. 그들은 러시아뿐 아니라 전 세계에 걸쳐 부르주아적 질서가 해체되고 계급사회가 무너지고 있다고 보았다. 그들은 마침내 도처에서 인민들이 사회적 조직화가 안 된 생산력의 노리개로 남아있기를 거부하고 혼돈의 삶에 대항해 봉기하고 있다고 믿었다. 그들은 세계의 인민들이 생존의 수단을 얻기 위해 노역을 해야 할 필요가 있는 상태에서 스스로를 해방시키고 인간에 의한 인간 지배에 종지부를 찍을 준비가 충분히 돼있다고 생각했다. 그들은 인간의 모든 에너지와 능력이 분출되어 인류의 자기실현이 달성되는 새로운 시대의 새벽이 왔다고 환영했다. 그들은 인류를 위해 '역사 이전의 시대에서 역사의 시대로 이행하는 관문'을 자기들이 열었다면서 스스로 자랑스러워했다.

볼셰비즘의 지도자, 이론가, 그리고 꿈꾸는 자들만이 이 빛나는 비전에 자극받은 것은 아니었다. 그 비전은 볼셰비즘을 따르는 대중의 희망과 열정도 떠받쳤다. 그들은 내전에서 자기를 전혀 돌보지 않고 적을 상대로 가차 없이 싸웠다. 그렇게 함으로써 궁핍에서 자유로 도약할 기회를 러시아와 전 세계에 주고 있다고 스스로 믿었기 때문이다.

내전에서 마침내 승리를 쟁취했을 때 그들은 혁명 러시아가 지나치게 많이 나아간 탓에 끔찍한 웅덩이의 밑바닥에 굴러떨어진 것을 알아차렸다. 그 어떤 나라도 그와 같은 혁명을 겪은 적이 없었다. 적대적인 세계, 잘돼야 무관심한 세계에 둘러싸인 러시아는 홀로 서서 피를 흘릴 대로 흘렸고, 굶주렸고, 추위에 떨었고, 질병에 시달렸고, 우울증에 빠졌다. 피비린내와 죽음의 악취 속에서 러시아 인민들은 한 모금의 공기, 한 줄기의 빛, 한 조각의 빵을 찾아 미친 듯 헤맸다. 그들은 이렇게 물었다. "이것이 자유의 영역인가? 위대한 도약으로 우리가 도달한 곳이 겨우 이런 곳인가?"

당 지도자들이 어떤 대답을 할 수 있었겠는가? 그들은 이전 시대의 위대한 혁명들이 모두 비슷하게 가혹한 후퇴를 겪었고, 그럼에도 후대에는 그런 혁명들과 업적이 정당화됐으며, 러시아혁명도 결국은 승리로 귀결될 것이라고 말했다. 이 책의 주인공보다 더 강한 확신을 갖고 이렇게 주장한 사람은 없었다. 페트로그라드와 모스크바의 굶주린 군중 앞에 선 트로츠키는 바스티유를 파괴한 뒤에 혁명 프랑스가 여러 해에 걸쳐 겪은 궁핍과 고난을 상기시켰다. 그는 프랑스 공화국의 제1집정(나폴레옹 보나파르트—옮긴이)이 파리 시민의 굶주림이 계속되자 근심스러운 표정으로 매일아침 파리의 저잣거리에 직접 나가 살펴보았지만, 시골에서 수레에 식량을 싣고 파리로 올라오는 농부가 거의 없었던 상황에 대해 이야기했다.[1] 이 비유는 대단히 생생한 것이었다. 하지만 아무리 진실되고 적절하며 유사한 역사적인 사례가 위안거리로 거론된다고 해도 그것이 러시아 인민들의 허기진 배를 채워줄 수는 없었다.

누구도 러시아가 빠진 수렁의 깊이를 알 수 없었다. 수렁 밑바닥에서 기어오르기 위해 몸을 지탱해줄 만한 것을 찾아 손과 발을 더듬거려야 했다. 일단 수렁에서 빠져나가기만 하면 혁명 러시아는 궁핍에서 자유로의 도약을 틀림없이 재개할 것으로 보였다. 그러나 어떻게 수렁에서 빠져나갈 수 있겠는가? 수렁 밑바닥의 아수라장은 어떻게 해야 다스릴 수 있고, 그곳에서 절망에 빠져있는 대중은 어떻게 해야 규율을 갖추고 수렁에서 빠져나가게 할 수 있을까? 소비에트 공화국은 어떻게 해야 이 소름끼치는 비참과 혼란을 극복하고 사회주의의 약속을 실현하는 길로 나아갈 수 있을까?

처음에는 볼셰비키 지도자들이 그러한 곤경을 무시하거나 윤색하지도, 추종자들을 속이려 하지도 않았다. 그들은 사실대로 말하면서 자기들을 따르는 이들의 용기와 희망을 북돋우려 했다. 그러나 사실 그 자체가 너무나 가혹해서 사람들의 비참함을 줄여주거나 절망을 달래기 어려웠다. 그래서 거짓말이 들어설 여지가 생겨났다. 그 거짓말은 애초에는 꿈과 현실의 격차를 숨기기 위한 것이었지만, 얼마 지나지 않아 여전히 수렁의 밑바닥에 있는데도 자유의 영역에 이미 도달했다는 주장으로 이어졌다. "인민들이 믿기를 거부하면 강제로라도 믿게 만들어야 한다." 이런 식으로 거짓말은 점점 더 커지고 정교해지고 복잡해졌고, 애초에 그 거짓말이 숨기려고 했던 꿈과 현실의 격차만큼이나 거짓말 자체가 커졌다. 볼셰비키 지도자들 가운데서 이런 거짓말을 대변하고 그것을 헌신적으로 지지하는 자들이 생겨났다. 그들은 거짓말과 강제 없이는 나라 전체를 수렁에서 건져 올릴 수 없다고 생각했다. 그러나 그들은 아무리 유익한 거짓말이라 해도 그것이 혁명의 원래 메시지와 충돌하는 것까지 견뎌낼 수는 없었다. 또한 거짓말이 커질수록 그들은 10월혁명의 진정한 지도자들을 마주 대하거나 그들과 나란히 설 수가 없었다. 진정한 10월혁명의 지도자들에게 혁명의 메시지는 예전과 마찬가지로 여전히 훼손될 수 없는 것이었다.

진정한 혁명의 지도자들은 즉각 항의의 목소리를 내지는 않았다. 그들은 거짓말을 바로 알아차리지도 못했다. 거짓말이 누구도 쉽게 알아차리지 못하리만치 서서히 모습을 드러냈기 때문이다. 혁명의 지도자들도 처음에는 거짓말에 말려들 수밖에 없었다. 하지만 이내 그들은 주저하면서도 하나둘 나서서 거짓말을 비난하고 혁명이 깨어진 약속이 됐다고 말하기 시작했다. 그러나 한때 그리도 힘차고 자극적이었던 그들의 목소리는 이제 수렁의 밑바닥에서 공허하게 울릴 뿐 굶주리고 지치고 겁먹은 대중으로부터 아무런 반응도 끌어내지 못했다. 이런 목소리들 가운데 트로츠키의 목소리만큼 분노에 찬 확고한 신념으로 울리는 것은 없었다. 이제 그는 자기의 신념을 대중에게 강요할 수는 없고 오로지 그 신념 자체가 지닌 힘에만 의존할 수 있을 뿐인 '혁명의 비무장 예언자'가 되어갔다.

1921년에 드디어 볼셰비키 러시아에 평화가 찾아왔다. 내전의 전장에서 마지막 총소리가 가라앉았다. 백군은 해체되어 소멸했다. 내전에 개입했던 외국 군대도 철수했다. 폴란드와의 평화조약이 체결됐다. 그리고 소련의 유럽 쪽 국경이 확정됐다.

전선에 적막이 깃든 가운데 볼셰비키 러시아는 세계의 반응에 주목했고, 그 결과 자기가 고립됐음을 통렬하게 인식하게 됐다. 적군(赤軍)이 바르샤바의 문턱에서 패배한 1920년 여름 이후 유럽의 혁명 열기는 수그러들었다. 유럽의 옛 질서는 여전히 불안정하긴 했지만 보수세력이 지리멸렬한 공황상태에서 회복하기에는 충분할 정도의 안정은 되찾았다. 공산주의자들은 즉각적으로 혁명적 상황이 전개되리라고 기대할 수 없었다. 그러한 상황을 유도하려는 시도는 값비싼 대가만 치르고 실패할 것이 뻔했다. 이는 1921년 3월 중부 독일에서 준비가 덜 된 상태에서 무모하게 시도된 공산주의 봉기에서 입증됐다. 봉기는 코민테른 의장인 지노비예프와 1919년 헝가리 혁명의 불운한 지도자인 벨라 쿤이 고무하고 선동해서 일어났다. 두 사람은 이 봉기가 무심한 독일 노동계급 대중에게 자극을 주어 그들이 행동에 나서게 할 수 있다고 믿었다.[2] 그러나 대중은 반응하지 않았고, 독일 정부는 크게 힘들이지 않고 봉기를 진압했다. 이 봉기의 실패로 인해 독일 공산주의는 혼란에 빠졌고, 격렬한 비판을 받게 된 독일 공산당의 지도자 파울 레비(Paul Levy)는 코민테른과 결별했다. 이리하여 독일의 3월봉기는 유럽의 공산주의 세력을 더욱 약화시켰고, 볼셰비키 러시아를 더욱 깊이 고립시켰다.

레닌의 당이 통치하는 러시아는 국가적으로 거의 와해될 상황에 직면했다. 국가의 생존에 필요한 물질적 기반이 모두 파괴됐다. 내전이 끝날 즈음에 러시아의 국민소득은 1913년의 3분의 1 수준에 불과했고, 내전 이전에 비해 공업 생산은 5분의 1 이하로, 석탄 생산은 10분의 1 이하로, 철강 생산은 정상적인 수준의 4분의 1로 각각 줄어들었다. 철도는 파괴됐고, 경제가 작동하는 데 필요한 예비물자는 소진됐다. 도시와 농촌 사이의 생산물 교환이 중단되고 도시와 마을 들의 인구가 급감해서 1921년에 이르면 예전에 비해 모스크바의 인구는 절반으로, 페트로그라드의 인구는 3분의 1로 줄어들었다. 이 두 수도의 주민들은 하루 57그램의 빵과 몇 개의 냉동감자를 배급받아 그것으로 끼니를 이으면서 여러 달을 버텨야 했고, 집안에 있던 가구를 뜯어내 땔감으로 써서 난방을 해야 했다. 이것만으로도 혁명 4년째의 러시아가 어떤 상태였는지를 짐작할 수 있을 것

이다.[3]

볼셰비키들은 내전의 승리를 자축할 분위기가 아니었다. 크론슈타트의 봉기는 그들로 하여금 전시공산주의를 포기하고 네프(NEP, 신경제정책)를 선포하게 했다. 볼셰비키들의 당면 목표는 농민들이 식량을 팔게끔 유도하고, 민간 상인들이 그 식량을 농촌에서 도시로, 즉 생산자에게서 소비자에게로 가져오게 하는 것이었다. 이것은 사적인 농업과 사적인 거래에 대한 일련의 기나긴 양보가 시작되는 계기였고, 농촌에 폭넓게 존재하는 무정부적인 인적 요소, 즉 소규모 자산소유자들 앞에서 레닌이 정부에서 물리치지 않으면 안 되는 것이라고 공언했던 '강요된 후퇴'의 시작이었다.

곧이어 재난이 러시아 국가를 덮쳤다. 역사상 최악의 기아가 인구가 많은 볼가 강 주변의 영농지에 몰아닥쳤다. 크론슈타트 봉기 직후인 1921년 봄에 이미 모스크바 당국은 남부와 남동부 지역에 가뭄, 모래폭풍, 메뚜기 떼의 습격이 일어나고 있다는 보고를 받고 놀랐다. 정부는 자존심을 접고 나라 밖의 부르주아 자선조직들에 도움을 요청했다. 7월이 되자 곧 1천만 명의 농민들이 기아상태에 빠질 것이라는 두려운 전망이 나왔다. 연말이 되자 기아에 허덕이는 인구가 3천 6백만 명으로 늘어났다.[4] 셀 수 없이 많은 사람들이 모래폭풍과 메뚜기 떼를 피해 광활한 평원을 절망 속에 배회하고 있었다. 식인(食人) 현상마저 다시 나타났다. 이런 현상은 주요 도시들로부터 뿜어져 나오는 고매한 사회주의의 이상과 열망에 대한 섬뜩한 조롱이었다.

7년에 걸쳐 세계대전, 혁명, 내전, 외국 군대의 간섭, 전시공산주의를 겪는 동안 사회의 변화가 극심했기에 전통적인 정치의 개념, 사상, 구호는 거의 다 무의미해졌다. 러시아의 사회구조는 단지 전복된 것이 아니라 아예 파괴됐다. 내전 때 서로 무자비하고 격렬하게 싸운 사회계급들은 일부 농민들만 제외하고는 모두 기진맥진해 축 처지거나 깔아뭉개진 상태였다. 지주계급은 불붙은 저택 안이나 내전의 전장에서 죽어갔고, 생존자들은 바람 속으로 흩어진 백군의 잔당과 함께 나라 밖으로 탈출했다. 그다지 수가 많지 않았고 정치적인 신념도 없었던 부르주아 중에서도 다수가 죽거나 망명길에 올랐다. 그들 가운데 일부 낙오자들은 러시아 안에서 간신히 살아남아 새로운 체제에 적응하려고 애썼다. 옛 인텔리겐치아는 부르주아와 같은 운명에 직면했고, 관료집단도 정도는 다소 덜하지만 대체로 마찬가지였다. 그들 중 일부는 서유럽으로 망명했고, 러시아에 남은 이들은 '전문가'로서 새로운 주인들에게 봉사했다. 사적 상거래의 부활로 벼락 중산층이 새로 생겨났다. 경멸조로 네프맨(NEP-man)이라고 불리는 이들은 네프가 제공해준 기회를 재빨리 활용해 재산을 모았고, 하나의 대홍수가 지나가자 또 하나의 대홍수가 다가오고 있다는 느낌 속에서 그저 그날그날을 즐기며 보냈다. 이들 신흥 중산계급은 옛 부르주아 중에서 살아남은 자들에게도 경멸의 대상이었고, 자기들 나름의 정치의식을 발전시키려는 열망도 갖고 있지 않았다. 모스크바에서는 넓게 펼쳐진 지저분한 암시장인 '수하레프카'가 신흥 중산계급의 사회적 삶과 도덕성의 상징이 되고 있었다.

이제 프롤레타리아 독재를 시행할 주체가 돼야 할 공업노동자 계급마저 분쇄된 것이야말로 그동안의 투쟁이 낳은 암울하고도 역설적인 결과였다. 가장 용기 있고 정치의식도 갖춘 노동자들은 내전에서 죽었거나 행정부, 군, 경찰, 공장, 새로 설치된 여러 공공기관 등에서 주요 직위를 차지했다. 프롤레타리아였다가 일약 인민위원이 된 그들은 자기가 노동계급 출신임을 자랑스럽게 여겼으나 더 이상 노동계급에 속해 있지는 않왔다. 시간이 지남에 따라 그들 중 다수는 노동자들로부터 멀어져 관료적인 환경에 동화됐다. 프롤레타리아의 대부분도 그 성격이 탈계급화됐다. 기아가 기승을 부리는 동안에 많은 노동자들이 농촌으로 갔다. 이렇게 이주한 사람들의 대부분은 도시에 거주한 첫 세대였기에 아직 농촌의 뿌리를 잃지 않은 상태였고, 그래서 쉽게 다시 농민계급에 흡수됐다. 네프 초기에는 반대방향으로, 즉 농촌에서 도시로 인구가 몰려들었다. 예전에 노동자였던 농촌 사람들 가운데 일부가 도시로 돌아왔다. 그러나 도시로 새로 유입된 사람들 대부분은 문화적 전통은 물론 정치의식도 전혀 없는 문맹의 농민들이었다. 그래도 1921년과 1922년에 농촌에서 도시로 이주한 농민의 수는 아직 많지 않았다.

옛 노동계급의 해체는 러시아의 도시들에 공백을 가져왔다. 노동조합, 협동조합, 교육클럽 등을 통해 계급의식의 바탕 위에서 자립적으로 열정적인 토론을 벌이거나 정치활동을 하던 노동운동은 이제 빈껍데기가 되고 말았다. 아직도 여기저기서 계급투쟁의 베테랑들이 소규모로 모여 혁명의 전망에 대해 논쟁을 벌였다. 그러나 한때 노동계급의 진정한 '전위'를 구성했던 그들도 이제는 한 줌에 불과한 소수로 전락했다. 그들을 떠받치고, 그들의 말을 경청해 해답을 얻고, 그들을 따라 사회적 투쟁의 덤불 속으로 뛰어들던 노동계급의 주력은 더 이상 존재하지 않았다.[5]

프롤레타리아 독재는 승리했지만 프롤레타리아 계급은 거의 소멸했다. 프롤레타리아 계급은 이제 러시아 국민 중 소수집단에 불과하게 됐다. 그들이 혁명에서 결정적인 역할을 해냈던 것은 그 수가 많아서가 아니라 정치의식, 주도력, 조직에서 특별한 힘을 갖고 있어서였다. 그들이 가장 전성기에 있을 때에도 러시아의 대규모 공장에서 일하는 노동자 수는 300만 명을 넘지 않았다. 내전이 끝난 뒤에는 그중 절반 정도만 남았다. 게다가 그들 가운데 많은 수가 일을 하지 않고 있었다. 공장의 가동이 멈추었기 때문이다. 볼셰비키 정부는 사회정책 차원에서 그들에게 봉급을 계속 지급했다. 미래 노동계급의 중핵을 유지하기 위해서였다. 하지만 노동자들은 실제로는 빈민이었다. 루블화가 파국적으로 평가절하됐기 때문에 돈으로 받는 임금은 거의 가치가 없었다. 노동자들은 암시장에서 거래하거나 인근 농촌 마을에서 식량을 구해서 먹고 살았다. 그들은 공장의 생산물을 임금으로 받으면 곧장 암시장으로 달려가 빵이나 감자와 물물교환했다. 교환할 물건이 떨어지면 공장으로 다시 돌아가 도구, 못, 석탄 등을 훔쳐서 다시 암시장으로 달려갔다. 공장에서 절도행위가 얼마나 흔했던지 노동자 중 절반이 스스로 만들어낸 생산물을 일상적으로 훔친 것으로 추정된다.[6] 굶주림, 추위, 계속되는 공장가동 중단, 암시장의 혼란, 거의 동물적인 생존투쟁인 속임수와 절도행위 등이 새로운 국가의 지배계급이 되리라 여겨졌던 사람들의 사기에 어떠한 영향을 끼쳤는지 충분히 상상할 수 있을 것이다.

온전하게 살아남은 사회계층은 오직 농민뿐이었다. 세계대전, 내전, 기아는 그들도 희생자로 삼았다. 그러나 농민의 삶은 대부분 무사했다. 농민의 자기재생산 역량은 유지됐다. 자연과 접촉하며 일하기만 하면 생존할 수는 있는 농민들 대다수는 최악의 재해를 입더라도 자연과 마찬가지로 파괴되지 않았다. 반면 공업노동자들은 생존을 공업시설에 의존하는 처지였기에 공업시설이 붕괴되면 그대로 흩어졌다. 농민은 그 고유한 성격과 사회적 지위를 유지했다. 지주계급은 희생됐지만, 농민의 지위는 향상됐다. 농민은 혁명이 가져다준 손실뿐 아니라 그것이 가져다 준 이득도 계산해볼 정도의 여유를 되찾았다. 식량징발이 끝났으므로 농민들은 이제 더 넓어진 토지에서 수확한 것을 모두 자기 것으로 차지할 수 있으리라고 기대했다. 농민들도 극심한 빈곤 속에 놓인 것은 사실이었다. 그러나 빈곤과 낙후 그 자체가 그들이 사회적으로 물려받은 것의 일부였다. 영주의 지배에서 벗어난 농민들은 도시 선동가들이 펼쳐 보이는, 얼른 파악되지 않는 공산주의 체제하의 풍요라는 전망보다는 작은 규모의 토지를 소유하고 농사를 지으면서 가난하게 사는 것을 더 선호했다. 그들은 선동가들의 말에 더 이상 동요하지 않았다. 그러다 보니 선동가들은 농민을 선동하는 데서 조심스러워했고, 심지어는 농민과 친해지려 하고 농민들의 비위를 맞추려고까지 했다. 농민들은 그들의 이런 태도를 눈치 챘다. 당장은 농민이야말로 도시와 농촌 사이의 '연결고리'와 '노농동맹'을 다시 수립하려고 하는 볼셰비키 정부의 총아였다. 노동계급의 위상이 미약했으므로 농민의 위상이 더욱 높게 느껴졌다. 농민이 새로이 중요한 위상을 갖게 됐음을 알려주는 수많은 증거들이 속속 드러났고, 이에 따라 그들의 자부심도 커져갔다.

그러나 유일하게 고유한 성격과 사회적 지위를 보존한 이 사회계급은 천생 정치적으로 무기력했다. 카를 마르크스는 19세기에 프랑스 농민이 '나름의 계급적 이익을 주장'하지 못하게 한 '농촌 삶의 백치적 성격'을 분명하게 묘사한 바 있다. 그의 묘사는 1920년대의 러시아 농민에게도 잘 들어맞았다.

농촌의 어디를 가나 사람들은 거의 똑같은 환경 속에서 산다. 그러면서도 서로 관계가 없다. 그들의 생산양식은 그들을 서로 접촉하도록 유도하기보다 서로 격리시킨다. 통신수단의 미비와 가난으로 인해 이런 고립은 더욱 심화된다. 그들의 경작지는 너무나 작아 분업의 여지가 없다. (…) 따라서 농민들 사이에는 발전의 차이와 재능의 차이가 있을 수 없고, 사회적 관계의 풍부함이 있을 수 없다. 각 가족이 자기네 땅에서 필요한 것 대부분을 직접 생산하면서 거의 자급자족한다. 일상생활에 필요한 것은 사회적 교환을 통해서가 아니라 자연과의 교류를 통해서 얻는다. 여기에 자영농민과 그 가족이 소유하고 경작하는 한 뙈기의 땅이 있고, 저기에 또 다른 자영농민이 처자식을 거느리고 한 뙈기의 땅을 소유하고 있다. 이런 원자적 가족 20~40세대가 하나의 촌락을 이루고, 수십 개의 촌락이 하나의 데파르트망(프랑스의 지방 행정단위 – 옮긴이)을 이룬다. 이런 식으로 프랑스 국민의 상당부분이 마치 하나의 자루에 쑤셔 담은 많은 수의 감자들처럼 동일한 존재들의 단순한 합계로 이루어져 있다.[7]

거대한 감자자루와 같은 러시아 농촌은 나름의 정치적 주장을 내세울 능력도 없는 것으로 드러났다. 한때는 인민주의자들이나 사회혁명당의 지식인들이 농민들을 대표하거나 대변했다. 그러나 사회혁명당은 농지개혁 지지를 거부함으로써 불신의 대상이 되어 지하로 내몰리고 볼셰비키들에 의해 파괴되어 그런 역할을 계속할 수 없었다. '감자자루'는 광범하게 널려 있었고, 강고했지만 침묵하고 있었다. 누구도 농민들에게서 눈을 떼지 못했고, 그들을 무시하거나 짓밟고는 무사할 수 없었다. 농민들은 이미 러시아의 도시 지역에 타격을 가했고, 볼셰비키 지도자들은 그들에게 머리를 숙여야 했다. 그렇지만 그 감자자루는 해체되어 틀을 갖추지 못하고 있는 러시아 사회에 골격, 형태, 의지, 목소리를 갖다 줄 수 없었다.

그리하여 혁명 후 몇 년이 지나도록 러시아 국민은, 스스로를 추스르고 진정한 대표자들을 내세움으로써 그들을 통해 자기주장을 하는 것을 하지 못했다. 옛 지배계급은 무너졌고, 새 지배계급인 프롤레타리아는 지난 날의 모습을 조금밖에 유지하지 못하고 있었다. 당은 흩어진 노동계급을 대변한다고 주장할 수 없었고, 노동자들은 자기들을 대변하고 자기들을 대신해 나라를 통치한다고 주장하는 당을 통제할 수 없었다.

그러면 이때 볼셰비키 당은 누구를 대변했는가? 오직 스스로를 대변했을 뿐이다. 다시 말해 예전에 갖고 있었던 노동계급과의 관계, 프롤레타리아 계급이익의 수호자로 활동하려는 현재의 열망, 향후 적절한 시기에 국가의 운명을 걸머질 능력을 갖춘 새로운 노동계급을 경제재건 과정에서 다시 형성해내고자 하는 의도를 대변했을 뿐이다. 그러면서 볼셰비키 당은 사실상 찬탈의 방식으로 얻은 권좌를 지켰다. 볼셰비키들의 적들의 눈에만 그들이 권력의 찬탈자로 보인 것이 아니었다. 혁명국가에 대한 그들 자신의 기준이나 개념에 비추어 보아도 볼셰비키 당은 찬탈자였다.

볼셰비즘의 적들은 10월혁명과 1918년의 제헌의회 해산을 처음부터 권력찬탈 행위라고 비난했다. 볼셰비키들은 이런 비난을 진지하게 받아들이지 않았다. 그들은 10월혁명으로 전복된 정부는 투표로 선출된 대의기관에 기반을 두지 않았으나 혁명은 투표로 선출된 노동자위원회와 병사위원회가 압도적으로 지지하는 현 정부에 권력을 부여했다고 응수했다. 소비에트는 계급적 대표기구였고, 정의상 프롤레타리아 독재를 위한 기구였다. 소비에트는 보통선거에 의거한 투표로 구성되지 않았다. 지주계급과 부르주아는 투표권을 박탈당했고, 농민계급은 노동계급의 우위가 보장되는 범위 안에서만 대표권을 인정받았다. 노동자들은 전통적인 지역구의 유권자로서가 아니라 노동계급을 구성하는 공장과 작업장의 생산단위 소속원으로서 투표권을 행사했다. 1917년 이후 볼셰비키가 정당성을 인정받은 근거는 오로지 이런 계급적 대표성뿐이었다.[8]

바로 이러한 볼셰비키의 노동자국가 개념 속에서 레닌의 정부는 점차 대표성을 잃기 시작했다. 명목상 정부는 계속 소비에트에 기반을 두고 있었다. 그러나 1917년과 달리 1921~1922년에 소비에트는 대표성을 갖고 있지 못했고, 가질 수도 없었다. 사실상 존재하지도 않는 노동계급을 대표할 수는 없었던 것이다. 이때의 소비에트는 볼셰비키 당이 만든 것이었다. 그러므로 레닌 정부가 소비에트로부터 권력을 위임받았다고 말하는 것은 스스로를 조롱하는 처사였다.

　　볼셰비키 당은 찬탈자의 역할을 스스로 맡고 나섰다. 노동계급이 흩어지자 볼셰비키 당은 자신의 원칙에 충실할 수 없었다. 이런 상황에서 볼셰비키 당이 무엇을 할 수 있었고, 무엇을 해야 했을까? 두 손 들고 권력을 내놓아야 했는가? 잔혹하고 파멸적인 내전을 거친 혁명정부는 승리한 다음 날에 권력을 내놓지는 않으며, 설사 자신의 이상에 맞게 통치할 수 없음을 알게 되거나 내전에 돌입할 때 누렸던 지지를 더 이상 누리지 못한다는 사실을 알게 되더라도 패배한 적들에게 굴복해서 그들이 휘두르는 복수의 손길에 자신을 내맡기지 않는다. 볼셰비키가 지지를 잃은 것은 지지자들의 마음이 변해서가 아니라 지지자들이 흩어졌기 때문이다. 볼셰비키는 자신의 통치권이 농민계급은 말할 것도 없고 노동계급에게서도 새로이 위임받은 게 아니라는 것을 알고 있었다. 그러나 볼셰비키는 자신이 어떤 빈 공간에 의해 에워싸여 있는지를 알고 있었고, 그 빈 공간은 여러 해에 걸쳐 서서히만 메워질 수 있으며 당분간은 그 누구도 볼셰비키의 통치권을 연장시키거나 무효화시킬 수 없다는 사실도 잘 알고 있었다. 불가항력의 사회적 파국이 그들을 권력찬탈자로 만들었기에 볼셰비키는 자신이 권력찬탈자임을 인정하지 않았다.

　　내전 직후만 해도 열정적이고 전투적이던 사회계급이 짧은 기간 안에 정치무대에서 사라지고 사회가 위축된 것은 기묘한 현상이긴 했지만 역사적으로 유일한 현상은 아니었다. 다른 위대한 혁명들의 경우에도 사회가 기진맥진해서 파괴되고 혁명정부가 비슷하게 변형됐다. 영국의 청교도혁명과 프랑스의 대혁명도 처음에는 구체제에 대항해 대의정부라는 새로운 원칙을 내세웠다. 청교도들은 왕권에 대항해 의회의 권리를 주장했다. 프랑스 제3신분의 지도자들도 국민의회를 구성하면서 같은 주장을 했다. 이어 격변과 내전이 벌어졌고, 그 결과로 구체제 세력이 더 이상 국가를 지배하지 못하게 된 가운데 혁명을 지지한 계급들은 심하게 분열되고 기력이 소진돼 권력을 행사할 수 없었다. 그러므로 그 어떤 대의정부의 성립도 불가능했다. 군대만이 혼란을 극복할 의지, 조직, 규율을 갖춘 유일한 주체였다. 군대가 사회의 수호자를 자처하고 나서서 노골적으로 권력찬탈적 지배형태인 무력통치를 실시했다. 영국에서는 혁명의 두 단계가 모두 한 사람을 통해 구현됐다. 크롬웰은 처음에는 왕권에 맞서 평민파를 지도했고, 그 다음에는 호국경으로서 왕권과 평민파의 권력을 찬탈했다. 프랑스에서는 두 단계 사이에 명확한 단절이 있었다. 그리고 각각의 단계에 서로 다른 사람이 무대의 전면에 등장했다. 권력찬탈자인 나폴레옹은 혁명의 초기단계에는 중요한 역할을 하지 못했다.

러시아에서는 볼셰비키 당이 짜임새 있고 규율이 잡힌 인적 조직을 제공했다. 단일한 의지에 의해 고무된 그 조직은 해체되고 있던 국가를 단합시키고 통치할 능력을 갖추고 있었다. 예전의 혁명에서는 이런 당이 존재하지 않았다. 청교도들의 힘은 주로 크롬웰의 군대에서 나왔고, 이 때문에 청교도들은 크롬웰의 군대에 의해 지배당했다. 프랑스에서 자코뱅 당은 격변의 기간에만 잠시 나타났을 뿐이다. 자코뱅 당은 오르내리는 혁명적 조류의 일부였고, 그 조류가 가라앉자 파괴되어 사라졌다. 이와 달리 볼셰비키 당은 1917년보다 훨씬 전부터 견고하고 집중화된 조직형태를 갖추었다. 이 때문에 볼셰비키 당은 혁명에서 지도력을 발휘할 수 있었고, 혁명의 물결이 퇴조한 뒤에도 영국과 프랑스의 군대가 혁명의 시기에 수행했던 것과 같은 역할을 수십 년간이나 수행하며 안정적인 정부를 유지하고 국민의 삶을 통합하고 재편하는 일을 해나갈 수 있었다.

볼셰비키 당은 정신적 지향이나 정치적 전통으로 보아 권력찬탈자의 역할을 수행할 준비가 대단히 잘 돼있었음에도 실제로 그 역할에 적응하는 데는 서툴렀다. 레닌은 당원들을 노동운동의 '전위'와 엘리트로 훈련시켰다. 볼셰비키는 노동계급의 실제 정서나 열망을 대변하는 것으로는 결코 만족하지 않았다. 볼셰비키는 노동계급의 정서를 형성하고 자신의 열망을 촉진하고 발전시키는 것을 사명으로 간주했다. 볼셰비키는 스스로를 노동계급의 정치교사라고 생각했고, 일관된 마르크스주의자인 자신이 억압받고 깨우치지 못한 노동계급보다 역사적 이익이 무엇이며 그것을 촉진시키기 위해 무엇을 해야 하는지를 더 잘 안다고 확신했다. 젊은 날 트로츠키가, 자기들의 당으로 노동계급을 '대체'하고 노동자의 진정한 소망과 열망을 무시하는 경향이 있다고 볼셰비키를 비판한 것도 바로 이 때문이었음을 우리는 기억한다.[9] 트로츠키가 처음으로 이런 비판을 제기한 것은 1904년이었다. 그때 그의 비판은 현실을 앞질렀다. 1905년과 마찬가지로 1917년에도 볼셰비키는 자신이 끌어 모을 수 있는 프롤레타리아 대중의 지지에만 전적으로 기반을 두고 혁명에 나섰다. 레닌과 그의 참모들은 노동자의 정치적 성향에 나타나는 가장 미세한 변화도 냉정한 눈으로 관찰했고, 그렇게 관찰된 변화에 신중하게 정책을 맞추었다. 볼셰비키는 대다수 노동자들의 지지 또는 노동자와 농민들의 압도적 지지가 없어도 권력을 장악하거나 유지할 수 있다고는 상상하지 못했다. 혁명 이전, 혁명이 진행되는 기간, 그리고 혁명 이후 얼마 동안 볼셰비키는 '프롤레타리아 민주주의의 평결', 즉 노동계급의 투표 결과에 정책을 복속시키려고 했다.

그러나 내전이 끝나갈 무렵에는 '프롤레타리아 민주주의의 평결'이 무의미한 표현이 되고 말았다. 노동계급이 흩어지고 비계급화됐는데 그러한 심판이 어떻게 나올 수 있는가? 소비에트를 구성하기 위한 선거로? 소비에트 민주주의의 '정상적'인 절차를 통해서? 볼셰비키는 절망적인 상태로 잔존해 있는 노동계급의 투표와 그림자만 남은 소비에트에서 우연히 형성되는 다수의 분위기에 따라 행동한다는 것은 지극히 어리석은 일이라고 생각하기 시작했다. 결국 트로츠키를 비롯한 볼셰비키는 자신의 당으로 노동계급을 대체했다. 진정한 노동계급이란 게 존재했는지는 모르지만, 어쨌든 볼셰비키는 진정한 노동계급의 의지와 생각일 것이라고 믿어온 것들과 자신들의 의지와 생각을 동일시했다. 프롤레타리아 계급이익의 해석자라고 자처하는 볼셰비키의 습관이 이런 식의 대체를 더욱 쉽게 할 수 있게 했다. 이전에 전위였던 당은 노동계급이 해체된 상태에서는 스스로 노동계급의 대리인 역할을 하는 것을 자연스럽게 여겼고, 이런 대리인 역할이 짧은 기간에 그칠 것으로 생각했다. 이렇게 해서 볼셰비키는 사회의 실제 상태에서뿐 아니라 자신의 전통으로부터도 권력 찬탈자적 역할을 도덕적으로 정당화할 근거를 끌어냈다.

그러나 볼셰비키의 전통은 다양한 요소들이 미묘하게 조합된 것이었다. 볼셰비키 당의 도덕적 확신, 우월감, 혁명에 대한 사명감, 내부 규율, 프롤레타리아 혁명에는 권위가 필수적이라는 뿌리 깊은 확신 등이 바로 볼셰비즘의 권위 있는 흐름을 형성하는 특성이었다. 그러나 그것은 이론상의 노동계급만이 아닌 실제의 노동계급에 대한 당의 긴밀한 관계, 노동계급에 대한 당의 진정한 헌신, 피착취자와 피억압자의 복리가 혁명의 시작이자 끝이며 결국은 역사가 볼셰비키를 포함한 모든 그룹과 그들의 행위에 대해 공정하고도 가혹한 심판을 내릴 것이므로 궁극적으로 새로운 국가의 진짜 주인은 노동자들이라는 당의 열렬한 믿음에 의해 견제돼 왔다. 프롤레타리아 민주주의 사상은 이런 태도와 분리될 수 없는 것이었다. 프롤레타리아 민주주의를 내세울 때 볼셰비키는 형식적이고 기만적인 부르주아 민주주의에 대한 경멸감을 드러냈고, 필요하다면 프롤레타리아를 제외한 다른 모든 계급은 언제든지 짓밟을 수 있다는 태도를 보였으며, 자기들은 잠시 노동계급의 의지를 따르지 않는 시기에도 노동계급의 의지를 존중할 의무에 묶여 있다고 생각하는 분위기를 내비쳤다.

혁명 초기에는 프롤레타리아 민주주의의 조류가 볼셰비키 당의 성격을 압도적으로 지배했다. 그러나 이제는 권위적 지도력을 강조하는 경향이 보다 앞서게 됐다. 볼셰비키는 정상적인 노동계급이 존재하지 않는 가운데 통치를 하면서도 오랜 습관에서 노동계급의 의지를 내세워 자신의 모든 행동을 정당화했다. 그러나 볼셰비키가 내세운 노동계급의 의지란 단지 이론적 추론의 결과이자 이상적인 행동기준일 뿐이었다. 다시 말해 그것은 하나의 신화였다. 볼셰비키의 눈에는 당이 추상적인 사회주의의 이상뿐만 아니라 구체적인 노동계급의 욕망도 결집된 것으로 보이기 시작했다. 정치국 위원에서부터 가장 하부에 있는 당 세포조직 구성원에 이르기까지 누구든 볼셰비키 당원이 어떤 것을 프롤레타리아가 주장한다거나 요구한다거나 결코 동의하지 않을 것이라고 말한다면, 그 말은 볼셰비키 당이나 그 지도자들이 그것을 주장하거나 요구하거나 결코 동의하지 않을 것이라는 의미였다. 이러한 반(半)의식적인 신화화 없이는 볼셰비키의 정신이 작동할 수 없었다. 볼셰비키는 이제 당은 더 이상 프롤레타리아 민주주의라는 기반을 갖고 있지 않다는 점을 스스로에게조차 인정할 수 없었다. 가끔 볼셰비키 지도자들이 자신들이 처한 곤경을 잔인할 정도로 분명하고 솔직하게 털어놓기도 했다. 그러나 그들은 시간이 흐르면, 경제가 회복되면, 노동계급이 재구성되면 문제가 해결될 것이라고 기대했고, 마치 자기들이 곤경에 처해 있지 않다는 듯이, 그리고 여전히 자기들이 노동계급의 확실하고 타당한 위임을 받아 행동하고 있다는 듯이 말하고 행동하기를 계속했다.[10]

마침내 볼셰비키는 다른 당들을 다 억누르고 정치적 독점체제를 수립했다. 볼셰비키는 자신과 혁명이 가장 심각한 위기에 처하게 되지 않는 한 정적들이 소비에트 유권자들을 상대로 자유로이 자기 의사를 표현하고 호소하는 것을 용납할 수 없다고 생각했다. 볼셰비키는 노동계급의 에너지를 동원할 수 없었다. 따라서 조직화된 야당이 존재한다면 그 야당은 사회의 혼란과 불만을 자기에게 유리한 방향으로 쉽게 활용할 수 있는 상황이었다. 볼셰비키는 자신과 혁명을 그런 위험에 내맡길 수 없었다. 당이 프롤레타리아를 대체하자 당의 독재가 프롤레타리아 독재마저 대체했다. 더 이상 '프롤레타리아 독재'는 소비에트로 조직화되어 볼셰비키에 권력을 위임한 노동계급의 지배체제가 아니었다. 이제는 단지 헌법상으로만 노동계급이 볼셰비키를 권좌에서 물러나게 할 수 있었다. 프롤레타리아 독재는 이제 볼셰비키 당의 배타적인 지배체제와 같은 말이 됐다. 프롤레타리아가 볼셰비키를 권좌에서 물러나게 하는 것은 이제 볼셰비키가 스스로 권좌에서 물러나는 것과 마찬가지로 어렵게 됐다.

볼셰비키는 다른 모든 당을 억압하는 과정에서 정치적 환경에 급격한 변화를 가져왔고, 자신도 그 변화의 영향을 받았다. 볼셰비키는 절반은 공개적이고 절반은 은밀한 다당제가 운영되던 차르체제 아래에서 격렬한 논쟁과 정치적 경쟁이 왕성하게 이루어지는 환경 속에서 성장했다. 혁명가들의 전투적 집단인 볼셰비키 당은 다른 모든 당과 구별되는 나름의 원칙과 규율을 가지고 있었다. 그러나 그들도 환경의 영향을 받았고, 따라서 그들의 당내 활동은 다당제에 의해 규정됐다. 끊임없이 정적들과 논쟁을 벌이던 볼셰비키들이 어느새 자기들끼리도 논쟁을 벌이기에 이르렀다. 볼셰비키 당의 당원은 누구든 카데트(입헌민주당, 1905년 러시아 혁명 과정에서 결성된 당으로 자유주의적 개혁을 요구했고 보수화의 길을 걸었다 — 옮긴이)의 당원이나 멘셰비키에 대항하기 위해 연단에 올라가려면 그 전에 자기가 속한 당 세포조직이나 위원회에서 자신의 관심 쟁점, 상대방이 제기할 수 있는 주장과 그 주장에 대한 답변, 그리고 당의 태도와 전술조치 등에 대해 철저한 예비검토 과정을 거쳤다. 당에 틀린 점이 있다거나 당의 지도노선에 문제가 있다고 생각하는 당원은 아무런 두려움 없이, 어떤 편에도 치우치지 않고 자기 생각을 말하고 동료들을 설득해 자기의 견해를 받아들이게 하려고 애썼다. 당이 노동자의 민주적 권리를 위해 투쟁하는 한 당 조직 안에서 당원이 그렇게 할 권리를 부정할 수 없었기 때문이다.[11]

볼셰비키는 다당제를 파괴하면서 그것이 자기들에게 어떤 영향을 미칠지를 전혀 알지 못했다. 그들은 다당제가 없어진 뒤에도 자기들은 전과 마찬가지로 규율이 있으나 자유로운 전투적 마르크스주의자의 연합으로 그대로 유지될 줄 알았다. 그들은 당의 집단적 정신이 통상적인 의견교환, 즉 이론적, 정치적 주장을 주고받는 것에 의해 계속해서 새로이 형성되어갈 것임을 당연시했다. 그들은 당원들끼리는 서로 논쟁하는 것을 허용하면서도 당원들 외에는 그렇게 하는 것을 금지하는 것이 불가능하다는 점을 깨닫지 못했다. 그들은 사회 전체에는 민주적 권리를 허용하지 않으면서도 자기들끼리는 그것을 누리는 것이 가능하다고 믿었던 것이다.

　일당체제는 그 자체로 모순된 용어였다. 단 하나의 당은 정당이라고 말할 때 일반적으로 받아들여지는 의미에서의 정당으로 유지될 수가 없었다. 당의 내적 활력은 위축되고 시들 수밖에 없었다. 볼셰비키 당 조직의 주된 원칙인 '민주적 집중제'에서 집중제만 살아남았다. 당은 민주적 자유가 아닌 규율만을 유지했다. 그럴 수밖에 없었다. 볼셰비키가 논쟁을 자유로이 벌이게 되면, 지도자들이 자기들 사이의 견해차에 대한 검토를 공개적으로 하게 되면, 일반 당원들이 지도자들과 그들이 결정한 정책을 비판하게 되면 볼셰비키가 아닌 사람들도 본받게 될 게 뻔했다. 따라서 그들이 논쟁과 비판을 하지 않으리라고 기대할 수 없었다. 집권당 당원이 당 내에서 특정한 견해를 개진하기 위해 분파를 이루거나 무리를 짓는 것이 허용된다면, 당 밖의 사람들이 단체를 만들어 그들 나름의 정치적 강령을 만드는 것을 어떻게 금지할 수 있겠는가? 그 어떤 정치조직에서든 90퍼센트는 침묵하고 10퍼센트만이 목소리를 내기란 불가능하다. 레닌의 당이 볼셰비키가 아닌 러시아인들에게 침묵을 강요한 이상 궁극적으로는 당 스스로에게도 침묵을 강요하게 될 수밖에 없었다.

　그러나 당은 현실과 쉽게 타협할 수 없었다. 그 어떤 권위도 당연시하지 않고, 널리 진실로 받아들여지는 것에 대해서도 의문을 품고, 자기의 당을 비판적으로 살펴보는 데 익숙한 혁명가들이 갑자기 무조건적으로 당의 권위에 복종할 수는 없었다. 그들은 설령 복종하게 되더라도 계속 의문을 품었다. 1921년에 열린 10차 당대회에서 당내 분파 금지가 선언됐음에도 불구하고 볼셰비키의 집회에서는 논쟁이 계속됐다. 비슷한 생각을 하는 당원들은 여전히 연대하여 그들 나름의 '강령'과 '테제'를 만들고 지도자들에게 신랄한 비판을 가했다. 이것은 일당체제의 기초를 흔들 수 있는 위협요소였다. 모든 적과 반대파를 다 억압한 볼셰비키 당은 그 다음으로 스스로를 억압하는 것 외에는 달리 존속할 방법이 없었다.

당의 성장과 성공이라는 환경 자체가 당으로 하여금 그런 길로 가도록 했다. 1917년 초에는 러시아 전체에서 볼셰비키 당원 수가 2만 3천 명을 넘지 않았다. 혁명 기간 중에 당원 수가 서너 배 증가했다. 내전이 한창이던 1919년에는 당원이 25만 명이었다. 이러한 성장은 노동계급에 대한 당의 진정한 흡인력을 반영한 것이었다. 1919년과 1922년 사이에 당원 수가 25만 명에서 70만 명으로 다시 3배로 늘어났다. 그러나 이때의 당원 수 증가 중 대부분은 허구적인 것이었다. 이때쯤에는 너도나도 승자의 행렬에 끼어들려는 움직임이 노골화됐다. 당은 정부, 공장, 노조 등의 수많은 빈자리를 채워야 했다. 그리고 당의 규율을 받아들인 당원으로 빈자리를 채우는 게 유리했다. 신참당원들이 대규모로 늘어남에 따라 진정한 볼셰비키들은 소수파가 됐다.[12] 그들은 이질분자들의 늪에 빠져버린 기분이었다. 놀란 그들은 새로운 당원들의 옥석을 가리려 했다.

그러나 옥석구분을 어떻게 할 수 있겠는가? 사심 없는 신념으로 당에 들어온 사람과 변절자 혹은 권력의 단맛을 맛보려는 자를 구분하는 것은 매우 어려운 일이었다. 또한 사심 없는 신념으로 당원이 되려고 하는 사람일지라도 그가 당의 목적과 열망을 이해하고 그런 목적과 열망을 위해 싸울 준비가 돼있는지 여부를 판별하기란 더욱 어려운 일이었다. 여러 개의 당들이 서로 자기의 강령을 내세우고 추종자를 모으는 동안에는 당들이 서로 지속적으로 경쟁하게 되어 당들 사이에 인적 자원의 선별과 배분이 이루어질 수 있었다. 그때는 정치 신참도 서로 경쟁하는 당들의 강령,

행동방식, 구호를 비교할 기회를 충분히 가질 수 있었다. 그리고 볼셰비키 당원이 됐다면 그것은 그의 의식적인 선택이었다. 그러나 1921년과 1922년에 정치에 발을 들여놓은 사람들에게는 그러한 선택의 여지가 없었다. 그들은 오직 볼셰비키 당 하나밖에 몰랐다. 그들은 다른 상황이었다면 멘셰비키나 사회혁명당, 또는 다른 그룹에도 가입할 수 있는 사람들이었다. 그러나 이때 그들의 에너지와 열정에 문을 열어두고 있는 정당은 오직 하나뿐이었고, 정치활동을 하고자 하는 충동이 그들을 그 유일한 당으로 이끌었다. 신참자 가운데 많은 수가 지노비예프가 말한 대로 스스로를 '훌륭한 볼셰비키'라고 생각하지만 사실은 '스스로 의식하지 못하는 멘셰비키' 또는 '스스로 의식하지 못하는 사회혁명당원'이었다.[13] 이러한 이질분자들의 유입으로 당의 성격이 왜곡되고 당의 전통이 희석될 것이라는 우려가 커졌다. 1922년에 열린 11차 당대회에서 지노비예프는 볼셰비키 조직 안에 사실은 볼셰비키가 아닌데도 자기가 볼셰비키라고 착각하는 사람들로 구성된 2개 이상의 잠재적인 당이 있다고 주장했다. 이처럼 유일한 당이라는 사실 자체가 볼셰비키 당의 단일한 정신을 분열시키고, 대신 그 속에 볼셰비키가 금지했던 여러 당들의 미완성 대체물들을 만들어내고 있었다. 억압됐던 다양한 이해관계와 정치의식이 다시 고개를 치켜들면서 현존하는 유일한 정치조직인 볼셰비키 당으로 사방에서 사회적 환경의 압력이 가해지거나 침투해 들어왔다.

당 지도부는 이런 침투에 대항해 당을 지키기로 결심했다. 그들은 숙청을 시작했다. 1921년에 열린 10차 당대회에서 노동자반대파에 대한 비판을 시작으로 첫 번째 숙청이 실시됐다. 경찰이나 법원과는 무관한 작업이었다. 당의 재판부인 통제위원회가 지위고하를 막론하고 모든 당원의 기록과 도덕성을 공개회의에서 조사했다. 청중 가운데 누구든 나서서 조사받고 있는 사람에게 유리하거나 불리한 진술을 할 수 있었고, 그 후에 통제위원회가 그 사람이 당원의 신분을 계속 유지할 자격이 있는지 여부를 결정했다. 당원 자격을 유지할 수 없다고 판정된다 해도 처벌받는 것은 아니었다. 그러나 집권당의 당원 자격을 잃으면 승진의 기회나 책임 있는 중요 직책에 임명될 기회를 박탈당할 가능성이 컸다.

짧은 기간에 전 당원의 3분의 1가량에 해당하는 20만 명이 당에서 축출됐다. 통제위원회는 축출 대상자들을 저질의 출세주의자, 과거에 멘셰비키를 비롯한 반볼셰비키 당의 당원이었다가 내전이 끝난 뒤에야 입당한 자, 권력과 특권에 의해 부패하게 된 볼셰비키, 당의 원칙을 이해하지 못하는 정치적 미숙자 등 여러 범주로 분류했다.[14] 당의 정책이나 지도자를 비판했다는 점만 결함으로 지적된 사람들은 축출되지 않았던 것으로 보인다. 이런 숙청은 필요하긴 했지만 양날의 칼임이 곧 분명해졌다. 비양심적인 당원들은 숙청을 협박의 도구로 활용했다. 그들은 개인적인 일을 해결하는 데 숙청을 이용했다. 일반 당원들은 변절자나 부패한 인민위원이 축출되자 환호했지만, 숙청의 규모를 보고 당황했다. 숙청은 주기적으로 반복될 것으로 알려졌고, 사람들은 한 해에 당원의 3분의 1이나 축출된다면 다음해와 그 다음해에는 도대체 무슨 일이 일어나겠느냐며 의아해했다. 다음번 숙청에서 정치적으로 미숙하거나 뒤떨어졌다고 책잡힐까봐 두려운 마음에 조심스러워진 당원은 위험한 발언을 삼갔다. 숙청은 당을 정화하고 그 성격을 지키는 수단으로 시작됐지만, 결국에는 당이 스스로를 억압하는 가장 치명적인 도구가 되고 말았다.

우리가 앞에서 보았듯이 유효한 사회세력으로서의 노동계급이 사라지자 당이 스스로 계급의 대체물이 됐다. 그러나 이제 당도 그 자신이 대체한 노동계급 못지않게 형체가 불분명하고 유령 같은 존재가 되고 말았다. 단 1년 만에 당원의 3분의 1을 자격이 없다고 선언하고 축출하는 당에 그 어떤 실체가 있을 것이며, 그 어떤 독자적인 존재성이 있겠는가? 숙청당한 20만 명의 당원들은 당의 정상적인 운영 과정에 참여한 사람들이었다. 그들은 결의안에 대해 투표하고 당대회에 참석할 대표를 선출하는 등 당의 정책결정 과정에 공식으로 참여했다. 이런 활동을 해온 당원들이 대거 축출됐음에도 불구하고 당에 눈에 띌 만한 정책의 변화나 수정은 이루어지지 않았다. 몸의 3분의 1을 잘라내는 대수술을 단행했음에도 불구하고 당의 외관은 수술의 흔적이 전혀 없이 멀쩡했다. 이런 사실 하나만으로도 이때 당원 대중은 당의 업무 집행에 대한 영향력을 전혀 갖고 있지 않았음이 입증된다. 볼셰비키 당의 정책은 그 당을 스스로 대체한 당 안의 작은 한 부분에 의해 결정되고 있었다.

그 작은 그룹은 과연 어떤 이들로 구성된 것이었을까? 레닌도 이에 대해 명확하게 말한 적이 없다. 1922년 3월에 레닌은 중앙위원회의 서기인 몰로토프에게 이런 내용의 편지를 보냈다. "현실에 눈을 감고 싶지 않은 사람은 현재 당 정책의 프롤레타리아적 성격이 당원의 계급구성이 아니라 고참당원이라고 불릴 수 있는 매우 얇은 층의 일부 당원들이 지닌 거대하고 통일적인 권위에 의해 규정된다는 사실을 인정해야 합니다."[15] 레닌은 바로 그 고참당원들 속에 사회주의적 이상의 저수지, 당의 수탁자, 그리고 궁극적으로는 노동계급의 대리인이 있다고 보았다. 그들은 모두 더해봐야 몇천 명에 불과하지만 진정한 혁명의 베테랑들이었다. 이때 레닌이 보기에 당원 대부분은 최근에야 입당한 벼락당원들로서 혼란스럽고 무정부적인 사회로부터 영향을 받아 얼마든지 부패할 수 있는 사람들이었다. 청년당원 가운데 가장 우수한 자들도 '진정한 볼셰비키'가 되기 위해서는 오래 참고 견뎌야 하는 훈련과 정치교육을 받아야 했다. 따라서 프롤레타리아와 당을 동일시하는 것도 결국은 훨씬 더 협소하게 프롤레타리아와 고참당원들을 동일시하는 것과 다름없었다.

고참당원들도 벼락출세를 한 상황에서 평정심을 유지하기가 쉽지 않았다. 그들도 세월, 피로, 권력에 의한 부패, 사회환경의 압력으로 인한 타락에 저항하기가 어려웠다. 고참당원들 사이의 단합에도 이미 균열이 생기고 있었다. 레닌은 몰로토프에게 보낸 편지에서 "그들 사이의 분열은 그것이 아무리 미세한 것일지라도 당의 의사결정에 대한 영향력을 잃기에 충분할 정도로 그들의 권위를 상실시켜" 그들이 상황에 대한 통제력을 더 이상 가질 수 없게 할 수 있다고 지적했다. 그러므로 어떤 대가를 치르더라도 고참당원들 사이의 연대를 유지하고, 그들의 드높은 사명감이 살아있도록 하고, 그들의 정치적 우위를 확실하게 보존해야 했다. 정기적인 숙청만으로는 충분하지 않았다. 매우 까다로운 자격심사를 실시함으로써 신참당원들의 입당 승인을 엄격하게 통제해야 했다. 최종적으로는 혁명에 봉사한 공적과 기간에 따라 특별한 위계질서를 당 안에 세울 필요가 있다고 레닌은 제안했다. 일부 중요한 자리들은 최소한 내전 초기 이전에 입당한 당원들로만 채워져야 했다. 이런 자리들보다 훨씬 더 중요한 자리들은 혁명의 초기부터 당에 봉사한 사람에게만, 그리고 최고위직은 차르체제에 맞서 지하에서 투쟁한 베테랑들에게만 주어져야 했다.[16]

아직은 이런 규칙에 그 어떤 저속한 편파적 혜택의 기미도 없었다. 고참당원들은 여전히 엄격한 혁명적 도덕률을 지키며 살았다. 당원의 봉급을 제한하는 제도가 실시되고 있었기에 가장 고위직에 있는 사람이라도 공장에서 숙련공이 받는 임금 이상의 봉급을 받는 것은 허용되지 않았다. 고위직에 있는 자들 가운데 일부가 제도의 허점을 이용해 온갖 종류의 부가급여로 적은 봉급을 보충하고 있었으나, 이런 횡령행위는 아직 예외적인 현상에 지나지 않았다. 공직배분에 관한 새로운 규정이 만들어진 것은 고참당원들에게 특혜를 주어 그들을 매수하기 위해서가 아니라 당과 국가가 그들의 통제 아래 사회주의 건설을 위한 충실한 도구로 확실하게 유지되도록 하기 위해서였다.

고참당원들은 단단한 집단이었다. 그들은 같이 참여했던 영웅적 투쟁의 기억, 사회주의에 대한 흔들림 없는 신념, 전반적인 사회적 해체와 정치적 무관심 속에서 사회주의가 성공하는 것은 오직 자신들에게만 달려 있다는 확신으로 서로 묶여있었다. 그들은 권위 있게 행동했으나 가끔은 오만하게 굴었다. 그들은 이기적이지는 않았으나 야심만만했다. 그들은 드높은 정서에 의해 움직였으며 거리낌 없이 가혹할 수 있었다. 그들은 자신을 혁명의 영웅적 운명과 동일시했다. 그들은 사회주의에 강렬하게 헌신하는 가운데 사회주의를 위한 투쟁은 자기들만의 배타적인 일이라고 생각했고, 더 나아가 그 투쟁이 자기들의 사적인 사업이라고 생각하기까지 했다. 이리하여 자기의 행위나 심지어는 자기의 개인적인 야심마저도 사회주의 이론의 맥락에서 정당화하려는 경향을 보였다.

이 시련의 시기에 고참당원들의 도덕적 힘은 볼셰비즘에 매우 귀중한 자산이었다. 사적 거래의 부활과 사유재산의 부분적 복원은 당 간부들에게 낙담을 안겨주었다. 많은 공산주의자들이 레닌이 지시한 '후퇴'가 혁명을 어디로 이끌어갈지 몰라 불안해했다. 레닌은 상인과 사적 농업을 하는 농민들을 격려하기 위해서는 어떤 조치라도 취할 태세인 것으로 보였다. 농민들이 무가치한 은행권을 받는 조건으로는 식량을 팔기를 거부했으므로 전시공산주의에서는 구시대의 유물이라고 경멸받던 화폐가 부활되고 그 가치가 안정됐다. 돈 없이는 아무것도 손에 넣을 수 없었다. 정부는 국유기업에 대한 보조금을 삭감했고, 이로 인해 최악의 시기에도 공장 작업대를 떠나지 않던 노동자들이 실업자로 전락했다. 국유은행은 자금이 부족한 상태에서도 사유기업들에 융자를 해주었다. 그럼에도 불구하고 당 중앙위원회는 국가가 대기업들에 대한 '관제고지'를 장악하고 있으므로 어떠한 경우에도 국가경제를 통제할 수 있다고 장담했다. 그러나 그 '관제고지'는 허술하고 가망 없는 상태인 듯했다. 개인 간의 거래는 꽃피고 있었으나 국유기업들은 가동을 멈추고 있었다.

그러자 레닌은 예전의 독점사업자들과 외국인 투자자들에게 러시아로 돌아와 사업을 하라고 초대했다. 그러나 이런 초대에 투자자들이 응하지 않은 탓에 자본주의의 한 중요한 요소가 부활하지 못했다. 볼셰비키들은 예전의 독점사업자들이 레닌의 초대에 응할 경우 무슨 일이 벌어지게 될 것인지에 대해 의문을 품었다. 그러는 동안 자신만만해진 네프맨들은 굶주리는 도시에서 향연을 즐기고 혁명을 조롱했다. 농촌에서는 부농들이 농업노동자들에 대한 지배력을 다시 확보하려고 했다. 부농들이 러시아 농촌 곳곳을 지배하기 시작했다. 그들의 아들들은 공산청년동맹 지부의 지도자가 됐다. 대학에서는 교수와 학생들이 공산주의에 반대하는 시위와 동맹휴업에 나섰고, 공산주의자들이 혁명가요인 '인터내셔널'을 불렀다는 이유로 거칠게 다루어지기도 했다. 이런 후퇴는 언제 끝나게 되는가? 노동자반대파는 중앙위원회 회의와 공공집회에서 레닌에게 이런 질문을 던졌다. 레닌은 거듭해서 후퇴를 중단하겠다고 약속했으나, 일련의 사건들이 그로 하여금 후퇴를 계속 더 하도록 만들었다. 이에 이상주의자들은 충격을 받았다. 당 간부들 사이에서 '배신'이라는 외침이 튀어나왔다. 때로는 노동자나 적위대 출신 고참당원이 당 위원회에 나타나 역겨운 표정을 지으며 당원증을 찢어 당 서기에게 던졌다. 이런 장면은 당시의 상황을 잘 전달해주는 하나의 상징이 되어 당대의 소설에서 이와 유사한 장면의 묘사를 많이 발견할 수 있다. 당시 당 지도부도 이런 상황에 대해 근심스러운 표정으로 언급하곤 했다.[17]

이러한 낙담 속에서 혁명은 오로지 고참당원들과 그들의 확고한 신념 및 강철 같은 의지에만 의지할 수 있을 것처럼 보였다. 그러나 정말로 그게 가능했을까?

트로츠키는 내전이 끝날 즈음 군용열차에서 내렸다. 그 군용열차는 그동안 트로츠키에게 야전사령부가 돼주었다. 그는 3년에 걸친 운명적인 기간 동안 그 군용열차를 타고 8천여 킬로미터에 이르는 전선을 따라 험지에서 험지로 옮겨 다녔다. 그동안 그 군용열차가 멈춘 것은 그가 모스크바에서 당 지도부와 뭔가를 논의하거나 대중에게 자기의 모습을 드러낼 때뿐이었다. 그 군용열차는 박물관에 옮겨져 전시됐다. 열차의 운전기사, 정비사, 기관총사수, 비서 등으로 구성된 수행 승무원단은 해체됐고, 트로츠키는 혁명 후 처음으로 휴가를 얻었다. 그는 모스크바에서 멀지 않은 농촌에서 사냥, 낚시, 저술을 하며 인생의 새로운 장을 준비했다. 그는 그동안 여러 해에 걸쳐 모스크바를 대변해왔지만, 막상 모스크바로 돌아왔을 때는 거의 이방인이나 다름없었다. 그는 19세기에서 20세기로 바뀌던 시기에 시베리아 유형지로 떠나기 위해 부티르키 감옥으로 이송될 때 이 오래된 수도를 처음으로 보았다. 그러니까 그는 교도소 차량의 창살 안에서 장차 자신이 승리자가 되고 이어 패배자가 될 그 도시를 지켜보았던 것이다. 그로부터 20년이 지나 브레스트리토프스크 위기의 시기에 볼셰비키 정부가 페트로그라드를 떠나 모스크바의 크렘린 궁으로 옮긴 1918년 3월에야 그는 이 도시로 돌아올 수 있었다. 그러나 얼마 지나지 않아 그는 다시 전선으로 떠났다. 그는 모스크바에 올 때마다 넓게 퍼진 '차르의 도시'이자 비잔틴 양식의 교회, 아시아풍의 장터, 동양적 숙명주의로 뒤덮인 이 슬라브주의자들의 '제3의 로마'가 낯설게 느껴졌다. 1905년과 1917년의 혁명과 관련된 그의 활동은 모스크바보다는 이 도시와 경쟁하는 도시이자 유럽을 향한 러시아의 창구인 페트로그라드와 관계가 있었다. 그는 섬유공장에 주로 고용돼 있고 도시 주민이라기보다는 무지크처럼 보일 뿐 아니라 실제로도 그렇게 행동하는 모스크바의 노동자들보다는 페트로그라드의 기사, 조선공, 전기공들과 같이 있을 때 더 편안함을 느꼈다.

그는 크렘린 궁의 장벽과 탑 안으로 들어서자 더욱 낯설음을 느꼈다. 옛 요새들이 서있는 좁고 구불구불한 거리, 총안이 파인 흉벽에 맴도는 종소리, 성당과 무기고, 병영, 감옥의 탑, 종루 등이 늘어선 모습, 크렘린 궁의 금색 칠이 된 홀, 차르가 정복지에서 가져온 수많은 상징물들···. 이 모든 것에 트로츠키는 낯설음을 느꼈다. 그는 아내와 아이들을 데리고 이전에 궁정관리들이 거주하던 카발레르스키 건물에 입주해 작은 방 4개를 썼다. 복도의 맞은편에는 레닌과 크루프스카야의 방이 있었다. 레닌의 가족과 트로츠키의 가족은 식당과 욕실을 같이 썼다. 레닌이 복도나 욕실에서 트로츠키의 아이들과 노는 모습도 종종 눈에 띄었을 것이다. 간혹 옛 친구인 라코프스키, 마누일스키 등이 지방에서 공무로 출장을 오면 트로츠키의 집에 머물렀다. 트로츠키의 가정생활은 파리의 다락방이나 빈의 다세대 임대주택에서 망명자로 거주할 때와 마찬가지로 검소했다. 식량이 모자란 크렘린 궁에서의 생활은 아마도 그때보다 더 가난했을 것이다.[18] 1921년에 15세가 된 료바와 13세가 된 세료자는 아버지의 보살핌을 받지 못했고, 어머니도 잠깐씩만 볼 수 있었다. 어머니가 교육인민위원회에서 예술 부문을 지도하느라 바빴기 때문이다.

크렘린 궁의 장엄한 환경은 거기에 새로 입주한 이들의 실제 생활방식과 묘한 대조를 이루었다. 트로츠키는 옛 궁정집사가 처음으로 식사대접을 했을 때 가족들이 느낀 당혹감을 묘사한 적이 있다. 궁정집사는 차르의 문장(紋章)인 독수리가 새겨진 접시에 음식을 담아 대접했는데 독수리 문장이 거꾸로 뒤집히지 않도록 매우 조심하며 접시를 솜씨 있게 다루었다.[19] 모든 구석에서 '모스크바의 육중한 야만성'이 볼셰비키 지도자들을 쳐다보고 있었다. 트로츠키와 레닌은 대화를 나누다가 종소리가 울리면 마치 자기들의 대화를 과거가 엿듣고 있다는 생각에 똑같이 사로잡혀 있었다는 듯 서로 마주보았다. 과거는 단지 그들의 대화를 엿듣고만 있지 않았다. 과거는 그들에게 다시 싸움을 걸어오고 있었다. 어쨌든 트로츠키가 고백했듯이 그는 크렘린 궁의 환경에 결코 동화되지 않았다. 그는 그것과 거리를 유지했다. 역사적 아이러니에 대한 그의 감각만이 모스크바의 가장 신성한 이곳에 혁명이 진입했다는 사실로부터 자극받았다.

내전이 끝나면서 트로츠키는 자기의 운명이 내리막길로 접어들기 시작했다는 고통스러운 느낌이 들었다. 그는 의식적으로 낙관주의를 유지하려 노력하면서 이런 느낌을 억눌렀다. 그 낙관주의는 결코 혁명을 저버릴 수 없었다. 그리고 그는 자기의 대의와 자기 자신을 위한 새로운 승리를 기대했다. 그러나 이때 그가 한 연설과 그가 쓴 글에서는 이제는 끝난 혁명과 내전의 영웅적 시기에 대한 향수가 여기저기서 묻어난다. 그러나 스스로도 말했듯이 그는, 모스크바에서 한때 농민들이 나폴레옹 군을 몰아냈고 이제는 지주들을 몰아내는 데 쓰인 원시적 몽둥이, 즉 무지크들의 몽둥이가 혁명에 '가장 세련된 도구'가 돼준 시기를 이상화하지 않았고, 그 시기의 무겁고 부정적인 유산을 간과하지도 않았다. 내전을 틈타 풀려나온 파괴적 분노는 건설적 과제로 향하면서 소비에트 공화국에 복수를 하기 시작했다. 그러나 그 모든 비참, 빈궁, 잔인함에도 불구하고 몇 년간에 걸친 파괴의 시기는 창조의 시기이기도 했다. 트로츠키는 농민들의 강인함, 용기, 치솟는 희망을 돌아보면서 이제는 그들이 뒤처졌다고 생각했다.[20]

이제는 그의 두뇌와 에너지 중 절반만이 공무에 투입됐다. 전쟁인민 위원회는 더 이상 정부의 중심이 아니었다. 군은 동원해제되어 줄어들고 있었다. 1922년 초까지 군의 규모는 처음 탄생할 때의 3분의 1로 줄어들었다. 군은 또한 혁명적 이상주의와 열정을 잃고 있었다. 내전의 베테랑들은 군을 떠났고, 새로 동원되어 병영을 차지한 신참들은 차르의 시절에 입대했던 농민의 아들들처럼 생기가 없었다. 이런 상황 때문에 전쟁인민위원 트로츠키는 군을 현대화된 민주적이고 사회주의적인 민병대로 개조하겠다는 자신의 소중한 계획을 유보하고 단조로운 행정과 훈련이라는 일상의 과제를 맡아 처리하는 데 그쳤다. 그는 군대에서 이를 퇴치하고, 병사들로 하여금 군화를 닦아 윤기를 내고 소총을 소제하게 하고, 가장 유능한 장교와 인민위원들에게 군에 남아달라고 간청하면서 시간을 보냈다. 그는 공산주의자들이 대규모로 군을 떠나는 것을 막아달라고 중앙위원회에 촉구했고, 중앙위원회는 공산주의자들의 그런 행동을 공식적으로 금지했다. 그러나 효과가 없었다. 전국적인 회의가 열릴 때마다 트로츠키는 되풀이해서 군의 정치인민위원들에게 '전염되는 화평주의 분위기'에 저항하라고 호소하고 적군의 침체된 사기를 개탄했다. 그는 '수하레프카 정신'에 군이 오염되는 것을 막으려 애썼고, 군을 조국 러시아의 더러움, 후진성, 미신에 대항하는 마르크스주의적 문화투쟁의 도구로 이용하려 했으며, 무엇보다도 군 안에 혁명적 전통과 국제주의 의식이 살아있게 만들려 했다.[21]

이 시기에는 내전에서 활약했던 젊은 지휘관들이 강도 높은 훈련을 받았고, 그들 가운데서 나중에 2차대전 때 활약하게 되는 장성들이 배출됐다. 또한 이 시기에는 적군이 규율을 받아들였다. 트로츠키는 그 규율의 창안자였고, 그 일부분을 직접 작성했다. 트로츠키의 '보병규칙'과 크롬웰 부대의 '병사의 교리문답'이 비슷하다는 점이 흥미롭다. 적군의 보병규칙은 병사들에게 이렇게 가르친다. "당신은 동지들 가운데 평등한 일원이다. 당신의 상관은 더 많은 경험을 하고 더 많은 교육을 받은 형제다. 전투에서, 훈련에서, 병영에서, 그리고 작업 중에도 그들에게 복종해야 한다. 일단 병영을 떠나면 당신은 절대적으로 자유롭다. (…) 어떻게 싸우겠느냐는 질문을 받으면 이렇게 대답하라. '나는 소총, 대검, 기관총으로 싸웁니다. 그러나 진실의 말로도 싸웁니다. 나는 노동자이며 농민인 적의 병사들에게 그렇게 말하여 내가 그들의 형제이지 적이 아니라는 진실을 그들이 알게 합니다.'"

언어에 대한, 특히 내용이 풍부하면서도 간략한 언어에 대한 그의 애착, 그리고 형식과 색채에 대한 그의 감각은 군의 새로운 제식에 녹아들어갔고, 그는 그 제식을 통해 새로 모집된 신병들의 상상력에 호소함으로써 군이 단순히 대포밥이 되기 위해 조직된 것이 아니라는 느낌을 그들에게 심어주려 했다. 노동절과 혁명기념일이면 그는 모스크바 수비대 지휘관들의 호위 속에 말을 타고 크렘린의 스파스키 게이트를 지나 붉은 광장으로 가서 모스크바 수비대를 열병했다. 그가 "동지들이여! 안녕한가?"라고 말하면 병사들은 "우리는 혁명에 봉사합니다!"라고 대답했고, 그 외침은 바실리 성당과 크렘린 궁의 벽을 따라 자리 잡고 있는 혁명 순교자들의 무덤 위로 천둥처럼 메아리쳤다. 기계적인 겉치레나 의례적인 것은 아직 없었다. 열병이 끝나면 전쟁인민위원은 나무로 만든 덜커덕거리는 관람석이나 바글거리는 군 트럭에 서서 병사와 노동자들의 행진을 지켜보는 다른 중앙위원회 위원들과 자리를 함께 했다.[22]

트로츠키의 등장과 그의 연설은 여전히 군중을 설레게 했다. 그러나 이제 그는 내전의 기간에는 언제나 확인할 수 있었던 자신과 청중 사이의 긴밀한 유대를 더는 느끼지 못하는 듯했다. 레닌은 사람들의 눈에 띄지 않게 슬그머니 등장하고 연설도 단순한 표현으로 하는 방식으로 청중과의 유대를 유지했다. 반면 연단에 선 트로츠키는 실제보다 커보였고, 그의 연설도 예전의 영웅적 어조 그대로였다. 하지만 러시아 사람들은 이제 영웅주의, 거대한 비전, 드높은 희망, 열광적인 몸짓에 싫증이 난 상태였다. 게다가 트로츠키는 얼마 전에 노동의 군사화를 시도한 탓에 인기를 잃었고, 아직 그 상태에서 벗어나지 못하고 있었다. 그의 뛰어난 연설 솜씨는 그 어떤 집회에서도 마법적인 효과를 발휘했다. 그러나 이제 그 마법은 의심에, 심지어는 의혹에 부닥쳤다. 그의 위대함과 혁명에서 그가 이룬 업적은 의심의 대상이 아니었다. 그러나 그는 너무 돋보이고 현란했으며 너무 야심만만해 보였다.

그의 연극적 태도와 영웅적 스타일은 인민들이 당대의 역사 드라마와 공명하던 시기에는 이질적인 느낌을 주지 않았으나 이제는 연기하는 듯한 느낌을 주었다. 그가 그렇게 행동한 것은 다르게 행동할 수 없기 때문이었지, 일부러 실제보다 더 크게 보이려고 했던 게 아니었다. 그는 그렇게 할 수밖에 없었다. 그가 강렬하고 극적인 언어로 연설한 것은 가식도 아니었고, 연극적 효과를 원해서도 아니었다. 강렬하고 극적인 언어는 그의 가장 자연스러운 언어였다. 그것이 그의 강렬한 감정과 극적인 사상을 표현하는 데 가장 어울렸다. 해즐릿(William Hazlitt, 1778~1830, 영국의 수필가, 비평가 — 옮긴이)이 어떤 이를 묘사할 때 그 사람이 에드먼드

버크(Edmund Burke, 1729~1797, 영국의 정치인, 정치사상가—옮긴이)
만큼이나 자기와 다르다면서 다음과 같은 말을 한 적이 있다. 이 말은 트
로츠키에게 그대로 적용된다. "그는 감정과 상상을 추론과 섞는 방식으
로 적들을 사로잡는다. 정치의 영역에서 그러한 것에 익숙하지 않은 사람
들은 속게 되어 꽃과 열매를 구별하지 못한다. 세상은 대개 지나치게 총
명한 자를 낙담시키고자 한다. 그러나 그의 금 같은 재능이 우아한 모습
을 갖추지 못했다고 해서 그 가치가 떨어지는 것은 아니다. 더구나 사람
의 오성을 상상력의 결핍 정도에 정확히 비례시켜 평가해야 하는 것도 아
니다. 그가 오성 외에도 다른 능력을 갖고 있다고 해서 그의 오성이 덜 진
실한 것도 아니다."

버크와 마찬가지로 트로츠키도 다변이었고 산만했으며 웅장했다.
그는 사적 대화도 공적 연설과 같은 양식으로 나누었고, 가족과 친구에게
도 연단이나 저술에서와 똑같은 이미지, 동일한 위트, 같은 리듬으로 말
했다. 만약 배우였다면 그는 무대에 나가 있거나 분장실에서 대기하고 있
거나 집에 있거나 아무런 차이가 없는, 연극과 실제 삶이 동일한 배우였
을 것이다. 그는 실로 역사적인 무대에 출연한 영웅적인 인물이었다. 그
리고 바로 이런 이유로 인해 그는 무미건조하고 편견을 가진 세대에게는
비현실적이고 부자연스런 모습으로 비쳤을 게 틀림없다. 그리고 이 때문
에 그는 초기 네프 시절이라는 영웅적이지 않은 분위기에서는 낯선 이방
인으로 보였다.

그러나 트로츠키의 성격에서 낭만적인 측면을 과장할 필요까지는
없다. 현실적인 면도 늘 강건하게 살아있었다. 어떤 경우에도 그는 '쓸데
없이 무대 위에서 꾸물대며 남아있는' 노병이 아니었다. 그는 네프에 의
해 제기된 새로운 경제적, 사회적 쟁점들에 열정적으로 달려들었고, 네프

를 결코 혁명적 근본주의의 프리즘을 통해 바라보지 않았다. 재정, 공업, 무역, 농업 등의 문제에 사로잡힌 그는 정치국과 중앙위원회에 구체적인 정책제안을 내놓았다. 그의 정책제안에 대해서는 나중에 자세히 설명하겠다. 그는 고무적이지 않은 '후퇴'를 방어하기 위해 자신의 고무적인 달변을 한껏 활용했다. 그는 1921년의 코민테른 3차 대회와 1922년의 코민테른 4차 대회에서 네프를 옹호하고 주창했다.[23] 그는 이전보다 더 많은 시간과 에너지를 코민테른에 쏟았고, 코민테른 집행위원회에서는 독일의 '3월행동'처럼 시기적으로 부적절하고 무모한 봉기를 해외에서 부추기려는 지노비예프와 부하린의 경향에 반대했다. 그는 코민테른의 프랑스위원회를 주재했고, 코민테른의 모든 주요 업무들에 관여했다.

그러나 트로츠키가 전쟁인민위원회, 국내 경제문제, 코민테른에만 자기의 에너지를 전부 다 쏟아 부은 것은 아니었다. 그는 여러 가지 다른 많은 일로도 바빴으며, 그 각각의 일은 활력과 재능이 모자란 사람이라면 자신의 모든 시간을 다 쏟아 부어야 할 만한 일이었다. 예를 들어 그는 야로슬라프스키가 '무신론자협회'의 회장이 되기 전까지 이 협회를 이끌었다. 그는 신앙을 가진 이들의 감정을 해치지 않도록 유의하며 이 협회를 철학적 계몽의 정신으로 이끌었다. 그러나 야로슬라프스키가 이 협회를 이끌게 된 뒤에는 신앙을 가진 이들의 감정이 폭발해 협회의 활동을 방해하게 된다. 야로슬라프스키는 심지어 비밀 위원회를 만들고 그 위원회를 통해 교회의 보물들을 몰수하거나 수집했다. 그 보물들은 볼가 강 주변의 기근을 완화시키기 위해 외국에서 식량을 수입하는 데 써야 하는 것이었다.[24]

이 시기에 트로츠키는 러시아 최고의 지적 고무자이자 대표적인 문학비평가였다. 그는 과학자, 의사, 도서관 사서, 언론인을 비롯한 여러 전문직 종사자들을 상대로 하는 연설을 자주 했다. 그는 연설에서 청중이 관심을 갖고 있는 쟁점들에 대해 마르크스주의가 어떤 의미를 갖고 있는지를 설명했다. 이와 동시에 그는 러시아의 문화생활을 획일화하려는, 점점 더 분명해지고 있는 당의 경향에 저항했다.[25] 그는 많은 글과 연설을 통해 보다 대중적인 맥락에서 러시아인의 거친 생활양식을 문명화하고, 행동방식을 개선하고, 위생수준을 높이고, 혁명 이후 저급해진 러시아어의 구어와 문어를 개선하고, 당원들의 관심사를 보다 넓히는 동시에 인간화해야 할 필요성 등을 강조했다. 이 시기는 레닌이 대중의 시야에서 이미 어느 정도 물러난 레닌 시대의 말기였고, 그 몇 년 동안 트로츠키는 당의 가장 중요하고 권위 있는 대변자였다.

당이, 아니 당보다는 초기당원들이 정치적 독점을 수립하고 공고히 하는 과정에서 취한 냉정한 현실주의에 대해 아직은 그의 낭만적 기질이 반항하지 않고 있었다. 네프가 선포되기 전과 마찬가지로 그 뒤에도 그는 설득력 있는 논증과 이성에 대한 호소에 기반을 두고 규율을 강조하긴 했지만, 사실 그는 가장 엄격한 규율주의자였다. 그는 여전히 당이 지닌 '역사적인 천부의 권리'를 찬양했고,[26] 사회적 불안과 혼란 속에서는 프롤레타리아 민주주의의 절차가 준수될 수 없다고 주장했다. 그는 또 위축되고 타락한 노동계급의 불안정한 정서에 혁명의 운명이 의존하게 해서는 안 되며, 모든 가능한 수단을 다 이용해 '철의 독재'를 유지하는 것이 사회주의를 지향하는 볼셰비키의 의무라고 말했다. 이전에 그는 당의 정치적 독점은 긴급조치에 해당하므로 긴급한 상황이 끝나는 대로 철회돼야 한다는 생각을 내비쳤다. 그러나 이 시기에는 그런 말을 입에 담지 않았다. 크론슈타트 봉기가 일어난 지 1년도 더 지난 뒤에 그는 〈프라우다〉에 실린 글에서 경제회복의 징조와 모든 분야에서 가시화되고 있는 '상향 움직임'에 대해 설명하면서, 일당제를 종식시키고 최소한 멘셰비키들에 대해서는 활동금지 조치를 해제할 때가 된 것 아니냐고 묻고는 그렇게 해서는 절대로 안 된다는 대답을 스스로 내놓았다.[27] 이제 그는 러시아 내부의 어려움을 이유로 내세워 당의 정치적 독점을 정당화하기보다는 러시아는 '포위된 요새'이므로 그 안에서 아무리 미약한 야당이라도 야당을 용납해서는 안 된다는 이유를 들어 당의 정치적 독점을 정당화했다. 그는 러시아가 국제적으로 고립된 상태로 있는 기간 전체에 걸쳐 일당제가 시행돼야 한다고 주장했다. 그러나 그는 러시아의 국제적 고립이 실제로 지속된 기간만큼 오래 지속될 것이라고 생각하지 않았다. 그는 한때 자신이 정부의 야당탄압 시도를 비웃으면서 야당탄압이 궁극적으로는 효과가 없을 것이라는 의견을 표명했던 것을 회상했다. 그러면서 그는 자기가 명백히 태도를 바꾼 것에 대해 다음과 같은 주장으로 변명했는데, 이 주장은 나중에 그에게 부메랑으로 돌아오게 된다. 그 주장은 이랬다. "억압적인 조치는 시대착오적인 정부와 체제가 새롭고 진보적인 역사적 세력에 대해 적용할 때는 그 목적이 달성될 수 없다. 그러나 역사적으로 진보적인 정부에 의해 그것이 시행될 때는 이미 시대적 존재가치가 없어진 세력을 무대에서 신속히 몰아내는 데 매우 실질적인 수단이 될 수 있다."

그는 사회혁명당 당원들에 대한 유명한 재판이 진행되던 1922년 6월에 이런 자기의 견해를 다시 주장했다. 트로츠키는 도라 카플란(Dora Kaplan)의 레닌 암살 미수사건과 그 외의 여러 테러사건들에 대한 정치적 책임이 피고인들에게 있다고 주장하면서 뛰어나고 날카롭게 논고를 펼쳤다. 이 재판은 베를린에서 '3개 인터내셔널의 총회'가 진행되는 시기에 열렸다. 이 총회의 목적은 서구의 공산당과 사회당 간의 '통일전선'을 수립하자는 것이었고, 부하린과 라데크가 볼셰비키들을 대표해 참석했다. 이 총회에서 서구의 사회민주주의 지도자들은 러시아에서 열리고 있는 재판에 대해 항의했고, 부하린과 라데크는 총회의 협상 분위기를 원만하게 하기 위해 피고인들에게 사형선고가 내려지지는 않을 것이라고 약속했다. 레닌은 부하린과 라데크가 '공갈에 굴복'해 유럽의 개량주의자들이 소련 국내의 일에 간섭하도록 허용했다면서 분노했다. 트로츠키도 레닌 못지않게 분노했다. 그러나 트로츠키는 총회가 깨지는 것을 막기 위해 일단 피고들에게 사형선고는 내리되 사회혁명당이 앞으로 테러행위를 저지르거나 조장하지 않겠다는 약속을 공개적으로 하는 조건으로 사형집행을 유예하자는 타협안을 제시했다.[28]

규율을 중시하는 트로츠키의 태도는 당 내에서도 거침없었다. 그는 중앙위원회를 대표해 노동자반대파를 당과 코민테른에 기소했다. 노동자반대파의 행동과 입장에 대한 비판이 이루어진 10차 당대회 이후에도 노동자반대파는 계속 신랄하게 당 지도부를 공격했다. 슐랴프니코프와 콜론타이는 정부가 신흥 부르주아와 부농의 이익을 증진시키고 노동자의 권리를 짓밟으면서 혁명을 크게 배신하고 있다고 규탄했다. 당에서 패배하고 레닌으로부터 축출의 위협을 받은 그들은 코민테른에 레닌을 제소했다. 코민테른 집행위에서 트로츠키는 그들에 대항하는 변론을 해서 기각 결정을 얻어냈다.[29] 그 뒤에 이 문제 때문에 열린 1922년 봄의 11차 당대회에서 트로츠키는 논고에 나섰다.[30] 그는 악의나 원한이 없었고 오히려 노동자반대파에 대한 따뜻한 동정심을 갖고 있었으나, 고소된 내용 자체에 대해서는 단호하게 논고했다. 그는 노동자반대파가 러시아의 당을 코민테른에 고소하는 전례 없는 행동을 했지만 그런 행동 자체가 권리의 범위를 벗어난 것은 아니라고 말했다. 그가 논고한 슐랴프니코프와 콜론타이의 잘못은 그들이 논란의 과정에서 용인되기 어려울 정도의 격렬한 어조로 말했다는 점과, 그들이 자기들을 '우리'로, 당을 '그들'로 부름으로써 '이미 또 다른 당을 준비해놓고 있는 것처럼' 행동했다는 점이었다. 트로츠키는 그들의 그러한 태도는 당에 분열을 가져오고 혁명의 적들에게 도움을 주는 행동이라고 지적했다. 그는 정부와 정부의 농촌정책, 사유재산에 대한 정부의 양보를 변호했고, 그러한 정책들이 '부르주아 국가들과 장기간에 걸쳐 평화적으로 공존하고 상거래상의 협력을 할 수 있는 기반'을 닦았다는 정부의 견해를 옹호해 강력한 비판에 직면해 있는 정부를 거들었다.[31]

환멸을 토로한 것은 노동자반대파뿐이 아니었다. 레닌이 마지막으로 참석한 11차 당대회에서 트로츠키와 레닌은 오랜 세월 가까이 지내온 친구들로부터도 공격을 받았다. 안토노프-오브세옌코는 당이 부농과 해외 자본주의에 항복했다고 말했다.[32] 랴자노프는 만연한 정치적 타락과 멋대로 당을 지배하는 정치국의 태도를 소리 높여 규탄했다.[33] 우크라이나의 인민위원인 로조프스키와 스크리프니크는 정부의 행정이 지나치게 중앙집권적이어서 과거의 '하나이며 나누어질 수 없는' 러시아를 연상시킨다고 말했다.[34] 여전히 민주집중파에 속하는 부브노프는 당이 '프티부르주아적 타락'에 빠질 위험성에 관해 말했다.[35] 대표적인 경제이론가이며 전 중앙위원회 서기인 프레오브라젠스키도 비판을 가해 왔다.[36] 이들 비판자의 대부분은 훗날 '트로츠키주의 반대파'의 대표적인 인물이 되며, 트로츠키는 이때 슐랴프니코프와 콜론타이가 한 것처럼 훗날 당 중앙위원회를 코민테른에 제소하게 된다. 그렇지만 이때만 해도 트로츠키는 레닌의 적극적인 지지를 받으며 볼셰비키 고참당원들의 대변자로서 노동자반대파의 주장을 반박했고, 그러는 과정에서 첫째도 규율, 둘째도 규율이라고 강조했다.

그러나 트로츠키는 고참당원들 사이에서는 아직 이방인이었다. 그는 그들과 같은 입장에 서있긴 했지만, 그들과 하나가 되지는 않은 상태였다. 1922년의 당대회에서 아르메니아의 대표로 참석한 젊은 미코얀이 연단에 서서 바로 이 점을 거론했을 때 반박하는 사람이 없었다. 토론하는 과정에서 레닌, 지노비예프, 트로츠키는 당과 국가가 통합되는 데 대한 불안감을 내비치면서 어느 정도까지는 당과 국가의 기능을 분리시킬 필요가 있다고 말했다. 그러자 미코얀은 '국가기구의 사람이지 당의 사람은 아닌' 트로츠키로부터 그런 견해를 듣는 것은 놀라운 일이 아니지만 어떻게 레닌과 지노비예프까지 그런 이야기를 할 수 있느냐고 말했다.[37] 이 말은 미코얀 혼자만의 생각이 아니었다. 그는 당의 고참당원들 다수가 속으로는 생각하지만 아직 공개적으로는 말하지 않은 것들을 요약해 이야기했던 것이다. 고참당원들이 보기에 트로츠키는 국가기구의 사람이지 당의 사람은 아니었다.

고참당원들은 그동안 꿈꾸어보지도 못한 고위직에 올라 인민, 노동계급, 당의 위에 서게 되자 자기들의 과거를 부풀리기 시작했고, 그 과거와 관련된 전설도 만들어내기 시작했다. 그들이 만들어낸 전설은 같이 큰 전투를 치르고 승리한 베테랑들의 집단에는 늘 존재하기 마련인 경건한 분위기를 당연히 깔고 있었다. 러시아 국민들은 지하운동을 하다가 갑자기 떠올라 고위직을 차지한 사람들에 대해 아는 것이 전혀 또는 거의 없었다. 이제는 인민들에게 그들이 어떤 사람들이고 무엇을 했는지를 말해줘야 했다. 당의 역사가들은 문서를 뒤져 그들의 영웅담을 재구성하는 작업에 착수했다. 그들은 초인적인 영웅성, 지혜, 대의에 대한 헌신 등을 이야기했다. 그렇다고 그들이 너무 뻔뻔스럽게 내용을 조작한 것은 아니었다. 그들이 하는 이야기 중 많은 부분은 사실이었다. 그리고 그들은 그다지 사실이 아닌 것도 사실이라고 진심으로 믿었다. 당의 초기당원들이 과거라는 희미한 거울을 통해 자기들의 모습을 들여다보니 그 모습은 승리한 혁명의 후광을 받아 실제보다 더 밝고 더 크게 보일 수밖에 없었다. 또한 그 거울을 통해 보이는 트로츠키는 그들의 적대자, 멘셰비키, 멘셰비키의 동맹자, 8월블록의 지도자, 그리고 홀로 있을 때도 위험한 논쟁꾼이었다. 그들은 트로츠키와 레닌이 공개적인 논쟁에서 서로 주고받은 통렬한 비난들을 다시 읽었다. 그리고 그동안 알려지지 않았던 원고와 편지들이 들어있는 문서보관실에서 두 사람이 서로 상대방에게 들이댄 거친 표현을 많이 찾아냈다. 당의 역사가 담긴 문서는 아무리 하찮은 일에 관한 것이라도 소중하게 다뤄지고 출판됐다. 과거에 트로츠키가 한 반볼셰비키적 발언은 출판하지 말아야 하는 것 아니냐는 문제가 떠올랐다. 당 문서보관실의 책임자인 올민스키가 이 문제에 대해 트로츠키 본인에게 물어본 적이 있다. 1912년에 트로츠키가 츠하이제에게 쓴 편지가 차르의 헌병대 문서들 속에서 발견됐을 때였다. 그 편지에는 트로츠키가 레닌을 '음모가', '조직을 와해시키는 자', '러시아의 후진성을 이용하는 자'라고 불렀다는 내용이 들어있었다.[38] 트로츠키는 출판에 반대했다. 오래전의 일이어서 이미 망각된 두 사람 사이의 의견대립에 새삼 사람들의 이목을 집중시키는 것은 어리석은 일이라고 그는 말했다. 게다가 그는 볼셰비키를 비판한 자기의 모든 발언이 다 잘못됐다고 생각지지는 않았지만 그런 발언에 대해 역사적인 해명을 하는 일에 말려들고 싶지 않았다. 결국 그 자극적인 문서는 출간되지 않았다. 그러나 문서의 내용이 워낙 통렬했기에 그 사본이 서로 믿을 수 있는 베테랑 당원들 사이에 회람되지 않을 수 없었다. 그것을 읽어본 이들은 트로츠키가 츠하이제에게 보낸 편지에서 레닌을 깎아내렸다고 말했다. 더구나 그 편지의 수신자는 반역자 츠하이제였다. 게다가 트로츠키는 아직도 자기가 전적으로 틀린 것은 아니었다고 말하고 있지 않은가! 물론 트로츠키는 레닌에 대한 자기의 표현에 대해 그 뒤에 필요한 만큼 충분히 수정을 가했다. 레닌이 쉰 살이 되던 1920년에 트로츠키는 레닌에게 찬사를 보내면서 그에 대한 인물묘사를 했다. 그 내용은 치밀한 심리묘사와 찬사로 가득 차 있었다.[39] 그럼에도 불구하고 과거의 기묘한 일화들이 당 창건자인 레닌에 대해 경외감 외에는 다른 감정을 가져본 적이 없는 이들에게 트로츠키가 볼셰비키로 전향한 것이 아주 최근의 일이라는 사실을 상기시켰다.

고참당원들이 트로츠키를 동료로 인정하기를 꺼린 것은 과거의 갈등에 대한 기억 때문만이 아니었다. 그들이 아직 트로츠키의 강렬한 개성에 익숙해지지 않은 상태에서 나름의 보호색도 갖추지 못했다는 이유도 있었다. 그는 자기의 뛰어난 지성과 강한 의지만으로도 '레닌주의자'들을 압도했다. 그의 결론이 다른 이들의 결론과 일치하는 경우도 있었지만, 그것은 당의 전통에 의해 신성시되는 공리에 전혀 구애받지 않고 순전히 트로츠키 자신의 전제에서, 자신의 방식으로 도달한 결론이었다. 그는 편하고 자유롭게 의견을 말했다. 이런 태도는 레닌의 제자들 대부분이 원칙적인 공식을 지키면서 힘들게 자기 의견을 말하는 태도와 사뭇 대조적이었다. 그는 권위 있게 말했고, 남의 말을 옮기는 식으로는 말하지 않았다. 트로츠키가 보여준 지적 관심의 폭과 다양성은 필요에 의해 또는 자기부정의 결과로나 자기 나름의 성향으로 인해 정치와 조직의 문제에만 협소하게 관심을 집중하는 데 익숙해졌거나, 자기의 진정한 장점을 자랑스럽게 생각하기보다 오히려 자기의 관심범위가 협소한 것을 자랑스럽게 생각하게 된 이들의 마음속에 스스로에 대한 의심을 불러일으켰다.

이에 따라 그가 지닌 거의 모든 것, 즉 그의 풍부한 지성, 대담한 언변, 문필가로서의 독창성, 행정능력과 추진력, 정밀한 일처리 태도, 동료와 부하에게 엄격한 요구를 하는 자세, 초연함, 시시한 면이라곤 찾아볼 수 없는 내면, 심지어는 한가로운 이야기를 못 하는 그의 성격 등이 보수파 고참당원들의 마음속에 열등감을 불러일으켰다. 트로츠키는 결코 그들에게 허리를 굽히려 하지 않았고, 자기가 그럴 수 있다는 생각조차 하지 못했다. 그는 바보들을 용납하지 못했을 뿐 아니라 바보들로 하여금 스스로 바보라고 느끼도록 만들었다. 보수파에 속하는 이들은 자기들이 언제나 지도자로 받아들였고 자기들의 민감한 감정을 건드리지 않으려고 애쓰는 레닌과 함께 있는 것이 훨씬 편했다. 이를테면 지지자들 가운데 일부가 관련된 어떤 정치적 태도를 공격할 때 레닌은 그런 태도를 버려주기를 바라는 사람들은 공격대상에서 제외되도록 주의했다. 그렇게 함으로써 그는 언제나 그들이 체면을 잃지 않고 스스로 알아서 물러설 수 있도록 배려했다. 누군가에게 자기의 견해를 수용시키고자 할 때 레닌은 그 사람이 자기의 압력 때문이 아니라 스스로의 추론으로 새로운 관점을 갖게 됐다고 확신할 수 있게끔 배려하면서 그 사람과 대화를 나누었다. 트로츠키는 이런 세심한 배려를 거의 하지 않았고, 오히려 다른 사람에게 그의 오류를 상기시키면서 자기의 생각이 더 우월하며 자기에게 선견지명이 있음을 인식시키고자 하는 충동을 거의 극복하지 못했다.

트로츠키의 선견지명은 그가 과시적인 태도를 취한다고 해서 가려지지는 않았다. 또 그의 선견지명은 다른 사람들에게 상처를 입혔다. 쉬지 않고 움직이는 그의 창의적인 정신은 언제나 사람들을 놀라게 하고, 당황하게 하고, 화나게 했다. 그는 동료나 부하가 상황이나 사상의 관성에 끌려가는 것을 용납하지 않았다. 당이 새로운 정책을 결정할 때면 그는 곧바로 그 결정의 '변증법적 모순'을 폭로하고, 그 결과를 파악해내고,

새로운 문제와 난관을 예상하고, 새로운 결정을 촉구했다. 그는 타고난 말썽꾼이었다. 그의 판단은 대부분의 경우에 결국은 올바른 것으로 판명됐지만, 그런 경우에도 언제나 저항을 불러일으켰다. 그의 정신이 너무나 빨리 움직였기에 다른 사람들은 숨차고, 지치고, 화가 나고, 소외감을 느꼈다.

이처럼 모스크바와 크렘린 궁에서, 그리고 당의 고참당원들 속에서 거의 이방인인 상태로 그는 레닌의 옆에 서서 혁명의 무대를 지배하고 있었다.

1922년 4월에 레닌과 토로츠키의 관계에 큰 그림자를 드리우는 일이 일어났다. 4월 11일에 열린 정치국 회의에서 레닌은 트로츠키를 중앙인민위원회 부의장(부총리)에 임명할 것을 제안했다. 트로츠키는 단번에, 그리고 어느 정도는 거만하게 그 자리에 앉기를 거부했다. 트로츠키가 거부한 것 자체와 거부하는 태도가 레닌의 신경에 거슬렸다. 이 일을 놓고 새로운 논쟁이 벌어졌고, 이때의 논쟁은 예전부터 존재해온 적대감을 더욱 확대시키면서 정치국을 분열시켰다.[40]

레닌은 트로츠키가 자기를 대리하는 2인자가 되는 데 동의해주기를 바랐다. 레닌은 스탈린이 당 서기장이 된 지 일주일 만에 트로츠키에게 이런 제안을 했다. 서기장은 정치국과 중앙위원회의 결정을 집행하기만 하는 자리였다. 하지만 서기장에 스탈린을 임명한 것은 당 간부들의 규율을 강화하기 위한 계산된 인사였다. 우리가 알다시피 레닌은 이미 노동자반대파 지도자들을 당에서 축출할 것을 요구한 적이 있지만, 중앙위원회에서 이 요구가 통과되는 데 필요한 3분의 2에서 단 한 표만 모자란 득표에 그쳐 요구를 관철하는 데 실패했다.[41] 그는 10차 전당대회의 비밀회의에서 선언된 당내 반대파조직 결성 금지령을 스탈린이 집행할 것으로 예상했다. 이런 상황에서라면 필연적으로 서기장이 광범한 재량권을 갖게 될 터였다.

사실 레닌은 스탈린이 서기장에 임명되는 것에 대해 나름대로 불안감을 가졌다. 그러나 일단 그런 인사가 결정된 뒤였기에 트로츠키를 당 서기장과 비슷한 영향력과 책임이 있는 자리인 인민위원회 부의장에 임명해 균형을 잡으려고 했던 게 분명하다. 그가 당대회에서 당과 국가를 분리할 필요가 있다고 주장한 만큼 그 수단으로 스탈린과 트로츠키에게 그 같은 자리배분을 하려고 했을 수도 있다. 당과 국가의 분리가 효과적이기 위해서는 당 조직을 관리하는 사람 못지않게 의지가 강한 사람이 정부조직의 업무를 지도해야 할 필요가 있었던 것이다.

그런데 레닌의 계획으로는 트로츠키만이 유일하게 부의장이 되는 것이 아니었다. 국가경제최고회의의 수장이기도 한 리코프와 보급담당 인민위원인 추루파가 이미 동일한 부의장 직에 앉아 있었다. 나중에 레닌은 카메네프도 부의장에 임명할 것을 제안했다.[42] 부의장들은 정부부서와 인민위원에 대한 감독을 나눠 맡았다. 그러나 트로츠키가 명목상으로는 3~4명의 부의장들 가운데 하나가 되더라도 실질적으로는 진정한 2인자로 활동하게 한다는 것이 레닌의 의도였음은 의심할 여지가 없다. 트로츠키는 어떠한 공식 직함 없이도 정부의 모든 분야에서 모든 경우에 자신의 주도력만으로 이인자의 역할을 하고 있었다. 레닌은 이런 트로츠키의 위상을 공식화하고 그의 지위를 좀 더 강화하려는 계산에서 그 같은 제안을 했던 것이다.

트로츠키를 인민위원회 부의장 자리에 앉히려고 레닌이 얼마나 노심초사했는가는 그가 되풀이해서 이 문제를 거론하고 9개월 동안 몇 번이나 같은 제안을 거듭했다는 사실에서 알 수 있다. 4월에 처음으로 이 제안을 내놓을 때 그는 아직 몸이 불편하지 않았으므로 후계자 문제는 아마도 생각하지 않고 있었을 것이다. 그러나 그는 이제 과로로 피곤해진 상태였고, 불면증에 시달리곤 했다. 그는 공직의 업무 부담을 줄여야 했다. 레닌은 5월이 다 가기 전에 처음으로 중풍 증세를 보였고, 10월이 돼서야 다시 일을 할 수 있었다. 그럼에도 그는 9월 11일 몸이 아직 나아지지 않아 의사들로부터 절대적인 안정이 필요하다는 경고를 받고 있는 상태에서 스탈린에게 전화를 걸어 트로츠키를 인민위원회 부의장에 임명하는 문제를 정치국에 가장 긴급한 안건으로 정식 제출해줄 것을 요청했다. 그리고 후계자 문제가 심각한 걱정거리가 된 12월 초에 이 문제를 개인적으로 직접 트로츠키에게 들이댔다.

왜 트로츠키는 거절했을까? 레닌의 하위 보조자에 불과한 다른 부의장들과 자기를 공식적으로 같은 반열에 놓는 조치가 그의 자존심에 상처를 입혔을 수도 있다. 트로츠키는 부의장이 그렇게 많아야 할 이유를 모르겠다고 말했고, 부의장들의 역할이 불명확하고 서로 겹치는 점에 대해 냉소적인 논평을 가했다.[43] 그는 정치적 영향력의 실체와 그 그림자를 구분하고는 레닌이 자기에게 그림자를 제안했다고 주장했다. 정부의 모든 지렛대가 당 서기국의 수중에, 다시 말해 스탈린의 수중에 들어가 있었다. 그와 스탈린 사이의 적대감은 내전 이후에도 계속되고 있었다. 그 적대감은 정책의 차이에서도 드러났지만, 정치국에서 공직인사를 둘러싸고 벌어진 갈등에서도 드러났다. 트로츠키는 자기가 레닌 다음의 2인자라고 하더라도 이미 각 정부부서에 볼셰비키가 들어앉아 있기에 그들을 효과적으로 통제하는 서기국이 내리는 결정에 자기가 늘 의존하게 될 것이라고 생각했다. 이 점에서 그의 태도는 레닌의 태도와 마찬가지로 자기

모순적이었다. 그는 당이, 아니 1세대 당원들이 정부에 대한 배타적인 통제권을 갖기를 바랐다. 그럼에도 그는 당 조직이 정부의 일에 간섭하는 것을 막으려 했다. 이 두 가지는 1세대 당원들과 당이 대체로 일치한다고 해도 동시에 얻을 수는 없는 것이었다. 레닌의 제안을 거절한 트로츠키는 처음에는 행정부를 전면적으로 재검토하고 개조하는 구상을 제시했다. 그러나 곧 그는 서기국과 조직국의 권력이 약해지지 않는 한 그러한 구상으로 자기가 원하는 결과를 달성할 수 없다고 확신하게 됐다.

개인적 적대감과 정부행정에 대한 의견 불일치는 대부분의 경우에서 그러하듯이 트로츠키와 스탈린 사이에서도 정책에 대한 더 폭넓은 입장차이와 결부됐다.

이제 정치국의 주요 관심사는 경제문제였다. 신경제정책(네프)의 전반적인 틀은 문제가 되지 않았다. 전시공산주의는 실패했고, 이제 그것이 사회적 부문, 즉 국유부문과 사적 부문이 공존하면서 어떤 의미에서는 서로 경쟁하는 혼합경제로 대체돼야 한다는 데 대해서는 모두가 동의했다. 모두가 네프를 임시방편이 아니라 사회주의로의 점진적 이행을 뒷받침하는 장기적인 정책으로 보았다. 네프는 이중의 목표를 갖고 있다는 것을 모두가 당연시했다. 당장의 목표는 사기업의 도움을 받아 경제를 회생시키는 것이었고, 근본적인 목표는 사회주의 부문을 촉진시켜 경제의 전 영역에 사회주의 부문을 점진적으로 확장시키는 것이었다. 이런 일반적인 관점에서는 모두가 네프 정책에 동의했다. 하지만 그 일반적인 원칙을 구체적인 조치로 옮길 때에는 의견차가 불거졌다. 일부 볼셰비키 지도자들은 주로 사기업을 더 육성할 필요가 있다고 보았고, 다른 지도자들은 그러한 필요를 부정하지는 않으나 무엇보다 사회주의 부문을 촉진할 수 있기를 바랐다.

네프 초기는 전시공산주의에 대한 극단적인 반발이 압도적인 분위기였다. 볼셰비키는 러시아 국민에게 전시공산주의로의 후퇴를 걱정할 필요가 없다고 확신시키려고 애썼다. 그리고 그들 스스로 전시공산주의로의 후퇴는 전쟁이 일어나는 경우를 빼고는 허용될 수 없다고 확신했다. 경제를 완전히 파괴된 상태에서 구해내는 것보다 더 중요한 일은 없었다. 그리고 그들이 보기에 농민과 상인만이 경제를 구해내는 일을 시작할 수 있었다. 그러므로 농민과 상인에게 아무런 유인(인센티브)도 제공되지 않는 것은 지나치게 자유방임적이라고 생각했다. 네프의 성과는 곧 나타났다. 이미 1922년에 농작물 수확량이 전쟁 이전의 정상적인 수준의 4분의 3에 이르렀다. 이로 인해 농촌에서 삶의 여건에 큰 변화가 일어났다. 원시적 상태의 농촌에서는 1년만 풍년이 들어도 기적이 나타나기 때문이다. 기아와 돌림병이 극복됐다. 그러나 네프의 이런 첫 성과는 즉각 상황의 위험성을 부각시켰다. 공업의 회복은 매우 느렸다. 1922년의 공업 생산량은 전쟁 전의 4분의 1에 불과했다. 게다가 공업 부문에서 이뤄진 약간의 성장도 주로 경공업, 특히 섬유공업에서 일어났다. 중공업은 여전히 마비상태였다. 러시아에는 강철, 석탄, 기계가 없었다. 이 때문에 기계를 수리하거나 새것으로 교체할 수가 없는데다가 연료까지 부족해 경공업이 다시 멈출 지경이었다. 공업제품은 가격이 치솟아 소비자가 구매할 수 없었다. 가격급등의 원인은 충족되지 않은 광범한 수요, 공장의 저조한 가동수준, 원료의 부족 등이었다. 게다가 볼셰비키의 기업경영 경험 부족과 관료집단의 비효율성으로 인해 상황이 더욱 악화됐다. 공업의 침체는 농업에 악영향을 끼쳐, 그렇지 않아도 취약한 상태인 도시와 농촌 사이의 '연계관계'를 다시 파괴할 태세였다. 농민들은 돈을 갖고도 공업제품을 구입할 수 없으니 식량을 팔려 하지 않았다. 사적 농업이나 상업을 인정해주는 양보가 필요했지만, 이것만으로 문제를 풀 수 있는 것도 아니었다. 그렇다고 해서 '시장'이 정부의 사회주의적 열망에 손상을 주지 않으면서 수요와 공급의 자동적인 작동을 통해 문제를 돌보고 신속히 그 문제를 해결해줄 것이라고 기대할 수도 없었다.

정부는 상황에 어떻게 대처할지 명확하게 알지 못했고, 그때그때 임기응변으로 대응했다. 정부는 진통제를 처방했다. 이는 전시공산주의에 대해 만연한 반작용에 따라 선택된 것이었다. 볼셰비키 지도자들은 모든 시장경제를 폐지하려는 무모한 시도를 하다가 뜨거운 맛을 보았기에 이제는 시장에 간섭하기를 꺼려했다. 전시공산주의 시절에 그들은 농민들에게서 식량과 원료를 강탈하면서도 아무런 양심의 가책을 느끼지 않았다. 그러나 이제는 농민들을 달래느라 여념이 없었다. 그들은 소비재에 대한 집중적인 수요가 계속 유지됨으로써 공업이 계속 돌아가고 중공업도 그럭저럭 회복세를 보이게 되기를 희망했다. 그들은 금융정책에서도 같은 태도를 보였다. 전시공산주의 시절에는 화폐와 신용이 구질서의 잔재로 멸시받았고, 시간이 지남에 따라 사라질 것으로 여겨졌다. 그러나 곧 금융 및 국영은행 담당 인민위원회가 화폐와 신용의 중요성을 재발견했고, 국가적 중요성이 있는 기업보다는 즉각적으로 이윤을 낼 수 있는 기업에 금융자원을 투자했다. 그들은 경공업에 신용을 집중 지원하고 중공업을 무시했다. 전시공산주의에 대한 이러한 반작용은 어느 정도까지는 자연스러울 뿐 아니라 유용하기까지 했다. 그러나 경제 및 금융 부서를 책임지고 있는 리코프와 소콜니코프 같은 당 지도자들은 그 반작용을 극한으로 몰고 가는 경향이 있었다.

네프를 공포하는 것에 대해서는 그 어떤 의견차도 트로츠키와 당의 다른 지도자들을 분리시키지 않았다는 점을 상기할 필요가 있다. 트로츠키는 중앙위원회가 네프를 채택하기 1년 전에 이미 네프의 토대가 될 원칙을 주창했다. 그러므로 그가 긴급한 경제문제들에 대해 1년 반 또는 2년 정도 늦게야 정부가 대응에 나섰다면서 레닌을 개인적으로 비난한 데는 이유가 없지 않았다.[44] 트로츠키는 처음으로 네프를 주창한 장본인이었지만 전시공산주의에 대한 극도의 반작용에는 굴복하지 않았다. 정치국의 동료들은 농민과 상인들에게 더 많은 양보를 하면 경제회복이 확실해진다거나 시장의 자동적 기능을 살려야 농업과 공업 간에, 그리고 경공업과 중공업 간에 균형이 되살아날 것이라고 믿었으나, 그는 그들만큼 그렇다고 믿지 않았다. 또한 소콜니코프와 리코프는 보수적 금융 운영에 관한 전통적 교리의 장점을 재발견했다며 그것에 새로이 열광했지만, 그는 그런 그들의 생각에 동조하지 않았다.

이러한 의견차는 농업과 사적 거래가 본격적으로 활성화되기 전인 1921년과 1922년 초에는 그다지 중요하지 않았다. 그러나 그 뒤에 큰 논쟁이 벌어지기 시작했다. 트로츠키는 네프의 초기 성공으로 공업정책을 긴급히 수정해야 할 필요가 생겨났으며 공업의 회복속도를 높이는 게 긴급한 과제가 됐다고 주장했다. 경공업의 '호황'은 피상적이고 그 기반이 허약하므로 설비를 수리하거나 새로운 것으로 바꾸지 않으면 오래 갈 수 없다는 것이었다. 농업의 발전을 유지하는 데도 여러 가지 도구가 필요했다. 따라서 중공업의 병목현상을 해결하기 위한 집중적인 노력이 요구됐다. 정부는 시장의 작동과 수요공급의 자동적 기능에 의존하기보다 공업 전체에 대한 '포괄적인 계획'을 만들어야 했다. 경제적 우선순위의 표가 작성돼야 했고, 그 표에서 중공업이 가장 앞에 두어져야 했다. 국가경제에 기본적으로 중요한 국유기업에 자원과 인력이 합리적으로 집중돼야 했고, 경제회복에 효과적이며 신속하게 기여하지 못할 기존의 기업은 그

기업에 소속된 노동자들을 일시적인 실직의 위험에 노출시키더라도 문을 닫게 해야 했다. 금융정책은 산업정책이 필요로 하는 바에 종속돼야 했고, 수익성보다는 국가적 이익을 기준으로 수행돼야 했다. 신용은 중공업으로 돌려야 했고, 국립은행은 중공업 분야의 설비확장에 장기적으로 투자해야 했다. 이러한 정책방향 재설정은 사적 부문과 사회주의 부문 사이에 균형이 결여돼 있기에 그만큼 더 긴급한 과제라고 트로츠키는 주장했다. 사적 기업은 이미 이윤을 창출해 자본을 축적하며 커가고 있는데 국유기업은 손실을 내고 있었다. 두 부문의 이러한 대조적인 모습은 정부 정책의 사회주의적 목표들에 위협이 되고 있었다.

삼사십 년 뒤에는 옳은 것이 되는 이러한 생각들이 처음에는 억지로 보였다. 계획의 필요성에 대한 트로츠키의 주장은 더욱 억지스러운 것으로 보였다. 물론, 사회주의 경제에는 계획이 필수라는 마르크스주의의 공리는 볼셰비키들에게 친숙한 것이었고, 일반적인 관점에서는 볼셰비키들이 모두 이 공리를 받아들였다. 전시공산주의 시절에 그들은 완전한 계획경제를 당장 수립할 수 있는 입장이라고 스스로 생각했다. 그때 트로츠키는 균형 잡힌 경제재건을 확실히 하기 위해 '단일의 계획'이 필요하다고 말했는데, 이에 반대하는 목소리는 없었다.[45] 전시공산주의가 마감되기 직전인 1921년 2월 22일에 정부는 고스플란(Gosplan), 즉 국가계획위원회를 만들기로 결정했다. 그러나 네프를 도입해 시장경제를 살리는 데 모든 노력이 경주됐기 때문에 계획에 관한 구상은 퇴조했다. 계획이라는 개념은 사람들의 마음속에서 전시공산주의와 너무나도 긴밀히 연관된 것이었고, 다시 계획을 생각하는 것은 한물간 것으로 보였다. 1921년 4월 1일에 네프가 선포된 직후 고스플란이 구성되고 크지자노프스키가 그 수장에 임명된 것은 사실이다. 그러나 이 새로운 조직의 존재는 희미했다.

그 권한에 대한 규정은 불분명했고, 그것을 명확하게 하는 데 관심을 가지는 사람도 거의 없었다. 그리고 고스플란은 장기적인 정책을 입안할 힘도, 그 어떤 것을 계획하거나 계획한 것이 집행되도록 할 힘도 갖고 있지 않았다. 그저 일상적인 경영의 문제들에 관해 기업 경영자들에게 조언을 해주는 역할에 그쳤다.[46]

거의 처음부터 트로츠키는 이러한 상황을 비판했다. 그는 네프로 이행함에 따라 계획의 필요성이 덜 긴급해지기는커녕 오히려 더 긴급해지게 됐는데 정부는 계획을 주변적인 것이나 단지 이론적인 쟁점인 것처럼 다루는 잘못을 저지르고 있다고 주장했다. 그는 이제 다시 시장경제 아래에서 살아가게 됐으니, 바로 이런 이유에서도 정부는 시장에 대한 통제를 시도해야 하고 통제를 위한 기구를 갖춰야 한다고 주장했다. 그는 '단일의 계획'을 다시금 요구하면서, 이것 없이는 생산을 합리화하는 것도, 자원을 중공업에 집중하는 것도, 여러 경제부문 사이의 불균형을 시정하는 것도 불가능하다고 말했다. 결론적으로 그는 고스플란의 계획권한이 분명히 정의됨으로써 이 조직이 완전한 계획당국이 되어 생산능력, 인적자원, 원자재 재고 등에 대해 평가할 권한을 행사하고, 여러 해 뒤의 생산목표를 설정하고, 국가경제의 다양한 부문들 사이에 필요한 균형을 이룰 수 있어야 한다고 주장했다. 1921년 5월 3일에 이미 트로츠키는 레닌에게 이런 편지를 써 보냈다. "유감스럽게도 우리의 작업은 계획 없이, 그리고 계획의 필요성에 대한 이해도 없이 진행되고 있습니다. 국가계획위원회가 오히려 곧 다가올 미래를 위한 실용적이고 사업적인 경제계획을 마련해야 할 필요성에 대한 계획적인 부정을 대표하고 있습니다."[47]

정치국은 트로츠키의 주장에 대답하지 않았다. 레닌은 트로츠키의 의견에 반대했다. 레닌은 고전적 마르크스주의 이론에 따라 계획은 고도로 발달하고 집중된 경제에서만 효과적이며, 2천만 개가 넘는 분산된 작은 농가들과 통합되지 않은 공업, 야만적일 정도로 원시적인 형태의 사적 거래가 존재하는 나라에서는 효과가 없다고 주장했다. 레닌이 장기적인 개발계획의 필요성을 부인한 것은 아니었다. 그는 크지자노프스키와 함께 러시아의 전력화 계획을 제안했으며, 그 유명한 "소비에트 더하기 전력화는 곧 사회주의"라는 말까지 했다. 그러나 그는 국유화된 산업 전반에 걸친 '포괄적'인 계획은 시기상조이고 무용하다고 생각했다. 트로츠키는 레닌의 전력화 계획도 포괄적인 계획에 기반을 두지 않는 한 성과 없이 중단될 것이라고 응수했다. 트로츠키는 이렇게 물었다. 발전소를 짓는 산업의 생산량이 계획되지 않은 상태에서 어떻게 전력화 사업이 계획될 수 있는가? 그는 현재의 상황에서는 고전적 마르크스주의 이론이 기대하는 형태의 계획은 실현될 수 없음을 깨닫고 있었다. 고전적 마르크스주의 이론은 고도로 발달하고 완전히 사회화한 생산력을 가진 현대사회를 전제로 했다. 그러나 그가 요구한 포괄적인 계획은 사적 부문을 제외하고 국유화된 공업 부문에만 한정된 것이었고, 그가 볼 때 이것은 시기상조가 아니었다. 그는 국가소유제가 실시되고 있다는 사실과, 잡다한 국유기업들이 통합조정을 받지 않은 채 운영되도록 허용하려는 정부의 경향 사이에 모순이 있다고 보았다. 그는 국가소유제는 모든 산업을 단일의 계획 없이는 효율적으로 운영될 수 없는 단일의 기업 같은 것으로 변모시켰다고 주장했다.[48]

이것은 당시에 대담한 견해였다. 1922년부터 트로츠키가 주창한 '사회주의적 원시축적'이라는 개념은 더욱 대담했다.[49] 이것은 마르크스의 역사적 개념 중 하나를 저개발국가에서의 사회주의 혁명의 조건에 적응시킨 개념이었다. 마르크스는 정상적인 자본축적이 시작되지 않았거나 미약해서 자체 재원으로는 산업의 확장이 불가능한 현대자본주의 발전 초기의 단계를 원시축적의 시기라고 묘사했다. 초기의 부르주아들은 생산수단을 자기들의 손안에 집중시키려고 애쓰는 과정에서 폭력적이고 '경제 외적인' 방법을 동원하기를 주저하지 않았다. 그리고 그들은 자본주의 산업이 충분히 강해지고 수익성을 높여 거액의 이윤을 생산에 다시 투입하고 영속적인 확장의 기반을 구조적으로 갖추게 될 때까지 그런 방법을 계속 사용했다. 자영농 토지의 몰수, 식민지 약탈, 해적질, 그리고 나중에 확산된 저임금 등이 원시축적의 주된 원천이었다. 고전적인 자본주의 국가였던 영국에서는 부르주아들의 이런 행위가 수세기 동안이나 지속됐다. 이런 과정이 상당히 진전된 뒤에야 정상적인 축적의 시기가 도래해 '합법적'인 이윤이 대규모의 투자와 지속적인 공업화의 유일한 기반은 아니라 하더라도 그 주요한 기반이 될 수 있었다.

그러면 사회주의의 원시축적은 어떠한 것이 될 것인가? 마르크스주의자들은 사회주의도 자본주의의 원시축적에 비견할 만한 발전단계를 거쳐야 할 것이라고는 상상도 하지 않았다. 그들은 사회주의 경제는 부르주아 사회에 의해 축적된 뒤 국유화된 현대적 산업의 부를 기반으로 해서 그 위에 성립되는 것임을 당연시했다. 그러나 러시아에는 그러한 부가 충분치 않았다. 그리고 최근 몇 년간의 파괴로 인해 그런 부가 더욱 적어졌다. 볼셰비키들은 사회주의가 목표라고 선언했지만, 러시아에는 사회주의에 필요한 물질적 토대가 결여돼 있음을 이제는 알게 됐다. 그들은 먼저 그런 토대를 먼저 놓아야 했다. 트로츠키는 원시축적이 사회적 소유를 기반으로 해서 이루어져야 하기 때문에 과거와는 다른 원시축적에 착수해야 한다고 주장했다.

그는 마르크스가 부르주아의 원시축적과 연관시킨 '유혈적이고 비열한' 착취와 약탈의 방법을 사회주의 정부도 채택해야 하거나 채택할 수 있다고 제안하거나, 자본주의가 '머리에서 발끝까지, 모든 땀구멍에서 피와 먼지를 떨어뜨리며' 이 세상에 나타난 것처럼 사회주의도 그렇게 이 세상에 나타나야 한다고 주장하려는 의도는 전혀 갖고 있지 않았다. 그러나 집중적이고 신속한 자본형성은 필요했다. 아직 러시아의 산업은 이윤을 생산에 재투자하는 정상적인 과정을 통해서는 커갈 수 없었다. 기업들의 대부분은 여전히 적자운영을 하는 상태였고, 적자가 아닌 일부 기업들도 사회주의의 필요조건인 신속한 공업화를 떠받치기에 충분한 정도의 잉여를 생산할 수 없었다. 국가적 축적에 필요한 자금은 사적 기업과 농업 부문의 소득을 희생시키는 방법이나 노동자들의 임금을 줄이는 방법으로 증대될 수 있었다. 얼마 지나지 않아 트로츠키는 네프맨과 부농들에게 더 많은 세금을 부과하자고 촉구하기 시작한다. 그러나 1922년에만 해도 트로츠키는 노동자들의 희생을 통해서만 경제가 운영되고, 재구축되고, 확장할 수 있다고 힘주어 지적할 뿐이었다. 예를 들면 그는 10월에 열린 콤소몰 대회에서 이렇게 말했다. "우리는 파괴된 나라를 넘겨받았습니다. 우리나라의 지배계급인 프롤레타리아는 사회주의의 원시축적 단계라고 부를 수 있는 단계에 어쩔 수 없이 접어들고 있습니다. 우리는 1914년 이전의 공장을 이용하는 것으로만 만족할 수 없습니다. 그 공장은 이미 파괴됐으니 우리 자신의 노동력을 한껏 발휘하여 한걸음 한걸음 그것을 다시 지어야 합니다." 그는 이어 이렇게 말했다. "노동계급은 가장 큰 희생을 통해서만, 모든 힘을 다 기울여 피와 땀을 흘림으로써만 사회주의에 다가갈 수 있습니다."[50]

그의 주장은 곧바로 반대에 부딪쳤다. 노동자반대파 사람들은 네프(NEP; New Economic Policy)가 '프롤레타리아에 대한 새로운 착취(New

Exploitation of the Proletariat)'의 약자라고 이미 주장한 바 있었다. 그리고 이 빈정거림은 하나의 슬로건이 된 상태였다. 트로츠키의 주장은 이 비난의 진실성을 말해주고 그것을 부각시켜주는 듯했다. 그는 사실상 노동자들이 새로운 착취를 당해야 한다고 주장하고 있는 것 아닌가? 트로츠키는 착취라는 말은 하나의 사회계급이 다른 사회계급의 이익을 위해 노예처럼 힘들게 노동을 하는 경우에만 사용할 수 있는 용어라고 대꾸했다. 그는 노동자들이 그들 자신의 이익을 위해 열심히 땀 흘려 일할 것을 요구했다. 그는 최악의 경우에도 자기는 노동자들에게 '자기착취'를 하라고 주장하려 한다는 정도의 비난만 들을 것이라고 말했다. 왜냐하면 자기는 노동자들에게 자신들의 프롤레타리아 국가와 사회주의적 산업을 위해 희생하고 '땀과 피'를 바칠 것을 요구했을 뿐이기 때문이라는 것이었다.[51]

트로츠키가 노동계급과 국가를 동일시하는 논리를 근거로 자기주장을 편 것은 이번이 처음은 아니었다. 1920년과 1921년에 노동조합의 자율성에 반대하는 주장을 할 때에도 그는 그렇게 했다. 그때 그는 노동자들이 그들 자신의 국가에 대항하여 지켜야 할 자기이익은 없다고 말했다. 레닌은 트로츠키가 말하는 프롤레타리아 국가는 아직 현실이 아닌 추상이라고 대답했다. 트로츠키가 프롤레타리아 국가라고 지칭한 국가는 아직 진정한 노동자국가가 아니고, 노동자들과 농민들 사이에서 균형을 잡아야 할 경우가 종종 있으며, 게다가 관료적으로 기형화된 것이라는 얘기였다. 노동자들은 자신들의 국가를 지켜야 할 의무가 있으나, 동시에 국가로부터 스스로를 지키기도 해야 한다고 레닌은 말했다.[52] 트로츠키는 또다시 노동계급의 이익과 노동자국가의 이익은 동일한 것이라고 주장함으로써 비판을 자초했다. 그가 사회주의 원시축적에 따르는 부담의 대부분을 노동자들에게 짊어지라고 촉구한 것은 추상적 사고에서 나온 행동 아닌가? 그렇게 한다면 관료들이, 심지어는 부농과 네프맨들도 주된 수혜자가 되지 않을까? 만약 노동계급이 그 짐을 짊어지기를 거부한다면 사회주의 원시축적이 어떻게 이루어질 수 있는가? 이러한 의문들은 이후 수년에 걸쳐 크게 부각된다. 이에 대해 트로츠키는 곧바로 자기가 주장하는 정책은 노동자들에게 강요할 수도 없고, 강요해서도 안 되며, 오직 그들의 동의를 얻어서만 실시해야 한다고 응답했다. 그렇다면 가장 중요한 난관은 '교육의 성격'이었다. 다시 말해 무엇이 필요하며 노동자들에게 무엇이 요구되는지를 노동자들 스스로가 깨닫게 하는 게 관건이었다. 그들의 자발성과 사회주의적 열정 없이는 아무것도 이루어질 수 없기 때문이다.[53] 트로츠키는 다시 한 번 노동계급이 영웅적 분발을 하게 하려고 애썼다. 이런 그의 노력은 백위대가 모스크바와 페트로그라드를 위협했을 때인 1919년에는 큰 성공을 거두었지만, 크론슈타트의 반란이 일어나기 전인 1921년과 1922년에 걸친 겨울에는 완전히 실패했다. 이 단계에서는 정치국 위원들 대부분이 자기의 인기가 떨어지는 것을 감수하면서까지 솔직하게 노동자들에게 '피와 땀'을 요구하려고 하지 않았음에도 사회주의 원시축적에 관한 트로츠키의 주장이 정치국에서 반대에 부닥치지는 않았다.

사실상 트로츠키가 소련 계획경제의 선구자 역할을 하던 네프의 초기 몇 년 동안 그가 설파한 주요 경제사상은 바로 이와 같았다. 그가 계획경제의 유일한 창안자는 아니었다. 그는 가까운 이론가나 행정가들(비록 이들 가운데 일부는 트로츠키의 규율주의적 태도에 동의하지 않았지만)의 소규모 서클이 집단적으로 갖고 있는 생각을 대변했을 뿐이다. 트로츠키에 따르면 국가경제최고회의에서 일하는 민주집중파 지도자 블라디미르 스미르노프가 처음으로 '사회주의 원시축적'이라는 용어를 만들어냈다고 한다.[54] 이 개념의 가장 중요한 이론가는 프레오브라젠스키였다. 그가 1925년에 출간한 저서 《신경제학》은 트로츠키가 쓴 글에서 발견되는 것보다 더 깊이 있는 엄격한 이론적 주장을 담고 있다는 점에서 돋보인다. 프레오브라젠스키가 자기의 이론을 처음 내놓은 때는 1922~1923년이었다. 국가경제최고회의를 움직이는 정신이자 단일의 경제계획이 필요함을 주장해온 유리 퍄타코프는 중공업의 현실적 여건에 당혹해하면서 금융인민위원회와 국립은행의 신용정책을 비판했다.[55] 트로츠키가 이런 이들로부터 아이디어를 빌렸음은 의심할 여지가 없다. 그러나 그들은 이론화 작업에 너무 깊이 빠져 있거나 행정업무에 파묻혀 있었기에 추상적인 논문이나 단편적인 경험적 결론만 내놓았을 뿐이다. 트로츠키만이 그들의 아이디어와 결론을 정책 프로그램으로 전환시켰고, 그것을 정치국의 비판으로부터 방어하면서 온 국민을 상대로 설파했다.

레닌은 여전히 '단일의 계획'과 '고스플란의 권한 강화'에 거의 관심을 보이지 않았다. 그는 자기의 전력화 계획을 '유일하게 심각한 당면과업'이라고 부르면서 '포괄적' 계획에 관한 '한가로운 소리들'을 일축했다. 스탈린도 비슷한 태도를 보이면서 레닌과 트로츠키 사이의 간극을 극대화시키려고 애썼다.[56] 이들보다 비중이 낮은 지도자인 리코프와 소콜니코프는 트로츠키의 정책이 자기들이 책임지고 있는 영역을 침해한다고 생각했다. 두 사람은 계획에 대해 회의적이었고, 고스플란에 폭넓은 권한을 부여하는 것을 반대했다. 이들은 따로 사적으로 만난 자리에서 트로츠키가 고스플란에 폭넓은 권한을 부여하라고 요구하는 것은 자기가 그 책임자가 되어, 군사적 독재자에 그치지 않고 나라의 경제적 주인까지 되려는 열망을 품고 있기 때문이라고 말했다. 머지않아 이들은 이런 이야기를 자기들끼리 주고받는 데 멈추지 않고 공개적으로 하게 된다. 트로츠키가 정말로 고스플란의 수장이 되고 싶어 했는지를 알 길은 없다. 그러나 설령 그가 수장이 되기를 원했다고 해도 그 열망은 비난받을 만한 게 아니다. 그는 이 당시 고스플란의 수장이었던 크지자노프스키를 무능하다며 비난했다.[57] 그는 결코 자기가 고스플란을 맡아야 한다고 나서지 않았고, 오직 고스플란 문제 자체에 대한 자기 생각만을 말했다. 그러나 여러 사람들의 개인적인 야심과 정부부서들 간의 질시가 이 문제에 대한 논의에 거듭 침투했다. 트로츠키의 견해에 반대하는 이들은 위상이 강화된 고스플란은 레닌이 지휘하고 트로츠키가 차석으로 있는 노동국방위원회와 경합하게 될 것이라고 주장했다. 1921년 8월 7일에 열린 중앙위원회 회의에서 트로츠키는, 노동국방위원회는 계속해서 높은 수준의 정책을 맡아야 하고 고스플란은 그 정책을 구체적인 경제계획으로 옮기고 그 집행을 감독하는 역할을 해야 한다고 말했다. 그러나 그는 중앙위원회를 설득하는 데 실패했다.[58]

이런 논쟁이 벌어지는 동안 다른 한편에서는 '노동자와 농민의 감찰기구'인 라브크린(Rabkrin)에 대한 논쟁도 계속되고 있었다. 스탈린은 1919년부터 서기장에 임명된 1922년 봄까지 라브크린을 책임지고 있었다. 그러나 그는 서기장에 임명된 뒤에도 계속 라브크린에 강한 영향력을 행사했다. 이 감찰기구는 폭넓고 다면적인 기능을 수행했다. 이 기구는 공무원의 윤리성을 감독하고, 모든 인민위원회의 업무를 예고 없이 감사하고, 모든 행정부처의 효율성을 평가하거나 제고하기 위한 조치를 취할 권한을 갖고 있었다. 레닌은 라브크린을 인민위원회보다 상위의 기구로 활동하도록 하면서, 민주적으로 통제되지 않고 있는 행정부서들이 이 기구를 통해 스스로를 통제하고 엄격한 자기규율을 유지하게 하려고 했다.

그러나 현실에서는 스탈린이 이 감찰기구를 자기의 사적인 정부 내 경찰로 바꿔버렸다. 이미 1920년에 트로츠키는 라브크린의 감찰방식이 뒤죽박죽이고 비효율적이라고 공격했고, 이 기구가 하는 모든 일이 정부조직에 장해를 초래할 것이라고 주장했다. 그는 이렇게 말했다. "행정에 관한 모든 지혜를 다 갖추고 다른 모든 정부부서를 감찰할 수 있는 특별한 부서를 만들 수는 없다. (…) 어느 정부부서에서도 정책을 변경하거나 조직을 크게 개편해야 할 필요성이 제기되면 라브크린의 지도를 바라는 것이 무용하다는 것을 잘 알고 있다. 라브크린 자체가 행정명령과 정부조직 사이에 의사소통이 잘 안 되고 있음을 분명하게 보여주는 사례이며, 그 자체가 정부를 방종하게 만드는 주된 요인이다." 여하튼 라브크린 같은 조직에서 필요한 것은 "폭넓은 시야, 즉 국가나 경제와 관련된 문제들에 대한 폭넓은 관점, 이런 일을 수행하는 사람들이 갖고 있는 관점보다 훨씬 더 넓은 관점"이라는 것이었다. 트로츠키는 라브크린을 가리켜 다른 모든 인민위원회에서 거부당해 좌절한 부적응자들의 피난처이며, "진정하고 창조적이고 건설적인 업무와는 완전히 차단돼있다"고 말했다. 그러나 그는 자기의 눈에 최고의 부적응자로 보이는 스탈린의 이름은 단 한 번도 언급하지 않았다.[59]

레닌은 스탈린과 라브크린을 옹호했다. 공직수행의 비효율성과 공직자들의 부패에 격분한 그는 라브크린에 큰 기대를 걸었고, 트로츠키의 비난을 사적 감정의 표출로 보고 그것에 대해 화를 냈다.[60] 트로츠키는 적어도 경제관련 부서의 문제점들은 잘못된 조직구조의 결과이며, 이는 경제정책에 그 어떤 지도원칙도 없기 때문이라고 주장했다. 따라서 경제관련 부서의 문제점들은 라브크린의 감찰로 해결할 수 없으며, 계획과 고스플란의 개혁에서 그 치료책을 찾아야 한다는 것이었다. 무능은 스탈린이 지휘하는 조직이 공직자들에게 가하는 충격이나 위협에 의해서는 고쳐지지 않는다고 트로츠키는 생각했다. 개화되지 못한 부패한 행정을 최악의 전통으로 갖고 있는 낙후된 국가에서는 정부의 인력을 체계적으로 교육하고 개화된 업무수행 방식을 익히도록 훈련하는 것이 주된 과제여야 한다고 트로츠키는 말했다.

이런 모든 견해차를 고려하더라도 트로츠키가 인민위원회 부의장이 되기를 거부한 것은 놀라운 일이었다. 그가 보기에 잘못 설정된 자리를 맡아 초점이 없는 경제정책을 집행한다는 것은 내키지 않는 일이었다. 1922년 여름에 레닌이 그에게 인민위원회 부의장 자리를 이용해 관료들의 권력남용을 척결하는 운동을 벌이라고 촉구했을 때 그는 관료들에 의한 최악의 권력남용은 당의 최고 지도부에 그 뿌리가 있다고 대답했다. 그는 정치국과 조직국이 행정부의 일에 가차 없이 간섭하고 있고 인민위원회 수장들과 한마디의 의논도 하지 않고 여러 인민위원회와 관련된 정책을 결정하고 있는 데 대한 불만을 피력했다. 당에서 이런 잘못된 관행을 문제 삼지 않는 한 행정부의 방종한 행태에 맞서 싸워봐야 소용이 없다는 것이었다.[61] 레닌은 트로츠키가 하는 말을 받아들이지 않았다. 레닌은 라브크린의 수장으로서의 스탈린에 의지했던 것 못지않게 당의 서기장으로서의 스탈린에게도 의지하고 있었다.

1922년 여름에는 모스크바가 비러시아계 공화국과 지역들을 통제하는 방식을 놓고 의견충돌이 빚어졌다. 볼셰비키는 각 공화국에 자결권을 보장하고 있었고, 그 자결권에는 소비에트 연방으로부터 탈퇴할 권리도 명시적으로 포함돼 있었다. 1918년 헌법도 이런 권리를 보장했다. 그러나 볼셰비키들은 엄격하게 중앙집권화된 정부를 고집했고, 비러시아계 공화국의 자율성을 무시했다. 1921년 초에 트로츠키는 스탈린이 주도한 그루지야 정복에 대해 항의했다. 그러나 트로츠키는 곧 기정사실화된 현실과 타협했고, 특별 팸플릿을 통해 그루지야 정복을 옹호했다.[62] 그 뒤인 1922년 봄에 열린 11차 당대회에서 저명한 볼셰비키 당원들이 레닌의 정부가 민족자결의 원칙을 저버리고 예전의 '하나의 나누어질 수 없는' 러시아를 복원하고 있다고 비난할 때에도 트로츠키는 침묵을 지켰다. 그러나 얼마 지나지 않아 트로츠키는 정치국의 비공개 회의에서 같은 비난을 퍼부었고, 이에 따라 그루지야 문제와 그루지야에서 스탈린이 한 행동을 놓고 또다시 갈등이 불거졌다.

이때는 민족문제인민위원인 스탈린이 그루지야에서 멘셰비키를 탄압하라는 명령을 내린 직후였다. 그루지야의 볼셰비키 지도자인 므디바니와 마하라제가 이에 항의하자 스탈린은 그들을 위협해 항의를 중단시키려 했다.[63] 스탈린의 이런 조치는 어느 정도는 볼셰비키 정책의 일반적인 흐름과 일치했다. 모스크바에서 멘셰비키의 활동을 금지하는 것이 옳다면 티플리스(그루지야의 수도 트빌리시의 옛 이름-옮긴이)에서 그와 같은 조치를 취하지 말아야 할 이유가 없었다. 트로츠키는 모스크바에서는 멘셰비키의 활동을 금지시키는 것을 인정했지만 같은 조치를 그루지야에까지 적용하는 것에는 반대했다. 그는 러시아의 멘셰비키가 반혁명적인 태도 때문에 불신의 대상이 되긴 했지만 그루지야에서는 여전히 민중의 강력한 지지를 받고 있다는 점을 지적했다. 이것은 사실이었다. 그러나 이런 주장은 볼셰비키가 프롤레타리아 민주주의에 기반을 두고 통치할 때에만 설득력이 있었다. 볼셰비키가 대중의 지지를 받건 그렇지 않건 간에 혁명의 이익을 위해 정치적 독점을 유지할 자격이 있다는 견해가 받아들여지고 있는 상황에서는 이러한 트로츠키의 주장이 다소 공허하게 들릴 수밖에 없었다. 일당체제가 수립됐다면 그 일당체제에 반대하는 그루지야의 볼셰비키를 박해하는 것은 비록 일관성에서 벗어나 터무니없는 방향으로 한걸음 나간 것이긴 했지만 당연한 귀결이었다. 이때 스탈린은 므디바니와 마하라제를 위협함으로써 그로서는 처음으로 볼셰비키 당원을 탄압하는 조치를 취한 셈이 됐다. 스탈린은 또한 자기가 선도한 정책이자 그 내용에 포함된 관용적 요소로 인해 볼셰비키들이 커다란 자부심을 느꼈던 정책인 비러시아계 민족들에 대한 기존의 정책을 크게 위태롭게 만들었다.

므디바니와 마하라제는 스스로를 변호하면서 스탈린의 정책이 지닌 극단적 중앙집권주의 원칙에 반기를 들었다. 그들은 이렇게 물었다. 모스크바의 어떤 인민위원이 티플리스의 정치적 삶에 대해 결정을 내릴 권리를 갖고 있는가? 자결의 원칙은 어디로 갔는가? 소수민족은 '하나의 나누어질 수 없는' 러시아 제국에 강제적으로 다시 편입되고 있는 것 아닌가? 이런 질문들은 시의 적절했다. 이때 스탈린이 1918년 헌법보다 훨씬 더 중앙집권적이며 비러시아계 민족들의 권리를 삭감하거나 박탈하는 내용의 새로운 헌법을 준비하고 있었다는 점에서 더더욱 그러했다. 스탈린이 준비하는 헌법은 '소비에트 연방(Soviet Federation)'을 '소비에트 연맹(Soviet Union)'으로 바꾸기 위한 것이었다. 이 헌법에 대해서도 그루지야와 우크라이나를 비롯한 소수민족들이 항의하고 나섰다.

이런 항의의 의견들이 정치국에 제출됐을 때 트로츠키는 이를 지지했다. 이제 그는 자기로 하여금 그루지야의 병합에 반대하도록 했던 의혹에 대해 확신을 가지게 됐다. 그가 보기에 스탈린의 행위는 집중주의를 위험한 수준까지 과도하게 밀고나가는 흉악한 권력남용이었고, 비러시아계 민족들의 존엄성을 모독한 것이었으며, 소수민족들로 하여금 볼셰비키가 내세우는 '민족자결'이 사기였다고 느끼게 하는 것이었다. 스탈린과 오르조니키제는 므디바니와 마하라제를 기소할 준비를 했다. 그는 이 '민족주의 이탈자'들이 소련의 화폐를 그루지야에 도입하는 것을 반대하고, 인접한 카프카스 지역 공화국들과 협력하거나 그들에게 부족한 물자를 나눠주기를 거절하고, 전반적으로 민족주의적 이기심에 따라 행동함으로써 소비에트 연방 전체에 해악을 끼치고 있다고 주장했다. 이런 고발이 사실이라면 그것은 용납할 수 없는 행위였다. 트로츠키는 이런 고발이 사실이라고 믿지 않았다. 레닌과 정치국 위원들 대부분은 그와 같은 갈등은 그루지야 볼셰비키 내부의 두 분파 간 다툼 정도라고 보았고, 정치국이 취할 가장 신중한 길은 스탈린의 견해를 받아들이는 것이라고 생각했다. 스탈린은 그러한 문제에 대해서는 정치국 내의 전문가였고, 레닌은 다른 사람도 아니고 민족자결에 대한 당의 고전적 호소문이라고 할 수 있는 마르크스주의와 민족문제에 관한 유명한 논문을 쓴 스탈린이 자기의 고향에 거주하는 사람들의 민족적 자긍심을 악의적으로 건드릴 것이라고 의심할 이유가 없다고 생각했다. 다시 한 번 트로츠키는 레닌의 눈에 '개인적인 원한'에 따라, 그리고 그로 하여금 여러 쟁점에 관해 정치국에 대항하도록 한 '개인주의'에 따라 행동하는 것처럼 비쳤다. 레닌이 1922년 10월에 업무에 복귀한 뒤에 가장 먼저 한 일들 가운데 하나는 므디바니와 마하라제를 비난하고 스탈린의 권위를 뒷받침해준 것이었다.

이와 같은 정치국 내의 의견분열을 추적하고 그 속에서 트로츠키가 취한 입장을 살펴보노라면 약 1년 동안에 일어난 트로츠키의 태도변화에 놀라게 된다. 그는 1922년 전반기에는 여전히 볼셰비키의 규율을 강조하는 입장이었다. 그러나 이해의 하반기로 가면 그는 규율을 강조하는 이들과 갈등관계에 놓인다. 그의 여러 태도에서 이런 변화가 드러났지만, 가장 두

드러진 예는 1922년 초에 그가 정치국을 대표해 당과 인터내셔널에서 노동자반대파를 비난했던 것이다. 그러나 연말이 되자 그는 그동안 노동자반대파와 민주집중파가 내온 목소리를 그대로 되풀이하는 것처럼 보였다. 네프에 대한 볼셰비키 당원들의 불만을 처음으로 표현하고 네프의 정책들에 사회주의적 전망을 집어넣어야 할 필요성이 있다고 말한 집단이 바로 노동자반대파였다. 새로 나타난 관료주의를 처음으로 공격하고, 권력남용에 대해 항의하고, 새로이 나타난 특권을 비난한 것도 노동자반대파였다. 당 기구의 과도한 권력에 대항해 반기를 들고, 당내 민주주의의 복원을 소리 높여 외친 집단도 노동자반대파였다. 트로츠키는 처음에는 이들을 비난하고, 볼셰비키들은 어떠한 경우에도 '우리'와 '그들'이라는 말로 자기들을 당 지도부에 대치시켜서는 안 된다고 경고했다. 그러나 1922년을 지내면서 그는 스스로 노동자반대파의 생각 대부분을 자기 것으로 취하고, '우리'와 '그들'이라는 말로 정치국의 다수 위원들에 대항하는 태도를 취하는 것으로 보였다. 그는 마치 노동자반대파를 달래는 과정에서 그 스스로가 그들의 견해를 받아들이면서 그 그룹의 가장 탁월한 신참이 된 것처럼 보였다.

사실 그는 이때 당 전체를 휘어잡은 딜레마와 씨름하고 있었고, 단지 다른 이들보다 더욱 격렬하게 그 딜레마와 씨름했을 뿐이다. 그것은 권위와 자유 사이의 딜레마였다. 트로츠키는 양쪽 주장 모두에 거의 동등하게 민감한 반응을 보였다. 그는 순전히 혁명의 생존을 위해 투쟁하는 동안에는 권위를 우선시했다. 적군(赤軍)을 중앙집권화하고, 노동을 군사화하고, 노동조합을 국가에 흡수하려 하고, 강력하지만 문명화된 관료집단의 필요성을 역설하고, 프롤레타리아 민주주의를 파기하고, 당내 반대파를 잠재우는 데 일조했다. 그러나 이 단계에서도 그의 내부에는 사회주의적

'자유주의'가 생생하게 살아있었고, 규율을 외치는 그의 엄격한 목소리를 통해 사회주의적 자유의 강력한 음조가 마치 대위선율(對位旋律, 독립성이 강한 2개의 선율을 결합시키는 작곡기법인 대위법에서 어느 하나의 선율의 관점에서 다른 하나의 선율—옮긴이)처럼 울리고 있었다. 그가 가장 무자비하게 행동하고 가장 신랄한 말을 할 때에도 그를 다른 대부분의 규율주의자들과 구별하게 하는 따뜻한 인간성이 그런 행동과 말 속에서 빛을 발하고 있었다. 혁명의 가장 초기 단계에 이미 그는 교육받지 못하고 의심 많고 오만한 '새로운 관료집단'을 지목해 비난을 가했다. 그들은 해로운 '안전판'이었으며 '공산주의 혁명의 대의에 진정으로 위협이 되는 존재'였다. 혁명의 대의는 '땀 흘려 일하는 모든 노동자가 자기의 삶이 더 편안해지고, 자유로워지고, 존엄성을 인정받고 있다고 느낄 때에만 완전히 정당화될 것'이었다.[64]

무기를 들고 싸우던 적대의 시기가 끝나자 볼셰비즘 내부에서, 그리고 트로츠키의 마음속에서도 권위와 자유 사이의 긴장이 첨예해졌다. 노동자반대파 및 이들과 가까운 그룹들이 권위에 대해 반발하는 이들을 대표했다. 트로츠키가 이들에 대항하는 입장을 취한 것은 그가 현실의 상황을 깊이 파악하고 있었기 때문이다. 그는 현실에 뿌리를 두고 권위를 요구하는 주장을 쉽게 무시할 수 없었다. 이와 동시에 그는 자유, 즉 사회주의적 자유가 뿌리 뽑히는 것을 볼 때면 마음의 평정을 유지할 수 없었다. 그는 실제로 존재하는 딜레마와 씨름한 반면에 노동자반대파는 오직 그 딜레마의 일부분만 붙잡고 매달렸다. 트로츠키는 볼셰비키의 규율과 프롤레타리아 민주주의 사이에서 균형을 잡으려 했고, 볼셰비키의 규율 쪽으로 균형이 기울수록 프롤레타리아 민주주의를 더 옹호했다. 균형을 결정적으로 깨는 일이 1921~1923년에 벌어졌다. 그리고 이 기간에 그는 점차 규율을 주장하는 목소리에 맞서 당내 민주주의를 주장하는 이들을 대변해 목소리를 내게 된다.

그럼에도 그는 단순히 '자유주의자'가 된 것이 아니었고, 따라서 권위를 훼손하는 데 대해서는 분노했다. 그는 언제나 중앙집권화된 국가와 강력한 당 지도부가 필요하다고 확신하는 볼셰비키 정치가였고, 그러면서도 당 지도부의 특권에 대해 예의주시했다. 그는 그 특권의 원칙이 아닌 그 남용을 비판했다. 관료주의에 대한 그의 가장 분노에 찬 비판과 당내 민주주의에 대한 그의 가장 격정적인 호소 속에서도 그가 강한 규율주의자임을 드러내는 대위선율이 울리고 있었다. "관료체제는 인류의 발전 과정에서 모든 시대에 존재해온 현상으로 아직 마감된 것이 아니"며 그 해악은 "계몽, 문화적 기준, 대중의 정치의식에 반비례해" 나타난다[65]고 생각한 트로츠키는 그러한 관료체제의 해악을 단번에 퇴치하는 게 가능하다는 환상을 불러일으키지 않으려 조심했다. 이때에도 그는 관료주의를 전반적으로 배격하지는 않았다. 오히려 그는 관료체제 속의 후진적이고 전제적인 요소들에 대항해 진보적이고 계몽된 요소들에 호소했고, 진보적이고 계몽된 요소들이 선진적인 노동자들과 함께 후진적이고 전제적인 요소들을 억제하고 재교육하며, 필요하다면 제거하게 되기를 기대했다. 그는 실제로 자기 입장을 바꿔 노동자반대파 및 이들과 가까운 그룹들 쪽으로 다가갔고, 권위에 대한 그들의 반발이 합리적인 측면을 갖고 있음을 암묵적으로 인정했다. 그러나 그들과 달리 트로츠키는 권위에 대한 반발에 휩쓸려 넋을 잃지는 않았다. 그는 단순히 관료주의를 '배격'하기만 한 것이 아니었다. 그는 현실에 존재하는 딜레마와 여전히 씨름하고 있었다. 그러나 이제 그는 이전과 다른 방식으로, 그리고 이전과는 반대편에서 씨름하고 있었다.

이러했기에 트로츠키의 태도변화를 꼭 집어내어 그것이 왜, 그리고 언제 일어났는지를 명확하게 말하기란 불가능하다. 어떤 특정한 단일의 사건이 그의 태도변화를 불러온 것은 아니었다. 그리고 그의 태도변화가 일어난 어떤 단일한 순간도 없었다. 정치국의 정책은 노동자 민주주의로부터 전체주의 국가에 이르기까지 많은 쟁점들을 놓고 이리저리 표류했다. 트로츠키의 생각도 볼셰비키의 정책과 더불어 표류했으나 그 방향은 정반대였다. 중앙집권이 지나치게 나아가는 것이 느껴질 정도가 되자 그는 그런 경향에 대항하기 시작했다. 소수민족들의 권리가 침해되기 시작하자 그는 그들의 권리를 옹호하기 시작했다. 당의 '기구'들이 당에서 독립적인 존재가 되어 당과 국가를 종속시키려 하자 그는 당의 '기구'들과 충돌했다. 그가 대응한 이런 과정들 자체가 점진적으로 모호하게 전개됐으므로 그의 대응도 점진적이고 모호했다. 어떤 경우에도 그는 자기의 의견을 크게 수정해야 할 필요성을 느끼지 않았다. 그는 자기가 반관료주의의 입장을 갖고 있던 시기에 한 말을 자기가 규율주의자의 입장을 갖고 있는 시기에도 그대로 말했기 때문이다. 다만 그는 시기에 따라 강조점이나 맥락을 달리해 말했을 뿐이다. 그는 한 시기에서 다른 시기로 넘어가며 자기의 입장을 바꾸었지만 그런 사실을 스스로도 인식하지 못했다.

정책들이 모두 표류하는 가운데 상대적으로 변하지 않는 것이 뚜렷하게 부각됐다. 그것은 스탈린과 트로츠키의 대립이었다. 내전을 수행하는 과정에도 나타났었던 그들의 대립은 기질, 성장배경, 정치적 성향, 개인적 야심의 거의 본능적인 적대관계에서 비롯됐다. 이 라이벌 관계에서 스탈린이 적극적이고 공격적인 쪽이었다. 그는 자기의 지위가 트로츠키보다 낮은 것에 모욕을 느꼈다. 트로츠키는 이 라이벌 관계를 서서히 알아차렸을 뿐이다. 그리고 마지못해 대응하기 시작했고, 나중에야 그것에 얽혀들었다. 이때까지만 해도 레닌이 견제했기에 이 라이벌 관계는 수면 아래에 잠복해 있었고, 아직은 정책이나 이해관계의 명백한 충돌과 결부되지 않고 있었기에 광범한 의미를 띠지 않고 있었다. 그러나 1922년에 이 라이벌 관계는 정책이나 이해관계와 결부되기 시작했다. 당 조직의 경영자로서 레닌의 지원을 받고 있었던 스탈린은 권위를 극단적으로 대표하게 됐고, 그 권위가 요구하는 것을 집행하고 당원들의 복종을 강요하기에 이르렀다. 정책과 이해관계의 심각한 대립이 형성되기 시작했고, 개인적 적대감이 끼어들기 시작했으며, 더 나아가 개인적 적대감을 중심으로 정책과 이해관계의 대립이 일어나기 시작했다. 그러다가 결국에는 더 폭넓은 갈등이 이런 개인적 적대감을 압도하는 동시에 그것을 더욱 증폭시키기에 이르렀다.

트로츠키가 레닌, 스탈린, 그리고 정치국 위원들 다수와 의견을 달리했다는 설명이 그가 볼셰비키 지도부에서 실제로 갖고 있었던 위상에 대해 편향된 인상을 줄지도 모르겠다. 여하튼 필자는 나중에 트로츠키와 스탈린이 서로 대립하도록 하고, 따라서 트로츠키의 운명에 가장 큰 영향을 준 사건과 상황들을 부각시켜 서술할 것이다. 그러나 그런 사건과 상황들은 당시의 사람들에게는 그리 두드러져 보이지 않았다. 그리고 여기에서 서술되는 스탈린과의 불화가 볼셰비키 지도부에서 트로츠키가 차지하는 위상, 특히 그와 레닌의 관계가 규정되는 데 가장 큰 중요성을 갖는 것도 아니었다. 논쟁은 정치국에 한정됐다. 당과 국민들은 전혀 그것을 감지하지 못했다. 일반 대중은 여전히 트로츠키의 이름과 레닌의 이름을 같이 불렀고, 전 세계가 보기에도 트로츠키는 볼셰비키의 주요 정책입안자들 가운데 하나였다. 그리고 사실 트로츠키와 레닌이 같이 일하는 전체적인 관계에서는 서로 간의 의견차가 광범위한 국내외 쟁점들에 관한 두 사람 사이의 견고하고 긴밀한 의견일치를 능가하지 못했다.

전쟁인민위원으로서 트로츠키는 계속 레닌의 전폭적인 지지를 받았다. 내전이 끝난 뒤에도 트로츠키는 예전에 자기의 정책에 대항했던 '군부 반대파'와 논쟁해야 했다. 투하체프스키는 여전히 자기의 지론인 국제적군참모부를 설립하는 방안에 대해 당의 지지를 얻으려고 했다. 프룬제와 보로실로프는 지노비예프와 스탈린의 후원을 받으면서 '프롤레타리아적 전략'과 '공세적 군사 독트린'이라는 개념에 대해 공식 승인을 얻으려고 했다. 이런 문제들은 워낙 중요한 것들이어서 11차 당대회의 비밀회의에서 철저히 다뤄졌다.[66] 트로츠키는 자기를 반대하는 자들의 요구에 대한 최종적인 기각 결정을 얻어냈고, 그 과정에서 레닌의 권위에 의한 뒷받침 덕을 톡톡히 봤다. 레닌은 트로츠키가 군사문제에 관해 쓴 글들을 높게 평가했고, 군사분야에 관한 한 거의 자동적으로 트로츠키의 판단을 수용했다. 이에 대해서는 한 가지 흥미로운 사례를 들 수 있다. 크론슈타트 봉기 이후 레닌은 발트 해의 해군을 감축하거나 해체하자고 트로츠키에게 제안했다. 레닌이 보기에 해군 병사들은 믿음직하지 않았고, 해군은 쓸모가 없었다. 그럼에도 해군은 러시아에 몹시 부족한 석탄, 식량, 옷감을 많이 소비하고 있었다. 따라서 해군을 해체하는 것이 이익이라고 레닌은 생각했다. 트로츠키는 이에 반대했다. 그는 해군을 보존할 작정이었고, 자기가 해군을 재조직하고 그 사기를 진작시킬 수 있다고 확신했다. 이 문제는 대단히 비공식적인 방법으로 해결됐다. 정치국의 한 회의에서 트로츠키와 레닌이 서로 휘갈겨 쓴 메모를 주고받는 것을 통해 해결된 것이다. 레닌은 트로츠키의 장담을 받아들였고, 이로써 해군은 살아남게 됐다.[67]

레닌은 트로츠키를 마르크스주의의 해설자로서 존중한다는 뜻을 당과 인터내셔널에 거듭해서 밝혔다. 그리고 그는 트로츠키가 러시아의 문화적 삶에 미친 걸출한 영향에 대해 전적인 지지를 보냈다(트로츠키의 활동 중 문화적 측면에 관한 설명은 뒤에 나온다). 두 사람 모두 시끌벅적한 작가와 예술가들, 특히 프롤레트쿨트(Proletkult, '프롤레타리아 문화'라는 뜻이다. 부르주아 문화의 영향을 제거한 진정한 프롤레타리아 문화의 기초를 놓는 것을 목표로 한 1917~1925년의 문화운동 또는 이 문화운동에 참여한 사람들을 가리킴 – 옮긴이)가 '프롤레타리아 문화'와 '프롤레타리아 문학'을 후원하겠다는 야심을 인정하지 않았다. 내전 이후 두 사람이 압도적으로 중요하다고 생각한 교육문제에 있어서, 그리고 마르크스주의를 옹호하는 것과 관련된 모든 문제에 있어서 두 사람은 신중과 관용의 태도가 필요하다고 주장했다. 두 사람 모두 영향력 있는 당원들이 드러내기 시작한 조잡한 접근법과 기만적 태도, 그리고 광적 태도를 단호히 배격했다.

트로츠키는 외교정책에서도 매우 적극적이고 일관된 주도력을 발휘했다. 중요한 외교문제는 레닌, 트로츠키, 카메네프로 구성된 소규모 위원회에 의해 결정됐고, 이들은 외무인민위원인 치체린을 위원회의 논의에 참여하도록 했으며, 가끔씩은 라데크도 초청했다. 이때 소련의 외교노력은 평화를 공고히 하고 부르주아 유럽과 외교관계를 수립하는 방향으로 쏠렸다. 우리가 기억하고 있듯이 트로츠키는 1921년에 폴란드와의 강화협상이 최종적으로 타결되도록 하는 데 전력을 기울였다. 레닌은 이에 대해서는 그다지 열성적이지 않았다. 트로츠키는 또한 국경의 확정과 발트 해 연안의 소규모 공화국들과의 강화에 대해 정치국의 동의를 얻고자 했다.[68] 이에 앞서 1920년에 트로츠키는 이미 레닌에게 영국과 화해하라고 권고했다. 그러나 이런 그의 권고가 반응을 일으킨 것은 어느 정도 세월이 흐른 뒤였다. 그러나 외교분야에서 그가 가장 중요한 주도력을 발휘한 때는 1921년 초였다. 이때 그는 일련의 대담하고 고도로 섬세한 외교전략을 제안했고, 그 결과 소련이 독일과 라팔로 조약을 맺도록 하는 데 성공했다. 이것은 브레스트리토프스크 조약과 1939년의 독소 불가침 조약 사이 20년의 기간 중 소련의 외교에서 가장 빛나는 성취였다.

전쟁인민위원으로서 트로츠키는 적군이 현대적인 무기를 갖추게 되기를 바랐다. 그러나 소련의 군수산업은 원시적이고 낙후해 현대적인 무기를 공급할 수 없었다. 트로츠키는 해외에 있는 자기 사람들을 통해 어디에서든 가능하다면, 심지어는 미국에서도 무기와 탄약을 구입했다. 그러나 해외의 무기공급에 위험스럽게 의존해야 하는 이런 방법만으로는 무기구입이 안정적이지 못했다. 트로츠키는 해외의 원조를 얻어 러시아에 현대적인 군수산업을 일으키려고 했다. 그러나 그러한 원조를 과연 어디서 얻을 수 있겠느냐는 문제가 제기됐다. 그 어떤 부르주아 국가가 공산주의 정부의 군사력 증강을 돕는 데 동의하겠는가? 트로츠키가 기대할 수 있는 나라는 딱 하나, 바로 독일이었다. 베르사유 조약(1차대전을 종결시킨 조약으로 1919년 6월 28일 파리 교외의 베르사유 궁전에서 연합국과 독일 사이에서 조인됐다 - 옮긴이) 이후 독일은 군수품 제조가 금지되고 있었다. 독일의 군수품 공장은 유럽에서 가장 현대적이었으나 가동을 멈추고 있었다. 독일 기업들에 충분히 매력적인 제안을 하면 그 소유주들이 소련에 장비와 기술자문을 제공해주고 싶어 하지 않을까? 멘셰비키 출신으로 한때 빈의 〈프라우다〉에서 일한 적이 있는 빅토르 코프가 1921년 초에 트로츠키를 대신해 크루프, 블롬, 보스, 그리고 알바트로스 베르케 등 독일의 대기업들과 비밀리에 접촉하기 시작했다. 이미 1921년

4월 7일에 코프는 독일의 대기업들이 러시아에서 비행기, 잠수함, 대포 등의 군수품을 제조하는 데 필요한 장비와 기술지원을 제공하는 데 협력할 준비가 돼있다고 보고해왔다. 1921년 내내 사절단이 모스크바와 베를린을 오갔고, 트로츠키는 그 모든 과정을 레닌과 치체린에게 보고했다. 정치국은 그에게 비밀협상을 할 수 있도록 승인했다. 트로츠키는 라팔로 조약이 체결되기까지의 모든 과정을 주도했고, 마지막 단계에 가서야 직업외교관들이 나섰다.[69]

협상이 진행됨에 따라 거래의 범위가 넓어졌다. 독일에서는 군수산업만 가동이 중단된 것이 아니었다. 예전에 화려했던 장교단도 실업자 상태였다. 그들은 러시아의 병사나 조종사들을 가르치는 일을 기꺼이 맡았다. 대신 그들은 러시아 땅에서 비밀리에 독일군 장교후보생들을 교육할 수 있게 됐다. 이런 교육은 독일 내에서는 금지된 것이었다. 독일 군부와 적군 사이에 오랫동안 지속된 협력관계의 토대는 이렇게 놓여졌다. 이 협력관계는 트로츠키가 공직에서 쫓겨난 뒤에도 10년간 더 유지되면서 2차 대전이 발발하기 전까지 소련군의 현대화에 크게 기여했다.

그러나 1922년 봄까지는 이런 방향으로의 움직임이 분명치 않았다. 모스크바와 베를린 양쪽 모두 망설였다. 곧 열릴 제노바 회의에서 연합국과의 화해가 이루어질 수도 있다는 기대가 외교가에 존재했기 때문이다. 제노바 회의는 그동안 국제 외교가에서 따돌림당하던 독일과 소련이 처음으로 초청받은 국제회의였다. 이 회의에 걸었던 희망이 무위로 끝나고서야 라팔로 조약이 체결됐다. 이 조약은 진정한 동맹관계를 맺기 위한 것이라기보다 '냉정한 상거래' 같은 것이었다. 볼셰비키는 주고받기를 통해 최대한 많은 이득을 취하려 했고, 그 과정에서 독일이 수정주의를 강화하거나 보복심을 가지도록 자극하지 않게끔 주의했다. 애초부터 볼셰비키는 원칙상으로 베르사유 조약을 공공연히 비난해왔다. 독일이 볼셰비키 정부를 인정하지 않았고 브레스트리토프스크 강화의 굴욕이 생생했던 때에도 그들은 이런 태도를 취했었다.

트로츠키는 특히 소련의 정책이 독일의 민족주의와 얽히게 되는 것을 막으려 했다. 라팔로 조약이 체결되기 전에나 후에나 그는 프랑스와 소련의 관계를 개선시키려 했다. 1922년 가을에 트로츠키는 크렘린 궁에서 프랑스의 '좌파연합' 지도자로 곧 총리가 될 에두아르 에리오를 영접했다. 에리오는 이때의 크렘린 궁 방문을 자세하게 기록해 놓았으며, 거기에서 트로츠키가 두 나라의 관계를 개선해야 함을 주장하면서 보여준 강한 확신을 회상했다. 트로츠키는 러시아가 처음에는 브레스트리토프스크에서, 그 다음에는 라팔로에서 독일과 화해하게 된 것은 오직 연합국의 맹목적인 적대적 태도 때문이었다고 에리오에게 힘주어 말했다. 또한 라팔로 조약에는 프랑스와 적대적인 방향의 조항은 전혀 들어 있지 않다고 역설했다. 트로츠키는 프랑스의 자코뱅적 전통을 상기시키면서 프랑스의 정치가들과 여론을 향해 러시아혁명을 좀 더 깊이 이해해줄 것을 호소했다. 그가 자코뱅주의와 볼셰비즘의 유사성에 관해 이야기할 때 마침 적군의 파견부대가 프랑스어로 '라 마르세유'를 부르면서 크렘린 궁 옆을 행진하며 지나가고 있었고, 회의실의 열린 창문을 통해 "우리는 자유를 위해 죽으리라"라는 가사가 들려왔다.[70]

이때 소련에서 외교가 중요해진 이유는 소련 밖에서 공산주의가 패배한 것과 관련이 있었다. 유럽에서 혁명의 조류는 쇠퇴했고, 공산주의 인터내셔널은 좌초했다. 유럽 각국의 공산당들은 노동대중의 일부만을 이끌고 있을 뿐이었다. 그들은 부르주아 질서를 정면으로 공격해 성공을 거둘 위치에 있지 못했다. 그러나 대부분의 공산당들은 패배를 인정하려 하지 않았다. 그들은 충분히 끈질기게 노력하면 노동자들의 대다수를 자기편으로 끌어들일 수 있다는 희망을 품고 자기들만의 힘으로 봉기와 정변을 일으키려는 시도를 하고 있었다. 인터내셔널의 방향을 새로 정립하기에는 때가 늦었다. 게다가 인터내셔널은 레닌과 트로츠키의 공동작품이었다. 인터내셔널 문제에 대해서는 두 사람이 긴밀하게 협조했다. 지금까지 확인된 바에 의하면, 이 문제에 관한 한 두 사람 사이에는 사소한 불협화음도 일어나지 않았다.[71]

트로츠키와 레닌 두 사람 다 러시아에서 일어난 10월혁명이 국제 프롤레타리아 혁명의 시대를 열었다는 근본적인 믿음을 포기하지 않았다. 트로츠키는 이때 이후 그의 생이 다하기까지 20년 동안 이런 확신을 그대로 유지했다. 그러나 이때 그는 러시아 밖의 계급투쟁이 애초에 예상했던 것보다는 복잡하고 오래 걸린다는 점을 깨닫게 됐다. 그는 10월혁명의 결과로 예상했던 것을 더 이상 당연한 것으로 여기지 않았다. 그는 그러한 예상에 대한 자족적 태도나 인터내셔널 내의 '극좌적' 환상을 물리치고 싶어 했다. 그래서 1921년 7월에 사회주의의 도래는 '필연'이라고 생각하는 공산주의자들을 신랄하게 비판했다.[72] 그는 사회의 진보가 예정돼있다는 믿음은 역사에 대한 마르크스주의의 접근법을 '기계적'으로 오해한 결과라고 말했다.

인류가 언제나 예외 없이 발전하기만 한 것은 아니다. (…) 인류의 역사를 살펴보면 오랜 정체 기간도 있었다. 심지어 야만으로 퇴보한 적도 있었다. 사회가 발전의 한 고점에 도달했지만 그 고점에 계속 머물 수 없었던 경우도 있었다. (…) 그러나 인류는 결코 멈춘 상태로 그대로 있을 수는 없다. 모든 평형상태는 그것이 계급 간 투쟁의 결과든 민족 간 투쟁의 결과든 본질상 불안정하다. 발전하지 못하는 사회는 퇴보할 수밖에 없다. 발전을 담보할 수 있는 계급을 생성시키지 못하는 사회는 해체된다. 바로 그때 야만으로 가는 길이 열린다.

이것이 바로 고대문명이 붕괴하게 된 주된 이유였다. 로마와 그리스의 지배층은 타락했고, 착취당하는 계급인 노예들은 선천적으로 혁명적 행동을 하거나 정치적 지도력을 발휘할 능력을 갖고 있지 않았다. 이런 점은 우리 시대에 경고를 준다. 부르주아적 질서가 타락했음은 부정할 수 없다. 미국도 이미 사회주의가 자본주의에 비해 나라의 자원을 보다 합리적으로, 그리고 사회에 더 큰 편익을 가져다주는 방식으로 개발할 수 있는 단계에 이르렀지만, 아직은 자본주의가 역동적이고 확장적인 힘으로 유지되고 있다. 그러나 유럽 자본주의는 역사적으로 자기 한계에 이르렀다. 유럽 자본주의는 생산력을 그다지 발전시키지 못하고, 더 이상 진보적인 역할을 할 수 없으며, 새로운 전망을 내놓지도 못한다. 그렇지 않다면 우리 시대의 프롤레타리아 혁명에 관한 모든 사상은 기괴한 것이리라. 그러나 유럽 자본주의가 쇠락하고 있다 하더라도 부르주아적 질서는 스스로 무너지지 않았고 앞으로도 스스로 무너지지 않을 것이다. 그것은 타도돼야 하고, 오직 노동계급만이 혁명적 행동으로 그것을 타도할 수 있을 것이다. 만약 노동계급이 이 일에 실패한다면 오스발트 슈펭글러(1880~1936, 독일의 문화철학자이자 역사가—옮긴이)의 음울한 예언인 '서구의 몰락'이 현실이 될 것이다. 역사는 노동자들에게 하나의 과제를 던져주면서 이렇게 말하는 듯하다. "부르주아를 타도하지 않으면 그대들은 파괴된 문명의 잔해에 깔려 죽어갈 것이다. 그대들의 과업을

수행하라!" [73]

그러나 유럽 자본주의는 세계대전과 전후위기의 충격을 견뎌냈다. 서유럽의 유산계급은 러시아혁명에서 교훈을 얻었다. 그들은 차르체제처럼 기습당하는 것을 허용하지 않았다. 그리고 자원과 전략적 사상을 모두 동원했다. 무솔리니가 로마로 진군한 1922년에 트로츠키는 파시즘의 등장이 그와 같은 동원의 징후라고 말했다. 그리고 그는 '독일판 무솔리니'가 권력을 장악할 위험성도 있다고 덧붙였다. [74]

이 모든 것은 사회주의 혁명의 향후 진로에 심각하게 불길한 징조였다. 초기 마르크스주의자들이 예견하지 못한 기이한 일련의 국면들을 포함한 상황전개는 사회주의에 불리하게 작용할 수 있었다. 프롤레타리아 혁명이 가장 먼저 미국에서 고도로 발달된 생산적 자원을 배경으로 일어났다면 최선의 결과를 낳았을 것이고, 영국에서 일어났다 해도 차선의 결과는 낳았을 것이다. 그러나 혁명은 자신의 이점을 입증할 수 있는 가능성이 제한돼있는 러시아에서 성공했다. 만약 혁명이 러시아보다 더 후진적인 아시아나 아프리카의 국가에서 성공했다면 훨씬 더 불리한 조건들에 얽매였을 것이다. 이런 이유에서 트로츠키는 "역사는 실타래를 반대편 끝에서부터 풀고 있는 듯하다"라는 우울한 말을 했다. 이 말은 역사의 실타래가 가장 미성숙한 나라들에서부터 풀리고 있다는 뜻이었다. [75]

그러나 트로츠키는 그 '실타래'가 서구, 즉 유럽 쪽 끝에서도 풀리기 시작할 것이라는 희망을 버리지 않았다. 그에게는 혁명의 지연, 반혁명 세력의 동원, 계급투쟁 정체의 전망, 유럽 문명의 타락은 운명적으로 받아들여야 할 것이 아니라 대항하거나 피해야 할 위험이었다. 혁명이 성공할 가능성은 여전히 압도적으로 높았으나, 많은 것들이 공산당들의 태도에 달려 있었다. 유럽 사회를 궁지에서 끌어내는 것은 그들의 의무였다.

그들은 지도력을 확보하기 위해 노력해야 했다. 그들이 그렇게 하는 데 성공하려면 혁명의 전략과 전술에 능란하고 엄격한 국제적인 규율 아래에서 노력을 집중시키는 데 익숙한 전투적이고 의식 있는 정당이 돼야 했다. 그들이 과거 사회민주당의 급진적 변종으로만 남아있거나, 부르주아 의회주의에 대한 환상을 품고 있거나, 자기 나라의 정책 틀 안에서만 움직이려고 한다면 실패하게 돼있었다. 그러나 다른 한편으로 그들이 사회민주주의 전통에 반발해 미래에 대한 전망이나 전술에서 경직된 태도를 지닌 편협하고 자기중심적인 분파가 되거나, 부르주아 사회의 제도들 안에서라도 혁명적 사상을 증진시키는 대신 그런 제도들에 대해 순전히 부정적이고 무미건조하게 거부하는 것으로 만족하고 말거나, 상황과 세력 관계에 대해 적절한 주의를 기울이지 않은 채 자본주의의 요새들을 계속 공격하려고만 한다 해도 거의 같은 수준으로 실패할 게 확실했다.

각국의 공산당들은 즉각 혁명의 기회를 갖지는 못했다. 그들의 과제는 힘을 축적하고 노동자들을 대거 끌어들이는 것이었다. 대다수 노동자들의 지지를 얻지 못하고서는 그 어떤 혁명도 성공할 수 없었다.

트로츠키는 레닌과 함께 '통일전선' 전술을 고안해냈다.[76] 그 핵심내용은 이렇다. 아직 너무 미약해 기성질서를 무너뜨릴 수 없는 공산당들은 임금 인상, 노동시간 단축, 민주적 자유를 위한 노동자의 '일상적' 투쟁에 가장 적극적으로 참여해야 한다. 이런 공산당들은 사회주의 사상을 노동조합주의나 의회주의적 개혁으로 축소시켜서는 안 되며, '부분적 요구'를 달성하기 위한 투쟁에 자기들이 지닌 혁명의 정신과 목적을 반영해야 한다. 아울러 노동자들로 하여금 자본주의에서 얻을 수 있는 모든 이득이 얼마나 미약한 것인지를 깨닫도록 하고, 그렇게 함으로써 그런 미약한 이득을 실현하기 위한 투쟁 속에서도 최후의 결전에 대비하여 그들을 집결시켜야 한다. 사회민주주의자들은 노동자들의 전투적 에너지를 자본주의의 틀 안에 가두는 방향으로, '부분적 요구'만 달성할 수 있는 방향으로 투쟁을 이끈다. 그리고 개혁을 혁명에서 이탈하는 수단으로 이용한다. 공산주의자들은 이와 반대로 개혁을 혁명의 도약대로 사용해야 한다.

그러나 공산주의자들은 부분적인 이득과 개혁을 위해서도 싸워야 하는 입장이 되면서 사회민주주의자들이나 온건한 노동조합주의자들과 어느 정도 입지를 공유하게 된다. 공산주의자들은 통일전선의 틀 안에서 이들과 협력해야 한다. 이렇게 하는 것은 개량주의와 공산주의 사이의 근본적이며 치유불가능한 균열이라는 위험한 결과는 적어도 피할 수 있게 해준다. 공산주의자들은 노동계급의 분열을 극복하고 그 에너지가 분산되는 것을 막아야 한다. 공산주의자들과 개량주의자들은 각각 독자적으로 전진한다 하더라도 부르주아에 의해 위협을 당할 때나 그들로부터 양보를 얻어낼 수 있을 때는 언제나 함께 손을 잡고 부르주아를 타격해야 한다. 양쪽은 의회와 선거에서도 공동으로 행동해야 하며, 그러는 과정에서 공산주의자들은 사회민주주의자들을 뒷받침할 자세를 가져야 한다. 그러나 통일전선의 주된 활동무대는 의회의 바깥, 즉 노동조합, 공장, 거리다. 공산주의자들은 이중의 목적을 추구해야 한다. 한편으로는 통일전선의 즉각적인 성공을 확보해야 하고, 다른 한편으로는 사회민주주의 성향의 노동자들이 개량주의적 사고습관을 버리고 혁명적 의식을 발전시키도록 통일전선 안에서 원래의 자기 관점을 주장해야 한다.

레닌은 이런 이론을 1920년 초에 〈공산주의에서의 좌익 소아병〉이라는 논문에서 설명했다. 이 논문에서 그는 제정신이 아닌 극좌 급진주의 분파가 공산주의에 끼친 해악을 고찰했다. 1921년의 독일 3월봉기 이후에 '극좌 급진주의'를 확고하고도 공식적으로 부정하는 일이 시급히 요구됐다. 레닌이 인터내셔널 집행위원회에 새로운 정책을 제안한 것은 바로 이때였다. 레닌은 지노비예프, 부하린, 벨라 쿤 등의 강한 반대에 부닥쳤다. 당분간은 극좌 급진주의가 우세할 것처럼 보였다. 레닌과 트로츠키가 공동으로 반대자들을 상대하고 나서면서 열띤 토론이 벌어진 뒤에야 인터내셔널 집행위원회는 '힘을 결집'하는 정책을 승인했고, 레닌과 트로츠키에게 인터내셔널의 다음 대회에서 그것에 대해 설명하도록 했다.[77]

1921년 7월에 열린 인터내셔널 대회에서 극좌 급진주의자들이 자기들의 입장을 설명했다. 이들은 독일, 이탈리아, 네덜란드의 공산당에 강한 영향력을 행사하고 있었고, 인터내셔널 전체에 퍼져있는 강력한 정서적 분위기로부터 자기들의 힘을 끌어내고 있었다. 각국 공산당들은 1914~1918년의 '제국주의 학살자들'에 대한 지지, 그 뒤 유럽에서의 혁명 진압, 로자 룩셈부르크와 카를 리프크네히트의 암살, 러시아에 유럽이 개입하는 데 대한 모호한 태도 등을 이유로 옛 사회주의 정당의 지도자들을 비난하면서 그들에 필사적으로 대항해 싸우는 과정을 통해 생겨났다. 이런 각국의 공산당들을 향해 레닌과 트로츠키가 잠정적으로나마 패배를 인정하라면서 혐오스러운 '사회주의 제국주의자들'과 '사회주의 반역자들'과 협력하라고 촉구했으니, 많은 공산주의자들이 어리둥절해하고 분개한 것도 놀랄 일이 아니었다. 극좌 급진주의자들이 보기에 그것은 항복이었고, 심지어 배신으로 느껴지기도 했다. 트로츠키와 레닌은 인터내셔널 집행위에서와 마찬가지로 전체 대회에서도 반대파의 주장이 먹히지 않도록 하기 위해 자기의 모든 영향력을 행사하고 열변을 토해야 했다. 두 사람은 심지어 인터내셔널이 극좌 급진주의자들을 지지한다면 인터내셔널을 쪼개겠다고 위협하기까지 했다.

인터내셔널 대회는 새로운 정책을 투표로 통과시켰다. 그러나 심리적으로 주저하면서, 그리고 이 문제가 갖는 의미를 분명히 파악하지 못한 채 그렇게 했다. 레닌과 트로츠키는 개량주의자들과 손을 잡고 부르주아에 대한 투쟁을 전개하는 동시에 노동계급에 대한 개량주의자들의 영향력을 빼앗으라는 이중의 과제를 각국 공산당에 부여했다. 이때의 통일전선 이론은 볼셰비키가 멘셰비키 및 사회혁명당과 일종의 통일전선을 이루어 처음에는 차르체제와, 그 다음에는 입헌주의자들 및 코르닐로프와, 마지막으로는 멘셰비키 및 사회혁명당과 싸워 승리를 거둔 전술적 경험을 전부 반영한 것이었다. 볼셰비키의 성공은 볼셰비키 지도자들의 지략에 의해서만 얻어진 것이 아니었고, 사회질서 전체의 붕괴와 모든 고전적 혁명의 특징인 '우에서 좌로의 이동'에 의해 실현된 것이기도 했다. 공산주의의 관점에서 볼 때 이것 외에는 다른 어떤 전술도 현실적이지 않을 수 있지만, 과연 그러한 전술이 러시아가 아닌 다른 곳에 적용될 때에도 러시아에서와 같은 정도로 성공할 수 있을까? 유럽에서는 구질서가 어느 정도 안정을 되찾았고, 이로 인해 혼란스럽기는 하지만 뚜렷하게 좌에서 우로의 이동이 나타나고 있었다. 이것만으로도 모든 통일전선에서 개량주의자들이 확실하게 득세할 것처럼 여겨졌다. 게다가 유럽의 공산주의자들에게는 레닌과 트로츠키에 견줄 만큼 전술에 능숙한 지도자가 단 한 명도 없었다. 그러므로 유럽의 공산주의자들은 통일전선이 지닌 두 가지 측면 모두에서 통일전선 전술을 적용할 능력이 없었다. 그들 중 일부는 주로 사회민주주의자들과 성실하게 협력해야 한다는 의무를 마음 깊이 새겼다. 그런가 하면 다른 이들은 무엇보다도 사회민주주의자들을 흠집 내려고 안간힘을 다했다. 일부 공산주의자들은 부분적 요구를 위한 투쟁에서 노동계급을 단결시키는 진지한 노력으로 통일전선을 이해했다. 그런가 하면 다른 이들은 통일전선을 단지 교묘한 속임수라고 생각했다. 이렇게 상반되는 견해들 속에서 오락가락하는 이들도 있었다. 이에 따라 인터내셔널도 좌파, 우파, 중도파, 극좌파로 분열되기 시작했다.

인터내셔널 대회에서 트로츠키와 레닌은 주로 극좌 급진주의자들의 반대에 맞서 싸웠고, 이로 인해 우파를 고무하는 것처럼 보이기도 했다. 특히 트로츠키는 극좌 급진주의자들에 대해 신랄하면서도 경멸하는 어조로 언급했다. 예를 들어 그는 베를린의 공산주의 조직 지도자인 아르카디 마슬로프와 루트 피셔를 가리켜 마르크스주의와는 별로 상관이 없으며 가장 비원칙적인 기회주의로 전향할 수도 있는 골빈 감상주의자라고 말했다.[78] 대회에 참석한 온건주의자들 모두가 이런 트로츠키의 말에 환호했다. 특히 독일 공산주의의 베테랑으로서 저명한 클라라 체트킨이 다수의견을 대표해 트로츠키에게 엄숙하고도 감동적인 찬사를 보낼 때 열렬한 박수갈채가 터져 나왔다.[79]

다음 4회 대회에서는 병색이 짙어진 레닌이 짧막하게만, 그것도 몹시 힘들어하며 연설했다. 그래서 트로츠키가 인터내셔널의 전략과 전술에 대한 주된 해설자로 전면에 나섰다. 그는 다시 한 번 통일전선을 옹호했다. 한걸음 더 나아가 그는, 경우에 따라서는 사회민주주의 정부를 지지하라고 각국 공산당들에게 촉구했다. 심지어 혁명 이전의 특수한 상황에서는 그 상황이 프롤레타리아 독재로 가는 길을 닦아줄 수 있다면 공산주의자들이 사회민주주의 정부에 참여해야 한다고도 말했다.[80] 반대파는 격분했다. 인터내셔널은 창설 당일부터 공산당은 절대로 그 어떤 연립정부에도 참여해서는 안 된다는 것을 하나의 공리로 선언했었다. 공산당의 과제는 부르주아 국가기구를 무너뜨리는 것이지 부르주아 체제 안에서 그 국가기구를 장악하는 것이 아니었다. 그러나 이때의 인터내셔널 대회는 이런 전술변경을 받아들였고, 각국 공산당들에게 사회민주당과 연립 정부를 구성할 기회를 포착하라는 지시를 내렸다. 이 결정은 1923년 가을에 독일 공산주의가 위기에 봉착했을 때 결정적인 중요성을 갖게 된다.

이것이 트로츠키와 레닌이 '혁명의 실타래'를 그 '올바른' 쪽, 즉 유럽 쪽에서부터 풀어낼 수 있기를 여전히 희망하면서 기울인 전술적 노력의 과정이었다.

1922년 여름 내내 정치국에서는 국내 문제에 관한 결론을 내지 못한 채 의견충돌이 계속 이어졌다. 레닌과 트로츠키 사이의 의견차도 해소되지 않았다. 모스크바 교외에 있는 고리키 시에서 휴양하고 있던 레닌은 9월 11일에 스탈린에게 연락해 트로츠키를 인민위원회 부의장으로 임명할 것을 제안하는 긴급 동의안을 정치국에 상정해달라고 부탁했다. 스탈린은 모스크바에 있는 정치국 위원들과 대리위원들에게 전화로 이 동의안의 상정을 알렸다. 스탈린과 리코프는 찬성했다. 칼리닌은 반대하지 않는다고 선언했고, 톰스키와 카메네프는 기권했다. 반대표는 하나도 없었다. 그러나 트로츠키는 또다시 거절했다.[81] 리코프가 부의장 직을 내놓고 휴가를 가려고 해서 트로츠키가 부의장 직을 맡는 것이 시급해졌다고 레닌이 주장했지만, 트로츠키는 자기도 곧 휴가를 갈 생각인데다 다가오는 인터내셔널 대회를 위해 미리 해야 할 일이 많다고 대답했다. 이것은 궁색한 변명이었다. 왜냐하면 레닌의 의도는 단지 휴가철의 공석을 임시로 메우려는 것이 아니었기 때문이다. 트로츠키는 정치국의 결정을 기다리지 않고 모스크바를 떠났다. 9월 14일에 정치국 위원들이 모였고, 스탈린은 트로츠키에게 큰 타격을 입히는 결의안을 제출했다. 이 결의안은 트로츠키가 사실상 임무를 방기하고 있다는 비난을 담고 있었다.[82] 전후 상황을 살펴보면 레닌이 스탈린에게 이 결의안을 작성해 제출하라고 요구했던 것이 틀림없다. 스탈린으로서는 그런 레닌의 요구를 수용할 이유가 있었다.

이로부터 한 달도 지나지 않아 예기치 못한 일로 레닌과 트로츠키 사이의 대치가 끝났다. 10월 초에 중앙위원회가 무역독점에 관한 몇 가지 결정을 내렸다. 그동안 외국과의 무역에 대한 독점권을 정부가 보유하고, 모든 대외 상거래를 정부가 집중적으로 수행하고 있었다. 이는 세계시장의 적대적인 압력과 예측불가능한 변동으로부터 허약한 소련경제를 보호하기 위해 채택된 '사회주의적 보호주의'라는 조치에 따른 것이었다. '사회주의적 보호주의'는 트로츠키가 만든 용어였다.[83] 정부의 무역독점은 사기업들이 외국과의 무역에서 서로 중복된 기능을 하거나 국내의 긴요한 재화를 외국에 수출하고 긴요하지도 않은 재화를 수입함으로써 국가의 경제적 균형을 허물어뜨리는 것을 예방하기 위한 조치이기도 했다. 그런데 10월 초에 중앙위원회는 트로츠키와 레닌이 없는 가운데 새로운 결정을 내렸다. 이 새로운 결정은 사기업에 대외무역을 허용하는 데까지 나아가지는 않으나 나라 밖에 있는 소련의 무역기관들에 대한 정부의 통제를 느슨하게 하는 내용을 담고 있었다. 이런 결정은 해외시장에서 활동하는 국가기관들이 자기 조직의 이익을 위해 독립적으로 움직이도록 할 수 있는 것이었고, 따라서 '사회주의적 보호주의'에 균열을 일으킬 수 있는 것이었다. 사기업들은 그러한 균열에서 이득을 취할 수도 있었다.[84]

레닌은 소련경제에 커다란 위협이 된다면서 곧바로 이 결정에 반대했다. 레닌은 놀랐고, 분노했으며, 경악했다. 그는 의사와 간호사들을 따돌리고 얻어낸 짧은 순간들을 활용해 메모를 구술했다. 항의도 하고 충고도 하는 내용이었다. 그러나 그는 중앙위원회에 직접 개입할 수는 없었다. 그는 다행히도 트로츠키가 자기와 같은 생각을 갖고 있음을 알게 됐다. 거의 2개월이 지나도록 이 문제는 해결되지 않았다. 12월 13일에 레닌은 트로츠키에게 다음과 같은 편지를 보냈다. "트로츠키 동지, 다음 중앙위원회 회의에서 무역에 대한 정부의 독점을 유지하고 강화해야 할 절박한 필요성에 관해 우리가 공통으로 갖고 있는 견해를 방어하는 일을 해줄 것을 간곡히 부탁하오." 트로츠키는 기꺼이 동의했다. 그는 이미 여러 차례에 걸쳐 레닌과 정치국에게 그들의 정책은 통제할 수 없는 시장경제의 힘에 소극적으로 복종하도록 정부를 부추기는 것이라고 경고해온 터였다. 그는 중앙위원회의 최근 결정은 자기의 경고가 옳았음을 입증하는 것이라고 지적하고, 정책의 조정과 계획이 필요함을 다시 강조하면서 고스플란에 폭넓은 권한을 부여해야 한다고 주장했다. 레닌은 트로츠키에게 고스플란 문제는 제쳐두고 정부의 무역독점 문제에만 관심을 집중하자고 간청했다. 레닌은 다시 트로츠키에게 보낸 편지에서 이렇게 말했다. "우리는 완전한 의견일치에 이른 것 같소. 중앙위원회 회의에서 우리가 연대하고 있음을 선언해주시오." 레닌은 만약 자기와 트로츠키가 표결에서 진다면 그 투표를 무효화하기 위해 어떠한 수단이라도 동원할 것이라고 트로츠키가 선언해줘야 한다고 했다. 이는 곧 두 사람이 공개적으로 중앙위원회를 공격할 것이라는 이야기였다.[85]

두 사람이 그런 과격한 행동을 하지 않아도 됐다. 중앙위원회가 12월 하반기에 이 문제를 재검토할 때 레닌의 우려와 달리 트로츠키가 중앙위원회 위원들을 쉽게 설득해 기존의 결정을 번복하게 했기 때문이다. 레닌은 대단히 기뻐했다. 레닌은 포스터 교수[86]의 허락을 받고 트로츠키에게 써 보낸 편지에서 이렇게 말했다. "우리는 총 한 방 쏘지 않고 고지를 점령했소. (…) 멈추지 말고 압박공격을 계속하시오."[87]

이 일로 두 사람은 이전보다 가까워졌다. 이때부터 며칠 동안 레닌은 트로츠키가 지난 2년간에 걸쳐 경제정책에 대해 가했던 비판을 돌아보았다. 그는 12월 27일자 편지로 경제정책에 대한 자신의 재검토한 결과를 정치국에 알렸다.

> 트로츠키 동지는 고스플란에 폭넓은 권한을 부여해야 한다는 생각을 오래 전부터 밝혀왔습니다. 나는 그에 반대했습니다. (…) 그러나 주의 깊게 다시 검토해보고서, 그의 생각에 본질적이고 건전한 면이 있음을 알게 됐습니다. 고스플란은 경제문제에 대해 올바른 판단을 내리는 데 필요한 최선의 데이터를 갖고 있는데도 우리의 입법기관과 다소 떨어져 있습니다. (…) 이 점에서 우리는 트로츠키 동지의 입장에 어느 정도 가까이 갈 수 있고, 또 가야 한다고 나는 생각합니다.[88]

레닌은 이 편지가 정치국 위원들에게 실망을 안겨줄 것임을 잘 알고 있었기에 사과하는 어조로 편지를 썼다. 실제로 정치국은 레닌의 갑작스런 입장변경에 분개했고, 트로츠키의 항의에도 불구하고 레닌의 편지 내용을 공개하지 않기로 결정했다.[89]

이 밖에도 이해의 마지막 몇 주 동안 레닌은 자기와 트로츠키의 사이를 멀어지게 했던 쟁점들에 관해 '트로츠키 동지와 다시 만나는' 방향으로 많이 나아갔다. 12월 초에 레닌은 다시 한 번 트로츠키에게 부의장 자리를 받아들이라고 촉구했다.[90] 이번에는 공식적인 정치국 회의가 아닌 사적인 대화에서였다. 이미 후계문제가 레닌에게 가장 중대한 일이 돼 있었다. 그는 곧 유언을 쓸 예정이었다. 그러나 그는 그런 사실을 트로츠키에게 전혀 알리지 않았다. 대신 그는 자기가 보기에 점점 더 심해지는 권력남용과 그것을 제어해야 할 필요성에 대해 심각한 우려를 담은 목소리로 말했다. 트로츠키는 이번에는 레닌의 제안을 정면으로 거절할 수 없었다. 그는 권력남용이 당의 지도기관에서 용인되는 한 정부의 관료주의적 횡포에 대항하는 운동은 거의 또는 전혀 성과를 거두지 못할 것이라고 다시금 말했다. 레닌은 국가와 당의 관료주의에 공동으로 대항하기 위해 트로츠키와 '블록'을 형성할 준비가 돼있다고 답변했다. 두 사람 중 누구도 권력남용을 하는 자들의 이름을 구체적으로 언급할 필요는 없었다. 두 사람이 공동으로 대항할 경우 그 대상은 스탈린일 수밖에 없었다. 그러나 두 사람에게는 이 문제에 대한 논의를 더 진전시켜 구체적 행동계획을 만들 시간이 없었다. 며칠 뒤에 레닌이 다시 발작을 일으켰기 때문이다.

레닌은 트로츠키와의 마지막 대화에서 둘 사이에 의견이 달랐던 문제인 스탈린의 그루지야 정책에 대해서도 자기가 다시 숙고해보았다는 사실을 트로츠키에게 알리지 않았다. 그러나 이 문제에 대해서도 레닌은 마침내 '트로츠키 동지와 다시 만나는' 길로 접어들고 있었다. 레닌은 한쪽 발을 이미 무덤에 넣어놓고 있는 사람의 기분으로 자기가 일생 동안 한 일들을 불편한 심정으로 되돌아보고는 그 일들에서 자기가 저지른 실수에 대해 통렬한 자각을 하게 됐다. 몇 달 전에 열린 11차 당대회에서 레닌은 자기가 모는 차가 갑자기 가고자 하는 방향으로 가지 않음을 알게 된 운전자가 갖게 되는 것과 같은 기괴한 느낌을 갖게 됐다고 말했다. 강력한 힘이 소련을 올바른 길에서 이탈시켰다. 그 힘은 러시아의 반야만적인 농민적 개인주의, 러시아를 둘러싼 자본주의 국가들로부터의 압력, 그리고 특히 미개한 절대주의 정부라는 뿌리 깊은 토착전통 등이었다.[91] 갖은 병고를 치른 후 레닌은 국가기구가 작동하는 상태를 다시 살펴보고 더 크게 놀랐고, 마비된 두 손으로 애처로울 정도로 결연하게 그 운전대를 다시 잡으려 했다.

그는 러시아라는 '차'가 대(大)러시아적 쇼비니즘이라는 익숙한 과거의 길로 접어들고 있음을 알아차렸다. 12월 하반기에 그는 그루지야의 볼셰비키와 갈등해온 상황, 즉 이제까지 자기가 스탈린의 편을 들었던 갈등의 상황을 재점검해 보았다. 그는 조심스럽게 사실들에 관한 정보를 수집하고 선별하고 종합했다. 그리고 스탈린과 스탈린의 부하인 오르조니키제가 티플리스에서 저지른 야만적 행위를 알게 됐다. 그는 모스크바가 그루지야의 '일탈자들'에 대해 퍼부은 비난이 잘못된 것이었음을 깨달았고, 스탈린이 자기의 신뢰를 악용하고 자기의 판단을 흐리게 하도록 허용한 자기 자신에 대해 분노했다.

이러한 분위기 속에서 12월 23일과 25일에 레닌은 사실상 그의 마지막 유언이 되는, 지지자들에게 보내는 편지를 구술했다. 그는 머지않아 당을 지도하는 임무를 맡아달라는 요청을 받게 될 인물들에 대한 당의 지침을 제시하고자 했다. 그는 당 지도부를 구성하고 있는 인물들을 간략히 평가했다. 자기가 생각하는 각 인물의 장점과 단점을 당에 알리기 위해서였다. 그는 그때그때 자기가 갖게 된 견해가 아니라 오랜 세월 동안 해온 관찰에 토대를 두고 자기가 내린 판단의 내용이 잘 전달되도록 감정을 억제하고 단어를 조심스럽게 선택하면서 인물평을 했다.

그는 스탈린과 트로츠키의 불화에 내포된 위험을 당이 인식해야 한다고 썼다. '현재 중앙위원회의 가장 뛰어난 두 지도자'인 스탈린과 트로츠키 사이의 불화는 두 사람이 서로를 주된 적으로 삼아 대립하게 만들 것이라는 우려에서였다. 아직은 두 사람의 상호 적대감이 계급적 이해관계나 원칙의 기본적 갈등을 반영하는 것은 아니었다. 그것은 아직 개인적 성격의 충돌일 뿐이었다. 트로츠키는 당의 지도자들 가운데 '가장 유능'

하지만 '지나치게 자신만만'하고, '순전히 행정적인 측면으로 너무 이끌리는 성향'을 갖고 있으며, 개인주의적인 태도로 중앙위원회에 대항하려는 경향을 보이고 있다고 레닌은 지적했다. 이런 점들은 물론 볼셰비키 지도자에게는 중대한 결함이며, 조직적 행동력과 판단을 저해한다는 것이었다. 그러나 레닌은 트로츠키가 혁명 이전에 볼셰비즘에 동의하지 않았다는 점을 당이 그에게 들이대어서는 안 된다고 덧붙였다. 이런 경고는 혁명 이전의 의견차는 이미 사라진 지 오래라는 레닌의 생각을 함축하고 있었다. 그러나 레닌은 제자들의 생각이 자기와 반드시 같지는 않다는 것을 알고 있었다.

레닌은 스탈린에 대해서는 단지 이렇게만 썼다. "서기장이 된 뒤에 스탈린은 엄청난 권력을 움켜쥐었다. 그가 그 권력을 주의 깊게 사용하는 방법을 항상 명심할지에 대해 나는 확신하지 못하고 있다." 이 경고는 암시적인 것으로 그 어조가 분명하지는 않았다. 레닌은 명시적인 조언을 하거나 자기의 개인적 선호를 말하기를 삼갔다. 그가 스탈린의 결점보다 트로츠키의 결점을 더 강조한 것처럼 보이지만, 이는 사실 그가 트로츠키의 자질을 더 자세히 서술했기 때문에 그렇게 보이는 것이다. 하지만 레닌은 곧 생각을 바꾸었다. 1923년 1월 4일에 그는 간략하지만 의미심장한 추기(追記)를 썼다. 이 추기에서 그는 스탈린의 무례함이 이미 "서기장 직에 있는 사람으로서는 용납될 수 없을 정도"에 이르렀다면서 자기의 지지자들에게 "스탈린을 제거"하고 대신 "좀 더 인내심 있고, 충직하고, 예의바르고, 동지들을 더 주의 깊게 대하고, 덜 변덕스러운 사람"을 그 자리에 앉히라고 권고했다. 그렇게 하지 않으면 스탈린과 트로츠키의 갈등이 더욱 심각해져서 당 전체에 위험한 결과가 초래될 것이라고 레닌은 우려했다.[92] 그는 스탈린을 '제거'하라는 자기의 충고가 트로츠키를 지도자로 내세우라는 뜻으로 받아들여질 것이라는 데 대해 아무런 이의도 갖고 있지 않았다.

유언장과 추기에 다소 조심스럽게 씌어진 글만으로는 레닌이 스탈린에 대해 실제로 얼마나 분개했고 그를 불신임하기로 얼마나 굳게 결심했는지를 알기 어렵다. 레닌이 이런 결심을 한 때는 1922년 12월 25일에서 1923년 1월 1일 사이였다. 이때 소비에트 대회가 열렸고, 스탈린은 1918년 헌법에 따라 결성됐던 소비에트연방 대신 '소비에트 사회주의공화국 연맹(소련)'이 수립됐다고 선언했다.[93] 레닌은 그동안에는 이와 같은 개헌을 지지했지만, 이제는 그것이 비러시아계 공화국들의 자율성을 완전히 없애고 '하나의 나누어질 수 없는 러시아'를 다시 수립하게 되는 것은 아닌지 의심했다. 레닌은 스탈린이 소수민족 탄압을 가리기 위해 중앙집권적 정부를 필요로 했고 이 때문에 개헌을 단행했다고 여겼다. 이런 의심은 그가 스탈린의 인성에 대해 새로이 통찰하게 되면서 확신으로 굳어졌다. 그는 스탈린이 야비하고 교활하고 정직하지 못하다고 보았다. 스탈린이 소련 수립을 선언한 날인 12월 30일에 레닌은 건강이 좋지 않음에도 또다시 의사의 눈을 피해 소수민족 정책에 관한 일련의 글을 구술했다. 이때 그가 쓴 글들은 소수민족 문제에 대한 그의 사실상 마지막 메시지를 담고 있다. 이 글들에는 반성적이고 격정적인 회한과 고결한 분노가 가득 차 있다.[94]

그는 "이 악명 높은 문제에 적극적이며 본격적으로 간여하지 않았던 것에 대해 나는 러시아의 노동자들 앞에서 깊은 죄책감을 느낀다"고 썼다. 그는 지노비예프에게 자기의 우려와 의혹을 개인적으로 털어놓긴 했으나 병고로 인해 직접 간여할 수는 없었다. 그는 그루지야 사태에 관한 제르진스키의 보고를 들은 뒤에야 비로소 당이 '어떤 종류의 늪'에 빠졌는지를 명확하게 알 수 있었다. 그루지야와 그 밖의 지역에서 벌어진 모든 일은 정부가 단일의 통합된 행정기구를 가져야 한다는 이유로 정당화되고 있었다. 레닌은 이렇게 물었다. "그러한 주장은 어디서 나오는가? 우리가 차르체제에서 빌리고 소비에트의 거죽을 입혔을 뿐 결국은 과거와 똑같은 러시아의 기관에서 나오는 것인가?" 소수민족들에게는 소련으로부터 '분리할 자유'가 헛된 약속이 되어가고 있었다. 소수민족들은 사실상 '전형적인 러시아의 관료이고, 본질적으로 무뢰배이자 억압자이며, 본래부터 러시아 사람이자 대러시아 쇼비니스트인 사람의 침탈'에 노출됐다. 이제 비러시아계 민족들을 '진짜 러시아 불량배로부터 보호해야 할 때'였다. 레닌은 이렇게 썼다. "스탈린이 지닌 열의의 성급함과 악의가 치명적인 역할을 했다. 나는 제르진스키마저도 진짜 러시아인의 정신을 특징으로 갖고 있을까봐 두렵다(러시아화된 이방인들이 본래의 러시아 사람들보다 늘 더 러시아적임은 이미 널리 알려진 사실이다)."

1922년의 마지막 날 밤에 레닌은 다시 다음과 같이 구술했다.

이른바 위대한 국가(오직 탄압 행위를 통해서만 위대하고, 불량배가 스스로 위대하다고 주장한다는 의미에서만 위대하긴 하지만)의 국제주의는 민족 간의 형식적인 평등을 존중하는 데에만 머물러서는 안 된다. 일상의 삶에서 생겨나는 실제의 불평등을 줄이는 것과 같은 현실의 평등을 창조해야 한다. 이런 측면을 경시하고 다른 사람들을 '사회주의 쇼비니스트'라고 비난하는 저 그루지야인(스탈린─옮긴이)이야말로 진짜 사회주의 쇼비니스트다. 뿐만 아니라 그는 강대국을 대표하는 거칠고 야만적인 불량배이기도 하다. 그는 프롤레타리아 계급의 연대가 가져다주는 이익을 훼손하고 있다. (…) 정의롭지 못한 행동으로 소수민족을 대하는 것보다 프롤레타리아 연대의 결속에 더 나쁜 것은 없다. (…) 소수민족에 대해 과도하게 유화적인 태도를 취하는 것이 과소하게 그런 태도를 취하는 것보다 더 나은 이유가 바로 여기에 있다.

그루지야인들이나 우크라이나인들을 비롯한 소수민족들의 권리는 스탈린이 '억압당하는 민족들에 대한 준제국주의적 태도'를 정당화하기 위해 내세운 '행정을 중앙집권화해야 할 필요성'보다 훨씬 더 중요했다. 레닌은 필요하다면 스탈린이 뒷받침하고 있는 새로운 헌법과 정부의 새로운 중앙집권적 조직은 모두 다 폐지돼야 한다는 결론을 내렸다.

레닌은 이렇게 넘치는 분노와 가차 없는 단호함으로 자신의 심경을 토로하는 동시에 이 문제에 대한 생각을 가다듬으면서 어떤 대응행동을 할 것인가를 검토하려 했던 것으로 보인다. 레닌은 위와 같은 구술 내용을 2개월이 넘도록 정치국의 그 어느 위원에게도 전하지 않았다.

스스로 자신의 그 많은 핵심 정책들을 바꾼 레닌의 심경변화는 1921년과 1922년에 트로츠키에게 일어난 심경변화보다 훨씬 더 놀랍고 갑작스러워 보인다. 트로츠키의 심경변화 역시 꿈과 혁명권력 사이의 격렬한 갈등에서 비롯된 것이었고, 이런 갈등은 트로츠키의 정신 속에서뿐만 아니라 레닌의 정신 속에서도 일어나고 있었다. 꿈속에서 볼셰비키 당은 권력에 의해 부패되지 않는, 엄격한 규율 아래 있으면서도 내적 자유를 누리는 헌신적인 혁명가들의 집단으로 보였다. 볼셰비키는 자기들이 프롤레타리아 민주주의를 지키고 소수민족의 자유를 존중하고 있다고 생각했다. 그렇게 하지 않고서는 사회주의로의 진정한 진보는 있을 수 없었다. 볼셰비키는 꿈을 추구하는 과정에서 중앙집권적인 거대한 권력기구를 세웠고, 그런 다음에는 자신들의 꿈, 즉 프롤레타리아 민주주의, 소수민족의 권리, 그리고 마침내는 자신들의 자유를 점점 더 많이 포기했다. 그들은 이상의 실현을 추구하기 위해 권력을 유지해야 했다. 그러나 이제 그들의 권력은 그들 자신의 이상을 억압하고 압도하기에 이르렀다. 가장 심각한 딜레마가 발생한 것이다. 그리고 꿈에 집착하는 이들과 권력에 집착하는 이들 사이에 깊은 간극이 생겨났다.

이 간극은 경계가 명확하지 않았다. 꿈과 권력은 서로 분리될 수 없는 측면이 다소 있기 때문이다. 볼셰비키가 권력기구를 세우고 작동시킨 것은 혁명에 대한 애착에서였다. 그런데 그 권력기구는 이제 스스로의 법칙과 관성에 따라 움직이게 됐고, 볼셰비키들에게 모든 애착을 자기에게 다 기울이라고 요구하고 있었다. 그러나 꿈에 매달리는 이들은 그런 권력기구를 결코 파괴하고 싶지 않았다. 스스로를 권력과 동일시하는 이들은 꿈을 완전히 포기하려 하지 않았다. 한때는 볼셰비즘의 어느 한 측면을 지지했던 사람이 다른 순간에는 볼셰비즘의 정반대 측면을 적극 지지하고 나섰다. 1920년과 1921년에 모든 이해관계와 열망은 '철의 독재'에 전적으로 종속돼야 한다고 트로츠키보다 더 적극적으로 주장한 이는 없었다. 그러나 그 독재가 꿈을 삼켜버리기 시작하자 볼셰비키의 최고위 지도자들 가운데 트로츠키가 가장 먼저 그 독재의 권력기구에 등을 돌렸다. 그 뒤 트로츠키가 레닌의 후계자 선정을 둘러싼 싸움에 말려들자 혁명의 이상을 다시 거론하는 그의 말을 들은 많은 사람들은 그의 진실성을 의심했다. 사람들은 그가 권력쟁취 경합의 맥락에서 그저 구실로 혁명의 이상을 끄집어내는 것 아니냐고 의심했다. 레닌은 그런 의심을 넘어선 위치에 있었다. 그는 논란의 여지가 없는 당의 지도자였다. 그는 최후의 몇 주에 걸쳐 약자에 대한 강자의 새로운 탄압에 충분히 저항하지 않았던 점에 대해 스스로 죄의식을 갖게 되어 자기의 오류를 고백했고, 마지막 힘을 다 짜내어 과도하게 중앙집권화된 권력기구에 타격을 가해보려고 했다. 이런 그의 행동에는 뭔가 다른 궁극적인 동기가 숨어있지 않았고, 그런 동기가 숨어 있을 수도 없었다. 그가 혁명의 목적을 상기시킨 것은 그 자체의 의미에서였고, 혁명에 대한 깊고 사심 없으며 회한에 가득 찬 헌신의 정신에서였다. 그리고 마침내 임종을 앞두고 불타는 정신으로 육중한 장애물에 가로막힌 혁명을 구해내고자 했을 때 그가 자기의 동맹자가 되어주기를 바라며 눈길을 보낸 대상은 트로츠키였다.

정치국은 내전이 시작될 때부터 당의 두뇌이자 최고 권력기관 구실을 했다. 그러나 당규에는 그 존재에 대한 규정조차 없었다. 연례 당대회에서는 중앙위원회만 구성했고, 이 위원회에 정책을 결정하고 조직을 관리하는 막강한 권한과 다음 당대회를 소집하는 책임을 부여했다. 정치국은 중앙위원회가 위원들을 선출해 구성하는 조직이었다. 원래 정치국은 중앙위원회 회기 사이의 한두 주일에 발생하는 긴급한 문제에 대한 의사결정을 하는 조직으로 만들어졌다. 그러나 정부정책을 포함해 중앙위원회가 다뤄야 할 사안들이 늘어나고 중앙위원회 위원들이 각자 자기가 맡은 부서의 각종 문제들에 점점 더 많은 시간을 들여야 했을 뿐 아니라 자주 모스크바에서 떠나 있게 되자 중앙위원회는 차츰 권한의 일부를 비공식적으로 정치국에 위임하기 시작했다. 중앙위원회는 위원 수가 한때 12명 정도에 지나지 않았으나 나중에는 너무 비대해져 효율적으로 운영되지 못하게 됐다. 1922년에 중앙위원회 회의는 두 달에 한 번밖에 열리지 않았으나, 정치국 위원은 날마다 얼굴을 맞대고 일했다. 정치국 위원들은 일을 할 때 민주적인 절차를 철저히 지켰다. 위원들 사이에 의견이 다를

때는 간단하게 다수결로 결정을 내렸다. 이런 틀 안에서 레닌은 1인자로서 최고권력을 행사했다.[1]

레닌의 권력을 승계하는 문제가 1922년 12월부터 정치국의 최대 관심사로 떠올랐다. 원칙적으로 보면 이런 문제 자체가 생길 수 없었다. 레닌이 있건 없건 당을 지배하는 것은 정치국이라는 조직이었고, 정치국을 통해 중앙위원회가 당을 지배한다고 볼 수 있었다. 그리고 정치국 위원들 가운데 다수가 원하는 바가 곧 정치국의 의견이었다. 그렇다면 누가 레닌의 후계자가 될 것인가가 아니라 레닌이 없는 상황이 되면 정치국이 어떻게 정비돼야 하고 누가 다수가 되어 안정된 지도력을 제공할 것인가가 문제가 돼야 했다. 그동안에는 지도력의 안정성이 적어도 부분적으로는 누구도 넘볼 수 없는 레닌의 권위와 설득력, 그리고 수완에 의존했다. 따라서 모든 개별 문제에 있어서 레닌의 제안이 대체로 다수표를 얻을 수 있었기 때문에 레닌은 정치국 안에 따로 자기 파벌을 만들 필요가 없었다. 1922년 12월 또는 1923년 1월에, 다시 말해 레닌이 마침내 정치국의 일에 관여하지 못하게 됐을 무렵에 정치국 안에 특수한 분파가 생겨났다. 이 분파의 유일한 목적은 트로츠키가 다수세력의 지도자가 되는 것을 막는 것이었다. 만약 그렇게 된다면 트로츠키가 레닌의 자리를 이어받게 될 게 분명했다. 이 분파는 세 사람, 즉 스탈린, 지노비예프, 카메네프의 3인연합이었다.

스탈린이 트로츠키를 적대하게 된 동기는 명확하다. 두 사람의 반목은 차리친 전투의 초기인 1918년부터 시작됐다.[2] 게다가 최근에 트로츠키가 라브크린의 인민위원과 서기국의 서기장으로서의 스탈린을 신랄하게 비판한 것이 상황을 더욱 악화시켰다. 1922년 12월과 이듬해 1월에는 스탈린이 레닌과 트로츠키를 중심으로 한 반대세력에 대해 몰랐을 수 있다. 자기를 서기국에서 내쫓겠다는 레닌의 단호한 결심에 대해서도, 자기가 그루지야에서 펼친 정책과 '대(大)러시아 쇼비니즘'에 대항해 레닌이 준비하는 공격에 대해서도 몰랐을 수 있다. 그러나 스탈린은 위험한 일이 벌어지고 있다는 정도는 눈치챘다.[3] 스탈린은 레닌과 트로츠키가 손을 잡고 산업독점에 대해, 그 다음에는 고스플란에 대해 행동을 같이하는 것을 보았다. 스탈린은 레닌이 관료들의 실정을 강력하게 비난한다는 이야기를 들었다. 그리고 아마 지노비예프를 통해 그루지야 사건 때문에 레닌의 심기가 불편하다는 이야기를 들었을 것이다. 스탈린은 서기장으로서 이미 엄청난 권력을 쥐고 있었다. 서기국과 조직국이 이미 정치국의 주요 기능 대부분을 넘겨받았고, 정치국에는 중요한 정책사안에 대한 결정권만 남았다. 그러나 명목상으로는 정치국이 서기국과 조직국에 대해 지배력을 행사했다. 정치국은 스탈린의 임기를 연장할 수도, 연장을 거부할 수도 있었다. 스탈린은 트로츠키가 좌우지하는 정치국은 자기에게 아무런 득이 되지 않는다고 확신했다. 이 시점에 스탈린은 레닌의 자리를 넘보기보다는 자기가 손에 넣은 영향력을 단순히 지키는 데 급급했다. 스탈린은 당이 자기를 단지 훌륭한 기술관료 또는 당이라는 조직의 관리자로 볼 뿐 정책입안자로 보거나 레닌의 후계자라면 갖추어야 할 마르크스주의 사상 전달능력을 갖춘 인물로 보지 않는다는 점을 알고 있었다. 당의 이런 평가는 당연히 스탈린의 야망에 상처를 입혔다. 그러나 스탈린은 신중하게 참고 견뎠다.

레닌과 트로츠키 다음으로는 지노비예프가 정치국에서 인기가 높았다. 그는 코민테른의 의장이었다. 이때는 러시아 공산당이 코민테른을 그저 수단으로만 이용하기 전이었고, 러시아 공산당 스스로가 코민테른의 도덕적 권위 아래에 있다고 생각했다. 그러므로 코민테른의 의장은 볼셰비키라면 누구나 오르고 싶어 하는 대단한 자리였다. 지노비예프는 또한 북(北)코뮌, 즉 페트로그라드 소비에트의 우두머리이기도 했다. 그는 선동가이자 대단한 설득력을 갖춘 연설가였다. 당원들이 볼 때 지노비예프는 언제나 혁명의 거인들 가운데 하나였고, 불굴의 의지를 지닌 볼셰비키적 덕목의 화신이었다. 지노비예프의 이런 대중적인 이미지는 사실은 복잡하고 불안정한 그의 본모습과 다른 것이었다. 그의 기분은 불같은 격정과 무덤덤함 사이를, 그리고 자신만만함과 시무룩함 사이를 오갔다. 그는 대단한 용기와 확고한 신념을 필요로 하는 대담한 아이디어와 정책에 대해 흥미를 느꼈다. 그러나 그는 의지가 약하고 변덕이 심했으며, 심지어 소심하기까지 했다.[4] 지노비예프는 레닌의 머리를 빌리고 레닌의 우렁차고 격정적인 연설을 흉내 내는 데 아주 뛰어났지만, 나약한 사람이었다. 지노비예프는 고상한 체하는 데도 일가견이 있었다. 그는 자기 능력이 한창 발휘될 때는 이상주의자의 어조로 연설을 해 청중을 감동시켰다. 그는 세 시간 연속으로, 그것도 외국어로 강연을 하면서 유럽의 사회주의자들 가운데 가장 똑똑하고 권위 있는 사람들에 대항해 자기논리를 펴기도 했다. 그는 분열된 채 코민테른 가입을 망설이는 독일 독립사회당을 설득해 코민테른에 가입하게 하기도 했다.[5] 목격자들에 따르면 지노비예프가 러시아 대중의 사고에 미친 영향력은 '가히 불가항력적'이었다고 한다.[6] 그러나 지노비예프는 가장 고상한 감정을 가진 상태에서 가장 치사한 속임수와 선동가의 싸구려 농담 수준으로 단번에 옮겨갈 수 있었다. 머리가 좋은 지노비예프는 레닌의 곁을 지키며 서유럽에서 오랜 세월을 지내는 동안에 비록 다듬어지지는 않았으나 세계에 대한 상당히 많은 지식을 갖추게 됐다. 그는 따뜻하고 다정했지만, 한편으로는 야만스럽고 매우 잔인했다. 그는 국제 공산주의의 원칙을 진정으로 믿고 '세계를 보는 시야'도 갖춘 사람이었지만, 동시에 가장 큰 쟁점을 현실적인 타협과 자잘한 술책으로 얼버무리는 경향을 가진 편협한 정치가이기도 했다. 지노비예프는 꿈도 꾸지 못했던 높은 위치에 올랐고, 야망에 사로잡혔다. 그는 더 높이 오르려 했지만 내면의 동요와 자기 자신에 대한 의구심을 떨쳐낼 수 없었다.

지노비예프는 자기가 1907년부터 1917년까지 10년 동안 레닌의 지지자들 가운데 레닌과 가장 가까웠다는 점을 매우 자랑스럽게 생각했다. 그 10년은 그가 레닌과 더불어 반발에 직면한 시기였고, 고립과 절망으로 얼룩진 세월이었다. 또한 두 사람이 당을 유지하면서 앞으로 다가올 위대한 날에 대비시키기 위한 투쟁을 벌인 시기였고, 침머발트와 키엔탈에서 열린 회의에서 함께 3차 인터내셔널 설립구상을 세계에 발표한 시기이기도 했다. 그러나 1917년 '10월의 시험'에 실패한 것이 지노비예프에게 큰 수치로 작용했다. 적어도 지노비예프 본인과 그의 동지들은 그렇게 생각했다. 그때 지노비예프는 봉기에 반대했고, 레닌은 그에게 '혁명의 방해자'라는 낙인을 찍었다. 이로 인한 수치심과 그동안의 자부심 사이에서 그의 정치인생 전체가 갈가리 찢어졌다. 지노비예프는 1917년의 괴로운 기억을 극복하려고 최선을 다했다. 이 점에서 그는 레닌의 도움을 받았다. 레닌은 지노비예프와 카메네프가 자기들이 저지른 '역사적 오류'를 더 이상 돌이켜 생각하지 않게 하라고 유언장에서까지 당에 호소했다. 1923년에 이르자 대부분의 당원들이 그 심각한 사건을 거의 잊어버렸거나 더는 과거를 캐려 하지 않았다. 초기당원들은 지난날은 지난날로 묻어두고 싶어 했다. 굳이 편을 따진다면 혁명 직전에는 많은 당원들이 지노비예프 편이었기 때문이다. 역사가와 초기당원의 전설 만들기를 좋아하는 사람들은 더욱 초기시절을 부각시켰다. 그 시기에 대한 지노비예프의 자부심은 대단했다. 레닌이 없을 경우 초기당원들의 편을 들어줄 사람이 있다면 그는 분명 지노비예프였다.

그런 지노비예프로서는 트로츠키를 지도자로 받들어야 한다는 것은 생각할 수도 없는 일이었다. 그것은 레닌의 부추김을 받고 트로츠키를 종종 강력히 비판했던 혁명 이전의 많은 사건들이 그의 기억을 가득 채우고 있기 때문만은 아니었다.[7] 트로츠키에게 영광을 안겨준 주요 사건인 10월 봉기가 지노비예프의 크나큰 수치와 연결돼있기 때문만도 아니었다. 1917년 이후에 지노비예프는 볼셰비키의 정책에 중요한 변경이 있을 때마다 거의 트로츠키의 반대편에 섰다. 지노비예프는 브레스트리토프스크 강화조약 체결을 가장 열성적으로 주창한 사람이었다. 그는 또한 내전이 벌어지는 동안에는 트로츠키에 대한 군사적 대응을 은근히 부추기기도 했다. 1919년 봄에 페트로그라드에 도착한 트로츠키는 이 도시의 공식 지도자인 지노비예프가 겁에 질려 두 손을 든 상황에서 유데니치의 공격에 대한 방어책을 마련했다. 크론슈타트에서 반란이 일어나자 트로츠키는 지노비예프가 쓸데없이 수병들을 자극했다면서 그를 비난했다. 뿐만 아니라 지노비예프는 노동과 노조의 군대화에 관한 논의에서 가장 열을 올려가며 이에 반대한 사람들 가운데 하나였다.[8] 나중에 정치국에서 지노비예프는 당의 경제정책과 고스플란에 대해 반대하는 표를 던졌지만, 레닌이 트로츠키 쪽으로 '넘어가는 바람에' 지고 말았다. 그는 인터내셔널 집행위원회에서도 레닌과 합작해 통일전선 정책을 밀어붙인 트로츠키에게 지고 말았다. 지노비예프가 트로츠키를 대하는 태도가 시기심과 열등감이 뒤섞인 존경의 태도였다는 것은 전혀 놀랄 일이 아니다. 트로츠키에 대한 이런 열등감은 당의 선배그룹 중 다른 많은 이들 역시 갖고 있는 것이었다.

카메네프도 대체로 지노비예프와 같은 태도를 보였다. 이 두 사람의 정치적 제휴관계는 대단히 긴밀해서 볼셰비키들은 이들을 카스토르와 폴룩스(그리스로마 신화에 나오는 우애 깊은 쌍둥이 형제-옮긴이)에 빗댔다. 그러나 역설적이게도 두 사람이 정치적 쌍둥이가 된 것은 서로 닮아서가 아니라 오히려 정신과 기질이 대조적이어서였다. 카메네프는 모스크바 시의 당 조직을 이끌고 있었지만 지노비예프보다는 훨씬 인기가 없었다. 그러나 지도자들이 모인 핵심세력 내부에서는 지노비예프보다 그가 훨씬 더 존중받았다. 카메네프는 대중 앞 연단 위에서는 자신감이 부족했고 당당하게 웅변을 하거나 영웅적인 몸짓을 하지 못했지만, 그 대신에 뛰어나고 세련된 지성과 더 견고한 성품을 지녔다. 그러나 그는 지노비예프와 같은 활력과 상상력을 갖고 있지 않았다. 카메네프는 구호를 외치기보다 아이디어를 내는 사람이었다. 지노비예프와 달리 카메네프는 대체로 온건한 사상과 정책에 이끌렸다. 그러나 마르크스주의자로서의 신념 때문에 온건하게만 행동할 수 없었다. 카메네프의 이론적인 사고는 그의 정치적인 성향과 맞지 않았다. 그의 타협적인 성격은 협상가로 일할 때 빛을 발했다. 초기에 레닌은 다른 당과 접촉할 때 당의 최고대표로 곧잘 카메네프를 내보냈다. 특히 그가 합의를 절실히 원할 때는 반드시 그렇게 했다. 카메네프는 당내 갈등이 있을 때에도 중재자 노릇을 했고, 상반된 견해들 사이에서 공통되는 점을 찾아내는 역할을 했다. 그러나 카메네프는 온건한 태도로 인해 자꾸 레닌과 갈등을 일으켰다. 1차대전 초에 두마(Duma, 1906년부터 1917년까지 존속한 제정 러시아의 의회-옮긴이)에 속한 볼셰비키 의원들의 '반역'에 대한 재판이 열렸을 때 피고인이었던 카메네프는 자기는 레닌의 '혁명적 패배주의'의 신봉자가 아니라고 선언했다. 레닌이 러시아로 돌아오기 전인 1917년 3월과 4월에 그는 멘셰비키와 화해하는 쪽으로 당을 이끌었고, 10월에는 봉기에 반대했다. 용기가 부족해서 그랬던 것은 아니었다. 기회주의자여서 그런 것도 아니었다. 냉철하고 내성적이며 지나친 허영과 야망을 멀리하는 카메네프의 침착한 겉모습 속에는 당에 대한 무한한 충성심이 숨어 있었다. 카메네프의 본모습은 10월 혁명, 바로 그 날에 드러났다. 봉기에 드러내놓고 반대했던 그가 봉기가 시작되자 곧바로 혁명군 본부에 나타났다. 그는 혁명군의 처분에 따르겠다며 진심으로 혁명군에 협력했다. 그는 자기가 반대했던 정책을 집행하는 책임을 맡았고, 모든 정치적, 개인적 위험을 감수했다.[9]

지노비예프가 카메네프에게 강하게 끌렸던 것은 아마도 둘의 성격이 무척 달라서였을 것이다. 두 사람은 너무 충동적이었고, 그 충동이 두 사람을 멀리 떨어뜨려놓았을 수도 있다. 그러나 두 사람의 내면에서는 충동을 억누르는 강력한 자제심도 작동하고 있었다. 그래서 두 사람은 양극단으로 치닫다가도 보통은 타협을 하곤 했다.

카메네프는 한때 자기의 처남이었던 트로츠키(트로츠키의 누이동생 올가(Olga)가 카메네프의 첫 번째 아내였다 – 옮긴이)에 대해 지노비예프와 스탈린이 품고 있는 것 같은 강한 적개심을 갖고 있지는 않았다. 그래서 아마도 그는 트로츠키가 지도자 위치에 있는 것을 지노비예프와 스탈린보다는 더 쉽게 견딜 수 있었을 것이다. 그런 그가 트로츠키에게 등을 돌린 것은 순전히 초기당원들에 대한 헌신과 지노비예프에 대한 우정 때문이었다. 자기의 성향이나 취향이야 어떻든 카메네프는 옛 볼셰비키들을 지배하는 분위기에 매우 민감했고 그 분위기에 좌우됐다. 그들의 분위기가 트로츠키에게 적대적으로 흐르면 카메네프는 의구심과 연민에 괴로워하면서도 그 분위기에 동조했다. 카메네프는 3인연합의 일원이 된다고 해서 어떤 이득이 있으리라고 바라지 않았고, 바랄 수도 없었다. 카메네프는 레닌의 후계자가 되겠다는 야심을 갖고 있지 않았다. 그러나 그는 자기의 정치적 쌍둥이가 지닌 끝 모를 야심을 지지하고 자극했다. 그 이유 중 하나는 지노비예프의 야심이 그에게 무해했기 때문이다. 그는 지노비예프가 결코 레닌의 자리를 차지할 수 없을 것이므로 3인연합이 사실상 당을 지배하리라고 확신했다. 또 다른 이유는 온건한 성격의 그가 트로츠키의 위압적이고 오만한 성격, 그리고 위험한 사상과 정책을 정말로 두려워했기 때문이다.

지노비예프, 스탈린, 카메네프는 성격이 달랐고 동기도 달랐다. 그러면서도 셋은 동시에 보수파의 살과 피였다. 세 사람은 당의 현재와 전통이 지닌 모든 측면을 다 체현하고 있는 것처럼 보였다. 지노비예프에게서는 볼셰비즘의 활력과 대중성을 볼 수 있었다. 카메네프는 좀 더 진지한 원칙적 열망과 지적인 세련됨을 갖고 있었다. 그리고 스탈린은 자기확신과 실전에서 다져진 간부로서의 감각이 두드러졌다. 트로츠키를 권좌에 가까이 다가서지 못하게 하려고 손을 잡았을 때 그들은 많은 보수파가 트로츠키에게 느끼는 불신과 본능적인 혐오감을 드러냈다. 그러나 아직 그들은 트로츠키를 당에서 내쫓거나 당의 지도부에서 제거하겠다는 의도는 가지고 있지 않았다. 그들은 트로츠키의 장점을 인정했다. 따라서 트로츠키가 정치국에서 중요한 자리를 차지하기를 바랐다. 그러나 그들은 트로츠키가 레닌의 자리를 물려받을 만한 사람은 아니라고 생각했다. 그렇지만 아무런 조치도 취하지 않으면 그가 레닌의 자리를 차지하게 되리라는 두려움을 갖고 있었다.

3인연합은 서로 협력하고 행동을 같이하기로 맹세했다.[10] 이렇게 함으로써 그들은 자동으로 정치국을 좌우하게 됐다. 레닌이 빠짐으로써 정치국에는 3인연합과 트로츠키, 톰스키, 부하린 등 여섯 사람만 남게 됐다. 트로츠키가 톰스키와 부하린의 표를 얻는다 해도 표가 반반으로 갈리는 구성이었다. 그러나 트로츠키, 부하린, 톰스키가 합심하지 않고 각자 생각대로 투표해 셋 중 하나만이라도 3인연합 편을 드는 투표를 하거나 기권을 하면 3인연합이 다수가 될 수 있었다. 3인연합은 톰스키가 트로츠키와 손을 잡지 않으리라는 것을 알고 있었다. 정직한 노동자이며 베테랑 볼셰비키이자 처음부터 노동조합 지도자였던 톰스키는 정치국에서 가장 온건한 사람이었다. 그는 노동자들의 요구와 임금인상 주장을 일정 범위 안에서 신중하게 변호하고 싶어 했다. 그래서 1920년에 톰스키는 노동의 군대화와 관련해 트로츠키에게 맨 먼저 반기를 들었고, 노동조합들을 '뒤흔들겠다'는 트로츠키의 위협에 대항해 소동을 일으켰다. 트로츠키는 톰스키를 가리켜 혁명 이전의 습관에 따라 노동자의 '소비주의'적 태도를 부추기고 사회주의 국가의 '생산주의'적 전망은 이해하려 하지 않는 구식 노동운동가라며 거세게 비난했다. 한동안 톰스키는 사실상 당에 맞서는 방향으로 노동조합을 이끌었다. 그는 중앙위원회에서 제거된 뒤에 '하나의 임무'를 맡아 투르키스탄에 가게 됐다. 이런 인사조치는 사실상 투르키스탄으로 그를 유형 보내는 것이었다. 그는 신경제정책(네프)이 선포된 뒤에 크렘린 궁으로 돌아와 정치국 위원으로 발탁됐다. 그러나 아물지 않은 상처가 그를 괴롭혔다. 톰스키의 태도에는 트로츠키에 대한 적대감이 배어있었다. 그것은 노동을 군대화한 트로츠키에 대해 1920년 이후 볼셰비키 노동조합원들 다수가 느끼는 적대감과 같은 것이었다.

부하린은 정치국 위원들 가운데 여전히 트로츠키에게 호의적인 유일한 사람이었다. 삼십대 초반의 나이임에도 불구하고 '옛' 볼셰비키로 분류되는 그는 당에서 가장 뛰어난 이론가로서 명석하고 학식이 깊었다.

레닌은 부하린의 성향이 지나치게 학구적이라는 점과 그의 사고가 교조적인 경직성을 갖고 있다는 점을 비판했다. 그러나 부하린의 생각은 레닌에게도 큰 영향을 미쳤고, 레닌은 자주 그의 생각을 받아들이면서 그것을 좀 더 현실적이고 유연하게 바꿔 표현했다.[11] 부하린의 생각은 확실히 모난 점이 있었다. 그는 복잡하고 혼란한 현실보다는 추상적인 명제의 논리적인 명쾌함에 더 이끌렸다. 그러나 각이 선 그의 지성은 그의 내면에서 예술적인 감수성과 추동력, 성품의 섬세함, 유쾌하고 때로는 어린 학생의 장난기와 같은 유머감각과 결합돼 있었다. 그는 엄격하게 연역적인 논리를 전개하고 추상과 균형을 추구하다 보니 극단적인 입장을 취하게 되곤했다. 그는 그동안 수년에 걸쳐 '좌파 공산주의자들'의 지도자였다가 급격히 돌변해 이제는 당내 우파의 지도자가 되려 하고 있었다.

부하린은 트로츠키와 의견이 일치하는 만큼이나 자주 의견이 엇갈렸다. 브레스트리토프스크 위기의 기간에 부하린은 주전파를 이끌며 '치욕스러운 평화'에 반대했다. 내전의 기간에 그는 트로츠키가 적군(赤軍)에 부여한 규율과 중앙집중적 조직에 반대하는 사람들과 동조했다. 그러다가 노동조합에 관한 논쟁에서는 트로츠키 쪽으로 기울었다. 트로츠키와 마찬가지로, 아니 트로츠키보다 더 열정적으로 그는 비러시아계 민족들의 권리를 옹호했고, '이탈파' 그루지야인들을 지지했다. 그러나 트로츠키와 견해가 일치하건 일치하지 않건 간에 그는 트로츠키에게 강한 애정을 느꼈고, 트로츠키의 품성에 매료됐다.[12] 트로츠키는 1922년에 가벼운 병으로 앓아누웠을 때 부하린이 찾아와 레닌이 처음으로 일으켰던 마비증세를 얘기해주던 상황을 다음과 같이 묘사했다.

그때 부하린은 특유의 조금은 신경질적이고 조금은 어린애 같은 태도로 나에 대한 애정을 드러냈다. 그는 레닌의 병세에 대한 이야기를 마치고 침대로 몸을 숙이더니 담요를 덮고 있는 나를 꼭 안으며 낮은 목소리로 이렇게 말했다. "당신마저 아프면 안 됩니다. 부탁이니 아프지 말아요. (…) 혹시 죽으면 어쩌나 하는 두려움 속에서 내가 늘 걱정하는 사람이 둘 있는데, 하나는 레닌이고 다른 하나는 바로 당신입니다."

한번은 부하린이 트로츠키의 어깨에 기대고 울음을 터뜨리며 이렇게 말했다. "도대체 저들은 당을 어쩌려는 거야? 당을 시궁창으로 만들고 있잖아." [13] 그러나 정치국에서 부하린이라는 친구 하나만 갖고는 트로츠키가 할 수 있는 일이 거의 없었다. 부하린의 눈물과 한숨은 3인연합과 맞서야 하는 트로츠키에게 별로 도움이 되지 못했다.

정치국에는 여섯 명의 정규위원 외에 두 명의 교체위원이 있었다. 국가경제최고회의 의장인 리코프와 명목상의 국가원수인 칼리닌이 그들이었다. 둘 다 '온건한' 볼셰비키였다. 그리고 둘 다 농민 출신으로 무지크의 성품과 관점을 많이 지니고 있었다. 둘은 러시아 농촌의 분위기에 대해, 농민들의 희망과 두려움에 대해, 그리고 농민들의 편견 중 일부에 대해 다른 그 어떤 지도자보다 호의적이었다. 둘 다 당의 토착적인 요소들, 즉 '당의 진정한 러시아적 성격'을 몸으로 보여주었다. 다시 말해 둘 다 반지성적 편향이 분명했고, 유럽적인 요소를 불신했으며, 자기의 사회적 뿌리에 대해 자부심을 갖고 있었다. 그러면서 미래에 대한 전망에서는 일정하게 무덤덤한 태도를 보였다. 이 모든 것이 그들로 하여금 트로츠키에 대해 반감을 품게 했다. 지금 우리는 당시의 농민들이 되찾은 사적 소유와 거래의 자유를 소중히 여겼고, 전시공산주의로 돌아가는 것을 무엇보다 두려워했다는 것을 안다. 리코프와 칼리닌은 농민들의 그런 두려움을 당 안에서 대변했다. 그들은 경제계획에 관한 트로츠키의 생각이 그러한 전시공산주의로 회귀할 소지가 있음을 누구보다 잘 알고 있었다. 트로츠키가 국가경제최고회의가 아무런 지도적 방침도 갖고 있지 않으며 소련판 자유방임주의로 가려는 경향이 드러나고 있다고 말했을 때 염두에 두었던 사람은 리코프였다. 한편 리코프는 새로운 고스플란에 대한 트로츠키의 계획이 자기가 누리는 특권을 빼앗고, 나아가 신경제정책의 기본원칙을 무너뜨릴 요소를 내포하고 있다고 생각했다. 리코프는 이제 처음으로 트로츠키에게 농민들을 적대하고 있다는 혐의를 씌우고 나섰다. 이후 이 혐의는 트로츠키를 반대하는 모든 운동에 단골로 등장하게 된다.[14]

반면에 칼리닌은 트로츠키에 대해 깊은 존경심과 친밀감을 갖고 있었다. 트로츠키주의에 대한 공격이 절정에 달했을 때에도 그는 자기의 그런 감정을 숨기지 않았다. 1919년에 칼리닌이 국가원수 직에 입후보했을 때 농민들 사이에서 유난히 인기가 있다는 이유로 트로츠키가 그를 지지했던 것도 아마 이와 관련이 있을 것이다.[15] 그러나 트로츠키가 농민들에 대해 품고 있는 반감에 관해 리코프가 이야기하기 시작했을 때 칼리닌은 확실히 마음이 흔들렸다. 리코프는 트로츠키의 정책제안에 대해 별다른 이견이 없었다. 사실 그는 트로츠키의 정책제안을 잘 이해하지도 못했다. 그러나 그는 '노동자와 농민의 동맹'을 자칫 위험에 빠뜨릴 수 있는 트로츠키의 영향력을 통제하는 것보다 더 안전하고 건전한 방책은 없다는 결론을 내렸으며, 이런 그의 결론은 악의에 따른 것이 아니었다.

다른 두 사람인 제르진스키와 몰로토프는 이때 정치국 위원은 아니었지만 정치국과 밀접한 관계를 맺고 있었다. 체카(Cheka, 1917년 10월혁명 직후 반혁명세력을 감시하기 위해 설치한 정치경찰 조직 ― 옮긴이)의 수장에 이어 게페우(G.P.U, 국가정치보위부. 체카에 이어 1922~1935년에 가동된 정치경찰 조직—옮긴이)의 수장을 맡고 있던 제르진스키는 정치국의 지도자들 가운데 유일하게 초기당원이 아니었다. 제르진스키는 로자 룩셈부르크가 세운 폴란드—리투아니아의 사회민주당 출신이었다. 그는 트로츠키와 거의 비슷한 시점인 1917년에야 볼셰비키에 가담했다. 그가 원래 속했던 폴란드—리투아니아의 사회민주당은 로자 룩셈부르크의 영향 아래 있었고, 볼셰비키에 대해 트로츠키와 같은 태도를 취했다. 이 당은 대체로 볼셰비키와 멘셰비키 둘 다에 비판적이었고, 사회주의 인터내셔널에서 유일하게 트로츠키의 영속혁명론에 동의하는 당이었다. 제르진스키는 볼셰비키에 가담하게 된 뒤에도 비러시아계 민족의 자결권에 대해 계속해서 레닌의 반대편에 섰다. 그러고는 다시 룩셈부르크를 따라서 사회주의는 소수민족들 사이에 퍼진 분리주의 경향을 부추길 것이 아니라 그것을 극복해야 한다고 주장했다. 역설적이게도 그의 이런 국제주의적 추론은 귀족 출신의 폴란드인인 그로 하여금 스탈린의 극단적 중앙집중주의 정책을 지지하게 했고, 그루지야인들에 대항해 '나뉠 수 없는' 새로운 러시아의 대변자 노릇을 하게 했다.

    그러나 제르진스키의 의견은 이제껏 당에서 그다지 중요하게 받아들여지지 않았다. 그는 혁명을 지키는 최고 보안책임자로서는 중요한 인물이었지만 정치지도자로서는 그렇지 않았다. 볼셰비키는 '반혁명에 맞서는 투쟁을 위한 특별위원회(체카—옮긴이)'라는 이름의 정치경찰을 설치하기로 결정했을 때 그 '더러운 일'을 할 아주 깨끗한 손을 찾았고, 그 적임자로 제르진스키를 선택했다. 그는 청렴하고 사욕이 없었으며 위험을 피하지 않았다. 그는 시인 같은 감수성도 지닌 사람이었고, 약한 자나 고통 받는 자를 보면 언제나 연민의 감정을 느꼈다.[16] 그런가 하면 그는 자기가 옳다고 믿는 대의에 무척 헌신적이었고, 이런 그의 특징은 그를 대의를 위해 필요한 일이라는 확신이 들면 테러행위도 서슴지 않는 광신자와 같은 사람이 되게 했다. 그는 고고한 이상을 지니고 있으면서도 일상적으로는 손에 피를 묻히는 일을 했고, 언제나 긴장 속에 지내다 보니 극도로 예민했으며, 생명력 자체가 불꽃처럼 타오르고 있는 사람이었다. 그런 그를 두고 동지들은 사보나롤라(이탈리아 도미니크회의 수도사, 종교개혁가—옮긴이)의 피를 이어받은 '혁명의 기이한 성자'로 여겼다. 그의 청렴한 성품이 강하고 분별 있는 정신과 결합되지 못한 것은 불운이었다. 그의 욕구는 대의에 봉사하는 것이었다. 그는 자기의 대의를 자기가 선택한 당과 동일시하기에 이르렀고, 그 다음에는 당을 그 지도부, 즉 레닌 및 트로츠키와 동일시했다. 그리고 이제는 초기당원들을 등 뒤에 두고 있는 3인연합과 당을 동일시하기에 이르렀다. 그는 초기당원이 아니면서도 초기당원들의 이익을 증진시키는 일에 아주 열심이었다. 그래서 그는 진짜 옛 볼셰비키보다 더 볼셰비키다워졌다. 레닌도 그를 가리켜 진짜 러시아인보다 더 대(大)러시아인답다고 말했다.

아무런 색깔도 없는 몰로토프는 제르진스키와 뚜렷이 대조되는 사람이었다. 그는 이십대 후반에 이미 높은 자리에 올랐다. 그는 스탈린이 서기장이 되기 전부터 중앙위원회의 서기였다. 그리고 스탈린이 서기장이 된 뒤에는 스탈린 밑에서 그의 수석 보좌관으로 일했다. 이때에 이미 몰로토프의 편협함과 아둔함은 볼셰비키 서클들에서 유명했다. 그는 정치적 재능이 없었고, 주도력을 발휘하지 못했다. 몰로토프는 보통 당의 각종 회의에서 2급 또는 3급의 중요성만 갖는 사안에 대한 단순한 보고자로서만 발언했다. 그의 발언은 언제나 매우 따분했다. 지식인 가문의 후손이자 위대한 음악가인 스크랴빈의 친척인데도 그는 지식인과는 정반대인 사람으로 보였고, 자기 나름의 생각이라고는 전혀 없는 사람이었다.

몰로토프에게 번뜩이는 재능이 전혀 없었던 것은 아니다. 그러나 그 재능은 1917년에 빛을 발한 이후로 이제는 완전히 꺼져있었다.

　몰로토프는 혁명가에서 관료로 변신한 사람들의 거의 완벽한 본보기였다. 그가 높은 자리에 오른 것은 이런 완벽한 변신 덕분이었다. 몰로토프에게도 몇 가지 장점이 있긴 했다. 무한한 인내심, 침착함, 상급자에 대한 고분고분함, 거의 기계와 같이 지칠 줄 모르는 근면함이 그것이었다. 이런 그의 장점은 상급자의 눈에는 그의 부족함과 무능함을 메워주는 것으로 비쳤다. 몰로토프는 아주 일찍부터 스탈린을 그림자처럼 따라다녔다. 그리고 역시 일찍부터 트로츠키에 대해 두려움이 섞인 강한 적대감을 품었다. 이유는 이렇다. 언젠가 서기국이 한 일에 불만을 품은 트로츠키가 서기국에 나타나서는 거의 몰로토프를 가리키다시피 하며 서기국의 멍청한 관료들을 조롱했다. "트로츠키 동지." 몰로토프는 떨리는 목소리로 더듬거리며 이렇게 말했다. "트로츠키 동지, 모든 사람이 천재가 될 수는 없소." [17]

이리하여 권력승계 싸움이 시작되기도 전에 트로츠키는 정치국에서 거의 혼자가 되었다. 그는 레닌이 죽기 1년 전인 1923년 초에 자기를 겨냥해 반대공작이 펼쳐지고 있음을 처음으로 알아챘다. 트로츠키는 정치국 회의에서 스탈린이 악의를 품고 자기를 이상하리만치 맹렬하게 공격하는 것을 느꼈다. [18] 스탈린은 트로츠키가 부총리(인민위원회 부의장—옮긴이)가 되기를 계속해서 거부하는 것에 대해 맹렬히 공격했다. 스탈린은 그러는 트로츠키의 동기에 대해 의문을 표시하며, 트로츠키가 권력에 대한 강한 열망 때문에 레닌의 여러 부관들 가운데 하나가 되는 것으로 만족하지 못하고 해야 할 임무를 거부하고 있다고 말했다. 그런 뒤 스탈린은 트로츠키가 비관주의자이고, 신념이 약하며, 심지어 패배주의에 젖어 있다고 뚜렷한 근거 없이 비난을 퍼부었다. 그는 트로츠키의 '패배주의'를 보여주려고 트로츠키가 한때 레닌에게 사적으로 했던 말, 즉 "머지않아 뻐꾸기가 소비에트 공화국의 죽음을 알리는 조종(弔鐘)을 울릴 것"이라는 말을 끄집어냈다.[19]

스탈린에게는 몇 가지 목적이 있었다. 그는 레닌이 복귀할 가능성을 아직 염두에 두고 있었다. 그래서 레닌이 제안했던 후계자 선출 문제를 레닌과 트로츠키의 사이가 나빠지게 할 목적으로 들고 나왔다. 스탈린은 트로츠키가 레닌의 자리를 탐내고 있다는 말을 흘리는 것만큼 트로츠키를 당황하게 만들 일이 없음을 알고 있었다. 계산은 적중했다. 트로츠키는 화가 나서 펄쩍 뛰었다. 트로츠키가 레닌의 복귀를 바라는 이유는 스탈린보다 건전했다. 레닌이 돌아오면 자기들의 '정치적 연대'가 활기를 찾으리라고 생각했던 것이다. 이 문제를 떠나서라도 트로츠키는 당과 국가에서 자기가 차지하고 있는 입지에 대해 자신하고 있었고, 자기를 반대하는 자들보다는 자기가 상급자라는 데 대해서도 자신하고 있었다. 따라서 권력승계를 놓고 다툴 마음이 전혀 없었다. 트로츠키는 협력자나 동조자를 만들려고도 하지 않았다. 그는 자리경쟁 같은 것은 생각도 하지 않았다. 게다가 스탈린의 고발과 은근한 비난은 트로츠키의 입장에서 그것을 무시하는 것이 위험한 만큼이나 그것을 반박하는 것도 어리석게 보이게 하는 방식으로 이루어졌다. 그 목적은 트로츠키를 궁지에 몰아넣고 그에게서 부인과 변명을 이끌어내는 것이었다. 트로츠키와 같은 위치에 있는 사람이 권력에 대한 야망을 품고 있다는 오해를 사면 아무리 부인해도 의혹을 씻을 수 없다. 단 하나 방법이 있다면 모든 직책에서 물러나서 재야로 돌아가 목소리조차 내지 않는 것이었다. 물론 트로츠키는 그럴 생각이 전혀 없었다. 트로츠키는 서로 역할이 겹치는 여러 부총리들 가운데 하나가 될 경우에 자기가 어떤 유용한 구실을 할 수 있을지 알 수 없다는 말을 거듭해서 했다. 그리고 정부의 업무분담이 잘못돼 있어서 "인민위원들 하나하나가 모두 너무 다양한 일을 하고 있고, 모든 일 하나하나에 너무 많은 인민위원들이 매달려 있다"고 말했다. 트로츠키는 자기가 부총리가 된다 해도 같이 일할 조직이 없을 뿐 아니라 자기가 발휘할 수 있는 실질적인 영향력도 없을 것이라고 덧붙였다. "이런 일을 나에게 맡기려는 것은 내 생각에 정치적으로 나를 제거하려는 것이다." 트로츠키는 자기가 비관주의와 패배주의에 젖어 있다는 혐의를 부인했다. 트로츠키는 '소비에트 공화국의 죽음을 알리는 조종을 울리는 뻐꾸기'에 대한 발언을 실제로 했다. 레닌에게 경제적 낭비와 관료주의가 몰고 올 파멸적인 결과를 강조해주고자 했을 때였다. 그때 그 말을 한 것은 굳이 설명하자면 그런 폐단을 고치자는 뜻이었지 두려움을 주려는 것이 아니었다.[20] 중요하지 않은 이런 일을 놓고 입씨름을 벌이느라 정치국은 정신이 없었다. 이런 상태가 몇 주일간 지속됐고, 그동안에 트로츠키는 레닌의 복귀를 기다리며 공격을 자제했다.

트로츠키가 공격을 자제하고 레닌의 복귀를 기다린 데는 몇 가지 근거가 있었다. 레닌의 건강에 대한 의료진의 보고가 희망적이었다. 레닌은 병상에 누워서도 스탈린에게 계속해서 가차 없이 단호한 공격을 퍼부어 트로츠키를 놀라게 했다. 트로츠키는 스탈린 문제는 레닌이 주도권을 갖고 처리하도록 하는 게 적절하다고 생각했다. 2월 초에 레닌은 라브크린을 강하게 비판하고, 그 내용을 정치국에 전달했다. 스탈린은 이미 라브크린을 멀리하고 있는 상태였다. 그래도 라브크린에 대한 레닌의 이번 공격은 스탈린에게는 충격이었다. 왜냐하면 스탈린이 의장을 맡은 동안 라브크린이 제 기능을 못했다고 레닌이 굳게 믿고 있다는 사실이 분명하게 드러났기 때문이다. 레닌은 라브크린이 저지른 잘못에 대해 트로츠키가 썼던 용어와 거의 같은 용어, 예컨대 '문화의 부재', '혼란', '관료주의에 따른 실정(失政)과 방종' 같은 용어를 써가며 비난했다. 레닌은 '당내 관료주의'에 대해서도 쓴 소리를 잊지 않았다. 레닌은 라브크린의 개혁, 그 인력의 감축, 그리고 중앙통제위원회의 설립을 제안했다. 그는 라브크린의 기능 중 상당부분을 중앙통제위원회에 넘길 생각이었다. 트로츠키는 몇 주에 걸쳐 레닌의 비판을 공개하라고 요구했다. 그러나 정치국은 거절했다.[21]

이와 동시에 트로츠키는 중앙위원회와 그 산하조직의 대규모 개편에 관한 계획을 제시했다. 그리고 당의 현황에 대한 비판적 조사보고서로 이 계획을 뒷받침했다. 트로츠키는 중앙위원회와 하부조직 간의 의사소통이 막혀 있으며 중앙위원회는 자만하는 관료적 조직으로 변해버렸다고 강조했다. 이것은 다가오는 가을에 공개적인 논란의 대상이 될 문제였다. 트로츠키는 이미 1월과 2월에 이 문제를 정치국에 솔직하게 제기했다. 그 뒤의 어떤 공개적인 토의에서도 그가 그때처럼 솔직하게 문제제기를 한 적이 없다. 세부적인 측면, 예컨대 중앙위원회의 규모, 중앙위원회와 중앙통제위원회의 관계에 대해서는 트로츠키와 레닌의 생각이 달랐다. 3인연합은 이런 의견차를 최대한 이용했다. 그들은 트로츠키가 레닌의 부관이 되기를 거부함으로써 레닌을 무시하고 있을 뿐 아니라 레닌이 생각하는 조직개편 방안과 다른 방향으로 당을 끌고 가려 한다고 말했다. 이 시점에 고위급 당원들이 정치국의 분쟁에 끼어들었다. 이들 생각에 트로츠키가 거의 모든 쟁점에서 레닌에게 반기를 들고 있다는 말을 퍼뜨리는 것만큼 레닌의 후계자로 간주되는 트로츠키의 위상을 흔드는 것은 없었다. 3인연합은 이런 선전에 도움이 되도록 계산된 말들을 흘렸다. 3인연합의 주장은 정치국 의사록에 기록됐고, 조사자료로 중앙위원회 위원들에게 공개됐다. 중앙위원회 위원들은 그들이 알고 있는 비밀을 친구나 하급자에게 주저하지 않고 까발리는 자들이었다.

트로츠키가 이런 선전에 처음으로 대응하고 나섰을 때는 이미 그 선전이 얼마간 진척된 상태였다. 1923년 2월 23일에 트로츠키는 중앙위원회에 다음과 같은 편지를 보냈다. "일부 위원들이 (…) 레닌 동지의 계획은 당의 단합을 유지하기 위한 것인 반면에 제 계획은 분열을 일으키는 것이라고 주장하고 있습니다." 이런 모함은 어떤 패거리가 레닌이 쓴 편지를 감추고 꾸며낸 것이었다. 트로츠키는 정치국에서 어떤 일이 벌어졌는지를 폭로했다. "다수가 (…) 레닌의 편지를 단순 공개하는 것조차 불가능하다고 말했습니다. 나는 (…) 그 편지를 공개할 것만을 주장하지 않았습니다. 편지에 들어 있는 중요한 생각들, 보다 정확하게 말하자면 내가 보기에 중요한 생각들을 지켜낼 것도 주장했습니다." 트로츠키는 이렇게 끝을 맺었다. "모함을 한 자들은 지금껏 내가 그 모함에 거의 대응하지 않았기 때문에 아무런 제재도 받지 않았습니다. 나는 모함을 깨부수기 위해 필요하다면 내가 아는 사실들을 모든 당원들 앞에 공개할 권리를 갖고 있습니다."[22] '폭로'의 기회는 4월에 열리게 돼 있는 12차 당대회였다. 트로츠키의 이 위협은 그의 성격을 잘 보여줬다. 트로츠키는 당내 충성이라는 불문율에 따라 자기가 반대자들에게 대항하여 취할지도 모르는 행동을 미리 알려줄 의무가 있다고 생각했다. 따라서 트로츠키는 기습의 이점을 포기하고 반대자들에게 공격을 피할 시간을 주었다. 이는 스탈린이 구사하는 전술과는 정반대되는 것이었다. 사실 트로츠키는 자기의 위협을 그대로 실행하려고 하지도 않았다. 트로츠키의 목적은 단지 스탈린을 저지하면서 레닌의 복귀를 기다릴 시간을 버는 것이었다. 그런데 즉각적인 반응이 나타났다. 3월 4일자 〈프라우다〉에 마침내 레닌이 라브크린을 공격한 내용이 실린 것이다.

3월 5일에 트로츠키도 아파서 누워있는데 레닌으로부터 아주 중요하고 긴급한 메시지가 도착했다.[23] 레닌은 다가오는 중앙위원회 회의에서 그루지야인 '이탈자들'을 변호하는 발언을 해달라고 부탁했다. 이는 '정치적 연대'에 대해 이야기를 나눈 12월 이후로 처음 가진 트로츠키와 레닌의 접촉이었다. 이때 트로츠키는 그루지야 사태에 대한 레닌의 태도가 변했음을 처음으로 감지했다. 레닌은 편지에 이렇게 썼다. "지금 그들의 사건(즉 '이탈자들'의 사건)은 스탈린과 제르진스키가 '심리'하고 있지만 나는 스탈린과 제르진스키의 공평무사함을 믿을 수 없소. 오히려 정반대일 것이오. 트로츠키 동지가 변호를 맡아준다면 내 마음이 놓일 것이오." 레닌은 스탈린이 다른 민족들에 대해 펼치는 정책(앞 장에 요약돼 있다)에 대한 자기의 생각을 담은 메모도 첨부했다. 이 메모를 읽은 트로츠키는 그러한 공격의 중요성을 강조하는 레닌의 단호한 마음가짐을 처음으로 느낄 수 있었다. 이에 비하면 레닌이 라브크린을 비판한 정도는 온건한 편이었다. 레닌의 비서들은 레닌의 표현을 그대로 빌려, 레닌이 당 대회에서 스탈린을 향해 터뜨릴 '폭탄'을 준비해놓고 있다고 덧붙였다. 게다가 피를 말리는 긴장이 최고조에 이른 상태에서 레닌은 트로츠키에게 나약함이나 동요하는 모습을 보이지 말고, 스탈린이 제시하는 그 어떤 '썩은 타협안'도 믿지 말며, 스탈린과 그의 동료들에게 공격이 있으리라는 경고를 하지 말라고 주문했다. 다음 날 레닌은 직접 그루지야인 '이탈자들'에게 따뜻한 격려의 말을 전하고 그들을 변호하겠다는 메시지를 보냈다. 이와 거의 같은 시점에 트로츠키는 레닌이 스탈린에게 편지를 보내어 "모든 사적인 관계를 끊겠다"고 위협했다는 소식을 카메네프로부터 들었다.[24] 스탈린은 크루프스카야가 레닌을 위해 그루지야 사태에 관한 정보를 수집할 때 그녀에게 불쾌하게 굴었다. 레닌은 이 이야기를 듣고 화를 참을 수 없었다. 크루프스카야가 카메네프에게 말한 바에 따르면 레닌은 이때 "스탈린을 정치적으로 망가뜨리기"로 결심했다.

트로츠키에게는 지금이야말로 도덕적인 만족감과 승리의 기쁨을 누릴 수 있는 순간이었다. 레닌은 이전의 많은 경우들에서처럼 이번에도 마침내 트로츠키가 그동안 옳았음을 깨달았던 것이다. 예전에도 자주 그랬듯이 트로츠키는 대담한 예지력 때문에 한동안 정치적 고립을 겪었고, 레닌과 의견이 어긋나는 입장에 있어야 했다. 그러나 결국에는 트로츠키가 옳았음이 입증됐고, 레닌도 트로츠키와 같은 결론을 내렸다. 처음에는 고스플란, 그 다음에는 라브크린과 '당의 관료주의', 이번에는 그루지야 문제에 대한 트로츠키의 생각이 실제로 전개된 상황에 의해 옳았음이 결국 입증됐다. 트로츠키는 3인연합이 파멸하고 스탈린이 졌다고 확신했다. 트로츠키는 승자였고, 자기 뜻을 관철할 수 있는 입장이었다. 그의 적들도 비슷하게 생각했다. 3월 6일에 트로츠키의 적들을 대표해 트로츠키를 만나러 온 카메네프는 풀이 죽어 있었고, 비난받을 준비가 돼있었으며, 자기가 트로츠키를 달랠 수 있기를 바라는 태도였다.[25]

그러나 트로츠키를 달래려고 그렇게 애쓰지 않아도 됐다. 트로츠키가 복수하는 방식은 관용을 베풀고 용서하는 것이었다. 레닌의 경고를 잊은 그는 '썩은 타협안'을 바로 받아들였다. 레닌은 스탈린과 제르진스키를 좌천시키고, 한때 자기가 가장 아끼는 지지자였던 오르조니키제가 티플리스에서 잔인한 행동을 했다는 이유로 그를 '적어도 2년간' 당에서 내쫓을 생각까지 했다. 트로츠키는 그런 가혹한 보복이 실행되지 않도록 하겠다고 즉시 카메네프를 안심시켰다. 트로츠키는 이렇게 말했다. "나는 스탈린을 제거하고 오르조니키제를 쫓아내고 제르진스키를 해임하는 것에 반대합니다. (…) 그러나 마음으로는 레닌의 뜻에 동의합니다."[26] 트로츠키가 스탈린에게 요구한 것은 방식을 고치라는 것이 다였다. 즉 동료들에게 솔직하게 행동하고, 크루프스카야에게 사과하고, 그루지야인들을 그만 괴롭히라는 것이었다. 스탈린은 당대회에 제출하기 위해 비러시아계 민족들에 대한 정책과 관련된 '테제'를 막 준비한 터였다. 그는 당대회에서 중앙위원회를 대표하는 보고자로서 이 문제에 관해 연설할 예정이었다. 그는 자기의 행동을 정당화하기 위해 '지역 민족주의'가 비난받아야 할 이유를 강조했다. 트로츠키는 스탈린이 자기의 결의를 밝히는 문안을 수정하고, 대러시아 쇼비니즘과 '나누어질 수 없는 단 하나'의 러시아에 대한 비판을 삽입하고, 그루지야인과 우크라이나인들에게 앞으로는 그들의 권리를 존중하겠다고 확고히 약속하라고 제안했다. 이것이 트로츠키가 스탈린에게 요구한 전부였다. 그는 스탈린이 가슴을 치며 후회하는 것도, 개인적인 사과를 하는 것도 원하지 않았다. 트로츠키는 자기가 제시한 조건만 받아들인다면 스탈린이 서기장 자리에 계속 앉아있게 해주려고 했다.

이 정도 조건이라면 스탈린은 물론 굴복하거나 적어도 굴복하는 척할 준비가 돼있었다. 그는 정치적으로 파멸할 수도 있다는 위협을 느끼고 있었을 뿐 아니라 자기에 대한 레닌의 분노가 심상치 않음도 느끼고 있다. 바로 그러한 시점에 트로츠키가 용서의 손길을 건넨 것은 스탈린으로서는 고맙기 짝이 없는 행운이었다. 스탈린은 트로츠키가 내건 조건을 당장 받아들였다. 그는 써놓았던 '테제'의 표현을 바꾸고, 트로츠키가 제시한 수정사항을 모두 거기에 집어넣었다. 그 밖에 그는 여러 '상황들'에 대해 변명을 늘어놓았다. 자기가 한 모든 공격과 자기가 야기한 모든 상처는 오해에서 비롯된 것이며, 자기는 단지 그런 상황들을 해결하는 데 너무 열중했을 뿐이라는 것이었다.

카메네프가 여전히 중재자 노릇을 하는 동안 레닌은 또다시 발작을 일으켰다. 레닌은 열 달을 더 살게 되지만, 이때 이미 마비된 상태로 대부분의 시간을 말없이 보내면서 자주 의식불명에 빠져들었다. 어쩌다 정신이 들 때면 그는 배후에서 벌어지는 음모를 똑똑히, 그러나 속수무책으로 지켜봐야 했다. 이는 너무도 고통스러운 일이었다. 레닌의 병이 다시 악화됐다는 소식에 3인연합은 안도했다. 트로츠키에게 고분고분하게 고개를 숙인 지 며칠 지나지도 않아 3인연합은 트로츠키를 레닌의 후계자 후보에서 제외시키기 위한 작업을 다시 더 열심히, 그러나 더 신중하게 해나갔다. 트로츠키는 아직도 자기가 우위에 있다고 생각했다. 그는 레닌이 회복되리라는 희망을 버리지 않았다. 설사 어떤 일이 벌어진다 해도 그의 손에 레닌의 메시지와 자필 편지가 들려 있으니 상관없었다. 만일 그가 그것들을, 특히 그루지야 사태에 관한 레닌의 편지를 당대회에서 공개한다면 당은 레닌의 뜻이 어디에 있는지를 알게 될 것이고, 그것에 대해 추호의 의심도 할 수 없을 것이었다. 3인연합도 이런 사실을 알고 있을 게 분명하니 그러한 폭로를 두려워 할 것이고, 따라서 타협의 조건을 지킬 것이라고 트로츠키는 생각했다.

3인연합은 트로츠키가 레닌에게 그루지야인 이탈자 사건을 맡고, 당대회에서 레닌의 의견을 밝히기로 약속했다는 것을 알고 있었다. 카메네프는 이미 그루지야에 관한 레닌의 편지를 읽었다. 스탈린의 머릿속을 꽉 채우고 있는 일은 이제 트로츠키를 설득하여 그가 레닌에게 한 약속을 이행하지 못하게 하는 것이었다. 스탈린이 트로츠키로부터 요구받은 것 중

하나라도 하지 않은 것이 있는가? 아니다. 모두 다 했다. 그래서 트로츠키는 레닌의 편지를 일단 정치국에 제출한 다음에 그 내용을 전당대회에 알릴 것인지 여부와 알린다면 어떤 형태로 알릴 것인지에 대한 결정은 정치국에 맡긴다는 데 동의했다. 정치국은 레닌의 편지를 어떤 경우에도 공표하지 않고, 당대회에 참석하는 당원들 가운데 일부 선택된 사람들에게만 비밀을 지키겠다는 약속을 받고 공개하기로 결정했다. 이는 레닌의 기대와는 다른 것이었다. 레닌은 트로츠키에게 흔들리지 말고 아주 솔직하게 당대회에 편지의 내용을 알리고 절대로 타협하지 말라고 했다. 그러나 너그러운 기분에 젖은 트로츠키는 레닌의 모든 주문과 경고를 잊어버렸다. 그리하여 3인연합은 레닌이 죽음을 눈앞에 두고 병상에서 한 고백을 세상사람들이 알지 못하도록 감춰버렸다. 그 고백은 볼셰비키 국가에 차르의 정신이 되살아난 것에 대한 부끄러움과 죄책감을 담고 있었다. 비러시아계 민족에 대한 정책과 관련해 레닌이 편지에 덧붙인 메모는 이후 33년 간이나 당에 알려지지 않은 채로 남아있게 된다.[27]

지금 돌이켜 생각하면, 이때 트로츠키의 처신은 대단히 어리석었던 것으로 보인다. 이때는 트로츠키의 적들이 각자 자기자리를 차지하고 있었던 시기다. 트로츠키가 내딛는 한걸음 한걸음이 모두 마치 그의 적들의 앞길을 닦아주는 것과 같았다. 여러 해가 지난 뒤에 트로츠키는 만일 12차 당대회에서 자기가 레닌의 권위를 등에 업고 목소리를 높였다면 아마도 스탈린을 누를 수 있었겠지만, 그렇게 했더라도 장기적으로는 결국 스탈린이 이겼을 것이라고 씁쓸하게 말했다.[28] 사실 트로츠키는 자기의 위상이 안전하다고 믿었기에 스탈린에 대한 공격을 삼갔다. 트로츠키의 동시대인 가운데 누구도, 최소한 트로츠키만큼은 1923년의 스탈린에게서 그가 장차 드러내게 되는 위협적이고 압도적인 모습을 보지 못했다. 트로츠키는 스탈린이라는 고집스럽고 교활하고 꾀죄죄하고 말도 제대로 잘하지 못하는 사람이 자기의 맞수가 되리라고 상상도 할 수 없었다. 그는 스탈린 때문에 신경을 쓰고 싶지 않았다. 그는 자기보다 위상이 낮은 스탈린이나 지노비예프에게 놀아나기 싫었다. 그리고 무엇보다도 아직 비어 있는 레닌의 관 위에서 레닌의 제자들이 벌이는 부끄러운 놀이에 자기도 끼어들었다는 인상을 당원들에게 주고 싶지 않았다. 트로츠키의 행동은 고급 연극에 등장하던 인물이 갑자기 수준 낮은 촌극에 나오게 됐을 때 보일 법한 행동처럼 어색하고 불합리했다.

과연 촌극은 끝이 없었다. 정치국 위원들이 당대회 전날 저녁에 모였을 때 스탈린은 트로츠키가 중앙위원회의 정치적 보고자로서 당대회에서 연설을 할 것을 제안했다. 그것은 지금껏 언제나 레닌이 했던 역할이었다. 트로츠키는 서기장인 스탈린이 공식 보고자가 돼야 한다면서 거절했다. 스탈린은 최대한 겸손하고 조심스럽게 대답했다. "아니, 당원들이 이해하지 못할 겁니다. (…) 보고는 중앙위원회에서 가장 인기 있는 위원이 해야 합니다."[29] 불과 몇 주 전만 해도 권력에 대한 야심으로 불타고 있다는 의심을 받던 이른바 '중앙위원회에서 가장 인기 있는 위원(트로츠키—옮긴이)'이 이제는 그런 의심이 근거가 없음을 증명하기 위해 애쓰는 형국이었다. 그리고 그렇게 함으로써 트로츠키는 오히려 3인연합이 자기를 권력의 핵심에서 끌어내리기 쉽게 해주고 있었다. 정치국은 줄곧 레닌이 해왔던 연설을 지노비예프가 하는 것으로 결정했다.

4월 중순에 마침내 12차 당대회가 열렸다. 개회식은 모두가 자발적으로 트로츠키에게 존경을 표시할 기회였다. 여느 때처럼 의장은 전국의 당 세포조직, 노동조합, 노동자나 학생들의 집단에서 보내온 인사편지를 소리 내어 읽었다. 거의 모든 메시지가 레닌과 트로츠키에 대한 존경을 표시하고 있었다. 어쩌다 한번씩 지노비예프와 카메네프에게 보내는 인사가 있었고, 스탈린의 이름은 거의 나오지 않았다. 인사의 메시지 낭독은 몇 번의 회의에 걸쳐 계속됐다. 만일 지금 당장 당이 레닌의 후계자를 뽑아야 한다면 누가 그 후계자가 될지는 누가 봐도 분명했다.[30]

3인연합은 놀라움과 분노를 동시에 느꼈다. 그러나 겁낼 필요는 없었다. 레닌이 나타나서 그가 말했다는 '폭탄'을 터뜨릴 리는 없었다. 그리고 트로츠키는 그 폭탄을 터뜨리지 않겠다고 한 약속을 지켰다. 트로츠키는 자기와 3인연합 사이에 불화가 있다는 낌새를 전혀 내비치지 않았다. 그는 나서지 않고 잠자코 있었다. 그러는 동안 3인연합은 막후에서 바삐 움직였다. 그들의 앞잡이들은 당대회에 참석한 대표들에게 지도력의 위기를 이야기하고 다녔고, 방금 트로츠키에게 바쳐진 존경의 표시마저 그를 공격하는 소재로 이용했다. 그들은 지방에서 온 대표들에게 트로츠키의 대단한 인기에 내재된 위험을 인식시키려고 나름대로 최선을 다했다. 프랑스혁명의 무덤을 파는 자였던 나폴레옹 보나파르트가 바로 그와 같은 박수갈채를 받으며 권좌에 오르지 않았던가? 그러니 오만하고 야심에 찬 트로츠키가 자기의 인기를 악용하지 않으리라고 어떻게 믿을 수 있는가? 레닌이 없어지면 트로츠키가 압도적인 위상을 차지하게 될 텐데 그보다는 당원들이 잘 알고 신뢰할 수 있는 소수의 '집단지도체제'가 더 낫지 않겠는가? 수군거림 속에서 던져진 이런 질문들은 당대회에 참석한 대표들 사이에 걱정을 불러일으켰다. 볼셰비키들은 프랑스혁명이라는 위대한 전례를 돌이켜보고 역사적 유추를 해보는 데 익숙해져 있었다. 때로 그들은 지도자들 가운데 누가 예측할 수 없는 성격의 소유자인지, 누가 당통이 될 소지가 있으며 누가 나폴레옹 보나파르트와 같은 사람인지, 혁명에 위험스러운 충격을 가할 사람은 누구인지를 곰곰이 생각해보았다.

지도자들 가운데 누구도 트로츠키만큼 당통과 닮은 사람은 없었다. 또 트로츠키만큼 나폴레옹 보나파르트와 같은 모습을 하고 있는 사람도 없었다. 옛 볼셰비키들 대부분이 보기에 트로츠키는 누구보다 뛰어나다는 점에 문제가 있었다. 생각을 하면 할수록 덜 똑똑하더라도 믿을 수 있는 동지들로 구성된 팀에 당의 운영을 맡기는 것이 더 안전해 보였다.[31]

3인연합은 신중을 기해 겸손하게 처신했다. 그들은 당의 신임을 받을 수 있는 유일한 장점은 자기들이 레닌의 충직하고 검증된 제자임을 선언하는 것이라 여겼다. 바로 이 당대회에서 지노비예프와 카메네프는 나중에 국가종교처럼 되는 레닌에 대한 찬양을 시작했다.[32] 부분적으로는 그 찬양이 진심이었던 것이 확실하다. 이때의 당대회는 처음으로 레닌 없이 치러진 볼셰비키 당대회였다. 당은 이미 상실감에 젖어있었다. 3인연합은 이런 분위기를 이용했다. 그들은 레닌에 대한 찬양은 레닌의 가장 오랜 제자들에 대한 찬양을 동반하리라는 것을 알고 있었다. 그러나 3인연합은 자기들이 레닌을 대변한다고 당대회 참석자들이 믿게 하기 위해 전력을 다해야 했다. 당대회에 참석한 대표들은 불편해 했다. 그들은 지노비예프가 보고자의 자격으로 앞에 나서자 싸늘한 침묵으로 그를 맞았다. 지노비예프가 레닌을 찬양하기 위해 동원한 과장되고 심지어 우스꽝스럽기까지 한 표현은 지적이고 비판적인 사람들에게 혐오감을 불러일으켰다. 그러나 그들은 소수였고, 오해받을까봐 두려워 아무런 항의도 하지 않았다.

3인연합은 이어 규율, 단결, 의견통일을 요구했다. 지도자가 없을 때는 당이 서로 뭉쳐야 한다는 것이었다. 지노비예프는 이렇게 외쳤다. "당의 노선에 대한 모든 비판은, 심지어는 이른바 '좌파'적 비판조차도 지금은 객관적으로 보아 멘셰비키적 비판입니다."[33] 지노비예프는 콜론타이,

슐랴프니코프, 그리고 그들의 지지자들에게 이런 경고를 했다. 그는 점점 더 강도를 높여서 그들을 향해 "멘셰비키보다도 훨씬 더 불쾌한 존재"라고 말했다. 이 말은 겉으로는 노동자반대파만을 겨냥한 듯했지만 사실은 더 넓은 뜻을 내포하고 있었다. 그의 말은 모든 잠재적인 비판자들에게 그들이 어떤 비난에 부딪히게 될 것인지를 암시하고 있었다. 모든 비판이 다 선험적으로 멘셰비키적 이단으로 간주될 것이라는 경고는 새로운 것이었다. 그동안에는 이와 같은 발언이 나온 적이 없었다. 그러나 이 말은 지노비예프가 지난번 당대회에서 했던 발언에서 얼마든지 추론할 수 있었다. 지노비예프는 그때 볼셰비키의 정치적 독점은 그 결과로 당 안에 두 개 이상의 잠재적인 당을 만들어냈고, 그중 하나는 '자기가 멘셰비키임을 의식하지 못하는 멘셰비키'들로 이루어진 당이라고 말했다. 권력투쟁이라는 당장의 상황에만 관심이 쏠린데다 자신감으로 달아오른 지노비예프는 한걸음 더 나아가 지도부에 맞서는 모든 자들을 가리켜 '자기가 멘셰비키임을 의식하지 못하는' 멍청한 멘셰비키들의 사실상의 대변자들이라고 못박았다. 그러므로 지도자라면 누구나 과거에 진짜 멘셰비키들을 억압했던 것처럼 당내의 적들을 억압할 권리는 물론이고 더 나아가 그렇게 해야 할 의무를 갖고 있다는 것이었다. 지노비예프는 이런 식으로 볼셰비키가 스스로를 억압할 기준을 만들었다.

이런 규율에 대한 요구와 단결에 대한 새로운 견해가 쉽사리 통과되지는 못했다. 노동자반대파에 속하는 이들과 그 밖의 반대자들이 연단에 올라가 3인연합을 비난하며 해산할 것을 요구했다. 탁월한 당의 일꾼인 루토비노프는 지노비예프가 주장한 '지도부의 무오류성'과 비판받지 않을 권리에 반대했다.[34] 코시오르라는 또 다른 옛 볼셰비키는 소수의 패거리가 당을 지배하고 있으며, 서기장인 스탈린은 비판자들을 박해하고 서기장 직을 맡은 첫 해에 우랄산맥 지역과 페트로그라드의 조직과 같은 중요한 조직의 지도자들을 강등시키고 희생시켰다고 주장했다. 또한 그는 집단지도 체제에 관한 이야기는 사기라고 덧붙였다. 고함이 빗발치는 가운데 코시오르는 당대회가 당내 분파결성을 금지한 1921년도의 조치를 폐지해야 한다고 주장했다.[35]

그러나 3인연합은 대회를 장악하고 있었다. 카메네프는 당대회 의장이었고, 지노비예프는 정책을 발표했으며, 스탈린은 당 조직을 주무르고 있었다. 이들은 자기들 사이의 연합을 더 이상 숨기려 하지 않았다. 이들은 노동자반대파의 도전에 맞서 3인연합의 존재를 당당하게 인정했다.[36] 그러나 3인연합 내부에서 변화가 일어나고 있음이 감지됐다. 3인연합 안에서 지노비예프의 위상이 떨어졌다. 그는 너무 나섬으로써 많은 당대회 참석자들의 불만을 샀고, 이로 인해 당대회에서 공격의 표적이 됐다. 스탈린은 좀 더 신중하게 행동해 신뢰를 얻었다. 중앙위원회 위원들 가운데 영향력 있는 온건한 성향의 나이든 위원인 노긴이 서기국에서 스탈린이 그동안 해온, 눈에 잘 띄지는 않지만 긴요한 지도업무 수행에 대해 칭찬하는 발언을 하자 당대회에 참석한 대표들의 호의적인 시선이 스탈린에게 집중됐다. 노긴은 이렇게 말했다. "본질적으로 중앙위원회는 우리나라 안에서 모든 정치활동이 이루어지게 하는 기본적인 장치입니다. 그리고 서기국은 이 장치의 가장 중요한 부분입니다."[37] 지노비예프의 튀는 행동과 선동적 발언에 심한 거부감을 느끼고 불만을 품었던 사람들 가운데 일부도 스탈린의 상식적인 듯한 태도에 이끌렸다.

스탈린의 입지는 비러시아계 민족에 대한 정책을 놓고 토론이 전개되는 과정에서 더욱 공고해졌다. 사실 이 토론은 스탈린에게 불리하게 작용할 수도 있었다. 그루지야인들은 레닌이 약속했던 강력한 지원을 기대하며 모스크바에 왔다.[38] 그러나 그들은 그것을 얻지 못했다. 우크라이나 정부의 수반이지만 모스크바에서는 영향력이 부족한 라코프스키가 그루지야인들에 관한 이야기를 꺼냈다. 그는 이렇게 물었다. 모스크바는 제정 러시아의 경찰들이 했던 것처럼 소수민족들을 러시아화하려고 하는가?[39] 그루지야인들은 스탈린이 스스로 의분에 찬 태도를 취하며 비러시아계 민족들을 괴롭히는 것에 반대하는 발언을 듣게 된데다 자신들이 대러시아 쇼비니즘에 대해 비판한 내용이 스탈린의 '테제'에 삽입된 것을 보게 되자 당황해하고 혼란스러워했다. 트로츠키가 스탈린과 타협한 결과 빚어진 이 광경이 그루지야인들에게는 자신들의 모든 불만과 항의에 대한 조롱으로 비쳤다. 그들은 레닌의 편지라도 읽어줄 것을 요구했지만 허사였다. 정치국 위원들은 이상하다 싶을 정도로 말을 아꼈다. 그들 중에서 오직 부하린만이 침묵을 깨고 웅장하고 감동적인 연설을 통해 소수민족들을 변호하고 스탈린의 가식적인 태도를 고발했다. 이는 좌파 공산주의의 지도자로서 부하린이 한 마지막 연설이었다. 부하린은 스탈린이 자기는 대러시아 쇼비니즘과 관련이 없다고 말하는 것은 단지 위선에 지나지 않으며, 당의 엘리트들이 모인 당대회의 분위기가 이를 증명한다고 목청을 높였다. 아닌 게 아니라 당대회에서 누구든 연단에 올라가 그루지야나 우크라이나의 민족주의에 대해 반대하는 말을 하면 우레와 같은 박수를 받았지만, 대러시아 쇼비니즘에 대해 조금이라도 언급하면 조롱 또는 싸늘한 침묵의 대상이 될 뿐이었다.[40] 부하린의 연설에 대해서도 당대회 참석자들은 싸늘한 침묵을 보냈다. 당대회의 이런 분위기에 용기를 얻은 스탈린은 이제 자기의 정책에 대해 레닌이 가한 공격의 의미와 중요성을 깎아내리고 '이탈자들'을 짓누르는 일에 나설 수 있었다.

트로츠키는 당대회의 이런 과정을 무덤덤하게 지켜보거나 회의에 불참했다. 그는 3인연합과 이룬 타협의 조건과 정치국의 '내각 결속 (cabinet solidarity)의 원칙(내각의 구성원은 내각의 결정을 지지해야 하며, 특정한 구성원이 개인적으로 내각의 결정을 반박하거나 거부해서는 안 된다는 원칙 – 옮긴이)'을 충실하게 지켰다. 그러나 이 원칙은 지노비예프가 트로츠키의 '계획에 대한 집착'을 넌지시 꼬집는 것은 막지 못했다.[41] 트로츠키는 대응하지 않았다. 그는 노동자반대파의 연사들이 3인연합의 해체를 요구하고 서기국을 공격해도 아무런 감정을 드러내지 않았다. 그는 낙담한 그루지야인 대표들에게 고개를 끄덕여 용기를 북돋우지도 않았다. 그리고 소수민족들에 대한 토론이 시작되자 당대회에 제출할 보고서를 작성해야 하므로 바쁘다는 핑계를 대며 자리를 떴다.[42]

4월 20일에 열린 당대회 회의에서 트로츠키는 엄청난 열기와 열정을 일으킨 쟁점들에 대해서는 발언하지 않겠다면서 오직 경제정책에 대해서만 이야기했다.[43] 경제정책은 물론 중대한 주제였고, 트로츠키는 이 주제에서 다른 모든 문제를 풀 수 있는 열쇠를 보았다. 마침내 트로츠키는 전국에서 모여든 청중 앞에서 자기가 이제껏 대강으로만 또는 지도자들만 있는 폐쇄된 집단 안에서만 밝혔던 생각을 완전하게 다 발표할 기회를 얻었다. 트로츠키가 자기의 견해를 공식적인 정책으로서 발표할 권한을 갖게 된 것은 3인연합과의 타협 가운데 일부였다. 물론 트로츠키의 견해에 대해 정치국이 한 동의의 수준은 스탈린의 비러시아계 민족 정책에 대해 트로츠키가 한 동의의 수준을 넘어서지 않았다. 그래도 트로츠키는 자기의 경제정책을 당의 공식적인 '노선'으로 추진할 수 있게 됐다는 데 커다란 의미를 부여했다. 그리고 자기의 정책이 공식노선이 됨으로써 자기가 3인연합에 양보한 것이 부분적으로나마 정당화될 것이라 여겼다. 사실 당대회에서 트로츠키의 연설에 관한 토론이 전개되는 동안에 정치국의 위원들 가운데 어느 누구도 그의 견해를 공개적으로 반대하지 못했다.

트로츠키는 국가경제가 처한 현실을 극복하고 사회주의적 원시축적이라는 거대하고 어려운 과제를 추진하자고 당원들에게 호소했다. 그는 2년간 신경제정책(네프)을 실시한 경험에 대해 연구하고 그 원칙을 재정립했다. 그는 신경제정책의 두 가지 목표는 러시아의 경제자원을 개발하고 그 개발을 사회주의 경로로 인도하는 것이라고 주장했다. 공업생산이 증가하는 속도는 아직 느렸다. 그것은 사적 농업이 회복되는 속도에도 못 미쳤다. 때문에 두 경제부분 사이에 격차가 생겨났고, 이런 격차는 높은 공산품 가격과 낮은 농산물 가격이 '가위 모양'으로 벌어지는 결과로 이어졌다. 트로츠키가 만들어낸 이 비유는 곧 전 세계의 경제학자들이 즐겨 쓰는 용어(한국에서는 흔히 '협상가격차(鋏狀價格差)'로 번역된다-옮긴이)가 됐다.[44] 농민들은 공업제품을 살 여력이 없었고 자기들이 생산해 낸 농산물을 팔아야 할 실제적인 유인도 없었으므로 '협상가격차'는 또 다시 도시와 농촌 간의 연관관계를 단절시키고 노동자와 농민 사이의 정치적 연대를 무너뜨리는 위협이 됐다. 벌어진 가위가 다시 다물어지게 하려면 농산물 가격을 올리기보다는 공산품 가격을 낮춰야 했다. 그리고 이를 위해서는 산업을 합리화, 현대화, 집중화하는 것이 필요했고, 그래서 계획이 요구됐다.

계획은 트로츠키의 주요 논제였다. 훗날 그의 적들이 주장한 것과 달리 그는 계획을 위해 네프를 포기해야 한다고 말하지 않았다. 그는 '물러나 있지 말고' 네프의 틀 안에서 사회주의적 공세를 펼 것을 당에 촉구했다. 그는 이렇게 말했다. "신경제정책은 우리가 우리 자신과 사적 자본 사이의 투쟁을 벌일 장(場)으로 만든 것입니다. 우리는 그것을 만들었고, 법제화했고, 그 안에서 진지하게 오랫동안 사적 자본과의 투쟁을 전개할 것입니다."[45] 레닌은 '진지하게 오래' 생각한 결과로 만들어진 것이 네프라고 말했는데, 계획에 반대하는 자들은 레닌의 이 말을 곧잘 인용했다. 트로츠키는 이렇게 응답했다. "그렇습니다. 진지하게 오래 생각한 겁니다. 하지만 영원히 생각하기만 한 것은 아닙니다. 우리는 네프를 도입했고, 네프 자체를 토대로 해서, 그리고 주로 네프 자체의 방법에 의해 네프를 패퇴시킬 것입니다. 그걸 어떻게 하느냐고요? 시장경제 법칙을 효과적으로 이용하고 (…) 국유 공장을 통해 그 시장경제 법칙의 작동에 개입하며, 계획의 범위를 체계적으로 넓혀가는 것을 통해 그렇게 할 수 있습니다. 결국 우리는 계획을 시장 전체로 확대하게 될 것이고, 그럼으로써 시장을 흡수하면서 폐지되도록 할 것입니다."[46]

계획과 시장경제의 관계에 대한 볼셰비키의 견해는 아직은 지극히 모호했다. 대부분의 볼셰비키들은 네프를 계획과는 거의 공존할 수 없는 것으로 여겼다. 그들은 네프에 사유재산에 대한 회유의 요소가 들어있다고 보았다. 이는 그들의 취약한 위상에 비추어 볼 때 불가피했다. 그들은 이런 회유의 필요성이 오랫동안 계속될 것이며, 따라서 네프의 안정성을 강조하고 네프에 대한 농민과 상인들의 신뢰를 강화할 필요가 있다고 생각했다. 얼마간의 시간이 흘러야만 당은 사유재산에 양보했던 것들을 철회하고 네프를 폐지할 수 있을 것이었다. 그리고 그때에 가서야 비로소 계획경제를 세우는 것이 가능했다. 이런 견해는 1920년대 내내 스탈린의 정책에 바탕이 된다. 1920년대에 스탈린은 먼저 네프라는 이름으로 계획을 하는 것에 저항했고, 그 다음에는 계획을 위해 네프를 '폐지'하고 사적 거래를 '청산'하고 사적 농업을 '파괴'했다.

트로츠키가 생각하는 네프는 단지 사유재산을 허용하기 위한 것이 아니었다. 네프는 경제의 사회주의적 부문과 사적 부문이 장기간에 걸쳐 서로 협력, 경쟁, 투쟁을 하는 틀을 설정해주는 것이었다. 그에게는 협력과 투쟁이 단일한 과정의 변증법적으로 상반된 두 측면으로 보였다. 따라서 그는 사회주의적 부문이 사적 부문을 회유하고 사적 부문의 발전을 돕는 동안에도 사회주의적 부문을 보호하고 확대시킬 것을 당에 촉구했다. 사회주의적 계획은 어느 날 갑자기 단번에 네프를 대체하지는 않을 것이다. 계획은 사회주의적 부문이 점차 사적 부문을 흡수하고 변형시키고 제거하여 네프의 틀을 벗어나 성장할 때까지는 혼합경제 안에서 발전해야 했다. 따라서 트로츠키의 계획에는 '사회주의로의 이행'에 관한 그 어떤 행정적인 선언이 존재할 여지가 없었던 것과 마찬가지로, 갑작스레 네프를 '폐지'하거나 명령에 의해 사적 거래를 금지하거나 사적 농업을 폭력적으로 파괴한다는 내용이 들어있지 않았다. 트로츠키의 방식과 스탈린의 방식 사이에 나타난 이런 차이는 1920년대에서 1930년대로 넘어가는 시기에 가장 두드러지게 된다. 그러나 당장은 트로츠키가 공격적인 사회주의 정책이 필요하다고 주장하고 있었고, 이는 많은 사람들이 그가 기본적으로 네프에 반대하는 것으로 여기게끔 만들었다.

　여기서 경제정책에 관해 트로츠키가 주장한 세세한 내용이나 사회주의적 원시축적을 옹호한 그의 논리까지 살펴볼 필요는 없다. 사회주의적 원시축적에 대한 그의 생각은 앞장에 요약돼 있다. 여기서는 다만 트로츠키의 연설이나 '테제'가 소련 경제사에 관한 가장 중요한 사료에 속한다는 점만 말해두는 것으로 충분할 것이다. 트로츠키는 자신의 연설과 '테제'에서 향후 수십 년간의 소련 경제에 대한 하나의 전망을 그려냈다. 수십 년간 소련의 발전은 저개발의 상태이긴 하나 전반적으로 국유화된 경제 속에서 강제적인 자본형성이 추진되는 과정으로 규정된다. 마르크스주의 역사가는 그 수십 년간의 시기, 즉 스탈린의 시대를 사회주의적 원시축적의 시기로 묘사하고 분석할 수 있을 것이다. 그 묘사와 분석에서 마르크스주의 역사가는 1923년에 트로츠키가 개진한 아이디어에서 빌려 온 용어를 사용할 것이다.[47]

　　그러나 12차 당대회에서 트로츠키가 한 행동은 그 역사적 의미와는 무관하게, 그리고 마르크스주의 사상을 연구하는 이들이 그 행동에 얼마나 흥미를 갖는지와도 무관하게, 앞날에 펼쳐질 투쟁과 관련해 트로츠키 자신의 입지를 개선해주지는 않았다. 트로츠키의 핵심적인 생각은 대체로 그의 말을 듣는 청중의 이해력을 넘어섰다. 당대회 참석자들은 여느 때처럼 그의 연설에 감명을 받았으나, 이번에는 트로츠키가 연설한 내용보다 그의 연설이 지닌 열정적인 힘에 감명을 받았다. 당대회에 참석한 대표들은 그의 사상이 지닌 의미를 극히 일부만 이해했고, 그렇게 이해된 의미는 그들에게 불안감과 심지어는 의심을 불러일으켰다. 일부는 그가 결국 당에 네프를 포기하고 전시공산주의의 끔찍한 정책으로 돌아가자고 요구하는 것은 아니냐며 의아해했다. 트로츠키가 공업생산은 크고 효율적인 소수의 공장들에서 집중적으로 이루어져야 한다고 주장했을 때 그들 사이에서는 비효율적인 공장들이 문을 닫으면 일자리를 잃게 될 노동자들에게 어떤 일이 벌어지겠느냐는 의문이 일어났다. 트로츠키는 공업재건에 따르는 부담의 대부분은 노동계급이 짊어져야 한다고 주장했다. 그는 자기가 한 이 말이 몰고 올 거센 충격을 완화시키려는 노력은 전혀 하지 않았다. 반대로 그는 자기의 생각을 지나치게 강조했고, 그런 그의 태도는 많은 노동자들을 놀라움과 충격 속에 빠뜨렸다. 트로츠키는 이렇게 말했다. "정부가 여러분에게 임금을 주지 못하는 때가 올 수도 있고, 여러분이 임금의 절반만 받고 나머지 절반은 국가에 빌려줘야 할 때가 올 수도 있습니다."[48] 훗날 스탈린이 축적을 촉진하기 위해 사용한 방법이 바로 '노동자들의 임금 중 절반을 빼앗아가는 것'이었다. 그러나 그때 스탈린은 노동자들에게 이전에 벌었던 임금의 두 배 내지 세 배를 국가가 지급하고 있다고 말했다. 트로츠키가 이런 임금의 문제를 당대회에서 무자비할 정도로 솔직하게 거론했을 때 노동자들은 그의 솔직함보다는 무자비함에 더 깊은 인상을 받았다. 노동자들은 이렇게 생각할 수밖에 없었다. 트로츠키는 노동자 군대를 창설할 때 우리에게 말했던 것처럼 이제 또다시 우리가 소비자의 견해가 아닌 생산자의 견해를 가져야 한다고 말하고 있는 것인가? 3인연합의 앞잡이 노릇을 하는 이들로서는 노동자들로 하여금 이런 의심을 더욱 확고하게 갖도록 하는 것보다 더 쉬운 일이 없었다.

트로츠키의 정책이 농민들에게 어떤 영향을 끼칠 것이냐고 묻는 사람들도 있었다. 트로츠키의 정책으로 인해 당이 무지크와 충돌하게 되는 것은 아닌가? 리코프와 소콜니코프는 정치국과 중앙위원회에서 이미 그렇게 될 것이라고 말했다. 당대회에서 일어난 한 중요한 사건이 이 질문에 새로운 측면을 부여했다. 토론 중에 트로츠키의 옛 동지인 크라신이 그에게 직접 대고 사회주의적 원시축적이 갖는 의미를 철저하게 생각해보았느냐고 물었다. 그리고 그는 초기 자본주의는 축적을 촉진하기 위해 노동자들에게 임금을 덜 지불하거나 기업가의 '절제'에 의존하지만은 않았다고 지적했다. 초기 자본주의는 식민지를 수탈했다. 그것은 '모든 대륙을 약탈'했고, 영국의 독립 자영농민들을 몰락시켰다. 그것은 인도의 가내 직물공업을 파괴했고, '인도의 평원을 하얗게 물들인' 인도인들의 해골 위에 현대식 섬유공장을 세웠다. 트로츠키는 이런 비교를 그 논리적 결론에 이르기까지 생각해보았는가?[49]

크라신은 적의 없이 이런 질문을 던졌다. 그는 나름의 특별한 각도에서 이 문제에 접근했다. 무역인민위원으로서 그는 외국과의 교역을 더 늘리고 외국자본에 더 많은 양보를 해야 할 필요성에 관해 중앙위원회를 설득하려고 애써왔다. 크라신은 당대회 참석자들에게 다음과 같은 자기의 생각을 전달하고 싶어 했다. 볼셰비키는 농민을 수탈하고 식민지를 약탈할 수 없다는 것을 모두가 당연시하고 있기 때문에 소련은 외국에서 차관을 얻어 와야 한다. 외국자본은 러시아가 원시적 축적을 계속하고 서구에서 그러한 축적에 수반됐던 공포를 피하는 데 도움이 될 것이다. 그러나 볼셰비키는 이제 괜찮은 조건으로 외국에서 융자를 받아오는 것이 거의 불가능하다는 것을 알고 있다. 그러니 크라신이 제기한 질문은 그대로 남는다. 빠른 축적에 필요한 자원은 어디에서 조달할 수 있는가? 크라신이 농민에 대한 수탈과 힌두인 가내 직조공의 '백골'에 대해 이야기할 때 트로츠키는 벌떡 일어나 자기는 "그런 것을 제안한 바 없다"고 항의했다.[50] 그것은 사실이었다. 그러나 트로츠키의 태도에 내포된 논리는 결국 '농민들에 대한 수탈'로 이어지는 것 아닌가? 트로츠키가 벌떡 일어나 부인하고 나선 것은 그가 자기에 대한 사람들의 의심이 아직은 크지 않지만 점점 더 크게 몰려오고 있다고 느꼈음을 뜻한다.

노동자들의 적대감을 불러일으키고, 농민들과 충돌하게 될지 모른다는 두려움을 당 안에 일으킬 만한 말을 너무 많이 한 터라 트로츠키는 공장 관리자들과 행정관료들의 미움을 샀다. 그는 자기가 해야 할 말이 매우 중요하고 또 그 말을 하는 것이 자기의 의무라고 일단 확신하면 그것이 아무리 인기가 없을 만한 말이라도 하지 않을 수 없는 사람이었다. 그래서 그는 공업이 놓인 상황을 어두운 색깔로 그렸다. 그러고는 새로운 경제관료 집단의 자기만족, 자만심, 비효율성을 호되게 나무랐다. 관료들은 트로츠키의 비난에 분개하며 어떻게 하면 복수를 할 수 있을까

궁리했다. 공업 관리자들은 트로츠키가 그렇게 어두운 색깔로 경제를 보고 자기들이 하는 일에 대해 불만스러워 하는 것은 그가 계획경제의 유토피아에 조금이라도 못 미치는 것에는 만족하지 않으려 하기 때문이라고 응수했다.[51]

이런 식으로, 끝내 트로츠키의 패배로 귀결되는 상황들이 느리지만 꾸준하게 전개되고 쌓이기 시작했다. 트로츠키는 3인연합을 꺾고 스탈린에 대한 평판을 떨어뜨릴 기회를 놓쳤다. 그는 오히려 자기 동맹자들의 사기를 꺾었다. 그는 레닌이 기대한 것과는 달리 레닌의 대변자 역할을 단호하게 해내지 못했다. 그는 정치국 안에서는 그루지야인과 우크라이나인들을 지지해 놓고는 전체 당원들 앞에서는 그렇게 하지 못했다. 그는 당대회에 참석한 대표들이 당내 민주주의를 요구하고 나섰을 때 침묵했다. 그는 경제문제에 대한 자기 생각을 자세히 설명했다. 그러나 청중은 그가 설명한 내용의 역사적 의미를 알아차리지 못했고, 그의 적들은 그 의미를 쉽게 비틀어서 노동자, 농민, 관료들에게 트로츠키는 그들이 잘 되기를 바라는 사람이 아니라고 말했다. 또한 적들은 모든 사회계급과 집단으로 하여금 트로츠키가 레닌의 후계자가 될지도 모른다는 생각만으로도 두려움에 떨어야 할 것이라는 느낌을 갖게 했다. 동시에 그들은 모든 사회계급과 집단에 무언가를 약속하고 온갖 만족할 거리를 주고 생각해낼 수 있는 모든 달콤한 말을 하면서 모두를 즐겁게 해주려고 애썼다.

결국 트로츠키는 정치국 및 중앙위원회와의 '흔들림 없는' 연대를 선언하고, '이 중요한 시점에는' 가장 엄격한 자기절제와 각성이 필요하다고 당원들에게 말했다. 이는 3인연합의 힘을 직접적으로 강화시키는 효과를 내는 행동이었다. 그는 레닌이 없는 상황에서 단결과 규율을 유지하기 위한 제안에 관해 연설하면서 이렇게 말했다. "나는 우리 중에서 이

제안을 옹호하고 실행에 옮기는 한편, 그것을 침해하려는 모든 자들에 맞서 단호하게 싸울 사람이 나타날 때까지 기다리지 않겠습니다."[52] 그는 계속해서 이렇게 말했다. "현재 분위기에서 당에 위험해 보이는 것들에 대해 당이 여러분에게 엄중히 경고한다면 그것은 당이 옳은 것입니다. 설령 당의 경고가 과장됐다 할지라도 그렇습니다. 다른 상황에서는 위험하지 않을 수 있는 것이 지금은 두세 배로 의심스럽게 보이는 상황이기 때문입니다." 이렇게 경계심과 의심이 고조된 상태는 3인연합이 자기들의 주장을 적극 내세우고 자기들에게 대한 반대를 쉽게 억누를 수 있게 해주었다. 트로츠키는 레닌의 죽음이 당에 미칠 충격에 대해 3인연합 못지않게 불안감을 느꼈고, 당을 강화하려는 열망에서 자기의 당내 입지를 약화시켰다. 그는 3인연합의 충성심을 믿었던 게 분명하다. 그는 3인연합을 대단찮게 여기긴 했지만, 최소한의 양심적인 태노는 유지하리라 믿는 동지로 대했다. 그는 자신의 이기적이지 않은 행동을 3인연합이 곧바로 이용하리라고는 상상도 못했다.

12차 당대회 기간 중에 열린 확대 중앙위원회에서 스탈린이 서기장으로 재선됐다. 트로츠키는 이를 막으려는 시도를 전혀 하지 않았다. 물론 그는 레닌이라면 스탈린이 아닌 다른 사람을 서기장 후보로 제안했을 것임을 알고 있었다. 그러나 어쨌든 레닌이 없는 상태에서 그가 스탈린을 해임할 기회는 없었다. 3인연합은 정치국을 쥐고 흔들고 있었고, 전과 마찬가지로 정치국을 통해 중앙위원회도 좌지우지했다. 또한 그들은 당의 규율에 관한 최고 심판기관 역할을 맡기기 위해 새로이 선출 방식으로 설치한 중앙통제위원회도 장악했다. 중앙통제위원회의 의장에는 스탈린의 가까운 동료인 쿠이비셰프가 임명됐다.

3인연합은 트로츠키와의 대결을 서두를 이유가 없었다. 트로츠키는 도발하지 않았다. 그리고 그들은 갈등이 불거질 경우에 당이 어떻게 나올지에 대해 아직 자신이 없었다. 그러나 스탈린은 준비를 게을리 하지 않았다. 그는 자기가 갖고 있는 폭넓은 인사권을 이용해 중앙과 지방에서 트로츠키를 추종할 것으로 보이는 사람들을 중요한 자리에서 제거하고, 그렇게 해서 비게 된 자리를 3인연합의 지지자들 또는 가능한 한 자기의 지지자들로 채웠다. 스탈린은 각각의 인사에 대한 근거를 마련하는 등 자기가 취하는 승진 및 강등 인사조치를 정당화하는 데 크게 신경을 썼다. 그러는 과정에서 그는 레닌이 수립한 규칙, 즉 당에 봉사해온 햇수를 참고해 인사결정을 해야 한다는 규칙의 도움을 많이 받았다. 이 규칙은 자동으로 당의 선배그룹, 특히 그들의 핵심그룹에 유리하게 작용했다.

스탈린이 이런 정실주의 인사제도를 십분 활용해 슬그머니 당의 지배자가 된 해가 바로 1923년이었다. 그가 지방 각 지역의 서기로 임명해 관리가 된 사람들은 자기에 대한 인사와 그 인사에 대한 승인이 해당 조직의 구성원들에 의해 이루어지는 것이 아니라 서기국에 의해 이루어진다는 것을 알게 됐다. 당연히 그들은 지역 당 조직에서 표출되는 견해보다는 서기장의 말에 훨씬 더 귀를 기울였다. 이제 이런 서기들의 무리가 당을 '대체'하기에 이르렀고, 심지어는 자기들이 중요한 부분이 되는 초기당원 그룹 전체를 '대체'했다. 그들이 서기국의 명령에 따라 획일적으로 행동하는 데 익숙해질수록 서기국이 사실상 당 전체를 대체하는 결과가 빚어졌다. 이론상 당은 여전히 당대회의 결정과 중앙위원회의 지배를 받는 것으로 돼 있었다. 그러나 이때부터 당대회는 허깨비로 전락했다. 대체로 서기국이 지명한 자들만이 당대회에 참석할 대표로 선출될 수 있게 됐다.

트로츠키는 이런 당의 변화를 관찰했고 그 의미를 알고 있었지만, 그것을 막기 위한 일은 아무것도 할 수 없었다. 당의 변화를 막기 위해 그가 동원할 수 있는 방법은 단 하나뿐이었다. 그것은 공개적인 호소를 통해 일반 당원들에게 서기국의 요구에 저항하라고 촉구하는 것이었다. 그러나 스탈린이 정치국과 중앙위원회의 대다수 위원들의 지지를 받고 있는 상황에서 그런 방법을 쓰는 것은 새로 선출되고 정식으로 구성된 지도부에 대항하라는 선동이 될 터였다. 정치국의 어떤 위원도, 가장 권위가 있는 위원도 그런 행동에 따를 위험을 감수할 수 없었다. 이제는 트로츠키도 그런 위험을 감수할 수 없었다. 그는 그동안 자기와 3인연합 사이의 차이를 당에 드러내지 않고 감추었고, 3인연합과 굳건히 연대하겠다고 진지하게 선언했으며, 규율을 가장 열정적이고 주의 깊게 지키는 수호자의 역할을 하겠다고 맹세했다. 그래 놓고 당원들을 부추겨 3인연합에 대항하게 하려는 시도를 한다면, 그는 사적인 원한 또는 레닌의 뒤를 이으려는 야심 때문에 위선적으로 행동하는 것으로 비치게 될 게 뻔했다.

한동안 트로츠키는 정치국과 중앙위원회 안에서만 스탈린에게 저항할 수 있었다. 그러나 이들 두 조직에서도 그는 고립됐고, 그의 발언은 대수롭지 않은 것으로 다뤄졌다. 부하린마저 3인연합 쪽으로 더 많이 기울어졌다. 새로 구성된 중앙위원회의 위원 40명 가운데 트로츠키의 정치적 친구는 라코프스키, 라데크, 퍄타코프 이렇게 셋뿐이었다. 트로츠키가 참석하는 정치국 회의는 단지 형식적인 것이 되어가고 있었다. 그들은 트로츠키를 속이고 있었다. 진짜 정치국은 트로츠키가 없을 때 가동됐다. 이처럼 12차 당대회가 끝나자마자 트로츠키는 자기가 해야 할 일을 미룬 대가를 치르기 시작했다. 그는 이미 3인연합의 정치적 포로였다. 그는 당의 주요 기구들 안에서 3인연합에 맞서는 그 어떤 일도 할 수 없었고, 주요 기구들 밖에서도 그들에 맞서는 그 어떤 조치도 취할 수 없었다. 그가 할 수 있는 일은 단지 새로운 전망을 열어줄 어떤 사건이 일어나주기를 바라며 때를 기다리는 것뿐이었다.

1923년 여름에 모스크바와 페트로그라드는 갑자기 정치적 열기에 휩싸였다. 7월과 8월 내내 상당히 많은 노동쟁의가 일어났다. 노동자들은 공업을 회복시키는 노력에 따르는 부담을 자기들이 너무 많이 짊어지고 있다고 느꼈다. 그들의 임금은 아주 적은 수준이었고, 그것마저도 받지 못하는 경우가 잦았다. 손해를 보며 공장을 돌리는 상황에서 국가의 보조금과 대출 지원까지 받지 못하게 된 기업 경영자들은 노동자들에게 임금을 지급할 수 없었고, 여러 달치 임금을 체불했으며, 임금을 삭감하려고 협잡과 속임수를 일삼았다. 노동조합은 공업의 회복에 방해가 되는 것을 꺼려 조합원들의 요구를 강하게 밀어붙이지 않았다. 마침내 노조를 벗어난 자발적인 파업이 여러 공장에서 일어나고 확산되면서 격렬한 불만의 표출이 수반됐다. 기습당한 노조들은 경악했고, 당 지도부도 마찬가지였다. 총파업을 일으키겠다는 위협이 나왔고, 노동자들의 움직임은 정치적 반란으로 이어질 것처럼 보였다. 크론슈타트 봉기 이래 노동계급에 이때처럼 긴장이 팽배한 적이 없었고, 지배집단에 이때처럼 위기감이 감돈 적이 없었다.

예상 못했던 일이기에 충격은 더 컸다. 지배집단은 경제상황에 대해 자만하면서 경제상황이 계속 개선되고 있다고 자랑해왔다. 그들은 곧 갈등이 불거질 것이라는 신호를 제때 받지 못했고, 그런 경고를 받게 되어도 그것을 무시했다. 갑자기 정신을 차리게 된 그들은 노동자들을 부추긴 주동자를 찾기 시작했다. 당 하부조직에서는 노동자들의 소요가 사람들로 하여금 좀 더 진지하게 이런 질문을 하게 했다. 네프가 선포된 지 2년 이상 지났는데 아직도 불만스러운 점이 많으니 어찌된 일인가? 그들은 이렇게 물었다. 네프의 성과에 관한 공식 보고서가 무슨 소용이 있는가? 당 지도부는 너무 자만한 나머지 노동계급과의 의사소통을 더 이상 하지 못하게 된 것 아닌가? 이런 질문들에 대답을 해주지 않는 한 주동자 찾기는 별다른 소용이 없는 일이었다.

주동자를 찾기는 쉽지 않았다. 파업을 선동한 세력은 그 어디에서도, 예컨대 볼셰비키에 반대하는 자들의 잔당에서도 찾을 수 없었다. 그들은 철저히 억압되어 더 이상 활동하지 못하는 상태였다. 정부의 의심은 노동자반대파로 향했다. 그러나 노동자반대파의 지도자들도 노동자들의 파업에 놀라고 있기는 마찬가지였다. 노동자반대파는 끊임없는 축출의 위협으로 인해 위축됐고 해체되는 중이었다. 그러나 노동자반대파의 분파그룹들 중 일부는 파업 선동에 어느 정도 관련이 있었다. 그중 가장 눈에 띄는 그룹은 먀스니코프, 쿠즈네초프, 모이세예프 등 세 명의 노동자가 이끄는 '노동자그룹'이었다. 이들 세 명은 늦춰 잡아도 1905년 이래 볼셰비키 당원이었다. 12차 당대회 직후인 4월과 5월에 이들은 프롤레타리아에 대한 새로운 착취를 비난하고 노동자들에게 소비에트 민주주의를 위해 싸울 것을 독려하는 성명서를 돌렸다.[53] 5월에 먀스니코프가 체포됐다. 그러나 그의 지지자들은 계속해서 그의 생각을 널리 알렸다. 파업이 일어나자 그들은 공장에 가서 총파업을 요구해야 하는지에 대해 확신을 갖지 못했다. 그들은 게페우에게 붙잡힐 때까지도 이 문제로 입씨름하고 있었다. 게페우에 붙잡힌 사람은 대략 20명 정도였다.[54]

'노동자그룹' 및 이와 비슷한 집단, 예컨대 '노동자의 진실' 같은 집단이 공장에서 활동하고 있다는 사실이 확인되자 당 지도부는 근심에 휩싸였다. 그들의 근심은 그 원인에 비해 지나치게 심각한 수준으로 보였다. 그러나 작은 규모이기는 했지만 공장에서 활동하는 집단들은 당과 노동조합에 연락책을 많이 두고 있었다. 일반 볼셰비키 당원들은 이들 연락책의 주장을 열린 마음으로 또는 은근히 공감하며 들었다. 노조는 목소리를 내지 않았고 당은 노동자들의 고충에 거의 관심을 기울이지 않았으므로 이들 소규모 정치그룹들은 저지당하지만 않았어도 빠르게 영향력을 넓히고 불만세력의 선두가 됐을 것이다. 크론슈타트 봉기의 주동자들도 그 수가 많지 않았고 영향력도 크지 않았다. 그러나 인화성 물질이 많은 곳에서는 작은 불꽃도 큰 화재를 일으킬 수 있는 법이다. 당 지도부는 불꽃을 밟아 꺼버릴 방법을 찾았다. 그들은 '노동자그룹'과 '노동자의 진실'의 구성원들이 더 이상 당의 규율에 구속되지 않으려는 입장을 취하면서 정부에 대항하는 선동활동을 은밀하게 하고 있다고 보고 그들을 진압하기로 결정했다. 진압의 책임은 제르진스키에게 떨어졌다. 그는 용의자들의 활동을 조사하는 과정에서 당에 대한 충성심에 의문의 여지가 없는 당원들까지도 용의자들을 동지로 여기고 그들에게 불리한 증언을 하기를 거부하는 모습을 보았다. 그래서 제르진스키는 모든 당원은 당 안에서 공식 지도부에 대항하는 공격적인 행동에 가담한 자를 발견하면 그를 게페우에 고발할 의무가 있다는 선언을 해달라고 정치국에 요청했다.

이 문제는 트로츠키가 3인연합과 몇 차례 충돌하면서 관계가 매우 나빠진 직후에 정치국에 상정됐다. 트로츠키는 제르진스키의 요구를 받아들일 수 없었다. 트로츠키는 노동자그룹이나 이와 비슷한 그룹들을 보호하는 데 전혀 열성을 보이지 않았다. 그는 노동자그룹의 지지자들이 감옥에 갇히게 돼도 항의하지 않았다. 그들의 불만 가운데 많은 부분이 납득할 만했고 그들의 비판에 충분한 근거가 있긴 했지만, 트로츠키는 그들의 거칠고 무정부적인 열변에 공감할 수 없었다. 또한 산업 현장의 노동쟁의에 대해서도 지지하지 않았다. 그는 공업생산이 아직 미미한 상태에서 정부가 노동자들의 요구를 충족시켜줄 수 있다고 보지 않았다. 노동자가 임금을 받아봐야 그 돈으로 어떤 물건도 살 수 없다면 임금을 올려봐야 소용이 없었다. 그는 파업은 공업의 회복을 지연시킴으로써 문제를 더 악화시키기만 한다고 보았다. 그리고 그는 지킬 수 없는 약속을 남발하거나 노동자들의 불만을 이용하여 인기를 얻으려 하지 않았다. 대신 그는 오랫동안 지연된 경제정책의 변경을 다시 한 번 촉구했다. 그는 노동자반대파나 그 분파들이 내건 극단적인 형태의 소비에트 민주주의에 대한 요구를 지지할 마음도 전혀 없었다. 그러나 그는 3인연합과 제르진스키가 문제상황에 대처하는 방안을 제시하는 태도와, 노동자들이 표출하는 불만의 밑바탕에 깔린 원인은 캐지 않고 겉으로 드러난 양상에만 매달리는 태도에 이의를 제기했다. 그는 정치국이 당원들에게 서로를 염탐하고 고발하게 하는 명령을 내리려고 하는 것을 보자 혐오감에 사로잡혔다.

제르진스키의 요구는 민감한 논란거리가 됐다. 그동안 볼셰비키가 게페우를 대하는 태도에는 선량한 부르주아 민주주의자가 정치경찰을 바라볼 때 늘 드러내는 거만한 불쾌감이 전혀 없었다. 게페우는 '혁명의 칼'이었고, 모든 볼셰비키는 혁명의 적을 겨냥한 게페우의 일을 돕는 것에 자부심을 느꼈다. 그러나 내전이 끝나고 테러활동에 대한 대응이 장기화될 조짐이 보이자 게페우에서 일하기를 자원했던 많은 사람들이 주저 없이 게페우를 떠났다. 그즈음 제르진스키는 라데크와 브란틀러에게 이렇게 불평했다. "성인(聖人) 아니면 사기꾼만이 게페우에서 일할 수 있소. 그런데 지금 성인들은 나에게서 도망치고 있고, 내 곁에 남는 자들은 사기꾼뿐이오."[55] 그러나 이처럼 권위가 떨어졌음에도 게페우는 여전히 볼셰비키의 권력독점을 수호하는 역할을 하고 있었다. 게페우는 이제까지 백위대, 멘셰비키, 사회혁명당, 무정부주의자들 같은 외부의 적들로부터 볼셰비키의 권력독점을 지켜왔다. 문제는 게페우가 볼셰비키의 적으로 '추정'되는 자들로부터도 볼셰비키의 권력독점을 지켜야 하는가였다. 만일 그래야 한다면 게페우는 당 내부에서 활동하는 방법밖에 다른 도리가 없었다.

트로츠키는 정치국에 제르진스키의 요구를 거절해야 한다고 솔직하게 말하지 않았다. 그는 이 문제를 회피하고 보다 근본적인 쟁점을 파고들었다. 그는 1923년 10월 8일에 중앙위원회에 보낸 편지에 이렇게 썼다. "당의 하부조직이 당에 적대적인 자들에게 이용당하고 있다는 사실을 당에 알리는 것은 너무나도 기본적인 당원의 의무입니다. 그러니 10월 혁명 이후 6년이나 지난 지금 그런 취지의 특별결의를 채택하는 것은 반드시 필요한 일이 아닙니다. 그런 결의를 요구한다는 것 자체가 지극히 놀라운 징후입니다."[56] 트로츠키는 이어 지도부와 일반 당원들 사이를 가르고 있는 간극을 가리키며, 그 간극이 12차 당대회 이후에 특히 넓어졌으며 스탈린의 정실주의 인사로 인해 더 깊어졌다고 지적했다.

트로츠키가 이 말을 했을 때 3인연합은 트로츠키에게 그도 전시공산주의 시절에 자기가 지명한 사람들을 통해 노동조합을 지배했음을 상기시켰다. 트로츠키는 내전이 절정에 달했을 때에도 당 내부의 임명제는 그 적용범위가 지금의 10분의 1도 되지 않았는데 이제는 지방위원회 서기를 임명하는 것이 일반화됐으며, 이것이 본질적으로 지방 당 조직의 서기들에게 독립적인 지위를 부여해주고 있다고 응수했다. 트로츠키는 서기장의 권한에 대해 분명하게 의문을 제기하지는 않았다. 그는 단지 서기장에게 권한을 적절하고 신중하게 사용할 것을 촉구했을 뿐이다. 그는 최근의 당대회에서 프롤레타리아 민주주의에 대한 탄원을 들으면서 그런 탄원 중 다수에 대해 이렇게 고백한 바 있다. "내게는 이 탄원들이 상당히 과장되고 선동적인 것으로 보인다. 왜냐하면 완전히 발전된 노동자의 민주주의는 독재체제와 공존할 수 없기 때문이다." 당은 내전 때처럼 높은 강도의 규율 속에서 계속 살아가야 할 필요가 없다는 것이었다. 그런 규율 대신에 '더 활기차고 폭넓은 당의 책임성'이 자리 잡아야 한다면서 그는 이렇게 덧붙였다. "현 정권은 (…) 가장 혹독했던 전시공산주의 시절의 정권보다도 노동자 민주주의에서 더 멀어져 있다." "당 조직의 전례 없는 관료화에 대한 책임은 서기 집단의 교체에 있다. 서기들의 위계체제는 당론을 만들어냈고, 당원들이 자기의 의견을 표현하거나 심지어는 자기의 의견을 갖는 것도 방해했으며, 일반 당원들에게 오로지 명령과 소환의 언어로만 말했다. 그러니 불만이 당의 각종 회의에서 의견을 공개적으로 교환하고 다수의 힘으로 당의 조직에 영향력을 행사하는 방식을 통해 해소될 기회를 갖지 못하고 (…) 은연중에 쌓여 긴장과 갈등을 일으키는 것이 이상할 것도 없다."[57]

트로츠키는 또한 3인연합의 경제정책에 대한 공격에도 다시 나섰다. 당내 소요는 산업현장의 노동쟁의로 인해 더욱 심해졌으며, 이는 앞을 내다보는 경제적 안목이 없어서 나타나는 현상이라고 트로츠키는 주장했다. 그는 자기가 12차 당대회에서 얻은 유일한 이득, 그토록 많은 양보를 해가며 얻은 그 이득이 헛된 것이었음을 그제야 깨달았다. 당대회는 공업정책에 관한 트로츠키의 결의안을 채택했지만, 그것은 실천되지 않고 사문화됐다. 예전처럼 경제정책은 다시 겉돌고 혼란에 빠졌다. 고스플란을 경제의 지도중심으로 만들려는 노력은 전혀 보이지 않았다. 정치국은 위기의 근원을 캐기보다는 그 증상만을 조사하는 위원회만 여럿 만들었다.

트로츠키 자신도 가격에 대해 조사하는 위원회에서 일해 달라는 권유를 받았다. 물론 그는 거절했다. 그는 쟁점을 피해가고 결정을 지연시키는 활동에는 참여하고 싶은 마음이 없다고 선언했다.

트로츠키는 이런 비판을 하기 직전에 이미 3인연합과 충돌했다. 이 충돌 가운데 일부는 독일의 상황에 대해 토론하는 과정에서 빚어졌다. 트로츠키는 프랑스가 루르 지역을 점령함으로써 촉발된 소란이 독일 공산주의자들에게 절묘한 기회를 제공해준다고 생각했다. 3인연합이 트로츠키가 의장으로 있는 군사혁명위원회의 개편을 제안했을 때도 양쪽 사이에 충돌이 일어났다. 지노비예프는 군사혁명위원회에 스탈린을 직접 참여시키거나 최소한 보로실로프와 라셰비치만이라도 참여시키고자 했다. 지노비예프가 왜 이런 제안을 하게 됐는지는 분명하지 않다. 그가 3인연합을 위해 군사문제에 대한 통제에서 결정적인 역할을 할 수 있는 지분을 얻어내려는 조바심을 갖고 스탈린과의 합의 아래 그렇게 했는지, 아니면 스탈린을 서기장 직에서 몰아내려는 조심스러운 움직임에 이미 동참하고 있었기 때문에 그렇게 했는지는 분명하지 않다.[58]지노비예프가 그런 제안을 한 것만으로도 트로츠키는 상처받고 분노했다. 그는 항의의 표시로 자기가 보유한 모든 직책, 즉 전쟁인민위원회, 군사혁명위원회, 정치국, 중앙위원회의 모든 직책에서 사퇴하겠다고 선언했다. 그는 독일 공산당이 혁명을 준비하는 데 도움을 주고 싶으니 '일개 혁명의 병사'로 해외에 보내달라고 요구했다. 이런 그의 생각은 갑자기 튀어나온 것이 아니었다. 독일 공산당의 지도자인 하인리히 브란틀러가 마침 모스크바에 와 있었다. 그는 자기와 자기의 동지들이 봉기를 이끌 능력을 갖고 있는지에 대해 의문을 품고, 트로츠키와 지노비예프에게 트로츠키가 비밀리에 베를린이나 작센 지역에 와서 혁명의 수행을 지휘해줄 수 없느냐고 매우 진지하게 문의했다.[59)] 트로츠키는 브란틀러의 구상에 흔들렸다. 그러한 임무가 지닌 위험성이 그의 용기를 자극했다. 러시아에서 일어난 변화에 환멸을 느끼고, 정치국의 음모에 혐오감을 느끼고, 그래서 아마도 이미 지쳐버린 트로츠키는 그 임무를 맡겠다고 했다. 진행 중인 혁명의 승리에 다시 한 번 기여하는 것이 이미 승리한 혁명의 구더기 들끓는 열매를 맛보는 것보다 더 나았다.

3인연합은 트로츠키를 독일로 보낼 수 없었다. 독일로 갈 경우 그는 갑절로 더 위험한 인물이 될 수 있었다. 만일 트로츠키가 그곳에 가서 성공하고 승리의 나팔을 불며 돌아온다면 러시아혁명은 물론 독일혁명의 지도자로서도 인정받게 되어 3인연합을 구성하고 있는 자기들을 하찮아 보이게 할 게 뻔했다. 반대로 무언가 불상사가 일어나서 트로츠키가 계급의 적에게 붙들리거나 싸우다 죽는다면, 자기들이 그를 제거하려고 가망없는 임무를 주어 그를 독일로 보냈다고 당이 의심할 것이었다. 스탈린도 그렇거니와 그와 손잡은 사람들도 아직은 그런 의심을 감당할 수 없었다. 그들은 트로츠키가 새로운 혁명의 승리자로서 월계관을 쓰는 것도, 그가 순교자의 면류관을 쓰는 것도 용납할 수 없었다. 그들은 이런 고통스런 장면을 하나의 소극(笑劇)으로 바꿔버림으로써 궁지에서 벗어났다. 지노비예프는 코민테른의 의장인 자기가 트로츠키 대신 '일개 혁명의 병사'로서 친히 독일로 가겠다고 대답했다. 그 다음에는 스탈린이 끼어들어 우호적인 몸짓으로 상식이 있는 체하며, 정치국은 가장 탁월하고 사랑받는 두 위원 중 어느 한 사람도 없어서는 안 된다고 말했다. 또한 트로츠키가 전쟁인민위원회와 중앙위원회의 위원직을 사임하는 것도 받아들일 수 없다고 덧붙였다. 그랬다가는 어마어마한 소동이 벌어질 게 뻔하기 때문이라는 것이었다. 그리고 자신은 군사혁명위원회에서 배제된 상태로 계속 있게 된다 하더라도 그것이 사태가 원만하게 해결하는 데 도움이 된다면 그것으로 만족하겠다는 말도 했다. 정치국은 스탈린의 '해결책'을 받아들였고, 트로츠키는 상황이 해괴망측하게 돌아간다고 느끼고 회의 도중에 '문을 쾅 닫는 시늉을 하며' 회의장을 떠났다.[60]

이것이 제르진스키가 자기의 제안을 내놓고 트로츠키가 10월 8일자 편지를 쓰기 직전의 정치국 상황이었다. 10월 8일자 편지에서 트로츠키는 3인연합에 결연하게 대응했다. 3인연합은 아직은 크게 동요하지는 않았다. 트로츠키가 문제의 논쟁을 정치국 외부로 공개하지 않았기 때문이다. 그의 편지는 정치국의 비밀을 알 자격이 있는 중앙위원회의 위원들에게만 전달돼 있었다.

그런데 일주일 뒤인 10월 15일에 46명의 주요 당원들이 공식 지도부를 겨냥한 준엄한 성명을 발표했다. 이들은 트로츠키가 그동안 사용해온 용어와 거의 동일한 용어를 사용해가며 지도부의 정책을 비판했다. 이들은 '정치국 위원들 대다수'가 정책에 대한 아무런 소신도 갖고 있지 않고 공업에 대한 목표의식 있는 지도와 계획의 필요성을 인식하지 못하고 있기 때문에 나라가 경제적 파탄의 위험을 받고 있다고 선언했다. 이들은 지도부를 어떻게 바꿔야 한다는 구체적인 요구를 하지는 않았다. 다만 맡은 바 임무에 대해 각성할 것을 정치국에 촉구했다. 이들은 또한 서기들의 위계체제에 의한 지배와 토론이 질식당해 사라진 것에 대해 항의하고, 선출되지 않고 지명된 자들로 꽉 찬 정기 당대회와 당의 여러 회의들은 더 이상 대표성을 가질 수 없다고 주장했다. 그런 다음에 이들 46인은 트로츠키보다 더 나아가 당내 분파결성을 금지한 조치는 폐지되거나 완화돼야 한다고 주장했다. 왜냐하면 그런 조치는 하나의 분파가 당을 독재적으로 지배할 수 있도록 보호막 기능을 하고, 불만을 품은 당원들로 하여금 비밀집단을 만들게 하며, 당에 대한 당원들의 충성심을 악용하는 것이기 때문이라는 것이었다. 이들은 "당내 투쟁은 침묵과 비밀 속에서 행해질수록 더 야만적인 투쟁이 된다"고 지적했다. 끝으로 이들의 성명에 서명한 사람들은 중앙위원회에 비상회의를 소집해서 상황을 재검토할 것을 요구했다.[61]

　46인은 트로츠키가 한 비판을 아주 충실히 되풀이했다. 때문에 3인연합은 트로츠키가 46인의 항의를 직접 조직했거나 직접 사주했다고 의심할 수밖에 없었다.[62] 3인연합은 46인이 견고한 하나의 분파를 결성하기 위해 모였다고 생각했다. 트로츠키의 태도는 3인연합이 생각한 것보다 사실 더 조심스러웠다. 46인에는 트로츠키의 가까운 정치적 친구들이 여럿 들어 있었던 게 사실이다. 예를 들어 공업부문의 경영자들 가운데 가장 유능하고 세상물정에 밝은 유리 퍄타코프, 경제학자이자 중앙위원회 서기를 지낸 에브게니 프레오브라젠스키, 〈프라우다〉의 재능 있는 기고가인 레프 소스노프스키, 콜차크를 무찌른 이반 스미르노프, 10월봉기의 영웅이자 적군(赤軍)의 최고 정치인민위원인 안토노프-오브세옌코, 모스크바 수비대의 사령관인 무랄로프 등이 46인에 들어 있었다. 트로츠키는 이들에게는 그동안 자기의 생각과 걱정을 털어놓았다. 그리고 이들 가운데 일부에게는 자기가 레닌과 나눈 깊숙한 이야기도 알려주었다.[63] 이들은 이른바 '1923년 반대파'를 주도한 그룹이었고, 그 안에서 '트로츠키주의자들'을 대표했다. 그러나 46인은 획일적인 집단은 아니었다. 이들 가운데는 노동자반대파나 민주집중파를 지지하는 사람들도 들어 있었다. 스미르노프, 사프로노프, 코시오르, 부브노프, 오신스키 등이 그런 이들이었다. 이들의 견해는 트로츠키주의자들과 달랐다. 성명서에 서명한 사람들 중 상당수는 특정한 사안에 대해 단서나 이견을 분명히 덧붙였다.

성명서는 두 가지 쟁점, 즉 경제계획과 당내 민주주의를 똑같이 강조했다. 그러나 일부 서명자들은 주로 경제계획에 관심이 있었던 반면에 그 나머지는 당내 민주주의를 더 중요하게 생각했다. 프레오브라젠스키, 퍄타코프 같은 사람들은 비판과 토론의 자유를 요구했다. 특정한 경제정책에 대해 반대하고 있던 그들은 토론을 통해 다른 사람들의 생각을 자기들이 갖고 있는 생각 쪽으로 바꾸고 싶어했다. 사프로노프, 소스노프스키 같은 사람들은 당내 자유 그 자체를 중요하게 여겼기 때문에 성명에 서명했다. 프레오브라젠스키와 퍄타코프 같은 사람들은 볼셰비키 관료집단 내부의 진보적이고 교육을 많이 받은 엘리트들의 열망을 대변했고, 사프로노프와 소스노프스키와 같은 사람들은 관료집단 전체에 대한 혐오감을 표출했다. 46인은 결코 견고한 하나의 분파를 형성할 것으로 보이지 않았다. 46인은 불만스럽게 생각하는 것이나 희구하는 것과 관련해 희미하게나마 갖고 있는 공통분모 위에 집단이나 개인들이 느슨하게 형성한 연대였다.

트로츠키가 이 연대의 직접적인 후원자였다고 봐야 할지, 그렇게 봐야 한다면 어느 정도까지 그랬는지는 분명하지 않다. 트로츠키 자신은 그렇지 않다고 부인했다. 그의 적들은 트로츠키가 부인하는 것은 분파를 조직했다는 비난을 피하려는 위장전술이라고 주장했다.[64] 그러나 그들도 구체적인 증거를 제시하지는 못했다. 46인은 명확한 행동지침과 규율을 갖춘, 일관성 있는 하나의 분파로 활동하지 않았다. 트로츠키가 죽은 뒤 오랜 세월이 흐른 뒤에 그의 곁에 가까이 있었던 사람들도 이때 트로츠키는 규율을 워낙 엄격히 지켰기 때문에 46인의 성명 발표와 같은 특별한 항의시위의 후원자 역할을 할 수 없었다고 주장했다. 이런 종류의 문제와 관련된 트로츠키의 행동에 대해 그동안 알려진 것을 모두 종합해 볼 때

이 증언은 사실이라고 받아들여도 될 것 같다. 그러나 트로츠키가 46인의 행동을 미리 알지 못했다거나 실제로 그들의 행동을 보고 놀랐다는 일각의 주장은 의심스럽다. 프레오브라젠스키, 무랄로프, 안토노프-오브세엔코는 트로츠키에게 자기들이 하고 있는 일을 알렸을 게 분명하다. 그리고 이들은 트로츠키로부터 어느 정도의 격려를 받지 않고는 그런 행동을 하지 않았을 것이다. 그러므로 트로츠키는 이들의 행동에 대해 공식적인 책임을 져야 할 입장은 아니었지만 실질적인 고무자였던 것으로 보인다.

46인은 항의성명서를 중앙위원회에 전달하면서 오랜 관습에 따라 자신들의 항의 내용을 당원들에게 알릴 것을 요구했다. 3인연합은 이 요구를 받아들이지 않았다. 3인연합은 더 나아가 만일 서명자들이 직접 당원들에게 성명서를 돌린다면 규율을 어긴 죄를 물어 처벌할 것이라고 위협했다. 이와 동시에 중앙위원회는 당의 세포조식들에 사람을 보내어 아직 공개되지 않은 이 항의성명서 작성자들을 비난하게 했다. 그런 다음 중앙위원회는 특별 확대회의를 열어 46인의 성명서와 트로츠키의 10월 8일자 편지에 대해 논의했다.[65] 트로츠키에 대응해 3인연합은 1월과 2월에 열린 정치국 회의에서 스탈린이 들고 나왔던 트로츠키의 혐의를 다시 거론했다. 3인연합은 트로츠키가 권력에 대한 욕망으로 움직이고 있고, '전부 아니면 전무'라는 금언에 매달려 레닌을 보좌하는 데 그치지 않고 레닌이 하는 일에까지 관여하려고 한다고 주장했다. 그런 뒤에 그들은 트로츠키가 최근 몇 년간 레닌과 의견을 달리한 쟁점을 모두 열거했다. 그러나 그들은 결국 레닌이 대부분의 쟁점들에서 트로츠키의 견해를 인정했다는 사실은 슬머시 감추었다. 중앙위원회는 스탈린이 제기한 트로츠키의 혐의를 인정하고 그에 대해 제재조치를 취했다. 또한 중앙위원회는 46인이 집단적으로 항의를 한 행위를 분파결성을 금지한 1921년의 조치를 위반한 것으로 간주하고 그들을 견책했다. 중앙위원회는 트로츠키에게 분파를 조직했다는 혐의를 씌우지는 않았지만, 46인의 행위에서 위법한 부분에 대해서는 그에게도 도덕적인 책임이 있다고 판정했다.

중앙위원회가 내린 이런 유죄판결은 공식 지도부에 대한 그 어떤 반대의 조짐도 1921년에 선포된 규율에 관한 규칙의 올가미에 걸리게 되는 악순환의 구조를 부각시켰다. 46인은 바로 그 규칙을 폐지하거나 완화할 것을 요구하고 나섰다. 그러나 그 규칙의 개정을 주장하고 나선 것만으로 이미 그들은 그 규칙을 어겼다는 혐의를 받았다. 당내 분파결성 금지 조치는 그 자체로 영속적인 성격을 갖는 것으로서 되돌려질 수 없는 것이었다. 이런 조치 아래에서는 그 개정을 주장하는 운동이 일어날 수 없었다. 이 규칙은 군대에는 약이 될지 몰라도 정치조직에는 독이 되는 군대식 규율을 당 안에 자리 잡게 했다. 그 규율은 한 개인이 불만을 터뜨리는 것은 허용하지만 같은 불만을 여럿이 함께 표출하는 것은 반란으로 취급하는 것이었다.

3인연합은 이 특별한 종류의 '반란'을 쉽게 진압할 수 없었다. 반란자들은 평범한 사병이 아니었다. 그들은 46인이나 되는 혁명의 장군이었다. 그들은 하나하나가 모두 정부와 당에서 요직을 맡고 있었다. 대부분이 내전에서 영웅적으로 싸운 전력을 갖고 있었다. 그리고 그들 중 많은 이들이 중앙위원회의 위원이었다. 일부는 1917년에 트로츠키와 함께 볼셰비키에 가담했고, 나머지는 1904년부터 볼셰비키였다. 그들의 저항은 쉽게 숨기거나 덮을 수 있는 게 아니었다. 중앙위원회에서 당의 세포조직들에 내려 보낸 사람들이 46인의 저항을 비난하고 그런 비난에 동참할 것을 요구하면서도 정작 문제가 되고 있는 성명서는 보여주려고 하지 않자 3인연합에 대한 강한 의심이 일어났다. 당은 이런저런 소문으로 웅성거렸다. 3인연합은 적어도 안전밸브는 열어야 했다. 혁명 6주년 기념일인 11월 7일에 지노비예프는 당내 민주주의를 회복시키겠다고 약속하는 엄숙한 연설을 했다. 그 기념으로 〈프라우다〉를 비롯한 여러 신문들이 지면을 토론용으로 개방하고 당원들에게 그들을 괴롭히는 모든 쟁점에 대해 솔직한 글을 써 보내라고 권했다.

'3년간의 침묵' 뒤에 토론에 불을 지피는 것은 위험했다.[66] 3인연합은 이 점을 알고 있었다. 그들은 모스크바에서만 토론을 개방하고 지방에서는 그것을 미루었다. 그러나 그들이 안전밸브를 열자마자 그동안 의심하지 않았던 세력의 압력이 그들에게 몰아닥쳤다. 모스크바의 당 세포조직들이 들고일어난 것이었다. 그들은 공식 지도자들을 대할 때 적대감을 드러내고 반대파의 대변자들에게 박수갈채를 보냈다. 큰 공장에서 열린 일부 회의들에서는 3인연합이 야유의 대상이 되고 표결에서 큰 표차로 지기도 했다.[67] 토론의 초점은 금세 46인의 성명서에 맞춰졌다. 46인은 이제 자기들의 의견을 일반 당원들에게 자유로이 개진할 수 있었다. 퍄타코프는 46인의 가장 공격적이고 효과적인 대변인이었다. 퍄타코프는 어디를 가든 직설적인 화법으로 해결책을 제시하며 쉽게 다수의 마음을 사로잡았다. 안토노프-오브세옌코는 수비대의 당 조직들을 대상으로 연설을 했다. 토론이 시작되자마자 수비대 당 조직의 3분의 1 이상이 반대파의 편에 섰다. 공산주의청년동맹(콤소몰)의 중앙위원회와 모스크바 세포조직들의 대부분도 마찬가지였다. 대학들은 흥분에 사로잡혔다. 학생 세포조직들 대부분이 46인에 대한 열성적인 지지를 선언했다. 반대파의 지도자들은 의기양양한 분위기였다. 어떤 기록에 따르면 이때 반대파의 지도자들은 자신감에 넘친 나머지 당 조직 전체에 대한 통제권을 3인연합과 어떤 비율로 나눌 것인가를 놓고 내부 토론을 벌였다고 한다.

3인연합은 경악했다. 그들은 수비대의 세포조직들에서 투표가 어떤 식으로 진행되는지를 지켜보고는 이들 세포조직이 투표를 계속 진행하도록 허용해서는 안 되겠다고 결심했다. 그들은 즉시 안토노프-오브세옌코를 적군 최고 정치인민위원이라는 직책에서 해임했다. 그가 '혁명을 승리로 이끈 지도자이자 조직자이며 고무자'인 트로츠키를 위해 무장병력이 '한 사람인 것처럼' 들고일어날 것이라고 중앙위원회를 위협했다는 것이었다.[68] 사실 안토노프-오브세옌코는 군사반란 위협 같은 건 전혀 하지 않았다. 그가 수비대 세포조직들에 전하고자 한 뜻과 실제로 한 말은 군대의 당 세포조직들이 '한 사람인 것처럼' 트로츠키를 지지한다는 것이었다. 이것도 물론 충동적으로 과장되게 말한 것이었지만, 사실과 그다지 다르지 않았다. 안토노프-오브세옌코가 토론을 군대의 세포조직들로 옮기면서 법을 어긴 것도 아니었다. 군대의 세포조직들도 민간의 세포조직들과 마찬가지로 정책에 관한 모든 토의에 참여하고 투표할 권리가 있었고, 그동안 이런 권리를 부인당한 적이 한 번도 없었다. 트로츠키는 안토노프-오브세옌코가 미묘한 상황에서 보다 신중하게 처신했어야 했다고 생각했다. 그러나 안토노프-오브세옌코의 행동이 비난받을 만한 것인가 아닌가와는 관계없이 3인연합은 군대의 정치부서 수장 자리에 그를 그대로 놔둘 수는 없다고 결정했다. 안토노프-오브세옌코 외에도 당의 공식 지도부에 대해 비판한 사람들을 강등하는 인사조치가 잇따랐다. 서기장은 당규를 어기면서까지 콤소몰의 기존 중앙위원회를 해산시키고, 선출이 아닌 임명의 방식으로 그 중앙위원회를 다시 구성했다.[69] 규율을 내세운 보복은 반대파의 다른 지지자들에게도 적용됐다. 그리고 토론의 진행을 방해하기 위해 생각해낼 수 있는 모든 수단이 다 동원됐다.

그러나 이 모든 것도 긴장을 완화시키지는 못했다. 그러자 3인연합은 반대파를 그대로 따라 함으로써 그들을 혼란에 빠뜨리기로 했다. 3인 연합은 '당내 관료체제'를 직설적으로 고발하는 특별 결의문을 작성했다. 그것은 트로츠키와 46인의 목소리를 그대로 표절한 것처럼 보였다. 그리고 그들은 당원들에게 표현과 비판의 자유를 완전하게 보장할 '새로운 경로'의 개시를 선언했다.

모스크바가 온통 흥분에 휩싸여 있었던 11월 내내 트로츠키는 공적인 논쟁에 참여하지 않았다. 갑작스레 병에 걸려 침묵을 지킬 수밖에 없었기 때문이다. 그는 10월의 마지막 주말에 모스크바 교외의 늪지로 사냥 여행을 갔다가 말라리아에 걸렸다. 때문에 그는 결정적인 시기에 몸에 열이 나는 바람에 꼼짝없이 침대에서 누워 지냈다. 이런 우연한 일(처음에는 레닌의 병, 그 다음에는 트로츠키의 병)이 상황의 기본요소들에 의해 더 확고하게 결정되는 역사의 흐름에 어떤 영향을 끼쳤는지를 생각해보면 신기하다. 트로츠키는 《나의 일생》에서 이렇게 이야기했다. "우리는 혁명이나 전쟁을 예견할 수 있다. 그러나 야생오리를 잡으러 간 가을 사냥여행에서 어떤 일이 벌어질지를 예견하는 것은 불가능하다."[70] 이때와 같은 중요한 시기에 자기의 생생한 목소리로 청중에게 직접 호소할 수 없다는 것은 확실히 트로츠키에게 적잖이 불리하게 작용했다. 그의 아내는 다음과 같이 썼다.

힘든 나날이었다. 하루하루가 긴장의 연속이었다. 정치국에서 레프 다비도 비치(트로츠키─옮긴이)는 병든 몸으로 홀로 다른 모든 위원들과 맞서 싸워야 했다. 그의 병 때문에 정치국 회의가 우리 집에서 열렸다. 나는 바로 옆에 붙어 있는 침실에 앉아 그가 하는 말을 들었다. 그는 온힘을 다해 말했다. 한마디 한마디 할 때마다 그의 건강이 조금씩 더 나빠지는 듯했다. 그는 '죽을 힘'을 다해 이야기했다. 그러나 돌아오는 것은 차갑고 무심한 대답뿐이었다. (…) 이런 회의가 끝나면 레프 다비도비치는 고열에 시달렸다. 그는 땀에 흠뻑 젖은 채 서재에서 나와 옷을 벗고 침대로 갔다. 그의 속옷과 겉옷은 장대비라도 맞은 것처럼 축축해서 말려야 했다.[71)]

3인연합은 '새로운 경로'를 시끌벅적하게 선포함으로써 반대파를 혼란시키기로 결정할 때 트로츠키가 그것을 승인할지에 대해 안심할 수 없었다. 그들은 트로츠키의 생각과 글을 표절해 쓴 자기들의 문서를 트로츠키에게 들이대고 자기들의 서명 밑에 추가로 서명하라고 요구했다. 그가 서명을 거부하는 것은 당의 자유를 방해하는 자는 바로 트로츠키라는 인상을 줄 수밖에 없었다. 그는 공개적인 토론이 공식적으로 개시됨으로써 적어도 자기가 비밀리에 정치국 안에서 3인연합과 씨름하던 문제들을 공개적인 토론의 장으로 끌어낼 수 있게 될 것으로 기대하면서도 한편으로는 자기가 헛된 약속을 승인하라는 요구를 받고 있다고 의심하지 않을 수 없었다. 몇 주 뒤에 반대파의 지도들 가운데 한 사람이 3인연합의 이 선언문을 1905년 10월의 선언문과 비교해보게 된다. 1905년 10월의 선언문은 마지막 차르가 힘이 약해졌을 때 헌법적 자유에 대해 약속을 한 것이었지만, 차르는 힘을 회복하자마자 그 약속을 취소했다.[72)] 1905년 10월에 젊은 트로츠키는 상트페테르부르크의 혁명군중 앞에 처음으로 모습을 드러내고 차르의 선언문을 손에 구겨 쥔 채 이렇게 경고했다. "이것이 오늘 우리에게 주어졌지만, 내일이면 저들이 이것을 빼앗아가서 조각조각 찢어버릴 것입니다. 마치 지금 제가 이것을, 이 종잇장에 불과한 자유를 여러분의 눈앞에서 조각조각 찢고 있는 것과 마찬가지로."[73)] 1923년인 지금은 트로츠키가 대중 앞에 나가 '새로운 10월 선언문'을 찢어버릴 수가 없었다. 그것은 그도 한 명의 위원으로 있는 정치국의 이름으로 선포될 예정이었다. 그리고 그는 기존의 정부를 전복하기보다는 개혁하기 위해 애쓰고 있었다. 따라서 정치국이 '새로운 경로'에 관한 제안을 침대에 누워있는 트로츠키에게 들고 왔을 때 그는 당내 자유에 대한 약속을 가능한 한 단순하고 분명하게, 그리하여 3인연합이 지키지 않을 도리가 없게 규정한 수정문안을 거기에 끼워 넣도록 하는 것밖에 달리 할 일이 없었다. 정치국은 트로츠키의 수정문안을 모두 받아들였고, 12월 5일에 수정문안이 반영된 3인연합의 제안을 만장일치로 통과시켰다.[74] 트로츠키도 비록 찬성표를 던지긴 했지만, 1905년에 자기가 한 몸짓을 소극적이나마 되풀이하지 않을 수 없었다.

트로츠키는 〈프라우다〉에 기고한 몇 개의 짧은 글들을 통해 그런 몸짓을 했고, 그 글들은 나중에 《새로운 경로》라는 팸플릿으로 발간됐다.[75] 글들에는 트로츠키가 갖고 있던 생각의 대부분이 집약적으로 담겨 있고, 그 내용은 곧바로 '트로츠키주의'의 특유한 요소들로 간주되게 된다. 그는 정치국이 '새로운 경로'에 대한 투표를 실시하기 전날인 12월 4일에 글을 하나 쓰기 시작했다. 이는 그가 맡고 있는 부서, 군대, 그리고 '그 밖의 다른 곳'에도 팽배한 '관료주의'를 겨냥한 다소 모호한 공격이었다. 그는 관료주의의 나쁜 점들은 사람들이 "철저하게 생각하기를 그만둘 때, 진부한 어구를 그 뜻이 무엇인지 생각해보지도 않고 우쭐거리며 사용할 때, 관습적인 명령을 그것이 합리적인가 자문해보지도 않고 내릴 때, 모든 새로운 말이나 비평, 발의, 그리고 모든 독립의 징조에 겁을 집어먹을 때" 겉으로 나타난다고 했다.[76] 또 '기분을 들뜨게 하는' 거짓말은 관료주의가 일용하는 양식이라고 했다. 적군과 내전의 역사에서도 관료주의를 찾아볼 수 있고, 거기에서 진실은 관료적 전설에 희생됐다. "그것을 읽어

보면 우리 군대에는 영웅만 있고, 모든 병사는 싸우려는 열망에 불타고, 적은 언제나 수적으로 우세하고, 우리가 내린 명령은 모두 합리적이고 상황에 적절하게 맞고, 그 실행은 언제나 훌륭하다는 등으로 생각하게 된다." 이런 전설의 교훈적인 효과는 그 자체가 하나의 전설이다. 적군의 병사는 "그의 아버지가 위대하고 정신을 고양하지만 실제와는 다른 '성인들의 삶'에 귀를 기울였듯이" 그 전설에 귀를 기울일 것이다.

혁명에서와 마찬가지로 용병술에서도 최고의 영웅적 행위는 진실함과 책임감을 그 골자로 한다. 우리는 거짓말을 하거나 이웃을 속여서는 안 된다고 가르치는 추상적인 도덕주의자의 관점에서 진실함을 말하는 것이 아니다. 이런 이상적인 이야기는 상반되는 이익, 투쟁, 전쟁이 존재하는 계급사회에서는 위선일 뿐이다. 특히 용병술은 어쩔 수 없이 책략, 위장, 기습, 속임수를 포함한다. 그러나 의식적이며 의도적으로, 그리고 삶이 걸린 대의의 이름으로 적을 속이는 것과 단지 아첨을 목적으로 해로운 거짓 정보와 '모든 것이 잘 돼가고 있다'고 안심시키는 말을 퍼뜨리는 것은 전혀 다르다.

이어 트로츠키는 군과 당 사이, 특히 전통에 대한 군의 태도와 당의 태도를 비교했다. 젊은 공산주의자들과 당의 선배그룹의 관계는 군대에서 하급 장교와 상급자의 관계와 같았다. 당에서나 군대에서나 젊은이는 기성세대가 무에서 만들어낸 기존 조직에 편입한다. 따라서 어디에서나 전통이 '대단히 중요'하게 여겨진다. 전통이 없으면 꾸준한 전진이 불가능하다는 식이다.

그러나 전통은 엄격한 규범도 공식적인 지침도 아니다. 전통은 암기되거나 복음으로 받아들여질 수 없다. 구세대가 말하는 모든 것이 '명예를 걸고 한 약속'만을 근거로 신뢰될 수 없다. 이와 반대로 전통은 말하자면 내부진통을 거쳐 극복돼야 한다. 전통은 그 스스로에 의해 비판적으로 재검토돼야 하고, 동화돼야 한다. 그렇지 않으면 전통의 구조 전체가 사상누각이 될 것이다. 나는 이미 파무소프(러시아의 고전 희극에 등장하는 인물)의 태도로 젊은이들에게 전통을 주입하는 '당의 선배그룹' 대표들에 대해 말했다. 그들은 이렇게 말한다. "연장자들을 보면서 배워라. 예를 들어 우리나 우리의 돌아가신 아저씨들을 보고 배워라." 그러나 아저씨들에게서도 그들의 조카에게서도 배울 만한 가치가 있는 것은 없다.

젊은 군인들의 눈에 혁명을 위해 불멸의 봉사를 한 우리 구세대 간부들이 매우 큰 권위를 누리고 있는 것으로 보인다는 사실은 부인할 수 없다. 그것은 고위직 간부들과 하위직 간부들 사이, 그리고 그들과 일반 당원들 사이에 확고한 결속 관계가 유지되도록 보장한다는 점에서는 훌륭한 기능을 한다. 그러나 구세대의 권위는 젊은이들의 개성을 없애지 못하며, 젊은이들을 겁먹게 하지 못한다. (…) "예, 그렇게 하겠습니다"라고만 대답하도록 훈련된 사람은 하찮은 인간이다. 이런 사람에 대해 옛 풍자가 살티코프(1826~1889, 러시아의 작가이자 평론가―옮긴이)는 이렇게 말했다. "그들은 예, 예, 예라고 계속 말한다. 당신을 궁지에 몰아넣을 때까지."[77]

이는 트로츠키가 초기당원들로 구성된 구세대에 처음으로 퍼부은 공격이었다. 그러나 너무나 일반적이고 간접적인 말로 표현된 까닭에 극소수만이 그 뜻을 알아차릴 수 있었다. 당과 국가는 트로츠키가 정치국과 차별화하고 있다는 낌새도 눈치 채지 못했고, 그래서 그가 여전히 공식 정책에 대해 책임을 지고 있다고 간주했다. 상황이 이렇다 보니 46인이 당의 세포조직들에게 자기들이 트로츠키의 지원을 받고 있다고 주장했을 때 스탈린은 트로츠키가 반대파에 동의할 리가 없으며 당의 지도자들 가운데 그가 가장 단호하게 규율을 중시하는 사람이라면서 46인은 그렇게 주장할 권리가 없다고 대답할 수 있었다.[78] 이런 상황으로 인해 트로츠키의 인내심이 한계에 도달했던 것으로 보인다. 12월 8일에 트로츠키는 당의 여러 회의들에 보내는 공개편지를 발표해 자기의 입장을 분명히 했다.[79] 그는 '새로운 경로'를 역사적 전환점이라고 묘사했다. 그러나 지도자들 가운데 일부는 이미 다른 생각을 품고 있으며 이미 실행되고 있는 '새로운 경로'를 무력화시키려고 한다고 당원들에게 경고했다. 그는 또 이렇게 말했다. 조직이 행사하는 독재로부터 벗어나는 것은 당의 임무이자 의무다. 당원들은 각자 자기와 자기의 생각, 그리고 자기의 주도와 용기에만 의존해야 한다. 당이 자기 조직을 없앨 수 없는 것은 사실이고, 당의 조직은 중앙집중적 방식으로 가동돼야 한다. 그러나 조직은 당의 도구가 돼야지 당의 주인이 돼서는 안 된다. 집중주의의 필요성은 민주주의에 대한 요구와 조화되고 균형을 이루어야 한다. 그러고 나서 그는 덧붙였다. "그런데 최근에는 그런 균형이 사라졌다."

"관료주의가 당을 막다른 골목으로 몰아넣겠다고 위협하고 있다는 생각, 또는 적어도 그런 느낌이 상당히 일반화됐다. 위험을 알리는 목소리가 높아졌다. '새로운 경로'에 대한 결의는 당에서 일어난 변화의 첫 번째 공식 표현이다. 그리고 그것은 당, 다시 말해 40만 당원이 성공시키고자 하는 만큼만 효과를 낼 것이다." 이것을 두려워하는 일부 지도자들은 당원들 대중이 아직 충분히 성숙하지 못해서 당이 민주적으로 스스로를 지배하지 못한다고 주장하고 있었다. 그러나 대중을 정치적으로 성숙하지 못하게 막은 것은 바로 관료적 보호체제라고 트로츠키는 지적했다.

'당에 들어와 머물고 싶어 하는 사람들에게 엄격한 요구를 하는 것'은 옳다. 그러나 일단 받아들여진 뒤에는 당원에게 주어지는 모든 권리를 마음껏 행사할 수 있어야 한다. 트로츠키는 젊은이들에게 자신 있게 행동하고 선배그룹의 권위를 절대적인 것으로 생각하지 말라고 분명하게 호소했다. "초기당원들이 스스로를 혁명적 요소로 보존할 수 있는 길은 민주주의의 틀 안에서 젊은이들과 끊임없이 활발하게 협력하는 것뿐이다." 그렇게 하지 않으면 그들은 경직되어 하나의 관료집단으로 퇴락하게 된다는 것이었다.

아직은 조심스럽긴 했지만, 이때 처음으로 트로츠키는 초기당원들에게 '관료적 퇴락'의 혐의를 들이대면서 그들과 대립했다. 그는 이 혐의를 효과적인 사례를 동원해 뒷받침했다. 그는 2차 인터내셔널을 출범시킨 초기집단이 스스로 혁명적인 세력에서 개량적인 세력으로 탈바꿈해서 자기들의 위대함과 역사적 사명을 당이라는 조직에 넘겨주었던 과정을 상기시켰다. 그러나 볼셰비즘을 위협한 것은 세대 간의 결별만이 아니었다. 더 위협적인 것은 당과 노동계급 간의 결별이었다. 전체 당원의 15~16퍼센트만이 공장노동자였다. 트로츠키는 "당에 노동계급을 점점 더 많이 유입시키라"고 요구했다. 그리고 다음과 같은 격정적인 웅변으로 편지를 마무리했다.

수동적인 복종, 권위에 의한 기계적인 평등화, 개성의 억제, 굴종의 태도, 출세주의를 버리십시오! 볼셰비키는 단순히 규칙을 준수하고 자제할 줄 아는 사람이 아닙니다. 볼셰비키는 어떤 경우에도, 그리고 어떤 문제에 대해서도 확고한 자기의견을 갖고, 그것을 용감하고 독립적으로 적에 대해서뿐만 아니라 당 안에서도 방어할 수 있어야 합니다. 아마도 오늘날 이런 볼셰비키는 소수집단에 속할 것이며 (…) 복종할 것입니다. (…) 그러나 그렇다고 해서 이런 볼셰비키가 틀렸음을 항상 뜻하는 것은 아닙니다. 아마도 그는 새로운 임무나 변화의 필요성을 다른 사람들보다 빨리 발견했거나 이해했을 것입니다. 그는 필요하다면 두 번, 세 번, 열 번 계속해서 문제제기를 할 것입니다. 그 결과 그는 당이 완전히 무장된 상태로 새로운 임무에 대응하거나 조직적 격변과 분파적 갈등 없이 필요한 변화를 이룰 수 있도록 당에 도움을 줄 것입니다.[80]

여기에 문제의 핵심이 있었다. 트로츠키는 여러 경향의 생각을 다양하게 할 수 있는 자유를, 그것이 당의 강령과 양립할 수만 있다면 허용하는 당의 모습을 제시했다. 그리고 그는 이런 자기의 구상을 이미 3인연합이 볼셰비즘의 기본요소로 제시한 획일적인 당 개념에 대비시켰다. 물론 당이 '여러 분파들로 쪼개져서는' 안 되지만 '분파주의'는 지나친 집중주의와 관료들의 거만한 태도에 대항하는 극단적이고 병적인 반응일 뿐이라는 것이었다. 그 원인이 지속되는 한 분파주의는 뿌리 뽑히지 않는다. 따라서 "당 조직을 갱신"하고, "미라 같이 돼버린 관료들을 당원들의 삶 전체와 긴밀하게 연결된 신선한 사람들로 대체"하며, 무엇보다도 비판, 반대, 항의의 말이 나오자마자 처벌을 남발하는 자들을 지도적인 직책에서 제거해야 한다는 것이었다. 그는 이렇게 말했다. "'새로운 경로'는 이제부터는 아무도 감히 당원들을 공포에 떨게 할 수 없다고 모든 사람이 믿게 하는 것으로 시작해야 합니다."

트로츠키는 거의 아홉 달이나 지연된 시점에 마침내 혼자서 폭탄을 던졌다. 그것은 트로츠키가 12차 당대회에서 레닌과 함께 터뜨리고 싶어 했던 폭탄이었다. 시간상의 지연은 치명적이었다. 스탈린은 이미 당 조직의 개편을 마치고 자기의 부하들과, 수는 좀 적지만 지노비예프의 부하들을 당 조직 요소요소의 민감한 자리에 앉혔다. 스탈린은 암시와 비방, 그리고 들으라고 하는 독백을 통해 앞으로 있게 될 트로츠키와의 충돌에 철저히 대비했다. 그리고 이제는 자기가 임명한 서기들을 움직여 행동에 나서게 했다.

트로츠키의 편지가 당의 여러 회의들에서 낭독되자 한바탕 소란이 일어났다. 많은 사람들이 이 편지를 오랫동안 기다려온 메시지로, 마침내 위선자들에게 등을 돌리고 다시 비천하고 핍박받는 이들의 우두머리로 돌아온 위대한 혁명가의 부름으로 받아들였다. 심지어 트로츠키가 최근까지도 검사 노릇을 하며 맞섰던 반대파의 일원들조차 열렬히 호응하면서, 트로츠키가 자기들에게 모질게 대한 것도 단지 순수하고 고결한 동기 때문에 그랬던 것이라고 인정했다. 그들 가운데 한 사람은 이런 편지를 썼다. "트로츠키 동지, 우리는 러시아 공산당과 코민테른의 지도자인 당신에게 인사드립니다. 우리는 당신의 혁명적 사고가 계급적 배타성이나 편협성과는 거리가 멀다고 생각합니다." 또 다른 사람은 이렇게 썼다. "트로츠키 동지, 나는 소비에트 러시아의 지도자 중 한 사람인 당신에게 인사드립니다. 나는 당신이 정치적 보복을 하겠다는 생각은 전혀 하지 않을 것이라고 봅니다."[81] 그러나 많은 볼셰비키들은 트로츠키가 그려 보인 당의 암울한 상황과 냉혹한 말에 놀랐다. 일부는 트로츠키가 자기들의 뒤통수를 때린 것이 아니라면 당에 대한 이유 없는 모욕을 퍼부은 것이라고 생각하며 분노했다. 모든 곳에서 서기들은 볼셰비키들의 반응 중에서 바로 이런 부류의 반응을 이끌고, 조직하고, 부채질하고, 최고조의 흥분으로 몰아갔다. 그리고 서기들은 이런 의견을 품은 자들이 실제로 가진 힘의 크기보다 더 큰 비중으로 그들의 의견을 부각시키고 그들에게 온갖 표현방식을 허용했다. 각종 회의의 토론시간 중 대부분, 주요 신문들의 칼럼난 중 대부분, 지방의 여론 형성에 큰 역할을 하는 각 지역의 회보와 전단 대부분이 그런 의견이 표출되는 창구로 이용됐다.

각 지역의 회의에서 반대파 지지자들은 종종 수적인 우세함과 조리 있는 말솜씨로 당 조직을 압도했다. 그러나 지역의 회의가 악다구니의 난무 속에 끝난 뒤에 그 지역을 대표해 이야기하고, 채택된 결의안을 다루고, 그들을 진압할 것인지 말 것인지와 진압하지 않는다면 어느 정도까지 관용을 베풀 것인지를 결정하는 일은 서기들의 몫이었다. 어느 한 회의에서 쉽게 다룰 수 없는 험악한 분위기와 맞닥뜨린 서기는 그 다음번 회의는 신중하게 준비했다. 이를테면 그는 회의장에 자기편 사람들을 잔뜩 데려다놓고, 반대파 사람들은 아예 오지 못하게 하거나 오더라도 발언을 못하게 했다.

토론은 13차 당대회가 개최됨으로써 일단 마감됐다. 13차 당대회를 준비하는 작업도 각 지역의 서기들이 좌우했다. 당대회에 참석할 대표의 선출은 몇 단계를 거쳐야 하는 간접선거로 진행됐다. 각 단계마다 서기들이 반대파에 동조하는 사람들이 얼마나 많이 뽑혔는지를 점검했고, 그 다음 단계에서는 그런 사람들이 뽑히지 않게끔 손을 썼다. 모스크바의 기초 세포조직들에서 반대파가 얼마나 많은 표를 얻었는지는 밝혀진 적이 없다. 46인은 기초 세포조직의 상위 단계인 지역별 회의에서 자기들이 적어도 36퍼센트 이상 득표했다고 주장했고, 이런 그들의 주장을 부인하는 사람은 없었다. 그러나 그 다음의 상위 단계인 구베르니야(주(州)에 해당하는 러시아의 행정단위―옮긴이)별 회의에서는 반대파의 득표율이 18퍼센트로 떨어졌다. 반대파는 기초 단위의 투표에서 마지막 단계의 투표까지 같은 비율로 자기들이 대표로 뽑히는 비율이 줄어든다 해도, 자기들이 모스크바 조직의 대다수를 배후에 지니게 될 것이라는 결론을 내렸다.[82] 이런 결론은 거의 확실한 사실이었다. 그러나 그 다수의 위에 서기들이 앉아 있었다.

3인연합은 이런 경합을 빨리 끝내기 위해 서둘렀다. 그들은 트로츠키의 편지에 대해 큰소리로 반론을 펴부었다. 그들은 트로츠키 쪽이 정치국 전체와 함께 '새로운 경로'에 찬성표를 던지고 나서 정치국의 의도에 대해 험담을 늘어놓는 것은 신의 없는 행동이라고 말했다. 또한 젊은이들을 부추겨 혁명의 미덕과 전통을 간직하고 있는 당의 선배그룹과 싸우게 하는 것은 범죄행위라고 주장했다. 당원 대중을 당 조직에 맞서게 하려는 것은 부도덕한 일이라고도 했다. 모든 선량하고 오래된 볼셰비키는 당이 항상 자기의 조직에 얼마나 커다란 중요성을 부여해 왔는지, 그리고 얼마나 많은 정성과 헌신으로 그 조직을 보호해 왔는지를 안다는 것이었다. 트로츠키는 당내 분파결성 금지 문제에 대해서는 말을 얼버무렸다고 3인연합은 주장했다. 트로츠키는 이 금지조치가 당의 단합을 위해 필요함을 알고 있었고 그래서 감히 이 조치를 철회하라고 분명하게 요구할 수는 없었지만, 대신 은밀하게 그것을 약화시킬 방법을 찾았다는 것이었다. 그는 당의 체제를 관료적이라고 묘사함으로써 당에 대한 배신을 저질렀고, 대중에게 민주주의에 대한 위험한 욕구를 크게 불러일으킴으로써 위험한 일을 저질렀다고도 했다. 그는 노동자들을 대변하는 척했지만 학생과 인텔리겐치아, 즉 프티부르주아들에게도 맞장구를 쳐주었다고 3인연합은 지적했다. 그는 자기의 무책임성과 과대망상, 그리고 좌절된 독재의 야심을 가리기 위해 일반 당원의 권리와 책임에 관해 말했다는 것이었다. 당 조직에 대해 품고 있는 증오심, 초기당원들에 대한 오만불손함, 앞뒤 재지 않는 개인주의, 볼셰비키 전통을 무시하는 태도, 그리고 농민에 대한 악명 높은 '경시', 이 모든 그의 태도가 사실은 그가 당에서 이방인으로, 레닌주의와는 무관한 사람으로, 개혁되지 않은 반(半)멘셰비키로 남아있음을 분명히 보여주는 것이라는 얘기였다. 각양각색의 모든 반대파 집단들의 대변자가 되기로 동의함으로써 그는 비록 무의식적이었을지는 몰라도 당의 단합을 깨뜨리고 당 안에 자기 나름의 분위기, 편견, 겉치레를 주입하려고 사방에서 압박해 오는 모든 프티부르주아들의 주된 앞잡이가 됐다는 것이었다.[83]

당내 반대세력들의 기나긴 역사에서 그 어떤 반대파도 1923년의 반대파만큼 당 조직이 퍼부은 엄청난 비난의 무게에 짓눌리거나 무자비한 억압을 받은 적이 없었다. 1923년의 반대파에 비해 노동자반대파는 공정한, 거의 너그럽다고 할 수 있을 만한 대접을 받았다고 할 수 있다. 1921년 이전에 활동한 반대파들은 대체로 표현과 결사의 자유를 제한 없이 누렸다. 그런데 어째서 지금은 당 조직이 이토록 맹렬하게 비판자들을 공격하는 것일까?

3인연합은 공정한 논쟁에서 트로츠키와 대적할 수가 없었다. 트로츠키의 공격은 너무나 위험했다. 그의 공개편지와 '새로운 경로'에 대한 그의 글 몇 건은 경계심, 분노, 호전성을 일깨우는 힘찬 종소리처럼 울려 퍼졌다. 그러나 3인연합은 단지 조작과 탄압에만 의지하지는 않았다. 그들은 트로츠키의 태도에 내재된 약점과 모순을, 그것이 실제로 존재하는 것이든 다만 그렇게 보이기만 하는 것이든 겉으로 노출시켜서 최대한 이용했다. 트로츠키는 시종일관 볼셰비키의 권력독점에 대한 자기의 입장을 고수했고, 그 권력독점을 살아남은 혁명의 유산에 대한 유일한 보증으로 지켜달라고 3인연합보다 훨씬 더 설득력 있게 당에 요구했다. 그리고 그는 그 권력독점을 방어하고 굳건히 하는 것이 자기가 바라는 바임을 재확인했다. 그는 다만 초기당원들만의 보수파가 당 안에서 획득하고 당 조직을 통해 행사하는 독점권력에 대해서는 반대했다. 트로츠키의 적들은 권력의 독점이 필연적으로 독점권력의 행사로 이어진다는 점과 당이 권력독점을 유지할 수 있으려면 독점된 권력을 보수파에게 위임해야만 한다는 점을 증명하는 게 어렵지 않았다. 트로츠키는 40만 당원이 그들의 판단을 실행할 것으로 믿어야 하며, 정책을 세우는 과정에 그들이 완전한 참여권을 갖도록 해야 한다고 주장했다. 그러자 트로츠키의 적들은 물었다. 그렇다면 당은 왜 최근 몇 년간에는 레닌의 고무를 받고 트로츠키의 동의를 얻어 당원 대중을 그같이 신뢰하기를 거부했던가? 당에 이질적인 요소들, 즉 이전에 멘셰비키였던 자들, 변절자들, 심지어 네프맨들이 스며들었기 때문에 그랬던 것 아니냐는 것이었다. 어쩌면 진짜 볼셰비키들마저 동지들에게서 떨어져 나가 권력과 특권에 의해 부패한 것은 아닌가? 트로츠키는 수십만 명을 축출한 숙청이 당을 충분히 정화했고, 당이 본래의 모습을 되찾게 했다고 말했다. 그러나 레닌과 중앙위원회는 되풀이해서 그렇지 않다고 말하지 않았던가? 그들은 주기적으로 새로운 숙청이 있을 것처럼 예고하지 않았던가? 그들 모두 당이 권력독점 때문에 '자기가 멘셰비키인지 모르는 멘셰비키'와 '자기가 사회혁명당원인지 모르는 사회혁명당원'들을 포함할 수밖에 없다는 지노비예프의 의견에 동의하지 않았던가? 단 한 번의 숙청으로는 미숙한 요소들은 말할 것도 없고 그런 이질적인 요소들을 없애지 못했다. 쫓겨난 자들은 다시 나타나기 마련이었다. 그들은 당에 선의를 갖고 들어오기도 하고 악의를 갖고 들어오기도 했다. 한 해에 당원 전체의 3분의 1을 축출해야 하는 마당에 어떻게 '당'이 당원 대중의 판단을 믿고 그들이 모든 권리를 행사하도록 허용할 수 있겠는가?

트로츠키는 볼셰비즘의 분별없는 자기억압에 항의했다. 그러나 그 것은 볼셰비즘이 모든 적들을 억압한 데 따른 불가피한 결과였다. 만약 당 안에서 다양한 정치성향들 사이의 자유로운 경쟁이 용인된다면 '자기 가 멘셰비키인지 모르는 멘셰비키'가 자기 의견을 똑바로 말하고 뚜렷한 하나의 의견집단을 형성해서 당을 분열시키게 되는 것 아닐까? 획일적인 당 체제가 이질적인 대중으로 하여금 자기들의 이질성을 의식하지 못하 게 했고 똑바로 말하지 못하게 했다. 이리하여 대중은 기계적으로 통합성 을 확신했다. 3인연합의 지지자들 가운데 보다 현명한 사람들은 트로츠 키가 지적한 위험이 얼마든지 현실적으로 존재한다는 것을 알고 있었다. 보수파가 퇴화할 수도 있었고, 획일적인 체제가 필연적으로 불만을 낳고 분열로 이어질 수 있는 갈등을 간헐적으로 일으킬 것이 분명했다. 그러나 당은 어느 길을 선택하든 위험에 직면할 수밖에 없었다. 적어도 획일적인 통제 아래에서는 민주적으로 통치되는 조직에서처럼 분열의 움직임이 쉽게 확산될 수 없을 것이다. 당 조직은 분열의 움직임을 제때 알아차리 고 그 싹을 잘라버려 당의 다른 부분이 그 영향을 받지 않게 해야 한다.

달리 말하면 당의 앞날을 당원 대중에게 맡기건 보수파에게 맡기건 당은 프롤레타리아 사회주의의 전망을 잃고 '퇴화'할 위험에 처해 있었 다. 문제는 국민의 대다수가 사회주의의 전망을 공유하지 않고 있고, 노 동계급은 여전히 분열된 상태였고, 혁명이 서구로 뻗어나가는 데 실패해 서 러시아가 물질적으로나 정신적으로나 자국의 자원에만 의존할 수밖 에 없게 됐다는 데에서 생겨났다. '퇴화'의 가능성은 이런 상황 자체에 내재돼 있었다. 아직 결론이 나지 않은 것은 당의 주요 자원이 이질적인 당원 대중에게 있느냐, 아니면 보수파에 있느냐였다. 보수파가 이름뿐인

40만 당원들의 판단과 정치적 본능을 신뢰하기보다는 자기들의 사회주의적 전통과 특징을 무한히 더 신뢰하는 것은 지극히 당연한 일이었다. 트로츠키가 보수파에게 사라지라고 요구하지 않았다는 것은 사실이다. 그는 보수파에게 민주적인 방법으로 자신의 권위를 유지하라고 촉구했다. 그러나 보수파는 자기들이 그렇게 할 수 있으리라고 생각하지 않았다. 이 점에서는 아마도 그들이 옳았던 듯하다. 보수파는 위험을 감수하기를 두려워했다. 그들은 이미 획득한 정치적 특권을 보존하는 데 주로 관심이 있었다.

트로츠키가 주장한 당내 개혁은 당이 1917년에 노동자 민주주의로 복귀하고 일당제를 단계적으로 해체하는 작업의 시작으로서 수립하고자 했던 자유로운 소비에트 제도들을 복구하는 첫 번째 조치로 지지를 받을 수도 있었다. 이런 구도는 트로츠키의 생각과 크게 다르지 않았다.[84] 그러나 그는 자기 생각을 입 밖에 내지 않았다. 그 이유는 그가 당내 개혁이 자유로운 소비에트 제도의 복구라는 성격을 갖는다는 점을 당연시했지만 일당제에 대해 의문을 제기하고 그것을 약화시킬 때가 됐다고는 믿지 않은 데 있었거나, 아니면 그가 새로이 치명적인 비난에 스스로를 노출시키거나 쓸데없이 논쟁을 복잡하게 만들기를 원하지 않은 데 있었을 것이다. 아마도 이 두 가지 이유가 다 작용했을 것 같다. 그러나 사실 트로츠키는 볼셰비키에게 두 가지 특권, 즉 자유의 독점과 권력의 독점이 부여돼야 한다고 주장했다. 이 두 가지 특권은 양립할 수 있는 게 아니었다. 만일 볼셰비키가 권력을 보존하고 싶다면 자유를 희생시켜야 했다.

트로츠키의 태도에는 또 다른 약점이 있었다. 그는 프롤레타리아적이고 사회주의적인 전망을 유지하라고 당에 촉구했다. 이와 동시에 그는 현장 노동자들이 전체 당원의 6분의 1밖에 안 되는 소수라는 점을 지적했다. 당원의 다수는 공장 관리자, 공무원, 군대의 장교, 인민위원, 당 관료 등으로 구성돼 있었다. 이들 중 일부는 프롤레타리아 출신이었지만, 소비에트들이 차르체제로부터 넘겨받은 직업관료들과 점점 더 비슷해지고 있었다. 따라서 당내 민주주의의 원칙 아래서는 노동자의 영향력이 미미해지고 관료적 요소가 우위를 차지하게 될 수밖에 없었다. 그래서 트로츠키는 노동자들을 더 많이 입당시키고 "프롤레타리아 세포조직을 보강하라"고 당에 요구했던 것이다. 그러면서도 그는 노동계급에서 새로운 당원을 충원할 때 입당절차를 신중하게 관리함으로써 정치적으로 미숙하고 개화되지 않은 대중이 당에 가득 차게 만들어서는 안 된다고 주장했다.[85] 이런 상황은 어느 각도에서 접근해도 매우 역설적으로 보였다. 민주적 규칙의 적용은 당의 관료집단만 강화시킬 것이기 때문에 당을 민주화할 수 없었다. 그리고 당이 노동계급에 문호를 활짝 개방하는 것을 통해서 정신적으로 더 계몽되거나 사회주의적으로 될 수는 없었다.

그렇다면 당의 프롤레타리아적 전망은 어디에서 찾을 수 있었나? 트로츠키를 포함한 볼셰비키 지도자들이 당의 사회적 구성이나 노동계급에 대한 당의 실제 태도와는 아무 관계도 없는 신화를 이야기하고 있었다고 쉽게 결론을 내릴 수 있을지도 모른다. 볼셰비키 내부의 논쟁은 당(이때는 보수파)이 스스로를 노동계급의 대리자로 생각하게 만든 대리주의를 적어도 부분적으로는, 그리고 절반은 신화적인 용어를 이용하며 반영하는 가운데 진행됐다. 논쟁의 당사자들 가운데 어느 쪽도 대리의 관계를 솔직하게 전적으로 인정할 수 없었다. 그리고 어느 쪽도 자신들이 프롤레타리아의 지지 없이 사회주의의 프롤레타리아적 이상을 추구해야 할 입장이라고 말할 수 없었다. 그런 고백은 마르크스주의와 볼셰비즘의 전통 전체에 부합하지 않는 것이었다. 그들은 자기들이 관습을 갖고 이런 유감스러운 상황을 가리고 둘러대는 데 필요한 논리를 구축하고, 그렇게 하는 데 사용할 특이하면서도 애매모호한 어법을 만들어내야 했다. 이런 측면에서 3인연합은 더 나쁜 죄인이 됐고, 이들로 인해 대리주의의 신화가 훗날 스탈린주의라는 경직된 우상숭배로 응축되게 된다. 트로츠키는 대리주의가 진전되는 과정을 부분적으로나마 뒤집고자 하는 동시에 점점 더 두터워지는 새로운 신화의 구조를 허물어뜨리려 노력했다. 하지만 그조차도 그런 흐름에 말려들 수밖에 없었다.[86]

사실 볼셰비키 관료집단은 이미 사회에서도 국가에서도 유일하게 조직적이고 정치적으로 활발한 세력이 돼있었다. 그들은 노동계급의 손아귀에서 미끄러져 나온 정치적 힘을 갈취했다. 그리고 그들은 모든 사회계급 위에 군림하면서 그들 모두에게서 정치적으로 독립했다. 그러나 당의 사회주의적 전망이 신화인 것만은 아니었다. 이렇게 말할 수 있는 것은 볼셰비키 관료집단이 주관적으로 스스로 사회주의를 선도하는 주체라고 생각하고 자기들의 방식으로 프롤레타리아 혁명의 전통을 가꾸려 했기 때문만은 아니다. 객관적으로도 상황적 요인에 의해 볼셰비키 관료집단은 나라를 집산(集産)주의 체제로 나아가도록 하는 작업의 주된 주체이자 촉진자로 일해야 했다. 궁극적으로 관료집단의 행동과 정책을 지배하는 것은 소련이 공적으로 소유하고 있는 산업자원에 대한 관리를 그들이 맡고 있다는 사실이었다. 관료집단은 특정 사회계급의 특수한 이익을 대변한다기보다는 '사적 부문'의 이익에 대항하여 경제의 '사회주의 부문'의 이익을 대변했다. 그리고 볼셰비키 관료집단은 '사회주의 부문'의 일반적인 이익이 노동계급의 일반적 또는 '역사적' 이익과 일치하는 범위 안에서만 노동계급의 이익을 위해 움직인다고 주장할 수 있었다.

'사회주의 부문'은 그 나름의 주장과 발전논리가 있었다. 사회주의 부문의 우선적인 주장은 자본주의의 전적인 부활에 대항해, 그리고 부분적으로라도 사적 기업이 대규모로 재진입하는 것에 대항해 사회주의 부문이 확고하게 자리 잡고 있어야 한다는 것이었다. 사유부문의 발전논리는 공적으로 소유된 모든 경제부문에 대한 계획과 조정, 그리고 그런 경제부문의 신속한 팽창을 요구했다. 그렇게 되지 않으면 위축과 쇠퇴가 불가피했다. 팽창은 적어도 부분적으로는 '사적부문'을 희생시키고 그 자원을 흡수하는 것을 통해 추진돼야 했다. 이는 국가와 사유재산 사이의 갈등을 빚어냈다. 그리고 이런 갈등 속에서 볼셰비키 관료집단은 궁극적으로 '사회주의 부문'의 손을 들어줄 수밖에 없었다. 이렇게 해도 사회주의가 달성될 수 없었던 것은 사실이다. 왜냐하면 사회주의는 그 전제조건으로 경제적인 물자가 풍부할 것, 대중의 생활과 교육, 그리고 문화 전반의 수준이 높을 것, 현저한 사회적 격차가 없어질 것, 인간에 의한 인간지배가 종식될 것, 사회의 전반적인 변화에 상응하는 정신적 풍토가 조성될 것을 요구하기 때문이다. 그러나 마르크스주의자에게는 국유화된 경제가 사회주의의 필요조건이자 참된 기반이었다. 이런 기반 위에서도 사회주의라는 구조물이 세워지지 못할 수 있다. 그러나 그런 기반 없이도 그 구조물이 세워질 수 있다고는 생각할 수 없었다. 볼셰비키 관료집단은 바로 이 같은 사회주의의 기반을 옹호하지 않을 수 없었다.

우리의 이야기가 지금 도달한 시기, 즉 1923년과 1924년에 볼셰비키 관료집단은 자기들이 관련된 이해관계의 성격을 그저 어렴풋하게만 알고 있었다. 볼셰비키 관료집단은 국가의 산업자원에 대해 전례 없는 지배력을 갖게 되자 실로 당황하고 어리둥절했다. 그들은 어떻게 그 지배력을 행사해야 할지를 잘 알지 못했다. 그들은 사유재산을 몹시 좋아하는 농민들을 불편하게 느끼거나 심지어는 두렵게도 느꼈다. 그리고 잠시나마 '사회주의 부문'의 주장보다 농민들의 주장에 더 무게를 두는 경향을 보이기도 했다. 몇 차례 충격과 내부갈등을 거친 뒤에야 볼셰비키 관료집단은 '사회주의 부문'과 그것이 필요로 하는 것들을 자기들과 확실하게 동일시하게 됐다.

트로츠키가 관료집단의 정치적 가식과 오만에 대한 전쟁을 선포하고서도 그들로 하여금 자기들의 '역사적 사명'에 눈을 뜨도록 노력해야 했던 것은 그의 특이한 운명이었다. 그가 사회주의적 원시축적을 주창한 것은 바로 이것을 노린 것이었다. 그러나 사회주의적 원시축적은 그 전개 과정 동안에는 노동자 민주주의와 조화되기 어려웠다. 트로츠키는 국가가 투자를 늘릴 수 있도록 노동자들이 자발적으로 '절반의 임금'을 국가에 양보할 것을 촉구했지만, 노동자들이 이를 받아들일 것이라고 기대하는 것은 무리였다. 국가는 그 '절반의 임금'을 강제로 빼앗을 수밖에 없었다. 그리고 그렇게 하기 위해서는 국가가 노동자들에게서 그들의 모든 저항수단을 박탈하고 노동자 민주주의의 씨를 말려야 했다. 트로츠키가 1923년에 개진한 정책강령의 두 가지 측면은 머지않아 서로 양립될 수 없음이 드러났다. 거기에 트로츠키의 입장에 내재된 근본적인 약점이 있었다. 관료집단은 트로츠키의 정책강령 중 한 부분에 대해 거세게 화를 냈다. 그것은 노동자 민주주의를 주장한 부분이었다. 그러나 이와 다른 부분은 많은 저항과 망설임, 그리고 지연 끝에 실행되게 된다.

해가 바뀔 즈음 13차 당대회 준비와 반대파에 대한 공격이 최고조에 이르렀다. 트로츠키의 건강은 더욱 나빠졌다. 그는 고열과 육체적 피로와 우울증에 시달렸다. 그리고 패배가 다가오고 있다는 느낌에 압박받기 시작했다. 가차 없는 비난, 왜곡, 속임수와 함께 자기에게 가해져오는 적대적인 압박이 터무니없게 여겨졌다. 그런 움직임은 그에게 무력감을 갖게 했다. 그는 자기의 입장을 변호하는 말밖에 할 수 없었다. 그러나 그의 말은 여러 사람들이 내지르는 악다구니 속에 파묻혔다. 공영 출판사들이《새로운 경로》의 출간마저 늦추는 바람에 이 팸플릿은 13차 당대회가 열리기 전에 세포조직들에 전달되지도 못했다. 트로츠키의 기분은 긴장과 무심함 사이를 오갔다. 그해 겨울은 특히 추웠고, 의사들은 그에게 추운 모스크바를 떠나 카프카스 지역의 흑해 연안으로 가서 요양하라고 권했다. 그에게는 이런 권유가 수도 모스크바의 억눌린 분위기에서 벗어날 수 있는 기회였다.[87]

트로츠키는 13차 당대회가 열리고 있던 1924년 1월 16일에 여행준비를 마쳤다. 3인연합은 트로츠키와 46인을 '레닌주의에서 이탈한 프티부르주아들'이라고 격렬하게 비난하는 결의문을 준비했다. 회의가 거의 전적으로 이 문제에 매달렸다. 트로츠키가 없는 가운데 퍄타코프, 프레오브라젠스키, V. 스미르노프, 라데크가 반대파의 입장을 변호했다. 3인연합과 그 지지자들은 독기를 품고 대응했다. 그들의 답변이 신문 지면을 가득 메웠다. 결과는 보나마나였다. 서기국은 철저히 투표를 조작했고, 트로츠키를 비난하는 결의문 채택에 반대하는 표는 단 세 표에 불과했다. 지노비예프와 스탈린의 지지자들이 전당대회에서 반대파의 영향력에 대해 한 말에 비추어도 이런 투표결과는 터무니없는 거짓이어서 차라리 무례하고 악의적인 농담 정도로 치부할 만한 것이었다.[88] 그러나 3인연합은 정상적인 정치적 행동이라면 지녀야 할 모든 요건을 고의적으로 무시했다. 그들의 목적은 자기들이 어떤 장애에도 멈추지 않을 것이며 어떤 저항도 쓸모없다는 점을 당에 각인시키는 것이었다. 세포조직들은 이제 자기들이 아무리 소리치고 항의해도 공식 결정에 아무런 영향도 미칠 수 없음을 알게 됐다. 이것만으로도 반대파의 무력함을 부각시키고 그 구성원들 사이에 절망감을 퍼뜨리기에 충분했다.

1월 18일에 트로츠키는 당대회의 투표 결과에 따른 평결을 기다리지 않고 남쪽을 향해 느긋하게 여행을 떠났다. 사흘 뒤에 그가 탄 열차가 티플리스에 멈췄다. 거기서 열차가 선로를 바꾸는 동안 트로츠키는 레닌의 죽음을 알리는 스탈린의 전보를 받았다. 트로츠키는 레닌의 죽음을 전혀 예상하지 못한 듯 큰 충격을 받았다. 사실 레닌의 의사들은 끝까지 레닌을 살릴 수 있다고 믿었고, 트로츠키는 의사들보다 더 강하게 그렇게 믿었다. 트로츠키는 사망한 지도자를 추모하는 짤막한 글을 힘겹게 써서 여러 신문에 보냈다. "레닌은 이제 없다. 이 말이 마치 바다에 풍덩 떨어진 커다란 바위처럼 우리 마음에 떨어졌다."[89] 레닌이 복귀해 3인연합이 한 일을 원상태로 돌리고 그들이 반대파를 비방한 결의문을 휴지조각으로 만들리라는 한줄기 희망도 사라졌다.

트로츠키는 모스크바로 돌아가야 하는 것 아닌가 하고 생각했다.[90] 그는 스탈린에게 연락해 조언을 구했다. 스탈린은 트로츠키에게 돌아온다 해도 바로 이튿날 열리는 장례식에는 어차피 늦을 테니 오지 말고 예정대로 요양을 하라고 말했다. 그러나 레닌의 장례식은 여러 날 뒤인 1월 27일에 열렸다. 스탈린이 트로츠키를 모스크바에 오지 못하게 한 데는 물론 그 나름의 이유가 있었다. 3인연합은 장례식을 공들여 열고, 장례식이 진행되는 동안 세계를 향해 자기들 스스로를 레닌의 후계자로 내보였다. 트로츠키는 열로 인한 어지럼증으로 괴로워하며 다시 티플리스를 떠나 바닷가의 휴양지인 스훔으로 향했다. 그곳에서 그는 야자나무, 미모사, 동백꽃에 둘러싸여 아열대성 일광을 쬐며 지냈다. 그는 긴 낮시간 동안 요양소의 베란다에 누워 외로이 회상에 잠겼다. 레닌과 얽힌 이상한 운명, 1902년 런던에서 그와 처음 만난 뒤 싹튼 우정, 뒤이은 첨예한 의견대립, 재결합, 그리고 함께 혁명을 지휘하며 보낸 격정과 승리의 나날들···. 그 자신 중에서 승리와 관련된 부분이 레닌과 함께 무덤에 묻혀버린 것 같았다.

회상과 발열, 어둠, 외로움이 계속됐다. 불과 얼마 전까지만 해도 용맹함과 힘으로 세계를 놀라게 한 사람이었다. 비탄에 젖은 레닌의 연약한 미망인이 보내온 다감한 편지가 그런 그에게 작은 위안을 주었다. 그녀는 레닌이 죽기 직전에 자기의 성격에 대해 트로츠키가 예전에 쓴 짧은 묘사의 글을 다시 읽고 눈에 띌 정도로 감동하는 모습을 보였으며, 특히 자기와 마르크스를 비교한 부분을 읽을 때 그랬다고 썼다. 그리고 레닌이 런던에서 트로츠키를 처음으로 만났을 때 보였던 우호적인 감정을 끝까지 간직했음을 알아주기 바란다고 했다.[91)]

우울함이 다시 밀려왔다. 병든 그의 상상은 다시 과거로 줄달음질쳤다. 그러던 중 아들 료바가 그를 일상의 문제로 되돌아오게 했다. 료바는 모스크바에서 극적으로 연출된 레닌의 장례식과 그의 관을 따라간 어마어마한 군중의 행렬에 대해 이야기했고, 자기 아버지가 그 자리에 없었기에 갖게 된 고통스러운 경악의 감정을 드러냈다.

아직 청소년기를 벗어나지 못한 나이의 아들이 보낸 실망에 젖은 편지를 읽고서야 트로츠키는 모스크바로 돌아가지 않은 것이 실수였는지도 모른다는 생각이 들었다. 군중은 레닌의 관 옆을 지나며 그 관의 주위에 서 있는 정치국 위원들을 긴장하며 바라보았다. 그리고 거기 트로츠키가 없다는 것을 알아차렸다. 의식의 상징성이 그들의 상상을 부추겼다. 이런 분위기에서 왜 트로츠키는 없을까 하고 그들은 궁금해 했다. 3인연합의 말대로 트로츠키가 어떤 의견차로 인해 레닌과 멀어졌기 때문일까?

그가 '레닌주의로부터 프티부르주아적 이탈'을 했기 때문일까?

레닌의 장례식에 트로츠키가 참석하지 않았다는 사실은 모스크바에서 소문과 뒷공론만 만들어낸 것이 아니었다. 그것은 그의 적들에게 마음껏 휘젓고 다닐 공간을 제공했다. 이때는 크렘린이 강력히 활동하고 중요한 결정을 내릴 때였다. 레닌을 승계하는 일은 당에서는 물론 정부에서도 가장 공식적인 방식으로 이루어졌다. 레닌이 맡았던 인민위원회 의장 자리는 리코프가 승계했다. 그리고 그가 맡았던 국가경제최고회의 의장 자리는 제르진스키의 차지가 됐다. 리코프가 인민위원회 의장으로 임명된 것은 그가 레닌의 부관이었기 때문이다. 만약 트로츠키가 부관 자리를 수락했더라면 리코프가 트로츠키를 제치고 그 자리에 오르기 어려웠을 것이다. 3인연합은 전쟁인민위원회에 대한 통제권을 확보하기 위한 단호한 시도를 새로이 했다. 그들은 트로츠키의 충직한 보좌관이었던 스클랸스키를 전쟁인민위원회에서 해임하고, 수훔에 특사를 보내 프룬제가 스클랸스키의 후임이 될 것이라고 트로츠키에게 알렸다. 프룬제는 지노비예프를 지지하는 인물로서 1년 뒤에는 아예 트로츠키를 대신해 전쟁인민위원이 된다. 정치국과 중앙위원회 역시 반대파를 겨냥한 13차 당대회의 결정을 실행하고 있었다. 반대파 지지자들이 더 많이 해임되고 강등되고 견책됐다. 선전부서는 레닌에 대한 우상숭배를 확립하기 위해 전력을 다했다. 모든 이견과 비판에 맞서 레닌의 저작들이 마치 복음처럼 인용되게 됐다. 이런 레닌 숭배의 광풍은 주로 트로츠키주의에 대항하는 '이데올로기적 무기'로 계획된 것이었다.

그리고 마지막으로, 그러나 결코 덜 중요하지는 않은 점을 지적하자면, 3인연합이 트로츠키의 공을 더 많이 가로챘다. 트로츠키는 '프롤레타리아 세포조직'이 취약하다는 점이 당이 관료적으로 기형화하는 데 주된 원인으로 작용했다고 생각하고 노동계급에서 더 많은 당원을 충원하라고 당에 촉구한 바 있다. 이런 그의 요구는 분명 노동자들의 공감을 얻었다. 3인연합은 일단 여러 공장에서 대대적으로 당원을 모집하려고 했다. 트로츠키는 당원충원을 신중하게 선별해서 해야 한다고 조언했다. 그러나 3인연합은 모든 관례적인 검증절차와 조건을 무시하고 입당하고 싶은 노동자는 누구나 받아들이는 대규모 충원을 하기로 결정했다. 13차 당대회에서 3인연합은 10만 명의 노동자들을 단번에 당원으로 받아들이는 방안을 제시했다. 레닌이 죽은 뒤에 그들은 당의 문호를 훨씬 더 활짝 열었다. 이에 따라 1924년 2월부터 5월 사이에 24만 명의 노동자들이 당원으로 등록했다.[92] 이는 프롤레타리아의 엘리트 조직이자 전위인 당은 정치적으로 선진화되고 투쟁으로 단련된 사람들만을 당원으로 받아들여야 한다는 볼셰비키의 조직원칙을 조롱하는 처사였다. 새로 가입한 당원들 중에는 정치적으로 미숙한 자, 후진적인 자, 우둔하고 순치된 자, 출세주의자, 사리사욕을 채우려는 자들도 상당히 많았다. 3인연합은 신입 당원들을 서둘러 행렬 앞에 내세우고 그들의 등을 두드려주거나 그들에게 사탕발림의 말을 건넸고, 그들을 당으로 이끈 '강렬하고 흔들림 없는 계급 본능과 계급의식'을 칭송했다.

　'레닌의 소집'이라고 불린 이때의 당원충원은 노동계급이 레닌에게 자발적으로 경의를 표시하고 당에 새로운 활력을 불어넣는 행사로 선전됐다. 이 행사를 통해 3인연합은 사실상 트로츠키에게 이렇게 말하고 있었다. "당신은 노동자들을 관료들에게 맞서게 하고 당의 프롤레타리아적 요소를 강화해야 한다고 주장하면 노동자들의 인기를 얻게 될 것이라고 생각했을 것이오. 그러나 당신이 주저하며 실행에 옮기지 못하는 동안 우리가 당의 프롤레타리아적 요소를 강화했소. 우리는 25만 명이나 되는 노동자들을 당으로 끌어들였소. 그래서 그 결과가 어떻게 됐을까? 그럼으로써 당의 수준이 높아지거나 더 민주적이 되거나 더 프롤레타리아 사회주의의 전망에 가까워졌소? 관료주의가 약화됐소?" '레닌의 소집'은 사실상 3인연합이 반대파와 싸우는 과정에서 곧 동원하게 될 헌신적인 부하들을 조달하는 기회가 됐다. 트로츠키는 자기의 구상이 이렇게 선동적인 목적으로 이용되는 것이 무엇을 뜻하는지 알고 있었다. 그러나 그는 '레닌의 소집'에 반대하는 말을 단 한마디도 할 수 없었다. 그랬다가는 노동자들의 적이니, 처음에는 당에서 더 많은 프롤레타리아를 보게 되기를 바라는 척했지만 이제는 프롤레타리아에 대한 두려움과 프티부르주아적 본성을 드러낸 위선자가 됐다느니 하는 지탄을 받게 될 게 뻔했다. 트로츠키는 악의를 선의로 보이게 하는 태도를 취했다. 심지어 레닌의 소집에 대해 공식적인 찬사를 보내기도 했다.[93]

자기와 당의 운명을 좌우할 결정적인 시점에 트로츠키가 짐울한 표정으로 한발 물러서는 태도를 취한 데는 그가 병에 걸려 있었던 탓이 크다. 그는 조류가 자기에게 불리한 방향으로 흐르고 있다는 느낌으로 인해 심신이 더 약해졌다. 그것은 깊이를 측정할 수 없는 조류였다. 그는 마르크스주의의 용어로 그것을 측정하고 평가해보려 했다. 그는 혁명이 쇠퇴기에 들어섰으며 자기와 자기의 친구들이 반동의 파도를 얻어맞고 있다는 결론을 내렸다. 그 반동의 성격은 그 자체가 혼란스러우면서 트로츠키와 그의 친구들을 혼란시켰다. 그 반동은 혁명의 연장선으로 보였고, 어느 정도까지는 사실이 그랬다. 트로츠키는 그것에 저항하는 것이 자기의 의무라고 확신했다. 그러나 어떤 방법으로 저항할 것인지, 그리고 저항할 경우 그 전망은 어떨지에 대해서는 확실히 알 수 없었다. 그를 후퇴하게 만든 것은 더럽고 질척거리는 조류였다. 정치국에서 씨름했던 큰 쟁점들은 어느 것 하나도 뚜렷한 윤곽을 드러내지 않았다. 모든 것이 애매모호했다. 가장 큰 쟁점들은 지저분한 음모의 수준으로까지 끌어내려졌다. 트로츠키의 적들이 주장한 것처럼 그가 사적인 권력을 탐낸 게 사실이라면 그는 물론 전혀 다르게 행동했을 것이다. 그러나 그는 아귀다툼에서 발을 빼고자 했다. 그래서 그는 아마도 절반은 의식적으로, 절반은 무의식적으로 카프카스의 우울한 고독 속으로 도피하면서 다행스러워했을 것이다.

봄이 되자 트로츠키는 건강이 좋아져서 모스크바로 돌아왔다. 당은 5월에 13차 당대회를 열 준비를 막 끝낸 상태였다. 당대회에 참석할 대표들 가운데 선임자들과 중앙위원회 위원들이 5월 22일에 만나 그때까지 크루프스카야가 보관해온 레닌의 유언장을 처음으로 접했다. 유언장 낭독이 청천벽력과 같은 효과를 냈다. 그 자리에 참석한 사람들은 레닌이 스탈린의 무례함과 불충함을 비난하고 그를 서기국에서 제거하라고 촉구한 구절을 듣고 몹시 당황했다. 스탈린은 충격을 받은 듯했다. 다시 한 번 스탈린의 운명이 어느 쪽으로 기울지 모르는 불안정한 상태가 됐다. 모두가 레닌을 숭배하고 회상하면서 끝없이 무릎을 꿇고 "레닌의 말을 신성하게 받든다"고 맹세하고 있는 상황에서 당이 레닌의 충고를 무시하는 것은 상상조차 할 수 없어 보였다.

그러나 스탈린은 훗날 자기가 희생시킬 사람들의 충직함 덕분에 다시 한 번 살아났다. 스탈린의 운명을 손에 쥔 지노비예프와 카메네프가 그를 구하러 달려왔다. 두 사람은 동지들에게 스탈린을 서기장 직에 그냥 놔둬달라고 호소했다. 두 사람은 모든 열성과 연극조의 재능을 다 발휘해가며 레닌이 스탈린에게 어떤 죄가 있다고 했든 간에 그것은 그리 대단한 것이 아니며 스탈린은 레닌이 지적한 문제점을 그동안 충분히 다 고쳤다고 동지들을 설득했다. 지노비예프는 이렇게 외쳤다. "레닌의 말은 신성하다. 그러나 레닌도 스탈린이 자기의 방식을 고치려고 진지하게 노력하는 모습을 직접 보았다면 그를 제거하라고 당에 촉구하지 않았을 것이다." 사실 스탈린이 처한 난처한 상황은 지노비예프에게 유리한 것이었다. 그는 이미 스탈린을 두려워했지만 감히 그와의 동맹관계를 깨지 못하는 상태에 있었고, 스탈린의 환심을 사서 자신이 3인연합의 2인자가 될 수 있기를 바랐다.

이제 모든 시선이 트로츠키에게 고정됐다. 그가 다시 일어나 우스꽝스런 현실을 까발리고 레닌의 유언을 존중하라고 요구할 것인가? 트로츠키는 한마디도 하지 않았다. 그는 이때 벌어지는 광경에 대한 경멸과 혐오감을 단지 얼굴을 찡그리고 어깨를 으쓱하는 것으로 표현했을 뿐이다. 그는 자기의 입지도 명백하게 관련된 문제에 대해 직접 목소리를 내고 나설 수 없었다. 결국 레닌이 스탈린에 관해 남긴 충고는 무시하는 것으로 결정됐다. 그러나 그렇게 한다면 레닌의 유언은 공개할 수 없었다. 레닌의 유언을 공개하는 것은 그 모든 레닌 숭배의 의식을 우스꽝스러운 것으로 만들어버릴 것이었기 때문이다. 크루프스카야의 항의에도 불구하고 중앙위원회는 투표를 해서 압도적인 표차로 레닌의 유언을 공개하지 않기로 결정했다. 트로츠키는 말문이 막히고 몸이 얼어붙을 정도로 혐오감을 느꼈지만 끝까지 침묵을 지켰다.[94]

5월 마지막 주에 13차 당대회가 열렸다. 3인연합은 1월에 당대회보다 권위가 낮은 회의에서 트로츠키에 대해 취해진 파문 선언을 당대회에서 다시 선언해줄 것을 요구했다. 대회장은 비난의 도가니가 됐다. 지노비예프는 입에 거품을 물면서 이렇게 외쳤다. "지금은 당이 일체가 되는 것이 그 어느 때보다도 천 배는 더 필요한 때입니다."[95] 몇 달 전에 지노비예프는 동료들에게 트로츠키를 당에서 축출하라고 촉구했고, 심지어는 그를 체포하라는 명령을 내리라고 요구한 바 있다. 그러나 그때 스탈린은 냉정하게 그의 요구를 거절하고, 서둘러 〈프라우다〉를 통해 트로츠키에 대해 어떤 조치도 고려하고 있지 않으며 트로츠키가 없는 당 지도부는 "생각할 수도 없다"고 선언했다.[96] 그런데 당대회에서 지노비에프가 다시 포문을 연 것이었다. 그리고 정말 무모하게도 그는 트로츠키가 단지 무기를 내려놓기만 해서는 안 되며 당대회에 직접 나와 지금껏 자기가 해온 주장을 철회하라고 요구했다. 트로츠키가 그렇게 하기 전에는 당에 평화란 있을 수 없다는 것이었다.[97] 이는 당의 역사상 처음으로 당원 개인이 전향하라는 요구에 맞닥뜨린 사건이었다. 트로츠키를 파문하는 데 열중하고 있던 당대회 참석자들도 크게 놀랐다. 크루프스카야가 트로츠키를 지지하는 태도를 취하지 않으면서도 지노비에프가 제기한 '심리적으로 불가능한 요구'에 대해 강력하고 위엄 있게 항의하자 당대회 참석자들 모두가 자리에서 일어나 박수갈채를 보냈다.[98]

트로츠키는 딱 한 번 자기변호를 했다.[99] 그는 체념하고 패배를 받아들이는 듯한 어조로 차분하고 설득력 있게 발언했다. 그러나 그는 자기가 그동안 당 지도부에 대해 해온 비판들 가운데 단 하나도 철회할 수 없다고 단호하게 말했다. 그는 불에 기름을 붓는 것도 피하고 배수진을 치는 형국이 되는 것도 피하려고 했다. 그는 자기가 그동안 해온 비판은 모두 '새로운 경로'에 관한 정치국 결의와 어긋나지 않으며, 자기가 그동안 쓰거나 말해온 내용들 또한 자기의 적들이 다양한 형태로 쓰거나 말했던 것과 전혀 다르지 않다고 항변했다. 트로츠키는 당내 조직결성의 자유를 요구했던 46인 가운데 일부와도 거리를 두는 태도까지 취했다. "내가 조직결성을 허용하는 편에 서 있다는 주장은 옳지 않습니다. 나는 중대한 시점에 병에 걸리는 실수를 저질렀고, 이로 인해 이번에 내가 받고 있는 혐의를 비롯해 많은 혐의들을 부인할 기회를 갖지 못했습니다. (…) 분파와 당내조직을 구분하는 것은 불가능합니다." 그러나 잠시 존재하다가 말았을 의견차가 고정되고 굳어져 '분파주의'로 이어지는 것은 잘못된 정책과 그릇된 당내 체제 때문이라고 그는 다시 한 번 말했다. 그동안의 주장을 철회하라는 지노비에프의 요구에 대해 트로츠키는 다음과 같이 대답했다.

자기가 저지른 실수를 자기가 속한 당의 당원들 앞에서 인정하는 것보다 도덕적, 정치적으로 더 간단하고 쉬운 일은 없습니다. (…) 그렇게 하는 데 대단한 도덕적 용기가 필요한 것도 아닙니다. (…) 동지 여러분, 우리 중 단 한 사람도 당에 맞서고서 옳기를 바라지 않고 그럴 수도 없습니다. 궁극적으로는 당이 언제나 옳습니다. 왜냐하면 당은 '그 기본적인 과업을 해결하기 위해 노동계급이 소유하고 있는 유일한 역사적 도구'이기 때문입니다. 나는 이미 당원들 앞에서 그 모든 비판과 선언, 경고, 항의가 처음부터 끝까지 실수였던 게 사실이라면 그 실수를 인정하는 것보다 더 쉬운 일은 없다고 말했습니다. 그러나 나는 그것이 실수였다고 말할 수 없습니다. 왜냐하면, 동지 여러분, 나는 그렇게 생각하지 않기 때문입니다. 나는 누구도 당에 맞서서 자기가 옳다고 해서는 안 된다는 것을 알고 있습니다. 우리는 당과 함께만, 그리고 당을 통해서만 옳을 수 있습니다. 왜냐하면 역사는 개인이 옳음을 실현할 다른 방법을 만들어내지 않았기 때문입니다. 영국에 이런 격언이 있습니다. "옳든 그르든 나의 조국." 우리는 훨씬 더 정당성을 갖고 이렇게 말할 수 있습니다. "옳든 그르든 나의 당"이라고. 다만 일부 특수한 문제에 대해서나 어떤 특정한 순간에는 당이 틀릴 수도 있겠지요. (…) 여기서 개인적인 발언을 하는 것이 아마도 우스꽝스럽거나 무례해 보이겠지만, 나는 어려운 시기에 볼셰비키의 바리케이드 중에서 가장 취약한 곳에 서 있는 가장 허약한 병사가 되지 않기를 바랍니다.[100]

트로츠키는 당의 판결이 공정하지 않을지라도 그것을 받아들이겠다는 말로 항변을 마쳤다. 그러나 받아들이겠다고 한 그의 말은 행동으로 규율에 복종하겠다는 것이지 생각까지 그렇게 하겠다는 뜻은 아니었다. "그러나 나는 그것이 실수였다고 말할 수 없습니다. 왜냐하면, 동지 여러분, 나는 그렇게 생각하지 않기 때문입니다." 이 말은 트로츠키의 연설에 풍부하게 들어 있곤 하던 모든 정교한 추론, 통렬한 논리전개, 상상력을 감안할 때 그 명백한 단순함과 완강함에서 단연 돋보인다. 그의 조용하고 침착한 모습에 당 서기들은 몹시 화가 났다. 구부러지지만 부러지지 않고 규율을 지키되 뉘우치지는 않는 그의 태도가 그들에게는 그만큼 더 도전적으로 보였다. 그의 목소리는 그들의 귀에 마치 그들 자신의 불편한 양심이 내지르는 외침처럼 들렸다. 그들은 그에게 모욕을 줌으로써 분위기를 반전시키려 했다. 그러나 그에게서 아무런 대답도 끌어내지 못했다. 당대회가 끝날 때가 되어서야 트로츠키는 붉은 광장으로 나가 모스크바의 '공산주의' 어린이단체인 '개척자들'의 모임에서 연설했다. 트로츠키는 그 어린이들이 훗날 혁명의 일터로 나가서 늙고 지치고 부패한 자들을 대체할 '새로운 변화'라고 말했다.[101]

이때쯤 코민테른 전체가 논쟁에 휩싸였다. 3인연합은 자기들의 태도를 외국 공산주의자들에게 설명하고 정당화해야 했다. 3인연합은 외국 공산주의자들에게서 자기들이 트로츠키에게 유죄판결을 내린 데 대한 명확한 추인을 받아내어 그것을 러시아 당에 제시하고 싶어 했다. 그러나 유럽의 공산주의자들은 모스크바에서 일어나고 있는 일에 놀라고 트로츠키에게 가해지는 폭력적인 공격에 충격을 받았다. 게다가 이 시절에는 인터내셔널의 영향력이 사실상 유럽에만 국한돼 있었기에 그들이 곧 인터내셔널 전체였다. 그들에게 트로츠키는 러시아혁명 그 자체, 그 혁명의 영웅적인 전설, 그리고 국제 공산주의의 화신이었다. 게다가 유럽식으로 의사표현을 한다는 점에서도 트로츠키는 러시아의 다른 어떤 지도자보다 그들에게 호소력이 있었다. 트로츠키는 인터내셔널의 감동적인 선언문들을 작성해온 장본인이었다. 그가 쓴 선언문들은 그 안에 들어 있는 사상과 사용된 언어, 그리고 거기서 뿜어져 나오는 광채에서 마르크스와 엥겔스의《공산당 선언》을 떠올리게 했다. 트로츠키는 인터내셔널의 고무자이자 전략가이고 전술가였다. 유럽 공산주의자들은 인터내셔널의 의장인 지노비예프와 그 밖의 러시아 지도자들이 왜 트로츠키와 맞서는지 이해할 수 없었다. 그리고 그들은 그러한 갈등이 러시아와 국제 공산주의에 초래할 결과를 두려워했다. 그래서 그들이 처음으로 보인 반응은 트로츠키를 보호하는 것이었다.

　1923년이 다 가기 전에 중요한 두 공산당, 즉 프랑스 공산당과 폴란드 공산당의 중앙위원회가 모스크바가 트로츠키를 비방하는 데 대해 항의하고, 동지애를 발휘해 서로의 의견차를 극복하라고 호소했다.[102] 이는 브란틀러가 독일 공산당을 대표해 트로츠키에게 독일에서 계획된 공산주의자들의 봉기를 지도해달라고 부탁한 직후에 일어난 일이었다. 3인연합은 이에 분개했고, 러시아 당에서 패배한 트로츠키가 인터내셔널로 하여금 러시아 당에 등을 돌리게 할지 모른다는 두려움을 느꼈다. 지노비예프는 이들 세 외국 공산당의 행동을 의장인 자기의 권위에 대한 도전으로 보았다.

이때 인터내셔널은 방금 독일에서 겪은 패배로 인해 동요하고 있었다. 패배와 그 패배를 초래한 위기, 독일 공산당의 정책과 관련된 문제들은 그 자체로 얼마든지 논쟁의 근거가 될 수 있는 것들이었고, 곧바로 러시아 공산당 내의 분쟁과 뒤얽혔다.[103]

독일의 위기는 프랑스인들이 1923년 초에 루르 지역을 점령했을 때 시작됐다. 루르 지역은 독일인들의 저항으로 뜨겁게 달아올랐다. 곧 독일 전체가 베르사유 조약과 그 결과에 저항하는 강렬한 민족주의 운동에 휩싸였다. 처음에는 부르주아 당들이 이 운동을 이끌었고, 공산주의자들은 옆으로 비켜나 있었다. 그러나 부르주아 당들은 결과를 확신하지 못해 동요하더니 철수하기 시작했다. 특히 사회의 갈등이 정치적 격변을 심화시키자 부르주아 당들의 그런 경향이 더욱 두드러졌다. 독일 경제가 기우뚱했다. 화폐의 가치가 무시무시한 속도로 떨어졌다. 인플레이션 때문에 임금의 가치가 하락하자 노동자들은 분노했고, 당장이라도 행동에 나서려 했다. 1921년 3월 봉기 이후 몸을 낮추고 있던 공산주의자들은 순풍을 만난 듯했다. 7월에 독일 공산당 중앙위원회는 노동계급에게 혁명에 대비해줄 것을 호소했다. 그러나 중앙위원회는 노동계급의 힘과 능력을 그다지 신뢰할 수 없었다. 중앙위원회의 정책과 관련이 있는 다른 당사자들은 더 그랬다. 인터내셔널 집행위원회의 대표로 독일에 머물고 있던 라데크는 독일 공산당이 지나치게 희망에 부푼 나머지 또 하나의 실패할 봉기를 향해 나아가는 것일 수도 있다고 모스크바에 경고했다. 지노비예프와 부하린은 독일인을 계속 격려했지만, 구체적으로 어떤 행동을 취해야 하는지를 명확하게 제시하지는 못했다. 이런 국면에서 7월에 트로츠키는 아직 충분한 정보를 습득하지 못했기 때문에 자기는 독일의 상황에 대한 의견을 밝힐 수 없다고 말했다.

그러나 머지않아 트로츠키는 독일이 격렬한 혁명적 상황에 정말로 돌입하려 하고 있으며, 독일 공산당에게 과감한 노선을 선택하라고 촉구하기만 할 게 아니라 그들이 무장봉기로 마무리되는 혁명적 행동에 관한 분명한 계획을 세울 수 있게끔 힘을 보태야 한다는 결론에 도달했다. 봉기 날짜가 미리 정해져야만 독일 공산당이 그 예비단계들을 거치며 투쟁하고 노동계급을 준비시킬 수 있으며 최종국면을 염두에 둔 세력배치를 할 수 있다는 것이었다. 인터내셔널 집행위원회는 망설였다. 라데크만 그런 것이 아니었다. 스탈린도 혁명적 상황이 실재하는지를 의심하면서 독일인들을 자제시켜야 한다고 주장했다.[104] 지노비예프는 계속해서 독일인들을 고무했지만 봉기계획에는 난색을 보였다. 정치국은 국내 문제에 온 정신이 팔려 독일 문제를 건성으로 논의하는 데 그쳤다. 지노비예프는 인터내셔널의 지도부에 정치국의 대략적인 견해를 전달했다. 인터내셔널은 그다지 내키지는 않는다는 태도로 독일 공산당에 혁명 개시 신호를 보내고, 군사적 준비를 하는 일을 돕고, 궁극적으로는 봉기 날짜도 정하자는 결론을 내렸다. 봉기 날짜는 볼셰비키 봉기 기념일과 가능한 한 가까운 날로 정하기로 했다. '독일의 10월'을 이루자는 것이었다.

9월에 독일 공산당의 지도자인 하인리히 브란틀러가 인터내셔널 집행위원회의 조언을 듣기 위해 모스크바를 방문했다. 그는 초년에 벽돌공이었다가 로자 룩셈부르크의 제자가 된 영리하고 신중한 전술가이자 유능한 조직가였다. 그는 상황이 혁명에 유리하다는 확신이 서지 않았다. 브란틀러가 자기의 의심을 지노비예프에게 말했다. 그의 의심은 지노비예프가 러시아의 10월봉기 직전에 품었던 의심과 매우 비슷했다. 한편으로는 망설임, 다른 한편으로는 단호한 행동에 대한 욕망을 오가며 갈등하던 지노비예프는 탁자를 내리치며 열정적으로 자기의 주장을 밝히는 것으로 브란틀러의 반대를 억누르려 했다. 독일 공산당, 특히 루트 피셔와 아르카디 마슬로프가 이끄는 베를린 지부에서는 행동에 나서야 한다는 조바심과 자신감이 하늘을 찔렀다. 브란틀러는 모스크바에서도 이와 똑같은 자신감을 보았다고 생각했다. 지노비예프가 소련 정치국 전체의 의견을 대변했다고 생각했기 때문이다. 브란틀러는 공산당들 가운데 유일하게 승리한 소련 공산당의 지도자들도 독일 공산당의 베를린 지부와 마찬가지로 행동할 때가 됐다고 생각하고 있다면 자기의 반대 의견을 접어야 한다는 쪽으로 마음을 바꾸었다.

브란틀러가 자기는 '독일의 레닌'이 될 수 없음을 깨닫고 트로츠키에게 독일의 봉기를 이끄는 일을 맡게 해달라고 소련 정치국에 요청한 것은 바로 이때였다. 정치국은 트로츠키 대신에 라데크와 퍄타코프에게 그 일을 맡겼다. 행동계획이 마련됐다. 계획은 브란틀러의 고향이자 공산주의자들의 영향력이 큰 작센 지역을 중심으로 세워졌다. 사회민주주의자들은 작센의 지방정부로 향했다. 그곳에서는 이미 사회민주주의자들과 공산주의자들이 통일전선을 형성해 같이 활동하고 있었다. 브란틀러와 그의 일부 동지들은 노동자들을 무장시키기 위해 작센 정부에 참여해 영향력을 발휘해보기로 했다. 봉기는 작센에서 시작해 베를린, 함부르크, 독일 중앙부, 루르 지역으로 퍼져나가는 것으로 예정됐다. 브란틀러에 따르면, 지노비예프와 트로츠키 둘 다 그에게 이 계획을 채택하라고 압박했다. 이런 그의 증언은 다른 자료들을 통해서도 확인된다.[105] 더구나 지노비예프는 독일에 있는 자기 사람을 통해 일을 빨리 진행하라고 촉구했다. 모스크바에서 보내온 전보에 따라 작센에 연립정부가 구성됐다. 브란틀러는 독일로 돌아가는 길에 바르샤바 철도역에서 산 신문을 보고 자기가 장관에 임명됐다는 것을 알게 됐다.[106]

독일의 상황이 혁명에 유리하게 돌아가고 있긴 했지만 계획의 인위적임과 엉성함, 멀리 떨어진 곳에서 이루어지는 지도와 통제는 실패의 조건으로 충분했다. 어쩌면 상황은 예상했던 것보다 덜 유리했을지도 모른다. 독일의 사회적 위기도 생각만큼 깊지 않았을 것이다. 여름부터 경제가 회복되기 시작했고, 곧이어 마르크화가 안정됐다. 정치분위기도 보다 조용해졌다. 중앙위원회는 노동자 대중을 일으켜 세워 봉기를 준비하게 하는 데 실패했다. 노동자들을 무장시키려는 계획은 실현되지 못했다. 작센의 무기고는 비어 있었다. 베를린의 중앙정부는 공산화된 지역에 군대를 보냈다. 이 때문에 봉기 예정시간이 다가오자 브란틀러는 라데크와 퍄타코프의 지원을 받아 전투명령을 취소했다. 다만 잘못된 연락 때문에 함부르크에서는 반란세력이 행동에 들어갔다. 그들은 홀로 며칠간 가망 없는 싸움을 한 끝에 섬멸됐다.

이 사건은 소련에 큰 영향을 미쳤다. 이 사건은 독일과 유럽에서 그 뒤 오랜 기간에 걸쳐 혁명이 일어날 기회를 없애버렸다. 그리고 독일 공산당을 위축시키고 분열시켰다. 비슷한 시기에 폴란드와 불가리아에서도 유사한 퇴보가 일어났다. 이로 인해 인터내셔널 전체가 후유증에 시달렸다. 이들 사건은 러시아 공산주의에 깊고 분명한 고립감과 유럽 노동계급의 혁명역량에 대한 불신 내지 멸시의 태도를 심어 넣었다. 이런 분위기에서 차츰 러시아혁명의 자기만족적이고 자기중심적인 태도가 발전했고, 이는 곧 일국사회주의의 교리로 표현되게 된다. 독일에서의 패주는 곧바로 러시아 내 권력투쟁에서도 하나의 쟁점이 됐다. 러시아와 독일의 공산주의자들이 모두 패배의 원인을 파고들어 그 책임을 누가 져야 하는지를 따졌다. 정치국에서는 3인연합과 트로츠키가 서로를 비난했다.

겉보기에는 독일에서의 실패와 러시아에서의 논쟁 사이에 아무런 관계도 없는 듯했다. 진영마다 구분선이 서로 달랐고, 서로 엇갈리기도 했다. 트로츠키주의자들 가운데 라데크와 퍄타코프는 독일 봉기가 성공할 가능성에 대해 처음부터 스탈린만큼이나 회의적이었다. 이들은 브란틀러가 봉기 명령을 취소할 때 그를 지지했다. 지노비예프는 망설임 끝에 트로츠키가 주장한 봉기 계획을 승인했지만, 진군 명령의 취소도 승인했다. 트로츠키는 독일 공산당과 인터내셔널이 더없이 좋은 기회를 놓쳤다고 확신했다. 그는 이에 대한 결정적인 책임은 브란틀러에게 있지만, 지노비예프와 스탈린에게도 그만큼의 책임이 있다고 말했다. 3인연합은 봉기가 두 명의 트로츠키주의자들 때문에 엉망이 돼버렸다고 응수했다. 그리고 그들은 브란틀러가 '낙관주의'에 빠졌다고 지적하고 그를 독일 공산당의 지도자 자리에서 물러나게 해야 한다고 주장했다.

브란틀러와 달리 3인연합은 복합적인 동기에서 행동했다. 독일 공산당의 당원들은 브란틀러에게 냉정하게 등을 돌렸다. 베를린의 당 조직도 그의 해임을 원했다. 지노비예프는 브란틀러를 희생양으로 만듦으로써 소란을 잠재우고 자신과 인터내셔널의 기득권을 지키기에 급급했다. 그는 독일 공산당의 지도부에서 브란틀러를 제거하고 피셔와 마슬로프를 대신 들여 앉힘으로써 독일 공산당을 자기의 영지로 만들었다. 그가 브란틀러를 본보기로 처벌해야 한다고 주장한 데는 또 하나의 이유가 있었다. 그는 브란틀러와 독일 중앙위원회에 있는 브란틀러의 동료들이 트로츠키에게 동조하고 있다고 의심했다. 그는 브란틀러를 트로츠키의 추종자라고 고발함으로써 브란틀러의 '항복'에 대한 책임을 트로츠키에게 전가하려고 했다. 브란틀러는 눈앞에서 벌어지고 있는 갈등의 의미를 제대로 이해할 수 없기도 했거니와 독일의 문제를 러시아의 쟁점들에서 분리하고 싶었고 자기의 위치도 지키고 싶었기에 러시아의 공식 지도부,

즉 3인연합을 지지한다고 선언했다. 그러나 이런 선언이 그를 구원하지는 못했다.

이것이 인터내셔널 집행위원회가 독일에서 실패한 원인을 공식적으로 검토하기 위해 만난 1924년 1월의 상황이었다. 모임에 앞서 중앙위원회에서는 외국 공산당들을 상대로 한 막후조종과 거래가 무수히 시도됐다. 지노비예프에 대한 집행위원회의 지지를 미리 확보하기 위해서였다. 집행위원회가 열렸을 때 트로츠키는 모스크바에서 멀지 않은 마을에서 와병 중이었다. 그는 직접 나서서 견해를 밝히지 않고, 라데크에게 브란틀러에 대한 강등 조치와 독일 공산당 중앙위원회의 구성 변경에 대해 자신과 그가 공동으로 반대한다는 것을 전해달라고 부탁했다. 라데크는 그렇게 했다. 그러나 그는 주로 자기와 브란틀러의 정책을 방어하는 데 몰두한 나머지 트로츠키가 그 정책과 관련이 있다는 인상을 집행위원회에 심어주었다. 이는 3인연합으로 하여금 나시 한 빈 트로츠키를 독일 공산당의 '우파'와 연결 짓게 만들었다.[107] 사실 트로츠키는 끊임없이 브란틀러의 행동을 비판했다. 브란틀러가 이제 와서 3인연합을 지지한다고 선언한 사실은 트로츠키에게 아무런 영향을 미치지 못했다. 그럼에도 트로츠키는 외국의 공산주의 지도자들을 처단하기 위한 '단두대'를 모스크바에 설치하는 것은 도의상 있을 수 없는 일이라고 반대했다. 외국 공산당들이 각자 나름의 경험과 실수에서 배우고, 자기 일은 자기가 해결하고, 자기의 지도자를 스스로 선출하도록 허용해야 한다고 트로츠키는 주장했다. 브란틀러에 대한 강등 조치는 매우 위험한 선례가 됐다.

이처럼 트로츠키는 러시아 공산당에 요구했던 것과 똑같은 내부 자유를 인터내셔널에도 요구했다. 결과는 똑같았다. 이제 인터내셔널까지 완전히 장악하게 된 지노비예프는 소련 정치국에 대고 트로츠키에 대한 비난을 삼가라고 호소했던 외국의 일부 지도자들에 대해서도 강등조치를 취했다. 그들 가운데 일부는 협박을 받고 실수를 사과했다. 인터내셔널 집행위원회는 독일에서 실패한 원인에 대한 명확한 결론을 내리지는 못했지만, 지노비예프의 명성은 훼손되지 않았다. 그리고 집행위원회는 지노비예프가 내린 강등 및 승진 조치를 모두 승인했다. 이로써 지노비예프는 트로츠키와 46인에 대한 3인연합의 조치에 대해 인터내셔널의 승인을 얻어냈다.

5월에 열린 러시아 공산당의 13차 당대회에서 모든 유럽 공산당의 지도자들이 노소를 불문하고 연단에 올라 트로츠키를 파문하라고 외쳐댔다. 러시아인과 프랑스인의 피가 절반씩 섞인 〈위마니테〉의 편집자 보리스 수바린만이 그들 가운데서 유일하게 반대의 목소리를 냈다. 그는 프랑스 중앙위원회는 찬성 22표에 반대 2표로 트로츠키에 대한 공격에 반대하기로 이미 결정했다고 선언했다. 그리고 그는 그렇다고 해서 프랑스 중앙위원회가 반대파와의 연대를 선언한 것은 아니지만 자기는 개인적으로는 트로츠키와 견해를 같이하며 이는 변하지 않을 것이라고 선언했다. 하지만 수바린의 외로운 목소리는 트로츠키의 패배를 두드러지게 만들었을 뿐이다.[108]

한 달 뒤에 열린 인터내셔널 5차 대회, 이른바 '볼셰비키화(化) 대회'가 트로츠키의 제명을 확정하기 위해 모스크바에서 열렸다. 라데크와 브란틀러에 대한 탄핵도 안건에 추가됐다. 이 대회 분위기의 특징은 새로 독일 공산당의 지도자가 된 루트 피셔의 연설에 잘 나타나 있다. 젊고 떠버리에 혁명의 경험이나 공훈이 전혀 없는 여자, 그럼에도 베를린의 공산주의자들에 의해 우상화된 피셔는 트로츠키, 라데크, 브란틀러를 가리켜 "독일과 유럽의 혁명에 대한 믿음을 상실한" 멘셰비키, 기회주의자, "혁명적 원칙의 청산인"이라고 말하며 핏대를 올렸다. 그는 러시아 공산당을 모델로 삼아 획일적인 인터내셔널을 만들 것을 요구했다. 그리하면 반대나 의견다툼은 사라질 것이라고 말했다. "이 세계회의는 인터내셔널이 온갖 경향들의 집합체로 변하게 해서는 안 됩니다. 이번 회의는 단 하나의 세계 볼셰비키 당으로 가는 길을 새롭게 개척하고 그 길로 가야 합니다."[109] 프랑스, 영국, 미국 대표단의 대변자들도 같은 의견을 밝혔다. 그리고 그들은 트로츠키에게 욕설이나 모욕에 위축되지 말고 대회에 나와 자기의 의견을 밝히라고 도전적인 요구를 했다.[110] 트로츠키는 어떤 논쟁에도 말려들고 싶지 않았다. 무엇보다 그는 이제 모든 논쟁이 쓸모없다고 느꼈다. 또한 다시 논쟁에 나서면 당에서 축출하겠다는 협박을 이미 받은 바 있는 그는 그들의 도전적인 요구가 자기를 겨냥한 함정이라고 의심했던 것 같다. 그래서 그는 러시아 공산당의 판결을 받아들이겠으며, 그와 관련하여 인터내셔널에 항의하지 않겠다고 선언했다. 그러나 침묵마저도 그가 떳떳하지 못하다는 증거로 받아들여졌다. 지노비예프를 좇아 대표들은 트로츠키에게 그간의 주장을 철회하라고 요구했다.[111] 트로츠키는 그런 요구에 귀도 기울이지 않았다. 이후로 3주 내내 대회에서는 한때 이전의 네 차례 대회가 깊은 존경심과 찬양하는 태도로 귀를 기울였던 그에게 상스러운 독설을 퍼붓는 소리밖에 들리지 않았다. 이번에는 단 한 사람도 그를 두둔하지 않았다. 이즈음에 수바린은 트로츠키의 《새로운 경로》를 번역해 출간했다는 이유로 프랑스 공산당에서 쫓겨났다.[112] 그럼에도 트로츠키는 이번의 대회를 위해 코민테른 선언문을 썼다. 그가 쓴 마지막 코민테른 선언문이었다. 그러나 그는 집행위원회의 일원으로 재선출되지 못했다. 스탈린이 그의 자리를 대신 차지했다.

인터내셔널에 불어 닥친 이런 변화의 바람을 어떻게 설명할 것인가?

불과 몇 달 전만 해도 인터내셔널을 구성하는 3대 공산당은 3인연합을 질타할 용기와 위엄을 충분히 갖추고 있었다. 그런데 지금은 모두 굴종과 자기비하의 장면을 연출하고 있었다. 우리는 지노비예프가 그동안 독일, 프랑스, 폴란드 당의 중앙위원회를 마음대로 재구성하고, 그 위원들을 해임하고, 기존 위원회를 해체했음을 안다. 그런데 왜 이들 위원회와 그 배후에 있는 당들이 그가 내린 지시를 받아들였을까? 쫓겨난 지도자들 대부분은 자기들의 당을 설립 당시부터 이끌어왔고, 높은 도덕적 권위를 유지해왔다. 그러나 어디에서도 일반 당원들은 그들을 위해 나서거나, 인터내셔널 집행위원회의 지시를 거부하거나, 지노비예프가 지명한 자들을 지도자로 인정하기를 거부하려고 하지 않았다. 지노비예프가 공산주의 운동 전체에 완전한 변화로 보이는 일이 일어나도록 하는 데는 기껏해야 몇 주일, 길게 보아야 몇 달밖에 걸리지 않았다. 그가 그토록 쉽게 그런 일을 해냈다는 것은 인터내셔널의 뿌리 깊은 취약성을 드러내는 것이었다. 병들어 부실한 조직만이 이처럼 단번에 무너질 수 있는 것이었다.

레닌과 트로츠키는 인터내셔널을 창설하면서 그것이 적어도 유럽 노동운동 진영의 대부분을 그 깃발 아래 모아낼 것으로 기대했다.[113] 두 사람은 인터내셔널이 그 이름이 뜻하는 대로 되기를 바랐다. 다시 말해 그것이 국경과 각국의 이해관계를 초월한 세계의 당이 되기를, 각국 정당들 간의 장식적이고 관념적인 모임인 2차 인터내셔널과는 다른 세계의 당이 되기를 바랐다. 두 사람은 세계에서 전개되는 혁명 과정들이 근본적인 통일성을 갖고 있다고 믿었다. 그리고 그런 통일성으로 인해 새로운 인터내셔널은 강력한 세계적 지도력과 규율을 갖추는 게 필수적이라고 생각했다. 1920년에 두 번째로 열린 인터내셔널 대회에서 채택된 '21개 가입조건'은 인터내셔널이 그 목적에 맞는 헌법을 갖게 하고, 무엇보다도 집행위원회에 집중적이고 강력한 지도력을 부여하기 위한 것이었다. 트로츠키는 그 헌법을 온 마음을 다해 지지했다.[114] 그 헌법은 러시아 공산당이 인터내셔널에서 압도적인 우위를 차지하도록 보장하는 장치를 갖고 있지 않았다. 각국의 모든 당들이 민주적인 방식으로 집행위원회에 대표자를 둘 수 있었다. 집행위원회에 포함되는 얼마 안 되는 러시아 위원들은 원칙상 아무런 특권도 누리지 못했다. 국제주의는 각국의 견해를 운동 전체의 더 넓은 이익에 종속시켜야 한다는 뜻이지 하나의 국가로서의 러시아의 관점에 종속시켜야 한다는 뜻은 분명 아니었다. 혁명이 주요 유럽 국가들 가운데 단 한 국가에서라도 성공했거나 적어도 공산당이 그런 나라에서 세력과 자신감을 키웠다면, 그와 같은 국제적 지도력과 규율이 실현됐을 것이다. 그러나 혁명은 유럽에서 퇴조했고, 이는 인터내셔널을 러시아 공산당의 부속물로 변형시키는 결과를 낳았다. 인터내셔널의 유럽 부문은 해가 갈수록 자신감이 더 약해졌다. 패배한 정당은 점점 더 열등감을 갖게 됐다. 그리하여 그들은 자기들의 문제를 해결하고, 자기들의 딜레마를 풀어내고, 스스로 어떤 결정을 내려야 할 때마다 세계에서 유일하게 혁명을 성공시킨 볼셰비키를 쳐다보았다. 볼셰비키는 처음에는 연대감에서, 그 다음에는 습관에서, 마지막에는 자기들의 이익을 위해 응대했다. 그리고 결국은 지도력을 행사하고 싶어 했다. 이는 기꺼이 지도를 받고자 한 다른 나라의 당들과는 다른 태도였다. 인터내셔널의 지도력 및 규율은 사실상 러시아의 지도력 및 규율과 같아졌다. 그리고 '21개 조건'이 레닌과 트로츠키의 유산인 인터내셔널의 집행위원회에 부여한 광범위한 특권은 슬그머니 그 집행위원회의 러시아 위원들의 수중으로 들어갔다.

레닌은 이런 변화에 신경이 쓰였다. 그는 엥겔스가 2차 인터내셔널에서 독일 공산당이 우위를 차지하리라고 예상하며 걱정했던 것을 회상하며, 러시아 공산당의 우위도 똑같이 해로울 것이라고 지적했다.[115] 레닌은 외국 공산주의자들에게 더 큰 자신감을 심어주려 했고, 심지어 인터내셔널의 집행위원회가 러시아의 관심사와 문제들에 끊임없이 시달리지 않도록 하기 위해 그 본부를 모스크바에서 베를린이나 다른 유럽 국가의 수도로 옮겨야 한다고 제안했다. 그러나 대부분의 외국 공산주의자들은 인터내셔널의 본부가 부르주아 국가의 수도로 옮겨가서 탄압을 받거나 경찰의 습격을 받게 되는 것보다 '붉은 모스크바'에 안전하게 있도록 놔두는 것을 선호했다.

레닌의 걱정이 들어맞았음이 판명됐다. 해가 갈수록 집행위원회의 러시아 위원들이 외국 공산당의 문제에 점점 더 많이 개입했다. 지노비에프는 즐기면서 자신만만하게 눈치도 양심의 가책도 없이 인터내셔널을 지배했다. 트로츠키 역시 집행위원회의 일원으로서 그러한 상황에 내재된 감독자 역할을 할 수밖에 없었다. 트로츠키는 코민테른 프랑스위원회의 의장으로서 절대적인 권한을 갖고 프랑스 공산주의자들의 일상적인 과업을 감독했다. 독일, 이탈리아, 스페인, 영국의 공산당들은 모든 중요한 쟁점에 대해, 심지어는 자기들의 활동 중 세세한 부분에 대해서까지 트로츠키의 조언을 구하는 데 열중했다. 그리고 트로츠키는 마음껏 조언을 해주었다.

이런 역할을 통해 트로츠키는 자기 의견을 공개적으로 밝히기도 하고 수많은 편지를 썼다. 그의 의견과 편지는 그 자체로서 중요한 시기의 역사에 대한 당대의 논평이 됐다. 그 논평은 사고의 깊이, 빛나는 재치, 그리고 놀라울 정도의 예견력을 보여준다.[116] 그러나 그의 편지 중 일부는 그가 맡은 감독자로서의 역할도 반영하고 있다. 예를 들어 트로츠키는 모스크바에서 열린 인터내셔널의 재판에서 중대하지만 정당하지는 않은 고소에 따라 프랑스의 공산주의 지도자인 프로사르를 소환한다. 재판에서 트로츠키는 공산주의자 신문 편집자들을 비난하고 그들이 편집하는 신문의 전술적인 노선과 심지어는 다뤄야 할 주제 및 문체까지 지시한다. 그는 진의가 의심스러운 기고자의 글을 실었다는 이유로 〈위마니테〉의 편집자들을 나무라기도 했고, 프랑스 공산당이 모든 프리메이슨(국제 비밀결사 단체ー옮긴이) 회원들과 '모든 출세주의자들'을 축출하기로 하자 그 실행시한을 지정하기도 했다. 몇 번은 그가 서로 경합하는 그룹들에 대해 심판자로 행동하며 그들이 지켜야 할 법칙을 마련하기도 했다.[117] 이런 예들은 물론 극단적이고 예외적인 경우에 해당되는 것이었다. 트로츠키는 지노비예프와 스탈린과는 달리 코민테른에서 자기 소관의 공산주의자들을 협박하거나 회유하지 않았다. 그는 언제나 자기가 그들의 당이 한 행동에 대해 솔직하게 말하듯이 그들도 러시아 당이 한 일에 대해 솔직하게 말해주기를 기대했다. 외국 공산주의자들이 자기의 생각을 자신 있게 말하는 경우가 드물었다면 그것은 트로츠키의 잘못이 아니었다. 그는 여전히 인터내셔널의 집행위원회를 진정한 국제조직으로 대했고, 특정한 러시아의 관점에서가 아니라 공산주의의 일반적인 원칙에서 집행위원회를 대리해 행동했다. 그는 21개 조건이 집행위원회에 부여한 폭넓은 권한을 사용할 때도 바로 이런 마음가짐으로 행동했다.

그러나 러시아 공산당이 집행위원회를 압도하고 있는 현실은 21개 조건을 사실상의 '러시아의 독재'를 확립하기 위한 헌법적 틀로 이용하는 것을 매우 쉽게 만들었다. 지노비예프는 레닌과 트로츠키의 제재를 받던 1923년 이전에도 바로 이런 수법을 썼다. 나중에는 그에 대한 모든 재제가 사라졌다. 더구나 러시아 공산당 안에서 민주주의가 시들어버린 이후에는 인터내셔널 내부의 민주주의도 살아남을 수 없었다. '대리주의'의 관습이 공산주의 운동 전체에 퍼졌다. 그리고 볼셰비키 보수파의 지도자들이 스스로를 단지 러시아 노동계급의 수탁자가 아니라 전 세계 노동계급의 수탁자로 여기기에 이르렀다.

1923년과 1924년에 걸쳐 지노비예프와 스탈린은 유럽 공산주의 운동의 모습을 새로운 러시아적 모습으로 바꾸려 했다. 두 사람은 러시아 당 안에서 자기들이 그토록 억눌렀던 반대파가 인터내셔널에 존재하는 것을 방임할 수 없었다. 두 사람은 러시아에서 트로츠키의 영향력을 없애기 위해 1921년의 당내 분파결성 금지 조치를 이용했던 것과 마찬가지로 해외에서 트로츠키의 영향력을 없애기 위해 21개 조건이 부여한 막강한 권한을 이용했다. 트로츠키는 1921년 조치와 21개 조건을 모두 승인했다. 트로츠키의 적들은 자기들의 행동 하나하나가 트로츠키의 직접적인 주도에 의한 것이 아니지만 적어도 그가 동의한 원칙과 선례를 그대로 적용하는 것처럼 보이게끔 처신했다. 그들은 트로츠키의 무기로 트로츠키를 때려 눕혔다. 트로츠키는 자신의 무기를 그런 목적을 위해 사용한 적도 없었고, 그들처럼 잔인하게 사용한 적도 없었다. 트로츠키는 외국 공산주의자들에게 규율 위반을 이유로 제재조치를 취할 수 있다고 가끔씩 경고했다. 그러나 지노비예프와 스탈린은 외국 공산주의자들을 대규모로 강등, 해임, 고발했다. 트로츠키는 코민테른은 그 자체의 강령에 따라 부르주아 평화주의, 프리메이슨주의, 사회적 애국주의를 관용해서는 안 된다고 주장했다. 이에 비해 지노비예프와 스탈린은 이제까지 공산주의와 거의 동의어였던 '트로츠키주의'를 인터내셔널에서 몰아냈다.

5월에 13차 당대회의 '새로운 경로' 선언과 더불어 시작됐던 논쟁이 끝이

났다. 트로츠키는 규율을 어긴다는 비난을 듣지 않고서는 이 논쟁을 재개시킬 수 없었다. 트로츠키는 논쟁을 재개시키려는 시도를 전혀 하지 않았다. 트로츠키는 조레스가 "자기의 목에 당의 규율이라는 멍에를 쓰면서" 보여주었던 자기규율의 태도를 감탄하며 묘사한 적이 있다. 이제 그는 자기의 목에 조레스의 멍에보다 더 무거운 멍에를 쓰고, 금기의 대상으로 선언된 당의 경제정책과 내부체제에 대한 공공연한 논의를 삼갔다. 그러나 그는 '레닌주의로부터의 프티부르주아적 이탈'이라는 죄를 지은 준멘셰비키라는 낙인이 자기에게 찍힌 것을 참을 수 없었다. 정책과 관련된 중요하면서도 시의성 있는 쟁점들에 대해 논의할 수 없게 된 그는 역사에 의존하는 방식으로 자신이 옳았음을 입증하려 했다. 국가출판국이 여러 권에 달하는 트로츠키의 저작집을 제작하라는 중앙위원회의 명령을 뒤늦게 이행하고 나서면서 기회는 절로 찾아왔다. 국가출판국은 트로츠키가 1917년에 한 연설과 그때 쓴 글들을 모아 책으로 출간할 준비를 서둘렀다. 트로츠키는 이 책에 '10월의 교훈'이라는 제목의 긴 서문을 썼다. 이 책은 1924년 가을에 출간됐고, 출간되자마자 엄청난 반향을 불러일으켰다.

1917년에 트로츠키가 한 연설과 쓴 글은 그에게 겨눠진 '개혁되지 않은 멘셰비키'라는 비방에 대한 강력한 대답이 됐다. 당원들로 하여금 그가 혁명에서 맡았던 역할과 멘셰비키에 대항해 보여주었던 확고한 투지를 떠올리게 했기 때문이다. 이런 과거 회상은 필요한 일이었다. 국가, 사회계급, 당의 역사적 기억은 짧다. 특히 숨 가쁘게 일어나는 현재의 사건들이 사람들의 기억 속에서 과거의 사건을 몰아내버리고, 정치 영역에서 주도적인 세대나 또래집단이 맹렬한 속도로 바뀌고, 초기의 투쟁을 전개한 베테랑들이 급속히 줄어들거나 흩어지거나 지쳐버리고, 과거에 어떤 일이 있었는지를 잘 알지 못하는 젊은이들이 새로운 투쟁에 나서는 때에는 더욱 그렇다. 1924년에는 1917년부터 볼셰비키 당에 속했던 이들이 전체 당원의 1퍼센트도 되지 않았다. 이미 젊은 당원들에게는 혁명이 영웅적인 것인 만큼이나 가물가물한 신화였다. 합종연횡이 많았던 초기의 정치투쟁은 더욱더 아스라하게 먼 일이기에 비현실적으로 보였다. 예를 들어 볼셰비키와 멘셰비키에 대해 젊은 공산주의자들은 자기들이 기억하는 범위의 시기에 양쪽이 그랬던 모습대로 서로 결코 줄어들지 않는 증오로 언제나 맞서기만 했던 것으로 생각했다. 긴 세월이 흐르는 동안 같은 당 안의 두 분파가 공동의 원칙을 내세우면서도 서로 싸우고 그러면서도 계속 화해하려 하는 모습은 그들에게는 거의 이해할 수 없는 일이었다. 많은 볼셰비키 지도자들이 1917년까지도 멘셰비키와 화해하려고 했던 이유를 그들은 더욱 알 수가 없었다.

그렇기에 젊은이들은 전쟁인민위원(트로츠키 – 옮긴이)이 한때는 멘셰비키 또는 준멘셰비키였음을 알게 됐을 때 충격을 받았다. 그리고 3인연합이 "한 번 멘셰비키는 영원한 멘셰비키"라고 주장했을 때 많은 젊은이들이 그 주장을 받아들이는 경향을 보였다. 그러나 젊은이들의 그런 믿음은 1917년에 트로츠키가 한 연설과 그가 쓴 글을 정독함으로써 완전히 뒤흔들렸다. 그것은 최근의 반트로츠키 캠페인이 진실이 아님을 보여주었다. 이리하여 단지 자기의 옛 연설과 글을 모아 재출간하는 것만으로도 트로츠키는 적들에게 싸움을 거는 입장이 됐다. 그리고 그는 '10월의 교훈'이라는 서문을 통해 직접 도전장을 던졌다.

트로츠키는 이 글에서 당의 역사와 전통에 대한 자신의 해석을 제시했다. 그 해석은 단순히 자기의 결백을 입증하는 데 그치지 않고 자기를 공격하는 자들 대부분과 관련된 기록에 대해 의문을 제기했다. 트로츠키는 당의 역사가 세 시기로 뚜렷이 구분된다고 썼다. 그것은 1917년을 준비한 시기, 중대한 시도를 감행한 1917년, 그리고 혁명 이후의 시기로서 각각 나름의 문제, 특징, 의미를 지녔다. 그중 볼셰비즘이 절정에 다다른 시기는 둘째 시기였다. 혁명의 당은 군대가 실제 전투에서 시험받는 것처럼 실제 혁명에서 시험받는다. 당의 지도부와 당원들은 궁극적으로 실제 혁명의 시험에서 그들이 한 행동에 따라 심판받는다. 이에 비하면 준비기간 동안의 행동은 그다지 중요하지 않다. 따라서 혼란스럽고 부분적으로 '망명정치의 부적절한 조종'을 받는 과정이었던 1917년 이전에 한 말이나 행동으로 볼셰비키를 판단해서는 안 된다. 1917년에 한 말과 행동으로 판단해야 한다. 이 주장은 인격적인 방식이 아닌 역사서술의 방식으로 이루어졌지만, 실질적으로는 트로츠키 자신에 대한 것이 됐다. 트로츠키가 혁명 이전에 멘셰비즘과 관계를 맺은 것은 '망명정치의 부적절한 조종'의 결과에 속하는 것이었다. 그러나 10월 봉기의 지도자로서의 그의 위치는 누구도 공격할 수 없는 확고한 것이었다. 같은 기준에서 볼 때 트로츠키를 공격하는 자들의 기록은 그들에게 불리했다. 그들은 준비기간에는 괜찮은 '레닌주의자'였을지 모르지만 1917년에는 그 역할이 미미했다.

트로츠키는 1917년에 당이 겪은 두 가지 주요 위기를 설명했다. 4월에 레닌이 사회주의 혁명으로 경로를 정하자고 당을 아직 설득하지 못한 상태에서 당의 우파, 즉 레닌이 '옛 볼셰비키'라고 부른 이들의 저항을 이겨내야 했을 때와 10월봉기 직전에 그 우파가 봉기에 난색을 보였을 때가 그 두 위기의 시점이었다. 트로츠키는 지도자들 가운데 일부의 망설임과 실수가 볼셰비키의 성취에 흠이 되는 것은 아니라고 주장했다. 당은 갈등과 의견차를 지니고 있는 살아있는 유기체다. 그러나 볼셰비키는 다음 사실에 주의해야 한다. 필요해서 혁명을 추구하는 당에도 전진을 방해하는 보수세력이 있다. 특히 당이 급격한 변화에 직면하여 과감한 결정을 내려야 할 때 그렇다. 트로츠키의 칼끝은 처음에는 지노비예프와 카메네프, 즉 '혁명의 방해자'들에게 겨눠졌고, 이어 1917년에 레닌의 정책에 반대했던 리코프와 칼리닌을 비롯한 보수파의 지도자들에게도 겨눠졌다. 사실 트로츠키는 3인연합이 볼셰비키의 주의주장에 대한 유일한 정통적 해석자로서 말할 권리가 있는지, 더 나아가 보수파가 레닌주의의 전통을 순수한 형태로 대표하는 체할 권리가 있는지에 대해 의문을 던졌다. 그의 글에 들어있는 암시적이면서도 분명한 의미는 그 전통이 결코 사람들이 믿게 된 것처럼 간단하지도 고정불변하지도 않다는 것이었다. 보수파는 낡은 슬로건과 부적절한 추억에 매달려 있다는 이유로 레닌이 포기했던 '옛 볼셰비즘'을 대표했다. 반면 트로츠키의 태도는 당이 승리했던 1917년의 볼셰비즘과 완벽하게 조화되는 것이었다.

트로츠키는 역사와 시사적 암시를 끝내고 최근의 중요한 사건, 즉 독일에서 공산주의가 실패한 사건으로 논의를 옮겨갔다. '10월의 교훈'에서 트로츠키가 말하고자 한 주된 주제는 혁명적 상황 및 봉기의 전략과 전술에서 지도부가 수행해야 하는 역할이었다. 혁명의 기회는 만들고 싶다고 해서 만들 수 있는 게 아니라고 그는 주장했다. 혁명은 사회질서가 비교적 느린 퇴화를 한 결과로만 일어나기 때문이라는 것이었다. 만약 당이 결연한 지도부를 갖추고 있지 못하면 그 기회를 놓칠 수 있다. 혁명에서도 '올라타야 할' 조류가 있다. 그 조류는 한번 가면 수십 년간 안 올 수도 있다. 어떤 사회도 첨예한 위기와 긴장 속에서 오래 버틸 수 없다. 만일 혁명을 통해 그 긴장이 해소되지 않는다면 반동을 통해 그 긴장이 해소된다. 저울이 이쪽에서 저쪽으로 기우는 데는 고작 몇 주, 심지어 며칠밖에 안 걸린다. 만일 그 몇 주 또는 며칠 동안 공산주의자들이 혁명적 상황이 오래 지속되면서 새로운 기회를 가져다줄 것이라고 믿고 봉기를 하지 않고 움츠리거나 행동을 미룬다면 "그들 앞날은 모두 얕은 여울과 불행에 갇혀버릴 것"이라고 트로츠키는 지적했다. 이것이 봉기의 반대자들이 가리킨 방향으로 나아갔을 경우에 볼셰비키의 앞날이 겪었을 상황이라는 것이다. 독일의 공산주의는 1923년에 바로 그런 얕은 여울과 불행에 갇혔다. 러시아는 혁명의 지도력을 제공하는 결정적인 역할을 해낼 수 있다는 증거를 보여주었다. 그러나 독일은 부정적인 증거만을 보여주었다. 독일에서의 패배에 대한 책임은 볼셰비키 우파가 1917년에 보여줬던 바로 그 보수적인 마음가짐에 있었다. 트로츠키의 결론이 누구를 겨냥하고 있는지는 명백했다. 1917년 10월에 볼셰비키 우파를 대변했던 인물이 지금 코민테른의 의장 자리에 앉아있었다.

3인연합은 대규모 응수에 나섰다. 그들은 반격을 위해 선전가, 역사가, 심지어는 외국 공산주의 작가들까지 대거 불러 모았다.[118] 가을과 겨울 내내 러시아의 정치는 '문필논쟁'이라는 희한한 이름으로 볼셰비키 연대기에 기록되는 논쟁으로 뒤덮였다. 지노비예프와 카메네프가 1917년에 보여준 태도에 대한 트로츠키의 주장을 전적으로 부인하는 것은 불가능했다. 그래서 그 둘의 옹호자들은 트로츠키가 그들의 실수를 엄청나게 부풀렸고, 그들과 레닌 사이에는 단지 우연적이고 피상적인 의견차만 있었을 뿐이며, 당에는 어떤 특정한 우파나 보수적인 경향의 의견이 존재한 적이 없다고 응수했다. 그들은 트로츠키가 초기당원들뿐만 아니라 레닌주의 전통 전체의 신뢰도를 깎아내리기 위해, 그리고 완전한 가상의 장점을 자기 자신과 트로츠키주의의 것으로 만들기 위해 그 모든 것들을 지어냈다고 말했다.

이런 반박을 입증하기 위해 3인연합과 그들이 고용한 역사가들은

1917년의 상황에 대한 트로츠키의 설명에 대응해 그들 나름의 설명을 제시했다. 그 설명은 자기들의 위상은 부풀리고 트로츠키가 수행한 역할은 축소시킨 것이었다. 이를테면 당시 트로츠키가 했던 역할은 자기들이 수행했던 역할보다는 뛰어난 게 아니었다는 식이었다. 이런 조작은 처음에는 조심스럽게 행해졌기 때문에 얼핏 보면 트로츠키가 뛰어난 역할을 수행했다는 사실을 부인하지 않는 것처럼 보였다. 그러나 왜곡은 갈수록 대담하게 이루어졌다. 스탈린도 나름의 이야기를 들고 끼어들었다. 그는 트로츠키가 의장을 맡았던 페트로그라드 소비에트의 군사혁명위원회는 모든 역사적 설명들이 그동안 하나의 예외도 없이 주장해온 것처럼 10월 봉기의 본부 노릇을 했던 게 전혀 아니라고 했다. 스탈린은 얼마간은 가공의 존재였던 '중앙'이 봉기를 지휘했다고 주장했다. 그리고 자기는 그 '중앙'의 일원이었지만, 트로츠키는 그 일원이 아니었다고 했다.[119] 이 주장은 너무나 조잡해서 지어낸 것임이 분명해 보였기에 처음에는 스탈린주의자들조차도 황당해 했다. 그러나 이 주장은 새로운 역사 기술에 끈질기게 등장하기 시작하더니 급기야는 교과서에까지 실렸고, 약 30년간이나 유일하게 권위를 인정받는 기록으로 남았다. 머지않아 러시아 지성의 지평에 파괴적인 눈사태처럼 쏟아져 내릴 거대한 역사조작은 이렇게 시작됐다. 그것은 애초에는 지노비예프와 카메네프의 평판을 개선해보자는 단순한 시도였다. 그러나 종국에 가서 그것은 지노비예프와 카메네프를 부하린, 리코프, 톰스키를 비롯한 많은 볼셰비키 지도자들과 함께 10월혁명의 방해자이자 배신자 또는 외국 스파이로 묘사하기에 이른다. 미래에 역사조작의 희생자가 될 사람들 대부분이 1924년에는 모두 단합해 트로츠키를 사람들의 기억에서 지우려는 광적인 노력을 기울였다.

그러나 트로츠키가 1917년의 사건을 토대로 해서 그 위에 서 있는 한 그의 위치는 확고했다. 그래서 3인연합은 트로츠키를 그 토대에서 끌어내려 혁명 이전의 시기, 즉 그가 볼셰비즘에 반대했던 시기로 옮겨놓으려고 애썼다. 그들은 당의 정책에서 엄격한 연속성의 규준과 무오류성이라는 규준을 만들었다. 그들은 트로츠키처럼 오랜 기간에 걸쳐 끊임없이 볼셰비즘에 반대해온 사람은 누구나 근본적으로 오류 속에 있으며, 나중에 그의 태도에서 그 오류가 드러나게 돼있다고 말했다. 이런 규준을 수립한 자들은 결정론의 아류를 하나 만들면서 집단이건 개인이건 그 어떤 정치적 실수나 이탈도 흔히 발생하는 일로 다루어져서는 안 된다는 생각을 당원들의 마음속에 들여앉혔다. 이런 규준은 물론 3인연합 자신들이 저지른 실수에는 적용되지 않았다. 각각의 실수는 해당 집단이나 개인의 특정한 성향, 예를 들어 프티부르주아적 성향이나 그 밖의 다른 성향에 그 깊은 원인, 즉 '뿌리'가 있다는 것이었다. 중대한 실수는 원죄의 숙명적인 무게로 그것을 저지른 자를 짓누르게 됐다. 트로츠키의 몰락은 그가 멘셰비키였던 초기 시절로 거슬러 올라가는 것이었다. 그것은 단지 '망명정치의 조종'으로 거슬러 올라가는 데 그치지 않고 그 시대의 주요 문제들에 대한 그의 기본적인 태도로까지 거슬러 올라갔다. 10월에 그의 프티부르주아적 영혼은 잠깐 은혜를 입기 위해 투쟁했고, 당은 그를 도와 '동화'시키게 되기를 바랐다. 그러나 그의 고집스런 멘셰비키적 본성이 계속해서 겉으로 드러났다는 것이었다.

이런 시각에서 보게 되자 혁명 이후에 생겨난 레닌과 트로츠키 사이의 의견차는 이제까지 생각하지도 못했던 사악한 의미까지 띠게 됐다. 트로츠키는 레닌과 두 가지 점, 즉 브레스트리토프스크의 강화협상과 노동조합에 대한 정책에서 큰 의견차를 보였다. 레닌이 자기의 실수라고 인정한 것들은 무시됐다. 이 두 가지 의견차에 관한 팸플릿과 글들이 무수하게 발표됐다. 그 팸플릿과 글들은 결코 제거되지 않는 트로츠키의 반레닌주의 성향이 이 두 가지 의견차에서 드러났다고 설명하고, 레닌의 의견에 대한 그의 반대와 레닌의 후계자들에 대한 그의 공격을 곧바로 연결시켰다. 과거 논쟁들의 배경상황, 실제 세력배치, 동기, 망설임, 자기모순, 행위주체들의 인간적 강점과 약점 등은 새로운 설명에서 모두 빠졌다. 당은 당 자신과 당 지도부를 새롭게 표현한 그림을 내걸었다. 그 그림은 온갖 악의 상징인 죄인들이 모두 지옥으로 굴러 떨어지는 동안 고결한 이들이 얼굴 가득 경건한 표정으로 곧장 천국으로 올라가는 모습으로 '최후의 심판'을 그린 중세 초기의 프레스코 벽화들을 닮아있었다.

1905년과 1906년으로 거슬러 올라가 밀고 당기는 논쟁이 계속되더니 마침내 트로츠키가 그동안 저지른 모든 오류와 이탈의 원천으로 영속혁명 이론이 지목됐다. 그리고 이 이론은 가장 이단적인 이론으로 선언됐다. 1917년 이래 당에서 이 이론에 대해 시비를 건 적은 한 번도 없었다. 이 이론에 관해 트로츠키가 이전에 쓴 글들은 공산주의에 대한 하나의 권위 있는 진술로 간주되어 원본 외에도 수많은 번역본이 출간됐다. 심지어 이 당시에도 영속혁명 이론의 두 가지 핵심 명제, 즉 '러시아혁명은 부르주아 단계에서 사회주의 단계로 넘어가야 했다'와 '러시아혁명은 세계혁명의 서막이 될 것이다'는 여전히 당이 공유하는 사상이었다. 그래서 그것을 공개적으로는 부인할 수 없었던 논쟁가들은 레닌이 1906년에 한 가시 돋친 말을 찾아냈다. 그때 레닌은 러시아혁명이 단지 부르주아적 성격만을 띨 것이라고 여전히 생각하면서, 트로츠키가 사회주의의 완성을 이야기하는 것은 그가 부르주아적 단계를 '건너뛰고' 농민의 중요성을 '과소평가'하기 때문이라고 말했다. 1917년에 일어난 일을 고려하면 레닌의 이 말은 이제 현실적인 타당성을 모두 잃은 말이었다. 그러나 논쟁가들은 이를 무시하고 여러 모임들에서 트로츠키는 "필요한 중간단계를 건너뛰고 농민을 과소평가하는" 성향을 갖고 있다는 말을 반복해댔다. 그런데 이런 비난과 트로츠키가 개혁되지 않은 멘셰비키, 즉 혁명의 부르주아 단계를 '건너뛰는' 것과는 거리가 멀며 그 단계를 넘어서는 것조차 거부하는 멘셰비키라는 비난을 동시에 하는 것은 사실상 쉽지 않았다. 이런 논리적 난점을 풀어내려면 순전히 학문적인 논쟁을 상당히 많이 벌여야 했다. 그러나 이런 종류의 모든 논쟁에서 그렇듯이 중요한 것은 어떤 주장의 논리나 그 주장과 관련된 역사적 진실이 아니라 그 주장이 은근히 암시하는 것, 그 주장과 현재의 정책 사이의 관련성, 그리고 무엇이 문제인지 잘 모르는 사람들에게 그 주장이 주는 인상이었다.

트로츠키가 '농민을 과소평가'하는 성향을 갖고 있다는 주장은 분명 현재의 정책과 관련성을 갖고 있었다. 3인연합과 리코프는 바로 전해부터 트로츠키에게 무지크의 적이라는 낙인을 찍기 시작했다. 이제 그들은 과거로 거슬러 올라가 찾아낸 정당화의 논리와 역사적인 의미까지 그 낙인에 덧붙였다. 그러나 이보다 더 중요한 것은 폭넓은 암시였다. 대중이 이해하기에 영속혁명은 계속되는 격변과 끝이 없는 투쟁, 그리고 러시아혁명이 자리를 잡고 어느 정도 안정되는 것이 불가능함을 뜻했다. 3인연합은 영속혁명 이론을 비난하면서 평화와 안정에 대한 대중의 갈망에 호소했다.

사실 트로츠키의 이론이 주장하는 바는 볼셰비키 러시아의 운명은 궁극적으로 혁명이 해외로 퍼져 나가는 데 달려 있다는 것이었다. 그러나 혁명이 해외로 퍼져 나가길 바라는 희망은 여러 차례에 걸쳐 꺾였고, 독일에서 최근에 가장 가혹한 후퇴를 경험했다. 볼셰비키들은 그 어느 때보다 깊은 고립감을 느꼈다. 그들은 러시아혁명의 자족성에 만족하는 데서 심리적인 위안을 구했다. 트로츠키의 이론은 그러한 심리를 공격하고 조롱했다. 따라서 단순히 영속혁명을 거론하기만 해도 볼셰비키 간부들 사이에서는 강력한 거부감이 일어나기 시작했다. 그들은 트로츠키의 이론에서 이념적으로 존경받을 만한 부분을 모두 제거해버리고 싶은 강렬한 충동을 느꼈다. 1924년 가을에 스탈린이 자기의 종전 견해를 수정하면서 일국사회주의 이론을 정식화한 것도 우연이 아니었다. 그의 일국사회주의 이론은 영속혁명 이론의 맞수가 됐다. 스탈린은 러시아혁명의 자족성을 찬양했고, 그렇게 함으로써 국제주의적 희망을 좌절당한 당원들에게 이념적 위안을 안겨주었다.[120]

'문필논쟁'이 왜, 그리고 어떻게 해서 트로츠키의 위상을 더욱 약화시켰는지를 알아내기는 쉽다. 그것은 한편으로는 뿌리 깊은 준멘셰비키, 다른 한편으로는 당을 국내는 물론 국외에서도 위험한 모험에 빠뜨리려 하는 '급진과격파'이자 '극단주의자'라는 모순된 트로츠키의 이미지를 대중의 마음속에 고정시켰다. 예컨대 트로츠키는 러시아 내에서는 자기가 한번도 이해해본 적 없는 농민들과 당이 갈등을 빚게 만듦으로써 당을 위험에 빠뜨렸고, 국외에서는 있지도 않은 혁명의 기회를 찾는다는 핑계로 당을 위험에 빠뜨렸다는 것이다. 또 이와 동일한 일탈적 태도로 브레스트리토프스크에서의 강화에 반대했고, 독일에서 혁명이 실패한 것을 두고 지노비예프를 비난했다는 것이었다. 트로츠키가 국외에서 성공하지 못할 봉기를 고무한 데 대해 지노비예프를 비난한 것, 1920년에 바르샤바 행군을 반대했던 것, 자본주의 국가들과의 관계를 정상화하려고 끊임없이 애쓴 것, 농민들을 달래려고 누구보다 먼저 네프 정책을 주창한 것 등의 사실이 그에게 씌워진 급진과격파 모험가라는 이미지와 모순된다는 점은 문제가 되지 않았다. 사실, 허구, 학문적 궤변이 마구 뒤섞이면

서 트로츠키는 3인연합이 지혜와 정치적 수완을 발휘해야만 억제시킬 수
있고 무해하게 만들 수 있는, 가련하지만 위험한 '공산주의의 돈키호테'
가 돼버렸다.

　많은 당원들, 심지어는 트로츠키의 지지자들 가운데 일부까지 트로
츠키가 '10월의 교훈'에서 자기의 주장을 전개하면서 그릇된 근거를 댔
다고 보았다.[121] 그들은 트로츠키가 1917년에 지노비예프와 카메네프가
저지른 실수를 들춰낼 것이 아니라 문제가 되는 쟁점들에 집중해야 했다
고 말했다. 사실 트로츠키는 3인연합이 이미 잊혀진 지 오래된 자기와 레
닌 사이의 논쟁을 다시 끄집어낸 뒤에, 그리고 자기가 현재의 문제에 대
해 논의하는 것을 그들이 막은 뒤에 자기방어를 위해 과거를 들추어냈다.
그러나 대부분의 사람들은 '누가 먼저 시작했는지'를 빠르게 잊었다. 그
리고 그들은 과거를 과거로 그냥 놔두지 않는다고 트로츠키를 비난했다.
정부 쪽 필자들은 공개되지도 않은 레닌의 유언에서 일부를 인용하며 트
로츠키를 공격하기도 했다. 그들의 인용에 따르면 레닌은 지노비예프와
카메네프가 저지른 '역사적 오류'를 두 사람에게 들이대지 말라고 당에
호소했다. 그의 이런 호소를 가슴 깊이 새긴 크루프스카야도 트로츠키를
비난하도록 설득당해서 트로츠키가 레닌과 그의 제자들 사이의 견해차
를 과장했다고 말했다. 그리고 나서 혁명의 운명은 당과 노동계급 전체의
태도에 의존하는 것이지 지도부라는 작은 집단 내부의 의견차에 좌우되
는 것이 아니라고 덧붙였다.[122] 크루프스카야의 이 비판은 당내 민주주의
를 주장하는 세력을 겨냥한 것으로서 효과적이었다. 어찌됐든 볼셰비키
의 자존심은 트로츠키 때문에 상처를 입었다. 트로츠키의 기억에서 보면
당 지도부는 레닌이 독려하고 압박하지 않으면 할일을 절대로 하지 않는,
느려터지고 주저주저하는 사람들이 모인 집단이었다.

이 논쟁의 또 다른 결과가 트로츠키를 크게 당황하게 했다. 흩어진 반볼셰비키 성향의 반대파는 그동안 트로츠키를 크게 증오했는데, 이제는 그 가운데 일부가 트로츠키에게 희망을 걸기 시작했다.[123] 이는 피할 수 없는 일이었다. 일당체제에서는, 정부에 의해 적으로 간주돼 탄압당하는 세력이 더 이상 자신의 깃발을 내세우고 싸울 수 없게 되면 중요한 반정부 인사에게 박수를 보내게 된다. 이때 그 반정부 인사는 집권당 소속이어도 상관없다. 또 그가 무슨 이유에서 정부에 반대하는지도 중요하지 않다. 탄압당하는 세력은 지배집단이 위험한 적으로 낙인찍은 자를 자신들의 영웅으로 보는 경향이 있다. 트로츠키가 비록 당 내부에 한정하긴 했으나 표현의 자유를 요구하고 있다는 상황은 표현의 자유 없이는 자신들에게 미래가 없다고 생각하는 일부 반볼셰비키 세력이 트로츠키에게 호의를 품게 만들었다. 그러나 이는 결코 반볼셰비키 세력 전반에 퍼진 일반적인 태도가 아니었다. 그들 중 많은 사람들, 아니 대부분은 내전에서 자기들을 패배시키는 데 주된 역할을 했던 인물이 몰락하는 모습을 고소하게 바라보고 있었다. 그러나 3인연합은 당 밖에서 트로츠키에 대한 진실한 동정 또는 거짓된 동정의 징후가 감지될 때마다 그것을 최대한 이용했다. 반면 트로츠키는 그런 동정을 일으킬 만한 말이나 행동은 전혀 하지 않으려고 애썼다. 그가 자제하면서 오랫동안 침묵했던 것도, 공동의 적 앞에서 3인연합과의 연대를 끊임없이 분명하게 강조하며 되풀이한 것도 상당부분은 바로 이 때문이었다.

마침내 '문필논쟁'이 3인연합 본인들에게도 중요한 영향을 미쳤다. 이 영향의 결과로 오직 스탈린만을 제외한 모든 주요 논객들이 신뢰를 잃어버렸다. 스탈린의 위상은 더욱 강화됐다. 트로츠키는 10월봉기에 대한 반대의사를 분명히 밝히고 기록으로도 남긴 지노비예프와 카메네프를 집중 공격했다. 1917년에는 크게 눈에 띄지 않던 스탈린이 이제는 그때보다 강해졌다. 지노비예프와 카메네프는 이제 스탈린의 정신적 지지가 필요하게 됐고, 그에게서 진정한 볼셰비즘의 대변자라는 칭찬을 듣게 되자 기뻐했다.[124] 이런 두 사람의 입장과 태도는 스탈린이 3인연합의 우두머리가 되는 데 도움이 됐다. 이렇게 해서 트로츠키는 자기도 모르는 사이에 장차 자기의 동맹자가 될 사람들을 무너뜨리고, 가장 위험하고 주된 적을 키웠다.

'10월의 교훈'이라는 글에서 초래된 폭풍은 전쟁 인민위원으로서 트로츠키가 갖고 있던 위상을 취약하게 만들었다. 불과 1년 전만 해도 3인연합은 트로츠키가 사임할까봐 두려워하면서도 나라의 군사적 업무를 그에게 계속 맡겨둘 수 없다고 말하며 그를 비난했다. 이제 그들은 공개적으로 트로츠키를 인민위원회에서 제거하기 위한 작업을 벌였다.

투쟁의 모든 단계에서 트로츠키는 3인연합에 맞서기 위해 군에 호소하려는 시도를 일절 하지 않았다. 트로츠키는 자기의 지지자들 가운데 안토노프-오브세옌코와 같이 군대의 세포조직들을 논쟁으로 끌어들이고자 하는 이들을 저지했다. 군대의 세포조직들도 당규에 따라 당의 의사결정 과정에서 발언권을 행사할 수 있었다. 당의 공식 대변자들은 군대의 세포조직들을 논쟁에 끌어들인다는 이유로 안토노프-오브세옌코를 질책했을 뿐 그 이상의 중대한 당규위반 혐의를 씌워 그를 질책하지는 않았다. 쿠데타가 계획되거나 준비되고 있다고 의심할 상황이 아니었고, 3인연합은 트로츠키가 쿠데타의 가능성을 억지시켜주고 있음을 여러 차례 인정했다.[125] 트로츠키가 나폴레옹과 같은 야심을 갖고 있다고 시사하는 말이 나오기도 했지만, 그 말은 단지 사적인 뒷공론 수준에 그쳤다. 트로츠키는 자기의 정치적 이익을 위해 전쟁 인민위원이라는 지위를 이용하려 했다는 혐의를 단 한 번도 받은 적이 없었다. 그는 정치국이 군을 관할하는 것을 당연한 것으로 인정했다. 그래서 그의 지지자들이 전쟁 인민위원회 내의 가장 영향력 있는 자리들에서 해임되거나 강등되고 대신 그의 적들이 그 자리에 임명될 때 약간 저항하기는 했으나 결국 그런 인사조치를 받아들였다.[126)]

트로츠키가 군사 쿠데타를 시도했다면 성공했을까를 상상해보는 것은 부질없는 짓이다. 물론 갈등의 초기에, 서기국이 군대 내의 당료들에 대한 이동 및 교체 인사를 실시하기 전에 트로츠키가 군사 쿠데타를 시도했다면 성공했을지도 모른다. 그러나 서기국이 인사교체를 실시한 후에는 군대 내 트로츠키 지지자의 수가 줄어들었다. 그리고 무엇보다도 트로츠키는 쿠데타의 성공 가능성을 단 한 번도 가늠해보지 않았다. 군사 쿠데타는 돌이킬 수 없는 혁명의 퇴보가 될 것이며, 그것은 자기가 관여하는 군사 쿠데타일지라도 예외가 아니라고 그는 확신했다. 13차 당대회에서 그는 '노동계급이 자기들의 근본적 과제를 해결하기 위해 소유하고 있는 유일한 역사적 도구'를 당에서 보았다고 선언했다. 그는 그 도구를 군대의 손으로 부수려는 시도를 할 수 없었다. 군이 당과 갈등을 빚게 된다면 그 갈등이 어떤 성격의 것이든 군은 반혁명 세력의 지원에 의존해야만할 것이며, 그렇게 되면 군이 반동 노릇을 하게 될 것이라고 트로츠키는 주장했다. 그가 당에 '퇴보'가 진행되고 있다고 본 것은 사실이었다. 그러나 그 퇴보는 지도부와 일반 당원들 사이에 불화가 일어나고 당이 민주적 기반을 잃은 데서 연유한 것이었다. 따라서 그가 보기에 해야 할 일은 당의 민주적 기반을 재건하고 지도부와 일반 당원들을 화해시키는 것이었다. 궁극적으로 혁명을 살리는 길은 사회의 깊숙한 저변에서부터, 즉 '아래로부터' 정치를 되살리는 데 있었다. '위로부터'의 군사적 행동은 지금의 정권보다 노동자 민주주의로부터 훨씬 더 멀리 떨어진 정권만 창출할수 있었다. 세상이 돌아가는 이치가 바로 그러했고, 그는 자기가 그런 이치에 대항할 수 있다고 믿지 않았다. 그는 현실의 변화를 결정하는 사회적 힘들의 틀 안에 자기 자신과 자기의 행동을 위치시켰다. 프롤레타리아 민주주의의 부활이라는 그의 목표가 그가 선택할 수단이 무엇인지를 지시했다.

1924년이 지나는 동안 전쟁인민위원회 지휘권이 트로츠키의 손에서 벗어났다. 3인연합이 프룬제와 운스슐리히트를 통해 군의 정치인민위원들 전체로 통제권을 점차 넓혀갔다. 이제 3인연합은 군대를 당내 갈등으로 끌어들이는 데 주저함이 없었다. 그들은 트로츠키가 '10월의 교훈'이라는 글을 발표한 것을 비난하는 결의문을 군대 세포조직들에 제출했다. 그리고 그들은 정치인민위원들의 전국 회의를 소집하고, 트로츠키를 전쟁부에서 해임할 것을 요구하는 동의안을 그 회의에 내놓았다. 이때 트로츠키는 또다시 말라리아에 걸려서 자기를 변호하기 위해 인민위원들 앞에 나설 수조차 없었던 것으로 보인다. 회의는 트로츠키의 해임을 요구하는 동의안을 통과시켰다. 이어 트로츠키는 결성 당시부터 의장으로 있던 혁명군사위원회의 공산주의 세포조직으로부터도 같은 조치를 당했다. 최종적으로 중앙위원회 본회의가 1925년 1월 17일에 소집됐고, '트로츠키 사건'이 이 회의의 첫 번째 안건으로 공고됐다.

1월 15일에 트로츠키는 중앙위원회에 편지 한 통을 써 보냈다. 이 편지에서 그는 병 때문에 이번 회의에 참석하지 못하게 됐다면서 양해를 구했다. 그는 그러나 자기에게 던져질 질문에 대답하고 자기에게 요구될 설명을 하기 위해 모스크바를 떠나는 날짜를 예정보다 늦추고 대기하겠다고 알렸다. 다시 카프카스로 가는 일정을 늦춘다는 얘기였다. 그는 화를 가라앉히고 간명하게 자기에게 겨눠진 주된 혐의들에 대해 해명했다. 이것이 '10월의 교훈'에 가해진 비판들에 대한 그의 유일한 답변이었다. 그리고 그는 혁명군사위원회의 의장 직에서 자기를 즉각 놓아줄 것을 요청하며 이렇게 선언했다. "나는 중앙위원회가 나에게 어떤 일을 맡기든 그것을 실행할 준비가 돼있습니다. 어떤 지위에 있게 돼도, 아니 아무런 지위도 주어지지 않아도 상관없습니다. 나는 당이 시키는 일이라면 어떤 조건에서든 일할 것입니다." [127]

지노비예프와 카메네프는 트로츠키를 정치국과 중앙위원회에서 축출할 것을 요구했다. 두 사람에게는 짜증스러운 일이었지만, 이번에도 스탈린은 두 사람의 요구를 거부했다. 지노비예프와 카메네프는 자기들이 양보하고 트로츠키와 화해해야 하는 것은 아닌가 하고 당황해 했다. 중앙위원회는 트로츠키를 중앙위원회와 정치국의 위원으로 남아있게 하기로 결정했다고 발표하면서, 단 트로츠키가 어떤 논쟁에든 또다시 관여한다면 그때는 반드시 그를 축출하겠다고 으름장을 놓았다. [128] 이어 중앙위원회는 '문필논쟁'이 끝났음을 공식 선언했다. 그러나 이와 동시에 모든 선전관련 부서에 "1903년에 시작되어 '10월의 교훈'으로 끝난 '트로츠키주의의 반볼셰비키적 성격'에 관해 당 전체가 올바로 알게 하는" 캠페인을 계속해서 벌일 것을 지시했다. 아울러 트로츠키주의에 수반되는 '노동자와 농민의 동맹'이 얼마나 위험한지를 당원들뿐만 아니라 국민 모두에게 분명히 알리는 또 다른 캠페인도 벌이라는 지시가 내려졌다. 이에 대한 트로츠키의 대응은 허용되지 않았고, 결국 이런 과정은 '일방적인 논의'로 끝났다. 그리고 마침내 중앙위원회는 "트로츠키가 혁명군사위원회에서 계속 일하는 것이 불가능하다"고 선언했다.

이처럼 명예의 배지 위에 불명예의 배지를 겹쳐 달고 귓가에 비난의 외침이 윙윙거리는 가운데 입에 재갈이 물려 자기변호를 하는 것조차 금지당한 상태로 트로츠키는 길고 운명적인 7년의 세월 동안 이끌어온 인민위원회와 군을 떠났다.

3장__ 정치만으로는…

"사람은 정치만으로 살 수 없다." 이 말은 1923년 여름에 트로츠키가 〈프라우다〉에 기고한 짧은 글의 제목이었다.[1] 그런데 그 누구보다도 정치만으로는 살 수 없는 사람이 바로 트로츠키 자신이었다. 권력투쟁이 가장 치열하게 벌어지는 순간에도 그는 문학과 문화 활동에 많은 정력을 쏟았다. 전쟁인민위원회를 떠난 터에 당내 논쟁도 잠시나마 잦아들자 트로츠키는 점점 더 깊이 문학과 문화 활동에 빠져들었다. 정치에서 도피하기위한 것이 아니었다. 문학, 예술, 교육에 대한 그의 관심은 넓은 의미에서 늘 정치적이었다. 그는 공적인 일들의 피상에 머물기를 거부했다. 그는 권력투쟁을 혁명의 '영혼'을 찾는 투쟁으로 전환시켰다. 그리하여 그는 자기가 관여된 갈등에 새로운 차원과 깊이를 부여했다.

정치국에서 대단히 중대한 충돌이 빚어지는 와중에도 트로츠키가 얼마나 깊이 문학 작업을 하고 있었는가는 다음의 몇몇 사실에서도 알 수 있다. 1922년 여름에 레닌 밑에서 부총리 노릇을 하기를 거절해 정치국의 제재를 받고 휴가를 갔을 때 그는 휴가기간의 대부분을 문학비평에 쏟아부었다. 국가출판국은 트로츠키가 혁명 이전에 문학에 관해 쓴 글들을 모아 그의 저작집에 추가하는 별도의 한 권으로 출간하기로 했다. 트로츠키는 혁명 이후 러시아 문학의 상황을 살펴보는 내용의 서문을 쓰고자 했다. '서문'은 그 분량이 늘어나 그 자체가 하나의 독립적인 작품이 됐다. 그는 이 서문을 쓰는 데 여가의 거의 전부를 할애했지만 그것을 완성하지는 못했다. 그러다가 그는 1923년의 여름휴가 기간에 이 서문의 집필을 재개했다. 이때는 독일의 혁명에 대한 전망이 쟁점으로 얽히면서 트로츠키와 3인연합의 갈등이 극에 달했을 때였다. 트로츠키는 새 책《문학과 혁명》의 원고를 들고 모스크바로 돌아왔다. 이 원고는 곧바로 출판될 수 있는 상태였다.

그해 여름에 트로츠키는 혁명 이후 러시아의 풍속에 관한 일련의 글을 썼다. 이 글들은 나중에《일상의 문제들》이라는 제목의 책으로 출간됐다. 이 책에서 트로츠키가 다룬 주제는 '새로운 체제에서의 가정생활', '계몽된 관료와 계몽되지 않은 관료', '교양과 예절', '보드카, 교회, 그리고 영화', '러시아어로 욕하기' 등이었다. 그는 교육전문가, 도서관 장서 관리자, 선동가, 언론인, '노동자 통신원' 등의 모임에 자주 나가 연설했다. 이런 연설에서 그는 무뎌지고 낡아빠지고 무기력해진 언론을 꼬집고, 당에서 쓰는 상투어와 진부한 표현으로 얼룩진 러시아어에 그 순수함과 힘을 다시 살려내야 한다고 주장했다. 그해 여름과 가을에 그는 19세기의 경기순환과 20세기의 경기순환에 대한 비교분석(이에 관해 그는 '사회주의 아카데미'의 〈베스트니크〉에 짧지만 비중 있는 논문을 하나 발표했다)[2]과 심리학계의 파블로프 학파와 프로이트 학파 사이에 전개된 논쟁을 비롯한 다양한 주제들에 대해 연구했다. 프로이트의 이론을 오래전부터 잘 알고 있던 그는 파블로프의 연구성과를 따로 공부하면서 논쟁에 끼어들 준비를 했다. 그는 논쟁에 참여해서 연구와 실험의 자유, 프로이트 학파에 대한 관용적 태도를 요구할 생각이었다. 또한 1924년에는 전기 형식으로 레닌을 묘사한 책을 발표했다. 이 책에서 트로츠키는 볼셰비즘의 창시자인 레닌의 인간적인 면모를 보여주는 것을 통해 공식적으로 우상화된 레닌의 모습과 이때 막 형성되고 있던 레닌에 대한 숭배를 간접적으로 비판했다.

이런 글들을 통해 트로츠키는 혁명을 포위하고 있는 악의 요소들에 대해 단순히 그 증상만이 아니라 그 근원, 즉 조국 러시아의 경제적 빈곤 이상으로 중요한 그 정신적 후진성을 파헤치고자 했다. 그는 '문화적 원시축적'이 공업 분야의 축적 못지않게 시급히 필요하다고 말했다. 그는 스탈린주의가 자라나기 시작하게 된 토양을 폭로했고, 스탈린주의를 번성하게 할 환경을 바꿔보려고 했다. 그래서 그는 풍속과 일상의 '작은 문제들'에 중요성을 부여했다. 그리고 이런 것들이 어떻게 국가적인 문제에 영향을 미치는지 보여주려 했다. 그가 이런 주제들을 어떻게 다루었는가는 러시아인 특유의 욕하는 습관에 관해 쓴 글에 가장 잘 나타나 있다.

험악한 언어와 욕설은 노예제의 유산이고 모욕이며 인간의 존엄성을 무시하는 행위다. 그것은 자기 자신의 존엄성을 무시하는 것일 뿐 아니라 다른 사람의 존엄성도 무시하는 행위다. (…) 나는 우리의 문헌학자, 언어학자, 민속 전문가들로부터 다른 언어에도 우리 러시아어에 있는 것과 같은 난잡하고 지저분하고 저속한 욕설이 있는지를 묻고 싶다. 내가 아는 한 우리나라 말고는 그런 종류의 욕설은 전혀 없거나 거의 없다. 우리의 하층계급이 해온 욕은 절망과 분노의 결과였으며, 무엇보다도 희망과 탈출구가 없는 노예제의 결과였다. 반면에 우리의 상층계급이 해온 욕, 즉 귀족과 관료의 목구멍에서 나오는 욕은 계급지배, 노예 소유자의 자부심, 흔들리지 않는 힘의 결과였다. (…) 러시아의 욕에는 두 가지 흐름이 있다. 그중 하나는 주인, 관료, 경찰, 배부르고 살찐 자의 욕이고, 다른 하나는 배고프고 절박하고 고통스러운 대중의 욕이다. 욕의 이 두 가지 흐름이 러시아인의 삶 전체를 경멸해 마땅할 만한 형태들로 물들였다. (…)

하지만 혁명은 무엇보다 아무런 인격도 갖고 있지 않다고 간주되던 대중에게서 인간적 인격을 일깨우는 것이다. 어떤 때는 그 방법이 잔인하고 피를 흘리며 가차 없기도 하지만 혁명은 (…) 개인의 존엄성을 더욱 존중하고 약자에 대해 더 많은 관심을 갖게 한다는 특징을 갖고 있다. 지난날 이중삼중으로 노예의 굴레에 얽매였던 여성을 개인적, 사회적 진보의 길에 나서도록 돕지 못한다면, 가용한 모든 힘과 방법으로 그렇게 되도록 돕지 못한다면 혁명은 그 이름을 누릴 자격이 없다. 또한 혁명은 아이들을 최대한으로 성심껏 돌보지 않는다면 그 이름을 누릴 자격이 없다. (…) 왜냐하면 혁명은 아이들의 이익을 위해 하는 것이기 때문이다. 주인과 노예들이 으르렁거리고 돌아다니면서 욕설을 해대는 분위기에서 우리가 어떻게 상호배려, 자기존중, 실제적인 여성 평등, 아이들에 대한 유효한 보살핌을 바탕으로 한 새 삶을 열어갈 수 있겠는가? 오물과 벌레를 상대로 하는 싸움이 육체적 위생을 위한 하나의 조건인 것처럼 '욕설'을 상대로 하는 싸움은 정신적 위생에 필수조건이다. (…)

대를 이어 전해 내려와 모든 삶의 분위기에 스며든 심리적 습관은 아주 끈덕지다. (…) 우리 러시아인들은 격렬하게 내달리며 힘을 짜내고, 그런 다음에는 세상일이 예전의 방식대로 굴러가게 그냥 놔두기를 얼마나 자주 반복해 왔던가? (…) 이는 문명화되지 않은 대중에만 해당되는 말이 아니라 선진화된, 그리고 이른바 우리의 현재 사회질서 속의 책임집단에도 해당되는 말이다. 혁명 이전부터 내려온 오래된 형태의 욕설이 10월혁명 이후 6년이 지난 지금도 여전히 그대로 쓰이고 있으며, 심지어는 그런 욕설이 '높은 지위에 있는 사람들' 사이에서도 유행하고 있다는 것은 부인할 수 없는 사실이다. (…) 우리의 삶은 가장 극적인 대조로 이루어져 있다.[3]

농노제에 뿌리를 두고 끈질기게 존속하면서 거듭 부활하는 전통적인 생활방식에 맞선 이 투쟁에서 트로츠키는 정치판에서 겪어야 했던 패배만큼이나 쓰디쓴 패배를 맛보게 된다. 그러나 그는 자기를 압도하는 힘의 본성에 대한 깊이 있는 역사적 통찰력을 보여주었다. '러시아의 욕설'에 내재된 두 가지 흐름은 스탈린주의에서 하나로 합쳐지면서 혁명 자체에 '경멸해 마땅할 형태들'을 심어놓았다. 15년 뒤에 대숙청이 벌어지는 동안 이 두 가지 흐름은 하나의 홍수로 부풀어 올랐다. 그때는 검찰총장이 국가와 당에서 가장 높은 자리에 있다가 피고석에 앉게 된 사람들을 향해 "이 개새끼"와 같은 말을 쓰며 꾸짖을 수 있었다. 그러면 판사들은 강박증에 젖은 장광설 끝에 "미친개들을 쏴 죽여라!"와 같은 고함으로 판결을 마쳤다. 이러한 저주는 법정을 넘어서 공장, 농장, 언론의 편집실, 대학 강의실에까지 울려 퍼졌다. 그리고 여러 해에 걸쳐 그 저주의 소음이 러시아 전체를 귀먹게 했다. 그것은 마치 여러 세기에 걸친 욕설들이 한순간에 응집되어 스탈린주의 속에서 생명을 얻은 뒤 세상으로 터져나가는 형국이었다.

10월혁명은 문화생활에 신선한 충격을 주었지만, 문화생활을 완전히 혼란에 빠뜨리고 커다란 문제점들을 낳았다. 그 어떤 혁명도, 심지어는 가장 유리한 상황에서, 게다가 나라의 교육받은 집단의 지지를 받으면서 일어난 혁명도 그 결과는 마찬가지일 것이다. 그러한 결과는 억눌리고, 가진 것이 없고, 곤궁하고, 못 배운 계급이 혁명의 주된 동력이 될 때 가장 심각한 양상으로 나타난다. 하지만 볼셰비키의 지도자들은 인텔리겐치아였고, 그들 가운데 일부는 폭넓고 깊이 있는 학식을 가진 사람들이었던 것이 사실이다. 그러나 그들은 극소수에 불과했다. '당 간부'들은 대부분 독학한 노동자들과 충분히 교육받지 못한 프티부르주아 출신들이었다. 당은 그들에게 정치, 조직, 그리고 때로는 마르크스주의의 방대한 철학까지 가르쳤다. 그러나 그들이 문화적인 것들을 대하는 태도는 완전한 무지보다 더 나쁜 것이 어설픈 지식임을 너무도 자주 보여주었다.

인텔리겐치아의 대다수는 10월혁명을 적대하는 태도로 맞이했다. 그들 가운데 일부는 내전에서 죽었고, 많은 이들이 외국으로 망명을 떠났다. 살아남아 러시아에 머문 사람들 가운데 다수는 '전문가'로서 새로운 정권에 봉사하게 된다. 그리고 극소수는 열광적으로 혁명을 지지하는 입장으로 돌아서서 러시아의 문화 수준을 높이는 데 최선을 다했다. 하지만 인텔리겐치아의 대부분은 보수적인 사고습관을 지나치게 엄격하게 고수하거나, 그렇지 않으면 너무 겁을 먹었거나 평범하고 굴종적이어서 폭넓고 효과적인 지적 영향력을 발휘하지 못했다. 그들은 독학했거나 제대로 배우지 못한 인민위원 밑에 배치되면 불쾌하게 여겼다. 그런가 하면 인민위원들은 자신감이 없고, 의심이 많고, 불확실한 속마음을 거짓말과 큰소리로 가리는 경우가 많았다. 인민위원들은 또한 자기들의 대의가 정의라고 광적으로 믿었고, 마르크스주의에서 과학과 예술 분야의 문제를 포함해 사회의 모든 문제를 다 풀어낼 열쇠를 찾았다고 장담했다. 그러나 그들은 마르크스주의에 대해서도 충분히 교육받지 못한 사람들이었다. 인텔리겐치아는 그들 특유의 편견과, 마르크스주의의 세계관은 '설익은 절반짜리 진리들의 잡동사니'일 뿐이어서 자기들이 배울 것이 전혀 없다는 피상적인 신념을 대단히 강하게 갖고 있었다. 이처럼 인텔리겐치아와 새로운 지배집단 사이에 커다란 간극이 생겼다.

레닌, 부하린, 루나차르스키, 크라신 등 몇몇 소수와 마찬가지로 트로츠키도 이러한 간극을 메워보려고 있는 힘을 다했다. 트로츠키는 인민위원과 당 서기들에게 배려하고 존중하는 태도로 인텔리겐치아를 대해줄 것을 호소했고, 인텔리겐치아에게는 시대의 요구와 마르크스주의에 대해 더 많이 이해해줄 것을 촉구했다. 이런 호소와 촉구는 효과가 있었다. 그러나 간극이 좁혀졌다 해도 간극 자체는 여전히 남았다. 그러다가 그 간극이 다시 커지기 시작했다. 당 조직이 모든 형태의 공적 통제에서 벗어나 자의적인 지배를 하는 데 익숙해지면서 과학자, 문필가, 예술가에게 지시를 내리는 쪽으로 점점 더 기울어져갔다. 또한 당 조직은 독자적인 야심을 키우면서 벼락출세한 자들이 가질 법한 허영심에 아부하면서도 혁명적인 혁신의 미덕을 갖춘 것처럼 보이는 '문화적' 열망을 부채질했다. '프롤레타리아 문화', '프롤레타리아 예술', '프롤레타리아 문학'이라는 슬로건이 만들어졌고, 이는 곧 얼마 전에 군대에서 '프롤레타리아 전략론'이 누렸던 것과 같은 종류의 인기를 누리게 됐다.[4]

트로츠키는 비관용적인 분위기를 제어하고 프롤레타리아 문화와 프롤레타리아 예술에 관한 슬로건이 부질없음을 일깨우는 것이 자기의 임무라고 생각했다. 그러나 그 임무는 쉽지 않았다. 프롤레타리아 문화라는 개념이 일부 볼셰비키 지식인과 젊은 노동자들에게 호소력을 갖고 있었기 때문이다. 혁명은 젊은 노동자들에게 교육을 받고자 하는 열망을 일깨우는 동시에 기존의 신념이나 인습을 타파하고자 하는 본능도 풀어놓았다. 그 배경에는 지주계급의 '문화적 가치'를 포함한 그들의 생활방식과 관련된 모든 것들에 대한 농민들의 무정부적인 적개심이 깔려 있었다. 무지크들이 지주의 저택에 불을 지를 때면 그들은 서재와 그림들도 함께 태워버리곤 했다. 무지크들은 책과 그림을 단지 지주가 가진 재산의 일부로만 보았던 것이다. 이런 인습타파적인 분위기에 대해 볼셰비키 이론가들은 어차피 쓸어내야 할 옛 '계급문화'를 유사 마르크스주의적 태도로 거부하는 것이라고 합리화했다. 프롤레트쿨트(Proletkult, 순수 프롤레타리아 문화의 건설을 목표로 내걸고 1917~1932년에 활동한 계몽단체 — 옮긴이)는 프롤레타리아 과학과 프롤레타리아 예술이 도래하고 있다고 선언했다. 프롤레트쿨트에 참여한 작가와 예술가들 가운데 교조적인 이들은 문명사에 봉건시대와 부르주아 시대가 있었던 것처럼 프롤레타리아 독재도 마르크스주의 계급의식, 투쟁적인 국제주의, 유물론, 무신론 등이 배합된 나름의 문화를 열어야 한다는 그럴싸한 주장을 폈다. 또 어떤 이들은 마르크스주의 자체가 이미 새로운 문명이라고 주장했다. 이런 견해를 만들어냈거나 지지하는 사람들은 당의 지지를 얻고, 나아가 그 견해를 교육정책의 지도원리로 만들려고 애썼다.

레닌과 트로츠키 둘 다 프롤레트쿨트의 이론을 거부했다. 다만 레닌은 짧고 예리한 몇 마디 말만 하고는 이 분야에 보다 친숙한 트로츠키에게 대응을 맡겼다. 우리는 트로츠키가 어떻게 프롤레트쿨트를 상대로 논쟁을 벌였는지를 곧 보게 될 것이다. 그런데 프롤레트쿨트의 겉모습은 프롤레트쿨트 그룹을 넘어 넓게 퍼져 있는 경향의 가장 극단적인 표현일 뿐이었다. 특히 교육과 문화 분야의 업무를 맡고 있는 당원들 사이에서 이런 경향이 더욱 두드러졌다. 그 경향의 내용은 교육과 문화와 관련된 일을 명령으로 정하고, 법규를 만들고, 복종하기에는 교육이나 지적 능력의 수준과 정신의 독립성이 너무 높은 사람들을 겁주는 것이었다. 바로 이런 사고방식에서 스탈린주의의 문화정책이 싹트게 된다. 트로츠키는 지칠 줄 모르고 이런 사고방식을 물리치려고 했다. 그는 교육 전문가들을 상대로 한 연설에서 이렇게 말했다. "국가는 강제의 조직입니다. 따라서 공직에 있는 마르크스주의자들은 일하는 대중이 문화와 교육 분야에서 하는 작업마저 '여기 여러분 앞에 드러난 진리가 있으니 그 앞에 무릎을 꿇어야 한다'고 말하면서 정렬시키려는 유혹을 느낄 수 있습니다. 물론 우리 정부는 엄격합니다. 노동자의 나라는 강제력을 행사할 권리와 의무가 있습니다. 우리는 노동계급의 적들에게 가차 없는 공격을 퍼붓습니다. 그러나 노동계급을 교육할 때 '여기 진리가 있으니 그 앞에 무릎을 꿇어야 한다'고 가르치는 방식은 (…) 마르크스주의의 핵심에 배치됩니다."[5]

트로츠키 저작집 가운데 21권인 《과도기의 문화(The Culture of a Transition Period)》의 많은 지면이 이런 설득과 경고로 채워져 있다. 과학자들에게 명령하고 그들의 이론을 금지하는 것은 "우리에게 해악과 수치만을 가져다줄 뿐이다"고 트로츠키는 지적했다. 그는 사회학 분야는 말할 것도 없고 언어학과 생물학 분야의 이단이론에 대해서까지 스탈린이 내리는 포고령이 초래할 해악과 수치를 예견한 듯했다. 여기서 한 가지 덧붙일 것은, 트로츠키는 반대파로 내몰린 뒤에만 이런 주장을 한 것이 아니라는 점이다. 예를 들어 1919년 1월에 이미 그는 다음과 같은 글을 썼다.

우리의 당은 (…) 그동안 결코 노동계급에 아첨한 적이 없고 그럴 수도 없었다. (…) 권력을 획득한 것이 자동적으로 노동계급을 혁신시키거나 노동계급에 모든 덕목을 부여하지는 않는다. 권력의 획득은 다만 노동계급에게 배우고, 정신을 계발하고, 부족한 점을 고칠 기회를 열어줄 뿐이다. 러시아 노동계급 중 선도그룹은 열심히 노력함으로써 역사적으로 대단히 중요한 일

을 해냈다. 그러나 그 그룹에도 어중간한 지식과 어정쩡한 능력만을 지닌 사람들이 여전히 많다.[6]

트로츠키는 그런 어중간한 지식, 어정쩡한 능력과 거듭 충돌했다. 레닌은 네프를 도입할 때 볼셰비키들에게 "거래하는 법을 배워야 한다"고 말했다. 이에 트로츠키는 "배우는 법을 배우는 것"도 그에 못지않게 중요하다고 덧붙인 바 있다.[7]

과거로부터 물려받은 '문화유산'을 허무가 섞인 경멸의 태도로 대하는 것은 해롭다고 트로츠키는 거듭 말했다. 노동계급은 그 문화유산을 손에 넣고 지켜야 한다는 것이었다. 마르크스주의자는 모든 문화유산을 무차별적으로 받아들여서는 안 된다. 마르크스주의자는 문화유산을 변증법적인 시각으로 봐야 하며, 그 속에서 역사적으로 형성된 모순을 보아야 한다. 그동안 문화의 성취는 이중적인 기여를 했다. 그것은 한편으로는 인류가 자연에 대한 지식과 지배력을 확보하고 인류 자신의 능력을 개발하는 과정에 기여했고, 다른 한편으로는 사회의 계급적 분할과 인간에 의한 인간의 착취가 지속되는 과정에 기여했다. 따라서 문화유산 중 일부 요소들은 보편적인 의미와 타당성을 갖추고 있지만, 나머지 요소들은 이미 퇴화됐거나 퇴화하는 사회체제에 얽매여 있다.[8] 그러므로 문화유산에 대한 공산주의적 접근은 선택적이어야 한다. 대체로 과거의 사상 중에서 엄격한 과학성을 갖춘 사상의 줄기는 그것이 계급사회 속에서 성장했다고 해도 상대적으로 덜 왜곡됐다. 인간에 의한 인간의 지배를 가장 직접적으로 반영하는 것은 이념적 창작물, 특히 사회 그 자체에 대한 개념이다. 그러나 그런 것에도 계급억압을 반영하고 그것을 지속시키는 데 기여하는 요소들만 들어 있는 것은 아니다. 거기에는 인간이 자신을 스스로 인식하고, 정신을 예리하게 하고, 지성을 넓히고, 자기의 감정에 대한 통찰을 얻고, 자기통제를 하는 법을 배우고, 그리하여 어느 정도는 사회환경의 한계를 뛰어넘게 하는 요소들도 계급억압적 요소들과 서로 얽힌 상태로 존재한다. 바로 이것이 수백 년 전에, 심지어는 수천 년 전에 만들어진 예술작품이 현대인을 매혹시키고, 프롤레타리아 혁명이나 사회주의 건설에 참여하는 사람들의 심금을 끊임없이 울리는 이유다. 물론 사회주의를 건설하는 사람들은 변증법적 유물론의 기준을 이용해 유산으로 물려받은 모든 가치를 비판적으로 재검토해야 한다. 그러나 이렇게 하는 것은 무작정 거부하기만 하거나 가짜 마르크스주의의 속임수를 쓰는 것과는 아무런 관련이 없다. 과거의 문화적 가치는 철저히 흡수되고 동화된 뒤에 비판의 도마에 올려져야 한다. 그리고 마르크스주의자는 그 어떤 분야의 지식에 대해서도 그것을 자기의 관점으로 수정하기로 결정하기 전에 우선 '그 속에서부터' 그 지식을 완전히 습득해야 한다고 트로츠키는 지적했다.

트로츠키는 구세대 인텔리겐치아들에게 연설할 때 그들과 정반대의 관점에서 자기 의견을 피력했다. 트로츠키는 그들에게 문화유산만으로는 살아갈 수 없으니 스스로 재교육을 하고 소련 사회에서 자기가 있어야 할 자리를 찾아내야 한다는 점을 설득하려 했다. 트로츠키는 특히 과학자와 기술자들이 어떤 생각을 하는지에 관심을 가졌다. 그는 과학자와 기술자들에게 마르크스주의와 과학의 관계에 대해 거듭 말했다. 이 주제에 대한 그의 관심은 그가 전쟁인민위원회를 떠나 전기기술개발위원회와 공업기술위원회를 이끌게 됐을 때 더욱 커졌다. 새로운 연구분야가 그의 앞에 펼쳐졌다. 그것은 그가 어린시절에 매료됐지만 혁명활동에 뛰어드느라 포기할 수밖에 없었던 분야였다. 이제 그는 '회의의 주재자이자 학생'이 됐다. 그는 이렇게 썼다. "나는 특히 공업기술위원회에 관심이 갔다. 이 위원회는 소련의 공업이 지닌 집중화된 성격 때문에 그 규모가 커졌다. 나는 부지런히 여러 연구소들을 찾아가 실험하는 모습을 지켜보았고 (…) 훌륭한 과학자들이 해주는 설명에 귀를 기울였다. 여가시간에는 화학과 유체역학에 관한 교과서를 읽으며 공부했다."[9] 이런 그의 관심은 그가 1925년과 1926년에 걸쳐 쓴 글들에 뚜렷하게 반영돼 있다. 그는 과학자들의 가르침을 받았지만, 사회학과 마르크스주의 과학철학에 대해서는 그들에게 선생의 역할을 해주었다. 그는 아마도 엥겔스가 쓴 《자연변증법(Dialektik der Natur)》의 영향을 받았을 것이다. 이 책의 독일어 및 러시아어 초판이 1925년 모스크바에서 출간됐다. 그가 분명하게 이 책을 언급한 적은 없지만 그것을 읽지 않았을 리 없다. 그는 몇몇 대목에서는 엥겔스의 생각을 거의 그대로 따랐다.

과학철학과 관련된 트로츠키의 활동 중 적어도 세 가지는 여기서 말해둘 가치가 있다. 그것은 1925년 9월에 '전 러시아 과학자 대회'에서 위대한 화학자 멘델레예프를 기리면서 한 연설, 1926년 2월에 '붉은 광장 클럽'에서 '문화와 사회주의'를 주제로 한 강연, 그리고 같은 해 3월에 라디오 기술의 촉진을 위해 열린 대회에서 '라디오, 과학, 기술, 그리고 사회'라는 제목으로 한 연설이다.

트로츠키에게 전문적인 철학자의 면모는 없었다. 그는 레닌이 《경험비판론과 유물론》에서 전개한 것과 같은 선험적 인식론의 수렁에 뛰어들지 않았다. 그는 변증법의 원리를 체계적으로 설명하려는 시도를 하지 않았다. 그는 변증법의 원리를 추상의 세계에서 설명하기보다는 정치와 역사를 분석하는 데 적용하기를 좋아했다. 그럼에도 그의 저작을 읽다 보면 그 배후에 잘 정립된 철학, 방법론에 대한 깊은 사고, 아주 체계적이지는 않더라도 방대한 지식이 깔려 있음을 알아채지 않을 수 없다. 그는 학자들처럼 지루하게 자기주장을 내세우기보다는 마치 호사가 수준의 언어를 일부러 구사하는 것처럼 말하면서 자기의 박식한 지식을 가볍게 전달했다. 그럼에도, 아니 바로 그렇기에 과학의 변증법에 대해 그가 쓴 몇 편 안 되는 글들은 이 주제에 관한 마르크스주의자들의 진술 중에서 가장 계몽적이고 명료한 진술에 속한다.

과학에 정치를 덧씌우는 것보다 더 트로츠키의 의도와 동떨어진 것은 없었다. 그는 학문 연구를 하는 동안에는 정치에 무관심한 상태로 있는 것이 과학자의 권리이자 의무라고 주장했다. 그렇다고 해서 과학자가 사회에서 과학이 차지하는 위치를 알지 못해서는 안 된다. 과학자 개인이 정치에 무관심하다는 것과 전체로서의 과학이 동시대의 사회갈등에 깊이 관여한다는 것은 서로 모순되지 않는다. 이와 비슷하게 군인이나 혁명가 개인은 사리사욕 없이 싸우고 목숨을 바칠 수 있지만, 군대와 당은 지켜야 할 분명한 이해관계와 열망이 있어야 한다.

연구에서 초연한 태도와 엄격한 객관성을 유지하는 것은 필요하지만 그것만으로 충분하지는 않다. 과학자가 폭넓고 시대에 뒤떨어지지 않는 철학적 전망을 갖는 것은 과학 자체에 가장 중요한 이익이 된다. 그러나 대체로 과학자는 그러한 전망을 갖고 있지 않다. 따라서 과학자의 정신 속에는 특이한 균열이 있다. 과학자는 자기의 특정한 분야나 연구소 안에서는 당연히 유물론자이지만 그 밖에서는 생각이 곧잘 혼란스럽고, 비과학적이고, 관념적이 되고, 심지어는 단순히 보수적인 견해로 기우는 경향이 있다. 위대한 사상가들 가운데 멘델레예프만큼 이런 균열이 뚜렷하게 드러난 사람은 없다. 과학자로서 그는 모든 시대를 통틀어 손꼽히는 위대한 유물론자였다. 그러나 그는 자기 시대의 보수적인 신념과 편견에 사로잡혔고, 망해가는 차르의 체제에 헌신했다. 주기율을 발견함으로써 멘델레예프는 마르크스주의 사상에서 중심의 위치를 차지하는 변증법의 원리, 즉 자연의 과정에서든 사회의 과정에서든 양의 변화는 어떤 시점이 되면 질의 변화로 전환된다고 주장하는 변증법의 원리가 진리임을 입증했다. 주기율에 따르면, 원자의 무게에 양적 변화가 일어나면 화학원소들 사이에 질적 변화가 생겨난다. 그러나 멘델레예프는 러시아 사회에 거대한 질적인 변화, 즉 혁명이 다가오고 있음은 알아채지 못했다.

"앞을 내다보고 행동할 수 있으려면 알아야 한다." 이는 절벽을 가로 질러 철교를 놓는 것에 과학적 창조를 비유한 이 위대한 '발견자'의 경우다. 멘델레예프는 이렇게 말했다. 철교를 떠받쳐줄 것을 찾기 위해 절벽 아래로 내려갈 필요는 없다. 절벽의 한쪽 끝에서 철교를 붙잡고 있을 지 지물을 찾아낸 다음 정확히 계산된 무게의 아치를 다른 한쪽 끝에 걸치면 그 철교는 안전하게 제자리를 잡을 것이다.

> 이는 모든 과학적 사고에 적용될 수 있다. 과학적 사고는 경험이라는 단단한 토대에 근거를 두어야 한다. 그러나 일반화는 일단 사실의 세계에서 떨어져 나간다. 이는 마치 철교의 아치처럼 또 하나의 정확히 예측된 지점에서 다시 사실의 세계와 만나기 위한 것이다. (⋯) 일반화가 예측으로 바뀌고 그 예측이 경험을 통한 자기검증을 성공적으로 통과하는 과학적 창조의 순간은 (⋯) 반드시 인간의 정신에 가장 자랑스럽고 가장 진실한 만족감을 준다.[10]

그러나 일반 시민으로서의 멘델레예프는 사회학적 일반화와 정치적 예측에는 전혀 관심을 갖지 않았다. 러시아 사회의 발전방식에 대한 예측을 놓고 나로드니키들과 논쟁을 벌이는 과정을 통해 러시아에 마르크스주의 사상집단이 출현한 것을 멘델레예프는 전혀 이해하지 못했다.

멘델레예프의 사례는 현대의 과학자가 처한 곤경, 즉 세계에 대해, 심지어는 과학에 대해서조차 통합적인 관점을 가질 수 없다는 곤경을 잘 보여준다. 과학은 필연적으로 경험에 의해 작동하며, 과학의 발전에는 지식의 전문화와 단편화가 수반된다. 그런데 전문화와 단편화가 더 많이 진행될수록 세계에 대한 통합적인 파악이 그만큼 더 절실하게 요구된다. 이런 통합적인 파악이 없다면 생각하는 사람의 정신이 전문성이라는 틀에 의해 제한되고, 더 나아가 그 틀 안에 갇혀 더 이상 발전할 수 없게 된다. 철학적 통찰력의 결여와 일반화하는 사고에 대한 불신이 그동안 피할 수도 있었던 과학의 수많은 혼돈과 어둠 속 방황에 책임이 있다. 마르크스주의는 과학자에게 자연과 인간사회를 바라보는 통합적인 시각을 제공한다. 그 시각은 제멋대로의 조합이나 형이상학적 사고가 지어내는 허구와는 거리가 멀고, 과학의 다양하고 실증적인 경험과 긴밀하게 부응한다.[11]

인간의 사고가 지닌 통일성과 다양성은 트로츠키에게 중대한 주제였다. 그는 멘델레예프의 연구업적을 다시 한 번 출발점으로 삼아 현대과학의 구조를 연구했다. 멘델레예프는 화학이 물리학에 기초를 두고 있으며 화학반응은 분자들의 물리적이고 기계적인 특성에 의해 일어난다는 사실을 발견한 바 있다. 트로츠키는 더 나아가 화학이 물리학과 관계를 맺고 있는 것과 마찬가지로 생리학도 화학과 관계를 맺고 있다고 말했다. 생리학이 '살아있는 유기체에 대한 응용화학'이라고 불리는 것은 그럴만한 이유가 있다는 것이다. "과학적인, 즉 유물론적인 생리학은 그것이 관심을 갖고 있는 과정을 설명하는 데 그 어떤 특별한 초화학적 생명력, 즉 생기론자나 신생기론자(생기론(生氣論)은 생명을 지배하는 원리는 무기물질을 지배하는 원리와 다르다고 보는 견해를 말함－옮긴이)가 생각하는 것과 같은 생명력을 필요로 하지 않는다. 그 다음으로 심리학은 생리학에 근거를 둔다. 생리학자가 생명력이라는 개념을 이용해서는 자기의 엄밀한 연구를 할 수 없는 것과 마찬가지로 심리학자는 '영혼'이라는 개념을 이용해서는 자기의 구체적인 문제를 단 하나도 해결할 수 없다. 심리학자는 심리적 경험을 생리학적 존재의 현상과 연관시켜야 한다." 인간의 수많은 정신적 상태의 저변에 성적 충동이 자리 잡고 있음을 폭로한 프로이트 학파의 연구태도가 바로 그런 것이었다. 인간의 영혼을 생리학적 요인에 기인한 반사행동의 복잡한 체계로 다룬 파블로프 학파의 연구태도는 더욱더 그렇다. 마지막으로 현대 사회과학은 자연을 지배하는 법칙에 대해 인간이 얻게 된 통찰과 분리될 수 없다. 현대 사회과학은 사회를 자연의 한 특수한 부분으로 본다.

이처럼 역학과 물리학이 닦아놓은 토대 위에 현대 과학의 거대한 구조가 세워진다. 그 거대한 구조의 다양한 부분들은 서로 관계를 맺으며 하나의 전체를 형성하고 있다. 그러나 통일성이 획일성을 의미하는 것은 아니다. 한 분야의 과학을 지배하는 법칙이 다른 분야의 과학을 지배하는 법칙을 대체할 수는 없다. 화학적 과정이 궁극적으로는 물리적이거나 역학적인 과정임을 멘델레예프가 증명했다 하더라도 화학이 곧바로 물리학으로 바뀔 수는 없다. 생리학이 화학으로 바뀌거나, 심리학과 생물학이 생리학으로 바뀐다는 생각은 더더욱 하기 어렵다. 인간사회의 발전을 지배하는 법칙 역시 단순히 자연에 적용되는 법칙에서 도출될 수 없다. 어떤 측면에서는 무한히 다양한 자연현상과 사회현상을 불과 몇 개의 일반적이고 기초적인 법칙으로 설명하는 것이 과학의 궁극적인 목표로 남을 수 있다.[12] 그러나 과학적인 사고가 그 목표를 향해 나아가는 방식은 정작 그 목표와는 점점 더 먼 방식, 즉 지식을 세분화 및 전문화하면서 새롭고 특수하고 상세한 법칙을 부단히 공식화하고 정교하게 만드는 방식이다. 예를 들어 화학반응이 궁극적으로 분자들의 물리적 특성에 의해 결정된다는 견해는 모든 화학 지식의 시작이었다. 그러나 이런 견해 그 자체는 그 어떤 화학반응에 대해서도 아무런 실마리가 되지 못했다. "화학은 그 자체의 열쇠로 열린다. 그리고 그 열쇠는 화학 그 자체의 실험실에서 실증적 경험과 일반화, 그리고 가설과 이론을 통해서만 찾을 수 있다." 생리학은 유기화학과 생리화학이라는 견고한 통로를 통해 화학 전체와 연결돼 있지만, 그렇더라도 자기만의 방법과 법칙을 지니고 있다. 생물학도 그렇고, 심리학도 그렇다. 모든 과학은 '최종적'인 단계에서나 다른 과학의 법칙에서 지지를 구한다. 그리고 모든 과학은 각기 특정한 한 분야에만 몰두한다. 그 분야에서는 기초적인 현상들이 아주 복잡한 조합으로 나타나기 때문에 그 분야에만 적용될 수 있는 특수한 접근법, 연구방법, 가설을 요구한다. 다양성을 통해서만 과학의 통일성이 드러난다.

자연에 대한 연구에서는 모든 연구분야의 독자적 자율성이 당연한 것처럼 여겨진다. 진지한 학생이라면 어떤 한 분야에 적용되는 법칙을 다른 분야에서 유효한 법칙과 혼동하지 않는다. 오직 사회, 역사, 경제, 정치에 관한 추론에서만 그런 혼동과 자의적 방법이 여전히 팽배해 있다. 이런 분야에서는 어떤 법칙도 인정해서는 안 된다. 그렇게 하지 않으면 예를 들어 사회학을 건드린 다윈주의자들이나 신맬서스주의자들과 같이 자연과학의 법칙을 사회에 대한 연구에 거칠게 투사하게 된다.[13]

이어 트로츠키는 '지난 수십 년간'에 일어난 과학과 기술의 발전과 그것의 철학적 함의를 폭넓게 연구했다. 그 발전은 변증법적 유물론의 거의 중단 없는 승리로 이루어져 있다고 그는 주장했다. 그러나 그 승리는 역설적이게도 철학자는 물론 심지어 과학자들조차 인정하기 꺼리는 승리였다. "물질을 지배하는 데서 과학이 거두는 성공은 다른 한편으로 유물론에 대항하는 철학적 투쟁을 수반한다." 특히 방사능의 발견은 철학자들로 하여금 반유물론적인 결론을 이끌어내도록 부추겼다. 그러나 철학자들의 주장은 옛 물리학 및 그것과 연결된 철학적 유물론의 기계적인 변종을 비판하는 데에만 효과가 있었다. 변증법적 유물론은 옛 물리학에 구속된 적이 전혀 없었다. 사실 변증법적 유물론은 19세기 중반에 옛 물리학을 철학적으로 넘어섰으며, 이 점에서 과학자들보다 훨씬 빨랐다. 존재하는 것, 즉 '물질'이 사유보다 우선한다고 주장하는 변증법적 유물론은 물질의 구조에 대한 그 어떤 득성한 개념과도 연결되지 않으며, 그런 특정한 개념은 모두 상대적인 유효성만을 지닌 것으로, 즉 경험적 지식의 진보에서 단지 한 국면에 해당하는 것으로만 다룬다. 한편 과학자들은 물질의 본성에 대해 자기들이 진행하는 탐구의 이 국면 또는 저 국면으로부터 철학적 유물론을 분리하는 것이 어렵다는 것을 알게 된다. 만일 그들이 이 쟁점을 보다 넓은 시각으로 접근하는 법, 귀납적 추론과 연역적 추론을 결합시키고 경험적 사고와 추상적 사고를 결합시키는 법을 배우기만 한다면 자기들이 발견한 것들을 좀 더 나은 시각에서 바라볼 수 있고, 그것들에 절대적인 철학적 중요성을 부여하기를 피할 것이며, 더 나아가 과학이 한 국면에서 다른 국면으로 언제 이행하는지를 좀 더 분명하게 예상할 수 있을 것이다. 이른바 방사능의 반유물론적 함의를 천착한 많은 과학자들은 방사능의 발견이 그들을 어디로 이끌지조차 알지 못했다. 그리고 그들은 원자를 쪼갤 수 있다는 주장을 회의적인 시각으로 바라보았다. 트로츠키는 그들의 태도를 비판하면서 이런 예측을 남겼다.

방사능 현상은 곧바로 우리를 원자의 내부 에너지를 방출하는 문제로 이끈다. (…) 이 시대 물리학의 가장 중대한 과제는 원자에서 그 잠재 에너지를 뽑아내는 것이다. 즉 마개를 열어서 그 에너지가 온힘을 다해 분출되도록 하는 것이다. 그렇게 되면 석탄과 석유를 원자에너지로 대체하는 것이 가능하게 될 것이고, 원자에너지가 우리의 기초연료와 동력이 될 것이다.

믿기지 않아 하는 사람들을 향해 트로츠키는 목청을 높였다.

이것은 결코 불가능한 과제가 아니다. 이 문제가 해결되면 어떤 세상이 열릴지를 상상해보라! (…) 과학적, 기술적 사고는 대격변의 시점에 다가서고 있다. 따라서 우리 시대의 사회혁명은 물질의 성질에 대한 인류의 탐구와 물질에 대한 인류의 지배에서의 혁명과 시기적으로 일치하게 된다.[14]

트로츠키가 이 예언을 한 것은 1926년 3월 1일이었다. 그러나 그는 자신의 예언이 현실이 되는 것을 직접 볼 수 있을 만큼 오래 살지 못했다. 그는 예언이 현실이 되기 바로 직전에 죽었다.

트로츠키가 과학철학에 빠졌을 때 한 일 중 특별히 눈여겨볼 만한 일이 하나 있다. 그것은 프로이트의 정신분석을 변호한 일이다. 소련은 이미 1920년대 초에 프로이트 학파를 소련에서 영영 쫓아내고자 맹렬한 공격을 가했다. 영향력 있는 당원들은 프로이트의 이론에 대한 직접적인 지식을 거의 갖고 있지 않았다. 그런 그들에게 성(性)을 지나치게 강조하는 프로이트 학파는 의심스러운 존재이자 마르크스주의와 양립할 수 없는 것으로 보였다. 프로이트주의 이론에 대한 비관용적인 태도는 볼셰비키들에게만 국한된 것이 아니었다. 적어도 정치적으로 보수적인 학술단체들, 그리고 자기들의 학설을 사실상 독점적인 지위에 앉히는 데 열중하고 있었던 파블로프의 지지자들 사이에서 프로이트 이론에 대한 비관용적 태도는 볼셰비키에 못지않았다. 파블로프 학파는 러시아의 토양 위에서 성장했다는 점과 마르크스주의 지식인들의 눈에 명백히 더 유물론적으로 보인다는 점에서 프로이트 학파보다 유리했다. 그래서 당원들과 학자들이 정신분석에 대항하는 기이한 동맹관계를 형성했다.

우리는 트로츠키가 이미 1922년에 이런 상황에 대해 걱정했던 것을 안다. 그해에 트로츠키는 파블로프 앞으로 편지를 썼다. 편지에서 그는 프로이트주의의 정당함을 입증하려고 하면서, 연구에 대한 관용과 연구의 자유를 위해 영향력을 행사해줄 것을 부탁했다. 트로츠키가 이 편지를 실제로 파블로프에게 보냈는지는 알 수 없지만, 그는 그것을 자신의 저작집에 21번째 권으로 포함시켰다. 파블로프는 트로츠키의 부탁을 무시했던 것으로 보인다. 뒤따른 정치적 위기 탓에 트로츠키는 이 문제에 더 매달릴 수 없었다. 그러나 1926년에 그는 다시 이 문제를 끄집어냈다. 그리고 이번에는 이미 파블로프 학파를 완전히 둘러싸고 있는 아첨을 공개적으로 비난했다. 트로츠키는 파블로프의 가르침이 변증법적 유물론과 완전한 조화를 이루고 있다는 점과 생리학과 심리학의 경계를 허문 점에 대해 적절한 존경과 찬양의 태도를 내비치면서 다음과 같이 말했다. "파블로프는 기초적인 반사작용을 생리학적인 것으로, 반사작용의 체계가 의식적인 결과를 낳는다고 본다. 또한 그는 '생리학적' 양의 축적이 새로운 '심리학적' 질을 만들어낸다고 생각한다." 그러나 트로츠키는 파블로프 학파의 허장성세, 특히 인간심리의 미세한 움직임과 심지어는 시적인 창조까지도 조건반사만의 결과로 설명할 수 있다고 주장하는 만용을 조롱했다. 트로츠키는 파블로프의 방법에 대해 이렇게 말했다. "실험적이고 매우 철저하다. 그의 방법은 점진적으로 일반화의 단계에 접근한다. 그것은 개의 침에서 시작한 뒤 시로 나아간다. 그러나 시에 도달하는 길은 좀체 보이지 않는다."

트로츠키는 파블로프의 가르침과 마찬가지로 프로이트의 가르침도 본래 유물론적이라고 생각했기에 프로이트주의를 비하하는 움직임에 이렇듯 더 거세게 항의했다. 그는 두 이론이 연구방법에서는 서로 다르지만 철학에서는 다르지 않다고 주장했다.[15] 파블로프는 엄격하게 경험적인 방법을 채택하고 실제로 생리학에서 출발해 심리학으로 나아간다. 프로이트는 심리적인 과정의 이면에 생리학적 충동이 있다고 사전에 가정한다. 그런데 이런 프로이트의 접근방법은 상대적으로 짐작에 더 가깝다. 프로이트 학파가 다른 요소들을 무시하면서까지 성에 너무 비중을 둔다는 지적은 할 만한 것이다. 그러나 이런 점에 대한 논쟁은 여전히 철학적 유물론의 범위 안에서 이뤄지게 된다. 정신분석학자는 "가장 낮은 현상(생리적 현상)에서 가장 높은 현상(심리적 현상)으로, 기초적인 반사작용에서 가장 복잡한 반사작용으로 올라가지 않는다. 대신 그는 한 번의 도약으로 모든 중간단계들을 건너뛰고자 한다. 그 도약은 위에서 아래로 향하는 것일 수도 있고, 종교적 신화와 서정적인 시, 또는 꿈에서 인간심리의 생리학적 토대로 곧장 떨어져 내리는 것일 수도 있다." 트로츠키는 이런 비교를 다음과 같이 인상적인 이미지를 동원해 마무리했다.

관념론자들은 우리에게 (…) '영혼'은 바닥이 없는 우물이라고 말한다. 그러나 파블로프와 프로이트는 둘 다 생리학이 그 우물의 바닥이라고 생각한다.

파블로프는 잠수부처럼 가장 깊은 곳까지 내려가 거기서부터 위로 오르며 그 우물을 힘들여 조사한다. 프로이트는 우물가에 서서 계속 어지럽게 변하는 우물물을 예리한 시선으로 꿰뚫어보면서 그 우물물 속에 잠겨 있는 것들의 형태를 잡아내거나 짐작해보려고 한다.

정신분석학자들을 종종 터무니없는 추측으로 이끌곤 하는 추정법에 부분적으로 근거를 두는 프로이트의 실험방법에 비하면 파블로프의 실험방법이 일정한 강점이 있는 게 사실이었다. 그러나 정신분석에 대해 마르크스주의와 양립할 수 없다고 선언하면서 등을 돌리는 것은 너무 단순하고 거친 태도였다. 어떤 경우든 우리가 프로이트주의를 채택해야 할 의무가 있는 것도 아니다. 프로이트주의는 그 나름대로 효과적인 가설이다. 그것은 유물론적 심리학을 지향하는 추론과 추측을 만들어낼 수 있고, 실제로 만들어낸다. 적절한 시점이 되면 그 진실성 여부가 실험으로 가려질 것이다. 그 전에는 어떤 결과의 실현 여부를 확인하는 데 필요한 실험방법이 발전하는 속도가 매우 더딜 경우 그 결과에 대해 예측해보는 방법에 대해 금지를 선언할 이유도 권리도 우리는 갖고 있지 않다. 비록 그 예측의 방법이 썩 믿음직스럽지 않더라도 마찬가지다.[16]

트로츠키의 요구는 경청되지 않았다. 정신분석 이론은 곧 대학에서 추방될 형편이었다. 트로츠키는 이보다 덜 구체적이긴 하지만 더 단호하게 아인슈타인의 상대성 이론을 옹호하기도 했다.[17] 그러나 스탈린 시대의 교조적 유물론의 입장에서는 상대성 이론 역시 파문의 대상이 됐다. 이 이론은 스탈린이 죽고 난 뒤에야 '복권'된다.

과학철학에 대해 트로츠키가 쓴 글들을 보면 그가 과학철학에 대해 많이 알고 있었고 때로는 통찰력을 보여주기도 했지만, 아마추어 수준에서 벗어나지는 못했음을 알 수 있다. 그러나 문학비평에서는 그에게서 아마추어 냄새가 전혀 나지 않았다. 트로츠키는 이즈음 러시아에서 영향력 있는 비평가였다. 그가 쓴 《문학과 혁명》은 당대의 선도적인 지적 매체인 〈크라스나야노피〉에 기고하는 문필가들에게 큰 영향을 끼쳤다. 특히 뛰어난 수필가이자 이 잡지의 편집자로 트로츠키주의자임을 공언한 A. 보론스키는 《문학과 혁명》의 영향을 많이 받았다. 이 책은 씌어진 지 40년 가까이 지난 지금(아이작 도이처가 《비무장의 예언자》의 출간 준비를 마무리하던 1950년대 말을 가리킴-옮긴이)까지도 러시아 문학의 혁명적 질풍노도기에 대한 연구이자 예술적 창조를 질식시킨 스탈린주의에 대한 사전적 비난으로서뿐만 아니라 좀 더 일반적으로 마르크스주의 문학비평의 글로서도 타의 추종을 불허한다. 이 책은 예술과 문학에 대한 친근한 감정, 독창적인 직관, 독자를 사로잡는 열정과 재기, 미래를 내다보는 전망적 투시력으로 씌어졌으며, 이 가운데 특히 전망적 투시력은 이 책의 마지막 몇 쪽에 걸쳐 보기 드문 시적 절정의 수준에까지 이른다.

문학에서도 트로츠키는 인습타파적인 태도와 사이비 혁명가적인 자만 및 오만에 대한 전쟁을 선언했다. 그는 적어도 예술과 문학의 유파들이 예술과 문학을 명백한 반혁명적 목적에 이용하지 않는다는 전제 아래 모든 예술과 문학의 유파들에게 표현의 자유를 허용할 것을 요구했다. 또 다시 인습타파적이고 비관용적인 태도가 두드러지게 나타났다. 오직 당원들만 그런 것도, 주로 당원들만 그런 것도 아니었다. 인습타파적 태도와 비관용적인 태도는 젊은층의 작가와 예술가들로 이루어진 그룹들에서 훨씬 더 두드러졌다. 반항적인 기질의 새로운 유파의 수가 예술과 문학 분야에서 급격히 늘어났다. 보통의 정상적인 상황에서라면 이런 유파들은 자신들의 혁신적 활동과 더불어 예술적 기성권위에 대한 공격으로 일단 비교적 좁은 범위의 그룹들 안에서 호기심을 자극하고 소동을 일으켰을 것이고, 그런 다음에는 도중에 정치적 깃발을 흔들어대지 않고도 그들보다 앞서서 그랬던 이들처럼 무명의 상태에서 널리 인정받는 위치로 나아갔을 것이다. 그러나 그들이 처한 상황은 예술그룹들 사이의 경합과 논쟁이 보통의 정상적인 수준의 한계를 넘어선 것이었다. 새로운 유파들은 각자 자기들이 중대한 정치적 의미를 지니고 있다고 주장했고, 자기들이 혁명의 선구자라고 광고했다. 그리고 그들은 기존의 유파들에 대해 예술적으로 구식일 뿐 아니라 사회적으로 반동이라고 깎아내리려 했다.

우리는 프롤레트쿨트 그룹이 자기들을 하나의 유파로 공식 인정해줄 것을 정부에 요구했을 뿐 아니라 더 나아가 독점권까지 요구했음을 안다. 프롤레트쿨트 소속 작가인 레베딘스키, 플레트네프, 트레탸코프 등은 〈쿠즈니차〉와 〈옥탸브르〉라는 두 정기간행물을 활동무대로 삼았고, 나중에는 자체적으로 전투적인 정기간행물 〈나포스투〉를 창간했다. 〈프라우다〉의 편집자인 부하린과 교육인민위원인 루나차르스키가 프롤레트쿨트를 후원하고 있었으므로 작가들이 프롤레트쿨트 편집진의 요구를 거부하기 위해서는 레닌의 성명이 필요했다. 프롤레트쿨트 작가들이 견책을 받고 당황하면서 트로츠키에게 보호를 요청하자 트로츠키는 어떤 경우에라도 그들이 자기의 견해를 자유롭게 주장할 권리를 지켜주겠다고 대답했다. 그러나 그는 프롤레타리아 문학과 프롤레타리아 예술에 관한 슬로건은 모두 해롭고 어리석은 것이라는 데 대해서는 레닌의 의견에 전적으로 동의한다고 말했다. '예술의 새로운 사회주의 시대'니 '문학의 새로운 혁명적 르네상스'니 하는 보다 온건한 표현들도 쓸모없기는 마찬가지라는 것이었다. "예술은 위대한 시대가 시작될 때 늘 그랬듯이 끔찍한 무기력함을 드러냈다. (…) 지혜의 새인 올빼미처럼 노래하는 시(詩)의 새도 해가 저문 뒤에나 그 울음소리가 들린다. 낮에는 여러 가지 일들이 이루어지고, 땅거미가 질 때에야 감성과 이성이 낮에 이미 이루어진 일들을 받아들인다."

　예술가들이 처한 곤경에 대해 혁명 탓을 하는 것은 옳지 않았다. '노래하는 시의 새'의 울음소리는 오히려 반혁명 진영에서 훨씬 덜 들렸다. 트로츠키는 망명문학에 대해 살펴본 통렬한 글에서 유명한 러시아 작가들이 대부분 해외로 나갔지만 거기에서 주목할 만한 작품을 단 한 편도 쓰지 못했다고 지적했다. '국내 망명작가', 즉 러시아 안에 있으면서도 스스로 자신을 해외로 망명한 작가들과 동일시 하는 작가들 또는 트로츠키가 그렇게 느낀 작가들로 지나이다 기피우스, 예브게니 자먀틴, 안드레이 벨리 등이 있었는데 이들도 별로 내세울 것이 없었다.[18] 이들 작가는 의심할 여지가 없는 재능을 지녔지만 너무 자기중심적이어서 시대의 드라마에 대응할 수가 없었고, 기껏해야 신비주의로 도피할 뿐이었다. 사정이 이러하니 그들 중 가장 뛰어난 벨리조차 "언제나 자기 자신에 빠져 자기에 대한 이야기만 하고, 자기 주위를 배회하고, 자기의 냄새를 맡고, 자기를 핥을 뿐"이었다.[19] 기피우스는 고상하고 다른 세계에 속한 것 같고 신비로우면서도 애욕적인 기독교 신앙을 갖게 됐다. 그러나 "붉은 근위병의 징 박힌 군화가 그녀(지나이다 기피우스―옮긴이)의 서정적인 발가락을 밟으면 대번에 비명을 지를 것이고, 그러면 사람들은 그녀가 신성한 특성에 사로잡힌 마녀임을 알아차릴 것"이라고 트로츠키는 지적했다. 그러나 그녀에게 재능이 없지 않았기에 그 마녀의 비명 소리에도 시적인 요소가 들어 있었다! 자기가 사는 시대로부터 소외된 채 퇴락한 사회체제의 헛된 가치에 매달리는 그들은 트로츠키가 보기에 불쾌감을 불러일으키는 괴이한 존재였다. 트로츠키는 그들이 옛 인텔리겐치아가 지니고 있는 무가치한 것들 모두의 표현이라고 보았다. 그는 그러한 인텔리겐치아의 여러 유형 중 하나인 '국내 망명자'의 대표적인 모습을 다음과 같이 간략히 묘사했다.

어떤 입헌민주주의자인 심미가가 난로를 피운 화물열차를 타고 장거리 여행을 마친 뒤에 이빨 사이로 중얼거리는 목소리로, 아주 세련된 유럽인이자 세계에서 최고의 틀니를 끼고 있고 이집트 발레의 기법에 대한 상세한 지식도 갖고 있는 자기가 어떻게 해서 이 무례한 혁명으로 인해 이가 들끓는 하찮은 부랑자들과 함께 여행을 하게 됐는지를 말한다. 당신은 그의 틀니, 발레 기법, 그리고 대체로 유럽의 노점에서 슬쩍한 그 모든 '문화'로 치장한 그를 보며 목구멍으로 욕지기가 올라오는 것을 느낀다. 그리고 완벽하게 문화적 교양을 갖추었으나 모든 면에서 무익하며 자기중심적인 인간보다는 우리의 부랑자들 가운데 가장 형편없는 자가 몸에 지닌 이들이 더 필요하며 역사의 움직임에 더 중요하다고 확신하게 된다.[20]

이렇게 '국내 망명자들'을 간단히 처리한 뒤에 트로츠키는 문학에서 나타난 보다 창조적인 흐름들을 논의하기 시작했다. 그는 파푸치키, 즉 '길동무'를 비판하는 동시에 옹호했다. 그는 공산주의를 받아들이지 않은 채 '혁명과 함께 여행길에 올랐다가' 혁명과 헤어지고 제 갈 길을 가는 작가들을 묘사하기 위해 파푸치키라는 용어를 만들어냈다.[21] 예를 들어 '이미지스트(Imagist)'들이 바로 파푸치키였다. 그들은 하나의 문학 유파를 형성하고 있었고, 그들 중 가장 뛰어난 시인은 예세닌과 클루예프였다. 그들은 무지크의 개성과 상상력을 시로 옮겨왔다. 트로츠키에 따르면 그들은 마치 무지크가 자기의 이즈바(나무로 지은 러시아 농촌의 집-옮긴이)를 꾸미고 싶어 하는 방식으로 다채롭고 풍부한 시적 이미지들을 만들어냈다. 그들의 시에서는 혁명이 농민들을 끌어당기는 힘과 밀쳐내는 힘이 동시에 느껴졌다. 태도의 모호함이 그들의 작품에 예술적 긴장과 사회적 의미를 부여했다. 그들은 '10월혁명 시기의 시적 나로드니키'였다. 농민 인구가 많은 나라에서 이와 같은 정서가 감동적으로 표현되는 것은 당연한 일이었다. 그리고 그런 표현은 이미지스트들에게만 국한되지 않았다. 트로츠키가 재능을 높이 평가한 보리스 필냐크도 혁명에 의해 약화된 러시아의 원초주의(原初主義)에 대한 애착을 이미지스트들과 공유하고 있었다. 필냐크는 결국 볼셰비즘은 '수용'했으나 공산주의는 '거부'했다. 볼셰비즘은 기본적으로 '러시아적인 것'이며 혁명의 아시아적 면모도 갖고 있지만, 공산주의는 현대적, 도시적, 프롤레타리아적, 유럽적 요소가 대부분이라고 생각했던 것이다. 트로츠키는 마리에타 샤기냔에 대해서는 보다 매몰차게 비판했다. 여성 작가인 샤기냔은 비유적으로 말하면 '자기의 사적인 거실 밖에 있는 것'은 그 무엇에 대해서도 예술적인 관심을 전혀 보이지 않으면서 단지 일종의 숙명적인 기독교 신앙에서 혁명을 '수용'했다. 이런 그룹 중에서 샤기냔은 스탈린주의자들이 벌인 숙청 작업에 희생당하지 않고 살아남은 몇 안 되는 작가들 가운데 하나였고, 나중에 스탈린이 주는 상을 받기도 했다.

트로츠키는 알렉산데르 블로크도 파푸치키라고 불렀지만, 한편으로는 그를 별도로 분류하기도 했다. 블로크의 시를 보면 1905년 혁명에서 처음으로 강력한 자극을 받았음을 알 수 있다. 그의 가장 창조적인 시기가 두 개의 혁명, 즉 1907년의 혁명과 1917년의 혁명 사이의 정체기와 겹쳤다는 것은 그에게 불행이었다. 그는 이 시기의 공허함과 결코 친해질 수 없었다. 그때 그가 쓴 시에 대해 트로츠키는 다음과 같이 썼다.

낭만적이고, 상징적이고, 형태가 없고, 비현실적이다. 그러나 그 밑바닥에
는 매우 현실적인 삶이 전제돼 있다. (⋯) 낭만적 상징주의는 현실의 구체적
인 성질을 피하는 경우에만 현실로부터의 도피가 된다. (⋯) 그러나 본래 상
징주의는 삶을 변환시키고 향상시키는 하나의 방법이다. (⋯) 별처럼 빛나
고, 눈처럼 휘날리고, 형태가 없는 블로크의 서정주의는 특정한 환경과 시
대를 반영하는 것이고 (⋯) 그 특정한 환경과 시대를 넘어서면 그의 서정주
의는 한 조각의 구름처럼 허공에 떠버리게 될 것이다. 그것은 그 시대와 작
가보다 오래 살아남지 못할 것이다.

그러나 1917년의 혁명은 블로크를 뒤흔들었다. 1917년의 혁명이 그
에게 끼친 영향에 대해 트로츠키는 다음과 같이 썼다.

운동, 목적, 의미를 그는 인식했다. 그는 혁명의 시인은 아니었다. 그러나 혁
명 이전의 삶과 예술이 막다른 골목에 이르러 따분한 상황 속에서 시들어가
던 그가 이제는 자기 손으로 혁명의 수레바퀴를 붙잡았다. 이 접촉으로부터
그의 시 가운데 가장 중요하고 앞으로 여러 세기에 걸쳐 유일하게 살아남을
'열두 사람(The Twelve)'이라는 시가 탄생했다.

훗날의 비평가들 대부분과 달리 트로츠키는 '열두 사람'을 혁명을 신
격화한 시로 보지 않았다. 오히려 이 시는 "혁명에 끼어들려 했던 개인주
의 예술의 마지막 작품"이라고 그는 생각했다. "이 시는 본질적으로 스러
져가는 과거에 대한 절망의 외침이었지만, 그 외침이 워낙 절절하고 그

절망이 워낙 깊다 보니 미래에 대한 희망의 외침으로 고양됐다"는 것이었다.

이 시기에 가장 왕성하게 활동하고 목소리가 큰 문학그룹은 미래파(Futurists)였다. 그들은 모든 케케묵은 것들과 단절할 것을 요구했고, 예술과 기술 사이의 기본적인 연관관계를 주장했다. 그들은 시에 기술공업의 용어들을 도입했고, 자신들을 볼셰비즘 및 국제주의와 동일시했다.[22] 트로츠키는 이런 경향을 상세히 연구했다. 그는 미래파의 기술적 환희를 러시아적 후진성의 반영으로 보고 일축했다.

> 건축을 제외하고는 (…) 기술이 문명활동 전체의 기반이 되는 범위 안에서만 예술이 기술에 근거를 둔다. 기술에 대한 예술의 의존도, 특히 언어예술의 의존도는 사실 무시할 수 있을 정도다. 우리는 랴잔 주(州)와 같은 벽지에 살면서도 마천루, 비행선, 잠수함에 대한 시를 쓸 수 있고, 그 시를 거친 포장지에 몽당연필로 쓸 수 있다. 미국에 마천루, 비행선, 잠수함이 있다는 사실만으로도 랴잔에 있는 시인의 상상력은 충분히 불타오를 수 있다. 시인의 언어는 그 어떤 물질보다도 이동성이 높다.

미래주의와 프롤레타리아 혁명을 동일시하는 것 역시 의문의 여지가 있었다. 이탈리아에서 미래주의 유파가 파시즘에 흡수된 것은 우연이 아니었다.[23] 러시아와 이탈리아 두 나라에 미래파 예술가들이 처음 등장했을 때 그들은 뚜렷한 정치적 지향을 갖고 있지 않은 예술적 반항자들이었다. 원숙해질 시간을 갖기 전에 정치적 격변에 사로잡히지 않았더라면 그들은 모든 문인들이 걷는 길을 걸어가며 싸우고 인정을 받은 뒤 존경의 대상으로 자리 잡았을 것이다. 그러나 그들의 문학적 반항은 그들을 둘러싼 격변, 즉 이탈리아에서는 파시스트, 러시아에서는 볼셰비키가 각각 일으킨 격변으로부터 정치적 색채를 얻었다. 이는 파시즘과 볼셰비즘이 그들과는 반대되는 각도에서 부르주아의 정치적 과거주의(過去主義)를 공격했으므로 당연한 일이었다. 물론 러시아의 미래파는 10월혁명의 역동적인 힘에 진실로 이끌렸고, 그래서 자기들의 보헤미안적 반항이 혁명의 참된 예술적 동반자라고 착각했다. 그들은 스스로 그 어떤 특정한 예술적 전통과도 관계를 단절했다. 그렇기에 그들은 과시하듯 과거를 경멸했고, 자기들과 함께 혁명, 노동계급, 당이 모든 분야에서 '전통의 시대'와의 관계 단절을 지지한다고 생각했다. 트로츠키에 따르면 그들은 '시대에 대해 너무나 경박한 견해'를 갖고 있었다. 전통에 반대하는 외침은 문학대중을 향하고 기성의 양식과 형식이 빠져든 타성에 반대하는 동안에는 정당화될 수 있었다. 그러나 그 외침은 '그 어떤 문학전통에도 사로잡힌 적이 없었으므로 그 어떤 문학전통과도 관계를 단절할 필요도 없고 그럴 수도 없는 노동계급에 다시 전달'되자 공허하게 들렸다. 과거주의에 맞서는 총력전은 인텔리겐치아의 찻잔 속 태풍이자 보헤미안적 허무주의의 분출일 뿐이었다. "마르크스주의자인 우리는 언제나 전통 속에서 살아왔다. 그렇다는 이유로 우리가 더 이상 혁명가가 아닌 적은 없다"고 트로츠키는 지적했다.

미래파는 더 나아가 자기들의 예술이 집단주의적이고 공격적이고 무신론적이며, 따라서 프롤레타리아적이라고 주장했다. 트로츠키는 이렇게 반박했다. "프롤레타리아의 본성으로부터, 즉 프롤레타리아의 집단주의, 활력, 무신론 등에서 연역적 추론을 통해 예술양식을 도출하려는 시도는 순전한 관념주의이며, 그런 시도는 단지 영리하고 철학적이며 소박하고 임의적인 우화와 편협하고 얕은 지식만을 낳을 수 있을 뿐이다."

트로츠키는 또한 다음과 같이 썼다.

예술은 거울이 아니라 망치라고들 한다. 예술은 사물을 비추기보다 변형시킨다. 그러나 요즘 사람들은 망치조차 '거울'로, 즉 움직임의 모든 단계를 붙잡아 고정하는 민감한 필름으로 다루는 법을 가르친다. (…) 우리가 어떻게 문학의 '거울'을 들여다보지 않고도 우리 자신과 우리의 삶을 변형시킬 수 있는가?

트로츠키가 미래파에 대해 비판적인 시각을 갖고 있었다고 해서 그들의 문학적 장점을 인정하지 않은 것은 아니었다. 영향력 있는 당원들이 미래파의 실험적인 모호함과 특이함을 탐탁찮게 생각했으므로 그는 그만큼 더 관대하게 그들의 장점을 인정했다. 그는 공산주의자들에게 실험적인 예술을 사기나 퇴폐적인 인텔리겐치아의 변덕으로 취급하는 '성급한 비관용적 태도'를 경계하라고 했다.

옛 시어와 문장에 대한 투쟁에서는 지나친 부분이 많긴 했지만 (…) 폐쇄적인 어휘, 삶을 빨대로 홀짝홀짝 마시는 듯한 인상주의, 그리고 천국과 같은 공허함에 빠진 상징주의에 대한 진보적 반항이었다. 미래파의 작품은 이런 면에서 매우 중요하고 진보적이었다. (…) 그 작품은 시에서 이미 무의미해진 많은 단어와 관용구를 제거했고, 그 밖의 다른 단어와 관용구를 생기 있게 만들었으며, 어떤 경우에는 성공적으로 새로운 단어와 관용구를 만들어냈다. (…) 개별 단어에서뿐만 아니라 개별 단어가 다른 단어들 속에서 위치하는 자리, 즉 문장구성에서도 그렇다.

미래파가 혁신에 지나칠 정도로 매달렸던 것은 사실이다. 그러나 트로츠키는 이렇게 썼다. "우리의 혁명에도 같은 현상이 있다. 그것은 살아 있는 모든 운동이 저지르는 '죄'다. 넘치는 것은 버려지고 있고, 앞으로도 버려질 것이다. 그러나 시어에 대해 필요한 청소를 하고 분명한 혁명을 일으키는 것은 지속적으로 효과를 낼 것이다." 운율의 새로운 기법도 같은 말로 옹호될 수 있다. 운율이 협소한 합리주의 정신으로 다뤄져서는 안 된다. 운율에 대한 인간의 욕구 자체가 비합리적이며, 단어의 발음이 그 단어의 의미에 음향적 부속물이 된다.

물론 노동계급의 대다수는 아직 이런 문제에 관심을 가질 수 없다. 노동계급의 전위도 아직은 이런 문제에 시간을 할애하지 못한다. 더 시급한 임무가 많기 때문이다. 그러나 우리에게도 미래가 있다. 그리고 이런 욕구는 시에서는 물론이고 산문에서도 훨씬 더 문화의 필수도구인 언어에 대해 보다 주의 깊고 세밀하며 장인적인 예술적 태도를 가질 것을 우리에게 요구한다.

단어들과 그 단어들의 뜻, 미묘한 의미차이, 발음을 다루고 비교하려면 '미세한 측정도구'가 필요하다. 그러나 이보다는 거친 진부함과 상투성이 만연했다. 이에 비해 "미래파는 그 여러 측면 중 보다 나은 측면으로 볼 때 무분별함에 대한 항의이며, 모든 분야에 매우 영향력 있는 대표를 파견한 가장 막강한 문학 유파"라고 트로츠키는 지적했다. 이런 관점에서 그는 심지어 '형식주의' 유파와 그 주역인 빅토르 슈클로프스키에 대해서도, 비록 형식에 대한 그들의 지나친 집착을 비판하긴 했지만, 옹호해주기 위해 할 말이 있었다. 마르크스주의자들은 태초부터 있었던 것은 행동이라고 생각하지만 형식주의자들은 말이 그런 것이라고 믿었다. 그들에게는 "말이 마치 행동의 소리 그림자인 것처럼 행동의 뒤를 따라 간다"는 것이었다.

《문학과 혁명》에는 나중에 공산주의의 음유시인으로 신성화되는, 가장 재능 있는 미래파 예술가인 마야코프스키를 특별히 다룬 글이 들어 있다. 트로츠키는 마야코프스키가 공산주의자로서 최선의 모습을 보여준 지점에서 예술적으로는 최악의 모습이었다고 보았다. 이는 놀랄 만한 일이 아니다. 마야코프스키는 공산주의자가 되려고 무진 애를 썼다. 시인으로서 그의 전망은 그런 그의 의식적인 생각과 노력에 의존한다기보다는 절반만 의식적인 지각과 잠재의식의 느낌, 그리고 그 시인이 어린시절 흡수해 축적한 심상과 인상에 의존하는 것이었다. 그에게 혁명은 '참되고 심오한 경험'이었다. 혁명은 그가 자기 나름의 방식으로 증오하면서 미처 화해할 시간을 갖지 못했던 낡은 사회의 둔감함과 무기력함에 천둥과 번개를 내리쳤다. 그는 열정적으로 혁명에 매달렸지만 그 혁명과 융합하지 않았고, 융합하려 해도 그럴 수가 없었다. 그의 시 양식이 이런 점을 증명한다. 트로츠키는 다음과 같이 썼다.

> 혁명의 영웅주의가 지닌 대중적 성격과 혁명의 행동과 경험이 보여주는 집단주의보다 혁명의 역동적인 힘과 그 단호한 용기가 마야코프스키에게는 훨씬 더 강한 호소력이 있었다. 그리스의 의인화된 신이 자연의 힘을 순진하게도 자기에게 동화시키려고 하는 것처럼 우리의 시인 마야코프스키는 자기 자신을 혁명의 광장, 거리, 들판으로 가득 채운다. (…) 그의 극적인 파토스는 곧잘 과도한 긴장으로 치닫는다. 그러나 그런 긴장 뒤에 늘 진짜 힘이 있는 것은 아니다. 이 시인이 워낙 두드러져 보이기에 현실의 사건과 사실은 거의 아무런 자발성도 갖고 있지 않은 것처럼 여겨진다. 장애물과 싸

우는 것은 혁명이 아니다. 오히려 언어의 경기장에서 자신의 기량을 선보이고 때로는 진짜 기적을 일으키고 종종 영웅적인 노력으로 엄청난 중량을 들어 올리는 마야코프스키가 장애물과 싸운다. (…) 마야코프스키는 자기에 대해 늘 당사자이자 제3자로서 이야기한다. (…) 인간을 들어올리기 위해 마야코프스키는 인간을 자기 키 높이만큼 일으켜 세운다. 그는 가장 장엄한 역사적 현상에 대해 친숙한 어조로 말한다. (…) 그는 한 발은 몽블랑(알프스 산맥의 최고봉 – 옮긴이)을, 다른 한 발은 엘브루스(카프카스 산맥의 최고봉 – 옮긴이)을 딛고 서 있다. 그의 목소리는 천둥소리를 능가한다. 세속적인 것이 차지하는 비중이 미미해지고 하찮은 것과 위대한 것 사이에 아무런 차이도 남아있지 않는다고 해서 놀라울 것이 무엇인가? 그는 여러 감정들 가운데 가장 친밀한 감정인 사랑에 대해 이야기한다. 그는 마치 사랑이 사람들의 이동인 것처럼 말한다. (…) 이런 과장된 양식은 어느 정도는 우리 시대의 광포함을 반영하는 게 사실이다. 그러나 그렇다고 해서 우리 시대의 광포함이 전적으로 예술적 정당성을 부여받게 되는 것은 아니다. 전쟁과 혁명의 아우성보다 더 큰 아우성을 지르는 것은 불가능하다. 그러다가는 목이 쉬기 십상이다. (…) 마야코프스키는 조곤조곤 말해야 할 때 너무 자주 고함을 지른다. 그래서 진정 고함이 필요할 때는 그의 고함이 부적절한 것으로 들린다.

마야코프스키를 뒤덮고 있는 과다한 이미지는 종종 그 자체로 아름답다. 그러나 그런 만큼이나 종종 그것은 전체의 통일성을 깨뜨리고 운동을 마비시킨다.

역동적인 심상의 과잉은 정체로 이어진다. (…) 그의 모든 구절, 모든 관용어, 모든 은유는 최대한의 것을 낳고 최고의 한계, 즉 가장 높은 봉우리에 도달하기 위한 것이다. 사물들 전체에 최대한의 것이 없고 (…) 시에 가장 높은 봉우리가 없는 까닭이 바로 여기에 있다.

'프롤레타리아 문화'라는 개념의 거부는 《문학과 혁명》의 중심적이고 가장 논쟁적인 부분이다. 이 책의 서문에서 트로츠키는 자기가 주장하는 바를 다음과 같이 간결하게 요약해 소개하고 있다.

부르주아 문화와 부르주아 예술에 프롤레타리아 문화와 프롤레타리아 예술을 맞세우는 것은 근본적으로 옳지 않다. 프롤레타리아 문화와 프롤레타리아 예술은 앞으로도 결코 존재하지 않을 것이다. 프롤레타리아 정권은 일시적이고 과도적인 것이다. 우리의 혁명은 계급 없는 사회와 최초의 진정한 보편적 문화의 토대를 놓았다는 사실에 그 역사적 의미와 도덕적 위대함의 근거가 있다.

그러므로 우리는 역사적 유추를 통해 부르주아가 자기 나름의 문화와 예술을 창출했으니 프롤레타리아도 그렇게 할 것이라고 결론 지어서는 안 된다. 그런 유사성의 유추가 타당하지 않음을 입증하는 것이 바로 프롤레타리아 혁명, 즉 계급 없는 문화를 향한 노력의 '목적'이다.[24] 뿐만 아니라 두 계급의 역사적 운명에 근본적인 차이가 있다는 것이 그런 유사성의 형성을 강하게 가로막는다. 부르주아적 생활방식은 여러 세기에 걸쳐 유기적으로 발전돼온 반면에 프롤레타리아 독재는 몇 년 또는 몇십 년은 지속될 수 있을지 몰라도 그보다 더 길게 지속되지는 못한다. 그리고 프롤레타리아 독재가 살아있는 기간은 거친 계급투쟁으로 가득 찰 것이기에 그 기간에 새로운 문화가 유기적 성장을 할 수 있는 가능성은 거의 없거나 전혀 없을 것이다. 트로츠키는 이런 지적에 이어 다음과 같이 말한다.

우리는 여전히 행군 중인 병사들이다. 우리에게도 휴일은 있다. 우리는 셔츠를 빨아야 하고, 머리카락을 자르고 빗질을 해야 하며, 무엇보다도 총을 닦고 기름칠을 해야 한다. 지금 우리가 벌이는 모든 경제적, 문화적 작업은 두 개의 전투와 두 번의 행군 사이 기간에 우리 자신에게 일종의 질서를 부과하기 위한 시도일 뿐이다. (…) 우리의 시대는 새로운 문화의 시대가 아니다. 우리는 다만 새로운 문화를 향해 닫혀 있던 문을 열어젖힐 수 있을 뿐이다. 무엇보다도 먼저 우리는 옛 문화의 요소들 가운데 가장 중요한 것들을 획득해야 한다.

부르주아는 봉건제와 전제주의 아래에서도, 심지어는 자신들이 정치적 지배력을 확보하기 전에 이미 부와 사회적인 영향력을 갖고 있었고, 교육을 많이 받았으며, 정신활동의 거의 모든 분야에 진출해 있었기에 그들 나름의 문화를 창출할 수 있었다. 노동계급은 자본주의 사회에서 기껏해야 그 사회를 전복시킬 능력을 얻을 수 있을 뿐이다. 게다가 노동계급은 재산이 없고, 착취를 당했으며, 교육을 받지 못한 계급이기에 문화적 궁핍이라는 조건 아래에서 부르주아의 지배체제로부터 등장한다. 따라서 노동계급은 인간정신의 발전에서 새롭고 의미 있는 국면을 창출해내지 못한다.[25] 사실 프롤레타리아 문화를 생성시키기를 열망한 이들은 노동계급이 아니라 당원과 지식인들의 작은 집단이었고, 이들은 문화 분야에서 자기들이 노동계급을 '대리'한다고 생각했다. 그러나 "어떤 계급의 문화도 그 계급의 등 뒤에서 몰래 창출될 수 없다"고 트로츠키는 지적했다. 공산주의자의 실험실에서 한 계급의 문화가 만들어질 수도 없다. 마르크스주의에서 이미 프롤레타리아 문화를 발견했다고 주장하는 사람들은 무지하기 때문에 그렇게 주장하는 것이다. 마르크스주의는 부르주아 사상의 산물이자 그 부정이다. 이제껏 마르크스주의는 자신의 변증법을 주로 경제와 정치의 연구에 적용해왔고, 문화는 '사회 전체 또는 적어도 그 지배계급을 특징짓는 지식과 기술의 총합'으로 간주돼왔다.

노동계급이 문학과 예술에 기여한 부분은 미미하다고 트로츠키는 지적했다. 몇몇 재능 있는 노동자 시인의 작품에 의지해 프롤레타리아 시에 대해 이야기하는 것은 터무니없는 일이다. 그런 노동자 시인들이 이룬 것과 같은 예술적 성취는 부르주아 시인들, 심지어는 프티부르주아 시인들에게서 받은 도제수업의 결과일 수 있다. 그런 노동자 시인들의 작품은 비록 열등한 수준이라 해도 인간적, 사회적 기록물로서의 가치를 지닌다. 그러나 그런 작품을 새롭고 획기적인 예술로 취급하는 것은 '전형적인 대중영합의 선동'으로서 프롤레타리아에 대한 모욕이다. 트로츠키는 이렇게 썼다. "프롤레타리아를 위한 예술은 이류가 되어서는 안 된다. 프롤레트쿨트 소속 작가들은 '새롭고, 기념비적이고, 역동적'인 문학과 그림에 대해 큰소리로 떠들어댄다. 그러나 동지들이여, '거대한 캔버스와 장엄한 양식'의 예술은, '기념비적'인 예술은 과연 어디에 있는가? 어디에 있는가, 어디에?" 이제까지 그러한 예술은 허풍이었고, 으스댐이었고, 프롤레트쿨트의 반대파, 즉 이미지스트들, 미래파, 형식주의자들, 그리고 파푸치키에 대한 괴롭힘이었다. 그러나 그런 이들의 작품이 없었다면 소련의 문학은 완전히 피폐해지고 프롤레트쿨트의 수상쩍은 '약속어음'만 남았을 것이다.

예상대로 트로츠키는 '절충주의를 주장하고, 부르주아 문화에 머리를 조아리고, 부르주아적 개인주의를 부추기고, 문학과 예술에서 당이 지도력을 행사할 권리와 의무를 가지고 있음을 부인했다'는 혐의를 받았다. 이에 트로츠키는 다음과 같이 대답했다.

> 예술은 자신의 길을 찾아야 한다. (…) 마르크스주의의 방법은 예술의 방법이 아니다. 당은 노동계급에 대해서는 지도력을 행사하지만 역사과정 전체에 대해서는 지도력을 행사할 수 없다. 당이 직접 자신만만하게 지도할 분야가 있다. 그런가 하면 당이 감독만 해야 할 분야가 있고 (…) 당이 협력만 할 수 있는 분야도 있다. 마지막으로 당이 저절로 일어나는 것들에 스스로를 적응시키고 그런 것들에 뒤떨어지지 않도록 노력할 수만 있는 분야도 있다. 예술이라는 분야는 당이 명령을 내릴 수 있는 분야가 아니다.

개인주의에 대한 과장된 공격은 적절하지 않았다. 개인주의는 두 가지 구실을 했다. 개인주의는 반동적인 효과를 내는 동시에 진보적이고 혁명적인 효과도 냈다. 노동계급은 개인주의의 과잉에 시달린 것이 아니라 개인주의의 위축에 시달렸다. 노동자의 인격적 특성은 아직 충분히 형성되고 차별화되지 못했다. 노동자의 인격적 특성을 형성하고 발전시키는 것은 노동자에게 공업기술을 훈련시키는 것만큼 중요하다. 부르주아적 개인주의의 예술이 노동자의 계급연대 의식을 약화시킬 수 있다는 걱정은 괜한 것이다. 트로츠키는 이렇게 썼다. "노동자가 셰익스피어, 푸슈킨, 괴테, 도스토예프스키로부터 흡수할 것은 (…) 인간의 개성, 열정, 감정에 관한 보다 복합적인 개념이다."[26]

《문학과 혁명》의 마지막 장에서 트로츠키는 전망과 관련된 '확실성과 가설'에 대해 논의했다. '확실성'은 오로지 '혁명의 예술'에서만 가능하며, 계급 없는 사회에서만 존재할 수 있는 '사회주의 예술'에 대해서는 짐작만이 가능했다. 당대의 모든 계급갈등 및 정치적 열정과 함께 고동치는 혁명의 예술은 과도기에, 즉 자유의 영역이 아닌 '결핍의 영역'에 속한다. 오직 계급 없는 사회에서만 인간의 연대가 그 완전한 결실을 볼 수 있다. 그런 뒤에야, 그리고 계급 없는 사회에서만 "위선자들과 무산계급이 진부한 말로 만들어버렸기에 우리 혁명가들이 그대로는 입에 올리지 않았던 감정들, 즉 사심 없는 우정, 인류에 대한 동료애, 가슴 깊은 곳에서 우러나오는 연민과 같은 감정들"이 사회주의 시에서 힘차게 울려 퍼질 것이라고 트로츠키는 썼다.[27]

혁명의 문학은 여전히 표현에 대한 암중모색을 하고 있었다. 표현은 현실적이어야 한다는 주장이 나왔다. 이는 넓은 철학적 의미에서 보면 맞는 말이라고 트로츠키는 보았다. 우리 시대의 예술은 사회현실에 매우 예민하지 않고서는 위대한 예술이 될 수 없다. 그러나 좁은 의미에서 하나의 문학 유파로 사실주의를 시도하고 육성하는 것은 터무니없는 일이다. 그러한 유파가 본래부터 '진보적'이라는 생각도 옳지 않다. 사실주의는 그 자체로는 혁명적이지도 반동적이지도 않다. 러시아의 황금기는 귀족문학의 시대와 겹쳤다. 그것에 대한 반발로 인민주의 작가들의 경향적인 양식이 등장했다. 그 양식은 염세적 상징주의에 자리를 내주었고, 다시 염세적 상징주의에 대항하고 나선 것이 미래파였다. 양식의 변화는 명확한 사회배경을 바탕으로 일어났고, 정치적 분위기의 변화를 반영했다. 그러면서도 양식의 변화는 그 자체의 예술적 논리와 법칙을 따랐다. 모든 새로운 양식은 옛 양식에서 그것에 대한 변증법적 부정으로 자라 나온다. 새로운 양식은 옛 양식의 일부 요소들을 되살려 발전시키고 나머지는 버린다. 트로츠키는 계속해서 다음과 같이 썼다.

모든 문학 유파는 스스로가 잠재적으로 과거에 포함돼 있지만 과거와의 적대적 단절을 통해 발전한다. 형식과 내용의 관계는 (…) 새로운 형식이 (…) 내적 필요의 압력과 (…) 다른 모든 것들처럼 사회적 뿌리를 지닌 집단적인 심리적 요구의 압력에 의해 발견되고 선포되고 진화한다는 사실에 의해 결정된다. 따라서 문학의 경향은 모두 이중성을 띤다. 즉 한편으로는 모든 경향이 예술적 창조의 기법에 무언가 새로운 것을 추가하고 (…) 다른 한편으로는 모든 경향이 분명한 사회적 요구를 표현한다. (…) 사회계급은 개인을 통해 말을 하므로 사회적 요구에는 개인적 요구도 포함된다. 그리고 국가의 전망은 문학에서도 지배적인 지배계급의 전망에 의해 결정되기 때문에 국가적 요구도 사회적 요구에 포함된다.[28]

문학이 사회적 열망을 실현하는 수단으로 기능했다는 것은 의심할 여지가 없는 사실이지만, 그렇다고 해서 예술적 논리를 무시하거나 왜곡하고 어떤 양식을 신성화하거나 금지하려는 시도가 정당화되는 것은 아니다. 일부 비평가들은 상징주의에 거칠게 반응했다. 그러나 트로츠키는 이렇게 썼다. "상징을 만들어낸 것은 러시아의 상징주의가 아니었다. 러시아의 상징주의는 다만 상징을 현대화된 러시아 언어에 흡수시켰을 뿐이다. 미래의 예술은 상징주의의 형식적 성취를 절대 포기하지 않을 것이다." 일부 비평가들은 오래도록 살아남은 풍자와 희극과 달리 비극이 죽어버린 이유는 삶에 대한 유물론적이고 무신론적인 철학과 비극이 양립할 수 없다는 데 있다면서 전통적인 장르와 형식을 낡은 것으로 치부하고 거부했다. 하지만 미래의 예술은 그 전통적인 장르와 형식도 포기하지 않을 것이라고 트로츠키는 썼다. 옛 장르를 매장해버리는 것은 최소한 시기상조였다. '소비에트 고골리(1809~1852, 러시아의 작가 ─ 옮긴이)'나 '소비에트 곤차로프(1821~1891, 러시아의 작가 ─ 옮긴이)'가 오래된 오물과 새로운 오물, 오래된 악덕과 새로운 악덕, 그리고 소련 사회에서 발견되는 우둔함을 가차 없이 까발릴 여지가 여전히 있었다.[29]

비극의 소멸을 말하는 사람들은 종교, 운명, 죄악, 참회가 비극의 중심적 주제였다고 주장했다. 이에 대해 트로츠키는 비극의 정수는 인간의 깨어있는 정신과 인간을 옥죄는 환경 사이의 좀 더 폭넓은 갈등에 있다고 지적했다. 이 갈등은 인간의 실존과 떼려야 뗄 수 없으며, 역사의 다른 단계에서는 다른 형태로 드러난다. 종교적 신화는 비극을 창조하지 않았고, 다만 '유년기 인류의 상상력이 풍부한 언어'로 비극을 표현했을 뿐이다. 종교개혁의 예술적 산물인 셰익스피어의 희곡에는 고대인이 생각했던 것과 같은 운명과 중세풍의 '그리스도의 수난'이 들어있지 않다. 그러므로 셰익스피어는 그리스 비극을 넘어서는 중요한 진전을 이루었다. 트로츠키는 "셰익스피어의 예술은 보다 인간적"이라고 했다. 셰익스피어의 예술은 인간 자신을 넘어서며 일종의 운명으로 변형된 인간의 세속적 열정을 보여준다. 괴테의 희곡에 대해서도 같은 말을 할 수 있다. 그러나 비극은 훨씬 높이 오를 수 있다. 비극의 영웅은 오만이나 신, 혹은 자기 자신의 열정에 의해서도 좌절하지 않지만 사회에 의해서는 좌절하는 인간일 수 있다. 트로츠키는 다음과 같이 썼다.

인간이 자기 사회조직의 주인이 아닌 한 그 사회조직은 마치 운명 그 자체인 것처럼 인간을 압도한다. (…) 바뵈프가 자기 시대에 앞서 미성숙한 사회 속에서 공산주의를 향해 벌인 투쟁은 고전적인 영웅이 운명에 맞서 벌이는 투쟁 같은 것이었다. (…) 제한된 개인의 열정이 낳는 비극은 우리 시대에는 너무 밋밋하다. 우리는 사회적 열정의 시대에 살고 있기 때문이다. 현대 비극의 소재는 개인과 집단 사이, 또는 개인들로 대표되는 적대적인 집단들 사이의 충돌에서 발견된다. 우리의 시대는 다시금 거대한 목적의 시대다. (…) 이제 인류는 모든 신비롭고 관념적인 안개에서 스스로를 해방시키고 사회와 자기 자신을 재구축하려고 한다. (…) 그것은 고대인들의 유치한 연극이나 (…) 중세의 수도승적인 헛소리 또는 인간의 개성을 그 사회적 환경에서 떼어내 완전히 소진시킨 다음 비관주의의 진공 속으로 내던져버리는 개인주의의 뻔뻔함보다 큰일이다.[30] (…)

(새로운 예술가는) 우리 시대의 위대한 목적을 예술에 투사할 것이다. 혁명의 극작가들이 '고차원'의 비극을 창조할 수 있을지 여부는 예견하기 어렵다. 그러나 사회주의 예술은 분명히 '고차원'의 비극을 새롭게 탄생시킬 것이며 (…) 희극에도 새로운 활력을 불어넣을 것이다. 왜냐하면 새로운 인간의 사랑은 보다 아름답고 폭넓을 것이기 때문에 새로운 인간은 소설과 서정적인 시를 읽고 웃고 싶어 할 것이고 (…) 탄생과 죽음의 문제를 새롭게 골똘히 생각할 것이기 때문이다. (…) 옛 형식의 쇠퇴는 결코 절대적이거나 최종적인 것이 아니다. (…) 옛 형식은 모두 나름대로 부활할 것이다. (…) 문제는 다가오는 시대의 시인이 인간의 생각을 다시 새롭게 생각하고 인간의 감정을 다시 새롭게 느껴야 한다는 것이다."[31]

사회주의 예술에 대한 모든 예상들이 가설적인 것이긴 했지만, 이 시기의 소련 예술을 가득 채운 혼란스럽고 때로는 무의미하기도 한 혁신들 속에서 기묘하게도 사회주의 예술을 지향하는 요소들을 발견할 수 있다고 트로츠키는 생각했다. 연극에서는 메예르홀트(1874~1940, 러시아의 연극 연출가—옮긴이)가 연극의 줄거리와 리듬, 소리, 색채의 새로운 생체역학적 통합을 추구했다. 또 타이로프(1885~1950, 러시아의 연극 연출가—옮긴이)는 무대와 관객 사이와 극장과 삶 사이에 가로놓인 장벽을 허물고자 했다. 그림과 조각은 구상주의 양식이 한계에 부닥친 뒤에 빠져들게 된 수렁에서 벗어나기 위해 안간힘을 썼다. 건축에서는 구성주의의 선도적 인물인 타틀린(1885~1953, 러시아의 조각가, 건축가—옮긴이)이 장식적인 형식을 배척하고 기능주의를 주창했으며, 사회주의 사회에 걸맞은 전원도시와 공공건물에 대한 야심찬 청사진을 그렸다. 그의 이 계획은 안타깝게도 물질적인 실현 가능성을 고려하지 않은 것이었다. 그러나 트로츠키가 보기에는 거기에 합리적인 요소와 가치 있는 직관적 예감이 들어 있었다.

그동안 우리는 모든 예술 중에서 가장 거대하고 인상적인 예술인 건축에 대해 생각할 겨를을 갖지 못했다. (…) 지금도 대규모의 건축은 더 늦춰져야 하리라. 건축이라는 거대한 작업을 하는 작가들은 (…) 생각을 다시 해볼 수 있는 여유를 갖고 있는 것이다. (…) 그러나 타틀린은 국가적으로 제한된 양식, 우화적인 조각, 치장벽토 조형, 덩굴무늬, 불필요하고 쓸데없이 화려한 장식을 없애고, 올바르고 건설적으로 건축재를 사용하는 데에 전체 디자인을 맞추기만 한다면 무조건 옳다. (…) 그의 개인적인 변덕으로 보이는 것, 회전하는 정육면체와 피라미드, 그리고 유리 원통의 사용에 대해서도 그가 옳은가는 여전히 그 자신이 증명해내야 한다. (…) 앞으로는 전원도시나, 모형 주택단지, 철도, 항구를 계획하는 것과 같은 거대한 과제에는 건축가들만이 아니라 일반 대중까지 폭넓게 속속들이 참여할 것이다. 세대를 이어가며 차근차근 쌓여온 개밋둑 같은 마을과 거리들은 거대한 빌딩에 자리를 내주게 될 것이며 (…) 그 과정은 지도와 컴퍼스를 이용한 계획적인 것이 될 것이다. 예술과 공업 사이의 벽은 허물어질 것이다. 미래의 장엄한 양식은 장식이 아닌 형식의 창조를 겨냥할 것이다. (…) 그러나 그것을 기술로 보기에 앞서 예술의 겸손으로 보는 것은 잘못된 판단일 것이다. (…) 예술과 자연 사이의 격차는 사라질 것이다. 그러나 그렇게 되는 것은 루소가 뜻한 바처럼 예술이 자연상태의 인간으로 돌아가기 때문이 아니라 예술이 자연을 자기 쪽으로 끌어들이기 때문이리라. 산과 강, 들판과 풀밭, 초원, 숲, 해안의 현재 위치를 최종적인 것으로 간주해서는 절대 안 된다. 인간은 이미 자연의 지도에 무시할 수 없는 변화를 일으켰다. 그러나 앞으로 실현되는 것에 대면 그것은 어린 학생이 쓴 글 정도에 불과하다. 신념은 산을 옮기겠다는 약속만을 할 수 있지만, 기술은 신념과 무관하게 실제로 산을 옮길 것이다. 지금까지 기술은 산업적이고 상업적인 목적, 예컨대 광산을 채굴하고 터널을 뚫는 등의 목적을 위해서만 산을 옮겼다. 미래에는 비교할 것이 없을 정도로 넓은 규모로, 포괄적인 생산 및 예술의 계획에 따라 기술이 그렇게 할 것이다. 인간은 새로운 산과 강의 새로운 목록을 만들 것이다. 인간은 진지하게, 그리고 여러 차례 자연을 수정할 것이다. 인간은 궁극적으로는 자기 입맛에 맞게 지구를 고칠 것이다. (…) 그리고 우리는 인간의 입맛이 형편없으리라고 걱정하고 두려워할 이유가 전혀 없다.

이 지점에서 마침내 트로츠키는 자유의 영역에서 인간을 바라보는 자기의 관점을 개진한다. 그것은 다음 글의 최신 마르크스주의 판이다.

진절머리 나는 가면은 벗겨졌다.
더 이상 인간을 다스리는 왕권이 없고
인간은 자유롭고 제한받지 않는다.
대신 인간은 평등하고

계급도 종족도 나라도 없으며

외경심, 숭배, 등급, 군림하는 왕으로부터 자유롭고

다만 온화하고 현명하다.

그렇다고 인간에게 열정이 없는가?

아니다. 게다가 죄의식이나 고통으로부터도 자유롭다.

개중에는 니체와 마찬가지로 계급 없는 사회가 현실이 된다면 그 사회는 연대의 과잉에 시달릴 것이고, 수동적이고 가축의 무리 같은 존재를 이끌 것이며, 경쟁적이고 싸우기 좋아하는 본능이 사라진 인간은 퇴화할 것이라고 주장하는 사람들도 있었다. 그러나 사회주의는 경쟁에 대한 인간의 본능을 억누르는 것과 거리가 멀다. 사회주의는 그 본능을 더 고차원의 목적으로 돌림으로써 더 나은 것으로 만든다. 계급적대가 없는 사회에서는 이윤을 위한 경쟁이 없을 것이고, 정치권력을 위한 투쟁도 없을 것이다. 그리고 인간의 정력과 열정은 기술, 과학, 예술의 분야에서 창조적인 경쟁을 하는 데 집중될 것이다. 새로운 '당'들이 생거나 새로운 발상, 주거단지에 대한 계획, 교육의 경향, 그리고 극장과 음악, 스포츠의 양식, 거대한 운하의 설계, 사막을 옥토로 만드는 일, 기후의 조절, 새로운 화학적 가설 등을 놓고 서로 경쟁할 것이다. '흥미진진하고 극적이고 열정적인' 경쟁은 성직자와 같은 사람들만이 아니라 사회 전체에 퍼질 것이다. 그러므로 새로운 구상을 하고 새로운 이미지를 만들어내는 예민한 에너지와 집단심리적 자극이 예술에 부족함 없이 존재할 것이다. 사람들은 기질과 취향에 따라 서로 경쟁하는 예술적 '당'들로 나뉠 것이다. 인간의 개성은 성장하고, 스스로를 다듬어갈 것이며, 타고난 소중한 품성, 즉 이미 성취한 것에 결코 만족하지 않는 품성을 발전시켜갈 것이다.

물론 이것은 먼 훗날을 내다본 전망이었다. 당장의 눈앞에는 인류에게 가난과 결핍에서 벗어날 기회를 제공하려는 격렬한 계급투쟁과 내전의 시대가 펼쳐져 있었다. 모든 형태의 가난과 결핍을 극복하는 데는 수십 년이 걸릴 것이고, 그러는 동안 이제 막 싹이 트려는 사회주의 사회는 '오늘날 아메리카주의 중에서 좀 더 나은 면들을 추구하는 열정', 즉 공업의 팽창, 기록적인 생산성, 물질적 안락함에 대한 열정에 사로잡힐 것이다. 그러나 이 단계 역시 지나갈 것이다. 그 다음에는 아직 우리의 상상력이 가닿지 못하는 풍경이 시야에 들어올 것이다. 트로츠키는 다음과 같이 썼다.

인간의 실존에 극적인 성질과 율동적인 조화를 부여하는 것과 관련해 (…) 일부 열성적인 사람들이 지금 꾸는 꿈은 이런 전망과 아주 잘 들어맞는다. (…) 아이들을 먹이고 키우는 데 필요한 갖은 일은 (…) 개별 가정의 책임에서 사회가 주도하는 일로 바뀔 것이다. (…) 여성들은 마침내 반노예 상태에서 벗어날 것이다. (…) 사회적 교육의 실험들이 (…) 지금은 상상할 수 없는 정도의 추진력을 발휘하며 진화할 것이다. 공산주의 생활양식은 바다의 산호초처럼 무작정 자라나지 않는다. 그것은 의식적으로 건설될 것이다. 그것은 비판적 사고의 견제를 받을 것이고, 지도되고 교정될 것이다. (…) 인간은 강과 산을 옮기고, 몽블랑 꼭대기와 바다 밑바닥에 궁전을 짓는 법을 배울 것이다. 그리고 인간은 자기의 실존에 부와 색채, 극적인 긴장뿐만 아니라 매우 역동적인 성격도 부여할 것이다. 인간의 실존 위에 껍질이 생기자마자 그 껍질은 새로운 발명과 성취의 압력을 못 이기고 터져버릴 것이다. 마침내 인간은 그 자신의 존재와 진지하게 조화를 이루기 시작할 것이다. 인간은 일하거나 행진하거나 노는 과정에서 자기 몸의 움직임에 정밀성, 목적성, 경제성, 궁극적으로는 아름다움을 불어넣으려 할 것이다. 인간은 유기체로서 자기 자신의 반(半)의식적이거나 무의식적인 과정, 즉 호흡, 혈액순환, 소화, 생식을 지배하고 싶어 할 것이다. 그리고 피할 수 없는 한계 안에서는 그 과정들을 이성과 의지에 의해 통제되도록 하려고 할 것이다. (…) 지금은 정체상태에 머물고 있는 호모사피엔스는 (…) 자기 자신을 인공적인 선택과 정신물리학적 훈련이라는 방법을 적용할 가장 복잡한 대상으로 다룰 것이다.

이런 전망은 인간의 발전 전체에서 도출된다. 인간은 기술을 이용해 미개한 작업과정을 깨뜨리고 과학을 이용해 종교를 패퇴시킴으로써 생산과 이념에서 어둠을 걷어내기 시작한다. (…) 그런 다음에 인간은 사회주의 조직을 통해 경제관계에서 맹목적이고 기초적인 자의성을 제거한다. (…) 마지막으로, 무의식의 가장 깊고 어두운 구석에 인간의 본성이 숨어 있다. 인간은 분명히 자기의 정신과 창조적 주도력을 다하여 그 본성에 최대한의 노력을 집중시킬 것이다. 인류는 오직 어두운 유전의 법칙과 맹목적인 성(性) 선택에 온순하게 굴복하기 위해서만 신, 차르, 자본 앞에 엎드려 기기를 중단하지 않을 것이다. (…) 인간은 자기의 의식을 통제하고, 그것을 명확하게 하고, 자기의 의지를 무의식의 깊숙한 곳에 도달하게 하려고 애쓸 것이다. 이런 식으로 인간은 자기 자신을 새로이 고귀한 위치에 올려놓고, 뛰어난 생물학적, 사회적 유형으로, 초인이라고 할 수도 있는 존재로 성장할 것이다.

인간이 도달할 수 있는 자기지배의 한계가 어디까지인지를 예견하는 것은 인간이 자연에 대한 기술적인 지배를 어디까지 발전시킬 수 있는지를 예견하는 것만큼이나 어렵다. 사회적으로 건설적인 것과 정신물리학적인 자기교육은 단일한 과정의 두 가지 측면이 될 것이다. 모든 예술, 즉 문학, 연극, 그림, 조각, 음악, 건축은 바로 그 과정에 장엄한 형식을 부여할 것이다. (…)

인간은 비할 바 없을 정도로 더 강해지고, 현명해지고, 정교해질 것이다. 인간의 몸은 더욱 조화롭게 될 것이고, 그 움직임은 더욱 율동적이 될 것이고, 그 목소리는 더욱 음악적이 될 것이다. 인간의 존재형식은 역동적이고 극적인 성질을 띠게 될 것이다. 평균적인 인간이 아리스토텔레스, 괴테, 마르크스의 수준으로 상승할 것이다. 그리고 그 꼭대기 위로 새로운 봉우리가 솟을 것이다.

이와 비슷하게 제퍼슨도 "모든 사람이 잠재적으로 육체로는 운동선수가 되고 정신으로는 아리스토텔레스가 될 때까지 육체적, 지적 진보가 이루어질 것"이라고 예측했다는 것을 트로츠키가 알았던 것 같지는 않다. 트로츠키는 오히려 콩도르세에서 생시몽까지 이어진 프랑스의 공상적 이상주의자들로부터 영향을 받았다. 콩도르세와 마찬가지로 트로츠키도 미래에 대한 사색에서 '박해자에 대한 생각에 쫓기지 않아도 되는 피난처'를 발견했다. 그 피난처에서는 탐욕, 두려움, 시기심으로 인해 고통스러워하거나 타락한 자기 내면의 요소를 잊어버리고, 그 대신 자기의 권리와 존엄성을 되찾은 사람의 모습으로 자기 내면을 채운 채 살아갈 수 있었다. 계급 없는 사회에 대한 트로츠키의 비전은 프랑스의 공상적 사회주의의 영향을 받은 모든 마르크스주의 사상에 내재해 있는 비전과 당연히 같은 것이었다. 그러나 트로츠키 이전 또는 이후의 그 어떤 마르크스주의 작가도 트로츠키만큼 현실적인 눈과 번뜩이는 상상력으로 그러한 위대한 미래상을 전망하지 못했다.

문화와 예술에 대한 '트로츠키주의' 개념 전체가 곧 공격의 대상이 됐다. 그것의 폭넓음과 복잡함은 제대로 교육받지 못한 당원들의 심사를 건드렸다. 또한 그것은 사람들의 지적인 삶을 통제하고 관리할 수 있다는 관료집단의 권리를 부정했기 때문에 관료들을 격분시켰다. 그것은 또한 극단적인 혁명문학의 가식적인 태도를 용인하지 않았기 때문에 극단적인 혁명문학 그룹들로부터 적대시됐다. 이리하여 문화 분야에서 상당히 넓은 반트로츠키 전선이 형성됐다. 그 전선은 계속해서 존재하면서 강화되더니 결국에는 정치적 전선에 흡수됐다. 문학비평가로서 트로츠키가 발휘하는 영향력에 대항하는 싸움은 그의 정치적 권위를 파괴하는 노력의 일부가 됐다. 따라서 트로츠키의 적들은 예술에 대한 그의 견해가 보다 넓은 트로츠키주의라는 이단의 중요한 부분이라고 선언했다.[32] 그들의 공격은 트로츠키가 프롤레타리아 문화의 가능성을 부인한 점에 집중됐다. 왜냐하면 바로 이 점에서 트로츠키가 이때 형성되고 있던 기득권에 가장 도발적으로 도전했기 때문이다. 트로츠키는 부르주아 자유주의의 한 변종을 내세웠다는 비난을 받았다. 이런 맥락에서 나온 엄청난 양의 교조적 주장들 가운데 지금도 여전히 관심을 끄는 것은 아주 적다. 그런 주장들의 대부분은 그것들을 부추긴 자들, 그중에서도 특히 스탈린에 의해 사실상 부정됐다. 스탈린은 얼마 뒤에 '프롤레타리아적'인 작가와 예술가들의 모든 주장을 가차 없이 부정하면서 그들의 조직을 해체시키고 그들을 무자비하게 박해했다. 그러나 1920년대 중반에는 스탈린이 인텔리겐치아와 반(半)인텔리겐치아를 동원해 자기편에 결집시키기 위해 모든 설익은 문학과 문화적 야망에 아부했다.

어쨌든 트로츠키에 대해 제기된 주장 중 한두 가지는 소개해야겠다. 루나차르스키는 트로츠키가 과거의 봉건적 문화와 부르주아 문화, 그리고 미래에나 등장할 사회주의 문화만을 인정하면서 프롤레타리아 독재를 문화적 진공상태로 다루고, 현재를 창조적인 과거와 창조적인 미래 사이에 끼인 불모의 틈새로 본다고 주장하면서 그를 비판했다. 이런 주장은 1925년 2월에 열린 문학정책에 관한 중앙위원회 회의에서 부하린이 전개한 보다 구체적인 비판의 핵심이기도 했다.[33] 부하린은 트로츠키가 매우 인상적으로 자기의 주장을 폈다는 점, 레닌도 '프롤레타리아 문화'에 대해 대단히 비판적이었다는 점, 그리고 혁명적 노동계급은 정치적 지도력을 발휘할 수 있을 뿐 문화적 지도력은 발휘할 수 없다는 점에 동의하면서도 프롤레타리아가 조만간 문화적 우위도 차지하고 계급사회의 마지막 시기에 이루어지는 정신적인 창조에 프롤레타리아적 특성을 부여할 것이라고 주장했다. 트로츠키의 실수는 프롤레타리아 독재와 사회주의로의 이행이 지속되는 기간이 그 어떤 뚜렷한 프롤레타리아 계급문화도 생겨나지 못할 만큼 짧을 것이라고 예상한 데 있다고 부하린은 주장했다. 그에 따르면 트로츠키는 서로 다른 나라들의 사회적, 정치적 발전의 속도가 같지 않음을 고려하지 않았다는 것이다. 그러나 바로 그런 속도의 차이가 국제혁명의 과정을 여러 개의 국면들로 쪼개고, 프롤레타리아 독재의 기간을 크게 늘리며, 그 결과 어떤 하나의 문화와 그 문화에 특유한 예술이 형성될 시간이 허용될 가능성이 있으며, 이는 거의 확실하다는 것이었다.

부하린의 주장은 부분적인 진실을 담고 있었다. 그 진실의 부분은 일국사회주의에 관한 부하린 자신과 스탈린의 주장 중 일부를 구성하게 된다. 트로츠키가 "우리는 여전히 행군 중인 병사들이다. 우리에게도 휴일은 있다. (…) 지금 우리가 벌이는 (…) 문화적 작업은 두 개의 전투와 두 번의 행군 사이 기간에 우리 자신에게 일종의 질서를 부과하기 위한 시도일 뿐이다"라고 말했을 때 사실상 그는 국제혁명의 주된 '전투들'을 신속하게 이어나갈 것을 제안한 셈이었다. 그러한 전투들을 신속하게 이어나

간다면 프롤레타리아 독재의 시대와 사회주의로의 이행기가 지속되는 시간이 크게 줄어들 것이라는 얘기였다. 트로츠키의 정치적 예언에는 언제나 이런 기대가 들어 있었고, 그가 영속혁명의 개념을 상세히 설명하며 강조할 때에도 영속혁명의 개념 자체에 필수적인 것은 아니었지만 그 바탕에 이런 기대가 깔려 있었다. 그러나 1917년부터 1920년까지에 걸친 볼셰비키의 맹공과 혁명의 그 다음번 '전투' 사이의 '휴일'은 사반세기도 지속되지 못했다. 마르크스주의자라면 중국혁명 이후의 '휴일'이 과연 얼마나 오랫동안 지속될지 궁금해할 것이다. 트로츠키는 프롤레타리아 독재의 지속기간과 그 독재가 동반하게 될 것, 그리고 그 독재가 관료적 성격을 띠게 되는 정도를 과소평가했던 게 분명하다.

그러나 트로츠키가 이런 점에 대해 아무리 명백한 실수를 저질렀다 해도 그 실수가 '프롤레타리아 문화'에 대한 그의 비판을 무효화하지는 않는다. 오히려 그 실수는 그런 그의 비판에 더 큰 힘을 실어준다. 프롤레타리아 독재와 사회주의로의 이행기가 트로츠키의 예상보다 훨씬 더 오래 지속됐다는 사실이 이행의 시대를 문화적으로 더 풍요롭고 창조적으로 만들지는 않았다. 오히려 반대였다. 스탈린주의는 그 어떤 프롤레타리아 문화도 낳지 않았다. 대신 스탈린주의는 '문화적 원시축적', 즉 대단히 빠르고 광범한 대중교육의 확대와 서구 기술의 흡수에 몰두했다. 이런 일이 혁명에 의해 창출된 사회관계의 틀 속에서 일어났다는 사실이 그 과정의 속도와 강도를 결정했고, 그 과정에 커다란 역사적 의미를 부여했다. 물론 그렇다 하더라도 그 과정을 통해 얻은 성취는 새로운 문화의 창출이라기보다는 부르주아 문화 및 그 이전의 문화가 남긴 유산이 소련에 흡수되는 것일 뿐이었다. 그리고 이런 성취조차도 교조적 전제주의, 맹목적인 믿음, 외국의 영향에 대한 공포, 독립적인 움직임에 대한 두려움의 요소들을 지닌 스탈린 숭배로 인해 훼손됐다. 문화적 축적은 여러 가지 의미에서 '원시적'이었다. 문화적 축적은 트로츠키가 프롤레타리아 독재 아래에서 보존하고 발전시키고자 했던 보다 세련되고 복합적인 문화적 가치의 억압 또는 왜곡을 동반했다. 트로츠키가 "우리의 시대는 새로운 문화의 시대가 아니다. 우리는 다만 새로운 문화를 향해 닫힌 문을 열 수 있을 뿐이다"라고 주장했을 때 그는 자기도 모르는 사이에 스탈린 시대 전체의 문화사, 더 나아가 그 후의 문화사까지도 앞서 요약했다. 그 시대 전체에 걸쳐 소련은 피 묻은 머리와 손으로 새로운 문화를 향해 닫힌 문을 두드릴 뿐이었다. 그 문은 이제 반쯤 열렸다.

4장__ 휴지기

전쟁인민위원회를 떠난 뒤 트로츠키는 당내 권력투쟁에서도 잠시 물러난 상태가 됐다. 이 휴지기는 1925년부터 1926년 여름까지 계속됐다. 이시기에 트로츠키는 1923년과 1924년에 걸쳐 논쟁의 중심에 있었던 쟁점들에 대해서 논란의 여지가 있을 만한 의견은 공개적으로 표명하지 않았다. 심지어는 중앙위원회와 정치국의 비공개 회의에서도 그는 논의에 끼어들지 않았다. 그는 패배를 인정했고, 중앙위원회가 자기에게 부과한 규제에 따랐다.

이 휴지기 동안 '1923년 반대파'는 조직적인 형태로는 존재하지 않았다. 트로츠키는 사실상 그 조직을 해산시켰다. 그는 당황해하고 혼란스러워하는 지지자들에게 이렇게 충고했다. "지금은 우리가 어떤 일도 해서는 안 됩니다. 우리는 어떤 식으로도 스스로를 공개해서는 안 됩니다. 다만 서로 연락을 유지하고, 1923년 반대파의 핵심그룹을 보호하고, 지노비예프가 제풀에 지칠 때까지 기다려야 합니다."[1] 만일 트로츠키가 이렇게 하지 않고 항의나 반대시위를 주도했다면 트로츠키와 그의 지지자들은 당장 당이나 적어도 지도부로부터 축출의 위협을 당했을 것이다. 트로츠키는 3인연합이 극단적인 보복도 서슴지 않으리라고 가정할 만한 근거를 갖고 있었다.

　이 당시 트로츠키와 그의 지지자들이 투쟁이 재개되는 사태를 피하려고 얼마나 필사적이었는지는 다음과 같은 사건에서 확인할 수 있다. 1925년에 맥스 이스트먼이라는 미국인 작가가 《레닌 사후(Since Lenin Died)》라는 책을 출간했다. 이 책에서 이스트먼은 레닌 사후의 권력승계를 놓고 벌어진 갈등의 내막을 처음으로 공개하고, 레닌이 남긴 유언의 내용을 인용했다. 트로츠키에 대한 인물묘사를 담은 《한 젊은이의 초상(The Portrait of a Youth)》을 펴내기도 한 이스트먼은 모스크바에 있었다. 반대파 지지자가 된 그는 트로츠키로부터 레닌의 유언과 권력승계를 둘러싼 경쟁에 관한 정보를 입수했다. 그는 트로츠키에게 좀 더 적극적으로 나서서 13차 당대회에서 레닌의 유언을 공표하라고 간청하기도 했다. 이스트먼은 《레닌 사후》의 원고를 파리에 있는 라코프스키에게 보냈고, 그로부터 전적인 승인의 뜻을 우회적으로 표현한 답장을 받았다. 따라서 이스트먼은 당연히 이 책이 트로츠키의 환영을 받으리라고 생각했다.[2] 트로츠키는 진심으로 이스트먼에게 고마워했다. 그리고 이스트먼이 10년 뒤 공산주의에 등을 돌릴 때까지 우호적인 관계를 유지했다. 그러나 이스트먼의 친절한 행동은 트로츠키에게 당혹스런 결과를 안겨주었다. 3인연합은 트로츠키가 대단히 경솔한 짓을 저질렀다며 이스트먼이 밝힌 내용을 부인하라는 압력을 넣었고, 만일 거절하면 징계절차를 밟겠다고 협박했다. 트로츠키는 가까운 동료들에게 조언을 구했다. 이스트먼 사건에 휘말리고 싶지 않았던 그들은 트로츠키에게 이스트먼의 책에 대한 모든 책임을 부인하라고 충고했다. 그러나 정치국은 이에 만족하지 못했다. 정치국은 레닌의 유언에 대해 이스트먼이 한 이야기를 전면 부인할 것을 요구했다. 심지어는 어떤 말을 써서 부인할 것인가까지 지시했다. 다시 한 번 트로츠키의 표현대로 말하면 '반대파의 선도그룹'이 그에게 평화를 위해 양보할 것을 권고했다.[3] 그리하여 1925년 9월 1일에 볼셰비키들 사이에 트로츠키가 서명한 성명이 회람됐다. 성명의 내용은 다음과 같다. "레닌의 유언에 관한 모든 이야기, 즉 그것이 은폐됐거나 훼손됐다는 등의 이야기는 악의적인 거짓말이며, 레닌의 진짜 유지와 레닌이 창설한 당의 이익에 완전히 위배된다." 이 성명은 외국의 모든 공산주의 신문에 다 실렸다. 나중에 스탈린은 이 성명을 자주 인용했다.[4] 이와 같은 종류의 부인이 전술적인 고려에 의해 이루어지는 일이 정치판에서 드문 일은 아니지만, 트로츠키로서는 그렇게 해야 하는 것이 대단히 짜증스러웠다. 그는 사실상 자기의 권력승계 권리를 보증하는 증서인 레닌의 유언이 은폐되는 것을 거의 수동적으로 지켜보기만 했었다. 게다가 이제는 자기의 이익에 반하고 스탈린에게 득이 되는 거짓증언을 하는 증인이 돼야 했다. 그 모든 것이 당 안에서 자기에 대한 적대적 행동이 터져 나오는 것을 늦추기 위해서였다.

이런 상황에서 '연락을 유지하고 1923년 반대파의 핵심그룹을 보호'하는 일은 쉽지 않았다. 모든 정치집단에게 있어 활동을 하지 않는다는 것은 아무리 전술적 고려라는 측면에서 정당화한다 해도 매우 괴로운 경험일 수밖에 없다. 지식인과 가장 선진적인 노동자들로 구성된 작은 집단이라면 그 틈에 학습을 하고 내부에서 토론을 할 수 있다. 그러나 더 큰 집단이라면, 특히 그 집단이 공장노동자들로 이루어진 집단이라면 활동을 하지 않는다는 것은 정치적 자살이 되기 쉽다. 그것은 명분에 대한 신념을 약화시키고, 열정을 죽이며, 무관심과 절망이 자라나게 한다. 대부분의 반대파 그룹들에서 기다림이 낳은 효과가 바로 그랬다. 그들은 위축됐고, 뿔뿔이 흩어졌다. 그리하여 1926년 초에 레닌그라드에는 서로 긴밀하게 연락을 취하고 정기적으로 만나는 트로츠키주의자들은 30명을 넘지 못했다. 그들은 트로츠키의 첫 번째 아내인 알렉산드라 브론슈타인 소콜롭스카야의 주위에 모여 있는 사람들이었다. 이전에 조직됐던 수백 명의 반대파 사람들은 이제 정치적 무인지대로 사라졌다. 그래도 모스크바에는 트로츠키의 핵심그룹의 수가 더 많고 그 움직임이 활발한 편이었다. 그러나 하리코프, 키예프, 오데사 같은 지방 대도시들에서는 반대파의 힘이 레닌그라드에서와 마찬가지로 쇠퇴했다.

정치적, 개인적 우정으로 결속된 반대파의 지도적 인물들은 트로츠키를 중심으로 해서 긴밀한 그룹을 만든 뒤 자주 만나고 의견을 교환했다. 그 안에는 볼셰비키 당내의 최고 지식인과 주요 인물들이 일부 들어 있었다. 정치적 역량과 경험, 혁명적 업적에 관해서라면 이 그룹은 확실히 스탈린 분파를 이끌고 당을 지배하는 그룹보다 우월했다. 그들 중 라코프스키, 라데크, 프레오브라젠스키, 요페, 안토노프-오브세옌코, 퍄타코프, 세레브리아코프, 크레스틴스키, 이반 스미르노프, 무랄로프, 음라치코프스키, 소스노프스키는 혁명과 내전의 초기에 두각을 나타내고 막중한 책임을 맡는 자리에 앉았던 이들이었다.[5] 이들은 넓은 안목을 갖추고 인습에 사로잡히지 않고 수완이 좋고 활기로 가득 찬 마르크스주의자들로서 당에서 가장 진보적이고 국제적인 사고를 갖춘 이들을 대표하는 사람들이었다.

이들 중 라데크는 가장 중요하지는 않을지 몰라도 가장 유명한 사람이었다. 그는 트로츠키 다음으로 명석하고 재치 있는 볼셰비키 팸플릿 필자였다. 그는 변덕스런 기질을 지녔지만 인간과 정치에 대한 빠른 판단력과 현실감각을 가진 사람이었고, 다양한 사회환경의 분위기에 기묘할 정도로 민감해 외교와 코민테른 정책 분야에서 레닌이 내린 가장 중요한 결정들을 촉진하기도 했다. 라데크는 제르진스키와 마찬가지로 폴란드–리투아니아 왕국의 사회민주당 출신의 볼셰비키였다. 이 사회민주당은 트로츠키의 견해로부터 강한 영향을 받은 로자 룩셈부르크의 당이었다.[6] 또한 라데크는 독일 사회주의의 극좌파로 수년간 맹렬한 활동을 했던 기록을 갖고 있었고, 코민테른의 선구자이자 창립자 중 한 사람이었다. 그는 10월혁명 직후 러시아에 와서 곧바로 지도자들의 내부그룹에 합류했다. 그는 브레스트리토프스크로 가는 트로츠키를 수행했고 부하린, 제르진스키와 함께 강화에 반대하는 좌파 공산주의자들을 이끌었다. 호엔촐레른가(家)(1415년부터 1918년까지 존속한 독일의 왕가–옮긴이)의 왕정이 붕괴한 뒤에 레닌은 그에게 비밀임무를 맡겨 독일로 보냈다. 독일에서 그는 새로 조직된 공산당이 출범하는 것을 도울 계획이었다. 그는 러시아를 에워싼 '완충지대'를 통과해야 하는 위험한 여행 끝에 신분을 숨기고 베를린에 도착했다. 로자 룩셈부르크와 카를 리프크네히트가 암살당하기 직전이었다. 라데크는 경찰에 붙들려 수감됐다. 백색테러가 베를린을 휩쓰는 와중에 자기의 목숨이 경각에 달린 상태에서도 그는 믿을 수 없을 정도로 다양한 일을 성공시켰다. 그는 독일의 지도적인 외교관, 기업가, 장군들과 접촉하는 데 성공했고, 감방에서도 그들과 회담을 벌였다. 그가 회담한 독일인 중에는 라팔로 조약의 시기에 외무장관을 맡게 되는 발터 라테나우도 있었다. 회담에서 그는 완충지대에 첫 틈새를 뚫어내고자 했다.[7] 또 감방에서 그는 독일 공산당과 비밀리에 계속 접촉하면서 독일 공산당이 정책을 수립하는 데 도움을 주었다.

혁명적 사회주의의 선구자인 라데크는 도박가의 면모도 지니고 있었다. 그가 외교적 음모를 꾸미는 것을 보면 과거에 혁명의 두더지로서

지하 땅굴을 파던 때만큼 능란했다. 관찰력이 뛰어난 눈과 열린 사고력을 지닌 그는 유럽에서 혁명이 썰물처럼 빠져나가리라는 것을 다른 볼셰비키 지도자들이 깨닫기 전에 예견했다. 그래서 그는 통일전선을 주창했다. 1923년에 독일로 돌아간 라데크는 그곳에서 여전히 밀물을 볼 수 없었고, 자기가 보기에 가망 없는 혁명의 시도를 하지 말도록 브란틀러를 말렸다. 그러나 정치적 도박에 대한 취향이 그를 잘못된 길로 이끌었다. '슐라게터 연설'에서 라데크는 절박한 처지에 몰린 독일의 극단적 민족주의자들에게 모호한 눈짓을 보냈다. 모스크바로 돌아온 뒤에 그는 독일의 패배와 트로츠키와의 협력에 대해 추궁을 받게 됐다. 코민테른의 유럽 부문에서 쫓겨난 라데크는 1925년에 모스크바 쑨이셴대학의 총장에 임명됐다. 중국혁명의 소문이 들려오던 때였다. 그기 할 일은 중국에서 막 시작된 공산주의 운동에 투입될 선전선동가를 훈련시키는 것이었다.[8] 잠시도 가만 있지 못하고, 위선적인 말을 하는 자를 경멸하고, 외모는 보헤미안 같고, 독설가인데다 냉소적인 태도를 취하곤 하는 라데크는 타인의 눈에 제멋대로이고 심지어 음험한 사람으로 비쳤다. 또한 라데크의 경멸 어린 눈길과 농담, 신랄한 풍자를 두려워하는 적들은 그에 대한 두려움을 비난으로 표출했다. 라데크라는 인물은 비록 훗날에 스탈린주의자들의 테러에 짓눌려 끔찍하게 왜곡되긴 했지만 분명 보기보다 단단한 사람이었다. 그의 보헤미안적 외모와 냉소적인 태도 뒤에는 그가 겉으로 드러내기를 꺼려한 군센 신념이 감춰져 있었다. 심지어 그의 재치 있는 농담과 비웃음조차 혁명에 대한 열정으로 뜨거웠다.

라데크는 지성과 유머로써 반대파 지도그룹에 전기충격을 가했다. 그는 트로츠키에게 대단한 애정을 갖고 있었고, 국제적인 경험에서 트로츠키와 공통점이 많았다. 트로츠키에 대한 그의 애정은 1923년에 그가 쓴

〈승리의 조직자 트로츠키〉라는 글에 잘 나타나 있다.[9] 트로츠키는 충동적이고 즉흥적인 라데크의 정치행동이 다소 걱정스러웠다. 그러나 그에게 따뜻한 애정을 느꼈고, 그의 재능을 존중했다.[10] 트로츠키는 라데크의 도박가적 면모는 불신했을지 몰라도 그의 관찰력과 아이디어에 의해 자극을 받았고, 그의 농담과 풍자를 즐겼다.

프레오브라젠스키의 성품은 라데크와 뚜렷한 대조를 이룬다. 프레오브라젠스키는 이론가였고, 아마도 가장 본류에 가까운 볼셰비키 경제학자였을 것이다. 1904년 이후 레닌주의자였던 그는 한때 유명한 볼셰비키 이론 소개서인《공산주의의 ABC》를 부하린과 함께 집필했다. 그는 레닌이 주도한 중앙위원회에서 서기를 맡고 있었지만, 자기가 보기에 당의 규율이 너무 엄격해지자 그 자리를 몰로토프에게 양보했다. 그는 트로츠키보다도 앞서서 당의 과도한 규율을 비판했다. 실제로 그는 1922년 초에 열린 11차 당대회에서 트로츠키의 규율주의적 태도를 비판한 바 있다. 그러나 그해에 두 사람은 손을 잡았다. 프레오브라젠스키는 트로츠키가 자기의 계획, 레닌과 나눈 사적인 대화, 스탈린에 맞설 '블록'을 조직하자는 레닌과의 합의 등을 털어놓고 이야기한 몇 안 되는 사람들 중 하나였다. 그는 경제사에 관한 중요한 몇 권의 저서를 남겼고, 보기 드문 박식함과 분석적 재능을 갖춘 사람이었다. 원래 학자인 그는 자기의 추론이 아무리 인기 없는 결론으로 이어지더라도, 그리고 그 추론이 자기의 당내 입지에 위험을 가져오더라도 그 추론을 포기하지 않았다. 그는 정교하면서도 거대한 이론적 명제들을 통해 사고를 전개했다. 그는 저서《신경제학》에서 마르크스의《자본론》에 나오는 개념들을 소련 경제에 적용하려는 최초의 진지한 시도를 했으며, 이런 그의 시도에 견줄 만한 시도는 그 후에도 없었다. 그러나 이 책은 오직 서론 부문만 공개가 허용됐고, 그것조차 탄압을 받아 곧 기억의 저편으로 사라져버렸다. 그럼에도 《신경제학》은 마르크스 사상의 한 이정표로 남아있다. 《신경제학》이 사회주의적 원시축적의 과정에 대해 제시한 예언적 분석은 지구상에 사회주의를 기반으로 해서 공업화를 해보려고 애쓰는 저개발국이 존재하는 한 계속해서 현실적인 의미를 가질 것이다. 많은 이들이 트로츠키보다는 프레오브라젠스키를 반대파의 경제분야 정책강령 입안자로 생각했다. 어쨌든 경제분야 정책강령의 이론적 토대를 만든 사람은 그였다. 그러나 그와 트로츠키 사이에는 의견차가 잠복해 있었다. 그 의견차는 1928년에 두 사람이 모스크바에서 추방되기 전에는 명확해지지 않았고, 따라서 심각한 정치적 갈등을 낳지 않았다.

퍄타코프는 볼셰비키들 중에서 가장 뛰어난 공업 경영자였다. 프레오브라젠스키가 반대파에 이론적 명제를 제시하면, 퍄타코프는 그 명제를 실제 경험이라는 확고한 토대 위에 세웠다. 레닌은 유언에서 퍄타코프를 젊은 세대 중에서 가장 중요한 두 지도자 중 하나(다른 한 사람은 부하린)로 꼽으면서 뛰어난 능력과 추진력을 갖춘 행정가로 묘사했다. 그러나 레닌은 그를 정치적 판단력은 결여된 사람이라고 평했다. 이처럼 한쪽으로 치우친 것이 반대파로서의 그의 특징이기도 했다. 퍄타코프는 경제정책에서는 반대파와 견해를 같이했지만 '이념의 전투'와는 거리를 두었고, 반대파가 당 지도부를 맹렬하게 공격할 때는 움찔 겁을 냈다. 그렇다고 그의 성격이 소심한 것은 아니었다. 몇 년 전 우크라이나가 데니킨(러시아 내전 때 반볼셰비키 군대를 지휘한 장군 — 옮긴이)에게 점령당했을 때 그는 자기 형제와 함께 우크라이나에서 볼셰비키를 이끌었다. 당시 그는 후방에서 사보타주를 조직하고 파르티잔 부대를 창설하고 투쟁을 지휘했다. 백위대는 두 형제를 붙잡아 다른 적위대 병사들과 함께 총살대 앞에 세웠다. 처형이 진행되어 그의 형제는 총살됐다. 그때 도시를 점령한 적위대가 이 학살의 현장으로 다가오자 총살대는 도중에 허겁지겁 달아났다. 가까이 지냈던 동지들과 형제의 시체를 뒤로 하고 퍄타코프는 적위대를 지휘하러 달려갔다. 퍄타코프는 이런 전력을 갖고 있었지만, 그후 반대파와 정권을 넘나들며 15년간에 걸쳐 소련의 공업화 정책에 추동력으로 작용하고 그 주된 조직가의 역할을 해내다가 결국은 법정의 피고석에서 자기가 파괴자, 반역자, 외국의 스파이였다고 '고백'하고 종말을 맞게 된다.

반대파의 다른 지도자들도 대부분 영웅의 기질을 가진 사람들이었다. 프레오브라젠스키는 반혁명의 시기에 우랄산맥 지역에서 볼셰비키 지하운동을 이끌며 온갖 위험을 겪었다. 한번은 차르의 경찰에 붙잡혀 재판을 받게 됐다. 그는 케렌스키를 변호인으로 내세웠다. 케렌스키는 의뢰인을 구하고 싶은 마음에 법정에서 프레오브라젠스키는 그 어떤 혁명운동에도 가담하지 않았다고 진술했다. 그러자 그는 피고석에서 일어나서 변호인의 말을 부인하고 혁명에 대한 자기의 신념을 시인했다. 그는 1917년과 내전 초기에 우랄산맥 지역의 볼셰비키를 이끌었다. 라코프스키가 1914년까지 오랜 기간에 벌인 용감한 투쟁은 《무장한 예언자 트로츠키 1879-1921》[11]에 나와 있다. 라코프스키는 내전 때 베사라비아에서 공산주의 부대를 지휘했는데, 그때 백위대가 그의 목에 현상금을 걸기도 했다. 그는 러시아로 돌아와 우크라이나 인민위원회의 의장이 됐다. 안토노프-오브세옌코가 10월봉기와 내전에서 한 역할은 여기에서 되새길 필요가 없겠다.[12] 무랄로프는 안토노프-오브세옌코와 마찬가지로 1905년 혁명의 전설적 영웅 중 하나였다. 그는 1917년 10월에 적위대가 크렘린 궁을 탈환할 때 모스크바 적위대를 이끌었다. 훗날 그는 모스크바 지역의 지휘관과 군검찰관을 지냈다. 트로츠키는 무랄로프를 가리켜 "친절한 만큼 두려움도 없는 대단한 거인"이라고 묘사했다. 농업경제학을 공부한 그는 전투가 없는 기간에는 짬을 내어 농민들에게 농업에 관한 조언을 해주거나 '사람과 소에 대한 의료처치'를 해주었다. 이반 스미르노프는 시베리아에서 콜차크를 무찌른 부대를 이끌었다. 세레브리아코프는 내전의 전선에서 가장 정력적으로 활동한 정치인민위원이었다. 소스노프스키는 전선의 선동가로, 주의 깊은 관찰자로, 풍속에 대한 비평가로 이름을 날렸다. 그의 비평은 볼셰비키 저널리즘에서 최고의 수준이었다.

그 모든 용맹과 지성을 갖추고도 그들의 앞날은 당분간 불투명했다. 그들은 무엇보다 당에 남고 싶었다. 그리고 몸을 낮추고 가만히 숨을 죽이고만 있으면 그렇게 될 수 있었다. 그들은 적들이 벌이는 사건과 그들의 움직임을 지켜보며 자기들이 전면에 나설 수 있는 기회가 오기를 기다렸다.

트로츠키 역시 죽은 듯이 있었지만 무기를 내려놓지는 않았다. 그는 우회적인 표현과 암시로 정권과 그 정책에 대한 비판을 계속했다. 트로츠키가 하는 모든 말 속에는, 일부러 도발적으로 들리지 않게 표현하긴 했지만, 적들이 하는 행동이나 생각에 대한 그의 의견이 담겨 있었다. 그것이 러시아 관료의 거친 태도에 관한 것이건, 신문의 형편없는 기사 양식에 관한 것이건, 당의 잘못된 문화정책 시도에 관한 것이건 그는 그 무엇도 그냥 지나치지 않았다. 국내외의 주요 정책쟁점들에 대한 그의 관심은 결코 줄어들지 않았고, 이 분야에서 그가 나중에 논쟁에 나설 때 이용될 소재가 쌓여갔다.

전쟁인민위원회를 떠난 지 거의 다섯 달이 지난 1925년 5월에 트로츠키는 제르진스키가 수장으로 있는 국가경제최고회의에서 일하라는 임명을 받았다. 이 임명에는 심상치 않은 복선이 깔려 있었다. 제르진스키는 경제학자도 정책입안자도 아니었다. 3인연합은 단지 모욕을 주려고 트로츠키를 제르진스키보다 낮은 자리로 보냈다. 그들은 트로츠키와 미리 상의하지도 않았다. 그러나 트로츠키는 쉽게 거절할 수 없었다. 혁명군사위원회에서 사임할 때 "당이 시키는 일이라면 어떤 임무라도 수행할 준비가 돼있다"고 선언한 바 있었기 때문이다. 그 맹세를 취소할 수는 없었다. 그가 레닌의 부총리 노릇을 거절할 수 있었던 것은 먼 옛날의 얘기였다.

국가경제위원회 안에서 트로츠키는 인허가위원회, 전기공학개발위원회, 공업기술위원회 등 세 위원회의 의장이 됐다. 인허가위원회는 네프의 초기 시절에 레닌이 러시아 경제의 회복을 촉진하려고 예전에 러시아 내의 각종 사업권을 승인받은 사업가들과 그 밖의 외국인 투자자들을 다시 끌어들이기 위해 만든 위원회였다. 레닌의 바람은 무위로 돌아갔다. 볼셰비키는 외국자본을 너무 두려워해서 끌어들이지 못했고, 외국인 투자자는 볼셰비키를 너무 무서워해서 그들과 협력하지 못했다. 인허가위원회는 할 일이 없었다. 크렘린 궁 밖에 있는 작은 단층 호텔의 집무실에서 트로츠키는 이따금씩 시베리아에서 금을 채굴하는 사업의 전망이나 러시아에서 연필을 제조하는 사업의 가능성에 대해 묻기 위해 오는 외국인 방문객을 맞았다.

그러나 트로츠키는 자기가 갇힌 새장을 곧 자기의 요새로 만든다. 그는 내전 때 자기가 실시했던 군사훈련에 참가했던 서기들의 도움을 받아 사업권 인허가와 러시아 대외무역이 어떤 상태에 있는지를 연구하기 시작했다. 이를 위해 그는 국내외의 공업생산 비용을 조사했고, 러시아와 서구의 노동생산성을 비교하는 연구를 했다. 이런 연구는 러시아 공업의 후진성을 부각시켰다. 그의 연구에 따르면 러시아의 노동생산성은 미국의 10분의 1에 지나지 않았다. 그는 도표를 이용해 러시아 공업의 시설 및 장비 상태가 취약함을 설명했다. 전화기의 경우 미국에는 1400만 대, 영국에는 100만 대가 있는 데 비해 소련에는 고작 19만 대밖에 없었다. 철도의 길이도 미국은 40만 5000킬로미터인 데 비해 소련은 6900킬로미터에 불과했다. 1인당 전기소비량은 미국이 500킬로와트인 데 비해 소련은 20킬로와트에 지나지 않았다.[13]

이 분명한 사실은 숫자로 강조되는 방식으로 제시되자 충격을 불러 일으켰다. 정부의 대변인들은 내전의 시기 이후 공업 생산이 거의 영에 가까운데도 러시아 공업의 발전에 자만해왔다. 그들은 현재의 생산을 1913년의 생산과 비교하고는 그 결과를 자축했다. 트로츠키는 새로운 비교의 잣대가 필요하며, 최근 몇 년간의 발전은 국내의 후진성을 기준으로 측정할 것이 아니라 서구 공업국가를 기준으로 측정해야 한다고 주장했다.[14] 러시아는 공업 발전이 시작될 때의 아주 낮았던 수준을 냉정하게 분명히 깨닫지 않는 한 일어설 수 없었다. 그는 이렇게 주장했다.

우리는 우리가 '거의' 독일인이나 프랑스인들처럼 일한다고 종종 말합니다. 나는 이 '거의'라는 단어에 대해 성전(聖戰)을 선포할 준비가 돼 있습니다. '거의'라는 말은 아무런 의미도 없습니다. (…) 우리는 생산비용을 비교해야 합니다. 신발 한 켤레를 만드는 데 여기서는 얼마가 들며 해외에서는 얼마가 드는지를 알아내야 합니다. 제품의 품질과 제품을 만드는 데 걸리는 시간을 비교해야 합니다. 그래야만 우리나라를 외국과 비교할 수 있습니다.[15]

트로츠키는 "우리는 남들에게 뒤처져서는 안 된다"는 결론을 내렸다. "우리의 첫째 가는 필수 슬로건은 (…) '뒤처지지 말자!'입니다. 그렇습니다. 우리는 선진 자본주의 국가들에 비해 대단히 많이 뒤처져 있습니다."

'남들에게 뒤처져서는 안 된다'는 슬로건을 내건 데서 트로츠키는 스탈린보다 몇 년 앞선 셈이었다. 그리고 그는 스탈린과는 다르게 러시아가 따라잡아야 할 거리 전체에 대해 러시아가 눈을 뜨게 하려고 애썼다. 트로츠키는 이 일에 정치적 위험이 따름을 알아차렸다. 러시아의 빈곤을 냉정히 바라보고 그 비참을 밑바닥까지 측량해보면 누구나 냉소적이 되거나 낙담하게 될 수 있었다. 스탈린은 공업화에 착수할 때 대중이 올라가야 할 거대한 산과 그 산에 오르기 위해서 들여야 하는 초인적인 노력을 모르는 상태로 놔두는 편이 낫겠다고 생각했다. 트로츠키는 인민의 용기와 성숙함을 믿었다. "동지들이여, 우리 스스로를 조롱하지도 겁을 먹지도 맙시다. 대신 이 숫자들을 똑똑히 기억합시다. 어떤 일이 있어도 서구를 따라잡고 능가하기 위해서는 이런 측정을 하고 비교를 해야 합니다."[16] 이처럼 3인연합은 트로츠키를 소소한 행정상의 기술적 문제들 속에 묻어버리려고 했으나, 트로츠키는 그런 문제들 속에서 다시 살아났다. 그는 정책의 중심 쟁점으로 되돌아가는 길을 찾아냈고, 1922년과 1923년에 걸쳐 자기가 요구했던 공업화를 직접 선도했다.

전기기술개발위원회 의장으로서 트로츠키는 전력화 사업에 몰두했다. 그는 나라 곳곳을 여행하며 가용자원을 조사하고, 발전소 건설계획을 검토하고, 발전소를 지을 위치를 찾고, 관련 보고서를 작성했다. 한번은 그런 여행에서 돌아와 드네프르 강의 유속을 이용하는 계획을 채택하라고 정치국에 촉구했다. '드네프로스트로이'라는 이름으로 널리 알려진

이 계획은 1930년대 공업건설의 성취 중 하나가 된다. 트로츠키가 1926년 초에 처음으로 이 계획에 관한 구상을 했을 때 정치국은 그것을 대수롭지 않게 생각했다. 스탈린은 소 한 마리도 없는 무지크에게 축음기가 쓸모없는 것 이상으로 그런 발전소는 러시아에 쓸모없다고 말했다.[17] 그러자 트로츠키는 젊은이들의 열정과 상상력에 호소했다. 그는 콤소몰에서 연설을 하면서 다음과 같이 말했다.

> 최근 우리는 샤투라의 발전소를 가동하기 시작했습니다. 그것은 늪지대에 세워졌지만, 아주 훌륭한 공업시설입니다. 모스크바에서 샤투라까지의 거리는 백 킬로미터가 약간 넘을 뿐입니다. 지척이라 할 만한 거리죠. 그런데 환경은 얼마나 다릅니까! 모스크바는 코민테른의 수도입니다. 하지만 수십 킬로미터만 벗어나면 거기에 황무지, 눈, 전나무, 얼어붙은 진흙, 야생동물이 있습니다. 눈을 뒤집어쓴 채 졸고 있는 듯한 검은 통나무 오두막촌도 있지요. 기차 창문으로 내다보면 눈밭에 찍혀 있는 늑대 발자국이 눈에 들어옵니다. 샤투라 발전소가 들어선 곳은 몇 년 전만 해도 덩치 큰 사슴들이 거닐던 곳입니다. 이제는 근사하게 생긴 철탑들이 모스크바에서 샤투라까지 늘어서 있습니다. (…) 봄이 되면 그 철탑 아래에서 암여우와 암늑대가 새끼들을 데리고 돌아다닐 것입니다. 이것이 우리의 문명입니다. 극단적으로 대조적인 모습입니다. 한편으로는 뛰어난 기술적 성취와 사고방식의 일반화가 있지만, 다른 한편으로는 시베리아의 원시적인 황무지가 있지요.
> 샤투라는 늪지에 서있습니다. 우리에게는 발전소보다 더 많은 습지가 있습니다. 우리는 전력으로 바뀌기만을 기다리는 다른 많은 연료자원을 가지고 있습니다. 남쪽에는 드네프르 강이 가장 부유한 공업지대를 통과하며 흐릅니다. 드네프르 강은 그 엄청난 수압을 낭비하고 있습니다. 오래전부터 존

재해온 급류를 놀리고 있는 것입니다. 우리가 그 흐름을 댐으로 제어하며 이용해서 그것으로 도시를 불빛으로 밝히고, 공장을 돌리고, 논밭을 풍요롭게 가꿀 수 있습니다. 우리는 드네프르 강을 그렇게 이용해야 합니다![18)

물론 공업화 그 자체가 목적인 것은 아니었다. 공업화는 "우리 문명의 미래 전체와 불가분하게 엮여 있는, 사회주의를 위한 투쟁"의 일부라고 트로츠키는 지적했다. 또 한 번 훗날의 스탈린과는 대조적으로 트로츠키는 소련이 서구를 따라잡기 위해 노력하는 동안 서구로부터 스스로를 고립시켜서는 안 된다고 주장했다. 트로츠키는 무역독점의 든든한 옹호자였고 '사회주의적 보호무역주의'라는 개념을 가장 먼저 생각해냈다. 그는 그러나 보호무역주의의 목적은 사회주의적 공업을 세계경제와 차단하는 것이 아니라 둘 사이에 긴밀하고 다양한 연결고리가 만들어질 수 있게 하는 것이라고 주장했다. 사실 '세계시장'은 러시아의 사회주의 경제를 압박하고, 그것을 냉혹하고 위험하기까지 한 시험에 들게 할 것이었다. 그러나 그런 시험을 피할 수는 없었다. 과감하게 맞서야 했다. 러시아가 보다 선진화된 자본주의 경제와 접촉하는 것이 초래하는 위험은 국제적인 분업과 월등한 서구기술의 흡수에서 얻어지는 결정적인 이익으로써 보상받을 것이라고 트로츠키는 주장했다. 고립된 상태에서는 러시아의 경제개발이 왜곡되고 지연될 것이라는 것이었다. 트로츠키는 이렇게 주장하는 과정에서 국내 자급자족이라는 개념으로 이미 고착돼 가는 정부의 공식 경제사상과 은연중에 갈등을 빚게 됐다. 일국사회주의는 폐쇄적인 소련 경제를 전제로 하는 것이었다. 트로츠키는 스탈린의 교조적인 이론에 대한 논쟁이 시작되기도 전에 사실상 그 주요 전제에 대해 반대하는 주장을 하고 나선 셈이었다.

1923년 독일에서 봉기가 실패한 뒤에 트로츠키는 국제적인 상황과 공산주의의 전망을 재평가해보려 했다. 체면을 유지하는 데 급급한 코민테른은 1923년의 실패가 갖는 중요성을 무시하고 독일에서 새로운 혁명적 상황이 전개될 것으로 내다보면서 '극좌적'인 정책을 강조했다.[19] 1924년 초에 영국에서 최초의 노동당 정부가 램지 맥도널드의 주도 아래 들어서고 프랑스에서 좌파연합을 이끄는 에두아르 에리오가 총리가 됐다. 이때 일부 공산주의 지도자들은 이 두 정부를 '혁명의 길을 닦아주는 케렌스키 정권'으로 보았다. 이에 맞서 트로츠키는 "혁명의 썰물을 밀물과 구분하는 것"이 필요하다면서 독일 노동계급이 패배에서 회복되려면 시간이 걸릴 것이니 영국과 프랑스에서 성급하게 혁명적 상황의 발전을 기대해서는 안 된다고 지적했다.

그러면서도 트로츠키는 자본주의 세계가 지속성 있는 균형을 되찾기는 불가능하다고 주장했다. 그는 미국의 부상에서 자본주의 세계를 불안정하게 할 수밖에 없는 최대의 단일 요인과 세계 정치 전체의 중심 쟁점을 찾았다. 1924년과 1925년에 트로츠키는 미국의 경제적 부상과 이것이 세계에 미치는 영향을 거듭 분석했다. 그는 미국이 모든 대륙의 문제에 관여하고 세계의 바다 전역에 걸쳐 육군기지 및 해군기지 망을 구축하면서 세계를 주도하는 강대국으로 부상할 것이라고 단호히 예견했다. 이런 그의 결론이 워낙 강력한 어조로 표현된 탓에 그가 말한 내용의 대부분이 1920년대에는 억지스럽게 들렸다. 이때는 도스안(Dawes Plan, 1차 대전이 끝난 뒤 독일의 배상에 관해 미국 쪽에서 제시한 계획안－옮긴이)의 시기였다. 미국은 유럽의 문제에 비교적 소심하고 불분명하게 개입하다가 1929년 이후에는 고립주의로 되돌아갔으며, 이 고립주의는 10년 넘게 지속된다. 따라서 트로츠키가 예견한 미국의 세계적인 세력 확장이 실제로 진행되고 있었다 하더라도 아직은 그 싹이 트고 있는 정도였다. 그는 곧잘 그랬던 것처럼 그 싹이 완전히 자란 상태를 보았다. 미국의 세력 확장을 뒷받침할 경제적 기반이 이미 구축돼 있었다. 이미 미국의 국민소득이 영국, 프랑스, 독일, 일본의 국민소득을 합친 금액의 2.5배에 달했다. 미국의 부상은 유럽의 피폐화, 발칸화(분열—옮긴이), 그리고 쇠퇴를 동반했다. 그래서 트로츠키는 "지금 미국이 영국을 포함한 전 세계에 대해 확보한 우월한 위상에 견주면 영국이 그 전성기에 유럽에서 누렸던 우월한 위상은 미미한 수준"이라는 결론을 내렸다.[20]

사실 미국과 유럽의 지배계급은 늦게야 이런 변화의 중요성을 완전히 파악했다. 그들은 정신적으로 실제 상황의 변화에 비해 뒤처져 있었다. 트로츠키는 이렇게 지적했다. "미국은 이제야 자국의 국제적 중요성을 깨닫기 시작했다. (…) 미국은 자국의 지배력을 현실화하는 법을 아직 배우지 못했다. 그러나 미국은 그렇게 하는 법을 곧 배울 것이고, 유럽에 대해서도 속속들이 배울 것이다."[21] 지리적 위치와 역사에 뿌리를 둔 미국의 고립주의와 평화주의 전통이 미국의 세력 확장을 막는 브레이크로 작용하고 있었다. 그러나 그것은 새로운 사실들의 역동적인 힘에 밀려날 터였다. 그리고 미국은 자국이 어느덧 자본주의 세계에 대한 지도력을 발휘해야 할 입장이 됐음을 깨달을 것이었다. 미국의 경제에 세력확장의 충동이 내재돼 있었다. 그 충동은 유럽의 자본주의가 생존을 위해 미국의 지원에 의존하게 되면서 더욱 강해졌다. 이 대목에서 트로츠키는 미국이 "유럽을 미국의 배급대상으로 만들고" 제멋대로 유럽에 명령을 내릴 것이라는 유명하고도 뜨거운 논쟁거리가 된 예언을 내놓았다. 세계의 공장이자 은행이라던 영국의 지위를 대신 차지한 미국은 세계에서 으뜸가는 해양강국이자 제국으로서 영국이 누리던 지위도 빼앗았다.[22] 게다가 영국은 그런 지위를 유지하기 위해 부의 원천인 동시에 다른 한편으로는 종종 제국으로서의 힘을 소모하게 하는 식민지를 소유하고 운영했으나 미국은 그럴 부담을 질 필요가 없었다. 트로츠키는 다음과 같이 지적했다. "최강의 국가는 언제나 동맹국과 지원국을 찾기 마련인데, 미국은 언제나 전 세계에서 그런 나라들을 손쉽게 찾을 수 있을 것이고, 동맹국과 함께 필요한 해군기지도 찾을 수 있을 것이다."[23] 그러므로 "우리는 미국의 군사주의가 공격적으로 전개되는 시대에 들어서고 있다"고 그는 말했다.[24]

　　미국의 고립주의와 평화주의가 발휘하는 힘에 너무 깊은 인상을 받고 이런 전망을 의심하는 이들에게 트로츠키는 미국이 독일의 전철을 밟고 있다고 대답했다. 미국은 독일과 비슷하면서도 비교할 수 없을 정도로 더 강력한 나라가 되겠지만 거대 공업국가들 가운데 후발주자였다. 트로츠키는 "불과 얼마 전만 해도 독일은 비현실적인 몽상가의 나라, 시인과 사상가의 나라로 여겨지지 않았던가?"라고 물었다. 독일이 자본주의적 발전을 이룬 기간은 고작 몇십 년에 불과했지만 그것만으로도 독일 부르주아를 가장 잔인한 제국주의의 대변자로 바꾸기에 충분했다. 미국에서 비슷한 변화가 일어나는 데는 훨씬 더 적은 시간만으로도 충분했다. 영국의 통치자들이 경험이 없는 미국인들에게 정치와 외교를 가르치는 선생 노릇을 할 것이라면서 스스로를 위안하려 했지만 헛된 일이었다. 영국인들이 그렇게 할 수는 있었지만 그 기간은 짧았다. 미국인들이 스스로 제국주의의 기술을 배우고 자신감을 얻었기 때문이다. 결국은 미국이 지닌 힘의 크기가 관건일 것이다. 벌써부터 '경험 없는 양키'가 세련되고 교묘한 영국 제국주의자들을 누르고 확실한 우위를 누리고 있다. 양키는 인도인, 이집트인, 아랍인들이 영국의 압제로부터 벗어나도록 도우면서 아시아와 아프리카의 식민지 주민들의 해방자를 자처할 수 있었고, 세계는 양키의 평화주의와 관용을 믿었다.

그러나 부르주아 유럽의 쇠퇴를 막는 것은 미국의 능력을 벗어나는 일이었다. 미국의 우세는 그 자체가 독일, 프랑스, 영국을 불안하게 만드는 원인이었다. 왜냐하면 미국의 세력 확장은 주로 이들 나라를 희생시키면서 이루어졌기 때문이다. 유럽과 미국 사이의 경제적 불균형은 반복해서 이들 나라의 무역과 국제수지에 반영되고 금융위기와 자본주의 체제 전체의 동요로 이어졌다. 미국이라고 해서 괜찮은 것은 아니었다. 세계가 미국에 점점 더 많이 의존하게 될수록 이 대서양 저편의 공화국도 세계에 점점 더 많이 의존하게 되고, 세계의 위협적인 혼란에 얽혀들 수밖에 없었다.

그렇다면 결론은? 트로츠키는 이렇게 말했다. "볼셰비즘에게 미국 자본주의보다 더 근본적이고 타협이 불가능한 적은 없다." [25] 볼셰비즘과 미국 자본주의가 "우리 시대의 기본적이고 적대적인 두 세력"이라는 것이었다. 공산주의는 어디로 나아가든 미국 자본주의가 세워놓은 장벽에 부딪칠 것이고, 미국은 세계의 어느 부분으로 팽창하려 하든 프롤레타리아 혁명의 위협에 직면할 것이다. "미국 자본주의가 중국에 침투한다면 (…) 그곳 중국의 인민 대중 속에서 발견하게 될 것은 미국주의라는 종교가 아니라 중국어로 번역된 볼셰비즘의 정치적 강령일 것"이라고 트로츠키는 예견했다.

두 거인의 결투 같은 이런 싸움에서 물질적으로는 미국 자본주의가 전적으로 유리했다. 그러나 볼셰비즘은 미국으로부터 배우고 미국의 우월한 기술을 흡수할 것이라고 트로츠키는 역설했다. 볼셰비키가 그렇게 하는 것이 미국 자본가들이 세계를 미국의 배급대상으로 만드는 것보다 쉬울 것이란 얘기였다. "미국화한 볼셰비즘은 제국주의적 미국주의를 무찌르고 깨부술 것"이라고 트로츠키는 주장했다.[26] 미국은 식민지 인민들의 '해방자'를 자처하고, 그렇게 함으로써 대영제국의 해체에 기여할 테지만, 유색인종들에 대한 우위를 확립하지는 못할 것이라는 말이었다. 그리고 장기적으로 보면 미국은 유럽에서 공산주의를 몰아내지도 못할 것이라며 트로츠키는 다음과 같이 썼다.

> 우리는 결코 미국의 힘을 과소평가하지 않는다. 혁명의 전망을 진단할 때 우리는 사실에 대한 명확한 이해에서 시작한다. (…) 그러나 우리는 미국의 힘 자체가 (…) 유럽 혁명에 가장 큰 지렛대로 작용할 것이라고 생각한다. 우리는 그 지렛대가 군사적으로뿐만 아니라 정치적으로도 엄청난 힘을 가지고 유럽 혁명에 불리하게 작용하리라는 점을 간과하지 않는다. (…) 미국 자본은 자신의 생존이 달린 문제에 직면하면 엄청난 파괴력을 발휘할 것임을 우리는 안다. 특권계급이 통치를 위해 벌인 투쟁에 대해 우리가 역사와 우리 자신의 경험을 통해 아는 모든 것은 미국 자본이 혁명적인 유럽에 행사할 폭력에 견주면 빛을 잃을지도 모른다.[27]

그렇다면 트로츠키는 어떻게 공산주의가 자기 기반을 지킬 수 있겠느냐고 물었다. 그는 공산주의가 유럽의 동쪽 가장자리와 아시아의 일부 지역에만 뿌리를 내린 상태에서 두 '근본적인 적대세력'이 충돌하게 되리라고는 예상하지 않았다. 언제나 그랬듯이 그는 서유럽에서 혁명이 일어나기를 기대했다. 그리고 그는 미국의 습격과 봉쇄를 견디려면 유럽대륙의 인민들이 '사회주의유럽합중국'을 결성해야 한다고 확신했다.

우리 제정 러시아의 인민은 봉쇄와 내전의 오랜 세월을 버텨왔다. 우리는 비참, 궁핍, 빈곤, 전염병을 견뎌야 했다. (…) 우리의 후진성 자체가 우리에게 이점으로 작용했다. 혁명은 광대한 농촌 배후지역에 의지할 수 있었기에 살아남았다. (…) 공업화한 유럽의 전망은 (…) 다르다. 통합되지 않은 유럽은 끝까지 버티지 못할 것이다. (…) 프롤레타리아 혁명은 유럽의 통합을 뜻한다. 부르주아 경제학자들, 평화주의자들, 폭리취득자들, 괴짜들, 수다쟁이들은 유럽합중국에 대해 이야기하기를 좋아한다. 그러나 분열된 부르주아는 유럽합중국을 세울 수 없다. 오직 승리한 노동계급만이 유럽을 통합시킬 수 있을 것이다. (…) 우리는 사회주의 유럽을 다리로 삼아 아시아로 가야 한다. (…) 사회주의 유럽합중국은 소련과 더불어 아시아의 인민들을 엄청난 자력(磁力)으로 끌어당길 것이다. (…) 그러면 유럽과 아시아의 나라들이 거대한 연합을 확고하게 이루고 미국과 맞서게 될 것이다.[28]

전 세계에 걸친 계급투쟁의 대결전이 일어나리라는 전망은 곧 순전한 환상이라는 가차 없는 비판에 부닥쳤다.[29] 물론 트로츠키는 이 당시에 세계 정치에서 작동하고 있던 여러 경향들 가운데 오직 하나만을 과장해 부각시켰던 것이 틀림없다. 그 후 20년간에 걸쳐 다른 경향들이 표면화됐다. 미국과 러시아는 둘 다 상대적인 고립에 빠졌다. 유럽은 그 한가운데서 제3제국이 일어서면서 다시 한 번 세계적인 태풍의 중심이 됐다. 히틀러의 정복과 위협은 미국과 소련이 일시적으로 동맹을 맺게 했다. 트로츠키는 베르사유 강화의 초기에 이런 상황을 이미 예견했다. 그 당시는 독일이 아직 일어서지 못한 상태였고, 히틀러는 활동범위가 지역적으로 국한된 모험가일 뿐이었으며, 독일의 군사력이 힘을 발휘하기 어려운 상태였다. 두 진영 간 갈등은 아직 희미한 조짐밖에 드러나지 않았다. 그 갈등은 2차대전이 끝난 뒤에야 가시적으로 전개됐다. 트로츠키는 이런 갈등의 서막만 보고서도 그 드라마의 줄거리, 구성, 동기를 예상했다. 그는 자기가 살던 시대보다 앞서 나아갔고, 그렇게 해서 그가 내놓은 예언은 그로부터 30년도 더 지난 지금까지도 상당부분이 여전히 확인되기 전의 상태로 남아있다. 그러나 그가 내놓은 예언 가운데 상당수가 진실이었음이 이미 확인됐기에 그의 예언 전체를 감히 터무니없는 것으로 격하하려고 할 사람은 거의 없을 것 같다.

유럽과 미국 사이의 변화된 관계를 전반적인 배경으로 해서 트로츠키는 영국이라는 한 나라의 앞날에 대해 보다 자세한 전망을 제시했다. 그는 1925년에 소련 정부가 소련의 노동조합과 영국의 노동조합 사이에 생긴 새로운 관계에 큰 의미를 부여하기 시작할 때《영국은 어디로 가고 있는가?》라는 책을 썼다. 그 전해의 11월에 '영국 노동조합대회'의 의장인 A. A. 퍼셀이 이끄는 대표단이 소련의 수도를 방문해서 러시아혁명에 대해 우정과 연대의 맹세를 엄숙하게 했다. 소련의 지도자들은 영국의 노동조합에서 새로 선출된 퍼셀과 쿡 등이 보이는 견고한 동맹자의 모습이 진실이기를 바라며 그들을 응대했다. 영국의 공산당이 약하고 미미했기에 소련의 지도자들은 그만큼 더 영국의 새로운 노동조합 지도자들과 '우정'을 쌓고자 했다. 코민테른의 극좌 정책은 막다른 골목에 다다르고 있었고, 보다 온건한 전술로 대체될 예정이었다. 혁명이 '공산당이라는 좁은 길'이 아닌 '노동조합이라는 넓은 문'을 통해 영국에 들어가서는 안 되는가가 쟁점으로 떠올랐다. 트로츠키가《영국은 어디로 가고 있는가?》의 집필을 막 끝냈을 때인 5월에 톰스키는 소련 대표단을 이끌고 영국 노동조합들의 연례 대회에 참석했다. 그는 정치국의 축하를 받으면서 영소노

조위원회(Anglo-Soviet Trade Union Council)를 창설했다. 이 위원회는 이듬해에 소련 공산당의 당내 논쟁에서 큰 비중을 차지하게 된다.

트로츠키는 자기가 쓴 책에서 영국에 중대한 사회위기가 다가오고 있다고 지적했다. 미국의 우세, 영국 공업시설의 노후화, 제국에 감도는 긴장과 압박감 등이 합쳐져 사회위기를 부르고 있었다. 영국은 1차대전에서 승리를 거두긴 했지만, 전쟁 과정에서 형편없이 두들겨 맞고 지친 상태였다. 승리는 영국의 취약성을 가려주긴 했으나 그리 오래 가려주지는 못했다. 영국 정부는 미국과 원만하고 우호적인 협력을 하고 있는 것처럼 가장했지만, 그 이면에는 돌이킬 수 없는 갈등이 있었다. 영국은 자국의 금융적 지배력, 상업적 특권, 그리고 제해권을 '평화롭게' 미국에 넘겨주고 있었다. 그러나 트로츠키가 보기에는 영국이 계속 그렇게 할 수만은 없을 것이고, 결국에는 무장충돌이 불가피했다. 제해권 상실과 식민지 인민의 봉기로 인해 불가피해진 대영제국의 해체가 언제까지고 미뤄질 수는 없었다. 섬나라이기에 격리된 지리적 위치가 가져다주던 전략적 이점이 이제는 영국에 별달리 도움이 되지 않았다. 1918년 이후에는 베르사유 체제와 독일경제 붕괴가 공업에서 영국이 독일보다 뒤처졌다는 사실을 보이지 않게 가려주었다. 그러나 미국의 지원을 받은 독일이 급속하게 힘을 회복하고 있었다. 이미 독일은 세계시장에서 영국의 가장 직접적이고 위험한 경쟁자로 다시 등장했다. 독일로 인해 영국의 무역과 무역수지가 혼란에 빠졌고, 영국의 모든 약점이 더욱 악화됐다. 이 모든 것은 영국과 미국이 전쟁을 수반하는 위험한 긴장관계에 들어서고, 계급투쟁이 격렬하게 고조되며, 결국은 영국에 혁명적인 상황이 실현될 조짐이라고 트로츠키는 결론 내렸다.

지금 돌이켜보면 이런 분석은 현실성이 부족하고 빗나간 전망이었음이 명확하게 드러난다. 트로츠키는 부르주아 영국이 미국과 무력충돌을 일으키는 것은 어리석은 자살행위가 될 것이라고 장담했다. 그리고 영국은 그 자살행위를 피할 수 없을 것이라 보았다. 트로츠키는 미국이 우월한 지위를 갖게 되는 것이 암시하는 바를 짚어낸 첫 번째 분석가였을지 모르나, 대영제국에 대한 분석에서는 마치 빅토리아 여왕이나 에드워드 왕 시대를 벗어나지 못한 듯했다. 그는 영국이 '평화롭게', 그리고 '끝까지' 자국의 패권을 미국에 넘겨줄 것이라고는 상상하지 못했다. 그는 영국의 몰락이 만성적이고 오랜 기간에 걸쳐 질질 끄는 과정이 아니라 파국적 붕괴의 형태로 전개될 것이라고 보았다.

예측에서 실수가 있긴 했지만 《영국은 어디로 가고 있는가?》는 영국에서의 프롤레타리아 혁명과 공산주의에 대해 그동안 개진된 옹호론 중에서 가장 효과적인 진술이다. 아니, 유일하게 효과적인 옹호론이라고 말해야 할지도 모른다. 트로츠키가 이 책을 저술한 것은 페이비언 사회주의 사상 및 이 사상의 '점진적 사회주의화의 불가피성' 이론과의 대결이었다. 그 뒤로 오랫동안 페이비언주의는 이 책의 공격에서 지적으로 회복될 수 없었다.[30] 트로츠키는 재빠르고 예리한 공격으로 영국 사회주의의 가면을 벗겨버리고, 영국 사회주의가 보수당과 자유당의 전통에 의존하는 태도와 영국 사회주의의 진부함, 섬나라 근성, 특이한 지역성, 경험주의적 편협함, 위선적 평화주의와 오만함, 기존 견해에 대한 순응적 태도, 그리고 종교와 군주제, 제국에 대한 영국 사회주의의 물신숭배적 자세를 폭로했다. 한마디로 말해 이런 영국 사회주의의 성격은 맥도널드, 토머스, 스노든 부부를 비롯한 이 당시의 노동조합 지도자들을 전투적 사회주의 운동의 지도자가 되기에 부적합하게 만들었고, 그들을 과거의 투쟁이 낳은 열매는 기꺼이 따먹으려 하지만 새로운 갈등과 격변 앞에서는 공포에 질려 몸을 움츠리는 혁명의 적으로 만들었다. 영국 노동조합 지도자들은 위기가 다가와도 노동계급을 정신적으로 속박되고 사기가 꺾이고 행동할 수 없는 상태인 채로 유지하는 것을 과제로 삼을 것이라고 트로츠키는 확신했다.

트로츠키의 유머는 자신의 주장을 생동감 넘치게 만들었다. 그렇다고 해서 그 유머가 가차 없는 주장까지도 부드럽게 만든 것은 아니다.

영국의 비둘기 애호가들은 인위적인 도태를 통해 점점 더 부리가 짧은 특별한 변종의 비둘기를 만들어낸다. 그러다 보면 새로운 변종의 부리가 너무 짧아 그 불쌍한 생명체가 알의 껍데기를 쪼아 깨지 못하고 알 속에서 그냥 죽어버리는 순간이 온다. 이렇게 죽는 생명체는 혁명적 활동을 강제로 억제당한 결과로 희생된 제물이다. 이로 인해 짧은 부리를 가진 비둘기 변종은 더 이상 만들어질 수 없게 된다. 우리의 기억이 틀리지 않다면 맥도널드는 이런 이야기를 다윈의 책에서 읽을 수 있을 것이다. 맥도널드가 좋아하는 대로 생물의 세계에 빗대어 이야기를 시작했으니 이제 우리는 영국 부르주아의 정치 기술은 프롤레타리아의 혁명적 부리를 점점 더 짧게 만드는 것이며, 그렇게 함으로써 자본주의 국가라는 알껍데기를 쪼아서 깨지 못하도록 하는 것이라고 말할 수 있다. 프롤레타리아의 부리는 그들의 당이다. 맥도널드, 토머스, 스노든 부부를 보면서 우리는 도태의 과정을 통해 프롤레타리아의 부리를 짧고 부드럽게 만드는 작업에서 부르주아가 놀라운 성공을 거두었다고 고백하지 않을 수 없다.[31]

페이비언 그룹은 자기들이 영국 특유의 전통을 이어받고 있다고 자부했다. 그래서 그들은 생소한 마르크스주의와 섞이기를 거부했다. 트로츠키는 페이비언들은 국가의 전통 중 보수적인 흐름만 강화시킬 뿐이며 진보적인 흐름은 무시하거나 억압했다고 반박했다.

맥도널드와 같은 부류의 사람들은 청교도주의로부터 그 혁명적인 힘을 전해 받지 않고 그 종교적 편견을 전해 받았다. 그들은 오웬주의자들로부터 공산주의적 열정을 내려 받지 않고 계급투쟁에 대한 유토피아적 적개심을 내려 받았다. 페이비언들은 영국의 과거 정치사로부터 부르주아에 대한 프롤레타리아의 정신적 의존성만을 빌려 왔다. 그들은 역사에서 저급한 부분만을 취했다. 그리고 거기서 그들이 읽은 글들이 그들의 강령이 됐다.[32]

젊은 마르크스주의자들을 위해 트로츠키는 영국의 혁명적 전통 중 두 가지 주된 요소, 즉 크롬웰주의와 차티스트를 요약해 소개했다. 트로츠키가 보기에 청교도들은 성서를 내세웠지만 본질적으로 정치적 혁신가이자 투사이며 구체적인 계급이익을 촉진시킨 이들이었고, 종교적 철학을 갖춘 독일의 종교개혁과 세속적 이념을 갖춘 프랑스혁명 사이의 중간에 서 있었다. 루터와 로베스피에르가 크롬웰 안에서 만났다는 것이다.[33] 크롬웰의 특성 중 상당부분, 그중에서도 특히 그의 완고함이 이제는 의미를 상실했다. 하지만 그럼에도 그는 여전히 영국의 공산주의자들이 위대한 혁명의 장인으로 받들고 그 밑에서 도제로서 봉사할 만한 인물이다. '철기대의 지휘자'로 불리는 크롬웰에 대한 트로츠키의 평가에는 호감이 스며있다.

크롬웰 군대의 존재와 성격을 적군(赤軍)의 성격과 밀접하게 연관시키게 하는 특징들을 알면 놀라지 않을 수 없다. (…) 크롬웰의 전사는 스스로를 다른 무엇보다 청교도라고 생각했고 그 다음에야 비로소 군인이라고 생각했다. 이는 우리의 전사들이 스스로를 우선 혁명가이자 공산주의자라고 생각하고 그 다음에야 비로소 군인으로 생각하는 것과 마찬가지였다.[34]

크롬웰은 의회에 대해 전혀 존경심을 갖고 있지 않았으면서도 영국의 의회주의와 민주주의의 기초를 닦았다. 이 '17세기의 죽은 사자', 이 새로운 사회의 건설자는 페이비언들의 소굴 속에 수없이 살아있는 자들보다 더 정치적으로 생기가 넘쳤다. 영국 노동당이 나중에 새롭게 그 유산에 주목하게 되는 투쟁적인 차티스트(Chartist, 19세기 중반에 영국에서 보통선거권의 보장을 요구하는 운동에 참여한 사람 ─ 옮긴이)들도 점진적 변화의 마술에 대한 신뢰를 잃었을 때 그러했다. 여전히 '맥도널드의 달콤한 절충주의와 웨브 부부의 경제학자다운 어리석음'보다 차티스트들의 슬로건과 행동방식이 훨씬 더 선호돼야 한다는 것이었다. 차티스트 운동이 좌절된 것은 시대를 앞섰기 때문이고, 이런 점에서 그것은 '역사적인 서곡'이었다. 그러나 그것은 "새롭고 가늠할 수 없을 정도로 더 폭이 넓은 역사적 기반 위에 부활하게 된다"고 트로츠키는 지적했다.[35]

트로츠키는 영국 공산당이 허약하긴 해도 바로 그러한 전통을 유일하게 정당하게 승계한 조직이라고 생각했다. 그는 좌파 페이비언들이나 노동조합 지도자들이 영국 노동자들을 혁명적으로 이끌 수 있다는 희망을 '터무니없는 망상'이라고 일축했다. 영국에서는 공산당이 무시할 수 있을 정도로 규모가 작은 반면에 페이비언주의는 만만치 않고 흔들리지 않을 것처럼 보이는 것이 사실이었다. 그러나 영국의 자유주의도 하나의 당으로서 붕괴하기 직전까지만 해도 막강하고 난공불락인 것처럼 보이지 않았던가? 자유주의가 물러나고 빈 자리를 노동당이 차지했을 때 노동당을 이끈 이들은 아직 소규모 그룹이었던 독립노동당 사람들이었다. 큰 사건의 충격은 낡았지만 겉보기에 아직 견고한 정치구조를 무너뜨리고 새로운 정치구조를 등장시킨다. 이런 일은 1차대전의 충격 뒤에 일어난 바 있고 앞으로도 다시 일어날 것이었다. 페이비언주의의 부상은 "노동계급의 혁명적 발전에서 단지 하나의 짧은 단계"일 뿐이었고 "맥도널드는 로이드 조지가 앉았던 의자보다 더 불안하게 흔들리는 의자에 앉아있다"고 트로츠키는 지적했다.

트로츠키는 불안감을 억누르며 영국 공산주의가 임무를 감당할 수 있을지를 물었다. 그런데 마르크스가 이따금씩 그랬던 것처럼 트로츠키도 다시 한 번 혁명적 낙관주의로 인해 길을 잃었다. 트로츠키는 이렇게 썼다. "예언을 하려는 것은 아니지만, 이 과정(영국에서의 혁명)은 그 어떤 경우에도 몇 년 또는 길어야 5년 정도 걸릴 것이다. 절대로 수십 년이 걸리지는 않을 것이다."[36] 훗날 트로츠키는 1926년의 결정적인 순간에 스탈린과 부하린의 전술적 처방인 영소위원회의 정책이 영국의 공산주의를 불구로 만들었다고 주장했다. 역사가라면 부적절했던 그 처방이 30년이 흐른 뒤에도 여전히 영국 정치의 변두리에서 하나의 작은 그룹으로 연명하고 있는 영국 공산주의의 길고긴 무기력함의 근본 원인이 아니었는지를 의심해 봐야 한다. 트로츠키가 예견한 거대한 사회위기는 실제로 영국 광부들의 파업과 함께 시작되려 하고 있었다. 그 파업은 산업의 역사상 가장 길고 가장 완강하게 싸운 파업이었다. 파업기간 동안 영국은 혁명의 문턱으로 움직였다.

트로츠키의 책은 영국에서 많은 논쟁을 불러일으켰다. 브레일스퍼드가 이 책의 영국판 서문에서 논쟁을 시작했다. 브레일스퍼드는 트로츠키가 뛰어난 분석가이자 작가이며 영국의 역사와 정치에 대해 잘 알고 있다고 인정하면서도, 그가 영국 노동운동의 민주적, 신교도적 전통과 '영국인의 정신에 새겨진 다수에 대한 복종의 본능'을 이해하지 못하고 있다고 썼다. 램지 맥도널드,[37] 조지 랜즈버리[38] 등은 트로츠키의 견해를 외국인의 오해로 치부해 일축했다. 반면에 버트런드 러셀은 "트로츠키는 영국 노동운동의 정치적 특징을 완벽하게 이해하고 있다"고 주장했다. 그는 또한 사회주의가 교회 및 왕권과 양립할 수 없다는 점도 인정했다. 그러나 러셀은 어떻게 영국인들의 적이 아닌 사람이 영국인들에게 미국에 의한 봉쇄조치와 영국이 패배할 수밖에 없는 전쟁으로 귀결될 혁명을 선동할 수 있는지 알 수 없었다.[39] 다른 작가들은 트로츠키가 맥도널드에게 보인 무시와 조롱의 태도에 분개했다. 그러나 이들 대부분은 몇 년 뒤 맥도널드가 노동당과 결별하자 그 '배신자'를 난도질했다.

트로츠키는 자기를 비판하는 이들에게 여러 차례 대답했다.[40] 러셀에게 보낸 답장에서 그는 소비에트 러시아의 이익을 위해 영국 노동자들을 혁명으로 내몰려는 의도를 자기는 전혀 갖고 있지 않다고 했다. 트로츠키는 어떤 나라에서든 노동자들이 단지 소련의 이익을 위해 그들 자신의 이익과 합치하지 않는 조치를 취해서는 안 된다고 썼다. 그러나 그는 러셀의 합리주의적 평화주의는 신뢰하지 않았다. 그는 이렇게 썼다.

일반적으로 혁명은 자의적으로 이루어지지 않는다. 혁명의 길을 합리주의적인 방법으로 사전에 그리는 게 가능하다면 아예 혁명을 피하는 것도 가능할 것이다. 혁명은 계급사회를 합리주의적인 방법으로 재건설하는 것이 불가능함을 표현하는 것이다. 논리적인 논쟁은 러셀이 그것을 수학공식으로 바꾼다 하더라도 물질적인 이해관계 앞에서는 무력하다. 지배계급은 자기들의 특권을 포기하느니 차라리 문명이 수학과 함께 멸망하게 할 것이다.

(…) 우리는 이런 비합리적인 요소들에서 벗어날 수 없다. 수학에서 현실적인 결론에 도달하기 위해 비합리적인 수(무리수-옮긴이)를 이용하듯이 혁명의 정책에서도 마찬가지다. (…) 사회에 내재된 모순을 솔직하게 고려해 혁명의 방법으로 그 모순을 극복할 수 있어야만 사회체제가 이성적인 질서를 갖추게 할 수 있다.[41]

영국 공산주의자들은 처음에는 트로츠키의 작업을 기쁘게 열정적으로 받아들였다. 거인이 자기들의 허약한 당원 기반을 강화하기 위해 왔다는 식이었다.[42] 그러나 그들은 그해에 영소위원회의 비호 아래 생각을 바꾸었고, 좌파 노동조합 지도자들에 대한 트로츠키의 공격에 당황하기 시작했다. 이 문제에 대해서는 1925년 11월에 얼마 전까지만 해도 트로츠기의 열렬한 지지자였던 러시아계 미국인 공산주의자 M. 올긴이 트로츠키를 비판한 바 있다.[43] 1926년 봄에 이미 영국 공산당은 트로츠키가 자기들을 '적대'한다며 러시아의 정치국에 불만을 제기했다. 트로츠키는 이런 혐의에 대해 반박해야 했다.[44]

트로츠키와 그의 적들 사이의 싸움이 주춤한 동안 볼셰비키 당 안에서는 사람과 사상의 대대적인 재편이 일어나고, 지도부와 당원들 사이에 근본적인 구분이 새로 생겨났다. 이 구분은 다음 15년간 소련 정치사의 배경이 된다.

1920년대 중반은 1917년부터 20세기 중반까지의 기간 중 소련 인민들이 긴장을 풀고 평화를 즐기고 안락한 삶의 맛을 본 유일한 시기로, 흔히 '네프의 태평시기'로 불린다. 그러나 이런 그림을 액면 그대로 받아들일 수는 없다. 이 시기가 다소 태평스러운 모습으로 보이는 것은 그 전후 시기와 상대적으로 대조되기 때문이다. 1920년대 초와 1930년대 초의 유혈투쟁, 격변, 기근과 같은 것이 1920년대 중반에는 전혀 없었다. 온 나라가 입은 상처를 시간의 흐름이 치료하고 있었다. 경제회복도 진행됐다. 농민들은 땅을 갈고 작물을 수확했다. 공업의 바퀴는 더 이상 서 있지 않았다. 폭파된 다리와 철도, 타버린 집, 폭격을 당한 학교가 다시 세워졌다. 물에 잠긴 탄광은 복구됐다. 도시와 농촌이 다시 연결됐다. 사적 거래가 번성했다. 사람들이 물건을 사기 위해 가치가 떨어진 은행권을 자루에 가득 담아 짊어지고 다니지 않아도 됐다. 루블화는 아직은 다소 불안정하긴 했지만, 신기하게도 돈의 권위를 되찾았다. 심지어 도시의 광장과 큰 거리 주변은 번영의 분주함으로 북적거렸다.

그러나 이런 모습은 크게 보아 허구적인 것이었다. 폴란드와 발틱의 전선에서부터 옛 제국의 영토 전역에 걸쳐 하나가 된 거대한 소비에트 공화국은 여전히 가혹한 가난 속에 있었고 사회적 긴장도 팽배한 상태였다. 러시아 인구의 6분의 1만이 도시에 살고, 10분의 1도 안 되는 인구만이 공업에 종사하고 있었다. 회복은 몹시 더뎠다. 광산과 공장의 생산은 아직 전쟁 전에 비해 4분의 3에도 못 미치는 수준에 머물러 있었다. 엔진도 기계도 자동차도 화학제품도 비료도 현대적 농기계도 생산되지 못하고 있었다. 소련은 현대사회에 필수적인 산업의 대부분을 아직 갖고 있지 못했다. 번성하는 사적 거래의 상당부분은 야만스러울 정도로 원시적이었고 부정으로 얼룩져 있었다. 이런 거래가 온 나라의 비참한 실상을 거품처럼 가리고 있었다.

농민들이 더 넓은 땅에서 작물을 생산해 소비하고 참으로 오랜만에 배불리 빵을 먹게 된 것은 사실이었다. 그러나 그것은 문명의 밑바닥에서 누리는 풍요였다. 그것은 더 큰 욕구와 편의시설이 없고 더럽고 어둡고 원시적인 시골의 어리석음 속에서나 즐길 수 있는 풍요였다. 농촌 인구의 3분의 1가량은 자기가 먹을 식량을 재배하지 못해 그런 종류의 행복에서 배제돼 있었다. 농민들이 식량 소비를 더 많이 했기에 도시인들은 식량 소비를 줄여야 했다. 도시인들은 차르가 통치하던 시절에 견주어 식량은 3분의 2, 그중에서도 고기는 절반밖에 먹을 수 없었다. 소비하고 남아 수출할 수 있는 식량의 양도 줄어들었다. 러시아의 곡물 수출량은 이전에 비해 4분의 1로 줄었다. 예전 그대로 러시아인들 대부분은 맨발에 누더기 차림이었다. 다만 두 가지 중요한 측면, 즉 위생과 교육에서는 주목할 만한 진전이 있었던 것 같다. 러시아인들은 그 어느 때보다 많은 비누를 사용했고 학교도 많아졌다.

사회적 긴장 가운데서는 도시와 농촌 사이의 만성적인 적대가 가장 위험했다. 도시 거주자들은 자기들이 농민들에게 이용당하고 있다고 느꼈다. 그들은 농민들이 의심할 나위 없는 혁명의 최대 수혜자라고 생각했다. 반면 무지크들은 도시인들이 자기들을 강탈한다고 느꼈다. 양쪽이 각각 이렇게 느끼는 데는 그만한 이유가 있었다. 도시 노동자들은 혁명 이전보다 훨씬 적은 돈만 벌 수 있었다. 실업자가 200만 명에 이르렀고, 대규모 공장에 고용된 인구도 같은 수준이었다. 노동자들은 자기들의 결핍을 농촌의 풍부한 식량과 비교했다. 농민들은 자기들이 생산한 농산물의 가격은 전쟁 이전보다 그다지 오르지 않은 반면 공업제품은 1914년 이전에 비해 두 배 이상의 돈을 주고 사야 한다는 사실에 분노했다. 이들 두 계급은 각각 서로에게 착취당하고 있다고 생각했다. 사실은 양쪽 다 나라의 빈곤에 의해 착취당하고 있었다.

그러나 도시도 농촌도 각각 이해관계가 통합돼 있지 않았다. 양쪽 다 자체 모순으로 분열돼 있었다. 도시 노동자는 자기들의 노동을 네프맨

(NEP-man, 신경제 정책(네프)의 시기에 새로이 대두한 자본주의적 기업가 또는 자본가—옮긴이), 중간상인, 관료들이 편취해 간다고 알고 있었다. 도시 노동자는 식량을 구입하는 데 높은 가격을 지불했지만 그 가운데 농민의 수중에 들어가는 돈은 아주 적었다. 소매거래의 10분의 9를 통제하는 중간상인들이 그 차액에서 돈을 벌었다. 공장에서는 노동자들이 고용주인 국가의 편에 선 경영자들을 상대해야 했다. 그들은 노동자들에게 돌아가야 할 몫을 빼앗아 임금을 낮추고 노동자들에게 더 많이 더 열심히 일할 것을 요구했다.[45] 노동조합 간부들과 당 세포조직의 서기들은 경영자의 편을 들고 노동자들에게서 점점 더 멀어져갔으며 노동쟁의가 일어나면 중재자 노릇을 하곤 했다. 고용주인 국가는 사실 노동자들의 요구를 들어줄 형편이 못됐다. 국민소득과 생산성은 낮고 자본투자의 필요성은 급박했다. 경영자, 당의 서기, 노동조합 간부가 노동자들에게 생산량을 늘리라고 재촉할 때마다 노동자들은 그 새로운 '보스'들에게 욕을 퍼부었다. 노동자들은 그러나 감히 자기들의 주장을 밀어붙이거나 파업에 들어가지는 못했다. 공장의 문 밖에 일자리를 얻기를 열망하는 사람들의 줄이 길게 늘어서 있었다. 자본주의에서처럼 또다시 '실업 상태의 산업예비군'이 고용돼 있는 노동자들의 임금과 노동조건을 억누르는 데 도움을 주고 있었다.

이에 비해 농민들 사이의 분열은 덜 두드러졌지만, 그렇다고 해서 덜 심각하지는 않았다. 무지크들은 농업 분야의 개혁과 네프로부터 혜택을 입었지만, 그 정도가 고르지 않았다. 농민들 가운데 중간층은 더욱 강해졌다. 이제는 소규모 자작농, 즉 자기 땅에서 다른 인력을 고용하지 않고 자기가 기른 것으로 먹고 살고, 더 부유한 농민의 땅에서 일하지 않아도 되는 세레드니아크(중농—옮긴이)가 많아졌다. 농민 열 중 서넛이 이 범주에 속했다. 열 중 한둘은 노동자를 고용하고, 농장을 넓혀가고, 도시와 거래하는 쿨라크(부농－옮긴이)였다. 열 중 다섯은 베드니아크(빈농－옮긴이)였다. 이들은 지주의 땅에서 몇 에이커를 얻어 농사를 짓고 있었지만 자기 소유의 말이나 농사도구를 갖고 있는 경우는 드물었다. 이들은 쿨라크에게 돈을 주고 말과 농사도구를 빌렸고, 그들에게서 씨앗이나 식량을 사거나 돈을 빌렸다. 베드니아크는 빚을 갚기 위해 쿨라크의 논밭에서 일해주거나 자기의 조그만 땅뙈기를 쿨라크에게 임대해주었다.

농촌 삶의 현실은 볼셰비키 정책과 사사건건 갈등을 빚었다. 레닌의 정부는 지주로부터 땅을 몰수함과 동시에 땅의 국유화를 선언했다. 이론으로도 법으로도 땅은 농민들이 소유하는 게 아니라 점유하는 것이었다. 땅을 팔거나 임대하는 것은 금지됐다. 볼셰비키는 이런 식으로 하면 불평등을 완화하고 농촌 자본주의가 성장하는 것을 막을 수 있을 것이라고 생각했다. 느리게, 그러나 확실하게 실제의 삶은 불평등과 농촌자본주의라는 장애물에 부닥쳤다. 날마다 일어나는 수많은 거래를 정부가 일일이 추적할 수 없었고, 그런 거래를 통해 땅이 이 사람 손에서 저 사람 손으로 넘어가고 자본주의적 관계가 발전해갔다. 부자는 더 부유해지고 가난한 자는 더 가난해졌다. 사실 이는 농촌자본주의의 기초적이면서도 대단히 거친 추세일 뿐이었다. 선진 부르주아 사회의 기준에서 보면 러시아의 쿨라크도 가난한 농민이었다. 그러나 이런 기준은 러시아의 현실과는 무관했다. 대단히 낮은 경제적 수준에서 농민의 계층분화가 전개됐다고 해서 그에 따른 충격이 덜한 것은 아니었다. 오히려 충격이 더 컸다. 러시아에서 몇 필의 말과 몇 개의 쟁기, 얼마간의 곡식, 약간의 현금을 소유함으로써 행사할 수 있게 되는 권력은 부유한 자본주의 사회에서 훨씬 더 많은 자본을 소유함으로써 얻게 되는 권력보다 더 컸다. 혁명이 일어난 뒤 10

년이 흐른 시점에 땅이 없는 농장노동자들(이들을 가난한 농민들과 혼동해서는 안 된다)이 받은 임금은 혁명 이전에 지주들이 그들에게 지불했던 임금보다 40퍼센트 가까이 적었다. 그런데도 노동시간은 훨씬 길어졌다. 노동여건도 노예노동보다 나을 것이 없었다. 옛 지주들은 많은 일손을 고용했지만 쿨라크는 몇 명씩만을 고용했다. 그래서 노동자들은 지주에 맞서 조직화했던 것처럼 효과적으로 스스로를 조직화해 자기방어에 나설 수 없었다. 베드니아크는 노동자보다 훨씬 더 많이 착취당하면서도 무기력했다.

이런 관계들 속에서 극심한 사회적 갈등이 생겨나고 있었다. 그러나 그 갈등이 표출되지는 못했다. 시골마을의 가난뱅이들은 쿨라크의 탐욕에 크게 분개했지만, 그들에게 완전히 의존하고 있는 상태여서 대항하기가 어려웠다. 이처럼 굴종적인 시골마을을 부농이 이끄는 경우가 많았다. 그리고 그런 부농은 마을 주민들의 분노가 자기들이 아닌 도시, 노동자, 당의 선동가, 인민위원들을 향하도록 했다.

도시와 농촌의 내부와 그 사이의 긴장은 소련의 많은 민족들 사이의 마찰에 바탕이 됐다. 우리는 이 마찰이 전시공산주의에서 네프로 이행하는 과도기에 불거지는 것을 보았다. 레닌은 러시아 관료들을 이 문제의 주범으로 보고 그들을 혹평했다. 해가 지남에 따라 문제는 더욱 심각해졌다. 점점 더 엄격해지는 정부의 중앙집권은 자동적으로 우크라이나, 벨로루시, 그루지야보다 러시아에 유리하게 작용했다. 소비에트 아시아의 보다 원시적인 민족들에게 불리하게 작용했음은 말할 것도 없었다. 모스크바에서 시작된 대(大)러시아 쇼비니즘은 주변 공화국들의 지역적 민족주의를 자극하고 강화시켰다. 쿨라크와 네프맨들은 본능적으로 민족주의자였다. 쿨라크와 네프맨 같은 사람들은 러시아의 본토에서는 대러시아 쇼비니스트였고, 다른 공화국들에서는 반(反)러시아 민족주의자였다. 인텔리겐치아는 만연한 이런 분위기에 극도로 민감했다. 공업노동자들 사이에서는 국제주의가 쇠퇴하고 있었다. 노동계급은 농촌으로부터 새로운 노동자들을 흡수하면서 스스로를 재구성하며 몸집을 키우고 있었다. 새로운 노동자들은 공장에 농민적 정치성향, 외국 문물에 대한 불신, 강렬한 지역적 충성심을 함께 가져왔다.

때로 긴장이 폭발했다. 1924년 가을에 농민 봉기가 그루지야를 휩쓸었지만 피비린내를 풍기며 진압됐다. 정부에 대한 농민들의 덜 폭력적이지만 끈질긴 적대행위가 여기저기서 터져 나왔다. 1925년 3월에 소비에트 선거가 열렸는데 많은 농촌 지역에서 유권자의 3분의 2 이상이 기권했다. 정부는 선거를 새로 치르라고 지시해야 했다. 독립적인 농민 소비에트를 결성하자는 선동이 산발적으로 일어났다. 여기저기서 정력적이고 정치적 지향을 가진 쿨라크들이 기존의 소비에트에서, 심지어는 농촌의 당 세포조직을 통해 자기들의 이익과 야망을 키워나갔다. 농촌 마을들에서 테러행위가 산발적으로 일어났다. 도시에서 농촌으로 내려간 당 선동가들이 맞아 죽기도 했다. 신문에 농장 노동자들에 대한 착취의 실상에 관해 기고한 '노동자 통신원'들은 린치를 당했다. 힘센 농민들은 그동안 네프가 자기들에게 준 기회를 최대한 이용했다. 그러나 그들은 이제 네프의 규제에 의해 행동의 제약을 받는다고 느끼자 공개적으로 또는 은밀하게 그 규제를 없애려 했다. 그들은 더 높은 식량 가격, 땅을 팔거나 빌려줄 권리, 노동을 고용할 무제한의 자유 등을 요구했다. 한마디로 '신(新)네프'를 요구하고 나선 것이었다.

이 모든 현상은 국가적 위기의 징조였다. 그 위기는 몇 년간 늦춰질 수는 있겠지만 결국은 더 위험한 상황을 몰고 올 수 있는 것이었다. 당은 해결책을 찾아야 했다. 그러나 당 자체가 나라를 분열시키는 균열로부터 점점 더 많은 영향을 받고 있었다. 1925년에 볼셰비키들의 견해에 세 가지 주요 경향이 형성됐다. 당과 당의 구세력이 좌파, 우파, 중도파로 갈라졌다. 이런 분파형성은 여러 측면에서 새로운 것이었다. 이전에 있었던 수많은 분파싸움 중 그 어느 경우도 이때와 같지 않았다. 분파 간 구분선이 이때처럼 분명하고 확고했던 적이 없었다. 그동안에는 분파와 그룹들이 생겨나도 그들 간에 차이점을 부여했던 쟁점들과 더불어 소멸했다. 그리고 논쟁의 주제에 따라 분파 간 이합집산도 늘 있었다. 어떤 한 분쟁에서 서로 적이었던 이들이 그 다음 분쟁에서는 친구로서 손을 잡았다. 분파와 그룹은 스스로 계속 존속하려고 하지 않았고, 각자의 엄격한 조직이나 규율도 갖추지 않았다. 그러던 것이 크론슈타트의 봉기 이후 달라지기 시작했다. 그 변화가 완전하고 보편적인 것이 된 것은 이때에 이르러서였다. 비록 차이점이 드러나지 않고 밑바닥에 가라앉아 있긴 했지만, 위로는 정치국과 중앙위원회에서부터 아래로는 일반 당원에 이르기까지 당이 균열됐다. 새로운 것은 이런 분열을 야기한 쟁점들뿐만이 아니다. 무엇보다 그 결말도 새롭고 운명적이었다.

　사람들이 그룹을 다시 짜고 입장을 바꾸는 모습은 때때로 놀라울 정도였다. 그 어떤 정치적 운동에서도 다 그렇듯 볼셰비키 중 일부도 언제나 온건중도 쪽으로 기울었다. 이런 이들 외에 급진적인 성향을 보이는 이들도 있었고, 습관적인 기회주의자들도 있었다. 이때의 그룹 재편성 과정에서 많은 이들이 자기의 성격을 유지했다. 예를 들어 좌파 공산주의자들과는 언제나 거리를 두었던 리코프와 톰스키는 아주 자연스럽게 신(新)우파의 우두머리 자리에 앉았다. 대부분의 기회주의자들, 특히 당 조직의 전문적 관리자들은 중도의 자리를 차지했다. 일관된 급진주의자들 가운데 일부는 이미 노동자반대파나 민주집중파, 트로츠키파에 가담했다. 그 나머지는 여전히 어느 편에 서야 할지 망설였다. 그러나 뜻밖의 전향도 있었다. 일부 볼셰비키들은 새로운 환경과 곤경의 압박 속에서 철저한 고민을 한 뒤에 그동안의 익숙했던 태도와 자세를 버리고, 지금껏 자기가 지지했던 모든 것을 부정하는 것처럼 보이는 새로운 태도와 자세를 취했다. 이런 이들 가운데는 유명한 지도자들도 있었다. 이런 이들은 자기가 그동안 숭배했던 것을 태워버리고, 그동안 자기가 태우던 것을 숭배하기 시작했다.

부분적으로는 일부 그룹과 개인들이 권력을 행사하는 동안 다른 그룹과 개인들은 그렇게 할 수 없었다는 사실에서도 새로운 차이들이 생겨났다. 7~8년 동안 공직에 머물며 엄청난 영향력을 휘두르고 권력이 주는 특권을 누려온 많은 수의 좌파 공산주의자들은 공적인 일을 피지배자의 관점이 아닌 지배자의 관점에서 보게 됐다. 반면에 같은 시기에 대중 속에서 살며 그들과 경험을 공유해온 '온건한' 볼셰비키들은 자기들이 느낀 환멸을 무작정 내비치며 마치 '극좌파'인 것처럼 말했다. 그룹 재편성의 명분은 또 있었다. 일당체제에서는 우리가 방금 살펴본 광범한 계급적 대가 합법적이고 정치적으로 표현될 방법이 없다. 그래서 사람들은 하나의 당 안에서 불법적이고 간접적인 표현방법을 찾았다. 부농들은 모스크바에 자기들의 대표를 보내어 전국적 회의에서 자기들의 요구와 주장을 진술하거나 압력집단으로 행동하게 할 수가 없었다. 그런가 하면 노동자들은 자기들의 명목상 대표들이 자기들의 고충과 불만을 자유롭게 남김없이 다 말하리라고 기대할 수 없었다. 그러나 모든 사회계급과 집단이 비정치적인 방식으로 각자 나름의 영향력을 행사했다. 부농들은 도시 인구에 대한 식량 공급량에 관건이 되는 비축곡물의 양을 통제했다. 시장에 내다팔 수 있는 잉여곡물의 절반 이상을 6~10퍼센트의 농민들이 생산했다. 이런 상황은 잉여곡물을 생산하는 농민들에게 강력한 무기가 돼주었다. 그들은 공급을 억제함으로써 도시에 주기적으로 식량부족 사태를 일으켰고, 가격이 높게 매겨진 공업제품에 대해서는 구매를 거부했다. 이로 인해 팔리지 않은 공업제품 재고가 공장들의 뜰과 창고에 쌓여갔다. 그 결과, 실제로는 생산부족에 시달리고 있는 농촌에 과잉생산의 징후가 나타났다. 노동자들은 골이 났고, 능률이 떨어졌으며, 보드카로 절망을 달래고자 했다. 폭음이 만연해 대중의 건강과 사기가 몹시 황폐해졌다. 당이 나서서 서로 부딪치는 사회적 압력들을 중화시키고 그런 압력들로부터 당 자체를 분리시키려고 애썼다. 그래도 당은 무사하지 못했다. 식량의 부족과 팔리지 않은 공업제품 재고의 증가는 당원들에게 냉혹한 현실을 직시하게 했다. 일부 볼셰비키들은 노동자들의 요구에 좀 더 민감했다. 그러나 다른 볼셰비키들은 농민들의 압력에 더 큰 영향을 받았다. 도시와 농촌 사이에 난 커다란 균열이 당과 지배집단 안에서도 재현됐다.

지노비예프가 '자기가 멘셰비키인 줄을 모르는 무의식적 멘셰비키'에 대해 말한 것도 벌써 몇 년 전의 일이었다. 무의식적 멘셰비키들은 볼셰비키 당 안에서 '진짜' 레닌주의자들의 바로 곁에 있었고, 당원들 속에서 그들 나름의 잠재적인 당을 형성하고 있었다. 그러나 이들보다 더 중요한 것은 '무의식적 사회혁명당원'들의 잠재적 당이 존재한다는 사실이었고, 이 사실은 이때 비로소 드러났다. 이들의 정치적 선조 격인 오리지널 사회혁명당원들은 나로드니키들과 마찬가지로 무지크를 선호하는 경향을 뚜렷한 특징으로 갖고 있었다. 그들은 무지크들 사이에 계급을 구분하기를 거부했고, 농민들을 쿨라크로도 베드니아크로도 다루지 않았다. 대신 그들은 무지크 전체를 토지노동자라고 불렀고, 그 토지노동자들의 이익을 공업노동자들의 이익에 종속시키기를 거부했고, 무지크의 사유 재산 추구 속에 사회주의와 양립할 수 없는 요소가 있다고 생각하지 않았다. 이론이 명확하지 않고 감상적 일반화에 집착하는 사회혁명당원들은 도시 프롤레타리아의 집산주의에 대한 농촌의 안티테제, 즉 사회주의의 준(準)중농주의적 변종을 대표했다. 전체 인구의 5분의 4가 땅에 의존해 먹고 사는 나라에서 이런 이념이 강력한 영향력을 행사하는 것은 어쩌면 당연했다. 볼셰비키는 이런 이념을 주창하는 당을 억압했지만, 이 이념에 생기를 불어넣는 이해관계, 감정, 분위기는 파괴하지 않았다. 그런데 바로 그 감정이 이제 볼셰비키 당의 일반 당원들에게까지 스며들었다. 전통적으로 나로드니키의 이념에 적대적인 환경 속에서는 그런 분위기가 관습적인 용어로 표현될 수가 없었다. 그것은 마르크스 전통의 프리즘을 통해 굴절되고 볼셰비키의 용어로 표현됐다. 이런 경향은 반트로츠키 캠페인으로부터 강한 자극을 받았고, 그 과정에서 3인연합은 트로츠키를 무지크의 적으로 깎아내리려고 했다. 트로츠키에 대한 이런 혐의는 뻔뻔한 조작이었지만, 실제로 존재하는 감정을 요약한 것이기도 했다. 그 결과로 신나로드니키 경향이 힘을 얻고, 결국은 트로츠키주의에 반대하는 투쟁이 잠시 멈춘 이 시기에 당에 새로운 우익이 등장하기에 이르렀다.

이때 앞에 나서서 우파를 고무하고 그들의 이론가이자 이데올로그 역할을 한 사람이 부하린이었다. 그가 이런 역할을 맡으며 등장한 것은 다소 수수께끼 같았다. 브레스트리토프스크의 강화 이래 부하린은 좌파 공산주의의 주요 대변자였다. 그는 '엄격한 프롤레타리아적' 관점을 고수했다. 그는 레닌의 '기회주의'를 맹렬히 비난했고, 트로츠키의 군율에 반대했으며, 스탈린에 대항해 비러시아계 민족들을 옹호했다. 그러다가 1923년 초에는 트로츠키의 급진적인 사상에 동조했다. 그러나 1924년과

1925년에 그의 이름은 온건주의, 기회주의, 부농 선호의 상징이 됐다. 이런 그의 변화는 결코 우연이 아니었다. 부하린의 좌파 공산주의는 유럽에서 혁명이 일찍 일어나리라는 기대에 기반을 둔 것이었다. 이런 전망에 모든 볼셰비키 지도자들이 기대를 걸었지만, 부하린만큼 큰 기대를 걸었던 사람은 없었다. 모두가 유럽의 혁명에서 러시아가 가난과 후진성에서 벗어날 수 있는 탈출구를 보았다. 땅과 재산을 좋아하는 수백만 농민들에 둘러싸인 얼마 안 되는 노동계급으로 사회주의의 목표를 향해 성큼 나아갈 수 있다고 믿는 이는 아무도 없었다. 부하린은 더더욱 그렇게 믿지 않았다. 그는 서구의 노동자들이 봉기해 부르주아를 타도하고 러시아에 도움의 손길을 건네기를 열렬히 기대했다. 그는 서구의 노동자들에게 혁명적 이상화의 후광을 씌웠고, 그들의 계급의식과 투쟁성을 엄청나게 과장했다. 그는 브레스트리토프스크의 강화에 대해 몹시 분개했다. 볼셰비키 러시아가 호엔촐레른 왕가에 허리를 굽히는 모습이 유럽 노동계급의 용기와 사기를 꺾을까봐 두려웠고, 유럽 노동계급과 차단되어 러시아 농민들만이 곁에 남게 된다면 볼셰비즘은 막다른 골목에 부닥치게 될 것이라고 걱정했기 때문이다.

부하린은 이제 볼셰비즘 곁에 실제로 러시아의 농민들만이 남았음을 깨달았다. 그는 더는 서구의 혁명에 의존하지 않기로 했다. 그는 스탈린과 함께 '일국사회주의'를 선포했다. 그는 그동안 세계 자본주의가 곧 붕괴한다고 말했던 것과 같은 확신으로 이제는 세계 자본주의가 '안정화'하고 있다고 진단했다. 이런 새로운 각도에서 그는 국내 상황을 다시 보았다. 그는 자기의 이전 추론이 가리켰던 결론, 즉 러시아혁명이 막다른 골목에 다다랐다는 결론을 인간적인 관점에서 더 이상 수용할 수 없었다. 그는 대신 서구의 노동자들과 동맹을 맺는 데 실패했으니 이제 볼셰비즘은 무지크들이 유일하게 진실한 친구임을 인정해야만 한다는 새로운 결론을 내렸다. 그는 지금껏 유럽의 프롤레타리아를 바라보며 가졌던 것과 똑같은 열정, 똑같은 희망, 그리고 똑같은 이상을 가지고 무지크들에게 눈길을 돌렸다. 레닌의 영향 아래에서는 당이 언제나 '노동자와 농민 사이의 동맹관계'을 배양해온 것이 사실이었다. 그러나 볼셰비키는 1917년 이후로는 한 번도 부유한 농민들에게 우정을 보내지 않았다. 그리고 레닌은 언제나 중농, 심지어 빈농까지도 '동요하는 동맹자' 정도로 취급했다. 땅과 재산의 유혹이 그들을 적으로 만들 수 있다는 이유에서였다. 이제는 그런 어렵고 불확실한 동맹은 부하린을 안심시킬 수 없었다. 그는 동맹을 더 넓고 확고한 기반 위에 올려놓을 수 있기를 바랐다. 그는 동지들에게 농민 전체를 상대로 호소해야 하고, 가난한 무지크들을 이용해 그들이 부농들에게 대항하도록 하는 일을 그만둬야 하며, 더 나아가 '강한 농민들'에게 희망을 걸어야 한다고 설득하고자 했다. 이런 그의 태도는 러시아 농촌에서 계급투쟁을 포기하는 것과 같았다. 부하린 스스로는 오래된 사고습관 또는 전술적 동기에 발목이 잡혀 이런 결론을 끝까지 밀어붙이지 못하고 위축됐다. 그러나 그의 제자인 마레츠키와 스테츠키를 비롯해 대학, 각종 선전부서, 언론 등에서 신나로드니키 또는 신인민주의 사상을 주장한 젊은 '붉은 교수들'이 부하린 대신 그런 결론을 끝까지 밀어붙이고 그 내용을 명확하게 만들었다.

부하린은 보다 실용적인 고려에 의해 움직이기도 했다. 네프의 틀 안에서 볼셰비키가 부농에 맞서 빈농과 '동맹'을 맺어서 얻을 수 있는 긍정적인 결과는 거의 없을 게 뻔했다. 빈농들은 물론 중농들도 도시를 먹여 살릴 수는 없었다. 그들은 기껏해야 자기들이 먹고 살 만큼만 생산했다. 도시 노동자의 복지는, 아니 생존조차도 소수 쿨라크들의 손에 달려 있었다. 물론 그들은 생산물을 내다파는 데 열심이었지만, 스스로 더 부유해지기 위해서 그런 것이지 단지 살기 위해서만 그런 게 아니었다. 그들은 거래에서 대단히 강력한 위치에 있었다. 사실 이때처럼 농촌에 대한 도시의 의존이 일방적이고 노골적인 적은 없었다. 정부와 당은 쿨라크를 으르면서 압박하고 빈농으로 하여금 쿨라크에 맞서도록 부추겼지만, 그렇게 해서 문제를 개선할 수는 없었다. 각종 징발과 가격통제에 시달리는가 하면 땅을 팔거나 임대하는 데 대한 규제에 불만을 품은 쿨라크들은 농사를 덜 짓고 수확을 줄이고 농산물 판매를 줄이는 식으로 대응했다. 정부는 쿨라크들의 힘을 꺾거나, 그렇지 않으면 그들이 부를 축적하도록 놔두는 수밖에 없었다. 당에서 쿨라크의 재산을 몰수해야 한다고 제안하는 그룹은 하나도 없었다. 그들 모두가 아직은 수백만 농민들의 재산을 몰수하는 것을 상상할 수 없었고, 그렇게 하는 것은 마르크스주의의 관점에서 보더라도 허용할 수 없다고 생각했다.[46]

따라서 부농이 더 부자가 되도록 당이 허용해야 한다는 부하린의 결론에는 특이한 현실성과 일관성이 있었다. 그는 사적 기업을 러시아의 재건에 이용하는 것이 네프의 목적이라고 주장했다. 그러나 보상이 없는데 사적 기업이 그런 역할을 하리라고 기대할 수는 없었다. 국부의 증대가 사회주의에 최대의 이익을 가져다주고, 집단과 개인들이 나라와 함께 성장한다면 그러한 이익이 손상되지 않을 것이다. 오히려 집단과 개인들이 각자의 금고를 채움으로써 사회 전체가 부유해질 수 있다. 이런 추론이 부하린으로 하여금 농민들에게 "당신들부터 부자가 되라!"는 유명한 호소를 하게 했다.

부하린이 간과한 것이 있었다. 부농들은 다른 계급들을 희생시키면서 더 부유해지려 한다는 점이 그것이었다. 부농들은 노동자들에게 낮은 임금만 주었고, 가난한 농민들을 쥐어짜면서 그들의 땅을 사들였고, 가난한 농민과 도시 노동자들에게 파는 식량에 더 높은 가격을 매기려고 했다. 부농들은 세금을 회피했고, 그 부담을 가난한 이들에게 떠넘기려고 했다.[47] 부농들은 국가를 희생시키면서 자본을 축적하려고 했고, 그렇게 함으로써 경제의 사회주의 부문에서 이루어지는 축적을 더디게 만들었다. 부하린은 다양한 계급과 집단들, 그리고 다양한 부문들의 이해관계가 서로 보완적이 되고 조화를 이루어 쿨라크, 베드니아크, 노동자, 공장 관리자, 심지어는 네프맨까지 모두가 행복한 형제들로 보이는 사회의 모습을 그렸다. 그런 그림은 얼마든지 현실적일 수 있었다. 그러나 그것은 전체 그림의 한 부분일 뿐이었다. 부하린은 전체 그림의 다른 부분을 간과했다. 그 다른 부분에서는 모든 것이 불화하며 갈등했고, 형제들은 적이 되어 서로의 녹을 베려 하고 있었다. 볼셰비키 중 바스티아란 사람은 네프 체제 아래에서 소련 사회가 '경제적 조화'를 이루고 있다고 찬양했고, 그 조화가 무엇에 의해서도 깨지지 않기를 진심으로 기원했다. 하나의 계급으로서의 쿨라크가 해체되면 분노가 땅을 덮으리라는 강한 예감을 갖고 있었기 때문이다.

부하린이 자기의 사상을 발전시키는 계기가 된 첫 번째 주요 논쟁에서 트로츠키주의자인 프레오브라젠스키가 그의 맞상대가 됐다. 순전히 마르크스주의에 입각해 계급갈등과 계급적대를 강조하고 사적인 이익보다 사회주의의 이익이 우선한다고 강조하는 트로츠키주의는 신인민주의적 태도와 분명히 반대되는 견해였다. 《공산주의의 ABC》의 공동저자인 두 사람은 각자의 그룹에서 볼셰비키 사상의 양극을 대표했다. 이 논쟁은 1924년 말에 프레오브라젠스키가 《신경제학》의 일부를 발표하기 전에 전개됐다.

프레오브라젠스키는 급속한 공업화가 절박하게 필요하다는 데 근거해 모든 주장을 펼쳤다. 빠른 공업화에 러시아 사회주의 정권의 미래 전체가 달려 있다는 관점이었다. 소련은 그 후진성 때문에 사회주의적 원시축적을 통해서만 공업화를 할 수 있다고 그는 주장했다. 부하린의 가정과는 대조되는 이런 프레오브라젠스키의 주장은 사적 축적에 적대적인 것이었다. 프레오브라젠스키에 따르면 국제적으로 자본주의와 사회주의의 경쟁은 두 체제의 상대적인 부, 효율성, 문화적 힘에 의해 그 결과가 결정되는 것이었다. 러시아는 시대에 뒤떨어지고 본질적으로 공업화 이전의 구조를 지닌 채 이 경쟁에 뛰어들었다. 러시아는 서구의 '독점자본주의'를 상대로 '자유경쟁'을 할 능력이 없었다. 러시아는 '사회주의적 독점주의'를 채택해야 했고, 러시아의 생산력이 가장 강력한 자본주의 국가인 미국이 이미 도달한 수준에 이를 때까지 그것을 고수해야 했다.[48] 프레오브라젠스키는 러시아가 홀로 서지 못한 상태에서 유럽 전체에서 자본주의의 지배가 무너진다면, 러시아보다는 훨씬 덜 강제적이며 더 짧은 기간에 그치긴 하겠지만 유럽 전체도 사회주의적 원시축적을 해야 할 것이라고 주장했다. 왜냐하면 유럽의 생산적 자원은 미국 자본주의의 생산적 자원보다 열악하기 때문이라는 것이었다.

프레오브라젠스키는 사회주의적 원시축적의 본질이 무엇인지 물었다. 저개발국에서는 사회주의 공업이 그 자체로는 급속한 공업화의 원동력을 만들어낼 수 없다. 사회주의 공업의 이윤이나 잉여는 축적에 필요한 자본의 일부만을, 그것도 적은 금액만을 만들어낼 수 있다. 축적에 필요한 자본 중 나머지는 임금기금으로 가야 했을 부분과 경제의 사적 부문에서 번 이윤과 소득에서 충당해야 한다고 프레오브라젠스키는 지적했다. 이를 케인스의 용어로 표현하면, 국유화된 공업의 저축은 투자수요에 비해 너무 적으므로 사적인 저축이 국유화된 공업에 투자자본의 상당부분을 공급해야 한다는 것이다. 따라서 사회주의 부문의 축적을 위한 수요가 사적 축적에 다소 좁은 범위로 그 한계를 설정한다. 그리고 정부는 사적 축적에 그 한계를 강요해야 한다. 노동자의 나라는 이 이행의 기간 동안 어떤 의미에서 농민을 '착취'하도록 강요받는다. 국가는 소비자의 이해관계에 영합할 수가 없다. 국가는 우선 중공업의 발전을 밀어붙여야 한다. 그 결과로 나타나는 소비재의 상대적인 부족은 사회집단들 사이에 소비수준이 서로 달라지고 관료, 기술자, 과학자, 숙련 노동자 등이 누리는 물질적 특권이 서로 달라지도록 할 것이다. 이런 불평등은 불쾌한 것이긴 하겠지만 새로운 계급적대를 만들어내지는 않는다. 관료집단은 특권을 누리더라도 새로운 사회계급을 형성하지는 않는다. 관료와 노동자 사이의 소득격차는 숙련 노동자와 미숙련 노동자 사이의 '정상적'인 임금격차와 그 종류와 사회적 의미가 다르지 않을 것이다. 이런 격차는 동일한 계급 안에서의 불평등으로 이어질 뿐이지 서로 적대적인 계급들 사이의 적대로 이어지지는 않는다. 동일한 계급 내부의 불평등은 사회적 부(富)가 증대함에 따라, 그리고 숙련 노동과 미숙련 노동, 육체노동과 정신노동의 구분을 모호하게 하고 종국에는 이런 구분 자체를 없애게 될 보편적인 교육을 실시함으로써 몰아내야 하며, 몰아낼 수 있다. 그 전에는 "생산주의의 관점을 가져야지 소비주의의 관점을 가져서는 안 된다. (…) 우리는 아직 소비를 위해 생산하는 사회주의 사회에서 살고 있지 않다. 우리는 사회주의적 원시축적의 시기에 있을 뿐이다. 우리는 그러한 축적 법칙의 철굽 아래에서 살고 있는 것"이라고 프레오브라젠스키는 말했다.[49]

이행기에 있는 노동자의 국가는 자본주의의 고유한 이점을 상실했으면서도 여전히 사회주의의 이점을 누리고 있지 못하다. 따라서 지금은

"사회주의 국가의 발전과정에서 가장 중요한 시기다. (…) 우리가 이 이행기를 가능한 한 신속하게 통과해 사회주의 체제가 그 모든 이점을 발휘하는 지점에 도달해야 하는 것은 삶과 죽음이 걸린 문제"[50]라고 프레오브라젠스키는 지적했다. 몇 년 뒤인 스탈린 시대에 그는 사회주의로의 이행기에는 노동자의 임금과 농민의 소득을 억압해야 한다고 주장하지만, 이때까지만 해도 이런 제안을 하지 않았다. 이때 그가 말하고자 했던 것은 집중적인 축적의 결과로 국민소득이 급속히 늘어나고 이와 더불어 노동자와 농민의 수입도 늘어나겠지만 그 증가속도는 상대적으로 더디기 때문에 국민소득 중 많은 부분을 투자로 돌릴 수 있다는 것이었다.

프레오브라젠스키는 축적의 '법칙'은 어떤 면에서 인간의 경제행위를 규정하는 자본주의의 '법칙'에 견줄 수 있을 만한 '객관적 힘'으로 나타난다고 주장했다. 그리고 그것은 인간이 그런 법칙을 의식하느냐의 여부와는 상관이 없으며, 인간의 이념이나 의도와도 상관이 없다고 했다. 사회주의적 원시축적의 법칙은 결국 국유화된 공업의 관리자들, 즉 당의 지도자들이 아무리 버틴다 해도 그들로 하여금 집중적인 공업화에 나서지 않을 수 없게 한다. 당장은 그들 중 상당수가 국유공업이 팽창하기 위해서는 사적 부문에서 자원을 흡수해 점진적으로 사회화하고 여기저기 흩어진 작고 비생산적인 농장들을 대규모의 기계화된 생산자 협동조합으로 전환시켜야 한다는 제안에 대해 우려와 심지어는 거부감을 드러냈다. 그러나 경제문제에 관한 일을 수행할 책임이 있는 사람들의 '주관적인 견해'에 결정적인 중요성을 부여할 필요는 없다. "우리 국유경제의 현재 구조는 우리의 경제 지도체제 전체보다 더 진보적임을 종종 스스로 입증하고 있다"[51]는 것이었다. 새로운 관료집단은 이행기의 논리에 저항할지도 모른다. 그러나 그들은 그 논리에 따라 행동할 수밖에 없을 것이다.

프레오브라젠스키는 그리 멀지 않은 미래에 혁명이 서유럽으로 퍼져나갈 것이라고 아직도 생각하고 있었다. 그렇다 해도 원시축적의 문제는 "적어도 20년간은 우리에게 관심의 초점이 될 것"[52]이라고 그는 예상했다. 실제로 이 문제는 거의 40년간 관심의 초점으로 유지됐다.

트로츠키는 기본적인 개념에서는 프레오브라젠스키와 생각이 같았지만 그의 견해에 완전히 동의하지는 않았다. 그러나 트로츠키는 그와 생각을 달리하는 점에 대해 공개적인 논쟁을 벌이기를 삼갔다. 그는 곧바로 맹렬한 공격을 받게 된 프레오브라젠스키를 당황하게 만들고 싶지 않았다. 이 당시에는 둘 사이의 견해차가 정치적 중요성을 갖고 있지 않았다. 4년 뒤, 즉 트로츠키와 프레오브라젠스키가 모스크바에서 추방된 뒤에야 그 견해차가 중요한 의미를 갖게 되어 둘이 고통스러운 결별을 하는 데 기여하게 된다.

프레오브라젠스키가 자기의 주장을 전개한 추상적인 방식은 트로츠키에게 거의 호소력이 없었다. 같은 문제에 대해 트로츠키는 덜 이론적이지만 더 경험적으로 접근했다. 프레오브라젠스키는 학자답게, 전술에 대해서는 전혀 관심이 없다는 태도로 저개발 노동자 국가가 '농민들을 착취' 해야 할 필요성에 대해 이야기함으로써 반트로츠키주의 선전가들에게 공격의 빌미를 제공했다. 물론 프레오브라젠스키가 말한 착취는 엄격하게 이론적인 의미에서의 착취였다. 그것은 가장 많은 임금을 받는 노동자들도 임금 이상의 가치를 생산한다는 점에서 자본주의의 착취 대상이 되는 것과 같은 의미였다. 그는 국민소득이 증가하면서 사적 부문에서 생산되는 가치도 증가하겠지만 두 부문 사이에 이루어지는 교환거래를 통해 사회주의 부문이 사적 부문에 투입해주는 가치를 초과하는 가치를 사적 부문으로부터 뽑아내게 될 것이라고 주장했다. 그런데 정부 쪽 비판자들은 그의 주장에서 착취 운운하는 도발적인 문구만 가려낸 후 그것에 야비한 의미를 주입하고 왜곡했다. 마치 프레오브라젠스키가 농민들을 핍박하고 가난하게 만드는 것이 축적에 필요한 부대조건이라고 말한 것처럼 보이게 한 것이다. 프레오브라젠스키는 오해를 바로잡으려고 문제의 문구를 '철회' 했다. 그러나 말을 바꾼 것이 상황을 더 어렵게 만들었다. 비판자들이 아주 틀린 말을 한 것은 아니라는 암시를 준 결과가 됐기 때문이다.

　12차 당대회에서 트로츠키가 사회주의적 원시축적에 대해 말했을 때 크라신이 나서서 그것은 농민들에 대한 착취를 뜻하는 게 아니냐고 물었고, 이에 트로츠키가 벌떡 일어나 그렇지 않다고 부인한 일이 있었다.[53] 이제는 프레오브라젠스키가 그와 같은 질문을 던지고는 스스로 그 질문에 긍정적인 대답을 했다. 그의 대답은 그 자체로 볼 때 트로츠키에게 너무 솔직하고 엄격한 것으로 들렸다. 트로츠키는 어떤 경우에도 농민들이 전적으로 원시축적의 부담을 져야 한다는 견해에 동조하지 않았다.[54] 그는 공업화의 속도를 프레오브라젠스키가 바라는 것만큼 높이자고 주장하지도 않았다. 두 사람 사이에는 이보다 훨씬 더 깊은 견해차가 있었다. 프레오브라젠스키는 그동안 국제혁명을 옹호하는 말을 해왔음에도 불구하고 사회주의적 원시축적이 소련 단독으로, 또는 소련이 다른 저개발국들과 연합하는 방식으로 완수할 수 있다는 뜻을 내포하도록 자기의 이론적 명제를 만들었다. 소련이 단독으로 서구가 이미 다다른 공업의 수준에 도달할 수 있는 길은 전혀 없다고 생각하는 트로츠키에게는 이런 프레오브라젠스키의 전망이 비현실적으로 보였다. 그 전망은 일국사회주의와 지적 화해의 서막을 여는 것이었다. 또한 프레오브라젠스키는 '객관적 힘', 즉 원시축적의 논리가 당 지도부에 스스로를 강요하고, 그 지도부가 무엇을 생각하거나 의도하는가와 무관하게 그들을 자기의 대리자로 만들 것이라는 식의 주장을 폈지만, 트로츠키는 이런 그의 주장에 대해서도 동의할 수 없었다. 이런 주장은 트로츠키에게 너무 엄격하게 결정론적이고, 더 나아가 숙명론적이며, 사회주의의 자동적 발전에 지나치게 많이 의존하는 반면에 투쟁하는 인간의 의식, 의지, 행동을 너무 무시하는 것으로 비쳤을 것이 분명하다.

그러나 이런 견해차는 아직 정치적 불화의 씨앗을 품고만 있는 관념적인 것에 불과했다. 트로츠키는 공업화를 주장하는 프레오브라젠스키의 논리가 다소 과장됐다고 여기긴 했지만, 논리 그 자체는 옹호하는 입장이었다. 트로츠키는 프레오브라젠스키가 농민들을 다루는 데 있어서 정치적 책략이 부족하다고 생각했는지는 몰라도 강한 농민들에게 정부가 영합하는 데 대해서는 프레오브라젠스키와 마찬가지로 비판적이었다. 추상적 이론으로 보면 《신경제학》은 공업적으로 저개발 상태에 있는 하나의 국민국가 안에서 전개되는 사회주의로의 이행과정을 상정한 결과일 수 있다. 그러나 프레오브라젠스키는 정치적으로는 일국사회주의를 변호하지 않았다. 마지막으로 언급해두자면, 그는 축적의 법칙이 당 지도부의 경제적 보수주의를 제압할 것이라고 굳게 믿었지만 그 법칙의 작동에만 기대지는 않았다. 그는 여전히 볼셰비키들에게 필요에 의해 임무를 수행할 수밖에 없게 되기 전에 나서서 임무를 수행할 것을 호소하는 투사였다. 그래서 트로츠키는 프레오브라젠스키의 논쟁을 동조적이면서도 유보적인 태도로 지켜보았다.

부하린은 프레오브라젠스키의 생각 전체를 '순 엉터리'라며 공격했다.[55] 부하린은 농민들에 대한 착취에 관해 프레오브라젠스가 한 진술을 최대한 이용해 그를 공격했다. 부하린은 만일 볼셰비키들이 프레오브라젠스키의 사상에 따라 행동한다면 그들은 노동자와 농민의 동맹을 파괴하는 동시에 프롤레타리아 또는 프롤레타리아의 이름으로 통치하는 자들이 자기들의 독재를 영구히 지속시키려고 하는 새로운 착취계급이 됐음을 스스로 입증하는 셈이 될 것이라고 말했다. 부하린이 보기에 국유화된 공업은 사적 경제부문을 '집어삼키며' 팽창할 수도 없고 그래서도 안 되며, 오히려 사적 부문에 기대서만 의미 있는 진전을 이룰 수 있었다.[56] 프레오브라젠스키의 구도에서는 농민시장이 종속적인 구실밖에 하지 못한다. 그는 국유공업에서 생산된 제품의 주된 판매처를 국유공업 안에서, 즉 생산재에 대한 수요의 지속적인 증대에서 찾았다. 이에 맞서 부하린은 러시아 같은 나라에서는 농민시장이 공업화의 기반이 돼야 한다고 주장했다. 공업 팽창의 속도를 정하는 것은 주로 공업제품에 대한 농촌의 수요가 돼야 한다는 것이었다. 부하린은 언젠가 자신이 말했듯 국유경제의 '기생적이고 독점적인 경향'에 놀라고 두려움을 느꼈다. 그리고 농민의 자유로운 경제활동에서 유일하지는 않지만 어쨌든 그런 경향에 맞설 반대경향을 보았다.

그러나 여기서 부하린은 근본적인 딜레마에 빠졌다. 그의 주장이 사회주의의 본질에 어긋났기 때문이다. 부하린은 농민시장이 아니라면 어디에서 국유공업이 "우리를 앞으로 나아가게 하고, 우리의 진보를 보장하고, 사적 부문의 경제적 자극, 즉 이윤을 대신할 자극을 찾겠는가"라고 물었다.[57] 이 질문은 사실상 마르크스 사회주의 전체에 대해 의문을 제기한 것이나 다름없었다. 왜냐하면 마르크스주의의 관점에서 볼 때 농민의 사유재산은 완전히 발달된 사회주의와 양립할 수 없기 때문이다. 그는 사회주의 부문은 그 속에서 이윤이라는 동기를 효과적으로 대체할 동기를 찾아낼 수 없으므로, 궁극적으로 사적 부문에서 작동하는 이윤이라는 동기에서 사회주의의 전진에 필요한 추진력을 얻어야 한다는 견해를 암시적으로 밝힌 셈이었다.[58] 준나로드니키적 방식으로 부하린은 농민이 국유경제의 독점적 손아귀에서 나라를 구해내리라고 기대했다. 그는 농민이 단지 자기의 농장에서만 잘살 수 있도록 허용해서는 안 되며, 농민의 욕구가 사회주의를 향해 나라가 발전해가는 속도를 결정하도록 해야 한다고 주장했다. 그리고 그러한 상황에서는 전진의 속도가 느릴 것이며, 대단히 느릴 수도 있지만 그것은 어쩔 수 없는 일이라고 했다. "우리는 농민이라는 커다란 짐수레를 끌면서 작은 걸음으로 조금씩 앞으로 나아가야 한다"[59]고 부하린은 말했다. 러시아의 발전에 대한 이런 청사진에는 마르크스적 요소보다는 톨스토이적 요소가 더 많이 들어 있었다. 프레오브라젠스키의 청사진보다 이와 더 대조되는 것은 없었다. 프레오브라젠스키는 "우리는 가능한 한 신속하게 이 이행기를 통과해야 한다. (…) 우리는 원시축적 법칙의 철굽 아래 있다"고 말한 바 있다. 화해할 수 없는 정책강령 두 개가 제시된 것이었다.

두 이론가가 다소 난해한 언어로 논쟁을 벌이는 동안에는 그 논쟁이 좁은 서클들 밖에서는 그다지 열기를 불러일으키지 않았다. 그러나 이 논쟁의 쟁점들이 보다 대중적인 형태로 바뀌어 더 폭넓은 정치적 토론의 중심부로 이동하는 것은 피할 수 없는 과정이었다. 이런 쟁점들을 처음으로 거론하고 나선 쪽은 트로츠키주의 반대파가 아니었다. 사실 트로츠키주의 반대파는 이때 침묵하고 있었고, 흩어진 상태였다. 부하린의 신(新)인민주의, 즉 강한 농민들에 대한 '구애'와 러시아의 공업적 후진성과의 사실상 화해에 대한 가장 강한 반발은 레닌그라드에서 나왔다. 새로운 우파에 대한 대응세력으로 새로운 좌파가 형성된 것도 주로 지노비예프가 이끄는 레닌그라드의 당 조직에서였다. 레닌그라드는 소련에서 가장 프롤레타리아적인 도시로 남아있었다. 이 도시는 마르크스주의와 레닌주의의 전통을 가장 강하게 갖고 있었다. 이 도시의 노동자들은 누구보다도 과감한 공업정책의 필요성을 강하게 느끼고 있었다. 이 도시의 공장과 조선소들은 철강의 부족으로 인해 놀고 있었다. 무지크가 공업 재건의 속도를 결정한다는 주장에 대해 레닌그라드 사람들은 그 누구보다도 강력히 반발하고 있었다. 자기들이 농민이라는 크고 무거운 짐수레를 힘겹게 천천히 끌면서 앞으로 나아가야만 한다는 전망을 레닌그라드 사람들보다 더 받아들일 수 없는 이들은 없었다. 농촌의 무기력한 보수주의에 대한 도시의 적개심이 모두 이 옛 수도에 집중되고 있었다. 당 조직은 관료주의적 방식으로 운영되면서 오랫동안 노동자들의 대표기관 노릇을 하지 못했지만 팽배한 불만을 어느 정도는 반영하지 않을 수 없었다. 당의 조직가와 선동가들은 엄청난 수의 실업자들을 대해야 했고, 그들의 분노와 조바심에 영향을 받았다. 대중의 분위기는 즉각 당 위계체제의 곳곳에 감염됐고, 새로운 우파에 대항하도록 각급 당원들을 몰아붙였다. 지노비예프는 1925년의 대부분을 부하린파를 공격하면서 보냈다. 북(北)코뮌 전체가 들썩였다. 콤소몰은 열정적으로 투쟁에 나섰다. 레닌그라드의 언론도 포문을 열었다.

이와 동시에 정치국에 새로운 균열이 생겨났다. 3인연합이 트로츠키를 물리치고 그를 전쟁인민위원회에서 축출한 뒤로 정치국 내부의 연대에 금이 갔다. 카메네프가 1925년 1월에 전쟁인민위원회에서 트로츠키가 차지하고 있던 자리에 스탈린이 대신 앉아야 한다고 제안했을 때 정치국의 균열이 시작됐다고 훗날 몰로토프는 말했다. 그에 따르면, 카메네프와 지노비예프는 그렇게 하면 스탈린을 서기국에서 내쫓을 수 있다고 기대했다.[60] 이때보다 훨씬 전인 1923년 10월에 지노비예프와 카메네프는 트로츠키에게도 이런 생각을 내비친 바 있었다. 그러나 그때 트로츠키는 자기의 적들 가운데 가장 사악해 보이는 지노비예프와 손을 잡아서 이로울 것이 전혀 없다고 생각했다.[61] 스탈린은 정치국 내 갈등이 1924년 말에 시작됐다고 보았다. 그때 지노비예프는 트로츠키를 당에서 축출하자고 제안했고, 이에 스탈린은 '목을 자르고 피를 튀기는 일'에는 반대한다고 대답했다.[62] 트로츠키가 전쟁인민위원회를 떠날 때 지노비예프는 그를 가죽공장을 관리하는 하찮은 자리에 앉힐 것을 제안했지만, 스탈린은 정치국을 설득해 트로츠키를 보다 덜 굴욕적인 자리에 임명하도록 했다. 홧김에 지노비예프는 레닌그라드의 당 조직을 향해 스탈린을 비롯한 정치국 위원들이 트로츠키 쪽으로 기울어져 스스로 '준트로츠키주의자'가 됐다고 비난했다.

그러나 이런 작은 움직임들에서는 아직 정책을 둘러싼 분열이 나타나지 않았다. 1925년 4월 마지막 주에야 중앙위원회의 위원들은 3인연합 내부의 정치적 불화 조짐을 눈치 챘다. 다가오는 당대회에 제출할 결의안에서 스탈린은 일국사회주의를 선포하려고 했다. 그는 몇 달 전부터 이런 생각을 해왔고, 이제 처음으로 공식적인 승인을 얻어 일국사회주의를 당론에 포함시키려 했다. 지노비예프와 카메네프는 반대했다. 그러나 3인연합 가운데 누구도 트로츠키와 결판을 벌인 지 얼마 되지 않은 시기에 자기들 내부의 불화를 노출시켜 당을 혼란스럽게 만들고 싶지 않았다. 3인연합은 문제를 덮어두고 모호하게 작성된 동의안에 합의했다. 이 동의안은 앞 대목에서 당원들에게 레닌이 일국사회주의를 한 번도 믿은 적이 없음을 상기시켰고, 결론 부분에서는 트로츠키 역시 그랬다고 비난했다.[63] 3인연합은 이런 모순된 내용의 동의안을 갖고 당대회에서 공동전선을 폈다. 그들은 즉각적이고 실질적으로 중요한 결정들과 관련해서도 일국사회주의를 주장했다. 당대회는 투표를 통해 사적 영농과 사적 거래의 자유를 확대하고, 농업세를 줄이고, 땅의 임대와 농장 노동자의 고용에 대한 규제를 폐지하기로 결정했다. 이런 결정에서 부하린파의 사상적 영향이 뚜렷하게 드러났다. 지도부 중 누구도 그들에게 반대하지 않았다. 그러나 그것은 부분적으로는 모두가 흉작에 놀라서 농민들에게 새로운 유인을 제시할 필요가 있다고 인정했기 때문이고, 부분적으로는 결의안이 모호하게 작성된 탓에 사람에 따라 각자가 원하는 방향으로 해석될 수 있었기 때문이다.

그 뒤로도 너덧 달 동안, 즉 그해 여름 내내 3인연합 내부의 불화는 겉으로 드러나지 않았다. 지노비예프와 레닌그라드파는 부하린과 리코프, 그리고 신인민주의의 '붉은 교수들'에 대해서만 반대운동을 벌였다. 이렇게 함으로써 두 사람은 스탈린이 지위를 굳히는 데 도움을 주었다. 정치국은 여전히 스탈린, 트로츠키, 지노비예프, 카메네프, 부하린, 리코프, 톰스키 등 일곱 사람으로 이루어져 있었다. 새로운 우파의 지도자들, 즉 부하린, 리코프, 톰스키는 스탈린과 동맹을 맺고 그와 함께 정치국의 다수파를 구성했다. 정치국에서 이루어지는 투표의 산수는 워낙 간단했다. 지노비예프와 카메네프가 스탈린을 쫓아내려고만 했다면 부하린을 공격하기보다는 그와 연대하고자 했을 것이다. 두 사람이 그렇게 하지 않은 것은 이때의 상황에서는 개인적 이익보다는 신념의 문제와 근본적인 견해차가 그들에게 더 중요했기 때문이다.

한편 농촌의 위기는 더욱 심해지고 있었다. 정부가 강한 농민들에게 양보했음에도 불구하고 그들의 불만은 가라앉지 않았다. 여름의 곡물 출하량이 기대에 훨씬 못 미쳤다. 정부는 갑자기 곡물의 수출을 중단시키고, 곡물수출 대금으로 수입할 예정이었던 기계와 원재료의 해외주문을 취소하라고 명령했다. 공업의 회복세가 일시적이었지만 심각하게 꺾였다. 도시에서는 식량을 구하기 힘들어지고 빵값이 치솟았다. 당 지도부는 도시와 농촌 사이의 긴장을 완화하기 위해 무엇을 해야 하는지를 다시금 고민해야 했다. 부하린은 농부들에게 더 많이 양보하고 새로운 유인을 제시하라고 정치국에 촉구했다. 그가 "당신들부터 부자가 되라!" 고 농민들에게 호소한 것이 바로 이때였다. 그는 농업 부문의 자본축적을 방해하는 규제를 마침내 없애야 할 때가 됐다고 주장했다. 그의 요구에 분노하고 쿨라크에게 겁을 집어먹은 이들에게 그는 이렇게 응대했다. "우리가 누더기를 걸치고 있는 한 (…) 쿨라크는 우리를 경제적으로 짓밟을 수 있다. 그러나 우리가 그들로 하여금 자기의 자본을 우리의 은행에 예치하게 한다면 그들은 우리를 짓밟지 못할 것이다. 우리는 그를 돕고, 그 역시 우리를 도울 것이다. 그리하여 훗날 쿨라크의 손자가 자기 할아버지에게 우리가 해준 일에 대해 고맙다고 얘기하는 날이 올 것이다."[64] 부하린의 제자들은 신중을 기했다. 그들은 신(新)네프의 도래에 대해 이야기했고, 부농들을 사회주의에 평화롭게 편입시킬 수 있어야 한다는 견해를 펼쳤다. 그 중 한 사람인 보구쳅스키는 중앙위원회의 정책 보고서인 〈볼셰비키〉에서 쿨라크들은 더 이상 상대할 가치가 없는 사회세력이라고 주장했다. 쿨라크들은 단순히 악귀, 유령, 또는 오직 소수만이 살아남은 쇠퇴한 사회적 유형이라는 것이었다.[65]

레닌그라드는 분노의 외침으로 대답했다. 레닌그라드의 노동자들은 쿨라크의 힘에 대한 새로운 증거를 날마다 빵집에서 발견하고 있었다. 모스크바위원회에서 카메네프는 도시가 생필품을 소수의 농민들에게 얼마나 많이 의존하게 됐는지를 새로운 통계와 함께 보여주면서 이런 상황을 용인하고 더 나아가 신네프를 적극적으로 요구하는 중앙위원회의 태도를 경계하라는 경종을 울렸다. 레닌그라드의 당원들은 이제 당이 나서서 빈농들에게 부농들에 맞설 것을 호소해야 한다고 촉구했다. 그들은 당이 쿨라크의 비위를 맞추려고 하다가 빈농과 중농으로 구성된 다수 대중을 적으로 만들었으며, 쿨라크가 농촌의 실질적인 지도자가 되게 했다고 지적했다. 이런 지적은 의심할 여지없는 사실이었다.[66] 그러나 이렇게 비판하는 이들이 간과하는 사실이 있었다. 그것은 빈농들은 물론 중농들조차도 도시가 필요로 하는 잉여식량을 생산해내지 못한다는 점이었다. 바로 이 점 때문에 당 간부들은 '농촌의 계급투쟁을 선동'하고 '쿨라크의 적대감을 불러일으키는 것'을 그 어느 때보다 두려워했다. 농촌의 위원회들은 농장의 노동자들을 조직하고 그들의 요구를 지지하는 것을 조심스러워했다. 국유화된 땅이 곧 개인들의 손으로 돌아올 것이라는 이야기가 떠돌았다. 그루지야에서는 실제로 농업인민위원회가 그런 취지의 '테제', 즉 법령초안을 공표했다. 그리고 이와 비슷한 법령초안들이 카프카스 산맥 일대의 다른 지역들과 시베리아에서도 공표될 예정이었다. 스탈린은 땅에 대한 권리증서가 '40년 동안이라도' 농민들에게 양도되어서는 안 되는 이유를 알 수 없었다. 또한 그는 '농촌에서 계급투쟁을 선동하는 행위'를 엄격히 금지했다.[67]

논쟁은 이제 당장의 정책에서 더 폭넓은 기본적 쟁점으로 옮겨갔다. 레닌그라드의 당원들은 이렇게 자문했다. 우리는 프롤레타리아 혁명을 수행했는가, 수행하지 못했는가? 우리는 노동자들에게 긴요한 이익을 강한 농민들에게 넘겨주고 있는 것 아닌가? 우리의 당에 무슨 일이 일어나고 있기에 당이 농촌의 계급투쟁을 포기하고 농촌자본주의를 증진시키는 것인가? 무엇이 우리의 최고 이론가로 하여금 "당신들부터 부자가 되라!"고 외치게 한 것인가? 왜 그토록 많은 우리의 지도자들이 체념하고 러시아의 후진성과 타협하려고 하는가? 이전의 혁명적 열정은 어디로 갔는가? 레닌그라드의 당원들은 자기들이 싸운 목적이 위태로워졌고, 당의 이상이 배신당했으며, 레닌주의의 원칙이 버림받았다고 결론지었다. 그들은 자기들의 혁명이 다른 혁명들, 특히 프랑스혁명이 그랬던 것처럼 탈진하는 시점에 다다른 것은 아닌지 의문이 들었다. 이때 처음으로 대중 앞에 나서서 볼셰비즘의 현재 상태와 쇠퇴기의 자코뱅주의 사이의 중대한 유사성에 대해 말하고 혁명을 위협하는 '테르미도르반동'의 위험에 대해 경종을 울린 사람은 지노비예프도 트로츠키도 그 밖의 다른 저명한 지식인도 아니었다. 그는 바로 독학으로 학습한 노동자이자 레닌그라드 당 조직의 서기인 표트르 잘루츠키였다. 우리는 이때 잘루츠키가 대중 앞에서 한 이야기가 얼마 뒤 트로츠키가 스탈린주의를 비판하면서 내세운 주장의 핵심이 되는 것을 보게 될 것이다.[68]

잘루츠키는 볼셰비즘이 그 자체의 권태로 인해 퇴락할 수 있다고 말했다. 볼셰비즘을 파괴하는 자가 볼셰비키 속에서, 그리고 반동적 분위기에 굴복한 볼셰비키 지도자들 속에서 나올 수 있다. 혁명의 복구를 부르짖는 외침이 레닌그라드에서 터져 나왔다. 우리의 통치자들은 노동계급과 사회주의의 이상에 계속 충실해야 한다! 평등은 계속 우리의 이상으로 남아야 한다! 평등이라는 꿈을 실현하기에는 노동자들의 현재 상태가 너무 가난한지도 모르지만 그렇다고 해서 그 꿈이 조롱의 대상이 되어서는 안 된다!

지노비예프가 이런 분위기의 대변자로 나섰다. 9월 초에 그는 〈이 시대의 철학〉이라는 제목의 글을 썼다. 정치국은 이 글 중에서 가장 도발적인 부분을 삭제하게 한 뒤에 그 발표를 허용했다. 검열을 거친 이 글에서 그는 "우리 시대에 인민 대중이 무엇을 꿈꾸고 있는지 알고 싶은가?"라고 물은 뒤 다음과 같이 썼다.

> 그들은 평등을 꿈꾼다. (…) 인민의 진정한 대변자가 되고 싶다면 우리는 평등을 향한 투쟁의 선두에 서야 한다. (…) 어떤 이름으로 노동계급과 수많은 인민이 10월의 위대한 나날들에 봉기했던가? 어떤 이름으로 그들이 레닌을 따라 불 속으로 뛰어들었던가? 어떤 이름으로 (…) 그들이 초기의 어려운 시절에 레닌의 깃발을 따랐던가? (…) 그 이름은 평등이었다.[69]

거의 비슷한 시기에 지노비예프는 《레닌주의》라는 책도 발간했다. 이 책은 당의 이념적 원칙에 대한 해석과 소련 사회에 대한 비판적 연구를 한데 묶은 것이었다. 그는 사적 부문과 사회주의 부문 사이의 갈등과 긴장을 드러내 밝히고, 사회주의 부문에도 '국가자본주의'의 요소들이 강력하게 존재한다고 지적했다. 사회주의 부문에서는 공업의 국가소유가 사회주의적 요소를 대변하지만 고용자인 국가와 노동자들의 관계, 관료적인 공장 관리, 차등화된 임금은 자본주의의 표식이라는 것이었다. 여기서 지노비예프는 처음으로 일국사회주의에 대해 공개적인 비판을 하고 나섰다. 상당기간 고립된 채로도 소련은 사회주의를 건설하는 데서 많은 진전을 이룰 수 있겠지만, 가난하고 뒤처지고 안팎의 위험에 노출된 상태에서 완전한 사회주의를 달성할 수는 없다고 그는 주장했다. 그런 상태에서는 경제적, 문화적으로 자본주의 서구를 능가할 수도, 계급차별을 철폐할 수도, 국가를 소멸시킬 수도 없다는 것이었다. 그러므로 일국사회주의의 전망은 비현실적이며, 볼셰비키는 인민을 그런 신기루 앞에 놔둬서는 안 된다고 그는 주장했다. 특히 그 신기루가 해외에서의 혁명이라는 희망을 포기하고 레닌의 국제주의와 결별하는 것을 의미한다면 더욱 그렸다고 했다. 바로 여기에 새로운 분열의 핵심이 있었다. 새로운 우파는 엄격하게 국내적이고 고립주의적인 틀에서 정책을 제시했다. 좌파는 국제 공산주의가 겪은 모든 패배에도 불구하고 당의 국제주의적 전통을 고수했다.

이 단계에서, 즉 1925년 여름에 스탈린과 그의 지지자들은 자기들의 태도를 중도라고 정의했다. 스탈린은 한편으로는 확신에서, 다른 한편으로는 자기가 부하린과 리코프의 지지에 의존하고 있었기에 기회주의적인 계산에서 친무지크 정책을 후원했다. 그러나 그는 우파의 동맹을 견제했고, 부하린의 "당신들부터 부자가 되라!"와 같은 노골적인 진술은 거부하는 태도를 취했다.[70] 조심스럽고 교활하지만 논리적이거나 이론적인 정교함에는 조금도 신경 쓰지 않는 스탈린은 좌파와 우파 모두에서 시상과 슬로건을 빌려와 그것들을 아주 어색하게 짜 맞추곤 했다. 그러나 바로 이런 점에 스탈린의 강점이 있었다. 그는 모든 쟁점을 모호하게 만들고 모든 토론을 혼란스럽게 만들었다. 스탈린은 자기가 한 말에 대해 공격하는 비판자들에게 언제나 정확하게 그 반대의 뜻을 담은 말을 해줄 수 있었다. 그의 절충적인 방식은 관료집단이나 습관적으로 관망하기만 하는 사람에게 매우 유용했다. 게다가 그 방식은 정직하지만 소심하거나 흐리멍덩한 사람들도 많이 끌어들였다. '중도파'라면 다 그렇듯이 스탈린주의자들 가운데 일부는 좌파 쪽으로 기댔고, 다른 일부는 우파 쪽으로 기댔다. 칼리닌과 보로실로프는 부하린 및 리코프와 가까웠고, 몰로토프와 안드레예프, 카가노비치는 '좌파 스탈린주의자'였다. 스탈린의 지지자들 사이의 이런 차이는 스탈린으로 하여금 우파와 거리를 두도록 했다. 오직 단 하나의 쟁점, 즉 일국사회주의에 대해서만 스탈린과 부하린의 연대가 굳건했다.

10월 초에 중앙위원회는 연말에 열릴 예정인 14차 당대회에 대비해 몇 가지 사전 정지작업을 검토했다. 중앙위원회 위원들 가운데 지노비예프, 카메네프, 소콜니코프, 크루프스카야 등 네 명이 제기된 모든 쟁점에 대해 당원들이 솔직하게 자기 생각을 말할 수 있도록 자유로운 토론의 보장을 요구하는 공동성명을 들고 나왔다. 이 공동성명을 통해 3인연합 중 스탈린을 제외한 나머지 두 사람은 스탈린과 부하린에 대항하려는 자기들의 의도를 일반 당원들에게 알렸다.

소콜니코프는 지노비예프, 카메네프의 모든 견해에 동의하지는 않았다. 금융전문위원으로서 그는 최근 몇 년간 사적 기업을 진흥시키는 데 최선의 노력을 다했고, 많은 이들이 그를 우파의 기둥으로 간주했다. 그러나 그 역시 정책의 흐름과 점점 더 커지는 스탈린의 권력에 대해 불편한 느낌을 갖고 있었다. 그래서 그는 자유로운 토론에 대한 요구를 지지했다. 크루프스카야는 지노비예프와 카메네프를 확고하게 뒷받침하면서 그들에게 문제를 감추지 말고 정치국 내부의 불화를 전체 당원들에게 폭로하라고 압박했다. 크루프스카야는 남편의 유언에도 불구하고 스탈린이 총서기 자리에 그대로 앉아있는 사실을 용납할 수 없었다. 그녀는 부하린주의자 그룹의 영향력이 커가는 것을 적의를 품고 지켜보았다. 그녀는 그들에 대해 반대의 목소리를 내고자 했으나 정치국이 허락하지 않았다. 크루프스카야는 아내로서뿐 아니라 비서이자 생각을 공유하는 사람으로서도 레닌과 오랜 세월 동안 긴밀하게 같이 활동했다. 이런 사실을 아는 당원들에게 그녀의 목소리는 무게를 지닌 것이었다. 그녀는 이제 레닌주의에 대한 지노비예프의 해석을 지지하고 일국사회주의에 반대하는 증언을 하고 싶은 마음이 간절했다.

4명의 위원들은 공개토론을 요구하면서 당규와 관습에 맞게 행동했다. 당은 그동안 예비토론 없이 곧바로 당대회를 열어본 적이 없었다. 중앙위원회는 토론을 허용하지 않았고, 지노비예프와 카메네프에게 공식적인 정책에 대한 그 어떤 공개적 비판도 삼가라고 명령했다. 이리하여 지노비예프와 카메네프는 이전에 자기들이 트로츠키를 빠뜨렸던 곤경과 똑같은 곤경에 빠지게 됐다. 두 사람이 공개적으로 발언하는 것은 중앙위원회와 정치국의 위원인 자기들을 구속하는 '내각의 연대'라는 원칙에 반하는 행동이었다. 그러나 공개적으로 발언하지 않는 것은 자기들의 정치적 양심과 이익에 반하는 처신이었다. 두 사람이 침묵을 지키고 그들의 지지자들이 부하린주의자들에 대해서만 공격을 하는 동안에 스탈린은 두 사람을 권좌에서 끌어내리는 작업을 계속했다. 카메네프는 그동안 모스크바의 위원회에서 막강한 영향력을 행사해왔다. 여름에 서기국은 카메네프의 심복들을 조용히 직위해제하고 비게 된 자리들을 믿을 만한 자기의 지지자들로 채웠다. 그러나 레닌그라드에는 지노비예프와 그의 지지자들이 굳건하게 자리 잡고 있었다. 당장은 스탈린이 그들의 힘을 약화시킬 조치를 취할 수 없었다. 지노비예프는 중앙위원회의 전원합의를 지킨다는 식의 가면을 쓰고 있었지만, 그의 지지자들은 자유롭게 말할 수 있었다. 그들은 모두 분노했고, 열정에 불탔다. 그들은 당대회에서 당의 공식 정책을 공격할 준비가 돼 있었다.

10월과 11월에 걸쳐 모스크바와 레닌그라드가 처절하고 거의 노골적인 씨름을 벌였다. 두 수도 모두에서 당대회에 참석할 대표를 뽑는 선거가 부정으로 얼룩졌다. 모스크바는 스탈린과 부하린이 지명한 후보들만 대표로 선출했고, 레닌그라드에서 선출된 대표들은 모두 지노비예프의 지지자들인 것으로 드러났다. 당대회가 개막되기 사흘 전에 중앙위원회가 다시 회의를 열었을 때 이제 공개적인 갈등을 막을 수 있는 것은 아무엇도 없다는 게 분명해졌다. 지노비예프와 카메네프는 공식적인 정책 보고서를 공개적으로 비판하고 그들 나름의 대응 보고서를 제출하기로 작정했다. 당대회 개막 첫날인 12월 18일에 지노비예프는 〈레닌그라드스카야 프라우다〉에 기고한 글을 통해 자기의 적들을 다음과 같이 몰아세우며 공격의 포문을 열었다.

> 그들은 국제혁명에 대해 큰소리를 해대지만, 레닌을 국내로 제한된 사회주의 혁명의 고무자로 그린다. 그들은 쿨라크에 맞서 싸우지만, "당신들부터 부자가 되라!"는 구호를 내건다. 그들은 사회주의에 대해 외치지만, 네프의 러시아를 사회주의 국가로 선포한다. 그들은 노동계급을 "믿는다"고 하지만, 부농들에게 도와달라고 요청한다.

부하린주의자들과 지노비예프주의자들 사이의 공방은 여러 달째 계속되고 있었고, 3인연합 내부의 갈등은 거의 1년 가까이 들끓고 있었다. 이것은 트로츠키가 기다렸던 판도변화이자 그가 행동에 나설 기회로 보일 수도 있었다. 그러나 그 기간 내내 트로츠키는 초연한 태도를 유지했고, 당을 분열시킨 쟁점들에 대해 침묵하고 모르는 체했다. 13년 뒤 멕시코에서 듀이위원회(Dewey Commission)의 위원들 앞에 서서 그는 14차 당대회 때 지노비예프, 카메네프, 스탈린이 서로 적이 되어 충돌하는 것을 보고 놀랐다면서 이렇게 고백한다. "나는 그런 폭발을 전혀 예상하지 못했다. 당대회가 진행되는 동안 나는 불확실함 속에서 기다렸다. 상황이 모두 뒤바뀌었기 때문이다. 나는 너무도 혼란스러웠다."[71]

많은 세월이 흐른 뒤에 트로츠키가 회상한 이 기억이 미덥지 않다고 여겨질 수도 있다. 그러나 이 고백은 당대회가 진행되는 기간에 트로츠키가 써놓은 미공개 일기에 의해 전적으로 사실이었음이 입증된다.[72] 트로츠키는 듀이위원회 위원들에게 자기가 그때 놀랐던 것은 비록 자기가 정치국 위원이긴 했지만 3인연합이 그들 사이의 불화를 철저히 숨기면서 자기가 없는 자리에서, 다시 말해 사실상의 정치국으로 기능하는 비밀 간부회의에서만 서로 대립했기 때문이라고 설명했다. 이런 그의 설명은 사실이다. 하지만 실제로 그것이 해명해주는 것은 거의 없다. 첫째, 일국사회주의에 관한 핵심적인 논쟁은 이미 공개적으로 이루어지고 있었다. 트로츠키가 그러한 공개적인 논쟁을 주시했다면 그 의미를 놓쳤을 리가 없다. 트로츠키는 그 논쟁을 주시하지 못했던 것이 분명하다. 둘째, 지노비예프와 카메네프, 크루프스카야, 소콜니코프는 비밀 간부회의가 아니라 10월에 열릴 중앙위원회의 본회에서 공개토론을 요구했다. 그러나 이들이 그렇게 하지 않았다 하더라도, 그리고 일국사회주의에 대한 공개토론이 새로운 균열의 조짐을 전혀 드러내지 않았다 하더라도 트로츠키처럼 가까이에 있고, 관심도 갖고 있고, 예리한 관찰자인 사람이 돌아가는 상황을 알아차리지 못하고 그 많은 징후들을 눈치 채지 못했다는 것은 일종의 수수께끼다. 어떻게 그가 레닌그라드에서 몇 달간이나 터져 나온 불만의 목소리를 듣지 못할 수 있었을까?

트로츠키가 놀란 것은 그가 관찰, 직관, 분석에서 실패한 결과였다고 우리는 결론지어야 할 것이다. 더구나 라데크, 프레오브라젠스키, 스미르노프를 비롯한 그의 친구들이 무슨 일이 벌어지고 있는지를 알아차리지 못했거나 그들 중 누구도 트로츠키에게 문제상황을 알리려고 하지 않았다고 믿기는 어렵다. 당시 트로츠키의 마음이 닫혀 있었던 게 분명하다. 그는 마치 다른 세계에 사는 것처럼 자기 자신과 자기만의 생각에 잠겨 있었다. 그는 과학과 공업 분야의 일과 문학 작업에 몰두함으로써 자신에게 닥친 좌절로부터 스스로를 보호하고 있었던 것이다. 그는 당내 문제에 관심을 두지 않았다. 그는 스스로에 대한 우월감과 적들에 대한 경멸감으로 가득 차 있었고, 적들이 논쟁을 이용하고 속임수를 쓰는 데 대해 혐오감을 느낀 나머지 적들의 행동에 관심을 갖지 않았다. 그는 적들이 자기에게 씌우려는 규율의 속박에 순응했다. 그러나 그는 고개를 꼿꼿이 세운 채로 그들을 무시했다. 그의 전기를 쓴 작가(이 책의 저자인 아이작 도이처 자신을 가리킴―옮긴이)는 이때로부터 몇 년 뒤에 모스크바에서 트로츠키가 이 당시에 중앙위원회 회의에 꼬박꼬박 참석하긴 했지만 자리에 앉아서는 책을 펴들고 읽는 데 몰두하고 회의에서 진행되는 토의의 내용에는 아랑곳하지 않았으며, 그렇게 읽은 책은 주로 프랑스 소설이었다는 말을 들었다. 누군가가 지어낸 이야기라고 한다면 참으로 잘 지어낸 이야기인 것 같다. 왜냐하면 이 이야기는 트로츠키의 기질을 잘 전해주기 때문이다. 그는 적들에게 등을 돌릴 수는 있어도 적들을 아무렇지도 않다는 듯이 바라보고 있지는 못하는 사람이었다. 그는 적들에게서 너무 가까운 곳에 있었다. 그는 그들을 소인배, 악당, 사기꾼으로 보았고, 실제로 그런 경우도 종종 있었다. 그는 그들이 위대한 국가와 당의 지도자들이기도 하며 그들의 말과 행동은 거대한 역사적 무게를 지닌다는 점을 절반은 잊어버리고 있었다.

트로츠키가 레닌그라드의 당원들이 하는 말에 귀를 기울였더라면 자기가 옹호했던 대의명분을 그들이 옹호하고 있으며, 자기가 공격했던 태도들을 그들이 공격하고 있음을 단번에 알아차렸을 것이다. 반대파들과 마찬가지로 레닌그라드의 당원들은 트로츠키가 그만둔 곳에서 시작했다. 그들은 트로츠키의 전제를 바탕으로 논쟁을 벌였고, 그의 주장을 꺼내어 들고 그것을 더욱 진전시켰다. 트로츠키는 정치국이 결단력이 없으며 공업을 소홀히 하고 경제의 사적부문을 지나치게 염려한다고 비판한 바 있다. 레닌그라드의 당원들도 그렇게 비판했다. 트로츠키는 국내에 한정된 편협한 정신이 당 간부들로 하여금 자기만족의 기준에서 정책을 짜고 미래를 생각하도록 하는 모습을 바라보며 걱정했다. 지노비예프와 카메네프도 '국내에 한정된 편협한 정신'에 대해 트로츠키가 느낀 것과 똑같은 적대감을 가지고 일국사회주의에 대한 비판을 처음으로 하고 나섰다. 하지만 트로츠키는 애당초 이 주제에 대한 부하린과 스탈린의 생각을 학자연하며 따분하게 내세우는 교조적 주장으로 보고 논평할 가치조차 없다고 여겼던 게 분명하다. 그랬기에 그 뒤로도 1년 반 가까이나 일국사회주의에 대해 아무런 논평도 하지 않았을 것이다. 그러나 그러는 사이에 일국사회주의는 볼셰비키의 새로운 정설이 되어갔고, 그는 죽는 날까지 그것과 싸우게 된다. 지노비예프와 카메네프는 이 새로운 이론의 징후적 의미에 보다 민감했다. 트로츠키는 이 새로운 이론에 반대하는 두 사람의 주장에 동의하지 않을 수 없었다. 왜냐하면 두 사람은 고전적인 마르크스주의 국제주의를 무기로 그 새로운 이론에 대항했기 때문이다. 하지만 레닌그라드에서 불거져 나온 평등을 향한 외침도 트로츠키의 마음을 움직이지 못했다. 지노비예프, 카메네프, 소콜니코프, 크루프스카야가 당내 의견 표출을 억누르는 데 대해 항의할 때에만 트로츠키의 마음이 움직였다. 트로츠키와 마찬가지로 그들은 네프맨, 쿨라크, 관료집단 사이의 부정한 동맹에 대해 말했다. 또한 트로츠키와 마찬가지로 그들은 프롤레타리아 민주주의를 부활시킬 것을 요구했다. 트로츠키는 당에 대고 지도력의 '퇴화'를 경고한 바 있었다. 이와 똑같은 경고가 이제는 '테르미도르반동'의 위험을 알리는 레닌그라드 당원들의 외침 속에서 훨씬 더 신랄하고 심상치 않게 울렸다. 이런 것들이 곧 트로츠키가 채택하고 그 뒤 여러 해에 걸쳐 내세우게 될 개념과 슬로건들이었다. 그러나 트로츠키는 자기의 적이었던 자들이 그런 것들을 내세우는 것을 보면서 시기적으로 중요한 몇 달 동안 '불확실성 속에서' 기다렸다. 그의 지지자들도 그와 함께 기다렸다.

트로츠키와 그의 지지자들은 그동안 지노비예프와 카메네프를 당 우익의 지도자로 생각하는 데 익숙해 있었기 때문에 더욱 혼란스러웠다. 사실 두 사람이 당 우익의 지도자라는 견해를 퍼뜨리는 데 트로츠키만큼 기여한 사람이 없었다. '10월의 교훈'이라는 글에서 트로츠키는 지노비예프와 카메네프가 10월봉기에 반대했던 사실을 당에 상기시켰다. 그는 지노비예프가 1923년에 독일 공산주의자들을 '투항'으로 이끈 것은 그의 사고방식이 1917년과 여전히 같기 때문이라고 주장했다. 그리고 트로츠키는 초기당원들이 2차 인터내셔널의 간부들과 마찬가지로 보수적이고 관료적인 '장치'와 같은 집단으로 퇴화할 수 있다고 당에서 말하면서, 거의 지노비예프와 카메네프를 문제의 원인으로 지목하다시피 했었다. 그러므로 지노비예프와 카메네프가 새로운 좌파의 대변자로 등장했을 때 트로츠키가 그들을 미심쩍은 눈으로 바라본 것도 놀랄 일이 아니다. 그는 선동정치가 펼쳐지는 게 아닌가 하는 의심을 품었다. 이런 의심은 전혀 근거 없는 것이 아니었다. 하지만 그 의심은 배역의 변화가 실제로 일어나고 있으며 그 변화는 러시아에서 대단히 중요한 상황이 전개되면서 일어나는 인물과 사상의 재편성 중 일부라는 점을 트로츠키가 파악하지 못하게 했다. 지노비예프와 카메네프의 전향은 좌파 공산주의자들의 지도자였던 부하린이 새로운 우파의 이데올로그가 된 전향만큼이나 놀라운 일이었다. 이 두 건의 전향은 서로를 보강하는 것이기도 했다. 공식적인 볼셰비키 정책은 이제 오른쪽으로 매우 강하게 치우쳐 있었다. 어제만 해도 우파를 이끌었던 이들 가운데 일부는 그러한 경향이 낳는 결과에 놀라는 동시에 자기들은 저만치 왼쪽으로 옮겨져 있음을 비로소 알아차렸다.

개인적인 야망과 시기심도 나름대로 한몫 했던 게 분명하다. 지노비예프와 카메네프는 스탈린에게서 권력을 뺏으려 했다. 하지만 두 사람은 부하린과 함께 고립주의와 신인민주의의 파도에 올라타는 선택을 했어야 더 나은 기회를 얻었을 것이다. 그런데 그들은 당의 기간조직에 속하는 사람들 사이에서 인기를 잃은 레닌주의의 프롤레타리아적이고 국제주의적인 전통에 매달리는 태도를 취했다. 경합의 결과는 당장은 당의 기간조직에 속하는 사람들에 의해 좌우될 수밖에 없었다. 지노비예프와 카메네프의 전망과 사고습관, 그리고 지지자들의 분위기가 그들의 독자적 행동을 제약했다. 중요한 사안에 대해 아무리 소심하거나 기회주의적으로 행동했나 해도 어쨌든 그들은 레닌의 가장 가까운 제자들이었다. 그들은 자신들을 만들어낸 영향력을 체질상 떨쳐버릴 수 없었다. 다른 이들은 유럽 노동계급에 등을 돌리고 진심이건 아니건 무지크를 찬양할 수 있을지 모르지만, 그들은 그렇게 할 수 없었다. 다른 이들은 러시아의 자급자족적 사회주의를 찬양할 수 있을지 모르지만, 그들에게 그런 생각은 불합리하고 모순된 것이었다. 이 같은 쟁점들에 대한 그들의 태도는 이제 볼셰비즘에서 나타난 다양한 흐름들을 구분하는 분수령이 됐다.

이런 역할변화에는 그 밖의 다른 측면도 있었다. 이전의 트로츠키와 레닌처럼 지노비예프와 카메네프는 권위와 자유의 딜레마, 다시 말해 당의 규율과 프롤레타리아 민주주의의 딜레마와 씨름했다. 그들도 권력과 혁명의 꿈 사이의 긴장을 느꼈다. 그들은 그동안 규율의 신봉자였다. 그러나 이제 그들은 자기들 자신이 강요했던 기계적이고 경직된 규율에 진저리가 나고 지쳤다. 지노비예프는 수년간 정치무대에서 활보하면서 큰

소리로 명령을 내리고, 계획하고, 음모를 꾸미고, 사람들을 강등시키거나 승진시키고, 혁명과 그 자신을 위한 권력을 다졌다. 그는 마치 권위에 사로잡히고 취한 듯했다. 그러나 이제는 각성과 씁쓸한 뒷맛, 그리고 매우 선명했던 혁명의 봄으로 돌아가고 싶은 열망이 찾아왔다. 지노비예프와 함께 구세대의 다수가 같은 경향의 길을 걸어가고 같은 곤경과 환멸을 겪었다. 이리하여 트로츠키주의자들을 패퇴시키는 데 힘을 보탠 그들이 결국은 트로츠키주의자들과 구분되지 않는 태도를 취하기에 이르렀다. 모든 것이 그들로 하여금 1923년 반대파와 손을 잡게 만들었다.

만일 트로츠키가 지노비예프 및 카메네프와 연대하려고 했다면 이때가 바로 그렇게 해야 할 시점이었다. 1926년 초까지는 레닌그라드파의 활동기반이 굳건했다. 지노비예프가 레닌그라드 일대의 도시와 지방 행정조직들을 장악하고 있었다. 그에게는 열렬한 지지자들이 많았다. 그는 영향력 있는 신문들에 대한 통제력을 갖고 있었다. 또한 그는 오랜 기간 지속적으로 정치투쟁을 수행하는 데 필요한 물질적 수단을 소유하고 있었다. 북코뮌에서 그는 여전히 막강한 요새의 주인이었다. 스탈린이 이미 코민테른 본부에서 활발히 움직이면서 그의 영향력을 약화시키고 있긴 했지만, 그래도 여전히 그는 코민테른의 의장이었다. 스탈린과의 갈등에 부닥쳤을 때 지노비예프의 위상은 같은 상황에서 트로츠키가 점하고 있었던 위치보다 어떤 면에서는 훨씬 더 강했다. 트로츠키는 개인적 권력의 도구에는 손을 대려 한 적이 없었다. 그래서 그는 세계를 뒤흔든 일을 해내고서도 거의 맨손으로 3인연합과의 싸움을 시작했다. 3인연합이 트로츠키에게 볼셰비즘의 이방인이라는 낙인을 찍는 것은 무척이나 쉬운 일이었다. 이에 비하면 스탈린과 부하린이 지노비예프와 카메네프, 크루프스카야를 뿌리 깊은 멘셰비키라고 비난하기는 훨씬 어려웠다. 이제 볼셰비키 구세력의 두 분파 간 갈등이 분명해졌다. 지노비예프가 패배하기 전에 그와 트로츠키 사이에 동맹이 맺어졌다면 그 동맹은 커다란 힘을 발휘했을 것이다. 그러나 두 사람 중 어느 누구도, 그리고 두 사람의 지지자들 가운데 어느 쪽도 준비가 돼있지 않았다. 서로에 대한 불만과 증오, 그리고 서로 주고받았던 비난과 모욕의 기억이 아직 너무나 생생했기에 양쪽이 서로 가까워지기란 힘든 일이었다.

이제 트로츠키의 정치인생에 아주 기이한 순간들이 이어지게 된다. 12월 18일에 14차 당대회가 열렸다. 이 당대회를 끝으로 트로츠키는 더 이상 당대회에 참석하지 못하게 된다. 당대회에는 처음부터 끝까지 정치적 폭풍이 몰아쳤다. 길고 험난했던 당의 과거 역사에서도 전혀 보지 못했던 정치적 폭풍이었다. 새로이 적대적 경쟁관계에 서게 된 사람들이 온 국민이 지켜보는 가운데 엎치락뒤치락하며 서로를 맹렬히 공격했다. 당과 혁명의 운명은 길을 잃었다. 트로츠키의 남은 인생을 채우게 될 주요 쟁점들의 거의 전부가 이 당대회에서 불거져 나왔다. 적대적 경쟁에 나선 자들 모두가 트로츠키를 주시했다. 그들은 트로츠키가 과연 누구와 손을 잡을 것인지 궁금해 하면서 숨을 죽이고 그의 말을 기다렸다. 그러나 당대회가 진행된 두 주일 내내 트로츠키는 잠자코 앉아만 있었다. 지노비예프가 감정이 격해 있는 청중을 향해 레닌의 유언과 그 유언의 내용 중 스탈린의 권력남용에 대한 레닌의 경고를 상기시켰을 때도 트로츠키는 아무 말 하지 않았다. 그는 사회주의를 위협하는 위험요소들이 쿨라크, 네프맨, 관료들로부터 나오고 있다고 생각하면서도 당대회에서는 입을 다물었다. 카메네프가 당에 대한 독재적인 지배체제가 수립되는 데 대해 강렬하게 항의하자, 조작된 선거를 통해 당대회에 참석하게 된 다수의 대표들이 분노의 거품을 입에 물며 카메네프를 모욕했다. 당대회에서 처음으로 스탈린을 '레닌주의 중앙위원회의 단합 중심'으로 주장하고 나서는 중대한 장면이 펼쳐졌다. 그러나 그 순간에도 트로츠키는 수동적인 태도로 지켜보기만 했다.

크루프스카야는 레닌 숭배가 당원들을 어리석게 만드는 효과에 대해 이야기했다. 그녀는 당대회에 참석한 대표들에게 레닌의 저작에서 무의미한 인용을 하며 논쟁을 벌일 것이 아니라 당장의 현안 쟁점들에 대해 토론해야 한다고 호소했다. 그리고 마침내는 트로츠키를 반대하는 캠페인이 어떻게 트로츠키에 대한 중상과 박해로 전락했는지를 경고조로 상기시켰다. 그러나 크루프스카야가 이런 발언을 할 때도 트로츠키는 일어서서 크루프스카야와의 연대를 선언하지 않았다. 그는 세기적인 대논쟁 중 하나인 일국사회주의에 대한 논쟁을 마치 무관심하다는 듯 듣기만 했다. 부하린은 예전에 당이 트로츠키의 영속혁명론을 거부했던 사실을 근거로 일국사회주의 옹호론을 펼친 다음에 '달팽이의 속도'로 사회주의를 건설하는 방안에 대해 발언했다. 이때도 트로츠키는 항의하거나 동의하지 않는다는 몸짓을 일체 하지 않았다. 3인연합은 자신들이 서로 불화하게 된 속사정에 대해 이야기했다. 그 이야기에 따르면 트로츠키라는 존재가 3인연합 내부의 불화에 큰 원인이었다. 스탈린은 지노비예프와 카메네프가 어떻게 트로츠키의 목을 요구했으며 자기가 어떻게 그 요구를 거부했는지에 대해 말했다. 지노비예프는 콤소몰 중앙위원회의 압도적 다수가 트로츠키에 대한 지지를 선언한 뒤에 자기와 스탈린이 어떻게 해서 당규를 어겨가며 그들을 해산시켰는지를 설명했다. 많은 분파의 대변자들이 트로츠키에게 찬사를 바치며 그의 환심을 사려고 했다. 크루프스카야가 일어나 "레프 다비도비치, 당신은 새로운 협력자들을 얻었군요!"라고 외쳤다. 이제껏 트로츠키에게 지독한 적의 태도를 보였던 라셰비치는 트로츠키가 1923년에 완전한 오류에 빠졌던 것은 아니라고 인정했다. 스탈린주의자들과 부하린주의자들도 트로츠키에 대한 칭찬의 말을 아끼지 않았다. 예를 들어 새로운 반대파에게 미코얀은, 트로츠키는 패배했을 때도 양심적으로 당의 규율을 지켰다며 그 빛나는 모범사례를 본받으라고 했다. 야로슬라프스키는 레닌그라드 당원들이 과격하고 여전히 완화되지 않은 반트로츠키주의의 성향을 갖고 있다고 꾸짖었다. 톰스키는 트로츠키의 견해가 보여주는 투명하고 맑은 명료함과 트로츠키의 행동이 보여주는 일관성을 지노비예프와 카메네프가 보여주는 지리멸렬함 및 얼버무리는 태도와 비교했다. 칼리닌은 트로츠키를 끌어내리려는 지노비예프와 카메네프의 시도에 자기는 늘 분노와 혐오감을 느꼈다고 말했다. 지노비예프는 공식적인 정책에 대해 이의를 제기할 권리를 주장하며 그 어떤 반대의 목소리도 이처럼 거칠게 다뤄진 적이 없다고 불평했다. 스탈린주의자와 부하린주의자들은 그동안 그가 트로츠키에게 한 일을 상기시키며 비웃음을 보냈다. 그러자 지노비예프는 장황한 연설을 끝내면서 과거는 과거로 묻어두고, 볼셰비키로서의 견해를 가진 모든 분파가 서로 협력하고 단합할 수 있도록 당 지도체제를 개혁하자고 제안했다. 이제 당대회에 참석한 대표들 모두의 눈이 트로츠키를 향했다. 저 위대한 웅변가는 끝내 입을 열지 않을 참인가? 트로츠키는 입을 굳게 다물고 있었다. 안드레예프가 이반자들을 더 효과적으로 다룰 수 있도록 중앙위원회에 새로운 특권을 부여하는 방안을 표결에 붙이자고 주장했을 때도 트로츠키는 침묵을 지켰다. 안드레예프의 제안은 새로운 반대파를 제거하기 위한 것이었다. 이 제안은 큰 표차로 부결됐다. 한편, 레닌그라드의 당원들은 자기들의 요새 안에서 싸움을 계속하고 있었다. 당대회가 폐막되기 전에 레닌그라드에서 이번 당대회의 결정에 반대하는 격렬한 시위가 벌어지고 있다는 보고가 전해지자 당대회 참석자들은 크게 분노했다. 이 모든 상황 속에서 트로츠키는 끝내 단 한마디의 말도 입 밖에 내지 않았다.[73]

트로츠키의 사적인 문서들을 보면 이때 그의 마음속에서 무슨 일이 일어나고 있었는지를 짐작할 수 있다. 당대회의 넷째 날인 12월 22일에 그가 간단히 적어 놓은 메모를 보면, 트로츠키주의 반대파가 해야 할 일을 레닌그라드의 당원들이 계속하고 있는 것이라는 일각의 견해에 '일말의 진실'이 들어 있다고 씌어 있다. 농민들에 대한 트로츠키주의의 적대적 태도와 관련해 1923년 터져 나온 거센 비난은 이제 유행처럼 된 신인민주의의 길을 닦았고, 레닌그라드의 당원들은 그러한 신인민주의에 대항하고 나선 것이었다. 그들이 트로츠키주의에 반대하는 운동에 앞장섰다 하더라도 신인민주의에 대항하고 나서는 것은 당연했다. 당대회에서 표출된 지노비예프 분파에 대한 적대감은 근본적으로는 도시에 대한 농촌의 적개심을 반영하는 것이었다. 이런 견해가 맞는다면 트로츠키가 레닌그라드의 당원들과 즉각 연대했어야 하는 것 아니냐고 생각할 수도 있다. 그러나 당대회에서 드러난 쟁점과 노선차이는 트로츠키의 분석만큼 명확하지 않았다. 트로츠키는 마음속에 몇 가지 희망을 품고 있었다. 그리고 그런 희망이 그로 하여금 계속 기다리는 자세를 유지하게 했다.

트로츠키는 누구보다도 극단적인 온건파로 당연히 부하린의 편에 서야 할 소콜니코프가 왜 레닌그라드 당원들의 편에 합류했는지를 궁금해 했다. 그는 모스크바와 레닌그라드의 사이에 노선구분의 선이 그어진 것을 보고 당황했다. 그는 양쪽 사이에 인위적으로 만들어진 적대적 관계가 더 깊은 밑바닥에 존재하는 갈등을 가리고 있음을 알아차렸다. 트로츠키는 두 수도의 당 조직이 손을 잡고 친무지크 성향의 우파에 대항해 프롤레타리아 사회주의를 지향하는 이들의 열망을 함께 대변해주기를 바랐다. 그는 '진짜 볼셰비키'들이 모두 관료주의에 반대해 봉기해야 한다고 생각했다. 그러지 않고서는 모스크바의 당 조직을 스탈린의 손아귀에서 빼낼 도리가 없었다. 상황은 여전히 유동적이었다. 트로츠키는 정치적 산사태 같은 것이 일어나기를 기대했다. 3인연합 내부의 불화는 그 산사태의 시작에 불과할 것이며, 결국은 그 산사태가 당을 뒤흔들고 훨씬 더 넓고 중요한 최종적 세력재편을 가져올 것이라고 그는 기대했다. 그렇게 되면 임의적으로 그어진 노선구분의 선은 옅어지고 대신 도시와 농촌 사이, 노동자와 농민 사이, 사회주의와 사적 소유 사이의 근본적인 모순에 상응하는 방향으로 노선이 정해질 것이었다. 트로츠키는 레닌그라드 반대파의 '시끄럽고 거칠고 불신당해야 마땅한' 지도부와 손잡고 운명을 같이하는 데는 전혀 관심이 없었다. 그가 지노비예프와 카메네프가 낭패를 당하는 것을 지켜보고 쓴 일기를 보면, 그가 고소해했다는 느낌을 받게 된다. 그것은 마치 "당신들이 자초한 일이야, 자초한 일!"이라고 말하는 듯하다.

그러나 트로츠키는 그 고소한 느낌을 계속 즐기고만 있을 수 없었다. 그런 행동은 그의 본성에 맞지 않았다. 그는 싫든 좋든 서둘러 패배자들을 구출하러 달려가야 했다. 당대회가 해산되자마자 중앙위원회가 레닌그라드를 가라앉힐 조치를 강구하기 위해 회의를 열었다. 스탈린은 우선 〈레닌그라드스카야 프라우다〉의 편집진을 해임하고 이 신문을 공식 정책의 대변지로 만들 것을 제안했다. 그 다음에는 지노비예프가 해임되고 키로프가 그를 대신해 북코뮌의 수장이 된다. 이제 채찍은 레닌그라드의 당원들에게 휘둘러질 참이었다. 바로 이 시점에서 트로츠키가 침묵을 깼다. 그는 그런 보복에 반대했다.[74] 그는 지노비예프 및 카메네프와 손을 잡겠다는 생각은 하지 않았지만, 그들을 보호하고자 했다. 그래서 마침

자기를 달래보려고 근처에서 어슬렁거리고 있던 스탈린을 공격하고 나섰다.

중앙위원회 회의에서 희한한 장면이 연출됐다. 스탈린이 제안한 방안을 부하린이 지지하고 나선 것이다. 그러자 카메네프가 항의했다. 그는 트로츠키주의자들에게 가해지는 격렬한 보복에 늘 반대하던 부하린이 이제는 채찍을 휘두르자고 주장하는 게 이상하다고 말했다. 이때 트로츠키가 끼어들어 "지금 저분은 채찍질을 즐기러 온 거요"라고 말했다. 부하린은 허를 찔린 것처럼 소리쳤다. "당신은 내가 채찍질을 즐기러 왔다고 생각할지 모르지만, 지금 나는 그 채찍질 때문에 머리부터 발끝까지 덜덜 떨립니다."[75] 이런 고통의 외침은 스탈린을 지원하게 되는 부하린의 어떤 예감을 불쑥 드러낸 것이었다. 이 일을 계기로 트로츠키와 부하린은 '개인적인 접촉'을 재개했다. 그것은 '오랜 기간'이 지난 뒤에 재개된 것이었고 꽤 우호적이긴 했지만 정치적인 성과는 전혀 없이 단기간에 끝나게 되는 접촉이었다. 이런 개인적인 접촉의 흔적이 둘 사이에 오간 편지에 남아있다.[76] 여전히 '머리부터 발끝까지 덜덜 떨고 있는' 상태인 부하린은 지노비예프를 돕지 말라고 트로츠키를 설득하는 데 최선을 다했다. 부하린은 트로츠키에게 이 경우에는 당의 자유가 관건이 아니고, 지노비예프는 반대를 견디지 못하는 인물이며 당내 민주주의를 옹호하는 자가 아니라는 인상을 심어주려 애썼다. 트로츠키는 이를 부인하지 않았다. 그러나 그는 스탈린이라고 해서 더 나을 것이 없으며, 문제는 스탈린과 지노비예프가 강행한 획일적인 규율과 만장일치 표결에 있다고 주장했다. 만장일치 표결은 당대회 전날에 양대 조직, 즉 모스크바의 당 조직과 레닌그라드의 당 조직이 각각 '100퍼센트 만장일치'를 결의할 수 있게 했다. 그는 레닌그라드의 당원들을 변호하지 않았지만, 거짓된 규율에 대해서는 반대하지 않을 수 없었다. 그리고 그는 '건강한 당내 체제'를 복구하기 위한 공동의 노력에 동참해 줄 것을 부하린에게 호소했다. 그러나 부하린은 더 많은 자유를 요구함으로써 오히려 그나마 있던 자유를 위축시킬까봐 두려웠다. 그는 당내 민주주의를 요구하는 사람들은 사실상 당내 민주주의의 가장 큰 적이며, 남아있는 민주주의를 지키는 유일한 방법은 그것을 이용하지 않는 것이라고 결론지었다.

이런 가련하고 '비밀스러운' 의견교환이 계속되는 동안에 스탈린은 트로츠키로 하여금 지노비예프와 카메네프에게 등을 돌리게 할 수 있다는 희망을 버렸다. 두 반대파가 손을 잡으리라는 것을 아마도 트로츠키보다 스탈린이 더 빨리 깨달았던 것 같다. 그래서 스탈린은 트로츠키에 대한 새로운 공격을 개시하라는 신호를 자기 지지자들에게 보냈다. 스탈린은 트로츠키가 노동계급이 많이 거주하는 지역에서 열리는 공산주의 집회에 가서 연설할까봐 불안해했다. 카메네프 대신 모스크바 조직의 지도자가 된 우글라노프는 바로 이 점에 주의했다. 우글라노프는 온갖 구실을 갖다대며 트로츠키가 당 세포조직에 들어오는 것을 거절했다. 때마침 트로츠키가 과학자를 비롯한 지식인들의 모임에서 강연을 하고 있었고, 이와 관련해 프롤레타리아 세포조직에 속한 사람들 사이에서는 트로츠키가 노동자를 만나기보다는 부르주아와 말하기를 더 좋아한다는 말이 떠돌았다. 정부 쪽 선동가들은 트로츠키주의자와 지노비예프주의자를 구분하는 일을 중단하고, 당원들을 충동질해 양쪽 모두에 맞서게 했다. 그들은 또 양쪽의 지도자가 다 유대인인 것은 결코 우연이 아니라고 은근히 강조했다. 이는 토박이인 진짜 러시아 사회주의 대 그것을 왜곡시키는 이방인과의 싸움이라는 대결구도를 조장하기 위한 것이었다.

트로츠키는 3월 4일자로 부하린에게 보낸 또 하나의 편지에서 다시 자기를 성가시게 하는 것들과 자기에 대한 비방에 대해 설명했다. 그는 자기의 본래 성향과는 완전히 다른 태도로 선동가들이 하는 말의 밑바탕에 깔린 반유대주의적 어조에 대해 이야기했다. 그는 부하린이 격분하기를 바라면서 이렇게 썼다. "우리를 결합시키는 것, 즉 우리 둘 다 정치국 위원이라는 점만으로도 우리는 사실을 차분하고 양심적으로 점검해볼 수 있다고 생각합니다. 우리의 당에서, 모스크바에서, 노동자들의 세포조직에서 반유대주의 선동이 아무런 제재도 받지 않으면서 행해지고 있다는 것이 사실입니까? 그것이 가능한 일입니까?!"[77] 두 주일 뒤에 정치국 회의에서 트로츠키는 경악과 분노를 드러내며 똑같은 질문을 던졌다. 정치국 위원들은 어깨를 으쓱하고는 자기는 전혀 모르는 일이라고 말하거나 이 문제를 대수롭지 않게 여기는 태도를 보였다. 부하린은 당황하고 수치스러워 얼굴을 붉혔지만, 동료와 동맹자들에게 등을 돌리지는 못했다. 어쨌든 바로 이 단계에서 그와 트로츠키 사이의 '사적인 접촉'은 끝나게 된다.

선동가들이 반유대주의 발언을 한 것은 우연이 아니었다. 그들은 우글라노프의 지시를 받았다. 우글라노프는 수단을 선택할 때 결코 망설이는 법이 없는 스탈린에게 배운 사람이었다. 그는 한두 해 전만 해도 쓸 수 없었던 방법까지 동원했다. 반유대적 편견을 이용하는 것은 그런 방법 중 하나였다. 그것은 차르 체제에서 최악의 보수주의자가 즐겨 이용하던 방법이었다. 당과 구세대 당원들이 아직 국제주의의 분위기에 깊이 젖어 있던 1923년과 1924년에는 아무도 그 같은 편견을 이용하지 않았음은 물론이고 오히려 그 같은 편견에 반발했다. 그러나 상황이 바뀌고 있었다. 새로운 우파는 민족주의 정서에 은근히 호소했다. 그리고 민족주의 정서가 끓어오르면서 정치적 분위기가 달라졌고, 이제 공산주의자들조차 반유대주의적 암시나 발언에 눈살을 찌푸리지 않게 됐다. '이방인'에 대한 불신은 결국 러시아의 자기중심주의를 반영하는 것에 지나지 않았으며, 그 이념적인 추상의 개념이 일국사회주의였다.

　유대인은 반대파의 비유대인 인텔리겐치아와 노동자들 가운데 탁월한 인물들과 섞여 있어도 분명히 눈에 띄었다. 트로츠키, 지노비예프, 카메네프, 소콜니코프, 라데크가 모두 유대인이었다.[78] 반면에 스탈린주의자들 가운데는 유대인이 극히 적었고, 부하린주의자들 가운데는 유대인이 더 적었다. 반대파의 유대인들은 완전히 '동화'되어 러시아화한 상태였고 다른 종교들에 대해서와 마찬가지로 모세의 율법과 시오니즘에 대해서도 적대감을 갖고 있었다. 하지만 그들은 여전히 현대성, 진취성, 불안성성, 편향성을 갖고 있었고, 이런 점에서 도시적 생활방식을 응축한 '유대인다움'이라는 특징으로 구분될 수 있었다. 부하린이 아닌 스탈린의 입에서 나온 듯한 말, 즉 유대인이 무지크에게 정치적으로 적대적이라는 혐의는 확실한 거짓이며, 터무니없는 것이었다. 유대인 볼셰비키들은 러시아의 농촌을 그 미개하고 야만적인 상태 그대로 이상화하거나 토박이 농민들이라는 수레를 '달팽이의 속도'로 끌고 가려는 성향을 가진 사람들이 절대 아니었다. 그들은 어떤 면에서 스탈린이 노년기에 공개적으로 분노를 터뜨리는 대상으로 삼게 되는 '뿌리 없는 세계주의자'였다. 그들에게는 사회주의의 이상이 어느 한 나라에 있지 않았다. 스피노자건 마르크스건, 하이네건 프로이트건, 로자 룩셈부르크건 트로츠키건 간에 다양한 종교와 민족문화들이 서로 접하는 경계선에서 자란 진보적이거나 혁명적인 유대인은 대체로 종교적이거나 민족적인 한계를 정신적으로 넘어서서 자신을 보편적인 관점에서 파악된 인간 일반과 동일시하는 경향이 강했다. 따라서 진보적이거나 혁명적인 유대인은 종교적 광신이 팽배하거나 민족감정이 고양될 때마다 특히 다치기 쉬웠다. 스피노자와 마르크스, 하이네와 프로이트, 로자 룩셈부르크와 트로츠키는 모두 파문, 추방, 그리고 정신적이거나 육체적인 암살을 당했다. 그리고 그들의 저작은 다 불태워졌다.

1926년의 첫 몇 주일 동안 레닌그라드 반대파의 힘은 꺾였다.[79] 레닌그라드의 당원들은 스탈린의 명령에 복종할 수밖에 없었다. 스탈린의 명령을 무시하는 것은 스탈린을 지지하는 중앙위원회의 권위에 대한 도전이자 투표로써 중앙위원회를 구성한 당대회의 적법성에 대한 도전이었다. 트로츠키가 중앙위원회에 남아있기를 바라던 지노비예프와 카메네프는 그런 도전을 할 준비가 돼있지 않았다. 두 사람은 당대회에 참석할 대표들을 뽑는 선거에서 스탈린이 부정행위를 저질렀으며 중앙위원회는 당을 대표하기보다 당의 기존 조직을 대표하고 있다고 공개적으로 선언했다. 그러나 이런 말을 하는 것과 당대회 및 중앙위원회의 결정에 대해 무효라고 선언하고 그 결정에 복종하기를 거부하는 것은 별개의 문제였다. 특히나 최근 당대회의 적법성에 의문을 제기하는 것은 지노비예프와 카메네프에게 있어 위험한 행동일 수 있었다. 예전에 두 사람은 스탈린이 14차 당대회 참석자들의 구성을 조작한 것과 똑같은 방식으로 스탈린과 함께 13차 당대회 참석자들의 구성을 조작하지 않았던가? 레닌그라드의 당원들이 만약 중앙위원회의 권위에 도전한다면 그들은 사실상 별도의 당, 다시 말해 유일한 전국적 공산당과 경합하는 다른 당을 만드는 셈이 될 것이었다. 그것은 생각할 수도 없는 일이었다. 그들은 모두 일당체제를 필수조건으로 받아들였다. 지노비예프만큼 일당체제의 원칙을 주장하고 그 원칙으로부터 매우 폭이 넓으면서도 어리석은 결론을 도출하는 데 열의를 보인 사람은 없었다. 레닌그라드가 모스크바에 대든다는 것은 내전을 선포하는 것과 거의 같은 의미를 갖게 될 것이었다.

따라서 키로프가 북코뮌에 대한 지휘권을 부여받고 스탈린의 전권 특사로 레닌그라드에 나타나자 지노비예프는 항복하는 수밖에 다른 도리가 없었다. 거의 하룻밤 사이에 당의 모든 지부와 편집실, 각종 조직, 그리고 반대파가 그동안 의존해온 모든 자원이 스탈린과 키로프가 지명한 자들에게 넘어갔다. 레닌그라드의 군병력은 그동안 지노비예프의 부관 둘이 지휘해왔다. 그중 라셰비치는 수비대와 군사구역의 정치인민위원이었고, 바카예프는 게페우를 맡고 있었다. 그러나 이제 두 사람은 직책을 내놓아야 했다. 다만 라셰비치는 방위인민위원회의 부인민위원이라는 중앙정부의 직책만은 그대로 유지했다. 이런 일이 벌어지고 난 뒤에 정신적인 붕괴가 이어졌다. 레닌그라드의 지도자들이 기세등등한 태도로 늘어서 있는 동안에는 레닌그라드 전체가 그들을 따르는 것처럼 보였다. 그러나 이제 위대한 프롤레타리아 도시는 그 지도자들의 운명에 아무런 관심도 없는 듯했다. 오랜 세월 볼셰비즘의 요새였던 비보르크의 노동자들이 가장 먼저 그들을 버렸다. 지노비예프는 여러 해에 걸쳐 비보르크의 노동자들을 괴롭히고 을러댔었다. 때문에 이제 그가 하는 간청과 호소는 모두 노동자들을 위한 것이었음에도 정작 노동자들은 꿈쩍도 하지 않았다. 몇 년 뒤 노동자들은 이때 지노비예프가 한 간청과 호소를 그리워하게 되지만, 그때는 냉정했다. 일반 시민들은 이 소동을 자신들과는 아무런 상관도 없는 거물들 간의 싸움으로 보았다. 덜 냉소적인 견해를 갖고 있거나 반대파의 입장에 공감하는 사람들도 속마음을 감추고 내보이지 않았다. 실업이 만연했다. '불충'에 대한 처벌은 직장에서 내쫓기고 굶주리게 되는 것일 수도 있었다. 이리하여 레닌그라드 반대파를 적극적으로 따르는 사람들은 점점 줄어들어 몇백 명에 불과한 혁명의 베테랑들만 남았다. 그들은 자신의 이상과 지도자들에게 헌신하는 이들로 긴밀한 소규모 집단을 이루고 있었다. 하지만 그들은 모든 문이 닫혔음을 점차 깨닫게 된다.

스탈린이 손쉽게, 그리고 빠르게 레닌그라드의 당원들을 장악한 사실은 14차 당대회 때 트로츠키가 품었던 희망이 허망한 것이었음을 보여주었다. 세력재편의 조짐은 더 이상 보이지 않았고, 그의 기대와 달리 공산주의 노동자들이 관료집단에 맞서서 결집할 조짐도 보이지 않았다. 레닌그라드 당원들의 투쟁에도 불구하고 모스크바의 세포조직들에서는 그에 동조하는 움직임이 전혀 없었다. 작은 파문조차 일어나지 않았다. 당의 기간조직은 매우 효과적으로 움직였다. 저항의 움직임이 나타나면 깨부수거나 아예 그런 움직임이 나타나기도 전에 짓밟아버렸다. 이는 저항이 취약했음을 보여주는 것이기도 했다. 노동계급은 몇 년 전에 그랬던 것처럼 흩어지거나 해체되지는 않았다. 그러나 그들은 자기주장을 하고 나설 정치의식, 활력, 능력을 갖고 있지 않았다. 트로츠키가 모스크바와 레닌그라드가 손을 잡을 것이라고 가정했을 때 기대한 것은 노동계급의 정치적 부활이었다. 지노비예프와 카메네프도 마찬가지였다. 14차 당대회에서 두 사람은 프롤레타리아 민주주의로의 복귀를 요구했다. 그리고 당 지도부가 노동계급의 정치적 본능과 판단이 건전하다고 믿을 수 없었던 1920년대 초처럼 노동계급이 분열되고 사기도 꺾인 상태는 이제 아니라고 말했다. 그러자 부하린은 지노비예프와 카메네프가 스스로를 속이고 있다고 대꾸했다. 노동계급이 농촌에서 문맹인 젊은이들을 새로이 흡수해서 수적으로는 성장했으나, 그 결과로 노동계급은 여전히 정치적으로 미숙하며, 따라서 프롤레타리아 민주주의로 복귀할 때는 아직 오지 않았다는 것이었다. 레닌그라드 반대파는 이제 자기 주위가 아무도 없는 진공상태임을 알아차렸다. 그리고 그 진공상태는 지노비예프와 카메네프보다는 부하린이 진실에 더 가까움을 뜻하는 것이었다. 노동계급은 정치적으로 냉담하고 무관심했다. 물론 그들이 냉담한 태도를 보인 것은 그들이 정치적으로 미숙했기 때문이기도 했고, 부하린이 정당화하려고 한 관료집단의 협박 때문이기도 했지만, 어쨌든 그들은 냉담했다. 문제의 진실이 무엇이건 더 기다려봐야 얻을 게 없음을 이제 트로츠키도 분명히 깨달았을 터였다. 그럼에도 당대회가 끝난 뒤 3개월 이상 지나는 동안 트로츠키주의자들과 지노비예프주의자들은 서로를 향해 조금도 더 다가서지 않았다. 트로츠키, 지노비예프, 카메네프는 1923년 이후로는 서로 말도 걸지 않는 사이로 지내왔고, 이때에도 여전히 서로에게 한마디 말도 건네지 않았다.

1926년 4월에야 얼음이 녹았다. 중앙위원회 회의에서 리코프가 경제정책에 관한 제안을 내놓았다. 카메네프는 수정안을 냈다. 수정안에서 그는 중앙위원회가 '농민의 사회적 분화'가 점점 더 심해지고 있다는 사실에 주목하고 자본주의적 농업의 성장을 억제해야 한다고 촉구했다. 트로츠키도 별도의 수정안을 냈다. 수정안에서 그는 농촌의 상황에 대한 카메네프의 평가에 동의했다. 그러나 그는 공업발전의 속도가 너무 느려 정부가 농업에 대해 충분히 강한 영향력을 행사하는 데 필요한 수단을 갖추지 못했다고 덧붙였다. 이 논의에서 노동국방위원회의 의장을 지낸 카메네프는 트로츠키가 비판한 공업정책에 대해 스스로 얼마간의 책임감을 느끼게 되자 트로츠키에 관한 가시 돋친 발언을 하기도 했다. 중앙위원회는 트로츠키의 수정안을 부결시켰다. 이 투표에서 카메네프와 지노비예프는 기권했던 것으로 보인다. 그 다음으로 카메네프의 수정안이 투표에 붙여지자 트로츠키는 찬성표를 던졌다. 이것이 반환점이었다. 회의는 계속됐고, 두 사람은 자기들이 같은 편임을 다시 확인하게 된다. 두 사람은 경계를 늦추고 서로를 향해 나아갔다. 그리하여 회의가 끝날 무렵에는 두 사람이 사실상 정치적 동반자인 것처럼 보였다.

이제야 세 사람이 오랜만에 다시 사적으로 만났다. 그것은 철저한 반성과 놀라운 고백, 후회와 안도의 한숨, 불길한 예감, 경고, 희망찬 계획으로 가득한 기이한 모임이었다. 지노비예프와 카메네프는 과거의 일에 대해 모조리 다 고백하고자 했다. 두 사람은 자기들이 눈이 멀어 트로츠키를 레닌주의의 숙적으로 몰아세웠다며 탄식했다. 또한 트로츠키를 지도부에서 제거하기 위해 그에게 뒤집어씌울 혐의를 조작했음을 인정했다. 그러면서 두 사람은 트로츠키도 자기들이 1917년에 레닌과 갈등을 빚었음을 당에 상기시키면서 자기들을 공격했을 때, 그리고 스탈린을 불신하기보다 자기들을 불신했을 때 오류를 저질렀던 것 아니냐고 물었다. 지노비예프와 카메네프는 자기들이 짠 음모의 그물에서 마침내 스스로 벗어났다는 점에서, 그리고 다시 진지하고 정직한 정치적 생각과 행동을 할 수 있게 된 점에서 안도감을 드러냈다.

지노비예프와 카메네프는 여러 가지 음모의 사건들을 이야기하면서 트로츠키에게는 다소 짜증스럽게도 스탈린의 행동과 말투를 흉내 내면서 그를 조롱했다. 그러다가 그들은 자기들이 스탈린과 거래했던 사실을 떠올리고는 악몽을 기억해낸 듯 몸서리쳤다. 그들은 스탈린의 교활함, 괴팍함, 잔인함을 묘사했다. 그들은 둘 다 자기가 어느 날 갑자기 의문의 죽음을 당한다면 그것이 스탈린의 짓임을 세상이 알 수 있도록 쓴 편지를 안전한 장소에 보관해두었다고 말하면서 트로츠키에게도 그렇게 하라고 충고했다.[80] 그들은 스탈린이 1923년이나 1924년에 트로츠키를 죽이지 않은 것은 젊고 열렬한 트로츠키주의자가 복수를 하겠다고 나설까봐 두려워서였을 뿐이라고 주장했다. 그들은 스탈린을 헐뜯으면서 동시에, 자기들에게 스탈린을 제어할 수 있는 능력이 있다고 트로츠키가 믿게 하기위해 안감힘을 썼다. 트로츠키는 그들의 폭로를 그리 진지하게 받아들이지 않았다. 그러나 여러 해가 지난 뒤 대숙청이 벌어지자 그는 이때 그들이 폭로한 내용을 기억해낸다. 옛 차르시대의 크렘린 궁에서 벌어졌던 유혈이 낭자한 궁중음모에 대한 이야기처럼 들리는 사건을 마르크스주의 용어를 써가며 이념적 논쟁을 벌이던 3차 인터내셔널 시기의 크렘린 상황에 갖다 맞추기란 사실 어려운 일이었다. 오래된 차르의 요새가 레닌의 제자들에게 사악한 주문을 걸었는가? 지노비예프와 카메네프는 스탈린이 이념이나 사상을 놓고 벌이는 논쟁에는 관심이 없다고 말했다. 그가 갈망하는 것은 오직 권력뿐이라는 것이었다. 그들이 말한 게 사실이라면 그들 자신은 어떻게 해서 그렇게 오랫동안 스탈린과 동반자 관계를 유지할 수 있었는가? 그들은 이런 의문을 풀어줄 만한 설명은 하지 못했다.

두 사람은 말하는 이도 듣는 이도 두렵게 하는 이런 설명과 어두운 암시를 한 뒤에 미래에 대한 계획으로 넘어갔다. 그들은 무모한 희망을 품고 있었다. 그들은 여전히 모든 것이 단번에 바뀔 수 있다고 확신하고 있었다. 그들은 세 사람이 화해하고 재결합한 모습으로 함께 대중 앞에 나가는 것만으로도 볼셰비키들의 열정을 불러일으키고 당을 다시 올바른 길로 돌려놓기에 충분하다고 말했다. 그러나 극도로 들뜬 순진함으로 극도로 어두운 우울함을 쉽게 바꿀 가능성은 거의 없었다.

그들의 낙관주의를 무엇으로 설명할 수 있을까? 불과 몇 달 전만 해도 두 사람은 권력을 한껏 누렸다. 바로 몇 주 전에 레닌그라드의 자기 영지를 잃기는 했지만 지노비에프는 아직도 코민테른의 의장이었다. 몰락이 너무 빠르고 갑작스러웠기에 두 사람은 그것을 현실로 받아들이려 하지 않았다. 그들은 자기들 둘 중 하나가 고개를 끄덕이면 그에 따라 당과 국가의 거대한 바퀴가 굴러가기 시작하는 모습을 보는 데 익숙했다. 비록 사람들의 진심에서 우러나온 것이 아니라 당 조직이 인위적으로 만들어낸 것이긴 했지만 그들의 귀에는 아직도 대중의 환호가 들리고 있었다. 갑자기 죽음과 같은 정적이 그들을 감쌌다. 그들은 그 정적이 착각이나 오해에서 비롯됐으며, 일시적인 것이라고 생각했다. 그 정적을 만들어낸 것은 그들 자신이 당의 지휘자 자리에 앉힌, 아니 앉혔다고 생각했던 스탈린과의 불화였다. 스탈린이 어떤 사람이었던가? 그는 거칠고 못 배우고 서투른 협잡꾼인데다 조직에 적응하지 못하고 겉도는 사람이었다. 그랬던 그를 자기들이 트로츠키에 대항하는 게임에 쓸모가 있다고 판단해서 여러 번 파멸의 위기에서 구해내지 않았던가? 그들은 인간으로서, 지도자로서, 그리고 볼셰비키로서는 스탈린이 트로츠키의 발뒤꿈치에도 미치지 못한다는 데 대해 의심을 품은 적이 결코 없었다. 이제 트로츠키와 손을 잡았으니 거치적거리는 스탈린을 쓸어내고 당을 세 사람의 통합 지도부 아래에 두는 일은 식은 죽 먹기일 것이다.[81]

트로츠키는 고개를 저었다. 그는 그들의 낙관적 의견에 동감하지 않았다. 그는 패배의 쓴맛을 더 잘 알고 있었다. 그는 여러 해에 걸쳐 자기에게 불리하게 움직이던 당조직이 급기야 자기를 황야로 밀어내는 과정에서 조직의 힘을 뼈저리게 느꼈다. 그는 당이 기형화되는 과정과 1922년 이래 자기가 무기력하게 지켜본 '관료적 퇴화'의 과정에 대해 좀 더 깊은 이해를 하고 있었다. 그는 당 조직의 배후에 존재하는 조국 러시아의 끔찍한 야만성을 그들보다 더 분명하게 보았고, 그것을 머릿속에서 지워버릴 수가 없었다. 그는 자기의 새로운 동맹자들이 변덕스럽고 무책임하다는 것도 알고 있었다. 그는 자기와 그들 사이에 오간 모든 일들을 잊을 수 없었다. 그러나 그는 용서에 인색하지 않았다. 그는 길고 힘겨운 투쟁을 위해 그들의 마음을 안정시키려고 애썼다.

그렇다고 트로츠키가 모든 희망을 버린 것은 아니었다. 그도 자기를 포함해 세 사람이 화해하는 것이 당을 동요시키리라고 생각했다. 지노비예프와 카메네프는 트로츠키가 당에 관료주의를 경고한 것이 옳았다고 자발적으로 공공연하게 인정했다. 이제 트로츠키도 자신이 스탈린을 집중 공격해야 했음에도 지노비예프와 카메네프를 관료주의의 앞잡이로 몰아세우는 실수를 저질렀다고 고백할 준비가 돼있었다. 트로츠키 역시 자신과 두 사람이 서로 손을 잡는다면 두 반대파가 기존의 지지자들을 결집할 수 있을 뿐만 아니라 시시사들의 수를 더 늘릴 수 있을 것이란 희망을 가졌다. 그리고 어쨌든 구세력은 지노비예프와 카메네프를 받들었다. 레닌의 미망인도 두 사람에게 동조하는 것으로 알려져 있었다. 레닌그라드 반대파를 이끌어온 그룹은 비록 트로츠키 그룹만큼은 아니지만 여전히 쟁쟁한 인물들을 보유하고 있었다. 방위인민위원회 부위원장인 라셰비치, 내전 때 뛰어난 능력을 발휘한 정치인민위원이자 탁월한 경제학자인 스밀가, 소콜니코프, 바카예프, 에브도키모프 등이 바로 그들이었다. 이들과 프레오브라젠스키, 라데크, 라코프스키, 안토노프-오브세옌코, 스미르노프, 무랄로프, 크레스틴스키, 세레브리아코프, 요페를 더하는 것만으로도 통합반대파는 스탈린과 부하린의 분파보다 훨씬 우월한 재능과 위엄을 갖추는 셈이었다. 그리고 무엇보다도 노동계급이 늦게나마 정치적으로 부활해 반대파가 올린 돛에 바람을 불어넣어줄 것이었다.

손을 잡은 세 사람은 정밀한 계획을 세울 시간도, 심지어는 자신들이 서로 동의한 점들을 명확하게 규정할 시간도 없었다. 셋이 처음으로 사적인 모임을 가진 지 이틀쯤 뒤에 트로츠키가 치료를 받기 위해 러시아를 떠나야 했기 때문이다. 최근 몇 년간 그를 괴롭혀온 악성 열병이 아직도 계속되고 있었다. 체온이 38도를 넘는 경우도 잦았다. 열병으로 인해 그는 가장 중요한 투쟁의 순간에 움직이지 못하곤 했고, 여러 달을 카프카스에서 지내야 했다. 그는 1924년과 1925년의 겨울과 초봄을 카프카스에서 보냈다. 러시아의 의사들은 열병의 원인에 대한 뚜렷한 진단을 내리지 못했다. 그들은 트로츠키에게 독일의 전문의들을 찾아가보라고 재촉했다. 정치국은 트로츠키가 국외로 나가는 걸 반대하지 않았지만, 여행은 자기 책임 아래 해야 한다고 주장했다. 4월 중순께 트로츠키는 아내와 몇 명의 경호원들을 데리고 베를린에 도착했다. 수염을 깎고 쿠즈멘코라는 이름의 우크라이나인 교육자로 가장한 채였다. 그는 대부분의 시간을 한 개인병원에서 치료와 경미한 수술을 받으며 보냈다. 그러나 이따금 자유로이 돌아다니며 그동안 알고 있었던 제국의 수도 베를린과는 너무도 다르게 침체상태에 빠진 베를린의 모습을 관찰했다. 그는 노동절 행진에 참가했고, 교외에서 열린 포도주 축제를 구경하러 가기도 했다. 1917년 이후 처음으로 그는 "누구의 관심도 끌지 않고 이름 없는 청중과 구경꾼의 일부가 되었음을 느끼며 군중 속을 돌아다닐 수" 있다는 데서 짜릿함을 느꼈다.[82] 그러나 결국은 그의 신분이 드러났고, 독일 경찰은 그가 치료를 받고 있는 병원의 원장에게 백계 러시아인(러시아혁명에 반대한 사람을 가리킴—옮긴이) 망명자들이 환자의 목숨을 노리고 있다고 경고했다. 삼엄한 보호 아래 트로츠키는 소련 대사관으로 옮겨진 뒤 곧바로 소련으로 보내졌다. 아직도 열이 가라앉지 않은 상태였다. 그의 목숨을 노리는 자들이 있다는 경고가 과연 근거가 있었던 것인지는 그 뒤에도 끝내 밝혀

지지 않았다.[83]

약 6주간 베를린에 머무르는 동안 트로츠키는 중요성이 서로 같지는 않은 두 건의 정치적 사건에 흥분했다. 그중 하나는 폴란드에서 공산당의 지지를 받는 필수드스키 장군이 쿠데타를 일으키고 집권해 독재자가 된 것이었다. 다른 하나는 영국에서 오래 지속되던 탄광 노동자들의 파업이 총파업으로 번진 것이었다. 폴란드 공산주의자들의 어리석은 행동은 부분적으로는 폴란드의 복잡한 상황에서 비롯됐지만, 반트로츠키 캠페인으로 인해 코민테른 안에 생겨난 혼란에도 그 원인이 있었다. 폴란드 공산당은 중국 공산당으로 하여금 장제스 장군과 국민당을 지지하게 했던 정책과 같은 정책을 중국 공산당보다 소규모로 실행했다. 영국의 총파업은 트로츠키가 《영국은 어디로 가고 있는가?》에서 했던 예언을 확인해주었다.[84] 영국의 총파업은 코민테른을 새로운 긴장상태로 몰아넣었다. 영소위원회의 영국 쪽 지도자들은 파업이 혁명적 폭발로 번지기 전에 종식시키려고 최선을 다했다. 그들은 자존심을 지키려고 했고, 소련이 파업 노동자들에게 제공하겠다는 원조를 거부했다. 이리하여 영소위원회는 꼴이 우스워졌다. 영국 노동조합 지도자들은 아직 영소위원회가 존재한다는 데서 얼마간의 이점을 얻고 있었다. 영소위원회를 혼란시키고 싶지 않은 공산주의자들은 총파업의 중대한 국면에서도 영소위원회의 처신을 비판하는 말을 극도로 아꼈다. 트로츠키는 모스크바로 돌아가기도 전에 〈프라우다〉를 통해 스탈린과 부하린이 큰 희망을 걸었던 영소위원회의 정책에 대해 맹렬한 공격을 퍼부었다.[85]

3인연합에 속했던 두 사람과 트로츠키가 양쪽의 분파를 합치는 일에 본격적으로 착수한 것은 트로츠키가 돌아온 뒤부터였다. 이 일은 쉽지 않았다. 첫째, 트로츠키주의 분파는 흩어져 있었기에 다시 모아야 했다. 트로츠키주의 분파의 힘은 1923년에 비해 형편없이 약한 것으로 드러났다. 둘째, 양쪽 분파의 지지자들은 그다지 통합하고 싶어 하지 않았다. 해묵은 적대적 감정이 아직 사라지지 않았던 것이다. 그들은 여전히 서로를 믿지 못했다. 트로츠키의 동료들 가운데 일부는 양쪽 반대파가 연합하는 데 찬성하는 편이었다. 그러나 안토노프-오브세옌코나 라데크 등은 지노비예프와 손을 잡느니 차라리 스탈린과 손을 잡는 게 낫다는 태도였다. 그리고 적당히 얼버무리면서 양다리 걸치기를 하고 싶어 하는 이들도 있었다. 음라치코프스키는 "스탈린은 우리를 배반할 것이고, 지노비예프는 슬그머니 내뺄 것"이라고 말했다. 레닌그라드의 일반 당원들 가운데 트로츠키주의자들은 처음에는 자기들을 지노비예프주의자들에게 노출시키는 것조차 거부했다. 지노비예프주의자들로부터 박해를 받아온 그들은 과거에 제정 러시아의 비밀경찰을 피하기 위해 그랬던 것처럼 자기들의 행적을 지노비예프주의자들에게 감추는 데 익숙했다. 그들은 지노비예프주의자들이 마음을 바꿔 스탈린과 화해하면 어쩔 것이냐고 묻고 스스로 이렇게 답했다. 그러면 우리는 박해자들의 손에 스스로를 갖다 바치는 꼴이 된다. 트로츠키는 프레오브라젠스키를 레닌그라드에 보내 이런 두려움을 진정시킴과 동시에 지노비예프주의자들과의 동맹에 완강히 저항하는 지지자들에게 연대를 받아들이라고 설득해야 했다. 지노비예프주의자들도 트로츠키주의자들 못지않게 당황했다. 동맹이 제안됐다는 소식이 처음 레닌그라드에 전해졌을 때 그들은 모스크바로 몰려가 자기들의 지도자들에게 '트로츠키주의에 투항'한 데 대해 항의했다. 지노비예프와 라셰비치는 그들에게 트로츠키주의는 자기들이 만들어낸 유령이며 이제는 더 이상 그런 유령을 만들 필요가 없게 됐다고 설명해야 했다. 지노비예프의 이 발언은 그동안 트로츠키에 대한 지노비예프의 비난을 진지하게 받아들이고 그 비난을 그대로 입에 올렸던 가련한 레닌그라드의 당원들에게는 충격이었다. 서로에 대한 혐오감을 극복하고 서로 섞이기 시작하면서도 두 분파는 자기들이 부적절한 동맹관계를 맺고 있다는 느낌을 떨쳐버리지 못했다.[86)

지도자들 사이에서도 처음의 의기양양하던 분위기가 사라졌다. 지노비예프와 카메네프는 뒤를 돌아보기 시작했다. 그들은 자기들과 지배분파들 사이의 차이가 돌이킬 수 없는 분열이 될 만큼 밀어붙일 생각은 없었다. 그들은 자기들이 '트로츠키주의에 투항'했다는 비난에 불편함을 느꼈다. 그들은 자기들이 그동안 트로츠키를 부당하게 대했음을 인정했지만 아직 지켜야할 경력이 있었다. 그들은 자기들이 그동안 내세웠던 '순수 레닌주의'라는 절반은 거짓된 후광을 지키려고 애썼다. 그래서 그들은 독일에서 돌아온 트로츠키가 그전 몇 주간의 일들을 살펴보면서 "폴란드 공산주의자들이 피우수츠키의 쿠데타를 지지한 것은 코민테른에서 프롤레타리아 독재가 아니라 1905년에 레닌이 주창했던 '노동자와 농민의 민주적 독재'를 달성하기 위해 투쟁하라고 그들에게 지시했기 때문" 이라고 주장했을 때 동의할 수 없었다. 그러한 '민주적 독재'는 '옛 볼셰비즘'이 금기시하는 것이었다. 그리고 이 개념은 폴란드의 경우에는 그다지 중요하지 않았지만[87) 이듬해에 중국을 놓고 벌어진 논쟁에서 거듭 제기된다. 또한 지노비예프와 카메네프는 트로츠키가 "한 번도 쓸모 있는 일을 한 적이 없는, 해체되어 마땅한 그룹" 이라고 영소위원회를 노골적으로 공격하는 것을 보고 당황했다. 지노비예프는 정치국과 영국 공산주의자들이 영국 노동조합의 지도부와 '사이좋게 지내는 것'을 기꺼이 비판할 준비가 돼있었다. 그러나 그는 자기가 후원한 영소위원회가 망가지도록 놔두지는 않을 생각이었다. 무엇보다도 그는 조건부로 스탈린을 지지하거나 동요하며 모든 분파에 타협을 촉구하는 구세력을 소외시킬까봐 걱정이었다. 간단히 말해 3인연합에 속했던 두 사람, 지노비예프와 카메네프는 트로츠키와 기꺼이 손잡고자 했지만, 스탈린 및 부하린과 전면전을 벌일 배포는 없었다. 그래서 트로츠키는 그들과 동맹관계를 맺자마자 자기의 의견을 얼버무리면서 양보해야 했다. 그는 지노비예프와 카메네프에게 '노동자와 농민의 민주주의 독재'를 금기시하는 태도를 존중할 것이며, 영소위원회를 해체하라는 요구를 철회하겠다고 약속했다. 이 외의 다른 문제들에서는 트로츠키와 두 사람이 꽤 폭넓은 동의를 이루었다.

싸움은 스탈린이 부분적으로 주도하는 가운데 6월 초에 시작됐다. 트로츠키가 돌아온 직후에 스탈린은 정치국에서 모순된 내용이지만 파괴력 있는 두 개의 새로운 혐의를 트로츠키에게 들이댔다. 그중 하나는 트로츠키가 '영국 공산당에게 도저히 용납할 수 없는 적개감'을 표시했다는 것이었고, 다른 하나는 "풍성한 수확이 두렵다"고 한 그의 말에서 국내 문제에 대한 악의와 왜곡된 패배주의의 증거를 확인할 수 있다는 것이었다.[88] 트로츠키는 이런 혐의에 대해 최선을 다해 반박했다. 그러더니 6월 6일에 그는 철저하고 정직하게 당을 개혁하지 않는다면 언젠가는 당이 독재자의 노골적인 지배 아래 놓이게 될 것이라고 경고하는 내용의 도전적인 편지를 정치국에 보냈다.

이로써 트로츠키는 스탈린과의 공개적인 싸움을 시작했다. 그가 굳이 이때에 스탈린과의 싸움을 재개한 것은 혼자만의 선택이 아니었다. 레닌그라드 반대파의 행동과 뒤이은 곤경이 그로 하여금 다시 싸움에 나서게 했다. 어쨌든 그가 침묵하거나 말을 아끼면서 기다리던 세월은 이제 끝이 났다. 그는 그 세월이 자기에게 아무것도 주지 않았음을 알고 있었다. 스탈린과의 그 모든 '썩은 타협', 스탈린을 경계하라던 레닌의 충고를 무시하고 맺었던 타협은 헛된 것이었다. 그는 스탈린에 맞서는 전열을 갖추기 위해 지노비예프 및 카메네프와 얼마든지 타협할 용의가 있었고, 그들 두 사람 없이도 싸울 준비가 돼있었다. 트로츠키는 화해가 불가능한 적을 가늠해보았다. 퇴로는 없다는 것을 그는 알고 있었다. 그는 지난 몇 년간을 새로이 싸워야 할 날을 위해 싸우며 살아왔다. 이제 그 날이 왔고, 주사위는 던져졌다.

5장__ 결전

통합반대파는 스탈린주의자들과 부하린주의자들을 상대로 약 18개월간 싸웠다. 이 기간에 트로츠키는 3인연합과 그동안 벌인 대결은 사소한 충돌에 불과하게 여겨질 정도로 매우 격렬한 정치투쟁에 몰입했다. 트로츠키는 지칠 줄 모르고 단호하게 신경을 곤두세운 채 누구도 적수가 되지 못하는 논리를 전개하고 설득력을 발휘했으며 사상과 정책에서 매우 폭넓은 범위로 논쟁을 벌여나갔다. 그리하여 마침내는 지금껏 자기를 밀어내던 구세력 중 다수, 아니 대부분의 지지를 받으면서 볼셰비키 당을 일깨우고 혁명의 미래에 영향을 미치려고 대단한 노력을 기울였다. 1926년과 1927년에 트로츠키가 보인 투사로서의 모습은 후세에게 1917년에 그가 보인 모습보다 작게 보이지 않는다. 오히려 훨씬 더 커 보이기도 한다. 그의 정신력도 역시 그래 보였다. 혁명적 열정의 불꽃은 그의 내면에서 그 어느 때보다 맹렬하고 밝게 타올랐다. 트로츠키는 1917년에 그에게 필요했던, 그리고 그가 실제로 보여주었던 강인한 품성보다 더욱 강인한 품성을 지니고 있음을 증명해 보였다. 이제 그는 계급의 적들과 싸우는 게 아니라 혁명 진영 내부의 적들과 싸우고 있었다. 이런 투쟁에서는 단순히 큰 용기가 필요한 것이 아니라 다른 새로운 종류의 용기가 필요했다. 여러 해 뒤에는 트로츠키의 적들조차 이때의 싸움과 관련된 사건들에 대해 사적으로 이야기할 때면 그가 보여준 막강한 추진력과 적들의 공격에 대응하는 행동을 회상하면서 쓰러진 타이탄(그리스신화에 나오는 거구의 신족—옮긴이)의 이미지로 그를 그렸다. 그때 그들은 트로츠키의 몰락을 즐거워하면서도, 여전히 경외감을 내비치며 자신들이 쓰러뜨린 그 위대한 인물을 회상했다.[1]

물론 다른 지도자들도 뜨거운 열정, 마르크스주의로 무장한 비범한 지성, 전술적 솜씨, 정력과 결단력을 갖추고 싸움에 임했다. 그들 중 가장 취약한 사람도 이런 점에서는 보통 이상으로 강하고 뛰어났다. 그들을 싸우게 한 쟁점은 그동안 인류를 싸우게 한 그 어떤 쟁점보다 더 거대하고 숭요한 것이었다. 그것은 바로 1억 6천만 명의 운명, 그리고 유럽과 아시아 공산주의의 운명이었다.

이 거대한 싸움은 그러나 두려움을 느끼게 하는 허공 속에서 벌어졌다. 양쪽 다 작은 집단만이 싸움에 참여했다. 국민들은 모두 말이 없었다. 국민들이 무엇을 생각하는지를 말하거나 말할 수 있는 사람은 아무도 없었다. 국민들의 생각이 어떻게 나뉘어져 있는지는 추측하기도 어려웠다. 싸움은 국민들의 생사가 걸린 문제들을 놓고 전개됐지만, 국민들이 이해할 수 있는 수준을 넘어섰다. 겉으로만 봐도 국민들이 느끼거나 생각하는 것은 그 무엇도 이 싸움의 결과에 영향을 미칠 수 없었다. 인민 대중은 정치적 표현의 수단을 모두 빼앗긴 상태였다. 그럼에도 적들은 한순간도 노동자와 농민들에게서 눈을 떼지 않았다. 비록 자기 생각을 분명하게 표현할 줄은 모르지만 궁극적인 결정권은 바로 그들, 노동자와 농민들에게 있었다. 싸움에서 이기려면 지배분파는 대중의 수동성만 유지하면 되지만,

반대파는 대중을 각성시키고 그들로 하여금 행동에 나서도록 해야 했다. 따라서 이기기 위해 해야 할 일에 있어서는 지배분파 쪽이 더 유리했다. 대중으로 하여금 문제가 되는 쟁점들을 바라보게 하고 그들의 정신을 일깨우는 것보다는 그들을 혼란시키고 그들의 정신 속에 정치적으로 냉담한 태도를 키우는 것이 훨씬 더 간단했다. 더구나 반대파는 인민들에게 직접 호소하려고 하다 보니 애초부터 스스로 설정한 금지규정에 방해를 받았다. 반대파는 스스로를 지배 정당의 한 분파로 간주하고 혁명에 대한 당의 고유한 책임을 계속 인정하는 한 태반이 당 밖에 있는 노동계급을 향해 적들에게 대항하라고 떳떳하게 호소할 수 없었다. 그러나 투쟁이 계속되고 점점 더 치열해지면서 반대파는 바로 그 노동자 대중에게서 지지를 얻어야 하는 입장으로 내몰렸다. 그러자 반대파는 길들여지고 가라앉은 대중의 분위기에 큰 부담을 느끼게 됐다. 트로츠키보다 이런 부담을 더 크게 느낀 사람은 없었다. 그는 허공을 향해 소리를 지르고 있다는 느낌을 받았다.

역사를 되돌아보면, 논란의 대상이 된 모든 쟁점들은 싸움의 주역들에게 절실했던 것만큼 실제로도 그렇게 절실했던 것 같지는 않다. 주요 쟁점들 가운데 일부는 윤곽을 잃고 흐릿해지다가 논쟁이 끝나자마자 사라져 버렸고, 이와 동시에 그동안 깊고 건널 수 없는 것처럼 보였던 구분선들이 흐려지거나 없어졌다. 스탈린은 냉혹하게 트로츠키를 농민의 적으로 몰아세웠고, 트로츠키는 스탈린을 쿨라크의 친구라고 비난했다. 스탈린이 쿨라크를 절멸시키는 작업에 나섰을 때에도 이렇게 둘이 치고받는 소리가 여전히 요란했다. 이와 비슷하게 스탈린은 트로츠키가 지지한다고 알려진 '초고속 공업화'의 위험을 농촌에 경고했다. 그래 놓고 그 자신은 자기가 유해하다고 비난한 조치들을 다급하게 시작했다.

싸움이 진전되면서 그 싸움에 관련된 대부분의 인물들이 안개에 둘러싸였다. 지노비예프, 카메네프, 부하린, 리코프를 비롯한 많은 사람들에게 궁극적으로 닥친 운명을 염두에 두고 이 싸움에 관한 이야기를 듣고 있노라면 우리는 그들의 동기가 무엇이었는지는 분간할 수 있지만, 그들의 행동이 얼마나 일관성이 없고 무익한 것이었는지를 알고는 놀라지 않을 수 없다. 그들은 모두 하루 또는 순간의 일에 완전히 함몰된 나머지 그 너머를 내다보거나 바로 다음 날의 불운도 미리 막을 수 없었다. 스탈린과의 싸움만이 그들을 파멸로 내몬 게 아니었다. 그들은 자신들의 품성을 왜곡시키고 자신들의 정신을 우그러뜨리는 강박증적 분노 속에서 몇 차례나 서로를 파멸의 방향으로 몰아댔다. 지도자들의 당당한 풍모는 움츠러들고 왜소해졌다. 그들은 무기력하게 상황에 의해 희생됐다. 나방으로 변한 거인들은 그저 날아다니거나 미친 듯이 서로를 뒤쫓다가 결국은 불 속으로 뛰어들었다. 오직 두 인물만이 더는 바뀔 수 없는 현실 속에서 끝까지 서로에 대한 적개심을 품고 대적했다. 그 두 인물은 트로츠키와 스탈린이었다.

1926년 여름에 통합반대파는 열심히 지지자들을 조직했다. 그들은 모스크바와 레닌그라드의 당 지부들에 특사를 보내어 공식 정책에 대해 비판적인 견해를 갖고 있다고 알려진 당원들과 접촉하게 했다. 그들을 반대파 집단들로 조직한 뒤에 그들로 하여금 당 세포조직에서 반대파의 목소리를 내도록 하기 위해서였다. 반대파는 그러한 조직의 망을 넓히고 싶은 마음에서 반대파의 입장을 담은 지시문, 문서, 테제를 휴대한 특사들을 지방의 많은 도시와 마을에도 보냈다.

반대파 특사들의 이런 활동은 반대파에 동조하는 것으로 의심되는 자들의 움직임을 추적하던 서기국의 눈길을 끌었다. 트로츠키주의자들과 지노비예프주의자들이 당 본부에 소환돼 그런 활동에 대해 해명할 것을 요구받았다. 당의 위원회들은 반대파 사람들이 모인다는 소리가 들릴 때마다 그 현장에 대표자를 보내 모임을 불법으로 규정하고 해산시켰다. 이런 방법이 잘 안 먹히면 열성당원과 불량배들을 보내 모임을 방해했다. 그래서 반대파는 다소 은밀하게 조직화 작업을 벌일 수밖에 없었다. 반대파 지지자들은 교외의 공동주택 단지에 있는 가난한 노동자의 집에서 몰래 만나곤 했다. 훼방꾼들이 거기까지 쫓아와 모임을 열지 못하게 하면 공동묘지나 변두리 숲 같은 데로 옮겨 소규모로 모임을 가졌다. 그들은 망을 세우고 순찰대를 운영해서 모임을 보호했다. 서기국의 긴 팔은 외딴 곳에서 열리는 이런 기이한 집회에까지 미쳤다. 기괴한 사건이 끊이지 않고 일어났다. 한번은 모스크바 위원회의 밀정들이 교외의 숲에서 열린 비밀모임을 적발했다. 그 비밀모임을 주재한 사람은 코민테른 집행위원회의 고위 관리이자 지노비예프의 부관 중 한 사람이었다. 그는 다름 아닌 전쟁인민위원회 부의장 라셰비치였다. 지노비예프는 코민테른의 의장이라는 자기의 직책이 주는 이점을 이용해 반대파의 문서를 배포하고 반대파 지지자들의 집단과 접촉했다. 코민테른 본부가 말하자면 반대파의 중심이 된 것이었다. 이런 사실은 곧바로 스탈린의 눈길을 끌었다.

반대파가 수천 명에 이르는 정규적인 지지자들을 충원하고 조직화한 것은 바로 이러한 상황 속에서였다. 실제 반대파 지지자 수는 4천 명에서 8천 명 사이로 추정됐다. 그 가운데 트로츠키주의자가 절반, 지노비예프주의자가 절반 정도였다.[2] 많이 보아도 몇백 명 정도인 노동자반대파 잔류인원도 합류한다고 선언했다. 통합반대파는 과거의 견해차를 불문하고 참여하고자 하는 사람들은 모두 결집시키고자 했다. 그들은 지배분파에 반대하는 볼셰비키를 모두 아우르는 큰 집단이 되기를 열망했다. 그러므로 통합반대파는 더 많은 지지자들을 모으는 데 성공하지 못함으로써 처음부터 결정적인 패배를 겪었다고 볼 수 있다. 대략 75만 명에 이르는 전체 당원 규모에 비하면 몇천 명의 반대파는 극히 소수에 지나지 않았다.

그러나 분파의 힘은 이런 수치로만 판단할 것이 아니었다. 대다수 당원들은 마치 젤리 같은 대중이었다. 그들은 자기 나름의 생각도 의지도 없는 온순하고 복종적인 이들이었다. 이미 4년도 더 전에 레닌은 당이 정책결정 기구로서는 사실상 가치가 없으며, 수천 명에 불과한 '얇은 계층'인 구세력이 볼셰비키 전통과 원칙의 보고라고 선언한 바 있다.[3] 지지자를 충원하기 위해 반대파가 기울인 노력의 결과는 이런 레닌의 선언에 비추어 판단돼야 했다. 반대파는 무기력한 대중의 지지를 끌어낸 것이 아니라 생각할 줄 알고 활동적이며 정력적인 인적 요소의 지지를 얻어낸 것이었다. 그 인적 요소의 대부분은 초기당원들인 구세력이었고, 나머지 일부는 젊은 공산주의자들이었다. 기회주의자와 출세주의자들은 거리를 둔 채 다가오지 않았다. 스탈린주의자와 부하린주의자인 열성당원들이 반대파 지지자들의 모임에 나타나 모임을 아수라장으로 만들고 큰소리로 협박하는 모습은 소심하거나 신중한 사람들을 놀라게 했다. 1923년에 얼떨결에 트로츠키주의자를 자처했던 소수 기회주의자들이 이제는 지배분파에 합류함으로써 속죄할 기회를 얻고 있었다. 몇천 명에 불과한 트로츠키주의자와 지노비예프주의자들은 예전의 전문적인 혁명가들처럼 중대한 쟁점들에 대해 커다란 책임감을 느끼고 심각한 개인적 위험까지도 감수하는 사람들이었다. 그들의 대부분은 가장 중요한 시기에 볼셰비키의 기간조직에서 두각을 나타냈던 사람들이었고, 노동계급과 정치적 연대를 해본 경험이 많았다. 지배분파의 핵심집단이 수적으로도 더 강했는지는 의심스럽다. 한동안은 부하린주의자들이 스탈린주의자들보다 더 인기가 있는 것으로 보였다. 그러나 2년 뒤에 그들은 통합반대파가 패배한 것보다 훨씬 더 쉽게 패배한다. 부하린주의 분파의 지도자들 중에는 인민위원회, 노동조합, 그리고 코민테른의 의장급 인사들도 포함됐는데도 그랬다. 스탈린주의 분파가 가진 힘의 원천은 분파의 규모에 있었다기보다 그 지도자가 당 조직을 완전히 장악한 데 있었다. 당 조직을 완전히 장악함으로써 스탈린은 당의 모든 자원을 끌어다 쓰고, 선거에서 부정행위를 자행하고, 다수결을 조작하고, 자기의 정책이 지닌 분파적이고 사적인 성격을 가릴 수 있었다. 한마디로 그는 자기의 분파를 당과 동일시했다. 결국 전체 당원 가운데 기껏해야 2만 명 정도만이 중차대한 당내 투쟁에 자발적, 직접적, 적극적으로 참여했다.

통합반대파는 7월 중순에 열린 중앙위원회 회의에서 공식적으로 그 존재를 알렸다.[4] 회의가 개막된 직후에 트로츠키는 자기와 지노비예프, 카메네프가 지난날 서로 다투었던 것을 후회하며, 앞으로는 당을 '당 조직'의 독재로부터 해방시키고 당내 민주주의의 부활을 위해 일하는 것을 그들의 공동목표로 삼겠다고 선언하는 내용의 성명서를 발표했다. 반대파는 부농, 네프 부르주아, 관료에 대항해 노동계급의 이익을 보호하는 볼셰비키 좌파의 입장을 취한다고 밝혔다. 반대파의 요구사항 중 첫 번째는 공업부문의 임금인상이었다. 정부는 임금동결 명령을 내린 뒤 생산성이 오르지 않으면 노동자의 임금을 올리지 않고 있었다. 반대파는 이런 정부의 조치에 반대하며 노동계급의 여건이 너무 열악하다고 주장했다. 임금은 혁명 이전보다도 훨씬 낮았다. 반대파는 생산성을 향상하려면 먼저 노동자의 몫을 늘려야 한다고 주장했다. 또한 노동자들은 명령에 복종할 것을 강요받거나 노동조합이 국가의 도구로 전락하는 것을 지켜볼 것이 아니라 노동조합을 통해 자유롭게 자기주장을 하고 공장 관리자들과 협상할 수 있어야 한다고 했다. 반대파는 세제개혁도 요구했다. 정부의 세입 중 간접세의 비중이 점점 더 커지고 있었고, 간접세 부담의 대부분은 늘 그렇듯이 가난한 이들에게 돌아갔다. 반대파는 이런 간접세 부담을 경감하고 네프 부르주아가 벌어들이는 이윤에 더 높은 세율을 매겨야 한다고 주장했다.[5]

반대파는 같은 관점에서 농촌문제를 다루었다. 그들은 당시 시행 중이던 단일 농업세가 부농들에게 유리하다고 주장하며 세제개혁을 촉구했다. 반대파는 소규모 자작농의 30~40퍼센트에 해당하는 베드니아크에게는 세금을 면제해주고 나머지 농민들에게는 누진세를 매기는 방식으로 쿨라크에게 가장 많은 세금을 물려야 한다고 주장했다. 나아가 반대파는 농업의 집단화를 강력히 요구했다. 그렇지만 강제적이거나 전면적인 집단화를 주장하거나 '하나의 계급으로서의 쿨라크를 해체'해야 한다고 주장하지는 않았다. 반대파는 농민들의 동의 아래 실행되는 장기적인 개혁을 제시했고, 그 개혁은 정부의 신용정책과 공업자원의 이용을 통해 촉진돼야 한다고 주장했다. 그러나 반대파의 제안은 쿨라크에게 매기는 세율을 50퍼센트 인상하고, 사실상 강제적인 곡물대출을 실시함으로써 정부가 수출을 증진하고 공업기계의 수입에 나설 수 있도록 해야 한다고 요구하는 수준을 넘어서지 못했다. 정부 쪽의 강력한 반대에 맞서서 반대파는 정부가 임금을 인상하고 빈농에게 세금을 면제해주더라도 공업투자 자금을 늘릴 수 있다고 주장했다. 세제를 개편하고 곡물대출을 실시하는 데서 나오는 추가세입으로 충당이 가능하다는 것이었다.

반대파의 정책강령은 보다 빠른 공업화를 요구하는 데서 절정에 다다랐다. 트로츠키는 이번에는 지노비예프와 카메네프의 지지를 업고 정부가 미리 생각하고 계획하는 능력이 없다고 다시 한 번 성토했다. 정부의 공식 정책이 너무 소심하게 작성된데다가 '달팽이의 속도'에 맞춰진 탓에 공업의 실제 발전이 대체로 정부 관리들의 예상을 앞섰다. 철강산업과 수송산업은 국가경제최고회의가 1930년 이전에는 달성하지 못하리라고 예측한 목표를 1925년에 이미 달성했다. 그렇다면 멀리 내다보며 활력 있는 지도가 이루어진다면 경제에 얼마나 더 많은 자극이 가해지겠는가! 14차 당대회는 목표를 상향조정하고 발전속도를 높이는 데 찬성한다고 선언했다. 그러나 당대회의 이런 결의는 실질적인 효과를 내지 못했다. 타성에 젖은 관료들이 그것을 무시해버렸던 것이다. 그런 타성을 깨뜨리려면 적어도 5년 앞, 아니 아예 8년 앞까지의 포괄적이고 구체적인 계획이 필요했다. "우리에게 진짜 5개년 계획을 보여 달라." 이것이 반대파의 슬로건이었다.

　　반대파는 사회주의 경제부문의 발전을 더욱 강력히 요구함에 따라 그만큼 더 단호하게 일국사회주의를 거부했다. 일국사회주의는 중심적인 '이념적' 쟁점이 됐다. 반대파는 국가 단위의 자급자족적 사회주의라는 개념은 레닌주의의 전통 및 마르크스주의의 원칙과 양립할 수 없다며 거부했다. 당은 혁명의 국제적 확산이 지연되고 있다고 해서 소련이 앞으로 고립된다고 보거나 해외의 혁명 발전에 대한 전망을 미리 포기해서는 안 된다고 반대파는 주장했다. 어쨌든 사회주의의 건설은 몇 년 정도가 아니라 수십 년에 걸쳐 진행될 것이다. 그렇다면 소련만 유일하게 노동자의 나라로 존재하는 상황이 계속된다고 어떻게 장담할 수 있는가? 스탈린주의자와 부하린주의자들은 그런 상황이 계속된다고 가정하는 게 분명하다. 그렇지 않고서야 당이 일국사회주의를 신조로 받아들여야 한다고 그토록 끈질기게 주장할 이유가 없다고 반대파는 지적했다.

이제는 당의 국제적 지향 전체가 위기에 몰렸다. 소련이 계속해서 홀로 사회주의를 건설해야 하리라고 미리 가정하는 것은 국제혁명의 전망을 포기하는 것이었고, 국제혁명을 포기하는 것은 국제혁명을 위해 일하기를 거부하는 것이었고, 더 나아가 국제혁명을 방해하는 것이었다. 반대파는 스탈린과 부하린이 국제혁명을 자기들의 이론에서 '제거'함으로써 실제의 정책에서도 그것을 제거하는 경향을 보이고 있다고 주장했다. 이미 코민테른의 전략은 '자본주의의 안정화'에 관한 부하린의 견해에 강하게 물들었고, 그래서 트로츠키와 지노비에프가 지적했듯이 스탈린과 부하린은 유럽의 공산당들이 자체적인 청산까지는 아니라 하더라도 적어도 2차 인터내셔널에 속했던 당들 및 개량주의적인 노동조합들과 화해하도록 유노하고 있있다. 이런 움직임은 '기회주의적'인 통일전선의 형태로 나타났고, 그 속에서 공산당들은 사회민주당들의 뒤를 따라가며 개량적인 태도를 취하는 데 익숙해져갔다. 이런 전술은 코민테른의 초기 대회에서 합의된 지침들을 부정하는 것이었다. 영소위원회의 행태는 이런 전술의 대표적인 사례였다. 영소위원회는 영국과 소련 두 나라 노동조합 지도자들 사이의 합의로 생겨난 조직이었다. 영소위원회는 공산주의자들을 개량주의적인 대중과 접촉하게 해 그들에게 영향을 주게 한 적이 없었고, 그렇게 할 수도 없었다. 그러므로 영소위원회를 탄생시킨 합의는 영국의 계급투쟁을 심화시키지 않았고, 그럴 수도 없었다. 오히려 영국의 노동조합 지도자들은 노동쟁의를 억제했고, 그러는 동안 소련의 공산주의자들은 그들과의 우정을 쌓음으로써 영국 노동자들을 혼란시켜 그들이 적과 친구를 구별하지 못하게 하는 데 기여했다고 반대파는 주장했다. 트로츠키는 영소위원회가 일국사회주의의 전제이자 그 결과인 혁명적 목표의 암묵적 포기를 상징하는 것이라고 집중 공격했다. 지노비예프와 카메네프도 트로츠키만큼은 아니지만 같은 공격을 했다.

트로츠키가 7월의 중앙위원회 회의에서 발표한 성명 중에 그 자신이나 그의 동맹자들이 그전에 말하지 않은 내용은 거의 없었다. 그러나 그들이 그동안 해온 비판과 제안들을 한데 모아 포괄적인 정책으로 선언하고 공동으로 지배분파에 도전한 것은 이번이 처음이었다. 반응은 격렬했다. 논쟁이 후끈 달아올랐고, 예기치 않은 사건으로 인해 상황이 악화됐다. 극도로 긴장한 제르진스키는 병이 든 상태에서도 반대파의 지도자들, 특히 카메네프를 비난하는 길고 위협적인 연설을 했다. 제르진스키의 날카로운 외침이 두 시간 동안 청중의 귀를 먹먹하게 했다. 연설을 마친 그는 연단에서 내려오다가 심장발작을 일으켜 중앙위원회 위원들이 지켜보는 가운데 바닥에 쓰러졌고, 바로 그날 사망했다.

중앙위원회는 임금체계를 재검토하라는 반대파의 요구를 즉각 거부했다. 다수파의 지도자들은 물자가 부족한 상황에서 생산성과 관계없이 임금을 올리는 것은 인플레이션을 유발해 노동자에게 돌아가는 몫을 늘리기보다 오히려 줄일 것이라고 주장했다. 중앙위원회는 빈농들에게 세금을 면제하고 그 밖의 다른 사람들에게는 더 무거운 세금을 부과하는 방안도 거부했다. 중앙위원회는 공업화의 속도를 높이라는 요구에 저항했고, 스탈린과 부하린의 코민테른 정책에 대한 지지와 특히 영소위원회에 대한 지지를 확인했다. 그러나 이 모든 문제에 대해 지배분파는 당황했고 수세에 몰렸다. 스탈린은 반격에 나섰다. 그러나 그의 반격은 정책에 대한 비판이 아니라 당의 규율을 위반했다는 혐의를 씌우는 것이었다.

스탈린은 반대파의 지도자들이 당내에 정규적인 분파를 만들어 5년 넘게 유지돼온 레닌의 금지명령을 어겼다고 비난했다. 그는 반대파에 속하는 분파들 가운데 취약한 편인 지노비예프주의자들을 겨냥했다. 그는 지노비예프에게 코민테른의 의장이라는 지위를 남용하고, 코민테른의 본부에서 반대파의 활동을 지원한 데 대한 책임을 물었다. 또한 그는 라셰비치와 반대파 집단이 모스크바의 교외 숲에서 '비밀' 모임을 가진 것을 규탄했다. 아울러 그는 오소프스키라는 사람의 행태를 문제 삼았다. 오소프스키는 반대파가 독립적인 정치운동 조직을 결성해야 하며, 당 안에서 충성스러운 반대파의 역할을 하는 데 그칠 것이 아니라 당 밖에서 스탈린과 부하린의 당과 공개적으로 맞서야 한다고 주장했다는 것이었다. 트로츠키는 자기와 반대파는 그런 견해와는 무관하다고 주장했다. 그러고 나서 그는 당에 대해 실망하고 당 안에서 당을 개혁할 수 있다는 희망을 갖지 못하는 당원들이 존재한다면, 그 책임은 모든 개혁의 시도를 막는 데 몰두한 당의 지도자들에게 있다고 지적했다. 중앙위원회는 오소프스키를 당에서 축출하고, 라셰비치를 중앙위원회와 전쟁인민위원회에서 해임하며, 지노비예프를 정치국에서 해임하기로 결의했다.[6]

이처럼 통합반대파는 첫 공식 대결에서 혹독한 반격을 당했다. 반대파 지지자 한 명이 당에서 축출된 것은 비록 그가 별로 알려지지 않은 '극단론자'였다 하더라도 위협적인 경고였다. 또한 라셰비치가 강등조치를 당함에 따라 반대파는 전쟁인민위원회와 완전히 차단됐다. 물론 가장 충격적인 일은 지노비예프가 정치국에서 해임된 것이었다. 14차 당대회 이후에는 카메네프가 정치국의 유일한 교체위원이었기에 이번 조치로 인해 예전의 3인연합 중 스탈린을 제외한 두 명이 정치국에서 투표권을 잃게 됐다. 반대파의 지도자들 가운데 트로츠키만이 정치국 위원 자리를 유지했다. 지노비예프가 코민테른의 의장을 맡았던 것은 정치국에서 트로츠키가 영향력을 행사했기 때문이었다. 그러므로 그가 코민테른의 의장 자리를 계속 유지하는 것은 사실 불가능한 일이었다. 얼마 전까지만 해도 많은 사람들이 3인연합의 일인자로 여겼던 지노비예프를 대담하게 제거함으로써 스탈린은 이제 자신이 막강한 힘과 자신감을 갖게 됐음을 보여줬다. 스탈린은 법규상의 세세한 규정을 모두 정확하게 준수하면서도 신속하게 지노비예프를 제거하는 조치를 실행했다. 지노비예프를 강등시키자는 제안이 중앙위원회에 합법적으로 상정됐다. 그리고 정치국 위원에 대한 임면권을 독점하고 있는 중앙위원회의 절대다수 위원들이 그 제안에 찬성표를 던졌다.

이 단계에서는 이미 이론상으로는 스탈린이 트로츠키마저 정치국에서 몰아내는 것을 막을 방법이 전혀 없었다. 그러나 스탈린은 추가 보복 조치에 대해서도 절대다수의 동의를 얻을 수 있을지 여부를 자신할 수 없었다. 그리고 그는 절제하는 태도를 보여주는 것이 자기의 힘을 강화시키리라는 걸 깨달았다. 그는 반대파를 조금씩 견제하는 조치를 취하면서 최종적인 대결에 보다 유리한 방향으로 당의 의견이 정리되도록 준비해나갔다. 이제 그는 반대파가 원칙을 선언하거나, 정책과 관련된 성명을 발표하거나, 중앙위원회 또는 정치국에서 항의를 해도 두려워할 이유가 별로 없었다. 반대파의 지도자들이 중앙위원회나 정치국에서 하는 말은 거의 대부분 하부 세포조직까지 전달되지 않았다. 언론에 새어나가는 말은 더더욱 적었다. 따라서 지배분파들 사이의 동맹이 유지되는 한 정치국이나 중앙위원회에서 벌어지는 말싸움은 반대파에 아무런 도움도 되지 않았다.

상황이 이러하니 반대파는 정치국과 중앙위원회에 맞서 일반 당원들에게 직접 호소하는 수밖에 다른 도리가 없었다. 1926년 여름에 트로츠키와 지노비예프는 지지자들에게 양쪽의 공통된 견해를 모든 당원들에게 알리고, 정책성명, 팸플릿, 테제를 널리 전하고, 당 세포조직에서 목소리를 높이라고 지시했다. 반대파의 지도자들은 직접 공장과 작업장에 가서 사람들을 모아놓고 연설했다. 트로츠키는 모스크바의 자동차 공장과 철도 작업장에서 열린 대규모 집회에 예고 없이 나타났다. 그러나 아래로부터 당원들의 의견을 모으려는 반대파 지도자들의 이런 시도는 지난번 그들이 위로부터 당의 정책에 영향을 미치려고 시도했던 때만큼이나 운이 따르지 않았다. 당 조직이 그들보다 먼저 움직였다. 어디를 가든 당 조직의 요원, 열성당원, 야유꾼들이 먼저 자리를 잡고 앉아서 반대파 지도자들을 조롱하고 그들에게 야유를 보내는가 하면 그들의 발언을 지옥 같은 소음으로 덮어버리고, 청중을 위협하고, 모임을 방해해 무산시키고, 심지어는 아예 그들이 발언의 기회를 갖지 못하도록 물리적으로 청중을 차단했다. 거의 30년 만에 처음으로, 또 혁명의 연사로서의 경력을 시작한 이래 처음으로 트로츠키는 군중 앞에서 무력한 자신을 발견했다. 경멸을 담은 고함소리와 끈질기게 위협하고 빈정대는 아우성 앞에서는 트로츠키의 논리정연한 주장, 사람을 설득하는 재능, 힘차게 울려 퍼지는 목소리도 아무 소용이 없었다. 다른 연사들에게 가해진 모욕은 훨씬 더 잔인했다. 반대파가 처음으로 힘을 합쳐 공동으로 당원들에게 호소해보려한 시도는 실패한 게 분명했다.

스탈린은 선량한 볼셰비키 당원들이 반대파에게 응당 당해야 할 좌절을 안겨준 것이라면서 으스댔다. 이에 반대파는 선량한 일반 당원들이 반대파의 견해를 알지 못하게 하려고 스탈린이 가장 악랄한 인적 요소인 룸펜프롤레타리아와 무뢰배를 동원했다고 반박했다. 스탈린은 주저할 이유가 없었고, 그의 앞잡이들이 트로츠키와 지노비예프, 그리고 그들의 친구들을 겨냥해 벌인 소동이 '인민의 목소리'로 오해될 리도 없었다. 그러나 이것만으로는 반대파가 당한 굴욕을 충분히 설명해주지 못했다. 난폭한 깡패들이 대규모 집회를 방해할 수 있었던 것은 대다수의 대중이 그런 행패에 동조하거나 적어도 무관심했기 때문이다. 관심이 있고 자기규율을 갖춘 청중은 대개 연사의 말을 듣고 자기 생각을 정리해보려는 노력을 방해하는 시끄러운 자들이 있으면 그런 자들을 쫓아내거나 침묵하게 만드는 방법을 안다. 야유의 고함을 질러대는 무뢰배 뒤에는 침묵하는 군중이 있었고, 그들은 워낙 길들여지고 무감각해진 탓에 집회의 질서를 회복시키려는 노력을 할 생각도 하지 않았다. 결국은 저변에 깔려있는 일반 당원들의 냉담한 태도가 반대파에게 패배를 안겨준 것이었다.

임금인상 요구를 비롯해 반대파가 노동자들을 대신해 제기한 주장은 그와 같은 냉담한 태도를 깨기 위한 것이었다. 그런데 왜 그런 주장이 노동자들의 반응을 불러일으키지 못했을까? 그것은 임금에 대해 지배분파들이 양보하는 듯한 자세를 취했기 때문이다. 7월에 지배분파들은 임금인상이 국가경제에 커다란 해를 끼칠 것이라고 선언하며 임금인상 요구를 단호히 거부했다. 그러나 9월에 적들이 일반 당원들에게 직접 호소하고 나서려고 하자 스탈린과 부하린이 선수를 치고 나서서 임금이 가장 낮고 불만이 가장 많은 노동자 집단에게 임금을 인상해주겠다고 약속했다. 스탈린과 부하린이 이렇게 정책을 바꾼 구실은 경제상황이 빠르게 호전됐다는 것이었다. 그러나 사실 두 달 사이에 그런 경제상황의 호전은 일어나지도 않았고, 일어날 수도 없었다. 어쨌든 임금인상 약속을 얻어냈다는 점에서 반대파는 부분적인 성공을 거둔 셈이었다. 그러나 그로 인해 반대파는 자기들의 가장 호소력 있는 주장을 잃은 셈이었다. 더 나아가 스탈린은 공업정책에 관한 트로츠키의 생각을 마치 자기 것인 양 갖다 씀으로써 반대파를 혼란에 빠뜨렸다. 스탈린은 전면적인 공업화에 나설 준비가 전혀 돼있지 않았지만, 자기의 결의안과 성명서를 작성하면서 트로츠키의 구상과 심지어는 그가 쓴 문구까지 그대로 가져다 제 것인 것처럼 사용했다.

당의 농촌정책에 대한 윤곽도 흐려졌다. 스탈린은 지배분파들과 반대파 사이의 견해차는 쿨라크에 대한 정책에 있는 것이 아니라 중농에 대한 정책에 있다고 주장했다. 14차 당대회에서 터져 나온 쿨라크에 대한 항의는 효력을 발휘했다. 기간당원들 사이에 신인민주의파에 대한 의혹을 불러일으켰던 것이다. 부하린은 강한 농민들을 달래야 할 필요성을 더는 공개적으로 말할 수 없었다. 볼셰비키의 여론에 변화의 분위기가 일었다. 쿨라크는 다시 사회주의의 적으로 인식됐다. 비록 정부는 쿨라크를 적대시하거나 그들에게 더 높은 세율을 매기기를 아직 꺼렸지만, 그렇다고 해서 그들에게 새로운 양보를 할 분위기도 아니었다. 이제는 그 어떤 신네프에 대해서도 의문이 제기되지 않았다. 문제가 개선됐기 때문이 아니었다. 서로 충돌하는 두 개의 압력 사이에 갇혀 정부의 정책은 어느 쪽으로도 움직이지 못하고 멈춰버렸다. 정부의 정책은 양쪽 모두에서 가장 나쁜 것만을 반영하고 있었다. 정부의 정책은 쿨라크를 달램으로써 얻을 수 있는 이점에도 기댈 수 없었고, 엄격한 사회적, 재정적 조치를 통해 만들어낼 수 있는 이점에도 기댈 수 없었다. 반대파의 주장에는 여전히 설득력 있는 요소가 있었다. 하지만 스탈린은 그런 요소에 사람들이 관심을 갖지 않도록 하는 데 성공하고 있었다. 그는 트로츠키와 지노비예프가 수백만 명에 이르는 중농들과 갈등을 빚는 방향으로 당을 몰아가고 있다고 비난했다. 그런 다음 그는, 그러나 훌륭한 무지크인 중농들은 결코 착취자가 아니고, 사유재산에 대한 그들의 애착은 해롭지 않으며, 프롤레타리아와 농민 사이의 동맹에 그들의 선의가 필수요소라고 덧붙였다.

사실 반대파는 중농들과 갈등을 빚지 않았다.[7] 반대파는 중농들에게 재정적 압박을 가하라는 요구를 당에 한 적이 없다. 세레드니아크 대중은 자기의 작은 땅에서 나는 것만으로는 자급자족이 거의 불가능했고, 국가의 식량문제 해결에 그다지 도움이 되지 못했다. 그럼에도 세레드니아크의 피를 짜내려 한다는 혐의 탓에 반대파는 명분을 훼손당했다. 1923년과 1924년처럼 다시 다수의 선전가들이 트로츠키를 농민의 숙적으로 묘사했다. 그들은 지노비예프와 카메네프도 무지크에 대한 트로츠키의 적대 감에 감염됐다고 덧붙였다. 당 세포조직원들은 반대파에 씌워진 혐의와 그 혐의에 대한 반박 중 어느 쪽이 옳은지 분간할 수 없었다. 그들은 그동안 강한 농민에 관한 부하린의 주장을 못미더워했다. 그런데 이제는 트로츠키와 지노비예프의 의도도 믿을 수 없었다. 대부분이 농촌에 뿌리를 두고 있는 노동자들은 농민들과 갈등하게 되는 것을 결코 원하지 않았다. 그들은 무엇보다 안전을 원했다. 스탈린이 그들에게 안전을 보장하는 것처럼 보였으므로 그들은 반대파의 편을 들어 위험을 자초하게 되지 않도록 조심했다.

스탈린의 힘은 평화, 안전, 안정을 열망하는 대중에 대한 그의 호소력에서 나왔다. 트로츠키는 다시 한 번 그 열망을 거스르고 방해하는 모습으로 비쳤다. 둘 사이의 싸움의 배경에는 피로에 지치고 위험한 실험을 두려워하는 대중이 늘 놓여 있었다. 자기의 외교정책을 정당화하려고 할 때 스탈린은 대중의 피로와 두려움을 더 많이 이용했다. 또다시 그는 트로츠키를 가장 위험한 모험에 당을 밀어 넣을 수 있는 공산주의의 돈키호테로 묘사했다. 그는 영소위원회를 옹호하면서 다음과 같이 말했다.

트로츠키의 정책은 하나의 과시적 몸짓입니다. (…) 그가 출발점으로 삼는 것은 실재하는 인간들, 즉 실재하며 살아있는 노동자들이 아니라 (…) 관념적이고 공상적인 존재들, 즉 머리부터 발끝까지 혁명가인 사람들입니다. (…) 우리는 그가 브레스트리토프스크 협상 때 처음으로 그런 자기의 정책을 적용하는 모습을 보았습니다. 그때 그는 러시아와 독일 사이의 강화조약에 서명하기를 거부했습니다. 그는 자기의 서명 거부가 모든 나라의 노동자들을 일깨워 제국주의에 대항하고 나서게 할 것이라고 믿으며 과시적인 몸짓을 하는 데 몰두했습니다. (…) 그 때문에 우리가 얼마나 큰 대가를 치렀는지를 동지들은 잘 알 것입니다. 트로츠키의 과시적인 몸짓은 과연 누구를 이롭게 했습니까? 아직은 굳건히 자리 잡지 못한 소비에트 공화국의 목을 조르는 자들을 이롭게 했습니다. (…) 동지들이여, 안 됩니다. 우리는 그런 과시적인 몸짓의 정책을 채택하지 않을 것입니다. 우리는 브레스트리토프스크 시절의 일을 더는 되풀이하지 않을 것입니다. (…) 우리 당이 적들의 손에 놀아나는 장난감이 되게 할 수 없습니다.[8]

브레스트리토프스크의 강화와 영소위원회를 나란히 놓고 비교하는 것은 완전히 부적절한 일이었다. 소련의 지도자들과 영국 노동조합의 지도자들이 결별한다 해도 그것 때문에 소련이 브레스트리토프스크 위기의 시기에 직면해야 했던 위험과 조금이라도 비슷한 위험에 다시 노출될 것이라고 생각할 수는 없었다. 게다가 지노비예프가 저지했기 때문에 반대파는 소련의 지도자들과 영국 노동조합의 지도자들이 결별하도록 압박하지 않았다. 스탈린이 한 비난을 부하린이 하자 훨씬 더 기괴하게 들렸다. 1918년에 부하린은 전쟁의 당을 이끌었고, 그 당은 트로츠키가 평화에 찬성하는 쪽으로 캐스팅 보트를 행사함에 따라 패배한 바 있었다.[9] 그러나 그 거대한 드라마의 구체적인 내용을 그 누가 알거나 기억하겠는가? 볼셰비키 당의 기억력은 짧았다. 그래서 그 당에 트로츠키의 '영웅적인 몸짓'에 대한 두려움을 불러일으키기는 쉬웠다.

보통의 볼셰비키가 일국사회주의에 대한 논쟁에 귀를 기울였던 것은 바로 분위기에서였다. 보통의 볼셰비키가 일국사회주의라는 쟁점에 대해 객관적인 판단을 하기란 매우 어려운 일이었다. 왜곡과 궤변에 빠지지 않는 한 그것은 두 경제학자 집단 사이의 논쟁이었다. 한 경제학자 집단은 한 나라에 국한된 체제 안에서 이루어지는 '사회주의의 건설'을 상정했고, 또 하나의 경제학자 집단은 국제적인 분업이 폭넓게 존재하는 상황에서 이루어지는 '사회주의의 건설'을 상정했다. 가장 교육을 많이 받은 당원들만이 높은 수준에서 전개된 이 논쟁을 따라갈 수 있었다. 러시아 내부의 자원은 러시아를 많이 발전시키는 데는 충분할 정도로 풍부할지 모르나 완전한 사회주의를 확립하는 데는 충분하지 않다고 지노비예프와 카메네프가 주장하는 이유를 일반 당원들은 알 수 없었다. 그들이 마르크스주의 사상의 깊숙한 저변에 뿌리를 둔 트로츠키의 논리적 주장을 제대로 흡수하기란 더욱 어려웠다. 트로츠키는 사회주의 혁명이 당분간은 한 나라의 경계 안에 한정적으로 유지될 수 있을지 모르나, 사회주의는 그것이 비록 소련이나 미국처럼 큰 나라라 할지라도 단 하나의 국민국가의 틀 안에서는 달성될 수 없다고 주장했다. 마르크스주의는 언제나 국제공동체의 관점에서 사회주의를 그려왔다. 역사적으로 볼 때 사회는 점점 더 큰 규모로 통합되는 경향이 있기 때문이다. 유럽은 봉건적 질서에서 부르주아적 질서로 이행하는 과정에서 중세적 개별주의를 극복했다. 부르주아는 국민적 시장을 만들어냈고, 그것을 바탕으로 근대적 국민국가가 형성됐다. 그러나 선진국의 생산력과 경제적 활력은 국가의 경계 안에 머물러 있을 수 없었고, 부르주아적 서구가 달성한 뛰어난 업적인 국제분업 체제를 갖춘 자본주의 아래에서도 국가의 경계를 넘어 성장했다.[10] 이 점에 대해서 스미스와 리카도의 충실한 제자였던 마르크스는 《공산당 선언》에 다음과 같이 썼다.

> 근대 공업은 세계시장을 만들었고 (…) 세계시장은 상업, 항해, 육로교통에 엄청난 발전을 가져왔다. (…) 제품을 팔기 위해 끊임없이 팽창하는 시장이 필요하고, 이런 필요가 지구 전체에 걸쳐 부르주아를 쫓아다닌다. (…) 부르주아는 모든 나라에서 생산과 소비에 범세계적인 성격을 부여해왔다. 반동 세력에게는 매우 유감스러운 일이지만 부르주아는 공업의 발 아래에서 그들 자신이 딛고 설 국가적인 기반을 끌어냈다. (…) 지역적이고 국가적인 격리와 자급자족 대신에 이제 우리는 여러 나라들의 다양한 상호교류와 전 세계적인 상호의존 속에서 살아가고 있다.[11]

그렇다면 격리되고 자급자족적인 형태로 한 국가만의 기반 위에 서 있는 사회주의를 어떻게 생각할 수 있겠느냐고 트로츠키는 물었다. 자본주의가 성취한 수준보다 높은 수준에서 실현되는 사회주의는 폐쇄되고 후진적인 경제 안에서는 달성될 수 없다. 사회주의는 자본주의보다 훨씬 더 '여러 나라들의 다양한 상호교류'에 의존한다. 사회주의는 그동안 부르주아가 꿈꿔온 국제분업보다 비교할 수 없을 정도로 훨씬 더 진전된 국제분업을 실현해야 한다. 게다가 부르주아는 간헐적이고 무계획적으로 국제분업을 발달시켰지만 사회주의는 체계적이면서 합리적으로 국제분업을 계획한다. 그러므로 일국사회주의라는 개념은 비현실적일 뿐 아니라 반동적이기도 하다. 일국사회주의라는 개념은 역사발전의 논리와 현대세계의 구조를 무시하는 것이다. 트로츠키는 사회주의 세계공동체를 여는 서막으로서의 유럽합중국이라는 개념을 그 어느 때보다도 강력하게 주창했다.

이런 추론의 장단점이 무엇이건 간에 그것은 반대파가 지지를 얻으려고 한 일반 볼셰비키들의 이해범위를 넘어서는 것이었다. 2년 뒤에 라데크는, 이미 추방당한 상태에서, 반대파가 패배한 이유를 곰곰이 생각해 보고는 그것을 트로츠키에게 편지로 써 보냈다. 편지에서 그는 반대파가 정치적 선동가로서 대중적이고 실천적인 이념을 제시하고 그에 대한 반응을 얻어내려고 하기보다는 선전가로서 거대하지만 추상적인 이론을 다루는 태도로 임무에 접근했다고 지적했다.[12] 물론 라데크는 패배주의에 젖은 상태에서 편지를 썼기 때문에 반대파를 실제보다 더 폄하했고, 그 뒤 얼마 지나지 않아 스탈린에게 항복했다. 그러나 어쨌든 라데크가 한 말에는 어느 정도 진실이 담겨 있었다. 반대파가 제시한 실천적인 구상들, 예를 들어 임금, 세제, 공업정책, 프롤레타리아 민주주의 등에 관한 제안들도 일반 당원들에게 감명을 주지 못했다. 일반 당원들은 지치고 환멸을 느낀 상태였으며 고립주의의 유혹을 받았다. 트로츠키가 포괄적인 역사적 전망을 펼쳐 보인 것은 그들이 보라고 그런 것이 아니었다. 바르가(Varga, 1879~1964, 소련의 경제학자―옮긴이)가 말했듯이 그들은 자기들이 스스로 또는 강요에 의해 치른 희생을 보상해줄 '위안의 이론'을 갈망했다. 일국사회주의론은 스탈린주의의 전개과정 전체를 규정하는 요소이자 볼셰비키의 약속과 그 이행 사이의 격차를 감추려는 신화창조 성격의 이론이었다. 트로츠키가 보기에 이 신화창조는 당이 공급하지 말아야 하는 새로운 '인민의 아편'이었다. 트로츠키는 다음과 같이 썼다.

영웅적인 시기에 우리의 당은 일국사회주의가 아닌 국제혁명을 전적으로 기대했다. 국제혁명의 깃발 아래에서, 그리고 후진적인 러시아 혼자만으로 는 (…) 사회주의를 달성할 수 없음을 솔직하게 인정하는 강령을 갖고서 우 리의 젊은 공산주의자들은 배고픔, 추위, 전염병을 견뎌내며 내전의 가장 격렬한 시기를 거치고, 고된 노동을 해야 하는 주말 교대근무를 자원하고, 학습을 하고, 수없는 희생을 하면서 한걸음씩 전진해왔다. 당원들과 콤소몰 단원들은 쉬는 날에도 전선으로 달려가 싸우고, 기차역에서 통나무 옮기는 일을 자원해서 했다. 그 통나무로 일국사회주의 건설이 아니라 국제혁명이 라는 대의를 달성하기 위해서였다. 국제혁명을 위해서 소비에트 요새는 굳 건히 버텨줘야 했다. 그 통나무는 하나하나가 그러한 소비에트 요새를 받치 는 데 쓰였다. (…) 시대가 바뀌었지만 원칙은 여전히 확고히 살아있다. 1925년까지 노동자, 빈농, 당원, 그리고 젊은 공산주의자들은 새로운 복음 을 필요로 하지 않음을 온몸으로 보여주었다. 새로운 복음을 필요로 하는 자는 (…) 대중을 무시하는 관리들, 방해받기를 원치 않는 행정관리들, 그리 고 당 조직에 매달려 사는 이들이다. 이들이 바로 위안의 교리 없이는 인민 을 다룰 수 없다고 생각하는 자들이다. (…) 세계 자본주의의 지옥 한가운데 에 마치 오아시스와 같이 사회주의의 낙원을 건설하는 것은 불가능하다는 것을 이해하고 소련과 자기의 운명은 전적으로 국제혁명에 달려 있음을 깨 달은 노동자들은 우리가 이미 '90퍼센트의 사회주의'를 달성했다는 말을 듣 고 스스로도 그렇다고 믿는 자들보다 소련에 대한 자기의 의무를 훨씬 더 열정적으로 수행할 것이다.[13]

반대파와 트로츠키에게는 유감스러운 일이었지만 '관리들 및 당 조 직에 매달려 사는 이들'뿐 아니라 지치고 환멸을 느낀 대중도 영속혁명의 필요성을 환기시키는 영웅적인 목소리보다 위안의 교리에 더 빨리 반응했다. 그들은 스탈린이 자기들에게 더 안전하고, 더 쉽고, 덜 고통스러운 길을 제시했다고 착각했다.

일국사회주의는 사람들의 국가적 자부심도 자극했다. 반면에 국제주의에 대한 트로츠키의 호소는 단순한 사고를 하는 사람들로 하여금 그가 러시아는 자립능력이 없다고 생각하고 있고, 그래서 러시아를 구원할 손길은 궁극적으로 혁명이 이루어진 서구가 내밀어줘야 한다고 주장하는 것이라고 생각하게 했다. 이런 생각은 가장 위대한 혁명을 이룩한 국민의 자부심에 상처를 입힐 수밖에 없었다. 그 자부심은 일상의 온갖 비참함에도 불구하고, 또 정치적으로 냉담한 태도와 기이하게 섞여 있으면서도 생생하게 살아있었던 것이다. 트로츠키는 러시아의 구태의연한 미래전망이 사회주의에 거대한 장애물이 된다고 생각했다. 볼셰비키가 이끄는 대중은 자신들의 후진성을 알게 됐고, 10월혁명은 그 후진성에 대한 저항이었다. 그러나 개인과 마찬가지로 국민, 계급, 당도 자기의 열등함을 예민하게 의식하면서 무한정 그대로 살아갈 수 없고, 조만간 그 열등감을 억누르려고 한다. 그 열등함을 상기시키는 말을 너무 자주 듣게 되면 기분이 상하기 시작한다. 그리고 특정한 누군가가 그 열등함을 자꾸만 상기시키려고 한다는 의심이 들면 그에 대한 분노가 일어난다. 일국사회주의를 옹호하는 사람들은 러시아의 후진성을 가벼이 여기고, 그것에 대해 변명을 하고, 심지어는 그것을 부인하기도 했다.[14] 그들은 외부의 도움을 받지 않더라도 역사의 최고 기적인 사회주의의 완성을 이룰 수 있다고 사람들에게 말했다. 그들은 스탈린이 연 길이 더 쉽고 더 안전한 길일 뿐만 아니라 선택받은 사회주의 국민의 길이자 나로드니키 세대가 꿈꾸었던 러시아 특유의 혁명적 사명을 수행하는 길이라고 말했다. 서로 경합하는 두 개의 준메시아적 신념이 대치하고 있는 형국이었다. 그중 하나는 서구 프롤레타리아의 혁명적 소명을 믿는 트로츠키주의였고, 다른 하나는 러시아 사회주의의 운명을 찬양하는 스탈린주의였다. 서구 공산주의의 무기력증이 거듭 입증된 마당에 이 두 개의 신념 중 어느 것이 더 큰 대중적 반향을 불러일으킬 것인가는 이미 답이 정해진 물음이었다.

서구의 혁명이 임박했다는 희망 섞인 믿음을 가지고 있었음에도 불구하고 트로츠키는 자신의 적들보다 더 냉정한 관점으로 당시 세계에서 일어난 일들을 바라봤다. 그는 혁명적 이상주의를 지니고 있음에도 불구하고 외교 분야에서든 공산주의 운동에서든 구체적인 상황에 대해서는 엄격하게 현실주의적 태도로 접근했다. 그러나 트로츠키의 활동 중 바로 이 측면, 즉 세계에서 벌어지는 사건에 대한 권위 있는 조사와 분석은 그 자체의 성격상 일반 당원들에게 그다지 감명을 주지 못했다. 당원들은 이미 트로츠키를 휘감고 있는 혁명적 낭만주의의 분위기를 스스로 혹은 조작에 의해 점점 더 냉소적으로 바라보고 있었다.

논쟁이 특이하며 학문적인 형태로 전개됨에 따라 논쟁의 쟁점들은 더욱 혼란스러워졌다. 이에 비견할 만한 논쟁을 찾으려면 바늘 끝에 얼마나 많은 수의 천사가 내려앉을 수 있는가를 놓고 신학자들이 다툰 내용을 담고 있는 중세의 문헌을 들여다보거나 닭이 먼저냐 달걀이 먼저냐에 대한 토론이 들어있는 탈무드를 들여다봐야 할 것이다. 보통의 볼셰비키는 러시아에서 사회주의를 발전시키는 가장 좋은 방법은 국제혁명을 촉진하는 것이라는 트로츠키의 주장과 국제혁명을 촉진하는 가장 좋은 방법은 러시아에서 사회주의를 달성하는 것이라는 스탈린의 말 사이에 존재하는 그 미묘한 차이에 혼란스러워 했다. 양쪽 다 정통 레닌주의의 정설에 근거해 자기 논리를 전개했다. 그 정설은 3인연합이 트로츠키를 제압하는 데 쓸 목적으로 처음 만든 것으로, 실제로 3인연합은 그 정설로 트로츠키를 제압하는 데 성공했다. 이후 그 정설은 점점 더 촘촘해지고 어려워지고 정교해졌다. 다른 많은 정설들처럼 그것은 그 모태가 된 이론의 도덕적 권위를 이용해 지배집단을 이롭게 하는 데에, 모태가 된 이론 그 자체가 새로운 문제들에 대해 명쾌한 답변을 해주지는 않는다는 사실을 가리는 데에, 그리고 그 의미를 재해석하고 이견이나 의심을 없애고 충성스러운 자들을 규율하는 데에 동원됐다. 당장 코앞의 문제들에 대한 해답을 찾기 위해 레닌의 저작을 탐색하는 것은 헛된 일이었다. 몇 년 전만 해도 그런 문제들 중 대부분은 아직 불거지지 않았거나 이제 막 불거지려고 했을 뿐이었다. 그리고 레닌이 다루었던 문제들에 대해서도 레닌의 저작에서는 대단히 모순된 대답들만을 찾아낼 수 있었다. 이는 레닌이 그런 문제들을 다양한 상황과 서로 모순된 환경들 속에서 다루었기 때문이다. 그럼에도 당의 지도자들은 레닌이 정치적인 표현으로 사용한 용어들을 마치 신학적 공리인 것처럼 이용하는 행태를 일삼았다. 그들은 레닌이 논쟁 중에 동지들을 언급할 때 구사하곤 했던 생생한 형용어구를 마치 그것이 교황이 내리는 파문의 명령이었던 것처럼 인용했다. 좀 더 독립적인 정신의 소유자이거나 어떤 지도자급 볼셰비키가 보다 독립적인 정신을 갖고 있거나 지도력을 더 많이 갖추고 있을수록 그에게 적용할 수 있는 그러한 형용어구를 레닌의 저작이나 편지글에서 더 많이 끄집어낼 수 있었다. 기회주의자나 아첨꾼들만이 이런 종류의 논쟁을 두려워할 필요가 없었다. 이리하여 레닌의 그림자는 이제는 반대파를 이끌고 있는 레닌의 친구와 제자들을 짓밟는 수단으로 불러내어졌다. 반대파는 그 그림자가 지배분파들에게 등을 돌리게 하려고 최선을 다했다. 반대파는 자기들의 적들이야말로 레닌의 가르침을 왜곡한 죄를 저질렀다고 주장하면서 당을 '레닌주의로 되돌아가게' 하려고 노력했다.

반대파는 논쟁의 중심 쟁점인 일국사회주의론과 관련해서 가장 강력하게 자기들이 정통 레닌주의의 입장에 서 있다고 주장했던 게 사실이다. 레닌은 일국사회주의라는 형태의 사회주의는 불가능하다고 여러 번 말했고, 스탈린과 부하린도 1924년까지는 그렇게 생각했다.[15] 만약 스탈린과 부하린이 자기들의 입장을 솔직하게 말할 수 있었다면 레닌이 살아있는 동안에는 일국사회주의라는 쟁점이 이때와 같은 형태로 제기된 적이 없었고, 레닌이 죽은 뒤에 러시아혁명의 고립이 훨씬 더 뚜렷해졌고, 따라서 이 주제에 대한 레닌의 발언들은 이제 부적절해졌고, 자기들은 신성화된 원전을 전혀 고려하지 않고도 나름대로 새로운 이론을 전개할 권리가 있다고 주장했을 것이다. 그러나 스탈린과 부하린은 자유롭게 이런 주장을 펼 수가 없었다. 그들도 자기들이 만들어놓은 정설에 휘둘렸다. 그들은 분명히 레닌주의를 수정했지만 그 사실을 밝힐 여유가 없었다. 그들은 일국사회주의를 레닌의 가르침에서 도출해낸 정당성 있는 결론으로, 아니 레닌이 직접 발전시킨 개념으로 제시해야 했다. 그러나 레닌이 직접 쓴 글들은 반대파에 유리한 강력한 증거들을 포함하고 있었다. 이 때문에 부하린과 스탈린은 논쟁을 끝없이 이어지는 산만한 말다툼과 말꼬리 잡기로 전환시켜 당원들을 난감하고 짜증스럽게 하고 결국은 몹시 지루해하게 만듦으로써 당원들의 시선이 반대파에 유리한 레닌의 글에 집중되지 않고 흩어지게 해야 했다. 이런 학문적 외양을 띤 연기의 강박증적인 반복과 형언할 수 없는 단조로움을 역사적인 서술로 전하는 것은 거의 불가능하다. 그러나 그러한 논쟁의 형식이야말로 바로 이 싸움의 핵심이었다. 논쟁의 반복성과 단조로움은 정치 드라마에서 명확한 기능을 수행한다. 그것이 논쟁의 대상이 되고 있는 쟁점들에 대한 일반 볼셰비키와 노동자들의 관심을 제거했다. 반복성과 단조로움으로 인해 일반인들은 문제가 되고 있는 쟁점들이 난해한 문제를 다루는 교조적 이론가들에게만 중요한 것들이라는 느낌을 받았다. 그래서 반대파는 청중을 빼앗겼고, 지배분파들은 '레닌의 제자들 간의 치고받기를 통해 자기들의 이론이 정통임을 입증'할 수 있게 됐다.

"레닌으로 돌아가자!"라는 반대파의 외침은 반대파가 레닌의 생전에 당이 당면한 문제를 토론하고 해결해가면서 누렸던 자유를 당에 상기시키려고 애썼을 때와 마찬가지로 별다른 반응을 얻지 못했다. 이런 기억을 되살리는 것은 양날의 칼이었다. 왜냐하면 레닌 시절이 거의 끝나갈 때까지 볼셰비키들이 표현의 자유를 한껏 누렸던 것도 사실이지만, 레닌 시절이 끝날 무렵에는 레닌이 직접 나서서 분파와 그룹에 대한 금지를 선언함으로써 그런 자유를 크게 위축시켰던 것도 사실이기 때문이다. 반대파는 스스로를 지키기 위해 레닌의 분파금지 조치를 유해한 것으로, 그게 아니면 적어도 시대에 뒤떨어진 것으로 비난하고 그 폐지를 요구해야 했다. 그러나 반대파는 이제 정설의 그물망에 얽매이게 된 탓에 레닌의 권위를 배경으로 한 분파금지 조치에 대해 감히 반대하는 목소리를 내지 못했다. 1924년에 트로츠키는 친구들 가운데 몇몇이 당내 분파결성의 자유를 주창하려고 하자 그들과의 관계를 끊었다.[16] 2년 뒤에도 그는, 분파금지 조치는 표현의 자유를 이미 누리고 있는 당을 대상으로 한 조치이며 재갈이 물린 당에서는 불만과 이견이 필연적으로 분파적 형태를 띠는 경향이 있다고 지적하면서도, 분파금지 조치 자체는 여전히 타당한 것으로 인정했다. 이처럼 통합반대파는 이미 정규적인 분파로 조직화했으면서도 그러한 자기들의 행동을 변호하고 보호할 용기를 내지 않았다. 그리고 이런 소극적인 태도가 통합반대파를 곱절로 취약하게 만들었다. 스탈린은 오직 위선자만이 레닌으로 돌아가자고 외치며 분파금지 조치와 레닌주의의 필수 원칙인 획일적 규율을 조롱할 수 있다고 반박했다. 그는 중앙위원회가 분파활동을 처벌하지 않고 놔둬서는 안 된다는 결론을 내렸다. 볼셰비키 당원들 속에 레닌주의에 입각한 당 개념을 거부하는 자가 있어서는 안 된다는 것이었다.

세포조직들에게 푸대접을 당하고 스탈린에게 축출위협까지 받은 반대파는 혼란에 빠졌다. 쉽게 성공할 수 있다는 기대에 부풀었던 지노비예프와 카메네프는 풀이 죽었다. 두 사람의 패배감은 자책감으로 인해 더 깊어졌다. 그들은 세포조직들을 선동해 중앙위원회에 대항하게 했던 것을 후회했다. 그들은 이제 후퇴하고 적들을 달래고 싶었다. 그들은 반대파 중 급진과격파에서 확산되고 있는 생각에 불편함을 느꼈다. 급진과격파는 당이 완전히 스탈린과 부하린의 손아귀에 들어가 어떤 독립적인 견해도 흡수할 수 없으며 돌이킬 수 없이 경직됐다는 결론을 내렸다. 그들은 이제 반대파가 패배에서 교훈을 얻고 하나의 독립된 당을 결성해야 한다고 주장했다. 원래는 반대파 중에서 노동자반대파 출신과 민주집중파 출신들이 공통으로 갖고 있던 이런 견해가 이제는 트로츠키주의자들 사이에도 퍼지기 시작했다. 트로츠키의 증언에 따르면 라데크조차도 이런 견해를 받아들이는 쪽으로 기울었다.[17] '새로운 당' 결성을 주장하는 사람들은 자기들의 태도를 더 폭넓은 근거에서 정당화하려고 했다. 이들은 기존의 당이 이미 '테르미도르반동 이후'의 단계에 접어들었고, '혁명을 배반'했고, 더 이상 노동계급을 대변하지 않고, 관료와 쿨라크, 그리고 네프 부르주아의 옹호자가 됐다고 주장했다. 또 어떤 이들은 관료집단이 새로운 지배계급이자 착취계급으로 등장했으므로 소비에트 공화국은 더 이상 노동자의 국가가 아니라고 생각했다. 이들은 관료집단이 1794년 이후의 프랑스 부르주아처럼 일하는 자들이 물려받은 권리를 박탈하고 혁

명의 성과를 가져갔다고 주장했다. 그러므로 바뵈프와 그의 '평등파 비밀
결사'가 테르미도르반동 이후에 부르주아 정권을 전복하려 했던 것처럼
반대파는 관료집단을 전복해야 한다는 것이었다.

　지노비예프와 카메네프는 물론 트로츠키도 이에 동의하지 않았다.
'소련판 테르미도르반동'은 이미 일어난 일이 아니라 앞으로 피해야 할
위험이었다. 세 사람은 혁명이 아직 끝나지 않았다고 주장했다. 관료들은
새로운 지배계급이나 소유계급이 아니고 독립적인 사회세력도 아니며
그저 노동자의 나라에 기생하는 존재라는 것이었다. 관료집단은 사회적,
정치적으로 동질적이지 않고 사회주의와 사유재산 사이에서 분열돼 있
으며, 결국은 네프 부르주아와 자본주의적 농민들에게 굴복하고 그들과
결탁해 사회적 소유를 무너뜨리고 자본주의를 되살릴 자들이었다. 그러
나 그런 일이 벌어지기 전에는 10월혁명의 기본적인 승리는 훼손되지 않
고, 소련은 본질적으로 노동자의 나라로 남을 것이며, 기존의 당이 그 나
름의 방식으로 여전히 혁명의 수호자 역할을 할 것이다. 그러므로 반대파
는 당과의 관계를 끊어서는 안 되며, 오히려 계속해서 자신들이 당에 속
한다고 여기고 최대한의 충성과 결의로 볼셰비키의 권력독점을 지켜야
한다는 것이었다.

　이런 견해에서는 반대파가 당 밖에서 지원군을 찾아서는 안 된다는
결론이 나온다. 그런데 반대파는 당 안에서도 지원군을 찾을 수 없었다.
이 문제는 해결할 수 없는 딜레마였다. 당장 분명한 것은 반대파가 당 안
에서 행동반경을 넓히려면 양보를 해야 한다는 것이었다. 특히 스탈린이
이미 축출의 암시를 던져놓은 상황이었기에 더욱 그랬다. 이 문제에 대해
트로츠키주의자들과 지노비예프주의자들 사이에 견해가 일치하지 않았
다. 지노비예프와 카메네프는 무엇보다도 기존 당에 대한 충성을 중요하

게 여겼다. 그들은 스탈린이 당 조직을 완전히 장악하고 있는데 투쟁을 어떻게 계속할 수 있느냐고 생각했다. 그들은 휴전을 원했다. 그들은 분파결성 금지조치를 존중하겠다고 선언할 용의가 있었다. 그들은 자기들이 만든 조직, 즉 하나의 분파로서의 반대파를 해체할 준비가 돼있었다. 그들은 '새로운 당'을 지지하는 사람들로부터 분리되고 싶어 했다. 그들은 볼셰비키의 정치적 독점에 대해 의문을 제기하는 사람들과는 거래하지 않으려 했다. 사실 그들은 자기들과 스탈린, 부하린 사이의 주요 쟁점들을 적어도 당분간은 보류시킬 준비가 돼있었다. 그들의 지지자들도 대부분 그들과 마찬가지로 후퇴하고 싶어 하는 듯했다. 그들에 비하면 트로츠키주의자들은 투쟁정신이 강했고, 그중에서도 급진파는 새로운 당의 결성을 옹호하는 주장에 동조하는 태도로 귀를 기울였다.

이렇게 엇갈리는 흐름 속에서 트로츠키는 반대파를 구해내려는 시도를 했다. 그는 지노비예프와 카메네프가 스탈린에게 항복하는 것을 막기 위해서 어느 정도는 양보할 준비가 돼있었다. 트로츠키와 지노비예프, 카메네프는 하나의 분파로서의 반대파를 해체하고 새로운 당의 결성을 주장하는 세력과 관계를 끊을 용의가 있다고 공동으로 선언하기로 합의했다. 그러나 이와 동시에 세 사람은 반대파의 원칙과 반대파가 그동안 해오던 비판을 확고하게 다시 주장하고, 중앙위원회를 비롯해 자기들이 참여하는 각종 위원회에서 계속해서 지배분파들에 반대하는 목소리를 내기로 합의했다.

1926년 10월 4일에 트로츠키와 지노비예프는 휴전하자는 제안을 들고 정치국에 접근했다. 스탈린은 축출의 위협을 철회하고 휴전에 동의했지만 조건을 달았다. 한바탕 입씨름이 벌어진 뒤에야 양쪽 분파들이 반대파가 작성하려고 하는 성명서에 동의했다. 반대파는 그동안 해온 비판 중 그 어느 것도 철회하지 않고, 아니 그 모든 비판을 오히려 명확하게 다시 밝힌 뒤에 중앙위원회의 결정을 따를 것이라고 선언했다. 중앙위원회의 결정이란 모든 분파활동을 금지하고, 노동자반대파의 지도자였던 슐랴프니코프와 메드베데프, 그리고 '새로운 당'을 지지하는 모든 자들과 관계를 끊으라는 것이었다. 트로츠키와 지노비예프는 스탈린의 고집에 밀려, 러시아의 반대파와 연대할 것을 선언하고 자국의 공산당에서 축출된 외국의 집단이나 개인들과의 관계를 부정했다.[18]

반대파는 무거운 마음으로 이런 조건을 받아들였다. 반대파는 자기들이 항복을 한 것이나 다름없음을 알고 있었다. 비록 그동안 해온 비판을 재천명하는 것으로 체면을 차리긴 했지만 반대파에는 더 이상 미래에 대한 전망이나 희망이 남아있지 않았다. 트로츠키와 지노비예프는 일반 당원들에게 다시 한 번 직접 호소해볼 권리를 사실상 포기한 셈이었다. 그들은 자기들의 견해를 당의 지도부 내에서만 밝히기로 약속했다. 당 지도부 내의 표 대결에서 자기들이 늘 질 것이기에 거기에서 밝힌 견해는 일반 당원들에게 전달될 가능성이 거의 또는 전혀 없으리라는 것을 알면서도 그들은 그런 약속을 하지 않을 수 없었다. 한마디로 악순환의 연속이었다. 그들은 세포조직원들에게 직접 호소함으로써 중앙위원회의 긴장을 불러일으키는 데 실패했다. 그들은 세포조직원들의 마음을 움직이지 못하고 어쩔 수 없이 중앙위원회로 돌아갔고, 그 안에 갇혀버렸다. 이유야 어찌됐든 간에 그들은 슐랴프니코프 그룹 및 메드베데프 그룹과의 관계를 끊고 외국의 지지자들 중 일부와의 관계도 부정함으로써 반대파를 약화시키는 결과를 초래했다. 그들은 자기들의 조직을 자발적으로 해체하겠다고 선언함으로써 자기들이 그 조직을 결성한 것부터가 잘못이라고 한 스탈린과 부하린의 비난이 정당했다고 암묵적으로 인정한 셈이었다. 그리고 그들은 분파결성 금지가 타당하고 필요한 조치임을 인정한다고 선언함으로써 스탈린이 자기들을 처벌하기 위해 휘두른 채찍에 축복을 내렸다.

그 모든 힘겨운 의무를 감수하고 반대파의 약점까지 드러냈음에도 불구하고 그들은 자기들이 요청했던 휴전을 끝내 확보하지 못했다. 10월 16일에 그들의 성명서가 〈프라우다〉에 실리면서 휴전이 이루어지는 듯했다. 그러나 불과 일주일 뒤인 10월 23일에 휴전의 흔적은 자취도 없이 사라졌다. 이날 중앙위원회는 다가오는 15차 당대회의 안건을 의논하기 위한 회의를 열었다. 논쟁의 여지가 별로 없는 안건들은 이미 다 준비된 상태였다. 그러나 갑자기 중앙위원회가 반대파에 관한 특별보고를 안건에 추가하고 스탈린으로 하여금 그 특별보고를 하게 하기로 결정했다. 이는 스탈린이 밀어붙인 결과인 게 분명했다. 중앙위원회의 이런 결정은 상처를 덧나게 했다. 트로츠키는 항의하고 중앙위원회의 다수파를 향해 휴전의 조건을 지킬 것을 호소했다. 그러나 중앙위원회는 특별보고를 감행했다.

스탈린은 왜 휴전의 약속을 하자마자 깼을까? 그는 자기의 이점을 활용해 반대파가 후퇴하는 동안에 아예 그들을 궤멸시키고 싶었던 게 분명하다. 아마도 그는 휴전 선포 이틀 후에 일어난 사건으로 인해 다시 적의를 품게 됐던 것 같다. 10월 18일에 '트로츠키주의자'인 맥스 이스트먼이 레닌의 마지막 유언장을 〈뉴욕타임스〉를 통해 공개했다. 레닌의 진짜 유언장 전문이 처음으로 공개된 것이었다. 이스트먼은 1년 전에 출간한 저서 《레닌 사후》에 레닌의 유언장에서 일부 발췌한 내용을 포함시킨 바 있었다. 당시 트로츠키는 이스트먼과의 관계를 부정했고, 정치국의 지시대로 이스트먼의 손에 있는 레닌의 유언장은 진짜가 아닐 것이라고 말했다.

스탈린은 이번에 또다시 트로츠키에게 그런 부인을 강요할 수 없었다. 더구나 그는 이스트먼이 트로츠키의 지시나 간접적인 사주를 받아 그런 행동을 했다고 의심했던 게 분명하다. 이런 그의 의심이 전혀 근거 없는 것은 아니었다. 그 전이긴 하지만 같은 해에 반대파의 사절이 실제로 레닌의 유언장 사본을 파리로 들고 가서 수바린에게 건넸고, 수바린은 이스트먼에게 그것을 발표하라고 부추겼다. 이스트먼은 이렇게 썼다. "내가 레닌의 유언을 공개하는 사람이 돼야 한다는 것은 수바린 혼자만의 결정이 아니라 반대파 전체의 생각이었다고 본다. 그래야 하는 이유 중 하나는 내가 트로츠키의 친구로 이미 널리 알려져 있었다는 점이었고, 다른 하나는 모스크바에 있는 많은 양심적 인사들이 트로츠키가 내 책의 내용을 부인한 것으로 인해 괴로워했다는 점이었다." [19]

이스트먼의 추측은 의심할 바 없이 옳다. '괴로워하는 모스크바의 양심적 인사들' 가운데 트로츠키만큼 괴로워한 사람은 없었다. 트로츠키가 레닌의 유언으로 알려진 것은 진짜가 아니라고 말하고 이스트먼에 대해서도 부인하는 태도를 취했을 때는, 그와 그의 친구들 모두가 레닌의 유언장 문제를 놓고 다시 싸움에 휘말려 보복당하는 것을 원치 않았던 휴지기였다. 그러나 그는 다시 싸움에 뛰어들어 통합반대파를 결성한 뒤에 자기가 잘못 디딘 발걸음을 바로잡아야 할 필요성을 절실히 느꼈다. 지노비예프와 카메네프는 동의할 수밖에 없었다. 그들은 14차 당대회에서 레닌의 유언을 공개할 것을 다시 요구하고 그 뒤에도 기회가 있을 때마다 같은 요구를 되풀이한 장본인이었다. 트로츠키와 마찬가지로 그들도 레닌의 유언이 〈프라우다〉에 공개되는 것을 더 원했을 것이다. 그러나 그렇게 될 가능성이 없었기에 그들은 외국의 주요 부르주아 신문을 통해 레닌의 유언이 널리 알려지게 하는 데 대해 양심에 거리낌이 거의 없었다. 게

다가 레닌의 유언장은 국가기밀도 '반(反)소련 문서'도 아니었다. 물론 그들은 공식적으로 규율을 위반하는 입장이었기에 신중하게 행동해야 했다. 통합반대파가 가장 기세를 올리던 시점에 레닌의 유언장 사본이 국외로 반출됐다. 그때는 레닌의 유언이 공개된다면 외국 공산당들에게 도움이 되고 소련 내에서도 우호적인 반응이 있으리라고 기대됐다. 그러나 막상 레닌의 유언장 사본이 공개된 시점에는 상황이 바뀌어 있었다. 반대파는 이미 곤혹스러운 처지로 몰려 휴전을 요청하고 외국의 지지자들과의 관계를 끊고 있었다. 10월 23일에 중앙위원회가 회의를 열었을 때 전 세계 신문들의 지면은 온통 선정적인 폭로기사로 가득 메워져 있었다. 이로 인해 중앙위원회가 독기를 품게 된 게 분명하다. 중앙위원회 위원들 가운데 다수가 휴전 합의를 무시하고 반대파를 질책하기로 결정했다.

이틀 뒤 정치국에서 한바탕 소란이 벌어졌다. 스탈린이 15차 당대회에 제출하기 위해 작성한 반대파에 관한 테제를 내놓았던 것이다. 그는 '사회민주주의로 이탈했다'고 반대파를 공격하면서 반대파 지도자들에게 견해의 오류를 인정하고 그 견해를 철회하라고 요구했다.[20] 트로츠키는 다수파 쪽에서 휴전 합의를 깬 데 대해 다시 한 번 항의하고 스탈린의 신의 없는 행동을 지적한 뒤, 원하는 바인지 아닌지는 모르겠지만 그들은 지금 전면적인 추방으로 귀결되는 행동을 하고 있는 것이라고 경고했다. 그는 분노에 가득 찬 말투로 다수파의 그러한 행동에 뒤따를 동료들끼리의 싸움, 당의 궁극적인 파괴, 그 모든 것이 혁명에 초래할 치명적인 위험에 대해 이야기했다. 그러고는 스탈린을 바라보고 그를 손가락으로 가리키며 고함을 질렀다. "제1서기라는 사람이 혁명의 무덤을 파는 자가 되겠다고 자청하고 있는 거요?" 스탈린은 얼굴이 창백해지더니 벌떡 일어섰고, 처음에는 간신히 참는가 싶더니 회의장 밖으로 나가면서 문을 쾅 닫

아버렸다. 공교롭게도 중앙위원회 위원들이 많이 참석한 이날 회의는 난장판으로 끝났다. 다음 날 아침에 중앙위원회는 트로츠키의 정치국 위원직을 박탈했고, 지노비예프는 앞으로 코민테른 집행위원회에서 소련 공산당을 대표하지 않는다고 발표했다. 이로써 지노비예프는 명목상으로는 인터내셔널의 의장 자리에 앉아 있더라도 실질적으로는 그 자리에서 밀려난 셈이 됐다. 이 사건으로 인해 같은 날에 열린 다른 회의의 분위기도 엉망이 됐다.

반대파는 매우 난처한 입장이 됐다. 반대파는 그토록 많이 양보했음에도 아무것도 얻지 못했다. 반대파는 생각이 같은 사람들이나 동맹자들과의 관계를 부인했고, 1921년의 분파금지 조치를 어긴 죄를 인정했으며, 스스로 자기 조직을 해산했다. 이 모두가 싸움이 격화되는 것을 피하기 위해서였다. 그럼에도 불구하고 반대파가 얻은 것은 자기 손과 발을 스스로 묶고 새롭게 얻어맞은 뒤에 그 어느 때보다 혹독한 싸움을 하게 된 것뿐이었다. 반대파 내부의 불화도 커졌다. 지노비예프와 카메네프는 반대파가 성질을 죽여야 할 때에 쓸데없이 스탈린을 모욕하고 다수파를 화나게 했다고 트로츠키를 비난했다. 심지어 트로츠키주의자들 가운데 일부도 트로츠키가 스탈린을 맹렬히 공격하는 것을 보고 겁에 질렸다. 트로츠키의 아내는 그 장면을 다음과 같이 묘사했다.

어느 날 오후, 무랄로프와 이반 스미르노프를 비롯한 몇 사람이 크렘린 궁에 있는 우리 집으로 찾아와 레프 다비도비치가 정치국 회의에서 돌아오기를 기다렸다. 퍄타코프가 먼저 도착했다. 그는 얼굴이 몹시 창백했고, 충격을 받은 듯했다. 그는 물을 한 잔 따르더니 벌컥 들이켰다. "아시겠지만 나는 화약냄새를 맡아온 사람입니다. 하지만 이런 일은 처음이에요! 최고로 끔찍했어요! 왜, 왜 레프 다비도비치는 그런 말을 했을까요? 스탈린은 삼대가 지나고 사대가 지나도 결코 용서하지 않을 겁니다!" 퍄타코프는 너무 흥분해서 무슨 일이 있었는지를 분명하게 얘기하지도 못했다. 마침내 레프 다비도비치가 식당으로 들어서자 퍄타코프가 그에게 달려가 물었다. "왜, 왜 그런 말을 했습니까?" 레프 다비도비치는 손을 내저으며 퍄타코프의 질문을 물리쳤다. 그는 지쳐 보였지만 침착했다. 그는 스탈린을 가리켜 "혁명의 무덤을 파는 자"라고 외쳤다. (…) 우리는 불화가 돌이킬 수 없는 지경에 이르렀음을 깨달았다.[21]

이 장면은 그 뒤에 일어난 사건들의 전조였다. 일 년 뒤에 퍄타코프는 지노비예프, 카메네프와 함께 반대파를 떠나게 된다. 퍄타코프는 러시아의 안과 밖에서 기나긴 반동의 시기가 시작됐고, 노동계급은 정치적으로 지쳤고, 당은 질식당했고, 반대파는 길을 잃었다고 확신하고 있었다고 훗날 세도바는 말했다. 퍄타코프는 그 뒤에도 여전히 스탈린에게 저항했다. 그러나 그것은 체면을 유지해야 한다는 생각과 동지들에 대한 유대감에서 한 행동일 뿐 자신의 신념에서 나온 행동이 아니었다.

일부가 이런 낙담에 사로잡힌 가운데 반대파의 지도자들은 휴전 합의를 되살리는 시도를 다시 해보기로 결정했다. 그들은 당대회에서 지배분파들을 공격하는 것을 삼가고 자기방어를 위해 필요할 때만 목소리를 내기로 했다. 당대회 개회기간 9일 가운데 엿새가 지나는 동안 반대파는 적들의 공격에 대항하는 말을 한마디도 하지 않았다. 적들은 계속해서 반대파의 패배를 기뻐하면서 반대파를 조롱하거나 그들을 논쟁에 끌어들이려고 했다. 마침내 이레째 되는 날 스탈린이 몇 시간에 걸친 연설을 통해 전면공격에 나섰다. 그는 지노비예프가 트로츠키를 가리켜 레닌주의의 숙적이라며 비난한 모든 말과 트로츠키가 지노비예프와 카메네프를 가리켜 '10월혁명의 훼방꾼'이라며 비판한 모든 말을 상기시키고 양쪽이 서로를 사면해 주었다고 조롱하면서 자기 나름의 방식으로 싸움을 걸었다. 스탈린은 즐기는 듯한 표정으로 반대파의 난처한 처지를 묘사했고, 그러한 처지 때문에 반대파가 시간을 벌고 몰락의 시점을 늦추려고 휴전을 간청한 것이라고 말했다. 그는 그러나 당은 반대파에 숨 돌릴 틈을 주어서는 안 된다는 뜻으로 이렇게 말했다. "당은 반대파의 그릇된 견해에 맞서 단호한 투쟁을 벌여야 합니다. (…) 그들의 그릇된 견해가 그 어떤 '혁명적' 용어로 표현된다 해도 마찬가지입니다." 반대파가 그릇된 견해를 포기할 때까지 당은 그 견해에 맞서 투쟁해야 한다는 것이었다. 스탈린은 트로츠키의 삶에서 온갖 것을 찾아내 들이대면서 레닌의 사상에 대해 트로츠키가 뿌리 깊은 적대감을 갖고 있음을 몇 번이고 증명하려 했고, 트로츠키에게 투항한 지노비예프와 카메네프를 조롱했다. 그리고 마침내 스탈린은 반대파가 당을 부추겨 농민과 대립하게 했고, 수백만 노동자와 농민 들을 비참하게 만들기 위해 자본주의적 공업화 방식보다 나을 것이 없는 과도한 공업화를 요구했다고 비난했다. 나중에는 스스로 강제적인 공업화와 집단화를 실행하게 되는 스탈린과 그의 동료들이 이때에는 인민의 복리에 즉각적으로 기여하고 나라가 사회적 혼란을 피할 수 있게 하는 형태의 경제발전만을 지지한다고 선언했다. 이런 선언을 명분으로 내세우며 그들은 만장일치로서 반대파를 거부할 것을 당대회에 촉구했다.[22]

마침내 반대파의 지도자들이 나섰을 때 당대회에 참석한 대표들은 그들이 스탈린과는 아주 다른 어조로 스탈린에게 대답하는 것을 눈치 챘다. 반대파 지도자들 가운데 가장 먼저 발언에 나선 카메네프는 사려가

깊기는 하지만 다소 소심하게 자기의 견해를 밝히면서 논쟁의 칼날을 무디게 하려고 노력했지만 헛수고였다. 그는 휴전에 합의한 지 두 주일도 지나지 않은 시점에 스탈린이 반대파에 대해 맹렬한 공격을 퍼부은 것은 신의가 없는 행동이라고 불평했다. 그리고 그는 자기와 지노비예프가 '트로츠키에게 투항했다'는 혐의를 벗으려고 애썼다. 그는 자기와 지노비예프가 트로츠키와 손을 잡은 것은 레닌이 그랬던 것과 마찬가지로 하나의 명확하고 제한적인 목적을 위한 것이었다고 말했다. 그는 다시 한 번 레닌의 유언과 당내 분열에 대한 레닌의 우려를 상기시켰다. 그러자 좌중에서 고함이 터져 나왔다. 카메네프는 절반은 경고, 절반은 자기위안을 위한 말을 쏟아냈다.

> 동지들이여, 당신들은 우리를 얼마든지 비난할 수 있습니다. 그러나 지금 우리가 살고 있는 시대는 중세가 아닙니다! 이제 마녀재판은 통하지 않습니다! 쿨라크들에게 더 높은 세금을 부과하라고 요구했을 뿐 아니라 가난한 농민들을 돕고 그들과 함께 사회주의를 건설해나가기를 바라는 우리를 당신들이 비난할 수는 없습니다. 당신들은 농민을 수탈하려 한다는 혐의를 우리에게 씌울 수 없습니다. 당신들은 우리를 화형대에 매달고 불태울 수 없습니다.[23]

그러나 정확히 10년 뒤 카메네프는 마녀재판의 피고석에 앉게 된다.

카메네프에 이어 트로츠키가 나서서 그의 훌륭한 연설 중 하나로 꼽히는 연설을 했다. 어조는 부드러웠으나 내용은 매우 통렬했고, 논리적이었고, 예술적인 측면에서 구성이 탁월했으며, 유머감각이 빛나는 연설이었다. 이 연설에서 그는 자기에게 당장 약점이 될 요소, 즉 유럽혁명에 대한 흔들림 없는 기대를 드러냈다. 그는 전반적으로는 반대파를 위해 연설했지만, 이번 당대회에서 새로이 자기에게 겨눠진 엄청난 허위진술과 비방을 한꺼번에 일축하면서 자기변호도 했다. 그는 공포심리를 조장하는 자, 비관주의자, 패배주의자, 사회민주주의로 일탈한 자라는 비난을 들었다. 그러나 그는 정확한 사실과 숫자만을 근거로, 그리고 '산수는 비관주의도 낙관주의도 모른다'는 태도로 하고 싶은 말을 했다. 공업제품이 부족하다고 말하는 것은 공황심리를 조장하겠지만, 올해 공업생산이 25퍼센트 부족하다는 사실에 무슨 걱정할 근거가 있겠는가? 스탈린은 트로츠키는 패배주의자이며 '풍년을 두려워한다'고 한껏 조롱했다. 이는 국민이 공산품 부족으로 고통을 당하는 한 농촌의 수확이 좋든 나쁘든 도시와 농촌 사이의 긴장은 계속될 것이라고 했던 트로츠키의 주장에서 꼬투리를 잡은 조롱이었다. 하필이면 가장 최근의 수확이 모두가 기대했던 수준에 못 미쳤다. 또한 농민들 사이의 사회적 분화가 급진전되고 있었다. 이런 어려움 중 그 어느 것도 아직은 재앙이라고 할 만한 정도는 아니었다. 하지만 재앙의 조짐은 늦지 않게 간파해야 했다. 반대파는 부자들에게 더 많은 세금을 내게 하고 가난한 사람들에게는 세금을 면제해주자고 요구했다. 이 요구는 정당하게 여겨질 수도 있고 그렇지 않을 수도 있었다. 그러나 사회민주주의적이라는 것은 도대체 무엇을 두고 하는 말인가? 반대파는 쿨라크에 유리한 신용정책에 대해 반대했는데, 이것이 사회민주주의적이라는 말인가? 반대파는 임금의 완만한 인상을 지지했는데, 이것이 사회민주주의적이라는 말인가? 반대파는 자본주의가 안정을 되찾았다는 부하린의 의견에 동의하지 않았는데, 이것이 사회민주주의적이라는 말인가? 아니면 영소위원회에 대한 반대파의 비판이 사회민주주의적이라는 말인가?

트로츠키는 자기가 코민테른에서 일했고, 레닌과 긴밀하게 협력했으며, 네프로 넘어가는 과정에서 레닌을 지원했음을 상기시켰다. 특히 네프에 관해 그가 한 발언은 자기가 네프를 붕괴시키고 싶어 한다고 알려져 있는 것에 대한 반박이었다. 그는 사회주의 건설을 '불신'한다는 혐의를 받았다. 그러나 그는 "우리가 갖고 있는 '자본주의보다 나은 사회주의의 이점 전체'를 우리가 적절히 활용한다면 그 이점 전체는 앞으로 몇 년간 공업 성장률을 전쟁 전의 6퍼센트에 비해 두세 배까지, 아니 아마 그 이상의 높은 배율로도 올릴 수 있을 것"이라고 쓰지 않았던가?[24] 트로츠키가 일국사회주의론을 안 믿고 영속혁명론을 제창한 장본인인 것은 사실이었다. 그러나 영속혁명론을 문제시하는 것은 터무니없는 일이었다. 영속혁명론에 대한 책임은 반대파가 아니라 트로츠키에게만 있었다. 트로츠키는 지노비예프와 카메네프의 비위를 맞출 요량으로 이렇게 덧붙였다. "그리고 나는 이 쟁점이 이미 오래전에 과거문서 보관실에 들어갔다고 생각합니다." 이에 대해 그를 비판하는 자들은 무슨 말을 했을까? 그들은 1906년에 트로츠키가 했던 예언을 들이댔다. 당시 트로츠키는 혁명 뒤에는 도시의 집산주의가 농민의 개인주의와 필연적으로 충돌하게 될 것이라고 말했었다. 그들은 그 예언이 현실이 되는 것을 직접 볼 만큼 오래 살지 못했던가? 그들은 바로 그러한 충돌 때문에 네프를 선포한 게 아니었던가? 1921년에 크론슈타트를 비롯한 여러 지역에서 중농들이 해군 함포를 통해 소련 정부와 대화하지 않았던가? 트로츠키를 비판하는 자들은 혁명적 러시아와 보수적 유럽이 충돌할 것이라고 한 그의 예언도 들이댔다. 그들은 유럽이 간섭하던 시절에 계속 잠을 잤던 것인가? 트로츠키는 이렇게 말했다. "동지들이여, 우리가 지금 이렇게 살아있는 것은 지금의 유럽이 과거의 모습 그대로가 아니기 때문입니다."

그러나 혁명이 살아남았다는 사실이 농민들 및 자본주의 서구와의 거듭되는 갈등으로부터 혁명의 안전을 보장하는 것은 아니었다. 그렇다고 그런 사실이 일국사회주의론을 뒷받침하는 논리가 되는 것도 아니었다. 사실 '달팽이의 속도'로만 전진하면서 국제혁명에 등을 돌린다면 새로운 갈등에, 그것도 더 나쁜 조건에서 부닥칠 수밖에 없었다. 부하린은 이렇게 쓴 바 있다. "'우리가 국제적인 문제를 제쳐둔 채로 사회주의 건설을 끝낼 수 있겠는가'에 대한 논의는 이제 끝났다." 트로츠키는 이렇게 응수했다. "국제적인 문제를 제쳐두고도 그것은 가능하겠지요. 그러나 문제는 우리가 국제적인 문제를 제쳐둘 수가 없다는 겁니다. (웃음) 당신은 1월에 모스크바의 거리를 발가벗고 산책할 수 있습니다. 날씨와 민병대를 제쳐둔다면 말이죠. (웃음) 하지만 날씨나 민병대가 당신을 제쳐두지는 않을 것 같군요. (…) 우리의 혁명이 언제부터 그런 (…) 자기충족의 상태가 됐습니까?'

여기서 트로츠키는 문제의 핵심을 짚었다. 러시아가 사회주의를 건설하고 있는 동안 유럽에서는 무슨 일이 일어날 것인가? 이제까지는 러시아가 사회주의를 달성하는 데는 "적어도 30년 내지 50년"이 필요하다고 가정한 레닌의 견해에 모두가 동의했다.[25] 그 기간에 세계의 모습은 어떻게 변할까? 그 안에 서구에서 혁명이 성공한다면 지금 논쟁하고 있는 문제 자체가 없어질 것이다. 일국사회주의 지지자들은 그런 일은 일어나지 않는다고 전제하는 게 분명했다. 그렇다면 그들은 틀림없이 다음 세 가지의 가능한 가정 중 하나에서 시작했을 것이다. 첫 번째 가정은, 유럽은 부르주아와 프롤레타리아가 불안정한 균형을 이룬 상태에서 경제적으로나 사회적으로나 침체한다는 것이다. 그러나 그런 상황은 40년, 아니 20년도 유지되지 못할 것이다. 두 번째 가정은, 유럽 자본주의가 새로이 상승세를 보일 수 있다는 것이다. 이와 관련해 트로츠키는 "만약 자본주의가 번성하고 그 경제와 문화가 상승세를 탄다면, 그것은 우리가 너무 빨랐음을 뜻하는 것"이라고 지적했다. 다시 말해 그런 상황에서는 러시아혁명이 종말을 맞게 된다는 얘기였다. 그는 이렇게 말했다. "계속하여 발전하는 자본주의는 (…) 우리를 억누르고 깨부술 적절한 군사적, 기술적 수단을 비롯한 여러 수단을 갖게 될 것입니다. 내 생각에 이런 어두운 전망은 세계경제의 전반적인 상황에 의해 밀려나게 됩니다." 어쨌든 누구도 이와 같은 두 번째 가정에 근거를 두고 러시아 사회주의의 앞날을 내다볼 수는 없었다.

마지막으로 우리는 30년 내지 50년 내에 유럽 자본주의가 쇠퇴하더라도 노동계급은 자본주의를 전복할 능력이 없는 것으로 판명된다고 가정할 수도 있다. 트로츠키는 "당신들은 이렇게 상상할 수 있습니까?"라고 묻고는 다음과 같이 말했다.

내가 왜 유럽 프롤레타리아에 대한 어둡고 근거 없는 비관주의에 불과한 이런 가정을 받아들여야 하는지, 그리고 이와 동시에 우리가 왜 우리나라의 고립된 힘만으로 사회주의를 건설하는 데 대해 무비판적인 낙관주의를 키워야 하는지를 나는 당신들에게 묻고 싶습니다. (…) 앞으로 40년 내지 50년 내에 유럽 노동계급이 권력을 잡는 일은 없을 거라고 가정하는 것이 도대체 어떤 의미에서 공산주의자인 나의 의무라는 겁니까? (…) 유럽의 프롤레타리아가 권력을 잡는 것보다 우리가 우리의 농민들과 함께 사회주의를 달성하는 것이 더 쉽다고 생각해야 할 이론적 혹은 정치적인 이유를 나는 전혀 모르겠습니다. (…) 오늘도 나는 우리나라 사회주의의 승리는 유럽 프롤레타리아의 성공적인 혁명과 더불어서만 유지할 수 있다고 믿습니다. 그렇다고 해서 우리가 건설하고 있는 게 사회주의가 아니라거나 우리가 사회주의를 전속력으로 전진시킬 수 없다거나 그렇게 해서는 안 된다고 말하려는 것은 아닙니다. (…) 비록 관료주의로 인해 기형이 됐다 하더라도 (…) 물론, 우리나라가 노동자의 나라라고 생각하지 않는다면, 사회주의 경제를 촉진할 자원을 국내에 충분히 갖고 있다고 생각하지 않는다면, 우리의 완전하고 최종적인 승리를 확신하지 않는다면 공산당의 당원들 속에 우리가 끼어들 자리는 없을 것입니다.

그렇다면 반대파가 또 하나의 당을 만들고 노동계급을 부추겨 기존 국가에 대항하게 해야 한다는 말인가? 물론 그것은 반대파의 목적이 아니었다. 그러나 조심해야 했다. 휴전 합의를 휴지조각으로 만든 데서 다시 확인된 스탈린의 신의 없고 뻔뻔한 수법이 실제로 당을 두 개의 당으로 분열시킨 후 서로 싸우도록 유도할지도 모르기 때문이다.[26]

당대회 참석자들은 적의와 존경심을 동시에 드러내면서 긴장으로 숨을 죽인 채 트로츠키의 연설을 경청했다. 이따금씩 분위기가 격해질 때마다 트로츠키는 연설을 중단해야 했다. 그러고는 분위기가 가라앉기를 기다려 다시 연설을 계속할 수 있도록 허락해달라고 요구하곤 했다. 트로츠키의 연설시간이 거듭 연장됐다. 그는 절제된 태도를 유지하며 설득력 있는 연설을 했고, 동요하거나 약한 모습은 보이지 않았다. 그 바로 다음에 연단에 오른 라린은 당대회 참석자 대다수의 분위기를 이렇게 표현했다. "그것은 우리의 혁명에서 극적인 일화들 가운데 하나였다. (…) 혁명이 혁명의 일부 지도자들보다 더 커지고 있었다."[27]

지노비예프가 연설에서 하소연하는 태도로 변명하면서 당대회 참석자들의 비위를 맞춰보려고 할 때는 매우 다른 분위기가 연출됐다. 당대회 참석자들은 가차 없이 경멸하고 증오하는 태도로 그를 대함으로써 그를 연단에서 끌어내렸다. 그리고 코민테른 집행위원회에서 그의 직위를 박탈하는 투표를 아직 실시하지도 않았는데, 그가 자신이 맡고 있는 코민테른의 일에 대해 말하지 못하게 했다.[28]

이날의 당대회와 당의 다른 회의들을 돌이켜보고 그 논쟁의 수위를 비교해보면 반대파에 대한 지배분파들의 태도에서 드러나는 적의와 폭력성에 놀라지 않을 수 없다. 그들의 거칠고 잔인한 태도는 회의가 이어짐에 따라 점점 더 고조되다가 급기야 분노로 변했다. 불과 몇 년 뒤에는 스탈린을 혐오하게 되어 늦게나마 그에 대한 비판자로 변하지만 결국은 그에게 무력하게 희생당하는 사람들이 이날 당대회에서 가장 억지스럽고 적대적으로 반대파를 공격하고 스탈린에게 가장 역겨운 찬사를 바쳤다는 사실은 우리를 기괴한 느낌에 빠뜨린다. 이날 당대회에서 가장 광적인 태도를 보여 눈에 띈 사람들 중에는 장차 적군(赤軍)의 최고 정치인민위원이 되지만 반역자의 혐의를 쓰고 투하체프스키에 대한 재판이 열리기 전날 스스로 목숨을 끊은 가마르니크, '파괴공작원이자 음모자'로 몰려 결국 죽음을 당하는 시르초프와 추바르, 우글라노프, 민주집중파 출신으로 일국사회주의에 대한 신념을 고백했지만 '인민의 약탈자이자 적'으로 삶을 마감하게 되는 오신스키 등이 있었다. 그러나 그 누구도 부하린을 능가하지는 못했다. 몇 달 전만 해도 그는 여전히 트로츠키와 우호적인 교류를 하는 것처럼 보였다. 그러나 이제 그는 지노비예프가 2년 전에 그랬던 것처럼 스탈린의 편에 서서 반대파를 공격했다. 그는 앞뒤 가리지 않고 독기를 내뿜었고, 반대파가 곤경에 빠진 것을 보고 기뻐했다. 그는 으스대고 협박하고 자극하고 비웃으면서 반대파를 짓누르는 한편, 당에서 가장 사악한 자들에게 아부했다. 온화한 학자였던 그가 갑자기 변해버린 것이다. 그는 사상가에서 불량배로, 철학자에서 양심과 통찰력을 결여한 무뢰한이 돼버렸다. 그는 스탈린을 소규모 농민들의 진정한 친구이며 레닌주의의 수호자로 찬양했고, 트로츠키에게는 정치국에서 스탈린에게 '혁명의 무덤을 파는 자'라고 한 말을 당대회에서 다시 해보라고 을러댔다.[29] 그는 트로츠키가 연설을 하면서 보여준 자기절제의 태도를 조롱했다. 당이 반대파의 목을 죄고 있기 때문에 절제하는 태도를 보일 수밖에 없다는 것이었다. 그는 반대파가 분열이 초래할 '비극'을 피해야 한다고 당대회 참석자들에게 호소했지만 자기는 그런 경고에 즐거움을 느낄 뿐이라고 말했다. "기껏해야 세 명 정도만이 당을 떠날 것입니다. 그게 분열의 전부입니다!" 폭소가 터지는 가운데 그는 외쳤다. "이건 비극이 아니라 희극입니다!" 그는 카메네프의 변명에 대해서도 코웃음 치며 다음과 같이 말했다.

카메네프가 여기에 와서 (…) 이렇게 말합니다. "레닌이 트로츠키와 손을 잡고 그에게 기댄 것처럼 나도 트로츠키와 손을 잡았다"고. 우리는 크게 웃는 것으로 대답할 수밖에 없습니다. 저들은 도대체 어떤 종류의 레닌을 찾아냈다는 겁니까? 우리는 카메네프와 지노비예프가 아주 기이한 자세로 트로츠키에게 기대고 있다는 것을 아주 잘 알고 있습니다. (한동안 웃음과 환호) 그들은 트로츠키가 말안장을 씌운 자세 그대로 트로츠키에게 기대고 있는 겁니다. (킬킬거리는 웃음과 환호) 그리고는 카메네프가 "나는 트로츠키에게 기대고 있다"고 외칩니다. (떠들썩한 웃음) 그런가요? 그 모든 것이 레닌이 한 것과 같다는 것인가요? (웃음)

그 뒤 2년도 지나지 않아 부하린은 패배하고 굴복한 카메네프에게

'기대어 보려고' 그의 귀에 대고 공포에 질린 목소리로 스탈린은 새로운 칭기즈칸이라고 속삭이게 된다.[30] 그러나 이날의 당대회에서 그는 자신감과 만족감에 넘치는 태도로 레닌의 말을 제멋대로 인용해가면서 영속혁명론에 대해, 그리고 트로츠키의 '영웅입네 하는 자세'와, 무지크에 대한 적대감과, 사회주의 건설과 관련된 '재정정책 이론'을 공격했다. 그리고 그는 농민들과의 동맹을 확고히 한 자신과 스탈린의 정책이 지닌 견고함, 신뢰성, 신중함을 거듭거듭 자랑했다. 반대파가 쿨라크의 힘과 농민들의 파업 및 도시 기근의 위험에 대해 '경고의 목소리'를 높였던 것은 유령으로 인민들에게 겁을 주려고 한 짓이었다고 그는 주장했다. 게다가 반대파는 소련판 테르미도르반동이니 뭐니 하고 지껄였다는 것이었다. 그러므로 반대파가 머리를 숙이고 "레닌주의의 정신과 문구, 그 핵심을 훼손한 우리의 죄를 용서해 달라"고 뉘우치며 죄를 고백하고 용서를 빌기 전에는 당이 그들을 용서해서는 안 된다고 주장했다. 광적인 박수갈채를 받으며 그는 계속해서 다음과 같이 말했다.

> 말합시다. 솔직하게 말합시다. 우리나라가 완전한 프롤레타리아 국가가 아니라고 말한 트로츠키가 틀린 것입니다! 왜 여러분들은 당당히 나서서 그가 틀렸다고 말하지 못하는 겁니까? (…) 지노비예프는 레닌이 얼마나 반대파에게 잘 대해주었는지를 말했습니다. 레닌은 중앙위원회에서 자기를 위해 투표를 해줄 사람이 둘밖에 남아있지 않았을 때에도 반대파를 쫓아내지 않았습니다. (…) 그렇습니다. 레닌은 자기가 무엇을 해야 하는지를 알고 있었던 겁니다. 단지 두 표만 얻을 수 있는 상황에서 누가 한 명의 반대파를 내쫓으려고 하겠습니까? (웃음) 그러나 단 두 명만 반대표를 던질 참이고 그 외에는 모두가 찬성표를 던지고자 하는 상황에서 그 두 명의 반대파가 테르미

도르반동에 대해 떠들어댈 경우에는 그 둘을 쫓아낼 생각을 할 수 있을 겁니다.

당대회 참석자들은 이런 냉소적 발언을 즐겼고, 흥겨움으로 와자지껄한 분위기였다. 그때 스탈린이 앉은 자리에서 외쳤다. "잘했소, 부하린. 잘했어, 잘했어. 저들과 논쟁을 한 게 아니라 저들을 아주 쓸어내 버렸어!"[31]

부하린의 이 기이하고도 거의 소름끼치는 연설을 무엇으로 설명할수 있을까? 그는 반대파가 주창한 정책에 진짜 놀랐던 게 분명하다. 그는 반대파가 일으킬 수 있는 농민들과의 충돌을 두려워했다. 그러나 그는 농민들과의 충돌을 부르고 있는 것은 자기와 스탈린의 정책이라는 것을 간파하지 못했다. 반대파는 비록 지배집단을 대체하기는 너무 약하긴 했지만 스탈린의 분파로 하여금 입장을 바꾸도록 강요할 수 있을 정도로는 강했다. 사실 이때의 당대회에서는 부하린주의자들이 지배연합 안에서 우위를 차지하고 있는 듯이 보였다. 부하린과 리코프, 톰스키가 중앙위원회를 대표해 세 건의 주요 보고서를 제출했다. 그러나 그들도 반대파를 감안해야 했다. 부하린은 이제 농촌정책의 문제에서 조심스럽게 움직여야 했다. 그는 강한 농민에게 더 이상 솔직한 호소를 할 수 없었다. 그는 스탈린의 분파가 점점 더 트로츠키와 지노비예프의 비판에 예민해지면서 그들의 정책을 하나하나 도용하는 경향을 보이고 있다고 느꼈다. 이미 스탈린은 더 빠른 공업화를 요구하는 목소리에 굴복하고 있었다. 이는 이때의 당대회에서 표결에 붙여진 결의안에서도 확인할 수 있다. 부하린은 지배연합이 적들의 사상을 빌려서 쟁점을 헷갈리게 하지 말고, 굳건히 버티고 서서 적들에게 패배를 안겨주기를 원하고 있었다. 그는 반대파의 압력이 당을 어디까지 밀고 갈 것인지 궁금해 했다. 그는 반대파의 압력에 밀려 당이 농민들과 유혈의 갈등을 빚게 될 수도 있다는 생각으로 '머리부터 발끝까지' 떨었다. 그래서 그는 이날 스탈린보다도 더 큰 조바심을 갖고 당의 공식 정책이 반대파의 간접적인 영향을 받지 않게 하려고 했다. 그는 스탈린이 더는 양보하지 않게 하려고 스탈린에게 필사적으로 매달렸다. 그리고 그는 반대파의 패배가 소련의 평화를 확고하게 다져줄 것이라 기대하면서 스탈린의 폭력과 속임수를 지지하고 더 나아가 충동질하기도 했다. 그는 소련의 평화를 위해서라면 자기가 지닌 모든 재주, 취향, 품위를 잃게 되더라도 아깝지 않았다.

반대파에 대한 공격이 맹렬했던 것은 공격하는 쪽이 그만큼 당황하고 혼란스러웠기 때문이기도 했다. 2년 뒤에 엄청난 조치를 취하게 될 스탈린 분파는 그런 미래를 예감한 탓에 위축돼있었다. 스탈린 분파의 발언자들도 트로츠키와 지노비예프가 당으로 하여금 농민들에 대한 강제적인 집단화에 착수하도록 부추긴다고 책임을 전가했다. 예를 들어 나중에 사적 농업을 파괴하는 데서 눈에 띄는 역할을 하게 되는 카가노비치는 이때 이렇게 외쳤다. "트로츠키와 지노비예프가 가려는 길은 농민들을 약탈하는 매우 해로운 길입니다. 두 사람이 아무리 아니라고 항의해도 그건 사실입니다. 그것이 그들의 슬로건입니다."[32] 반대파는 또다시 일당체제의 벽에 부닥치기도 했다. 반대파가 일당체제 안에서라도 자유가 보장돼야 한다고 요구하자, 그것은 일당체제 자체를 위태롭게 하는 요구라는 비난이 쏟아졌다. 부하린과 스탈린은 반대파가 또 하나의 당이 되려는 경향이 있다고 주장했다. 몰로토프는 예의 우물거리는 말투로 정곡을 찔렀다. 반대파의 발언자들이 탄압에 항의하면서 레닌은 브레스트리토프스크 위기 때에도 좌파 공산주의자들이 자기를 공격하는 신문을 발행하는 것을 두려워하지도 지지하지도 않는 태도로 허용했던 사실을 상기시키자, 몰로토프는 이렇게 응수했다. "그러나 1918년에는 (…) 멘셰비키도 사회혁명당도 자기의 신문을 발행하고 있었고, 심지어는 카데트(영국식 입헌정치와 자유주의적 개혁을 내걸고 밀류코프 등이 결성한 당－옮긴이)도 자기의 신문을 발행하고 있었습니다. 지금의 상황은 그때와 전혀 다릅니다."[33] 과거에 다른 사람들에게 허용하지 않았던 자유는 볼셰비키 자신도 누려서는 안 된다는 주장도 다시 거론됐다. 카가노비치는 트로츠키가 11차 당대회에서 노동자반대파에 반대하는 주장을 펴면서 했던 말을 상기시켰다. 그때 트로츠키는 당원들은 동지나 지도자들에 대해 이야기할 때 '우리'와 '그들'이라는 말을 사용해서는 안 된다고 말했다. 그렇게 말하는 당원들은 의도와 무관하게 스스로를 당에 대치시키고 그 차이를 이용하게 됨으로써 크론슈타트의 깃발을 올리는 자들을 돕게 된다는 이유에서였다. 이와 관련해 카가노비치는 이렇게 물었다. "트로츠키 동지, 옛 볼셰비키 동지인 메드베데프와 슐랴프니코프가 오류를 범했을 때 당신은 그들에게 크론슈타트 반란을 도우려 한다고 말했습니다. 그런데 어째서 우리는 당신이 크론슈타트의 길을 가려고 한다고 말해서는 안 되는 겁니까?"[34]

트로츠키를 공격하는 데 동원된 것은 크론슈타트의 유령과 반대파의 유령만이 아니었다. 슐랴프니코프와 메드베데프도 직접 동원됐다. 스탈린의 집요한 요구에 따라 반대파가 슐랴프니코프나 메드베데프와 거래하지 않겠다고 선언한 뒤에 스탈린은 두 사람을 협박하고 구슬려서 그들이 스스로 자기들의 방식에 오류가 있었음을 인정하고 뉘우치는 동시에 반대파를 비난하도록 했다. 중앙위원회는 환호하면서 그들의 전향을 널리 알리고 그들을 용서하기로 했다고 발표했다. 전에 두 사람은 통합반대파에게 일당체제에 대한 충성을 중단하라고 요구하면서 일당 체제 안에 존재하는 하나의 분파에 머물러 있지 말고 새로운 당을 결성하라고 촉구했었다. 그러나 그들은 당에서 쫓아내겠다는 협박에 직면한데다가 통합반대파가 자기들과의 관계를 부인한 사실에 분개한 나머지 스탈린에게 투항했다. 두 사람의 전향은 스탈린이 처음으로 성공시킨 전향이었고, 그 뒤로 다른 많은 전향의 선례이자 표본이 됐다. 당대회가 끝나기 전에 스탈린은 또 한 번의 기습으로 반대파를 놀라게 했다. 그는 크루프스카야가 트로츠키 및 지노비예프와 관계를 끊었다고 발표했다.[35] 스탈린이 레닌의 사생활에 무분별한 부분이 있음을 암시하면서 크루프스카야를 협박했다는 소문이 은밀하게 모스크바에 퍼졌다. 스탈린이 "나는 당신 말고 다른 누군가를 레닌의 미망인으로 지명할 것" 이라고 말했다는 것이었다. 그러나 크루프스카야가 반대파에서 몸을 뺀 것은 자기 남편이 창설한 당이 분열되고 갈기갈기 쪼개지는 것을 보게 될까봐 두려웠기 때문이라는 설명이 더 그럴듯하게 들린다. 누구보다도 거침없이 스탈린과 부하린을 비판해온 사람이었기에 크루프스카야의 이탈은 반대파에 크게 불리한 일이었다.

그뿐만 아니라 스탈린은 외국 공산당의 지도자들을 부추겨 트로츠키 및 지노비예프와 대립하게 했다. 클라라 체트킨은 레닌의 건강이 이미 악화된 때에 열린 4차 코민테른 대회에서 전체 인터내셔널의 이름으로 트로츠키에게 엄숙한 찬사를 바친 바 있는 독일의 베테랑 공산주의자였다. 그런 그녀가 이제는 외국 공산당 지도자들을 대표해 트로츠키 및 지노비예프와의 관계를 끊으면서 두 사람이 인터내셔널에 위기를 초래하고 공산주의의 적들 모두에게 이익이 되는 행동을 하고 있다고 비난했다. 그녀는 위엄 있는 태도로 다음과 같이 선언했다.

반대파 지도자들의 이름에 따라붙는 영광의 빛도 그들의 과오를 메우기에 충분하지 못합니다. (…) 이 동지들의 업적은 (…) 지워지지 않을 것입니다. 그들은 잊히지 않을 것입니다. 그들의 행적은 혁명사의 일부가 됐습니다. 나는 그들을 잊지 않을 것입니다. 하지만 (…) 각 개인의 행적과 업적보다 더 큰 무언가가 존재합니다.[36]

반대파는 완패했다. 당대회는 반대파의 세 지도자들을 정치국에서 축출하는 것을 승인했다. 세 지도자들이 감히 논쟁을 재개하려고 할 경우에는 그들에게 추가적인 보복이 있을 것이라는 위협도 따라붙었다.

이처럼 통합반대파는 1923년 반대파가 패배한 뒤 겪은 상황과 비슷한 상황에 빠졌다. 공식적인 판결이 반대파에 불리하게 내려졌으니 이제 그들은 어떻게 해야 할지를 결정해야 했다. 축출의 위험을 무릅쓰고 전면적으로 최종 투쟁을 할 것인가, 아니면 적어도 일시적으로나마 패배를 인정할 것인가? 반대파 내의 두 분파는 서로 다르게 반응했다. 지노비예프주의자들은 납작 엎드리는 쪽으로 기울었다. 하지만 어찌 해야 할지를 결정하는 것은 결코 쉽지 않았다. 논쟁이 공식적으로 마무리됐음에도 반대파에 대한 공식적인 공격은 완화되지 않았기 때문이다. 신문들은 당대회의 결의에 대한 논평만 하겠다는 듯한 태도로 가장 신랄한 글들로 지면을 채울 뿐 공격을 당하는 쪽에는 대답할 기회도 주지 않았다. 반대파 당원들은 신념에서 우러나온 용기에 대한 대가를 치렀다. 그들은 직장에서 쫓겨났고, 따돌림을 당했으며, 사회적으로 추방된 자나 다름없이 취급됐다. 지노비예프와 카메네프는 가장 온건한 형태의 수동적 저항 자세를 취하며 후퇴했다. 두 사람은 지지자들을 보호하고자 하는 생각에서 그들에게 스스로를 돌보다가 필요하면 반대파와의 관계를 부인하라고 조언했다.

그러나 이런 조언은 반대파의 신뢰도를 떨어뜨리고 반대파 지지자들의 사기를 꺾을 수밖에 없었다. 지지자들이 반대파를 버리고 전향하기 시작했다.

반면에 이와 비슷한 시련을 이미 겪은 경험이 있는 트로츠키주의자들은 가만히 있기만 해서는 얻을 것이 없으며 흐지부지한 대응으로는 기대할 것이 없다는 걸 알고 있었다. 트로츠키는 11월 말경에 쓴 일기에서 최근의 경험을 재검토했다.[37] 그는 대중 앞에서나 중앙위원회에서보다 훨씬 더 솔직하게 반대파가 처한 곤경에 대해 나름대로 규정했다. 그는 패배를 인정했다. 그는 그 패배를 스탈린의 계략과 관료들의 협박 탓으로만 돌리지 않았다. 그는 혁명에 너무 많은 기대를 걸었다가 희망이 잔인하게 기만당하자 초기 볼셰비즘의 정신과 사상에 대해 반발하게 된 대중의 피로감과 환멸에도 패배의 원인이 있다고 보았다. 정치에 발을 들여놓은 순간부터 보호와 지도의 대상이 된 젊은이들은 비판 능력이나 정치적 판단 능력을 전혀 개발할 수 없었다. 지배분파들은 대중의 피로감과 안전 희구 심리를 이용해 영속혁명이라는 유령으로 사람들에게 겁을 주었다. 트로츠키는 기록되는 공식 발언에서는 지배집단과 일반 당원들 사이의 대립에 대해 이야기했지만, 기록이 안 되는 비공식적인 발언에서는 지배집단의 사상과 슬로건이 일반 당원들의 정서적 욕구에 부응하면서 지배집단에 대한 그들의 반감을 덮어버렸으며 반대파는 대중의 분위기에 부응하지 못했음을 인정했다.

그렇다면 무엇을 해야 하는가? 대중의 반동적인 분위기에 굴복하는 것은 마르크스주의 혁명가가 할 일이 아니라고 트로츠키는 생각했다. 트로츠키는 계급의식이 흐려진 대중으로부터 고립될 때를 대비해 준비를 해야 했다. 전환과 위기의 시대였기에 그 고립이 오래갈 것이라고 생각하지는 않았다. 소련의 안과 밖에서 혁명세력은 다시 부상할 수 있었다. 어쨌든 당장은 가망이 없다 하더라도 반대파가 축 처지거나 흔들릴 때가 아니었다. 레닌처럼 살아남아 자기의 대의가 승리하는 것을 보게 되건, 리프크네히트처럼 순교로써 자기의 대의를 지키는 운명을 겪게 되건 혁명가는 싸워야 했다. 트로츠키는 개인적인 기록이나 친구들과 나눈 대화에서 이와 같은 대안을 선택할 가능성을 여러 번 암시했다. 그는 '레닌의 경우와 같은 결과'를 볼 수 있다는 희망을 버리지는 않았으나 내면에서는 이미 점점 더 '리프크네히트의 운명'을 받아들이는 쪽으로 나아가고 있는 듯했다. 훗날 빅토르 세르게는 다음과 같이 회상했다.

나는 우리의 승리를 믿지 않았고, 마음속으로는 우리가 패배할 것이라고 확신하기까지 했다. 나는 우리 그룹의 메시지를 들고 레프 다비도비치를 만나러 모스크바에 갔을 때 그에게 그렇게 말했다. 우리는 인허가위원회의 널찍한 사무실에서 이야기했다. (…) 그는 말라리아 때문에 고생하고 있었다. 그의 피부는 노랬고, 입술은 거의 흙빛이었다. 나는 그에게 우리는 몹시 허약하고, 레닌그라드에는 우리 편이 몇백 명밖에 없으며, 우리의 논쟁에도 노동자들은 여전히 냉담한 반응을 보이고 있을 뿐이라고 말했다. 나는 그가 이 모든 것을 나보다 더 잘 알고 있다고 느꼈다. 그러나 그는 지도자로서 자기의 의무를 다해야 했고, 우리도 혁명가로서 우리의 의무를 다해야 했다. 패배가 불가피하다면 용기 있게 그 패배를 맞이하는 것 외에 우리가 할 수 있는 것이 달리 무엇이겠는가?[38]

1926년과 1927년에 걸친 겨울은 비교적 조용하게 지나갔다. 반대파는 내부의 불화로 인해 쇠약해졌다. 트로츠키는 지노비예프와의 연대가 깨지지 않도록 최선을 다했다. 지노비예프가 거의 공황심리에 빠져 있었기에 통합반대파는 단합을 위해서라도 우유부단한 태도를 유지해야 했다. 12월에 통합반대파 지도자들은 모스크바에 있는 당 세포조직들에서 자기들을 새로운 논쟁으로 끌어들이려는 시도가 있었다면서 스탈린에게 항의하기까지 했다.[39] 같은 달에 코민테른 집행위원회는 러시아 당의 내부 상황에 대해 논의했다. 반대파는 싫든 좋든 다시 입장을 밝혀야 했다. 트로츠키는 또다시 자기의 과거 경력을 변호해야 했다. 그는 당내 논쟁에서 사용됐던 '과거 경력을 동원하는 방식'에 항의하면서도, 마음이 닫혀 있는 청중에게 자기와 레닌 사이의 관계에 관해 자세히 얘기해주었다. 이는 "트로츠키주의와 레닌주의가 화해할 수 없는 적대적 대립관계에 있다는 주장은 새빨간 거짓말"임을 입증하기 위한 노력이었다.[40] 코민테른 집행위원회는 외국 공산당들이 트로츠키주의자와 지노비예프주의자들을 소련의 프롤레타리아적 성격을 부인했다는 이유로 축출한 조치를 추인했다. 트로츠키는 만약 외국에 반대파 지지자로 알려진 사람이 그런 부인을 했다면 반대파는 그와 싸울 것이라고 선언했다. 그는 수바린이 당에서 축출된 것에 대해서는 반쯤 체념하는 태도를 보였다. 반면에 1차대전 이래 정치적 친구로 지내온 로스메와 모나트가 자기들이 창립하고 이끌어온 프랑스 공산당에서 축출당하는 처지가 되자 그들을 두둔하고 나섰다.[41] 그러나 트로츠키는 이런 소소한 정치적 개입을 제외하고는 그해 겨울 내내 자신의 저작집에 포함될 책들을 편집하고 '많은 문제들에 대한 보다 철저한 이론적 검토'를 하면서 조용히 보냈다.

일국사회주의에 대한 경제학적 반박을 제외하고 트로츠키가 가장 집중적으로 파고든 이론적 문제는 '소련판 테르미도르반동'이었다. 반대파 지지자들과 외국의 반대파 동조자들 사이에서는 이 문제를 놓고 큰 혼란이 빚어지고 있었다. 어떤 사람들은 러시아혁명이 이미 테르미도르반동의 단계를 지났다고 주장했다. 이런 견해를 가진 사람들은 관료집단이 프롤레타리아 독재를 파괴하고 노동계급을 착취하는 동시에 지배하게 된 새로운 하나의 계급이라는 말도 했다. 이들과 다른 사람들, 특히 트로츠키는 이런 견해를 맹렬하게 반박했다. 역사적 유추가 정치적 수사가 되는 경우에 흔히 그렇듯이 논쟁하는 양쪽 모두 자기들이 언급하는 역사적 선례에 대해 명확한 관점을 갖고 있지 못했다. 트로츠키도 그러한 선례에 대한 자기의 해석을 거듭 수정하게 된다. 그는 이때에는 '소련판 테르미도르반동'을 전반적인 정치적 냉담과 혁명에 대한 환멸을 배경으로 볼셰비키 당 안에서 일어날 수 있는 '오른쪽으로의 결정적인 이동'으로 정의했다. 그리고 이 이동은 볼셰비즘의 파괴와 자본주의의 부활로 귀결된다고 여겼다. 트로츠키는 소련판 테르미도르반동을 거론하는 것이 아직 이르기는 하지만 반대파가 그것에 대한 경종을 울린 것은 적절했다는 결론을 내렸다. 테르미도르반동 상황의 한 가지 요소는 이미 매우 뚜렷하게 눈에 보이고 있었다. 그것은 대중이 지치고 환멸을 느끼고 있다는 점이었다. 그러나 테르미도르반동 세력이 힘과 추동력을 모아냈다고 하더라도 아직은 과거로의 회귀를 불러올 '오른쪽으로의 결정적인 이동'은 일어나지 않았다.

　　이때 트로츠키가 갖게 된 견해는 이후 여러 해에 걸쳐 자신의 행동과 반대파의 운명을 부분적으로 결정하게 된다. 그리고 그 견해와 관련된 논쟁은 모든 분파에 걸쳐 엄청난 열기와 열정을 불러일으키게 된다. 그런 일이 일어나지 않았다면 다소 난해한 이 논쟁을 여기에서 굳이 더 깊이 살펴볼 필요가 없을 것이다. 논쟁이 가열된 것은 겉보기에는 대단히 비합리적인 현상으로 보일 수 있다. 당의 모든 회의에서 반대파에 속하는 누군가가 '테르미도르반동'이라는 말을 입 밖에 내기만 해도 당장에 분위기가 험악해지고 청중이 몹시 흥분하면서 화를 냈다. 많은 사람들이 그것이 무엇인지를 거의 알지 못했는데도 그랬다. 그들로서는 테르미도르반동 세력이 자코뱅주의의 무덤을 팠던 자들이라는 것, 지배집단이 혁명에 반대하는 모종의 비밀음모에 몰두하고 있다고 반대파가 비난하고 있다는 것만 아는 것으로 충분했다. 이 기묘한 역사적 슬로건은 그것의 의미가 결코 단순하지 않음을 아는, 교육받은 부하린주의자나 스탈린주의자들까지 화나게 했다. 반대파는 테르미도르반동에 가담한 사람들은 자코뱅주의를 파괴하고 제1공화정을 끝장내려고 의도했던 게 아니라고 주장했다. 그들은 지치고 혼란스러운 나머지 자기가 무슨 일을 하는지도 모르고 반동에 가담했다는 것이었다. 이와 비슷하게 소련판 테르미도르반동 세력도 자기들이 무슨 일을 하는지도 모른 채 행동하는 것일 수 있다고 반대파는 지적했다. 이 유추는 많은 스탈린주의자와 부하린주의자들의 사고에 파고들었고, 그들의 자신감을 약화시켰다. 이 유추는 그들에게 혁명에는 통제할 수 없는 요소도 있다는 점을 깨닫게 했고, 이에 따라 그들은 어렴풋하게나마 그 통제할 수 없는 요소를 점점 더 의식하게 됐다. 또한 이 유추는 그들로 하여금 자기들이 이미 거대하고 적대적이며 관리되지 않는 사회세력들의 손에서 놀아나는 장난감이 됐거나 그렇게 될 수 있다는 느낌을 갖게 했다.

많은 볼셰비키들이 불안에 떨며 그것이 사실일 수 있다고 생각했다. 어느 분파에 속해 있든 볼셰비키들은 모두 반대파가 만들어낸 유령에 겁을 집어먹었다. 이는 '살아있는 자가 죽은 자의 손에 사로잡힌' 모양새였다. 부하린주의자나 스탈린주의자는 테르미도르반동 세력과의 관계를 부인할 때 차분한 자기확신을 갖고 행동하기보다는 내면의 의구심에서 유래하는 분노를 드러내면서 행동했다. 부하린도 15차 당대회에서 반대파가 '테르미도르반동에 관한 용서할 수 없는 말'을 지껄일 때 바로 그런 분노를 드러내며 반박했다.[42] 반대파에 대한 그의 분노는 그가 자신의 두려움을 억누르는 데 도움이 됐다. 반대파는 테르미도르반동이라는 유령이 모스크바의 거리를 활보하고, 크렘린 궁을 맴돌고, 국경일 기념행진이 있는 날에는 레닌 묘소의 앞자리에 늘어선 정치국 위원들 사이에 함께 서 있는 모습을 보는 듯했다. 책벌레나 할 법한 역사적 회상에서 튀어나온 이런 기괴하고 격렬한 감정분출은 사실 일당체제를 성장시키고 발달시킨 정치적 분위기의 비합리성에서 비롯된 것이었다. 볼셰비키들은 자기들이 만들어낸 것, 즉 혁명으로부터 소외돼있다고 느꼈다. 그들이 만든 국가와 당이 그들보다 훨씬 더 높은 곳에 우뚝 서있었다. 그 국가와 당은 볼셰비키들의 정신이나 의지와는 별로 상관없는, 그러나 볼셰비키들이 그 앞에서 머리를 숙여야 하는 나름의 정신과 의지를 갖고 있는 듯했다. 국가와 당은 볼셰비키들에게 갑작스럽게 움직이고 예측할 수 없는 맹목적인 힘으로 보였다. 볼셰비키들이 소비에트를 '권력기관'으로 만들 때 그들은 자기들이 세계에 유례가 없는 '가장 맑고 투명한 정치체제', 즉 통치하는 자들과 통치받는 자들이 그 어느 때보다 서로 더 가깝고, 인민대중이 자기 의지를 그 어느 때보다 더 직접적으로 표현하고 실행시킬 수 있는 체제를 세웠다고 확신했다. 이런 확신은 트로츠키도 똑같이 갖고 있었다. 그런데 몇 년이 지난 뒤에 보니 일당체제만큼 투명하지 못한 체제는 없었다. 사회 전체가 투명성을 완전히 잃었다. 그 어떤 사회계급도 자기 의지를 자유롭게 표현할 수 없었다. 그러니 어떤 계급이 무슨 의지를 가지고 있는지도 전혀 알 수 없었다. 통치자들과 정치이론가들은 그 의지를 짐작해야 했고, 잘못 짐작한 사건들에서 배워야 하는 경우가 갈수록 많아졌다. 그러다 보니 사회계급들이 사방에서 당에 예측할 수 없는 압력을 가하는 기본적 세력으로 행동하는 것처럼 보였다. 실제로 어느 정도는 그렇게 행동하기도 했다. 당 안에서도 그룹과 개인들이 자기도 모르는 사이에 가장 예기치 못한 방향으로 떠밀려가는 듯했다. 사람들이 자기 자신과 다른 사람들에 대해 생각하는 것, 사람들이 하고자 하는 것, 그리고 사람들이 실제로 하는 것 사이에 새로운 균열이 생겨나거나 예전에 생겼던 균열이 재발됐다. 그것은 정치적 행동의 객관적인 측면과 주관적인 측면 사이의 균열이었다. 이제는 누가 혁명의 적이고 누가 혁명의 친구인지를 분간하기가 그 무엇보다도 어려웠다. 지배집단과 반대파가 모두 어둠 속에서 진짜 위험과 유령 둘 다에 대항해 싸우며 움직였고, 그러면서 서로의 그림자를 쫓아다녔다. 그들은 더 이상 서로를 있는 그대로 보지 않았고, 서로를 사악한 능력을 숨기고 있는 사회적 실체로 보면서 그 사악한 능력이 뭔지를 알아내어 그것을 무해한 것으로 무력화시켜야 한다고 생각했다. 지배분파들로 하여금 반대파가 소외된 사회적 요소들의 앞잡이 역할을 한다고 선언하도록 부추기고 반대파로 하여금 지배자들의 배후에 테르미도르반동 세력이 있다고 주장하도록 부추긴 것은 바로 이런 사회 및 서로로부터의 소외였다.

그렇다면 반대파가 말한 테르미도르반동 세력은 어떤 집단이었나? 그것은 부농, 네프 부르주아, 그리고 관료들이라고 트로츠키는 대답했다. 간단히 말해 부르주아적 과거회귀에 관심을 갖는 모든 계급과 집단들이라는 것이었다. 노동계급은 여전히 '10월의 승리' 편에 남아있었고, 테르미도르반동 세력에게 적개심을 품었지만 아직 드러나지는 않고 있었다. 관료들은 중대한 상황이 오면 분열할 것이라고 트로츠키는 기대했다. 분열된 관료들 가운데 한쪽은 반혁명을 지지하겠지만 다른 한쪽은 혁명을 방어할 것이라는 기대였다. 트로츠키는 당내의 이런 분열은 사회 전체의 균열을 반영하는 것이라고 생각했다. 우파는 테르미도르반동 세력에 가까이 다가가 서있었지만 그들과 꼭 일치하지는 않았다. 부하린이 재산소유자들을 옹호한 데서 테르미도르반동의 유령이 엿보이기도 했다. 그러나 부하린주의자들이 실제로 테르미도르반동 세력인지, 아니면 자기들도 모르는 사이에 테르미도르반동 세력의 보조자 역할을 하고 있을 뿐이며 혁명이 위기에 처하면 혁명을 구하러 몰려올 사람들인지는 분명하지 않았다. 이런 견해에 따라 좌파, 즉 통합반대파는 당 안에서 홀로 프롤레타리아 계급의 이익과 희석되지 않은 사회주의 정책강령을 대변했다. 즉 그들은 테르미도르반동 세력에 대항하는 전위로 행동했던 것이다. 중도파인 스탈린 분파는 아무런 정책강령도 갖고 있지 않았다. 그들은 당 조직을 장악하고 있었지만, 폭넓은 사회적 지지를 받지 못했다. 스탈린 분파는 우파와 좌파 사이에서 균형을 잡고 줄타기를 하면서 우파와 좌파 모두의 정책강령에 기대어 번식해나갔다. 이 중도파가 우파와 손을 잡는다면 테르미도르반동 세력에게 길을 닦아주는 역할을 할 것이다. 그러나 중도파는 테르미도르반동으로부터 얻을 게 없었다. 그것은 오히려 중도파의 파멸을 불러올 것이다. 따라서 반혁명의 위협에 직면하면 중도파 또는 중도파의 상당 부분은 좌파의 지도 아래 소련판 테르미도르반동에 대항하기 위해 좌파 쪽으로 몰려올 것이다.

　현실에서 실제로 벌어진 일들이 이런 견해를 어느 정도까지 옳았거나 틀렸다고 확인시켜주는지를 알아보기 위해 우리의 이야기를 시간상으로 건너뛸 필요는 없을 것 같다.[43] 여기서는 트로츠키가 이런 견해로부터 이끌어낸 하나의 중요하고도 실천적인 결론을 언급해두는 것으로 충분하리라. 그 결론은, 어떠한 일이 있어도 트로츠키와 그의 동료들은 스탈린에 맞서 부하린의 분파와 동맹관계를 맺어서는 안 된다는 것이었다. 어떤 특정한 상황과 조건 아래에서는 반대파가 부하린에 맞서 스탈린과 통일전선을 구축할 준비도 해놓아야 한다고 트로츠키는 촉구했다. 그 조건이란 반대파가 독립성과 비판의 권리, 그리고 당내 자유에 관한 주장을 포기해서는 안 된다는 것으로서 모든 통일전선에서 적용되는 조건이었다. 널리 알려진 한 전술에 따르면 좌파와 중도파는 따로 행진하고 함께 공격해야 한다. 한동안은 이런 전술을 사용할 기회가 반대파에게 없었다. 스탈린주의자들과 부하린주의자들이 권력을 나눠가지며 단합을 유지했기 때문이다. 그러나 트로츠키는 그런 그들이 곧 결별하리라고 확신했다. 트로츠키의 전술 규칙은 양쪽 사이의 틈을 벌리고 세력배치를 바꿔냄으로써 반대파가 스탈린주의자들을 포함한 모든 '반(反)테르미도르반동 세력'을 장악할 기회를 만들어내는 것이었다. 이후 몇 년간 반대파의 모든 행동을 지배한 원칙은 바로 이런 것이었다. "스탈린과 함께 부하린에 맞설 것인가? 그렇다. 부하린과 함께 스탈린에 맞설 것인가? 아니다!"

주로 트로츠키에 의해 내려진 이런 전술적 결정은 모든 반스탈린 분파나 그룹이 맞이하게 되는 음산한 종말에 비추면 어리석은 자살행위로 보일 수밖에 없다. 트로츠키가 무기력한 부하린에게 구현돼 있다고 본 테르미도르반동의 정신은 역사로 지나치게 덧칠한 상상의 산물이었던 것으로 보인다. 그 뒤에 전개된 상황을 다 아는 사람이 '우파로부터의 위험', 즉 부하린 분파로부터의 위험에 대해 트로츠키가 울린 많은 우려의 경종과 스탈린의 권력에 대해 그가 내린 명백한 과소평가를 돌이켜 생각해보면, 탁월한 예언자적 통찰력을 종종 보여주었던 그가 이 경우에는 왜 그렇게 단견과 맹목성에 빠졌는지 의아해할 수 있다. 그러나 결과의 관점에서만 보는 것은 한쪽 면만 바라보는 것이다. 트로츠키의 결정은 그가 그런 결정을 하게 된 배경도 고려해서 바라봐야 한다. 당시는 네프가 한 창 각광을 받고 있었고, 부르주아적 복고에 관심을 가진 세력이 여전히 살아서 활동하고 있었으며, 네프 자본주의를 강제로 억누르고 '하나의 계 급으로서의 쿨라크'를 해체할 수 있다고 생각한 사람이 아무도 없었다. 트로츠키는 소련 사회에서 서로 적대하는 세력들 사이의 갈등이 초래한 결과를 당연한 것으로 받아들일 수 없었다. 그는 테르미도르반동의 유령 이 절반 정도의 생명력을 유지하고 있다고 생각했다. 1917년에서 8~10년 이 지난 시점에서도 반동적인 복고의 가능성을 배제할 수 없었다. 마르크 스주의자이자 볼셰비키로서 트로츠키는 온힘을 다해, 그리고 모든 운동 력을 다 동원해 그 복고의 움직임을 막는 것이 자기의 주된 의무라고 느 꼈다. 이런 생각이 그의 당내 전술을 규정했다. 복고의 길을 열어줄 주체 가 아직 있다면 그것은 스탈린의 정책이라기보다는 부하린의 정책일 것 이었다. 이런 맥락에서 트로츠키는 반대파가 부하린에 맞서 스탈린에게 조건부의 지원을 해야 한다는 결론을 내릴 수밖에 없었다. 이런 결론은 우파에 맞서는 좌파와 중도파의 동맹에는 찬성하지만 중도파를 겨냥한 좌파와 우파의 결합은 이유여하를 막론하고 용납할 수 없다고 보는 마르 크스주의의 전통에 부합했다. 이렇게 동시대의 배경 속에서 마르크스주 의의 관점으로 보면 트로츠키의 태도는 나름의 논리를 갖춘 것이었다. 다 만 그 뒤에 일어난 일련의 사건들이 그 논리를 넘어서고 그 논리가 마치 반대파의 자기부정 논리인 것처럼 보이게 한 것은 그의 불운이었다. 그가 혁명을 지키려고 하는 과정에서 정치적 자살을 하고 말았다는 것은 실로 트로츠키의 비극이었다.

1927년 봄이 되자 그동안 당내 갈등에서 거의 아무런 역할도 하지 않았던 쟁점으로 인해 당내 갈등이 다시 불붙었다. 그 쟁점은 이후 마지막까지, 즉 통합반대파가 최종적으로 축출되고 해체될 때까지 계속해서 당내 갈등의 중심에 있게 된다.

그 쟁점은 중국의 혁명이었다.

중국 혁명이 레닌 시절이 끝나갈 무렵부터 시작된 상황변화로 생겨난 심각한 위기에 직면하게 된 것이 바로 이즈음이었다. 볼셰비키들은 식민지와 반(半)식민지 국가들에서 일어나고 있는 반(反)제국주의 운동이 유럽의 프롤레타리아 혁명에 주된 '전략적 예비군'이 돼줄 것으로 믿고 그런 운동을 일찍부터 주시해왔다. 레닌과 트로츠키는 값싼 노동력, 원자재, 수익성이 대단히 높은 투자기회 등을 제공해주는 배후 식민지와 차단된다면 서구 자본주의는 약화될 것이라고 확신했다. 1920년에 코민테른은 서구 공산주의와 아시아 해방운동 사이의 동맹을 선언했다. 그러나 코민테른은 원칙을 선언하는 수준을 넘어서지 못했다. 코민테른은 동맹을 어떤 형태로 이룩하고 어떤 방식으로 촉진할 것인지를 밝히지 않았다. 코민테른은 아시아 각국의 독립투쟁은 유럽의 부르주아 혁명과 역사적으로 동등한 의미를 가지며, 아시아 각국의 농민들과 정도에 따라서는 부르주아까지도 노동계급의 동맹세력이라고 인정했다. 그러나 레닌주의의 코민테른은 반제국주의 운동과 아시아의 자체적인 사회주의 투쟁 간의 관계, 그리고 반제국주의 부르주아에 대한 중국 공산당과 인도 공산당의 태도에 대해 명확한 규정을 내리는 시도를 하지 않았다.

이런 문제들을 해결하기에는 너무 일렀다. 10월혁명이 아시아에 던진 충격이 아직도 생생했다. 그 힘과 깊이는 아직 측정할 수 없었다. 아시아에서 가장 중요한 나라들에서도 이제 겨우 공산당이 생겨나기 시작하는 상태였다. 노동계급은 수적으로 허약했고 정치적 전통도 갖고 있지 않았다. 심지어 부르주아적 반제국주의조차 아직 형성기에 있었다. 1921년에야 중국 공산당이 소규모 선전가 집단들을 토대로 첫 번째 당대회를 열었다. 그러나 중국 공산당이 당대회를 열어 강령을 만들고 조직을 갖추려고 하자 곧바로 모스크바가 국민당과 '화해'하라는 압력을 중국 공산당에 가하기 시작했다. 당시 국민당은 최고의 전성기를 구가하고 있는 쑨이셴(孫逸仙, 쑨원(孫文)으로도 불림 — 옮긴이)의 도덕적 권위로부터 덕을 보고 있었다. 쑨이셴은 러시아와 협정을 맺고 싶어 했다. 러시아와의 협정이 서구 제국주의에 대항하는 자기에게 힘을 실어줄 것이라고 생각한 것이다. 모호하고 '계급성이 없는' 대중주의적 사회주의 사상을 갖고 있는 그는 공산당이 자기의 지도권을 전면적으로 인정하고 국민당을 지지해주기만 한다면 공산당과도 협력할 준비가 돼있었다. 그는 레닌의 정부와도 우호조약을 맺었지만, 자기가 제시하는 조건으로 중국 공산주의자들의 협력을 얻기는 어려울 것이란 걸 깨달았다.[44]

중국 공산주의자들을 이끈 이는 천두슈(陳獨秀)였다. 그는 아시아에서 마르크스주의의 지적 선구자 중 하나로 꼽혔고, 중국 최초의 훌륭한 선전가였으며, 마오쩌둥(毛澤東)이 등장하기 전까지 중국혁명에서 가장 뛰어난 인물이었다. 그는 마오쩌둥에 비해 전술가, 실천적 지도자, 조직가로서는 뒤졌지만 사상가, 이론가로서는 더 나았던 것으로 보인다. 그는 서구열강이 중국에서 누리는 특권에 반대하는 대규모 운동을 시작한 인물이었다. 그가 교수로 있었던 베이징대학에서 시작된 이 운동은 중국 정부로 하여금 중국에서 서구열강이 누리는 특권을 승인한 베르사유 조약에 서명하기를 거부하게 할 정도로 강력했다. 중국에서 마르크스주의 선전가 서클들이 발전해서 결국 공산당을 창립하게 되기까지는 천두슈의 영향이 컸다. 그는 중국 공산당이 창립된 순간부터 1927년 말까지 혁명의 중대한 시기 내내 당의 지도자로서 흔들림 없는 권위를 유지했다. 처음부터 그는 중국 공산당이 모스크바로부터 받은 정치적 조언에 대해 우려했다. 그는 공산주의자들이 국민당과 협력해야 할 필요성은 인정했지만, 공산주의가 나름의 정체성을 지키지 못하게 될 정도로 국민당과 과도하게 긴밀한 동맹을 맺는 것은 경계했다. 그는 공산당이 국민당과 함께 행진하기 전에 스스로 설 수 있게 되기를 바랐다. 그러나 모스크바는 그에게 주저하는 태도를 버리라고 촉구했다. 게다가 그는 마오쩌둥과 같은 강인한 성품도 능청스러움도 갖추고 있지 않았다. 비슷한 상황에서 마오쩌둥은 모스크바의 조언에 결코 반대하지 않았다. 그는 늘 모스크바의 조언을 받아들이는 척하다가 결국은 그것을 무시하고 자기의 관점에 따라 행동했지만, 그 과정에서 모스크바와 진짜 불화를 일으킨 적은 단 한 번도 없었다. 반면에 천두슈는 직설적이면서도 온건했고 자신감을 지니고 있지 못했다. 이런 성격은 그를 비극적인 인물로 만들었다. 그는 언제나 솔직하게 자기는 모스크바의 정책에 반대한다고 말했지만, 그렇다고 그 반대의견을 고수하지도 못했다. 그는 자기의 반대의견이 기각되면 코민테른의 권위에 복종하고 자기의 의견이 분명 더 낫다고 생각하면서도 모스크바의 정책을 따랐다.

훗날 트로츠키주의 반대파에서 두각을 나타내게 되는 요페와 마링 스네블리트[45]는 1922년과 1923년에 이제 막 탄생한 중국 공산당으로 하여금 국민당과 협력하게 하고 스탈린과 부하린이 추진하게 되는 정책의 기반을 닦는 등 이미 중요한 역할을 하고 있었다. 요페는 레닌 정부의 대사로서 쑨이셴과 우호조약 체결을 위한 협상을 벌였다. 그는 자기가 맡은 임무를 잘 해내고 싶은 마음에 자기가 위임받은 권한의 범위를 넘어선 게 분명했다. 그는 쑨이셴에게 볼셰비키는 중국의 공산주의를 촉진하는 데는 관심이 없으며, 중국 공산주의자들이 쑨이셴이 바라는 조건으로 국민당과 협력하도록 영향력을 행사할 것이라고 약속했다. 마링은 코민테른의 대표로서 1922년에 열린 중국 공산당의 2차 당대회에 참석했다. 중국 공산당이 국민당과 접촉을 개시하고 국민당을 지원하는 조건을 논의하기 시작한 것은 마링의 주도에 의해서였다. 그러나 쑨이셴의 까다로운 조건 때문에 협상은 결렬됐다.

같은 해 마링은 다시 중국으로 가 천두슈와 그의 동지들에게 코민테른이 그들에게 무조건 국민당과 손을 잡으라고 단호하게 지시했다고 말했다. 천두슈는 처음에는 망설였지만, 마링이 국제 공산주의자들이 지켜야 할 규율의 원칙을 상기시키자 지시에 따르기로 했다. 쑨이셴은 나중에 장제스가 그랬던 것처럼 공산당은 국민당의 정책에 대한 공개적인 비판을 삼가고 국민당의 규율을 준수해야 한다고 주장했다. 그렇게 하지 않으면 국민당에서 공산주의자들을 쫓아내고 러시아와의 동맹을 무효화하겠다는 것이었다. 1924년 초까지 국민당에 합류한 공산당은 처음에는 쑨이셴의 조건을 진지하게 받아들이지 않았다. 그들은 독립성을 주장하고 분명한 공산주의 정책을 추구함으로써 국민당의 불만을 샀다.

공산주의의 영향이 빠르게 커졌다. 1925년에 5.30운동이 대규모로 일어나 중국의 남부지역 전체로 확산됐을 때 공산주의자들은 그 선봉에 서서 서구 자본의 중국 내 특혜사업과 기업들에 대한 보이콧을 선동했고, 중국 역사상 최대 규모의 총파업인 '광둥 총파업'을 이끌었다. 운동의 기세가 점점 더 커지자 국민당 지도부는 겁을 집어먹고 운동을 억누르려 했고, 그러다가 공산주의자들과 충돌했다. 공산주의자들은 내전이 다가오고 있음을 느끼고는, 늦기 전에 자기들의 손발을 묶고 있는 구속을 벗어버려야겠다는 생각으로 모스크바에 대표단을 보냈다. 1925년 10월에 천두슈는 중국 공산당이 국민당에서 이탈하는 계획을 제시했다. 그러나 코민테른 집행위원회는 투표로 그 계획을 부결시키고는 중국 공산당에 내전을 피하기 위한 최선의 노력을 기울이라고 충고했다. 이때 보로딘, 블류헤르를 비롯해 소련에서 파견한 군사외교 분야 고문 여러 명이 장제스의 본부에서 그의 병사들을 무장시키고 훈련시키는 일을 하고 있었다. 그리고 이제 사실상 소련의 정책을 지시하게 된 부하린과 스탈린은 가까운 장래에 중국 공산당이 권력을 장악할 가능성은 없다고 생각했다. 그들은 소련이 중국 국민당과 맺은 동맹관계가 유지되기를 바랐다. 중국에서 공산주의의 영향력이 커지면 그 동맹관계를 와해시킬 수 있었다. 그래서 부하린과 스탈린은 중국 공산당이 분수를 지키게 하리라 결심했다.

이에 따라 모스크바는 천두슈와 그의 중앙위원회 위원들에게 '애국심에 불타는' 부르주아에 대항해 계급투쟁을 벌이거나, 혁명적인 농촌운동을 전개하거나, 쑨이센이 죽은 뒤 국민당의 이데올로기로 떠받들어지게 된 쑨이센주의에 대해 비판하는 행동을 삼가라고 주문했다. 부하린과 스탈린은 자기들의 태도를 마르크스주의의 용어로 정당화하기 위한 이론을 만들어냈다. 그 이론은, 중국의 혁명은 국민당의 배후세력인 반제국주의 부르주아에 의해 시작되어 수행되고 있으므로 사회주의적 목표를 설정할 수 없기 때문에, 중국 공산당은 국민당과의 단결을 유지해야 하며 국민당을 적으로 만들 만한 일은 절대로 하지 말아야 한다는 것이었다. 부하린과 스탈린은 정책의 이론적 근거를 더욱 보강하기 위해 레닌이 1905년에 내세운 견해, 즉 차르체제를 겨냥한 '부르주아적 단계'의 러시아혁명에서는 사회주의자들이 프롤레타리아 독재가 아니라 '노동자와 농민들의 민주적 독재'를 목표로 삼아야 한다고 했던 견해를 상기시켰다. 이 전례는 당시의 중국 상황과는 거의 또는 전혀 관계가 없었다. 1905년에 레닌과 그의 당은 차르체제에 대항해 자유주의 부르주아와 동맹을 맺으려 한 적이 없었다. 오히려 레닌은 부르주아 혁명은 오직 노동계급의 지도 아래에서만, 그리고 자유주의 부르주아에 대한 비타협적 적대에 의해서만 러시아에서 승리할 수 있다고 끊임없이 설파했다. 부르주아와 손을 잡으려 했던 멘셰비키들도 부르주아가 지배하는 조직의 지도와 규율을 받아들이는 것은 꿈도 꾸지 않았다. 트로츠키가 나중에 지적하듯이 이때 부하린과 스탈린의 정책은 1905년의 볼셰비키만을 흉내 낸 것이 아니라 당시에 멘셰비키가 취했던 태도까지 흉내 낸 것이었다.

그러나 이런 이론적인 궤변이 목적을 이루는 데는 쓸모가 있었다. 그 궤변은 모스크바의 정책을 이념적으로 치장했고, 그 정책에 불편함을 느낀 공산주의자의 양심을 달래주었다. 1926년 초에 코민테른이 중국 국민당을 준회원 자격으로 받아들이고 장제스(蔣介石)를 떠들썩하게 명예위원으로 선출했을 때 그 정책의 기회주의가 분명히 드러났다. 스탈린과 부하린은 이런 조치를 통해 국민당에 대한 자기들의 호의를 과시하고 중국 공산주의자들을 위압했다. 그러나 장제스는 세계 혁명의 참모본부인 코민테른이 그를 명예위원으로 선출한 지 불과 몇 주 뒤인 3월 20일에 자신의 첫 번째 반공산주의 쿠데타를 감행했다. 그는 국민당 본부의 모든 직위에서 공산주의자를 몰아냈고, 쑨이셴의 정치철학에 대한 비판을 금지했으며, 국민당 중앙위원회를 통해 국민당에 참여한 공산당 당원 모두의 명단을 제출하라고 공산당 쪽에 요구했다. 천두슈와 그의 동지들은 소련인 고문들의 압박에 따라 장제스의 조치에 동의했다. 그러나 그들은 장제스가 자기들을 겨냥해 내전을 준비하고 있다고 확신했고, 필요하다면 공산당이 이끄는 군대를 장제스의 군사력에 맞먹는 수준까지 조직해야 한다고 생각하고 소련의 지원을 요청했다. 광둥에 와 있던 소련 대표들은 그들의 이런 계획에 대해 단호하게 반대하고 어떤 지원도 하지 않을 것이라고 밝혔다. 천두슈는 다시 코민테른의 권위에 호소했다.[46] 모스크바의 신문들은 장제스의 쿠데타에 대해 아무런 논평도 하지 않았고, 쿠데타 사건에 관한 기사도 싣지 않았다. 정치국은 사태가 복잡해질 것을 우려해 민주집중파 출신인 부브노프를 중국으로 보내어 중국 공산주의자들에게 정치국의 정책을 수용할 것을 강요하는 한편 국민당에 '충성을 다하는 것'이 혁명가의 의무라고 설득했다.[47]

이 모든 일이 벌어지는 동안 중국문제는 러시아 당내 논쟁에서 벗어나 있는 것 같은 상태를 유지했다. 이 사실은 주목할 만한 가치가 있다. 이 사실은 반대파가 처음부터 끊임없이 스탈린과 부하린의 '중국혁명에 대한 배반'에 저항했다고 주장하는 속류 트로츠키주의의 전설 가운데 하나를 제거해버린다. 트로츠키는 일찍이 1924년 초에 이미 중국 문제와 관련해 의심을 품었던 게 분명하다. 그때 트로츠키는 정치국에서 중국 공산주의자들이 국민당을 지지하는 것에 대한 비판적인 견해를 밝혔다. 그 뒤 2년간에 걸쳐 그는 몇몇 기회에 그 같은 견해를 되풀이 밝혔다. 그러나 견해를 밝히는 그의 태도는 예사로운 수준에 그쳤다. 그는 그 문제에 대해 깊이 생각해보지 않았기에 문제의 핵심에 이르지 못했다. 그는 정치국에서 중국정책에 대해 다른 모든 위원들은 지지하고 자기 혼자만 반대하는 상황이 됐을 때 중앙위원회라는 더 폭이 넓은 회의에서 자기의 반대의견을 다시 밝히려는 시도를 하지 않았다. 1924년부터 1926년까지 그는 코민테른의 집행위원회 등에서 중국에 대해 단 한 번도 발언하지 않았던 것으로 보인다. 어쨌든 그는 이 문제에 대해서는 단 한 번도 공개적으로 이견을 밝히지 않았다. 그는 영국과 폴란드의 공산주의와 관련된 정책에는 높은 비중을 두고 많은 관심을 가졌지만, 중국문제에는 그다지 비중을 두지 않았고 관심도 훨씬 적게 가졌다. 그는 중국에 휘몰아치는 태풍의 힘과 공산주의 정책에서 다가오는 위기의 규모와 무게를 명확하게 인식하지 못했던 것이 분명하다.

　1926년 초에도 여전히 트로츠키는 중국 내 공산주의 운동의 흐름보다는 중국에 대한 소련의 외교에 더 예민한 관심을 갖고 있었다. 이때 그는 치체린, 제르진스키, 보로실로프가 포함된 특별위원회의 의장을 맡고 있었다. 이 위원회는 중국에서 소련의 외교가 추구해야 할 노선에 대해 정치국에 제출할 권고안을 작성하기 위해 만들어진 것이었다. 이 위원회가 실제로 한 일에 대해서는 거의 알려진 바가 없다. 다만 트로츠키가 1926년 3월 25일에 정치국에 제출한 보고서는 이 위원회에서 작성한 것이 분명하다.[48] 트로츠키가 이 보고서와 거리를 두는 자세를 보인 적이 없으니 그도 보고서의 내용에 대해 기본적으로 동의했다고 봐야 할 것이다. 위원회는 중국 공산당의 목적과는 무관하게 엄격한 외교적 관점에서 권고안을 작성해 정치국에 제출했다. 중국 공산당은 국민당과 손을 잡고 중국의 기존질서를 깨뜨리려고 애쓰고 있었지만, 이 위원회는 중국의 기존질서 속에서 소련의 외교당국이 취해야 할 태도에 대해 제안했다. 중국의 공산당과 국민당은 모두 중국의 정치적 통일, 즉 장쭤린(張作霖) 정부의 전복을 추구하고 있었다. 장쭤린 정부는 북부에 자리 잡고 있었고, 그 행정력이 미치는 범위는 혁명이 확산함에 따라 점차 북쪽으로 오그라들고 있었다. 트로츠키의 위원회는 중국의 분열이 계속되는 상황을 염두에 두고, 마치 그 분열을 지속시키려는 듯한 권고안을 제출했다. 이때 장제스는 이미 대대적인 북벌을 준비하고 있었다. 소련의 극동전선 전체가 혼란에 빠진 와중에 트로츠키의 위원회는 혁명을 촉진하려고 하기보다 소련 정부에 이익이 되는 것을 최대한 확보하려고 했다. 그래서 이 위원회는 소련의 외교당국은 남쪽의 장제스 정부와 북쪽의 장쭤린 정부가 서로 잠정협정을 맺고 영역분할을 하도록 해야 한다고 제안했다.

훗날 이런 제안을 놓고 정치국에서 논의가 벌어졌을 때 트로츠키는, 당시 스탈린이 중국에 파견된 소련의 군사고문단은 장제스가 북벌계획을 포기하게끔 설득해야 한다는 내용의 수정안을 상정했다고 말했다. 위원회는 스탈린의 수정안을 거부했지만, 중국에 가 있는 소련의 요원들에게 장제스한테 '자중할 것을 촉구'하라고 보다 일반적인 표현으로 조언했다. 정치국의 주된 관심사는 만주에서 러시아의 지위를 일본의 침략으로부터 지키는 것이었다. 러시아가 북동부 중국철도를 소유하고 있었기 때문이다. 이에 따라 위원회는 중국 북부에 가 있는 러시아의 사절들에게 장쭤린이 러시아와 일본 사이에서 균형을 잡는 정책을 추구하게 만들라고 충고했다. 모스크바는 자기들이 직접 만주에서 일본의 영향력을 제거하기에는 힘이 부족하고, 중국 국민당에게도 그럴 능력이 없다고 판단했다. 그래서 만주 북부지역에 대한 통제권을 지킬 수만 있다면 만주 남부지역에서 일본이 우월한 지위를 갖는 것도 감수할 준비가 돼있었다. 위원회는 중국에 가 있는 소련의 사절들에게 중국인들의 애국심을 자극하기 쉬운 이런 구도에 대해 여론이 적응하게 하는 작업을 '신중하고 노련하게' 수행하라고 요구했다. 정치국의 목적에는 여러 가지가 복잡하게 뒤얽혀 있었다. 정치국은 만주에서의 지위 다툼을 염려하기도 했지만, 장제스의 북벌이 서구 열강으로 하여금 지금까지보다 더 적극적으로 중국에 개입하게 할지도 모른다는 생각에 두려워했다. 또한 정치국은 대중이 혁명에 관심을 갖지 못하게 하는 동시에 남부의 혁명적 에너지를 흡수하고 분산시키는 수단으로 장제스가 북벌을 계획하고 있다고 의심했다.

4월에 정치국이 트로츠키의 위원회가 제출한 보고서를 수용했다. 그러나 그 시점에 트로츠키는 중국에 대한 엄격한 공산주의 정책을 문제 삼고 나섰다. 그는 중국에 대한 공산주의 정책은 소련의 외교적 고려와 분리된 상태를 유지해야 한다고 보았다. 외국의 기존 부르주아 정부와 협상을 하는 것은 외교관이 해야 할 일이고, 설령 그 외국의 부르주아 정부가 옛 군벌이라 해도 외교관은 그 정부와 협상해야 하며, 그 정부를 전복하는 것은 혁명가들이 해야 할 일이라는 것이었다. 트로츠키는 중국 국민당을 코민테른에 참여시킨 것에 대해 항의했다. 쑨이셴주의는 모든 계급들 사이의 화합을 찬양하며, 따라서 계급투쟁에 헌신하는 마르크스주의와는 양립될 수 없다고 그는 주장했다. 코민테른 집행위원회가 장제스를 명예위원으로 선출한 것은 우스꽝스러운 일이었다고 그는 지적했다. 또한 그는 중국 공산주의자들이 국민당을 지지하도록 한 것에 대해 그동안 계속해온 반대를 다시 하고 나섰다.[49] 또다시 정치국의 모든 위원들이 중국 공산주의와 관련된 당의 공식 정책을 옹호했다. 곧 결성될 통합반대파에 참여하게 되는 지노비예프와 카메네프도 공식 정책을 옹호하는 편에 섰다. 그러나 이 논쟁도 본격적인 것은 아니었다. 그것은 정치국 안에서만 일어난 논쟁이었고, 별다른 결과를 초래하지 않았다.

1926년 4월부터 1927년 3월 말까지 꼬박 일 년 동안에는 트로츠키도 반대파의 다른 지도자들도 중국문제를 거론하지 않았다. 1925년 5월부터 모스크바에 있는 쑨이셴대학의 총장을 맡고 있었기에 어리둥절해하는 중국인 학생들에게 당의 정책을 설명해야 했던 라데크만이 정치국에 지침을 내려달라고 졸랐을 뿐이다. 그는 정치국에서 지침을 얻지 못하게 되자 다소 의구심을 드러냈다. 그러나 1926년은 중국혁명의 역사상 가장 결정적이고 중대한 해였다. 정치국이 트로츠키의 위원회가 제출한 보고서에 대해 논의한 지 넉 달이 지난 7월 26일에 장제스는 '자중하라'는 소련의 충고를 무시하고 북벌 진군 명령을 내렸다. 장제스의 군대는 신속하게 북쪽으로 진군했다. 모스크바의 예상과 달리 중국 중부에 장제스의 군대가 나타난 것이 전국적인 혁명운동에 커다란 자극으로 작용했다. 북부지역과 중부지역은 장줘린 정부와 그 정부를 지지하는 부패한 군벌들에 대항해 일어난 봉기로 동요하고 있었다. 정치운동에서 가장 활동적인 요소는 도시 노동자들이었다. 공산당은 상승세를 탔다. 공산당은 봉기를 이끌고 고무했다. 해방된 도시나 마을에서는 하룻밤 사이에 노동조합이 생겨나 대중으로부터 열광적인 지지를 받았다. 그렇게 생겨나는 노동조합의 지도자는 대개 공산당 당원이었다. 장제스 군대가 지나가는 길에는 농민들이 나와 환영해주었다. 농민들은 장제스 군대의 지지에 기대어 군벌, 지주, 고리대금업자에 대항해 봉기했고, 언제든 그들의 재산을 빼앗을 태세였다.

장제스는 이렇게 혁명의 조류가 일어나자 놀라서 그것을 억누르고자 했다. 그는 파업과 시위를 금지했고, 노동조합을 탄압했고, 농민들을 진압하고 식량을 징발하기 위해 여기저기로 토벌대를 보냈다. 장제스의 본부와 공산당 사이에 적대적 긴장이 고조됐다. 천두슈는 이런 상황을 모스크바에 보고하면서 이제 공산당이 국민당에서 빠져나오는 것을 승인해주어야 한다고 요구했다. 그는 북부의 군벌과 서구 열강에 대항하는 공산주의자들과 국민당 간의 통일전선을 여전히 지지하고 있었지만, 한편으로는 공산당이 국민당의 규율을 털어내고, 독자적인 운신의 자유를 회복하고, 도시에서 프롤레타리아의 운동을 북돋우고, 땅에 대한 권리를 찾기 위한 농민들의 투쟁을 후원하고, 장제스와의 공개적인 충돌에 대비하는 것이 급박한 과제라고 주장했다. 코민테른 집행위원회는 또다시 그의 요구를 거부하는 답변을 보내왔다. 부하린은 천두슈의 요구를 위험한 극좌적 이단이라면서 거부했다. 10월에 열린 당대회에서 부하린은 중앙위원회를 대표하는 보고자로서 "지금은 중국에서 상공업 부르주아가 객관적으로 혁명적 역할을 하고 있다"면서 "단일한 국가적 혁명전선을 유지"해야 할 필요성을 거듭 주장했다.[50] 계속해서 그는 이런 상황에서는 공산주의자들이 땅에 대한 농민들의 갈망을 충족시키기 어려울 것이라고 말했다. 따라서 중국 공산당은 농민의 이익과 농촌에 큰 변화가 일어나는 것을 원치 않는 반제국주의 부르주아의 이익 사이에서 균형을 유지해야 한다는 것이었다. 공산주의자의 최우선 임무는 반제국주의 세력들의 단결을 지키는 것이므로, 공산주의자들은 국민당을 와해시키려는 모든 시도를 거부해야 한다고 그는 주장했다.[51] 인내하고 신중해야 한다는 것이 그의 슬로건이었다. 혁명적 분위기가 국민당에도 영향을 미쳐 '국민당의 급진화'와 '국민당 내 우익의 무력화'를 초래하고 있기에 인내와 신중이 더욱 중요하다는 것이었다.

얼마 뒤에 스탈린도 코민테른의 중국위원회에서 장제스의 혁명군을 찬양하면서 공산주의자들에게 국민당에 완전히 복종할 것을 요구했다. 그는 또 부르주아 혁명이 절정에 오른 상황에서 소비에트를 수립하려는 그 어떤 시도도 해서는 안 된다고 경고했다.[52]

겉으로 보면 '중국 국민당이 좌경화'되리라는 스탈린과 부하린의 예언이 실현된 것처럼 보였다. 11월에 국민당 정부는 폭넓은 연합정부로 재편됐다. 장제스의 맞수인 왕징웨이(汪精衛)가 이끄는 좌파 그룹들이 이 연합정부의 전면에 나섰고, 두 명의 공산주의자가 장관에 임명되어 각각 농업과 노동 분야를 맡았다. 새로운 정부는 광둥에서 우한으로 소재지를 옮겼다. 그러나 국민당 내 우익은 결코 무력화되지 않았다. 장제스는 군의 최고지휘자로 남았고, 독재의 발판을 닦느라 바빴다. 무력화된 것은 오히려 정부 내의 공산주의자들이었다. 농업부 장관은 농민반란의 조류를 막아보려고 애썼고, 노동부 장관은 장제스의 반노동자적인 명령을 받아 시행해야 했다.[53] 공산주의자들을 달래기 위한 모스크바의 사절들이 잇달아 도착했다. 부브노프가 떠나자 인도의 저명한 공산주의 지도자인 M. N. 로이가 중국의 공산주의자들을 달래는 임무를 띠고 1926년 말경 우한에 나타났다.

1927년 봄에 아직 코민테른 집행위원회의 명예위원인 장제스가 또다시 쿠데타를 일으키고 공개적인 반혁명 활동을 시작했을 때에도 정치국은 여전히 국민당과의 단결을 설교하고 있었다. 무대는 상하이였다. 상하이는 중국에서 제일 큰 도시이자 상업의 중심지였고, 서구 열강의 국외 영토나 마찬가지인 조계(租界)로 뒤덮여 있었으며, 항구에는 서구 열강의 군함들이 정박하고 있었다. 장제스의 군대가 진입해오기 직전에 상하이의 노동자들이 봉기해 기존의 행정조직을 무너뜨리고 시를 장악했다. 불운한 천두슈는 코민테른 본부에 다시 한 번 호소했다. 그는 아시아에서 일어난 최대 규모의 프롤레타리아 봉기인 상하이 사건의 중요성을 코민테른 본부에 각인시키려고 애썼고, 자기가 이끄는 당이 이제는 국민당에 속박된 상태에서 벗어나야 한다고 주장했다. 천두슈와 그의 동지들은 또다시 국민당과의 동맹을 유지하고 상하이에 대한 통제권을 장제스에게 넘기라는 압력을 받았다. 현장의 공산주의자들은 당황하면서도 규율을 지키는 태도를 보였다. 그들은 장제스가 보낸 분견대가 도움을 주겠다고 했지만 그들의 도움을 거절하고 명령에 따라 무기를 내려놓고 항복했다. 상하이 노동자들의 성공적인 봉기 이후 불과 3주가 지난 4월 12일에 장제스는 학살을 명령했고, 그의 명령에 따라 공산주의자들과 그들을 따랐던 노동자들 수만 명이 살해됐다.

이처럼 중국 공산주의자들은 최초의 노동자 국가의 신성한 이기주의를 위해 공물을 바치도록 강요받았다. 그 이기주의는 일국사회주의론에 의해 하나의 원칙으로 승격돼 있었다. 일국사회주의론의 숨겨진 의미가 겉으로 드러났고, 그 의미는 상하이의 길거리에 피로 기록됐다. 스탈린과 부하린은 소련을 견고하게 하는 데 이익이 된다고 여겨진다면 중국혁명쯤은 희생시킬 권리가 자기들에게 있다고 생각했다. 그들은 자본주의 열강을 소련과 맞서게 하거나 어렵게 얻은 불안한 평화와 안정을 교란시킬 수 있는 조치를 필사적으로 피했다. 그들은 나라의 일을 수행할 때는 언제나 안전한 쪽에 서서 조심스럽게 한 발짝씩 나아가는 것이 지혜의 제1계율이라고 믿으면서 국내정책을 수립할 때와 같은 자세로 중국에 대한 정책도 고안해냈다. 자국 내에서 '강한 농민'을 달래는 정책을 추진했던 그들의 논리는 그대로 중국으로 옮아가 국민당에 과도하게 매달리는 논리로 작용했다. 또한 부하린은 러시아의 사회주의가 달팽이의 속도로만 발전할 수 있다고 생각했듯이 중국혁명도 달팽이의 속도로만 발전할 것이라고 예상했고, 스탈린도 같은 생각이었다.

역사에서 자주 확인되듯이 이런 종류의 지루하지만 겉보기에는 실용적으로 보이는 현실주의는 사실은 허무한 몽상이었을 뿐이다. 달팽이의 속도로는 혁명과 반혁명이라는 용의 등에 올라타기가 불가능하기 때문이다. 그러나 볼셰비키들은 소련이 숨 쉴 시간을 갖게 하려고 오랜 세월 노력해왔다. 그들은 그런 시간을 얻게 되자 그 시간을 무한정 연장하려고 했다. 그 시간을 중단시키거나 축소시킨다고 여겨지는 것에 대해서는 그게 무엇이든 몹시 화를 내며 대응했다. 국내에서는 농민들과 갈등을 일으킬 수 있는 정책이 그 시간을 중단시킬 수 있었다. 국외에서는 급진적인 공산주의 정책이 그 시간을 중단시킬 수 있었다. 지배분파들은 그런 일이 일어나게 해서는 안 된다고 결심했다. 그래서 그들은 눈썹 하나 까딱하지 않고 중국혁명이 마지막 숨을 몰아쉬면서도 오랫동안 질질 끌게 함으로써 최초의 노동자 국가가 숨 쉴 시간을 더 오래 갖도록 했던 것이다.[54]

상하이 학살이 일어나기 2주쯤 전인 1927년 3월 31일에야 트로츠키는 1년간의 침묵을 깨고 정치국의 중국정책을 공격했다.[55] 그가 그동안 정치국의 중국정책과 그 전제를 암묵적으로나마 반대했음은 의심의 여지가 없다. 이는 그가 중국 공산당이 국민당 안으로 들어가는 것과 코민테른이 장제스를 집행위원회 명예위원으로 선출하는 것에 대해 항의했던 사실이 입증한다. 20년이 넘는 세월 동안 생각을 발전시켜온 그로서는 스탈린과 부하린이 자기들의 정치적 전략을 정당화하기 위해 이용한 이데올로기적 주장을 단 한순간도 받아들일 수 없었다. 중국의 격변은 부르주아적 성격을 띠고 있기 때문에 중국 공산당은 부르주아 국민당과의 동맹을 위해 자신들의 사회주의적 열망을 포기해야 한다는 부하린과 스탈린의 견해만큼 영속혁명의 주창자인 트로츠키와 거리가 먼 것은 없었다. 러시아에서와 마찬가지로 중국에서도 혁명의 부르주아적 단계와 사회주의적 단계가 융합될 것이고, 노동계급이 모든 단계에 걸쳐 주된 추동세력이 될 것이므로 혁명은 프롤레타리아 독재의 시대를 열 프롤레타리아의 운동을 통해 성공할 것이며, 만약 그렇지 않다면 아무런 성공도 거두지 못할 것이라는 견해를 갖는 것이 그의 사유방식 전체에 비추어 당연했다.

그렇다면 그 결정적인 해에 트로츠키는 왜 침묵을 지켰을까? 물론 그는 그해에 많은 시간을 병으로 시달리며 보냈고, 국내의 쟁점들과 유럽 공산주의와 관련된 일에 묶여 있었고, 불공평한 싸움에 휘말렸고, 반대파의 위태로운 전술적 상황을 고려해야 했다. 그의 개인적인 기록이 암시해주는 바에 따르면 그는 1927년 초 이전에는 중국문제에 관심을 집중하지 못했다. 그는 정치국의 기회주의와 냉소주의가 얼마나 심해졌는지를 눈치채지 못했다. 그는 중국 공산주의자들이 정치국의 지시를 얼마나 거부감을 갖고 주저하며 따랐는지를 알지 못했다. 그는 천두슈가 수없는 호소와 항의를 했던 것도 전혀 몰랐다. 스탈린과 부하린이 그의 호소와 항의를 비밀에 붙였기 때문이다. 트로츠키는 모스크바와 광둥 또는 모스크바와 우한 사이에 오간 다른 비밀통신의 내용도 알지 못했다. 마침내 모두가 알 수 있는 수준을 조금이나마 넘어서는 소식에 접하자마자 그는 놀라면서 반대파의 지도부에 문제제기를 했다. 그러나 거기에서도 그는 자기가 거의 고립돼 있음을 알게 된다.

1926년 말까지 지노비예프와 카메네프는 공식 정책을 비난할 근거를 거의 갖고 있지 않았다. 그들도 옛 볼셰비키가 1905년에 갖고 있던 생각을 고수하며 중국혁명은 필히 부르주아적 단계 및 반제국주의적 목적에 국한될 것이라고 주장했다. 그들은 중국 공산당이 국민당으로 들어가는 것을 승인했다. 지노비예프는 코민테른에서 전성기를 보낼 때 바로 이런 정책을 실행하고 천두슈의 반대를 묵살하는 데 나름의 역할을 했던 게 틀림없다. 그런 분위기 속에서 이제 트로츠키가 영속혁명의 구도를 중국에 적용하자 트로츠키주의자들 가운데 가장 중요한 인물인 프레오브라젠스키와 라데크는 깜짝 놀랐다. 퍄타코프와 라코프스키도 마찬가지였던 것으로 보인다.[56] 그들은 러시아보다도 훨씬 더 사회적으로 뒤처진 나라에서 프롤레타리아 독재가 수립되고 공산당이 권력을 잡을 수 있다고 생각하지 않았다. 트로츠키가 단독으로 이 문제를 책임지고 제기할 뜻을 밝히면서 이를 둘러싸고 반대파가 사실상 분열되는 것도 감수할 것처럼 위협하고 나서야, 그리고 중국혁명에서 실제로 노동자들이 '주된 추동력'을 발휘하고 있으며 스탈린과 부하린이 그 추동력을 가로막는 데서 이미 옛 볼셰비키의 이론이 더 이상 아무런 의미도 갖지 못하게 되는 수준 이상으로 나아갔다는 점이 분명해진 뒤에야 반대파의 지도자들은 중앙위원회에서 중국에 관한 논쟁을 개시하는 데 동의했다. 그러나 그들은 이제 막 공식 정책에 등을 돌릴 준비를 했을 뿐 그 전제에 대해서까지 등을 돌릴 준비는 돼있지 않았다. 그들은 스탈린과 부하린이 파업, 시위, 농민봉기를 진압하는 장제스의 공모자가 되게끔 중국 공산당을 심하게 밀어붙인 점에 대해서는 기꺼이 공격하고자 했다. 그러나 그들은 여전히 공산주의자들이 국민당 안에 남아있어야 하며 이번의 부르주아 혁명은 중국에 프롤레타리아 독재를 가져올 수 없다고 생각했다. 이는 자기모순적이고 자멸적인 태도였다. 일단 공산주의자들이 국민당 안에 머물러야 한다고 인정한 이상 그들이 그 대가를 치르지 않으리라고 기대하는 것은 말이 되지 않았기 때문이다.

트로츠키는 지노비예프, 카메네프, 라데크, 프레오브라젠스키, 퍄타코프가 행동으로 옮길 수 있는 범위 안에서 새로운 논쟁을 시작하는 것으로 만족해야 했다. 그해 초 반대파 지도자들은 서로 간의 의견차를 조정하면서 시간을 보냈다. 3월 말이 돼서야 그들은 공격을 시작할 수 있는 공통의 기반을 마련했다. 그들은 이제 위험한 새로운 모험에 착수했다. 트로츠키는 그 공격의 전망이 어둡다는 것을 알고 있었다. 트로츠키는 상하이의 노동자들이 싸울 채비를 하고 장제스의 군대가 상하이에 진입한 날인 3월 22일에 쓴 사적인 기록에서 "그들이 중앙위원회에서 그 문제를 진지하게 논의하기보다 분파 간의 다툼으로 바꿔버릴 위험이 있다"고 지적했다. 그러나 그런 위험과 상관없이 문제제기는 해야 한다고 그는 생각했다. "다른 사람도 아니고 중국 프롤레타리아의 수장이 위험에 처해 있는

데 어떻게 침묵을 지킬 수 있느냐"는 것이었다.[57]

　반대파가 너무 늦게, 그리고 정신적으로 너무 많이 제약된 상태로 중국에 주의를 돌렸다는 사실은 처음부터 반대파의 입지를 약화시켰다. 이때부터 불과 몇 주간에 걸쳐 반대파의 정책은 파국을 불러온다. 그 정책은 반대파가 적어도 3년 전부터 추구해온 것이었고, 이삼 주 안에 뒤집힐 수 있는 것이 아니었다. 트로츠키가 중국 프롤레타리아의 수장이 위험에 처해 있는데 침묵하고 있을 수 없다고 결심했을 때 이미 그 수장은 장제스에게 강한 타격을 받고 있었다. 이에 반대파가 스탈린과 부하린의 책임을 물으며 비난하자 그들은 3년이라는 긴 세월 동안 반대파는 어디에 가 있었으며 왜 침묵을 지켰느냐고 되묻는 것으로 반박했다.[58] 그들은 비판하는 자들은 분노한 척만 하는 것이고, 반대파는 논쟁을 벌일 구실을 찾고 있다가 "물에 빠진 사람이 지푸라기라도 잡는 듯" 중국문제를 붙잡았다고 그럴듯하게 말했다. 이런 그들의 대꾸가 완전히 틀리기만 한 것은 아니었다. 이어 스탈린은 반대파의 모순된 태도를 지적하고 트로츠키와 그의 동료들 사이의 견해차를 최대한으로 이용했다. 그러나 비록 주저하는 태도로, 그것도 늦게 비판에 나섰다 하더라도 반대파의 비판은 옳았고, 부하린과 스탈린이 아무리 비난해봐야 바꿀 수 없는 사실이었다. 이 결정적인 몇 주간 트로츠키는 공식 정책의 막판 변경을 유도해내기 위해 매일같이 용기와 힘을 다 짜내 싸웠다. 그의 상황분석은 수정처럼 투명했다. 그의 예측은 허점이 없었고, 그의 경고는 강력하게 울리는 경종과 같았다.

　후대의 사람들은 중국에 격류가 몰아친 그 몇 주간, 그리고 그해가 끝날 때까지 트로츠키가 지배분파들로 하여금 난파해 표류하는 중국 공산주의를 구조하도록 유도하기 위해 부단히 애쓰는 동안 지배분파들이 악의적으로 자만하며 고의적으로 귀를 닫고 있는 태도를 보였다는 사실에 그저 놀랄 뿐이다. 모든 단계에서 그들은 트로츠키의 요구를 일축했다. 그것은 부분적으로는 그들의 정치적 계산 때문이었고, 부분적으로는 트로츠키의 생각이 오류임을 증명하려는 그들의 노력 때문이었다. 실제 상황이 트로츠키의 생각이 옳았음을 입증하면서 새로운 재앙을 불러오자 그들은, 이미 늦기는 했으나 트로츠키가 가고자 했던 방향으로 여전히 내키지 않아 하면서도 허둥지둥 나아갔다. 그리고 변함없이 트로츠키주의에 대해 비난과 욕설을 퍼부음으로써 스스로를 정당화하려 했다.

여기에서 트로츠키가 했던 개입의 행동 중에서 적어도 몇 가지를 살펴보는 것이 부적절하지는 않을 것이다. 트로츠키는 3월 31일에 정치국에 보낸 편지에서 중국에 파견된 소련 고문단과 코민테른 사절들의 보고서에 접근할 수 없었다고 불평하고는 중국에서 노동자들의 운동과 공산주의가 고양되고 있는 것은 혁명의 현 단계를 특징짓는 중요한 요소라고 지적했다. 그런데 왜 당은 적어도 상하이나 한커우 같은 주요 공업 중심지의 노동자들에게 투표로 소비에트를 수립하라고 촉구하지 않느냐고 물었다. 왜 당은 농민혁명을 고무하지 않는가? 왜 당은 봉기하는 중국의 노동자 농민 들과 긴밀한 협력관계를 구축하지 않는가? 그렇게만 해도 이미 반혁명 군사쿠데타의 위험에 직면한 혁명을 구할 수 있을 것이라고 트로츠키는 주장했다.

사흘 뒤인 4월 3일에는 '국민당의 추가적인 발전'이 중국문제의 핵심 쟁점이라는 취지로 〈공산주의 인터내셔널〉에 실린 사설에 대해 트로츠키가 반박하고 나섰다.[59] 그는 그것이 결코 핵심 쟁점이 아니라고 지적하면서 반박해나갔다. 국민당은 혁명을 승리로 이끌 수 없으며, 노동자와 농민들은 긴급히 위원회 형태로 조직돼야 한다는 것이었다. 트로츠키는 칼리닌, 루드주타크 등이 하는 연설에 대해 매일같이 반박했다. 그들은 중국 사회의 모든 계급이 "국민당을 자기 당으로 생각하고 국민당 정부를 전폭적으로 지지해야 한다"고 주장하고 있었다. 상하이 위기가 일어나기 일주일 전인 4월 5일에 쓴 글에서 트로츠키는 장제스가 보나파르티즘과 유사하거나 파시즘적인 쿠데타를 준비하고 있으며 오직 노동자위원회만이 그의 쿠데타 시도를 막을 수 있다고 단호하게 주장했다. 노동자위원회와 같은 위원회 또는 소비에트가 처음에는 국민당 정부에 대한 대항세력의 역할을 해야 하고, 그런 다음 '이중권력'의 시기가 지난 뒤에 봉기와 혁명정부의 기관이 돼야 한다는 것이었다. 상하이 학살이 벌어진 4월 12일에 트로츠키는 국민당을 찬양하는 내용으로 〈프라우다〉에 실린 글을 통렬하게 논박했다. 그 글은 마르티노프가 쓴 것이었다. 그는 20년간 극우 멘셰비키였다가 내전이 끝나고 몇 년이 지난 뒤에야 공산당에 가입했으며, 이제는 코민테른의 지도적 인사가 돼있는 인물이었다. 그 뒤 며칠 사이에 트로츠키는 스탈린에게 편지를 써서 중국에서 온 비밀보고서를 보여줄 것을 다시 한 번 요구했지만 거절당했다. 상하이 학살이 벌어진 지 일주일이 지난 4월 18일에는 기이하게도 코민테른의 아시아 담당 비서가 트로츠키에게 다른 소련 지도자들이 그랬던 것처럼 장제스에게 우정의 표시로 선물할 그림에 서명해달라고 부탁했다. 트로츠키는 거절하고 코민테른의 관리들과 그들을 부추긴 자들을 경멸하며 호되게 꾸짖었다.[60]

이때쯤 상하이 학살에 관한 보고서가 모스크바에 도착했다. 스탈린과 부하린의 항변이 아직 사람들의 기억에 생생할 때였다. 스탈린과 부하린에게는 다행스럽게도, 중국문제에 대해 반대파가 비판한 내용은 대중에게 알려지지 않은 상태였다. 당 간부들 가운데 일부, 코민테른의 관리들, 모스크바에서 공부하는 중국인 유학생들만이 그 논쟁을 알고 있었다. 스탈린과 부하린은 상하이에서 벌어진 사건을 축소시키고 중국혁명이 일시적으로 후퇴했을 뿐인 것으로 비치게 하려고 최선을 다했다.[61] 그러나 그들은 정책을 수정할 수밖에 없었다. 그들은 장제스와의 동맹이 깨졌으니 이제 중국의 공산주의자들은 '국민당 좌파', 즉 왕징웨이가 이끄는 우한 정부에 보다 가까이 다가가야 한다는 입장을 전달했다. 장제스 측과 일시적인 갈등을 빚고 있던 국민당 좌파는 공산주의자들의 지지를 받아서 득을 보고자 했다. 모스크바는 곧바로 국민당 좌파를 지지할 것이라고 밝히고, 천두슈와 그의 동지들은 그동안과 마찬가지로 도발적인 혁명적 행동을 삼가고 왕징웨이의 규율에 복종할 것이라고 약속했다.[62]

트로츠키는 이 새 정책이 규모만 작을 뿐이지 그동안의 오류를 반복하는 것일 뿐이라고 주장했다. 그는 이제 중국 공산당이 전향적인 정책을 채택하고, 노동자위원회와 농민위원회를 구성하고, 장제스의 영향력이 미치지 않는 남부지역에서 아직 행동에 나설 수 있는 반정부 농민들을 온 힘을 다해 지원해야 한다고 주장했다. 트로츠키는 혁명적 행동이 일어날 가능성이 크게 줄어들었다고 본 것이 사실이었다. 장제스의 쿠데타에 대한 소련 정부의 공식적인 태도는 그 의미를 무시하는 것이었지만, 사실 그것은 혁명에서 반혁명으로의 '근본적인 전환'이자 도시의 혁명세력에게 '파괴적인 타격'을 가하는 태도였다. 그러나 트로츠키는 장제스가 분산되고 형체도 불분명한 농민운동 세력을 장악하는 데 성공하지 못했고, 땅을 둘러싼 농민들의 투쟁은 계속될 것이며, 그러한 농민들의 투쟁은 조만간 도시에서 혁명이 부활하도록 하는 자극이 될 것이라고 보았다.[63] 따라서 공산주의자들은 농민운동을 배후에서 전폭적으로 지원해야 하며, 그렇게 하기 위해 먼저 국민당의 우파뿐 아니라 좌파와도 관계를 끊고 독자적인 목표를 추구해야 한다고 주장했다. 이에 대해 지노비예프주의자들이 다시 이견을 밝히고 나섰다. 그들은 여전히 중국 공산당이 국민당 좌파 안에 남아있어야 하며, 그 안에서 독자적인 정책을 추구하면서 왕징웨이에 반대해야 한다는 생각을 갖고 있었다. 어쨌든 반대파는 이와 같은 노선에서 많은 주장을 펼쳤지만, 그중 어느 것도 공개적으로 알려지지 않았다.

반대파가 다시 중국문제에 대해 공격하고 나섬으로써 지배분파들은 홍역을 치르게 됐다. 그들이 처한 곤경은 심각한 것이었다. 그들의 정책이 무익하다는 사실이 그토록 명백하게 드러난 적이 없었기 때문이다. 그들의 지도자들은 지금껏 경험해보지 못했던 노골적이면서도 우스꽝스러운 망신을 당했다. 이와 동시에 상대적으로 작은 일이긴 했지만 또 하나의 후퇴가 그들을 더욱 당황스럽게 했다. 영소위원회에서 영국의 노동조합 지도자들이 철수함에 따라 이 위원회 자체가 무너져버렸던 것이다. 외교 분야에서 영국과 소련 사이의 긴장이 고조됐다. 공식 정책의 큰 희망들 가운데 또 하나가 흔적도 없이 사라졌다. 그러나 지배분파들은 영국의 상황을 최대한 이용해서 중국문제로 몰리는 관심을 분산시키고 중국문제에 대한 모든 논쟁을 막아보려고 했다. 그들은 전쟁 위험과 외국의 간섭에 대해 경종을 울리면서 대중의 긴장과 국가적 경각의 분위기를 조성해나갔다. 그런 분위기에서는 반대파를 비애국적인 자들이라고 매도하기가 쉬울 것이었다. 스탈린은 채찍을 휘두르고, 축출하겠다고 다시 으름장을 놓는 등 비판자들을 침묵시키기 위해 온갖 정신적 압박수단을 다 동원했다. 그의 재촉에 크루프스카야는 지노비예프와 카메네프에게 중국문제를 놓고 소란을 일으키지 말고, 그들의 행동이 당 밖에서 당을 비난하는 것일 수도 있다는 점을 염두에 두라고 부탁했다. 반대파는 소란을 피하고 싶었다. 트로츠키와 지노비예프는 중앙위원회 위원들이 비밀리에 만나 서로의 의견차를 해소해야 하며, 그 논의 내용은 중앙위원회가 활동가들을 위해 발행하는 비밀회보에도 실리지 않아야 한다고 제안했다. 그러나 스탈린은 비공식 비밀회의의 방식으로도 토론에 임하려 하지 않았고, 정치국은 그런 회의를 열자는 제안을 거부했다.[64]

이에 트로츠키는 5월의 마지막 주에 코민테른의 집행위원회 회의에서 중국문제에 대한 토론을 강행했다. 그는 러시아 공산당의 입장에서 인터내셔널에 호소했다. 그에게는 그럴 권리가 있었다. 인터내셔널 집행위원회는 공산주의자가 자기가 속한 당에 대한 불만을 제기할 수 있는 명목상의 항소법원이었다. 〈프라우다〉는 트로츠키의 호소가 불충의 행위이자 규율위반이라고 미리부터 비난하고 나섰지만, 반대파는 이 기회를 이용해 국내는 물론 유럽과 아시아 등 국외에서 집행되는 공식 정책 전부를 비판했다. 반대파는 자기들의 입지를 보강하고 보복으로부터 스스로를 보호하기 위해, 또는 트로츠키의 표현을 빌리자면 "예상되는 타격을 다수가 나눠 감당"하기 위해 1923년에 46인이 했던 것과 비슷한 정치적 시위를 계획했다. 회의가 열리기 전날에 84명의 유명한 당원들이 트로츠키 및 지노비예프의 견해에 대한 연대를 선언했다.[65] 스탈린은 트로츠키와 지노비예프에게 실제로 징계조치를 취할 수 없었다. 그렇게 하려면 84명에 대해서는 물론이고 연대 성명서에 서명한 300명에 대해서도 똑같은 징계조치를 취해야 했기 때문이다. 그러나 그들의 집단항의는 반대파가 스스로의 맹세를 저버리고 다시 분파를 결성했다고 주장할 수 있는 빌미를 스탈린에게 제공했다.[66]

트로츠키는 5월 24일에 코민테른 집행위원회에서 연설했다. 그는 이 위원회가 전 의장이었던 지노비예프에게 내린 처분에 항의하는 것으로 연설을 시작해야 했다. 아이로니컬하게도 지노비예프는 불과 얼마 전에 이 위원회에 자기를 기소했던 인물이었지만, 지금은 이 위원회에 참석하는 것조차 허용되지 않는 상태였다. 트로츠키는 중국에 관한 진실을 인터내셔널에 알리지 않고 숨겼을 뿐 아니라 반대파의 호소를 범죄로 비난한 스탈린과 부하린의 '지적 취약함과 신념부족'에 대해 말했다. 그는 "중국혁명의 문제점들은 병에 집어넣고 봉해버릴 수 없다"면서 집행위원회는 회의 내용을 공개해야 한다고 주장했다. 또한 집행위원회는 러시아 당을 본뜬 인터내셔널의 체제에 숨어있는 심각한 위험을 경계해야 한다고도 했다. 그는 반대파를 용인하지 못하는 일부 외국 공산주의 지도자들은 자기와 지노비예프를 제거하면 공산당과 인터내셔널이 정상화될 것이라고 생각하고 있지만, 그런 생각은 스스로를 속이는 것이라고 지적한 뒤 이렇게 말했다. "그 반대의 상황이 전개될 것입니다. (…) 그 길에는 더 많은 곤경과 더 많은 혼란이 있을 것입니다." 소련에 해를 끼칠 수도 있다는 두려움 때문에 인터내셔널 내에서 아무도 감히 비판의 목소리를 내지 못하고 있지만, 정작 비판이 없는 것만큼 소련에 더 해가 되는 것은 없다고 그는 지적했다. 중국의 참변이 그것을 증명하지 않느냐는 것이었다. 스탈린과 부하린은 주로 자기정당화를 하고 자기들이 저지른 끔찍한 실수를 숨기는 데 몰두하고 있고, 자기들은 모든 사태를 예견하고 모든 준비를 다 했다고 주장한다고 그는 비난했다. 그러나 상하이에서 위기가 일어나기 일주일 전만 해도 스탈린은 당의 한 회의에서 "우리는 중국 부르주아를 이용한 뒤 즙을 다 짜낸 레몬처럼 던져버릴 것"이라고 으스대지 않았던가. 트로츠키는 계속해서 말했다. "이런 그의 발언은 전혀 공개되지 않았습니다. 왜냐하면 바로 며칠 뒤에 그 '즙을 다 짜낸 레몬'이 권력을 장악했기 때문입니다." 그리고 그는 중국에 가 있는 소련 고문단과 코민테른 사절들, 그중에서도 특히 보로딘이 "마치 자기가 국민테른(국민당과 코민테른을 합성한 말로 국민당을 조롱조로 지칭하는 표현 – 옮긴이)을 대표하는 것처럼" 행동했다고 힐난하면서 이렇게 말했다.

그들은 프롤레타리아의 독립적인 정책, 독립적인 조직, 특히 노동자의 무장을 방해했습니다. (…) 마치 중국 사회의 모든 계급을 끌어안아야 할 민족혁명이라는 거대한 괴물이 무기를 손에 든 노동자들을 보고 겁이 나 도망치게 해서는 절대로 안 된다는 듯이 말입니다. (…) 중국 공산당은 족쇄가 채워진 당입니다. (…) 중국 공산당은 오늘날까지도 자체 일간지를 발행하지 않고 있습니다. 그것은 왜입니까? 바로 국민당이 원하지 않기 때문입니다. (…) 이런 식으로 노동계급이 정치적인 무장해제 상태에 묶여 있었던 것입니다.[67]

코민테른 집행위원회 회의가 열리는 동안에 영국과 소련 사이의 긴장이 임계점에 이르렀다. 영국 경찰은 런던에 있는 소련의 무역대표부 사무실들을 급습했고, 영국 정부는 러시아와의 관계를 단절했다. 스탈린은 이런 상황을 이용했다. 그는 코민테른 집행위원회에서 한 연설 말미에서 이렇게 말했다.

동지들이여, 나는 트로츠키가 매우 부적절한 시기에 공격을 감행했다고 말해야겠습니다. 방금 나는 영국의 보수당 정부가 소련과의 관계를 단절하기로 했다는 소식을 들었습니다. 그들의 의도가 공산주의자들에 대한 전면적인 공격에 있다는 것은 굳이 증명할 필요도 없습니다. 그 공격은 이미 시작됐습니다. 어떤 자들은 전쟁과 외국의 간섭을 내세워 당을 위협하고, 어떤 자들은 분열을 내세워 당을 위협합니다. 체임벌린에서 시작돼 트로츠키에까지 이르는 통일전선 비슷한 것이 가시화되고 있습니다. (…) 우리는 이 새로운 통일전선을 깨부술 수 있다는 것을 여러분은 의심할 필요가 없습니다.[68]

스탈린은 그동안 국민당 우파에 모든 것을 걸면서 보였던 자신만만한 태도로 이제는 국민당 좌파에 모든 것을 걸면서 이렇게 말했다. "오직 눈먼 자들만이 중국에서 국민당 좌파가 혁명의 투쟁기관 역할을, 봉건잔재와 제국주의에 대항하는 봉기기관의 역할을 할 수 없다고 말할 수 있을 것입니다."[69] 사실상 그는 적에게 도움과 편의를 제공했다는 혐의를 뒤집어쓰지 않으려면 계속 입을 다물고 있으라고 반대파에 요구한 것이나 다름없었다.

스탈린이 '체임벌린에서 시작돼 트로츠키에까지 이르는 통일전선'에 대해 언급한 것은 이번이 처음이 아니었다. 몇 달 전 〈프라우다〉에 실린 익명의 글에도 그 같은 표현이 있었다.[70] 이제 이 표현이 모호하게 익명으로 변죽을 울리는 것에서 처음으로 직접적인 공격으로 바뀐 셈이었다. 트로츠키는 이렇게 응수했다.

반대파가 자기의 견해를 버릴 것이라고 믿는 것은 터무니없는 일이라고 분명히 밝힙니다. (…) 스탈린은 반대파가 체임벌린이나 무솔리니와 같은 전선에 서 있다고 말했습니다. (…) 이에 대해 나는 이렇게 대답하겠습니다. 스탈린의 그릇된 정책만큼 체임벌린이 하고자 하는 일을 수월하게 만들어준 것은 없으며, 특히 중국에 대한 정책이 그렇습니다. (…) 정직한 노동자라면 그 누구도 체임벌린과 트로츠키의 통일전선을 동일시하는, 그런 정신 나간 비방을 믿지 않을 것입니다.

국민당 좌파를 지지하는 스탈린의 호소에 대한 트로츠키의 대답은 이랬다.

스탈린은 인터내셔널이 장제스의 정책에 대해 책임을 져줄 것이라고 가정 했듯이 국민당과 우한 정부의 정책에 대해서도 책임을 져줄 것이라고 가정 하고, 또 바라고 있습니다. 우리는 이에 대해 전혀 공감하지 않습니다. 우리 는 우한 정부의 행위와 국민당의 지도부에 대해 일말의 책임도 지고 싶지 않습니다. 우리는 코민테른도 이런 책임을 거부할 것을 촉구합니다. 우리는 중국의 농민들에게 직접 이렇게 말하고자 합니다. 당신들이 나름의 독립적 인 소비에트를 수립하지 않고 국민당 좌파의 지도자들을 따른다면 (…) 그 들은 반드시 당신들을 배신할 것입니다. (…) 그들은 노동자와 농민에 맞서 열 번이라도 장제스와 손을 잡을 것입니다.[71]

저멀리 중국 남부에서는 트로츠키의 예언이 이미 현실이 되고 있는 데도 크렘린 궁에서는 여전히 이런 공방이 계속되고 있었다. 5월에 이른 바 창사(長沙) 쿠데타가 일어났다. 우한 정부는 이에 대응해 노동조합을 탄압하기 시작했고, 군대를 보내 농민봉기를 진압했으며, 공산주의자들 을 공격했다. 거의 한 달이 지나는 동안 소련의 언론은 이 사태에 대해 침 묵했다.[72] 스탈린과 부하린의 뜻에 따라 코민테른 집행위원회에서 채택 된 결의문은 기이하게도 인쇄되기도 전에 낡은 것이 돼버렸다. 스탈린은 서둘러 중국 공산당에 대한 새로운 지시를 내렸다. 여전히 그는 중국 공 산당에게 국민당 좌파 안에 남아 계속 우한 정부를 지지하라고 지시했다.

그러나 그는 농민들을 진압하기 위해 군대를 보낸 것에 대해서 우한 정부에 항의하고, 무력에 호소하는 대신 농민위원회의 도움을 받아 농민운동을 억제하는 방법을 찾아보라고 조언했다. 그러나 이제 국민당 좌파는 공산주의자들을 축출하기 시작했다. 6월과 7월 내내 국민당 좌파와 공산주의자들 사이의 불화가 깊어지는 가운데 한쪽에서는 국민당 좌파와 장제스의 화해를 위한 무대가 마련되고 있었다.

중국의 상황은 당장 모스크바에 영향을 미쳤다. 트로츠키는 거의 매일같이 정보통제에 항의했다. 지노비예프는 정보통제에 책임이 있는 〈프라우다〉의 편집장 부하린을 당의 법정에서 심판할 것을 요구했다. 마침내 지노비예프와 라데크는 중국 공산당을 국민당 좌파에서 철수시킬 것을 요구하자는 트로츠키의 제안을 받아들였다. 그러나 이제와 그런 조치는 아무런 의미도 없었다. 국민당 좌파가 이미 공산주의자들과 절연한 상태여서 스탈린도 공산주의자들에게 국민당 좌파와의 관계를 끊으라고 조언하는 것 외에 다른 도리가 없었다.

스탈린은 그의 중요한 정책변경 중 하나를 실행할 준비를 하고 있었다. 그는 이제 '극좌'로 전환할 참이었다. 이 정책변경은 그해 말께 중국 공산주의자들이 혁명의 퇴조기에 광둥에서 무익한 유혈봉기를 감행하게끔 유도하게 된다. 7월에 스탈린은 중국에서 보로딘과 로이를 철수시키는 대신 콤소몰의 서기인 로미나제와 독일인 공산주의자인 하인츠 노이만을 보냈다. 둘 다 중국문제에 대해 전혀 알지 못하는 인물로 모험주의적 성향을 갖고 있었다. 두 사람의 임무는 중국 공산당 안에서 쿠데타를 수행하는 것이었다. 그들은 스탈린과 부하린의 지시를 내키지 않아 하면서도 충실하게 실행해온 천두슈를 '기회주의자'이자 문제를 불러일으킨 장본인으로 낙인찍고 모든 실패의 책임을 돌릴 희생양으로 삼았다.

국내에서는 스탈린이 전쟁과 반공산주의 움직임의 위험을 계속 강조하고 반대파에 대한 공세를 강화했다. 그는 다양한 외교적 업무 수행을 위해 필요하다는 구실로 많은 반대파 지도자들을 국외로 보냈다. 퍄타코프, 프레오브라젠스키, 블라디미르 코시오르는 라코프스키가 이미 가 있는 파리 주재 대사관으로 보내졌다. 카메네프는 무솔리니를 상대할 대사로 임명됐다. 정치국 의장을 지낸 그에게 이보다 더 좌절감을 안겨주는 굴욕적인 인사는 없었다. 안토노프-오브세옌코는 프라하에 가 있었고, 지노비예프주의자로 콤소몰의 지도자였던 사파로프는 콘스탄티노플로 발령났고, 다른 반대파 지도자들도 오스트리아, 독일, 페르시아, 라틴아메리카로 파견됐다. 이리하여 반대파의 지도그룹이 대부분 산개되고 말았다. 84인도 한 사람씩 차례로 강등되거나, 처벌되거나, 인사를 이유로 외딴 지역으로 보내졌다. 지위가 낮은 쪽으로 갈수록 억압조치는 위장이 덜하고 노골적이었다. 반대파 일반 당원들은 기존 직책에서 해임되고, 별다른 구실도 없이 황무지나 다름없는 곳으로 보내졌다.

분노한 반대파는 추방이나 유형이 위장된 방식으로 자행되는 데 대해 항의하면서 스스로를 방어하는 노력을 기울였다. 그러나 이런 노력은 소용이 없었다. 지배분파들은 자기방어를 위한 반대파의 모든 시도 하나하나에서 자기들이 반대파에 새로운 보복을 가하는 것을 정당화해줄 도발의 요소를 찾아냈다. 불만제기는 모조리 악의가 깔린 불복종의 새로운 증거로, 항의란 항의는 심지어 탄원조의 항의조차 모조리 반역의 호소로 간주됐다. 스탈린주의자들과 부하린주의자들이 워낙 끈질기게 반대파의 의도를 왜곡하고 그들의 가장 소극적인 몸짓까지도 전례 없는 도전의 행위로 보이게 만들었기에 결국은 그러한 모든 태도가 실제로 도전의 행위가 됐다. 반대파는 이제 완전히 완강한 불복종을 결심해야 불만을 제기할 수 있게 됐다. 울먹이며 하는 항의도 나팔로 반역의 신호를 내는 것과 같이 크게 울렸다. 반대파 쪽에서 일어나는 그 어떤 사건도 그 자체로는 아무리 사소하다 해도 지배분파들 사이에는 격노의 감정을 불러일으켜 그들의 피를 끓게 만들고 당과 정부를 뒤흔들었다.

'야로슬라블 역 집회'는 바로 그러한 사건 중 하나였다. 6월 중순께 스밀가가 모스크바를 떠나 만주 전선에 있는 하바로프스크로 가라는 인사명령을 받았다. 스밀가는 10월혁명 때 발틱함대의 지도자였고, 내전 때 탁월한 정치역량을 발휘한 인민위원이었으며, 경제학자였다. 그는 존경과 인기를 한몸에 누리는 지노비예프 분파 지도자들 가운데 하나였다. 그가 모스크바를 떠나는 날 수천 명의 반대파 사람들과 그들의 친구들이 그를 배웅하러 야로슬라블 역에 나가 그를 희생양으로 만드는 이 은밀한 조치에 항의하는 시위를 벌였다. 역에 모인 사람들은 분노한 상태였고, 그들의 시위는 전례 없는 일이었다. 이 시위는 철도가 서로 교차하는 대규모 역이라는 공공장소에서 평소처럼 열차가 운행되는 가운데 벌어졌다. 여행객, 행인, 비당원 들이 흥분한 시위자들이 내뱉는 당 지도자들에 대한 노골적인 발언과 외침을 그대로 들었다. 뿐만 아니라 그들은 트로츠키와 지노비예프의 연설도 들었다. 상황이 이러했기에 스밀가에 대한 환송 행사는 단지 절반 정도만 사전에 계획된 것이었음에도 지배집단에 대항한 반대파 최초의 공개 시위가 됐다. 상황의 민감성을 의식한 트로츠키는 억제된 태도로 연설했다. 그는 당내 갈등에 대해서는 전혀 언급하지 않았다. 그는 반대파가 항의에 나선 이유에 대해서도 언급하지 않았던 것으로 보인다. 대신 그는 국제적인 긴장과 전쟁의 위협, 그리고 모든 선량한 볼셰비키와 시민들이 당에 대해 바쳐야 하는 충성에 관해 진지하게 이야기했다.

그럼에도 불구하고 지배집단은 트로츠키와 지노비예프에게 당내 논쟁을 당 외부로 끌고 나갔다고 비난했다. 야로슬라블 역에 있었던 것으로 확인된 하위직 반대파 사람들은 당 세포조직에서 곧바로 쫓겨났다. 전쟁의 위험이 계속되고 이로 인해 식량 사재기가 일어나는 상황 속에서 이 사건을 둘러싼 흥분이 여름 내내 지속됐다.

"우리는 지금 혁명 이후 최악의 위기에 처했다." 트로츠키는 6월 27일 중앙위원회에 보낸 편지에 이렇게 썼다.[73] 그는 전쟁의 위협과 그것이 가져오는 부정적인 영향에 대해 언급했다. 그는 중앙위원회가 그 선동자들이 주장하는 것처럼 위험이 임박했다고 믿고 있다면 바로 그런 이유에서라도 중앙위원회는 정책을 재검토하고 당내에 정상적인 관계, 즉 '레닌주의적 체제'를 회복시켜야 한다고 지적했다. 이어 그는 그렇게 할 기회는 이미 가까이에 있다고 지적했다. 중앙위원회는 이미 새로이 당대회를 열기로 하고 그 준비를 하고 있으니 당대회 이전에 당이 자유로운 토론회를 열도록 하고, 사실상 축출된 반대파 지지자들을 모두 불러들여 그 토론회에 참여시키라는 것이었다. 그러나 이런 그의 호소가 그 목적지에 도착하기도 전에 신문들이 또다시 반대파와 국외 제국주의자들 사이의 담합에 관해 떠들었다. 다음 날 트로츠키는 다시 중앙위원회에 편지를 보냈다. 이 편지에서 그는 무엇보다 스탈린이 반대파를 물리적으로 소멸시킬 작정인 게 분명하다고 지적했다. "스탈린주의 집단이 앞으로 걸어갈 길은 기계적으로 이미 정해져 있다. 오늘은 그들이 우리가 하는 말을 왜곡하고 있고, 내일은 그들이 우리가 하는 행동을 왜곡할 것이다. (…) 스탈린주의 집단은 '대대적인 중상모략의 달'이었던 1917년 7월에, 다시 말해 레닌이 페트로그라드에서 도피해야 했을 때에 계급의 적이 이용했던 수단들 모두를 반대파에 대해 사용해야 할 처지가 될 것이다, 그것도 아주 금방. 즉 그들은 '밀봉된 차량'이니 '외국의 금괴'니 음모니 하는 말들을 하게 될 것이다. 스탈린의 길은 바로 이런 결과들로 이어질 것이다. 오직 눈먼 자들만이 그것을 보지 못하고, 위선자들만이 그것을 인정하지 않을 것이다."[74]

스탈린은 자기를 비판하는 자들을 절멸시키려 한다는 주장에 대해 분노를 드러내며 부인했다. 그러나 그 직후에 그는 반대파 지도자들을 중앙위원회와 중앙통제위원회로 소환하기로 결정했다. 이 두 위원회는 공동으로 당의 최고재판소 기능을 하는 조직이었다. 트로츠키와 지노비예프를 중앙위원회에서 축출하자는 요구안이 두 위원회에 상정됐다. 이는 트로츠키와 지노비예프가 당에서 축출되기 전에 두 사람에 대해 취해진 마지막 징계조치가 된다. 원칙상으로는 중앙위원회 위원들을 선출하는 당대회만이 그들의 중앙위원회 위원직을 박탈할 수 있었다. 그러나 당내 분파를 금지한 1921년의 조치로 인해 당대회가 열리지 않는 기간에는 당의 최고재판소가 이 조치를 위반한 당원에 대해 직위해제 결정을 내릴 수 있게 됐다. 6월 말경 야로슬라프스키와 슈키랴토프가 트로츠키와 지노비예프를 제소했다. 이들이 제출한 제소장에는 단 두 가지 혐의만이 적혀 있었다. 그중 하나는 트로츠키와 지노비예프가 러시아 당의 문제를 인터내셔널로 갖고 갔다는 것이었고, 다른 하나는 야로슬라블 역에서 벌어진 시위와 관련된 것이었다. 두 혐의 모두 설득력이 없었다. 때문에 당의 재판소는 물론이고 열렬한 스탈린주의자들과 부하린주의자들도 그 후 4개월이 지나는 동안 두 혐의에 대한 평결을 내리기에 충분한 근거를 찾지 못했다.

재판이 늘어지자 스탈린은 점점 더 초조해졌다. 그는 15차 당대회를 소집하기 전에 트로츠키와 지노비예프를 추방하는 평결을 이끌어내는 데 몰두했다. 반대파의 수장들이 중앙위원회 위원 자리에 계속 앉아있는 한 공식적으로 반대파는 당대회에서 정부와 당의 정책에 대해 상시적으로 비판할 자격이 있음은 물론, 지난번 당대회 때 지노비예프와 카메네프가 했던 것처럼 공식 보고와는 상반되는 보고를 할 자격도 있었다. 이는 즉 그들이 중국문제에 관한 진실을 모조리 폭로할 수 있으며, 온 나라와 전 세계가 듣는 가운데 중국문제가 토론의 중심 주제가 되게 할 수도 있음을 뜻했다. 스탈린은 이런 위험을 방치할 수 없었다. 이런 이유 외에도 그는 상황변화에 따라 어쩔 수 없이 국내 정책에 대한 입장을 다시 바꿈으로써 자신이 그간 오류를 저질러왔음을 암묵적으로 인정해야 했다는 이유도 있었다. 때문에 스탈린은 트로츠키나 지노비예프가 당대회 때 연단에 오르는 것을 막는 데 온힘을 기울여야 했다. 그러기 위해서는 우선 두 사람을 중앙위원회에서 축출해야 했다. 일단 그들이 축출되면 당대회의 흥분된 시선이 중국에서의 실패나 그 밖의 다른 정책 문제보다는 당내 음모에 쏠리게 될 것이고, 반대파의 수장들은 자기들에게 내려진 불명예스러운 평결에 대해 항변하는 피고인의 입장으로서만 당대회에 참석할 수 있게 될 것이었다. 당대회는 11월에 여는 것으로 소집됐다. 스탈린은 그때까지 주어진 시간을 최대한 활용해야 했다.

7월 24일에 트로츠키는 처음으로 자기에게 씌워진 혐의에 대해 답변하기 위해 중앙통제위원회에 출석했다. 5년 전에는 트로츠키 자신이 바로 이 위원회에 노동자반대파를 제소했었다. 레닌 시절에 '당의 양심'이라는 말을 들었으며 5년 전에는 존경받는 볼셰비키 연장자로서 위원회의 의장직을 맡았던 솔츠가 이번에는 스탈린주의자가 되어 심판관 자리에 앉아 있었다. 심판절차를 진행할 의장은 성격이 불같지만 그 나름의 방식으로 정직하고 관대하기도 한 오르조니키제였다. 그는 스탈린의 동향 친구로, 1922년에 그루지야에서 했던 행위 때문에 레닌에 의해 당에서 축출될 처지에 놓였을 때 트로츠키의 반대로 구제됐던 적이 있다.[75] 트로츠키를 제소한 야로슬라프스키와 슈키랴토프도 간부회의의 위원으로 그 자리에 앉아 있었다. 심판관 중에는 얀손이라는 사람도 있었다. 그는 전에 과도한 반트로츠키주의 행동을 해서 중앙통제위원회로부터 견책을 받은 적이 있는 자였다. 그 밖의 심판관들 역시 모두 충직한 지배분파 사람들이었다. 그들이 공정한 판정을 내릴 것이라고 기대할 수가 없었던 트로츠키는 심판관 구성의 편파성을 비난하고 최소한 얀손은 제외돼야 한다고 요구하는 것으로 항변을 시작했다. 그런데 그들조차도 의기소침하고 겁먹은 상태로 심판관 자리에 앉아 있었다. 피고인들뿐 아니라 그들 역시 프랑스혁명을 돌이켜 생각하고 있었고, 자코뱅파 숙청에 대한 기억에 쫓기고 있었다. 사형수 당통이 죽기 직전에 "내 다음은 네 차례다, 로베스피에르!"라고 외쳤던 목소리가 130년을 가로질러 그들의 귀에 울렸다.

심판절차가 개시되기 직전에 솔츠가 트로츠키의 한 동료와 대화를 나누었다. 솔츠는 그에게 반대파가 한 역할이 얼마나 해악적이었는지를 설명하려고 이렇게 말했다. "이것이 어떤 결과로 이어지겠습니까? 당신은 프랑스혁명의 역사를 알 테니, 이것이 어떤 결과로 이어질지도 알 겁니다. 그 결과는 바로 체포되어 단두대로 보내지는 것입니다." 그 반대파 사람이 "우리를 단두대로 보내는 것이 당신들의 계획입니까?"라고 물었다. 이에 솔츠가 대답했다. "로베스피에르가 당통을 단두대로 보낼 때 그가 당통을 가여워했을 것이라고 생각하지 않습니까? 그 뒤에 로베스피에르 자신도 단두대로 보내졌습니다. (…) 당신은 그가 당통을 가여워하지 않았다고 생각합니까? 사실 그는 당통을 가여워했습니다. 하지만 그는 당통을 단두대로 보내야 했습니다."[76] 심판관들과 피고인들 모두가 똑같이 자기들의 머리 위에 거대하고 피에 물든 칼날이 걸려 있다고 상상했다. 그러나 운명에 사로잡힌 듯 그들은 자기들에게 닥칠 일을 피할 수 없었다. 그리고 각자는 주저하며, 심지어는 몸을 떨면서도 그 칼날이 더 빨리 떨어지도록 하기 위해 해야 할 일을 해나갔다.

트로츠키는 자기에게 씌워진 두 가지 공식적인 혐의에 대해 간략하게 답변했다. 그는 이 재판부는 자기가 인터내셔널의 집행위원회에서 한 연설에 대해 심판할 권한이 없다고 주장했다. 그는 자기가 중앙위원회에서 말한 것에 대해 그 어떤 '지역 위원회'도 자기를 심판할 권한이 없다고 주장했다. 당의 지도부나 마찬가지인 심판관들도 자기들이 인터내셔널의 권위에 종속된 위치에 있다는 점을 인정했다. 지배집단은 두 번째 혐의, 즉 스밀가 환송 집회와 관련된 혐의는 스밀가를 처벌하기 위해 제기한 것이 아니라는 입장을 밝혔다. 이에 트로츠키는 이렇게 항변했다. "스밀가를 하바로프스크로 보내는 것이 정상적인 행정적 절차라면 그에 대한 우리의 집단적 환송행위가 중앙위원회에 대한 집단적 시위라고 어떻게 감히 말할 수 있는가?" 그러나 만약 스밀가에 대한 인사조치가 위장된 추방이라면 "당신들은 겉 다르고 속 다른 기만의 죄를 저지른 것"이라고 그는 지적했다. 이런 사소한 혐의들은 단지 구실에 지나지 않으며, 지배집단은 "반대파를 괴롭히고 반대파를 물리적으로 절멸시킬 준비를 하기로" 작정한 것이라고도 했다. 그래서 비판자들에게 겁을 주고 그들을 침묵시키기 위해 전쟁의 위험도 만들어낸 것이라면서 트로츠키는 이렇게 선언했다. "당신들이 우리의 입을 물리적으로 봉하지 않는 한 우리는 스탈린 정권에 대한 비판을 계속 해나갈 것이다." 그는 스탈린 정권이 "10월혁명의 모든 승리를 허물어뜨리려고" 위협하고 있다고 말했다. 반대파 사람들은 차르와 조국을 하나로 보는 구식 '애국자'들과는 그 어떤 공통점도 갖고 있지 않다고 그는 지적했다. 또 반대파 사람들은 영국 토리당에 협조한 혐의를 받은 바 있지만, 그런 혐의를 씌운 자들에게 똑같은 혐의를 들이댈 권리도 갖고 있다는 말도 했다. 다시 말해 스탈린과 부하린은 영소위원회를 지원함으로써 사실상 간접적으로 체임벌린을 도왔고, 그들과 '동맹관계'인 영국 노동조합은 결국 소련과의 관계 단절을 비롯한 체임벌린의 외교정책을 뒷받침했다는 것이었다. 당 세포조직들에서는 지배집단 측 선동가들이 반대파가 활동에 필요한 자금의 조달처에 관해 '검은 백인단(1905년 혁명 이후 결성된 극우 테러조직 — 옮긴이)'을 방불케 하는 암시적인 질문들을 던졌다. 트로츠키는 "만약 당신들이 중앙통제위원회 위원들이 맞다면, 더럽고 혐오스러운 스탈린주의자들 특유의 캠페인을 중단시켜야 한다는 의무감을 느낄 것"이라고 말했다. 지배집단이 진정으로 나라의 안보에 대해 염려했다면 스밀가, 음라치코프스키, 라셰비치, 바카예프, 무랄로프와 같은 가장 훌륭한 군부의 일꾼들을 단지 반대파 지지자라는 이유만으로 해고하지는 않았을 것이라고도 했다. 지금은 당내 갈등을 완화시킬 때이지 악화시킬 때가 아니며, 반대파에 대한 공세는 반동의 조류가 높아지는 데 그 뿌리를 두고 있다고 그는 지적했다.

트로츠키는 쟁점으로 부각된 주요 문제들을 개관한 다음, 프랑스혁명을 강력하게 환기시켰다. 그는 위에서 인용된 바 있는 솔츠와 한 반대파 사람 사이의 대화를 거론했다. 그는 모두가 프랑스혁명의 연대기를 새롭게 참고해야 한다는 점에서는 솔츠와 의견을 같이하지만, 역사적인 유추는 정확하게 해야 할 필요가 있다고 말했다.

위대한 프랑스혁명의 시기에 많은 이들이 단두대에서 처형됐습니다. 우리 역시 많은 이들을 총살대 앞에 세웠습니다. 프랑스혁명에는 두 개의 거대한 국면이 있었습니다. 그중 한 국면은 이런 것(손가락으로 위쪽을 가리키면서)이었고, 다른 한 국면은 이런 것(손가락으로 아래쪽을 가리키면서)이었습니다. (…) 혁명이 위쪽으로 움직인 첫 번째 국면에서는 당시의 볼셰비키, 즉 자코뱅파가 왕당파와 지롱드파 사람들을 단두대에서 처형했습니다. 우리, 즉 반대파가 당신들과 함께 백위대를 총살하고 우리의 지롱드파를 유형지로 보낼 때 우리 역시 그러한 거대한 국면을 거쳤습니다. 그런데 프랑스에서 그 다음에 또 하나의 국면이 열려 (…) 자코뱅당의 우익에서 생겨난 테르미도르반동 세력과 보나파르티즘 세력이 좌파 자코뱅파를 유형지로 보내거나 총살했습니다. (…) 나는 솔츠 동지가 그(솔츠와 대화를 나눈 반대파 사람─옮긴이)의 유추를 끝까지 밀고나가, 무엇보다도 이런 질문에 스스로 답해보기를 바랍니다. 그 질문은, 솔츠 동지가 하고 있는, 우리를 총살시키려 하는 준비는 과연 어느 국면에 해당하느냐 하는 것입니다(좌중에 동요가 일어남). 이는 웃어넘길 일이 아닙니다. 혁명은 심각한 사업입니다. 우리 중 그 누구도 총살대 앞에 서기를 두려워하지 않습니다. 우리는 모두 오랜 세월 혁명가로 살아온 사람들입니다. 그러나 우리는 총살당해야 하는 자들이 누구이고, 우리가 지금 어느 국면에 있는가를 알아야만 합니다. 총살형을 집행하는 쪽이었을 때 우리는 우리가 어느 국면에 있는가를 확실히 알고 있었습니다. 그러나 솔츠 동지, 당신은 자신이 어느 국면에서 우리를 총살할 준비를 하고 있는 것인지를 분명히 알고 있습니까? 내가 느끼기에는 (…) 당신은 테르미도르반동의 국면에서 (…) 그렇게 하려고 하고 있습니다.

그는 계속해서 자기의 적들은 자기가 그들을 모욕한다고 생각하고 있지만, 그것은 잘못된 상상이라는 것을 설명을 덧붙여 말했다. 테르미도르반동 세력은 고의적인 반혁명 세력이 아니라는 것이었다. 그들은 자코뱅파이지만 '오른쪽으로 움직여 간' 자코뱅파라고 그는 지적했다.

트로츠키: 테르미도르 9일(테르미도르반동의 쿠데타가 일어난 날—옮긴이)의 다음 날에 테르미도르반동 세력이 "우리는 권력을 부르주아의 수중으로 넘겨주었다"고 그들끼리 말했다고 생각합니까? 전혀 그렇지 않았습니다. 그 시절의 신문들을 찾아 들여다보기 바랍니다. 그들은 이렇게 말했습니다. "우리는 당의 평화를 교란시킨 극소수를 몰락시켰고, 이제 그들이 몰락했으니 혁명은 완전한 승리를 거둔 것이다." 만약 솔츠 동지가 이에 대해 조금이라도 의문을 갖고 있다면 (…).

솔츠: 당신은 사실상 내가 한 말을 되풀이하고 있습니다.

트로츠키: 우파 자코뱅이자 테르미도르반동 세력에 속했던 브리발이 한 말을 당신에게 읽어줘야겠군요. 브리발은 로베스피에르와 그의 동료들을 혁명재판소에 넘기는 결정을 내린 국민공회 회의에 관해 보고할 때 이렇게 말했습니다. "애국주의의 겉옷을 몸에 두른 모자들과 반혁명분자들, 그들은 자유를 파괴하고자 했고, 국민공회는 그들을 체포해 감금하기로 결정하고 그렇게 하라는 명령을 내렸다. 그들은 바로 로베스피에르, 쿠통, 생 쥐스트, 르바, 그리고 로베스피에르의 동생이었다. 의장은 내 의견이 무엇이냐고 물었다. 나는 이렇게 대답했다. 늘 산악파의 원칙에 맞게 투표를 한 사람들은 (…) 그들을 감금하는 데 찬성하는 표를 던졌다고. 나는 더 많은 역할을 했다. (…) 나는 이 조치를 제안한 사람들 가운데 하나였다. 게다가 나는 서기로서 국민공회의 이 명령서에 서둘러 서명을 하고 그것을 당신들에게 전달

한다." 그 시대의 (…) 숄츠는 바로 이런 태도로 보고서를 작성했습니다. 로베스피에르와 그의 동료들, 그들은 반혁명 세력이었습니다. '늘 산악파의 원칙에 맞게 투표를 한 사람들'은 오늘날의 상황에 대치시키면 '그동안 늘 볼셰비키였던 사람들'이라는 뜻입니다. 브리발은 스스로를 옛 볼셰비키라고 생각했습니다. 그는 "게다가 나는 서기로서 국민공회의 이 명령서에 서둘러 서명을 하고 그것을 당신들에게 전달한다"고 했습니다. 오늘날에도 역시 서둘러 '서명을 하고 전달'하려는 서기들이 있습니다. 오늘날에도 역시 그러한 서기들이 있습니다.[77]

계속해서 트로츠키는 테르미도르반동 세력 역시 "조국이 위험에 처했다!"는 외침이 울려 퍼지는 가운데 좌파 자코뱅에 타격을 가했다고 말했다. 테르미도르반동 세력은 로베스피에르와 그의 친구들이 단지 '고립된 개인들'일 뿐이라고 확신한 나머지 자기들이 '당대의 가장 뿌리 깊은 혁명세력', 즉 자코뱅의 '새로운 신경제정책(신네프)'과 보나파르티즘에 반대하는 세력을 가격했음을 이해하지 못했다. 그들은 로베스피에르와 그의 친구들을 '귀족집단'이라고 불렀다. 그런데 오늘날에는 얀손이 나를 향해 '귀족집단'이라는 똑같은 말을 외치는 소리가 들리지 않느냐고 트로츠키는 물었다. 테르미도르반동 세력은 좌파 자코뱅파에 피트(프랑스혁명 당시의 영국 총리―옮긴이)의 앞잡이라는 낙인을 찍었다. 이는 마치 스탈린주의자들이 반대파를 가리켜 '피트의 현대판 축소본' 격인 체임벌린의 앞잡이라고 비난하는 것과 같다고 지적하면서 트로츠키는 이렇게 말을 이어갔다.

지금 '두 번째 국면'의 냄새가 사람들의 코를 찌릅니다. (…) 당 체제가 테르미도르반동에 대항해 싸우는 모든 이들을 질식시키고 있습니다. 대중을 이루는 노동자는 당에서 숨이 막혔습니다. 일반 당원들은 침묵합니다(자코뱅 클럽이 쇠퇴할 때의 여건도 바로 이랬다). 그런 상황에서 익명의 공포정치가 시작됐고, 침묵이 강제됐고, 100퍼센트가 투표해야 하지만 비판은 하지 말도록 요구됐고, 상부에서 내려온 명령에 맞게 생각하기가 의무화됐고, 당은 자족적인 권력의 기계가 아닌 살아있으며 독립적인 유기체라고 생각하기를 중단하도록 강요됐습니다. (…) 혁명의 용광로였던 자코뱅 클럽이 미래에 구축될 나폴레옹의 관료체제를 양육하는 온상이 돼버렸습니다. 우리는 프랑스혁명으로부터 배워야 합니다. 그러나 프랑스혁명을 단순히 반복할 필요가 과연 있겠습니까?(고함소리)

그러나 아직 모든 것이 다 망가진 것은 아니었다. 심각한 견해차에도 불구하고 하나의 분열만은 아직 회피되고 있었다. 레닌으로부터 물려받은 사상과 전통의 재고인 '당내의 거대한 혁명적 잠재력'이 아직 남아 있었다. 트로츠키는 지적했다. "그러나 당신들은 이런 자본 중 상당부분을 낭비해버렸고, 그중 많은 부분을 값싼 대체물로 바꿔버렸습니다. (…) 그러나 순수한 금도 아직 많이 남아있습니다." 지금의 시기는 놀라운 변화, 급격한 전환의 시대이며 아직도 상황은 언제든 갑자기 바뀔 수 있다고 그는 생각했다. "그러니 당신들은 감히 사실을 숨기려고 해서는 안 됩니다. 왜냐하면 조만간 그 사실들은 어떻게든 드러나 알려질 것이기 때문입니다. 당신들은 노동계급의 승리와 패배를 숨길 수 없습니다." 만약 당만이 사실을 검토하고 자유로이 견해를 형성하도록 허용된다면 당면한 위기는 극복될 수 없으므로, 지배집단은 성급하고 돌이킬 수 없는 결정을 해서는 안 된다는 지적 끝에 트로츠키는 말했다. "우리가 보존했어야 할 것을 버리고, 우리가 버렸어야 할 것을 보존했다고 나중에 스스로 말하게 되지 않도록 조심하기 바랍니다."

이런 트로츠키의 발언을 들으면서 그가 1904년에 했던 "등골을 따라 흘러내리는 오한"이라는 말을 떠올리지 않을 수 없다. 당시에 아직 젊은 나이로 인생경력의 문턱에 서 있던 그는 레닌의 당이 앞으로 걸어갈 미래를 생각해보고 그것을 자코뱅파의 운명과 비교해보면서 이 말을 했다. 그로부터 23년이 지난 이때 그의 등골을 따라 그때와 같이 오한이 흘러내렸다. 1904년에 그는 "자코뱅의 법정이 온건주의라는 혐의를 씌워 국제 노동운동 전체를 심판하게 될 것이고, 그때 마르크스의 사자 같은 머리가 단두대에서 가장 먼저 굴러 떨어지게 될 것"이라고 했다. 이제는 그 자신이 볼셰비키의 법정에서 자기의 머리를 지키기 위해 사자와 같은 용기를 내어 싸우고 있었다. 1904년에 그는 "비극적이며 자코뱅적인 비관용의 태도를 그대로 모사한 듯 악의적이면서 도덕적으로 혐오스러운 의심"을 가지고 있다면서 레닌에 대한 역겨움을 묘사했다. 이제 그는 레닌의 후계자들이 보여주는 비관용적 태도와 '악의적이면서 도덕적으로 혐오스러운 의심'에 대항해 레닌의 사상을 상기시키고 있었다. 그러나 자코뱅주의에 대한 그의 견해는 그가 젊은 시절에 말했던 견해와 거의 정반대였다. 젊었을 때 그는 자코뱅주의가 마르크스주의적 사회주의와 양립할 수 없다고 보았다. 자코뱅주의는 '추상적 사상에 대한 절대적 신뢰와 살아있는 사람들에 대한 절대적 불신'을 의미하는 반면에 마르크스주의는 무엇보다 먼저 노동대중의 계급의식에 호소한다는 점에서 이 두 가지는 "두 개의 대립되는 세계, 교리, 전술, 정신적 태도"라는 게 그의 생각이었다. 1904년에 그는 사람들에게 이 두 가지 중에서 한 가지만을 명확하게 선택할 것을 요구했다. 왜냐하면 자코뱅의 방식이 부활된다면 그것은 "선별된 소수 또는 숙청의 권한이 부여된 한 개인을 프롤레타리아보다 위쪽에 올려놓을 것"이기 때문이라는 것이었다. 이제 그는 그런 선별된 소수와 숙청의 권한을 획득하려는 한 개인과 마주하고 있었다. 그러나 트로츠키가 제기한 그들의 주된 문제점은 그들이 자코뱅적인 정신으로 행동한다는 것이 아니라 반대로 그들이 자코뱅적 정신을 파괴하는 작업을 벌이고 있다는 것이었다. 이제 그는 마르크스주의와 자코뱅주의 사이의 밀접한 유사성에 대해 생각하고 있었다. 그는 자기와 자기 지지자들을 로베스피에르 그룹과 동일시하고 있었고, 온건주의의 혐의를 스탈린과 부하린에게 들이대고 있었다.

　　이처럼 1904년에 처음으로 인식되고 훗날 볼셰비키와 관련된 모든 문제의 밑바탕에 깔리게 되는 갈등,[78] 즉 '볼셰비즘 속에 존재하는 마르크스주의와 자코뱅주의라는 두 개의 정신 사이의 갈등'이 이 당시의 트로츠키로 하여금 자코뱅주의를 애초에 그가 그것을 바라보던 각도와는 정반대 각도에서 바라보도록 했다. 이런 갈등은 정도의 차이는 다양하게 존재하나 모든 볼셰비키 분파들에 특징적인 것이었다. 기묘하게도 모든 볼셰비키 분파들이 스스로와 동일시한 자코뱅주의의 측면은 동일했다. 트로츠키는 자기의 태도를 로베스피에르의 태도와 견주고 자기의 적들을 '온건주의자들'이라고 본 반면에 솔츠 등은 스탈린을 새로운 로베스피에르로 보고 트로츠키를 새로운 당통으로 보았다. 실제 상황전개가 보여주게 되지만, 사실은 세력 간 배열과 구획은 훨씬 더 복잡했다. 자코뱅주의와 볼셰비즘의 공통점은 무엇이었을까? 그것은 대리주의(substitutism)였다. 양쪽 다 스스로를 사회의 머리 부분에 위치시켰지만 자기들의 정책 강령을 실현하기 위해 사회의 자발적인 지지에 의존할 수 없었다. 자코뱅파와 마찬가지로 볼셰비키들도 자기들의 진리가 인민의 마음과 정신을 얻게 될 것이라고 믿지 못했다. 양쪽 다 병적인 의심을 품고 주위를 살폈고, 온갖 구석의 틈새에서 적들이 기어 나오는 것을 보았다. 그들은 또한 자기들과 세계의 나머지 사이에 분명한 선을 그었다. 왜냐하면 "그 선을 흐리려고 하는 모든 시도가 그들 내부에 존재하는 원심력을 발동시키려고 위협"했기 때문이다. 그리고 그들은 '단두대의 칼날'로 그 선을 그었다. 그들은 외부의 적들을 파괴한 다음에는 자기들 내부의 적들을 찾기 시작했다. 그러나 마르크스주의자인 트로츠키는 1904년에 자기가 처음으로 했던 말을 이때에도 다시 했다. "당은 혁명이 (…) 갑자기 날갯짓을 해서 쓸어낼 수 있는 최고 간부회의에서가 아니라 자기의 고유한 기반, 즉 활동적이고 자립적인 프롤레타리아 속에서 스스로의 안정을 보증해주는 것을 찾아야 합니다. (…) 진지한 그룹이라면 반드시 (…) 규율을 의식해 스스로 조용히 사람들의 시야에서 사라져야 하거나, 아니면 규율과는 무관하게 살아남기 위한 싸움을 해야 하는 딜레마에 직면하게 되면 틀림없이 후자의 길을 선택하고는 (…) 이렇게 말할 것입니다. 운동의 긴요한 이익을 억누르는 '규율'은 집어치우라고."

7월 말이 되기 전에 당 재판부는 트로츠키와 지노비에프에 대한 평결을 내리지 않은 채 해산했다. 대부분의 심판관들은 마치 '로베스피에르가 당통을 가여워했던 것'처럼 두 사람을 여전히 가여워하는 것으로 보였다. 스탈린은 결론을 내리도록 재판부를 압박했다. 그의 '거대한 오류들'이 낳는 결과가 날이 갈수록 더 분명해지고 있었다. 중국혁명의 최종적인 붕괴는 그의 신뢰도를 위협했다. 영소위원회도 마침내 폐기됐다. 이 위원회의 영국 쪽 위원들은 영국과 러시아의 관계 단절에 대해 단 한마디도 항의하지 않았다. 국내에서는 전쟁의 위협과 식량 사재기가 이미 또 다른 물자결핍 상태를 불러왔다. 농민들의 분위기가 심상치 않았다. 가을에 농민들이 도시로 충분한 양의 식량을 공급하지 않을 것이라고 걱정할 만한 근거가 있었다. 그동안 스탈린은 자기의 책임을 숨길 수 있었다. 그동안 그는 자기에게 반대하는 사람들이 내놓는 모든 경고와 예측을 그런대로 억누를 수 있었다. 그런데 트로츠키가 최근에 한 거의 모든 연설은 그가 그동안 애써서 쌓아 왔으나 아직 위태로운 권위를 허물어뜨릴 수 있었다. 그는 트로츠키의 목소리가 크렘린의 두꺼운 담장을 뚫고 나가 그 밖에서 울려 퍼지는 것을 용납할 수 없었다. 그러나 15차 당대회 소집일이 다가오고 있었다. 이는 곧 트로츠키와 지노비예프가 자기들의 입장을 진술할 기회가 다가오고 있다는 뜻이었다. 그렇게 되면 온 나라가 귀를 기울일 터였다. 중앙위원회에서 이루어지는 비판을 숨기는 것과 같은 방식으로 당대회에서 이루어지는 연설을 숨기기란 불가능했다. 스탈린은 무슨 수를 쓰더라도 두 사람에게서 그 기회를 박탈해야 했다.

스탈린이 서둘러야 할 또 하나의 이유가 있었다. 그는 지배집단을 형성한 동맹 내부의 갈등을 고려해야 했다. 최근 몇 년에 걸쳐 실시돼 온 우경화 정책은 더 이상 힘을 낼 수 없는 지점에 근접한 상태였다. 그런 정책을 국외에서, 즉 코민테른에서 유지하는 것은 점점 더 어려워졌다. 국내에서도 모든 상황이 정책을 변경해야 할 필요성을 부각시키고 있었다. 정책변경의 범위가 얼마나 넓어질 수 있는가는 결코 명확하지 않으나, 정책변경이 이루어진다면 그것은 당으로 하여금 농민들에 대해 보다 확고한 태도를 취하고 공업 분야에서 보다 대담한 경로로 나아가도록 할 것이었다. 이 모든 문제에 대해 스탈린주의자들과 부하린주의자들은 그동안 서로 간의 견해차를 얼버무려왔다. 이는 반대파에 대항해 공동 전선을 유지하기 위해서였다. 그러나 그들 사이의 견해차를 계속 더 얼버무리기가 어려워지고 그에 따라 불화가 일어날 수 있는 순간이 가까워지고 있었다. 그렇지만 스탈린은 트로츠키와 지노비예프에 대한 싸움을 결말짓지 못하는 한 부하린, 리코프, 톰스키에게 등을 돌릴 수 없었다. 그는 두 개의 반대파 진영과 동시에 맞설 수 없었다. 정책변경이 많은 사람들에게 트로츠키와 지노비예프의 견해가 옳았음을 입증해주는 것으로 비칠 것이기에 더욱 그랬다. 그는 가능한 한 빨리 통합반대파를 무너뜨림으로써 묶여 있는 손을 자유롭게 만들어야 했다.

트로츠키가 이른바 '클레망소 진술'을 한 뒤에 스탈린은 더욱더 격렬하게 채찍을 휘둘렀다. 트로츠키는 7월 11일에 오르조니키제에게 보낸 편지에서 처음으로 '클레망소 진술'에 대해 말했고, 이어 7월이 다 가기 전에 〈프라우다〉에 보낸 기고문에서 다시 한 번 말했다. 트로츠키는 전쟁의 위협을 언급하면서 만약 전쟁이 일어나면 지배분파의 지도자들은 무능해서 임무를 제대로 수행할 수 없다는 사실이 드러날 것이고, 반대파는 방위를 위해 그들에 대한 반대를 계속하면서 전쟁 수행의 임무를 넘겨받는 노력을 기울일 것이라고 거듭 선언했다. 이 선언으로 인해 트로츠키는 불충과 패배주의라는 비난을 듣게 됐다. 이런 비난에 대한 반박으로 그는 반대파는 무조건 소련 방어를 지지한다고 말했다. 이어 그는 전쟁이 일어날 경우 반대파는 스스로 지배분파들을 대체하고자 할 것이며, 이는 지금 당을 이끌고 있는 자들에게는 기대할 수 없는 최대한의 활력과 냉정하고 침착한 태도로 전쟁에 임하기 위해서라고 설명했다. 오로지 '무식한 자들과 무뢰배'만이 '그들의 쓰레기더미 속에서' 그런 태도를 패배주의라고 비난할 것이라고 그는 주장했다. 그런 태도는 오히려 방위에 대한 진정한 염려에서 나오는 것이라는 얘기였다. 그는 "승리는 쓰레기더미에서 얻어지지 않는다"고 말했다. 그리고 바로 이 대목에서 많은 논란을 불러일으키게 되는 '클레망소 진술'이 나온다. 오르조니키제에게 보낸 편지에서 트로츠키는 다음과 같이 진술했다.

다른 사회계급들의 역사에서 우리는 대단히 교훈적인 사례들을 발견할 수 있습니다. 한 가지 사례만 들어봅시다. 제국주의 전쟁(1차대전)이 시작될 때 프랑스 부르주아들은 서투른 정부, 다시 말해 키도 돛도 없는 배와 같은 정부 아래에 있었습니다. 클레망소와 그의 그룹은 그 정부의 반대편에 서 있었지요. 클레망소는 전쟁과 군의 검열을 무시하고, 또 독일군이 파리에서 불과 80킬로미터 떨어진 곳에 있다는 사실조차 무시하고(오히려 그는 "바로 이것 때문에"라고 말했습니다) 정부의 프티부르주아적 우유부단함과 무기력함에 대항하는 투쟁을 맹렬하게 벌였습니다. 진짜로 제국주의답게 흉포하고 무자비하게 전쟁을 수행하기 위해서였습니다. 클레망소는 자기의 계급, 즉 부르주아 계급을 배신하지 않았습니다. 반대로 그는 비비아니 (1914~1915년의 프랑스 총리─옮긴이)와 팽르베(1917년과 1925년의 프랑스 총리─옮긴이), 그리고 이들과 같은 부류의 사람들보다 더 충직하고, 확고하고, 단호하고, 현명하게 부르주아 계급에 봉사했습니다. 이는 실제로 전개된 상황에 의해 증명됩니다. 클레망소의 그룹은 집권하게 되자 보다 일관성 있는 정책으로 승리를 확보했습니다. 그의 정책은 제국주의적 약탈 정책이었습니다. (…) 프랑스의 신문기자들이 클레망소 그룹에게 패배주의자라는 낙인을 찍었을까요? 당연히 그들은 그렇게 했습니다. 그 어떤 사회계급 진영에도 바보들과 중상모략꾼들이 있게 마련이지요. 그러나 그들은 중요한 역할을 할 기회를 늘 똑같이 갖지는 못합니다.[79]

이것이 바로 트로츠키가 따를 것이라고 선언한 사례였다. 덧붙여 말하자면, 이것은 2차대전 개전 초기에 처칠이 체임벌린에 대해 반대하는 입장에서 따랐던 사례이기도 하다. 응수가 곧바로 나왔다. 스탈린주의자들과 부하린주의자들은 크렘린 궁에서 80킬로미터도 떨어지지 않은 곳에 적들이 와 있을지도 모르는 전쟁의 와중에 트로츠키가 쿠데타를 일으키겠다고 위협하고 나섰다고 소리쳐댔다. 그의 불충을 증명하는 데 무슨 다른 증거가 또 필요하겠느냐는 것이었다. 거의 같은 시점에 한 무리의 군부 지도자들이 반대파와의 연대감을 드러내는 동시에 군사적 무능력을 이유로 전쟁 인민위원 보로실로프를 비판하는 내용의 비밀성명서를 정치국에 전달했다. 이 비밀성명서의 서명자 명단에는 최근까지 최고 군감찰관이었던 무랄로프뿐 아니라 10년 뒤에 투하체프스키가 숙청될 때 같이 죽게 되는 푸트나, 야키르와 같은 장성들의 이름이 들어있었다.[80] 지배분파들은 군부의 항의를 반대파의 의도에 대한 증거로 받아들였다.

클레망소 진술에 관한 항의와 규탄은 그해 말에 트로츠키가 추방될 때까지 계속됐고, 그 뒤에도 여러 해에 걸쳐 메아리처럼 이어졌다. 트로츠키가 반역자임이 부각돼야 할 때마다 클레망소 진술이 거론됐다. 당원 중에서 클레망소 진술이 무엇에 관한 것인지를 아는 이는 극소수에 불과했다. 대부분은 클레망소 진술이 실제로 쿠데타의 전주곡은 아니라 하더라도, 사실상 다음번 전쟁을 내전으로 전환시키겠다는 트로츠키의 위협이라고 이해했다. 트로츠키가 그런 위협을 할 의도가 없었고, 그가 상기시킨 과거의 전례도 그런 위협을 내포한 것이 아니라는 점은 중요하지 않았다. 소수, 아주 극소수의 볼셰비키만이 프랑스의 '호랑이(클레망소 - 옮긴이)'가 무슨 일을 했고 어떤 방식으로 권력을 쥐게 됐는지를 조금이나마 알고 있었다. 트로츠키가 클레망소를 언급한 것은 자연스러운 일이었다. 그는 10년 전에 파리에서 직접 클레망소의 싸움을 관찰했다. 그러나 일반 대중과 중앙위원회 위원 대다수에게는, 그리고 새로 구성된 정치국 위원들에게조차 클레망소의 사례는 멀리 있고 모호하며, 그래서 불길한 느낌을 주는 것이었다. 특히 새로 구성된 정치국 위원들 중에서 부하린을 제외하고는 프랑스에 대한 지식을 조금이라도 갖고 있는 사람이 없었다. 트로츠키가 자기의 비유를 받아들이는 중앙위원회의 태도를 가리켜 맹하고 무식하다고 표현한 것은 바로 이런 상황 때문이었다.

> 내가 쓴 글에서 (…) 몰로토프는 처음으로 많은 것들을 알게 됐고, 그것들을 반란음모에 대한 가공할 만한 증거로 중앙위원회에 보고했다. 몰로토프는 전쟁의 시기에 프랑스에 클레망소라는 이름의 정치인이 있었고 그 정치인이 보다 단호하고 가차 없는 제국주의 정책이 실시되도록 하기 위해 당시의 프랑스 정부에 대항해 싸움을 벌였다는 사실을 이때 처음 알게 됐다. (…) 그 전례의 진짜 의미가 뭔지를 스탈린이 몰로토프에게 설명했고, 몰로토프는 다시 그것을 우리에게 전했다. 클레망소 그룹의 사례를 보건대 반대파는 뭔가 다른 사회주의적 방위정책을 실현시키기 위해 싸우려고 하는 것이고, 그것은 1918년에 좌파 사회혁명당이 채택했던 것과 같은 반란적인 정책을 의미한다는 것이었다.[81]

모호한 수수께끼로 당 세포조직들을 겁먹게 하는 것은 너무도 쉬운 일이었다. 이런 일이 처음에는 모스크바에서, 그 다음에는 지방의 각 지역에서 벌어졌다. 이제 반대파를 해롭지 않은 분파로 만들어야 할 때라고 주장하는 목소리가 지방에서 터져 나왔다.

중앙통제위원회와 중앙위원회는 8월 1일에 트로츠키를 추방한다는 내용의 동의안을 다시 검토했다. 이때 스탈린과 부하린 등이 또다시 아주 단호한 어조로 트로츠키를 비난한 뒤에 끝없이 긴 기소장을 읽어내려 갔다. 그들은 기소장에서 1903년부터 시작된 트로츠키의 정치적 과거를 온갖 세세한 것까지 다 들춰내어 거기다 가장 음침한 색깔을 입혔다. 심지어 오래전에 이미 잊힌 혐의까지 새로이 들춰졌다. 예를 들어 1919년에 군부 반대파가 그에 대해 제기했던 혐의, 즉 내전 때 트로츠키가 군대 내 공산주의자들의 적이었으며, 그가 용감하고 무고한 인민위원들을 총살하라는 명령을 내렸다는 혐의도 다시 끄집어내어졌다.[82] 그러나 이번 기소장의 핵심이 된 것은 클레망소 진술이었고, 이것으로 미루어보건대 전쟁이 일어나면 반대파가 충성스러운 행동을 하고 소련의 방위에 기여할 것이라고 믿을 수 없다는 것이었다.

이에 대한 답변으로 트로츠키는 여러 해에 걸쳐 당의 방위정책에 대해, 그리고 전쟁과 평화에 관한 공산주의 인터내셔널의 견해를 정식화하는 데 대해 자기가 짊어졌던 엄청난 책임을 상기시켰다. 그는 스탈린과 부하린이 방위 문제와 관련해 '부러진 갈대(믿을 수 없는 것 ─ 옮긴이)', 또는 그의 표현을 그대로 옮기면 '썩은 동아줄'과 '썩은 버팀목'에 의존한다고 공격했다. 그들은 영소위원회를 간섭과 전쟁에 대한 방벽이라고 하지 않았던가? 그런데 그것은 썩은 버팀목임이 판명되지 않았는가? 그들이 중국 국민당과 맺은 동맹은 썩은 동아줄이 아니었던가? 그들은 중국혁명을 방해함으로써 소련을 약화시키지 않았던가? 보로실로프는 "중국에서 농민혁명은 군 장성들의 북벌에 간섭하게 될 수 있다"고 말한 바 있다. 그러나 이는 장제스의 견해와 정확하게 똑같은 것 아닌가? 트로츠키는 이렇게 지적했다. "당신들은 군사적 원정을 위해 혁명에 제동을 걸었습니다. (…) 마치 혁명은 (…) 그 자체가 억압자들에 대항하는 피억압자들의 원정이 아닌 듯이. (…) 당신들은 '군대의 후위'에서 소련의 건설에 대항하고 나섰습니다. 마치 혁명이 군대의 후위인 것처럼! 당신들은 이틀 뒤에 후위에서 노동자와 농민들을 탄압하게 되는 장성들의 배후지가 와해되지 않도록 하기 위해 그렇게 했습니다." 방위 인민위원이자 정치국 위원인 보로실로프의 발언은 그 자체로 "실패한 전투에 해당하는 파국"이라고 트로츠키는 지적했다. 전쟁이 일어나면 "당신들이 손에 잡고 있던 썩은 동아줄이 산산조각으로 부서질 것"이며, 바로 이런 이유에서 반대파는 스탈린주의자들의 지도력을 비판하지 않을 수 없다는 것이었다.

그러한 비판이 소련의 도덕적 입지를 약화시키는 것은 아닐까? 이런 질문을 던지는 것은 "교황청이나 봉건적인 장성들에게나 합당한 일"이라고 트로츠키는 말했다. 가톨릭교회는 자기의 권위를 신자들이 절대적으로 인정할 것을 요구한다. 혁명가는 비판하면서도 지지한다. 혁명가는 비판할 권리가 부정되지 않을수록 투쟁의 시기에 자신이 직접 참여하게 되는 운동의 창조적 발전과 강화에 더욱더 헌신한다. "우리가 필요로 하는 것은 위선적인 신성연합(神聖聯合, 1차대전 초기에 프랑스에서 성립된 초당적 거국일치 체제─옮긴이)이 아니라 정직한 혁명적 단합"이라고 트로츠키는 지적했다. 전쟁을 승리로 이끄는 것은 무기가 아니다. 병사들은 무기를 휘두르기도 해야 하지만, 그에 앞서 사상에 의해 고무된다. 그렇다면 볼셰비키의 방위정책을 떠받치는 사상은 무엇인가? 승리를 확보하는 두 가지 방법이 있다. 그중 하나는 반대파가 제안하는 대로 혁명적 국제주의의 정신에서 전쟁을 수행하는 것이다. 다른 하나는 테르미도르 반동의 방식으로 전쟁을 수행하는 것이다. 그러나 이런 방식으로 전쟁을 수행해 거둘 수 있는 승리는 쿨라크들을 위한 승리, 노동자들에 대한 억압, 그리고 '점진적인 자본주의화'를 의미할 것이다. 스탈린의 정책은 이 둘 중 어느 쪽에도 해당되지 않는다. 그는 둘 사이를 오락가락하고 있다. 그러나 전쟁은 우유부단함을 용납하지 않을 것이다. 전쟁은 스탈린주의 그룹으로 하여금 선택을 하도록 강요할 것이다. 자기들이 어디로 가고 있는지도 모르는 스탈린주의 그룹은 어떤 경우에도 승리를 확보하지 못할 것이다.

트로츠키의 연설이 이 지점에 이르자 지노비예프가 큰 목소리로 열렬한 동의의 뜻을 밝혔다는 기록이 남아있다. 그러나 트로츠키는 이 지점에서 잠시 멈추고, 방금 한 말을 수정했다. 그는 스탈린의 지도력은 "승리를 확보할 수 없다"고 한 말을 "승리를 더 어렵게 할 것"이라고 바꾸었다. 이때 몰로토프가 끼어들어 "그러나 그때에도 당은 있지 않은가?"라고 말하자 트로츠키는 "당신이 당을 교살하지 않았는가?"라고 대꾸했다. 이어 그는 스탈린 아래에서는 승리가 "더욱 어려울 것"이라고 신중하게 되풀이했다. 그러므로 반대파는 소련의 방위와 스탈린주의의 방위를 동일시할 수 없다는 것이었다. 트로츠키는 이렇게 말했다. "반대파는 단 한 사람도 전쟁 직전이나 전쟁 중에 당의 경로를 바로잡기 위한 투쟁을 할 권리와 의무를 포기하지 않을 것입니다. (…) 바로 여기에 승리의 가장 중요한 전제조건이 놓여 있습니다. 요약해봅시다. 사회주의 조국을 위해 싸워야 하는가? 그렇습니다! 스탈린주의 경로를 위해 싸워야 하는가? 그렇지 않습니다!"[83]

2차대전이 끝난 뒤에는 트로츠키의 이런 예언이 스탈린의 눈부신 승리 속에 소멸된 것처럼 보였다. 스탈린은 러시아의 승리를 확보했고, 그 뒤에 이어진 상황은 '점진적인 자본주의화'의 모습을 보이지 않았다. 하지만 트로츠키가 위와 같은 예언을 한 시점은 신경제정책(네프)이 최고

조에 이르렀을 때였다. 그때 러시아는 아직 공업적으로 가장 후진적인 국가였고, 사적 농업이 나라의 지배적인 현상이었으며, 쿨라크의 힘이 강화되고 있었다. 그리고 당은 아직 서로 갈등하는 여러 경향들의 소용돌이 속에 있었다. 게다가 그는 지배집단들이 임박했다고 주장한 위험에 대해 조건부로 이야기한 것이었다. 이런 상황이 그대로 유지되는 가운데 전쟁이 수행됐다면 그 전쟁이 어떤 경로를 거쳤을 것이며, 그 속에서 스탈린이 어떻게 했을지에 대해서는 추측만 해볼 수 있을 뿐이다. 어쨌든 바로 그러한 상황에서는 1941년부터 1945년까지의 소련에 대해 트로츠키가 평가한 전망이 지금 얼핏 보기보다 훨씬 그럴듯한 것이었다. 더구나 2차대전 뒤에도 스탈린주의는 동부 및 중앙 유럽으로 지배력을 강제로 확장함으로써 소련 내부의 긴장을 해소하려고 했다. 이에 비추어볼 때 지배력 확장에 대한 대안은 트로츠키가 언급했던 소련 내부의 '점진적 자본주의화'였다고 주장하는 이들도 있을 것이다. 그리고 승리라는 관점에서는 전쟁과 관련해 스탈린과 보로실로프가 무능하다는 트로츠키의 혹평이 전혀 근거가 없었던 것 같지는 않다. 러시아와 독일 간의 교전 초기인 1941년의 몇 달간 보로실로프가 워낙 형편없이 주저하고 실수를 저지른 탓에 그 뒤로 그는 고개를 들 수가 없었다. 스탈린의 경우는 훗날 여러 해에 걸쳐 독재자로서 절대적 통치를 하는 과정에서 경험적인 군사지식을 습득하게 되지만, 당 서기장이었던 1927년에는 그러한 군사지식을 거의 갖고 있지 않았다. 2차대전 때 스탈린이 한 역할은 지금도 그렇지만 앞으로도 오랜 세월 역사적 논쟁의 주제로 남겠지만, 스탈린 치하에서 수행된 전쟁에서 승리를 거두기가 실제로 필요 이상으로 힘들었던 것은 사실이다. 만약 스탈린보다 더 멀리 내다볼 줄 아는 지도자가 전쟁 수행을 지휘했다면 소련은 개전 초기였던 1941년과 1942년에 그토록 심각한 패배를 겪지 않았을 것이고, 최종적인 승리를 위해 사람의 생명과 재산을 그토록 엄청나게 희생시키는 대가를 치를 필요가 없었을 것이다.[84]

트로츠키의 태도가 지닌 약점은 그가 적들에 대항해 한 말 속에 있었던 것이 아니었다. 약점은 다른 곳, 즉 그가 전시에 반대파가 할 행동을 미리 그려 보인 방식에 있었다. 거기에 일말의 패배주의도 들어 있지 않았던 것은 분명하다. 하지만 그는 도대체 어째서 자기가 소련판 클레망소의 역할을 하고 있다고 생각했던 것일까? 그는 중앙위원회와 중앙통제위원회가 자기를 축출한다는 내용의 동의안을 놓고 토론을 계속하던 8월 6일에 이 문제를 다시 거론했다. 그는 자기에게 반란 선동의 혐의를 씌우는 것은 터무니없는 일이라고 말했다. 클레망소는 반란이나 쿠데타를 일으키거나 위헌적인 방식의 행동을 한 적이 전혀 없었고, 자기가 반대하는 정부를 와해시키고 매우 합법적인 방법으로 권력을 장악했으며, 그렇게 하기 위해 의회 제도를 이용했을 뿐이라고 트로츠키는 지적했다. 그러나 소련에는 그러한 의회 제도가 없지 않느냐는 질문에 트로츠키는 "그렇다. 다행스럽게도 우리는 그런 것을 갖고 있지 않다"라고 대답했다. 그렇다면 반대파가 과연 그 어떤 방법을 써서 정부를 합헌적으로 와해시킬 수 있단 말인가? 트로츠키는 계속해서 이렇게 말했다. "그러나 우리는 당 조직을 갖고 있다." 다시 말해 반대파는 당헌당규 안에서 행동하고, 중앙위원회 또는 당대회에서 투표로 스탈린을 와해시키고자 한다는 것이었다. 그러나 명목상의 당헌이 있기는 하나 그것은 거짓된 것이고, 진짜 당헌은 스탈린의 관료적 독재라고 트로츠키 자신이 거듭해서 말하고 주장하지 않았던가? 매일 매일의 상황이 그런 그의 주장이 사실임을 입증해주지 않는가? 트로츠키는 바로 그것이 반대파가 당내 체제를 개혁하기 위해 애쓰는 이유라고 대답했다. "전시에도 당은 더 유연하고, 더 건전하고, 더 건강한 당내 체제를 보존, 아니 복구해야 하며, 그렇게 돼야만 당이 제때에 비판하고, 제때에 경고하고, 제때에 정책을 바꿀 수 있을 것이다." 그런데 지배분파들은 이런 일에 전혀 신경을 쓰지 않았다. 그들은 그러한 개혁을 허용해 합헌적인 방식으로 지도부가 교체되는 것을 허용하지 않으려 했다. 그들은 이런 점을 염두에 둔 채 트로츠키의 선언을 들었고, 트로츠키가 의회적 절차나 투표를 통해서는 스탈린을 와해시킬 수 없을 것이므로 결국 쿠데타라는 수단을 동원할 것이라는 결론을 내렸다. 그들의 관점에서는 트로츠키의 클레망소 진술을 '반란을 일으킬 반대파의 권리'를 선언한 것으로 간주하는 것이 일관성 있는 태도였다. 이때는 트로츠키가 실제로 그런 권리를 선언한 것이 아니었다. 그러나 8~9년 뒤에 트로츠키는 망명지에서 실제로 그런 권리를 내세우게 된다. 그리고 지배분파들은 트로츠키가 그런 선언을 하는 사태가 바로 그들 자신이 만들어낸 상황 속에 내재돼 있음을 알게 된다.

트로츠키는 내전을 수단으로 삼아 당에 대한 장악력을 영속화하는 동시에 권력을 유지하려 하는 것은 바로 그들이며, 같은 수법으로 반대파까지 분쇄하려 한다는 것을 더욱 거대한 논리를 통해 주장했다. 사실 클레망소 진술을 비난하는 목소리를 높임으로써 스탈린은 자기의 통치가 침해되거나 박탈될 수 없으며 그것을 대체하려는 시도는 무조건 반혁명에 해당한다는 원칙을 수립하기 시작한 셈이었다. 볼셰비키의 전통은 그러한 원칙을 공개적으로 선포하는 것을 용납하지 않았기 때문에 스탈린은 그러한 원칙을 간접적으로 수립하려 했다. 클레망소 진술에 대한 격한 비난은 지배그룹과 반대파 사이의 간극이 얼마나 넓고 깊으며 메워질 수 없는 것인지를 드러냈다. 상황의 압력으로 인해 그들이 서로 주고받게 된 말들은 이미 내전의 용어였다.

그러나 이때에도 당 재판부는 트로츠키를 축출하는 동의안에 대해 두 달째 숙고하기만 할 뿐 그것을 통과시키는 데는 반대하고 있었다. 또다시 스탈린은 자기의 지지자들과 동료들보다 앞질러 달린 것이다. 그들은 아직 그가 시키는 대로 할 준비가 돼있지 않았다. 그들은 아직 과거의 충성스런 당원들과 이리저리 연결돼 있었고, 자기들의 적을 동지라고 생각했고, 당헌당규의 세부규정에 얽매였으며, 볼셰비키적 태도를 겉모습만이나마 유지하려고 했다. 그들은 반대파와 다시 화해하고자 했다. 반대파의 입장에서는 그들과 타협할 수 있다면 반가운 일이었다. 그래서 트로츠키와 지노비예프는 반대파가 당과 국가에 대해 충성을 다 바치며 그 어떤 비상상황에서도 무조건 소련의 방위를 위해 헌신할 것이라고 선언함으로써 클레망소 진술로 야기된 흥분의 분위기를 진정시키려고 했다. 새로운 '휴전'이 이루어졌고, 8월 8일에 중앙위원회와 중앙통제위원회는 트로츠키의 축출에 관한 동의안을 무시하고 반대파의 수장들을 견책하기로 결정하는 선에서 이 문제에 대한 논의를 끝냈다.

당분간은 반대파가 15차 당대회에 참여하고 거기에서 당에 대한 새로운 호소를 하게 될 것처럼 보였다. 반대파 지도자들은 완벽하고 체계적인 정책들을 담은 하나의 강령을 작성했다. 그들이 그동안 당대회에 발표했던 그 어떤 문서도 그 정도로 완벽하고 체계적이지 않았다. 이 강령은 반대파 서클들에서 철저히 토의되고 다듬어졌고, 신중하게 수정되고 보완됐다.[85] 그러나 상황은 '정상화'가 가능한 수준을 이미 넘어선 지 오래였다. 이때의 휴전은 마지막 휴전이었고, 이전의 휴전에 비해 그 지속기간도 짧았다. 지배분파들은 가까스로 징벌을 모면한 반대파의 지도자들이 이제 때를 기다리는 자세를 취할 것이라는 암묵적인 판단 아래 휴전에 마지못해 동의했다. 그러나 반대파의 지도자들은 가만히 앉아서 기다리는 것이 자기들의 의무라고 생각하지 않았다. 그들은 당 전체에 걸쳐 토론이 전개되는 시기인 당대회 직전 몇 개월 동안에는 자기들의 기준으로 볼 때 정상적인 의견표현과 비판을 계속할 수 있다고 생각했다. 스탈린과 그의 심복들은 휴전을 무효화하기 위해 할 수 있는 일을 다 했다. 스탈린은 적당한 구실이 있건 없건 반대파 지지자들을 처벌하거나 축출하기를 계속함으로써 반대파를 자극했다. 그는 반대파가 자기들끼리 강령을 작성하는가 하면 독일 등지에 있는 자기네 동조자들에 대한 비판에 동참하지 않는 등 휴전을 깨뜨렸다고 반대파를 탓했다. 급기야 그는 자기가 추진하는 일이 더디게 진행되자 15차 당대회 소집일을 한 달 연기했다.

9월 6일에 트로츠키와 그의 친구들은 정치국과 중앙위원회에 접근해 서기장이 자기의 개인적인 정책을 추구하고 있으며, 그 정책은 대다수의 스탈린주의자들이나 부하린주의자들의 정책과도 부합하지 않는다고 지적했다. 그러면서 그들은 새로운 박해에 관한 자세한 보고서와 당대회 소집 연기에 대한 항의문을 제출했다. 트로츠키는 당대회가 열리기 전에 그동안 축출된 반대파들을 참여시킨 가운데 진정한 사전 토론회를 열 것을 다시 한 번 요구했다. 그는 또한 과거에 존중되던 관습에 따라 중앙위원회가 반대파의 강령을 인쇄해 다른 모든 공식 문서들과 함께 당대회에 참석하는 당원들에게 회람시킬 것을 요구했다. 그러나 스탈린의 격렬하고 가차 없는 개입으로 인해 중앙위원회는 반대파의 항의를 묵살하는 동시에 반대파의 강령을 당대회 토론자료의 일부로 인쇄해 발간하기를 거부했다. 게다가 중앙위원회는 반대파가 자체적으로 강령을 인쇄해 회람시키는 것도 금지했다.

당연히 이 문제는 새로이 논쟁의 불씨가 됐다. 반대파로서는 중앙위원회의 금지조치를 따르는 것은 영구히 굴욕적인 항복을 하게 됨을 뜻했다. 그러나 중앙위원회의 금지조치를 대놓고 조롱하는 것도 위험했다. 그렇게 하면 강령을 비밀리에 또는 거의 비밀스럽게 인쇄해 회람시킬 수밖에 없게 되기 때문이었다. 반대파는 그러한 위험을 감수하기로 결정했다. 보복을 피하며 '타격의 범위를 넓히면서' 당대회에 영향을 주기 위해 트로츠키와 지노비예프는 지지자들에게 강령에 집단적으로 서명해줄 것을 요구했다. 서명한 것을 다 모으면 반대파를 지지하는 당원들의 수가 드러나게 될 터였다. 따라서 이 서명운동은 처음부터 반대파가 자기 힘을 시험하는 것이었다. 지금껏 이런 식으로 반대파가 자기 힘을 시험해보려 한 적은 없었다.

스탈린은 서명운동이 그대로 진행되도록 내버려둘 수는 없었다. 9월 12일 밤 또는 13일 새벽에 게페우가 반대파의 '인쇄소'를 급습해 강령을 인쇄하고 있던 사람들을 체포한 다음 음모집단을 적발했다고 요란하게 발표했다. 게페우는 악명 높은 반혁명 분자들과 공모한 반대파 사람들을 현행범으로 체포했으며, 랑겔의 백위대 장교였던 자가 반대파를 위해 인쇄소를 차려준 것으로 드러났다고 주장했다. 인쇄소가 습격당한 날에 트로츠키는 카프카스로 가고 없었다. 대신 프레오브라젠스키, 음라치코프스키, 세레브리아코프 등 몇몇 반대파 지도자들이 반박하고 나서면서 인쇄소와 강령 발간의 문제는 전적으로 자기들이 책임질 일이라고 선언했다. 세 사람 모두 즉각 당에서 축출됐고, 음라치코프스키는 투옥되기까지 했다. 반대파의 유명인사에게 이 정도의 징벌이 가해진 것은 이번이 처음이었다.

이 사건은 1930년대 대숙청의 바탕이 되는 '혼합물'을 예고하는 것이었다. 게페우의 발표는 '체임벌린에서 트로츠키에 이르는 통일전선'에 관해 스탈린이 단언하는 말을 미심쩍은 태도로 듣던 사람들 모두에게 압박이 가해지도록 계산된 것이었다. 그동안 양심의 가책을 느끼고, 스탈린이 말하는 '통일전선'이란 순전히 그의 상상의 산물이 아니냐고 의심하던 이들에게 이번에 새로이 발각된 음모에 관한 이야기가 어떤 확신을 심어줄 것이라고 게페우는 계산했다. '랑겔의 백위대 장교'였다는 인물은 반대파와 세계의 제국주의라는 어둠의 세력 사이의 연결고리로 등장했다. 의심을 품고 있거나 혼란스러워 하던 사람들은 분명한 경고를 받은 셈이었다. 이런 사람들은 공식 지도자들을 겨냥한 활동은 그게 무엇이든, 설령 그 활동이 얼핏 보기에 아무리 순수해 보이더라도, 자기가 직접 하는 것은 말할 것도 없거니와 남이 하는 것을 묵인하기만 해도 걸려들 수 있는 그물을 보게 된 것이었다.

그것은 잘 겨눠진 타격이었다. 게페우의 발표가 조작임이 반대파에 의해 어느 정도 드러나기 전에 이미 그 타격은 반대파에 상처를 입혔다. 트로츠키는 카프카스에서 모스크바로 돌아왔다. 그와 지노비예프, 카메네프는 제르진스키가 죽은 뒤에 계속해서 게페우의 수장으로 있는 멘진스키에게 항의하면서 음모라는 것의 정황이 터무니없음을 설명했다. 게페우는 인쇄소에서 강령의 사본을 만들고 있는 반대파 사람들을 체포했다고 발표했다. 하지만 반대파는 차르의 시절에는 모든 지하조직들이 다 운영했던 종류의 비밀 인쇄소를 갖고 있지도 않다는 사실이 드러났다. 다만 소수의 젊은이들이 자원해서 타자로 강령의 사본을 만들었다. 이런 젊은이들 가운데 일부는 물론 당원이 아니었지만, 그건 그들을 탓할 이유가 되지 않았다. 스탈린은 '부르주아 지식인들'이라는 표현 이상으로 그들에게 타격을 가할 낙인을 찾을 수 없었다. 랑겔의 전직 장교가 강령의 사본 제작에 실제로 도움을 주었고, 그것을 회람시키는 일도 도울 것이라고 약속했던 것은 사실이었다. 그러나 그 전직 장교는 게페우가 밀정으로 고용한 인물로서 그의 임무는 반대파를 염탐하는 일이었다. 이는 멘진스키가 처음에는 트로츠키와 카메네프에게, 그 다음에는 중앙위원회에 인정한 사실이다. 스탈린은 이것이 사실임을 확인하면서 이렇게 말했다. "그렇지만 랑겔의 전직 장교가 반혁명 음모를 캐내기 위해 소련 정부를 도운 것에 무슨 잘못이 있단 말인가? 소련의 정부당국이 전직 장교를 끌어들여 반혁명 조직을 적발하는 일을 시킬 권리를 갖고 있음을 과연 누가 부정할 수 있는가?"[86] 이처럼 스탈린은 처음에는 반대파의 활동이 반혁명적 성격을 갖고 있음을 보여주는 유력한 증거로 랑겔의 전직 장교를 지목하고서는, 나중에는 자기가 그런 증거를 제시하기 위해 그 전직 장교를 이용하지 말았어야 할 이유가 어디에 있느냐고 말했다. 반대파는 "우리의 적들, 박해자들, 중상모략꾼들!"이라고 외쳐댔다. 그러나 반대파는 그러한 중상모략이 끼친 영향으로부터 회복되지 못했다.

트로츠키가 서둘러 모스크바로 돌아온 것은 단지 이 사건 때문만이 아니었다. 그가 카프카스에 있을 때 코민테른이 9월 말 이전에 간부회의를 열고, 인터내셔널 집행위원회에서 트로츠키를 축출하는 문제를 간부회의의 안건으로 올릴 것이라고 발표했다. 9월 27일에 인터내셔널 집행위원회에 출석한 트로츠키는 전 세계 공산당이 파견한 대표들 앞에서 경멸조로, 그러나 열정적으로 마지막 연설을 했다. 코민테른의 간부회의가 트로츠키를 심판하는 장면은 기괴했다. 인터내셔널의 창립자들 가운데 한 사람인 트로츠키를 심판하는 자리에 앉은 해외 공산주의자들은 트로츠키가 혁명에서 해낸 공적을 전면 부인하고 있었다. 하지만 사실상 그들이야말로 거의 모두가 혁명가로서는 완전한 실패한 인물들이었다. 그들은 무산된 봉기의 선동자이거나, 거의 전문적이라고 할 수 있을 만한 혁명의 실패자이거나, 피고인(트로츠키 — 옮긴이)이 탁월할 역할을 수행했던 10월혁명이라는 영광의 빛을 쬐기만 하고 있는 별 볼일 없는 분파들의 수장이었다. 그들 중에는 마르셀 카생도 있었다. 카생은 트로츠키가 1차 대전 중에 침머발트 선언의 작성자라는 이유로 프랑스에서 추방될 때 무솔리니의 전쟁 찬성 캠페인을 지원하기 위해 프랑스 정부가 파견한 요원으로 이탈리아에 가 있었다. 그 외에 장차 파시스트로서 히틀러의 꼭두각시 노릇을 하게 되는 도리오,[87] 1933년에 독일 공산주의자들이 히틀러에게 투항할 때 독일 공산당을 이끌다가 히틀러의 강제수용소에서 죽게 되는 텔만, 중국 공산당이 장제스에게 굴복하도록 유도하기 위해 나름대로 최선을 다하고 중국에서 막 돌아온 로이, 해외 공산당들 가운데 가장 세력이 미미한 영국 공산당에서 파견한 이로 트로츠키를 축출하는 동의안을 상정시키는 역할을 맡은 머피도 거기에 있었다. 이들이 트로츠키에게 모욕을 가하는 만큼 트로츠키도 이들에게 경멸의 말을 퍼부었다.

트로츠키는 집행위원회 위원들에게 이렇게 말했다. "당신들은 내게 규율위반 혐의를 씌우고 있습니다. 나는 당신들의 판결도 이미 준비돼 있다고 확신합니다."[88] 집행위원회 위원들 가운데 어느 누구도 감히 스스로 어떤 결정을 내리려고 하지 않았다. 그들은 모두 받은 명령을 수행하기만 할 뿐이었다. 그들의 굴종적인 태도가 확연했기에 소련 공산당의 서기장(스탈린-옮긴이)은 외국의 공산당이 소련으로 보낸 외교관에게 러시아의 외딴 지방의 하급 관리에 해당하는 직책을 맡기는 오만까지 부릴 수 있었다. 그 외교관은 유고슬라비아의 코민테른 상주대표인 부요비치였다. 지노비예프주의자인 그도 코민테른에서 축출될 처지에 놓여 있었다. 트로츠키는 러시아 당의 일을 인터내셔널에 호소했던 데 대한 해명을 하라는 요구를 받았다. 이에 대해 트로츠키는 "마치 차르의 시절처럼 지금도 집달리가 자기의 상관에 대한 불평을 하는 자라면 그가 누구든 두들겨

패고 있다"고 표현했다. 국제 공산주의의 지도자라는 사람들이 자기의 체면 정도는 유지하려는 자존심도 갖고 있지 않았다. 아부하는 태도가 지나친 나머지 그들은 장제스와 왕징웨이를 집행위원회에서 축출하는 것을 잊어버렸고, 그 덕분에 중국 국민당은 여전히 인터내셔널과의 관계를 유지하고 있었다. 그러나 그들이 지금 심판해야 할 대상은 살아있는 러시아혁명 그 자체였다.[89]

트로츠키는 이렇게 말을 이어갔다. 운명적인 4년간 당신들은 인터내셔널 총회를 소집한 적이 없다. 레닌의 시절에는 매년 한 번씩 총회가 열렸다. 이는 내전의 시기나 봉쇄에 직면한 시기에도 변함없었다. 그러나 지난 4년간은 그동안 떠오른 중요한 문제들 가운데 그 어느 것에 대해서도 토론을 벌이지 않았다. 이는 그런 모든 문제들을 거론하는 것 자체가 금기시됐기 때문이고, 그런 모든 문제에서 스탈린의 정책이 파탄 났기 때문이다. "공산당 기관지들은 왜 계속 침묵하는가? 인터내셔널의 기관지는 왜 계속 침묵하는가?" 집행위원회는 거의 매일같이 공산당들의 조직을 짓밟고 있고, 러시아의 반대파에 규율위반의 혐의를 씌우고 있다. "반대파의 유일한 죄는 혁명에 재난을 초래해온 스탈린주의 서기국의 은밀한 음모에 대해 그동안 지나치게 수용적이었다는 것"이라고 트로츠키는 고백했다. "러시아 당이 당대회를 준비하는 방식은 엉터리다. (…) 스탈린이 가장 좋아하는 무기는 중상모략이다." "역사를 아는 사람이라면 누구나 권력찬탈자의 길은 한걸음 한걸음이 항상 그러한 혐의 날조의 자국을 남긴다는 것을 안다." 반대파는 혁명에 치명적인 위험이 되는 정권에 대항해 자기 목소리를 낼 권리를 포기할 수 없다면서 그는 이렇게 주장했다. "병사의 두 손이 묶여 있을 때는 적이 아니라 그 병사의 두 손을 묶고 있는 밧줄이 위험의 주된 원인이다."

트로츠키 축출 동의안을 작성한 머피는 이렇게 회상한다. "그는 가능한 최대한의 활력을 발휘하며 공격을 시작했다. 그는 지난 3년간 논의돼온 문제들의 모든 측면에 걸쳐 우리에게 도전했다. (…) 그것은 그만이 해낼 수 있는 법적인 논증의 노력이었다." 그런 다음 트로츠키는 한때 자신이 큰 기대를 걸었던 조직(코민테른—옮긴이)의 집행위원회 위원들에게 등을 돌리고는 "머리를 꼿꼿이 세운 채 걸어 나갔다"는 것이다.[90] 집행위원회 위원들, 러시아 당의 중앙위원회 위원들은 아직 떨쳐내지 못한 양심의 가책도 느끼지 않는 듯 주저함이 없었다. 집행위원회의 판결이 이미 준비돼 있음이 분명했다.

모스크바의 갈등은 한바탕 국제적 동요를 불러일으키게 되는 외교적 사건으로 이어졌다. 영국과 소련 사이에 불화가 일어난 뒤에 소련과 프랑스 사이의 관계도 악화됐다. 프랑스의 정부와 언론은 미상환 부채에 관한 예전의 요구를 다시 제기하고 나섰다. 레닌의 정부가 해외 채권자들에 대한 차르의 부채 전체에 대해 상환을 거부한 뒤로 이런 요구를 받은 것은 처음이었다. 정치국과 중앙위원회가 이 문제를 간간이 논의하기는 했다. 1926년에 트로츠키는 프랑스에 유화적 대응을 하는 쪽을 지지했다. 당시 영국에서는 노사분쟁이 한창이었고, 중국혁명은 상승세에 있었으며, 프랑스는 인플레이션의 부작용으로 어려움을 겪고 있었다. 이런 상황에서는 소련이 어느 정도 힘을 발휘할 수 있는 위치에 있다고 할 수 있었다. 그래서 트로츠키는 소련이 프랑스 쪽에 일정한 양보를 함으로써 소규모 채권자들의 고충을 해소해주는 것이 바람직하다고 생각했다. 트로츠키의 회상에 의하면, 당시 스탈린은 과도한 자신감을 내비치면서 부채청산에 관한 이야기에 전혀 귀 기울이지 않았다. 그 뒤인 1927년 가을에 부채 문제가 다시 쟁점화되자 스탈린은 프랑스의 요구를 어느 정도 들어주려고 했다. 그러나 이때는 트로츠키와 그의 친구들이 반대했다. 중국혁명이 좌절되고, 영소위원회가 붕괴하고, 영국과의 관계가 틀어진 뒤이므로 소련 정부는 양보하기에 너무 허약한 위치에 서게 됐으며, 따라서 소련이 자진해서 양보하고 나서는 것은 허약함을 드러내는 신호로 받아들여질 수 있다고 트로츠키는 주장했다.

반대파로서는 대사인 라코프스키가 파리에서 협상에 임하게 되면서 프랑스인들의 표적이 된 것으로 인해 상황이 복잡해졌다. 이미 8월에 모스크바에 온 프랑스 외교관이 라코프스키가 트로츠키주의 반대파와 관계를 맺고 있다는 점에서 자국 정부가 불편해 하고 있다고 말한 바 있었다.[91] 그런가 하면 중앙위원회에서는 스탈린이 라코프스키와 트로츠키 사이를 이간질하려 했다. 스탈린은 충성스런 반대파인 라코프스키가 프랑스에 양보할 것을 모스크바 당국에 촉구하고 있다고 주장했다. 트로츠키는 라코프스키에게 편지를 보내 파리에서 그가 하는 역할이 당내 갈등의 쟁점이 됐음을 염두에 두라고 요구했다.[92] 반대파와 트로츠키에 대한 라코프스키의 충심을 감안할 때 그의 역할을 상기시키는 트로츠키의 이 같은 요구는 그의 마음에 깊이 새겨질 수밖에 없었다. 그러나 트로츠키의 이 편지가 그에게 도착하기도 전에 그는 이 시기의 가장 커다란 외교적 사건 중 하나를 초래할 일을 저질렀다. 자본주의 국가들의 노동자와 병사들에게 전쟁이 일어날 경우 소련을 방위해달라고 촉구하는 선언서에 서명을 한 것이다. 부르주아 정부들과 '안정화'되고 '정상화'된 외교관계를 유지하던 이 시기에 소련의 대사가 이와 같은 혁명적 호소를 하는 것은 관례에 어긋나는 행동이었다. 프랑스의 언론들이 맹비난에 나섰다. 프랑스 정부는 라코프스키와는 더 이상 접촉하지 않겠다고 선언했다. 프랑스 외무장관인 아리스티드 브리앙은 반대파의 지지자가 소련 정부를 대표해 파리에 주재하는 것은 어쨌든 적절하지 않으니, 소련 정부는 방자한 대사에 대해 소환보다 더 적극적인 조치를 취하라고 요구했다.

모스크바의 대응은 모호했다. 외무인민위원인 치체린은 대사를 옹호했지만, 프랑스 외무부로서는 라코프스키에 대한 공격이 치체린의 상급자들에게는 전혀 반갑지 않은 것은 아니라고 생각할 만한 이유가 있었다. 트로츠키는 스탈린이 라코프스키를 소환하는 문제에서 속임수를 쓰고 있으며, 소련 외무당국은 브리앙에게 볼셰비키 당의 내부 문제에 간섭하지 말라고 말해줘야 했다고 주장했다. 그러나 프랑스 정부가 이미 라코프스키와 접촉하지 않겠다고 선언했으므로 모스크바로서는 그를 소환하는 것밖에 다른 도리가 없었다. 라코프스키는 외교관으로서는 뛰어났지만 자기가 외국에 파견된 것에 대해 불만을 품고 있었고, 4년간의 공백기를 끝내고 국내의 투쟁에 참여하게 되기를 간절히 바라고 있었다. 트로츠키 역시 오랜 친구를 가까이에 둘 수 있게 된 데 대해서는 기뻐했다. 반대파는 라코프스키의 소환과 관련된 상황에서 약간의 정치적 이득도 취했다. 반대파의 수장들 가운데 하나인 그가 해외의 노동자와 병사들에게 소련을 방위해 달라고 호소했다는 이유로 프랑스 부르주아 정부의 적대 대상이 됐다는 사실은 반대파에 대한 '패배주의' 및 '체임벌린에서 트로츠키까지의 통일전선'이라는 혐의를 분명하게 반박해주는 것이었다.

스탈린은 자기의 적들에게 혐의만 잔뜩 덮어씌우는 것만으로는 충분하지 않음을 깨닫고는 보다 적극적인 방식으로 자기의 대중적 인기도를 높이는 노력을 기울였다. 반대파는 바로 전해에 제기했던 요구들을 강령을 통해 다시금 제기하고 나섰다. 그것은 지배분파들도 이행하려는 듯한 태도를 보였던 사안들이었다. 반대파는 저임금 노동자들의 임금을 올려주고, 하루 8시간 노동이 엄격하게 지켜지게 하고, 빈농들에게 세금을 감면해주라는 등의 요구를 했다. 강령에서 반대파는 지배분파들이 약속했던 것들을 전혀 지키지 않았고, 프롤레타리아와 준프롤레타리아 대중의 생활이 더욱 악화됐다고 주장했다. 스탈린은 이에 대한 대응으로 놀라운 조치를 취했다. 그는 하루 7시간, 주 5일 노동제를 정부에서 곧 도입할 것이며 이렇게 노동시간이 단축되더라도 노동자들은 종전과 똑같은 임금을 받게 될 것이라고 발표했다. 그리고 이러한 개혁조치의 선포는 다가오는 10월혁명 10주년 기념일에 있을 것이라고 했다. 그날 정치국이 하루 7시간 노동제를 사회주의의 역사상 가장 위대한 업적이자 첫 10년간의 혁명을 결산하는 조치라고 규정하는 엄숙한 선언을 할 것이라는 소식이었다.

  이것은 순전한 기만이었다. 소련은 가난해서 그러한 개혁조치를 취할 여유가 없었다. 30년 뒤에도, 즉 소련이 세계 2위의 공업국이 된 뒤에도 소련의 노동자들은 여전히 하루 8시간, 주 6일 노동을 했다.[93] 그러나 스탈린은 이 문제와 관련된 경제적 현실에 구애되지 않았다. 그는 노동조합과 고스플란은 물론이고 심지어 중앙위원회하고도 사전논의를 하지 않은 채 세상을 떠들썩하게 만들 이런 입법조치를 취할 것이라고 발표했다. 부하린주의자들은 미심쩍어했다. 노동조합을 이끌고 있던 톰스키는 이런 곡예에 대한 혐오감을 감추지 않았다. 그럼에도 스탈린은 그 곡예를 강행했다. 그는 이 안에 대한 공식적이고 엄숙한 승인을 받기 위해 10월 중순에 레닌그라드에서 전(全)소비에트 중앙집행위원회의 특별회의를 연다는 소집령을 내렸다.

  10월 15일에 열린 특별회의에서 키로프가 스탈린의 조치에 관한 공식 보고서를 제출하자 트로츠키는 그 계획의 기만성을 폭로했다. 트로츠키는 반대파가 적당한 수준의 임금인상을 요구했을 때 그 요구가 나라의 경제적 자원을 훼손시키려는 위협이라는 이유로 가차 없이 기각당했음을 상기시켰다. 그런데 지금은 경제가 하루 7시간 노동을 어떻게 지탱할 수 있다는 것인가? 반대파는 국유공장들에서 하루 8시간 노동도 제대로 지켜지지 않고 있다고 주장했다. 그런데 스탈린은 왜 이러한 거대한 개혁조치를 갑자기 마술 부리듯 내놓은 것인가? 노동자들에게 뭔가 좀 덜하더라도 실질적인 이익을 제공하는 것이 더 정직한 정책이 아닌가? 이런 마법과 같은 속임수로 혁명을 기념하는 것은 부끄러운 일이다. 몇 년간의 준비를 거쳐 이제 막 완성된 첫 5개년계획의 청사진 중 그 어느 것도 노동시간 단축에 대해서는 암시하는 수준 이상의 내용을 담고 있지 않다고 트로츠키는 지적했다. 더 긴 노동시간을 전제로 향후 몇 년간의 계획을 세운 자들이 어떻게 진정한 노동시간 단축을 할 수 있겠는가? 스탈린의 개혁조치 전체는 하나의 목적을 갖고 있다고 트로츠키는 결론지었다. 그것은 반대파와의 최종적 대결에서 지배집단을 지원하는 것이라고 그는 보았다.

이 논쟁에서는 이성, 진실, 정직이 모두 트로츠키의 편에 있었다. 하지만 그것들은 곧바로 그를 함정에 빠뜨렸다. 이런 일은 이번이 처음도 마지막도 아니었다. 트로츠키의 항의보다 더 스탈린의 의도에 안성맞춤인 것은 없었다. 스탈린주의자들은 공장으로 달려가 노동자들에게 최근에 트로츠키가 무례하게 저지른 도발행위에 대해 이야기했다. 그들은 당이 노동자들에게 주는 선물을 트로츠키가 빼앗아가려고 하며, 모든 사람들에게 사회주의의 여명을 보여주는 획기적인 개혁조치를 그가 방해하고 있다고 말했다. 그가 볼셰비키적 충심을 고백하고 노동계급을 위해 싸우는 투사인 체한 것은 무엇을 위한 것이었단 말인가? 공장에서 일하는 사람들에게 트로츠키가 주장한 내용은 전해지지 않았다. 냉정하게 생각할 줄 아는 나이 든 노동자들은 트로츠키의 주장이 무엇이었는지를 추측해보고, 스탈린의 미심쩍은 선물에 대해 나름의 판단을 해보았을지 모른다. 그러나 쉽게 속아 넘어가는 대다수 대중은 스탈린의 선물에 환호했고, 그것을 비판하는 자들에 대해 짜증을 냈다. 반대파는 대부분 노동자들의 이해범위를 넘어서는 고차원의 쟁점들, 예를 들어 중국 국민당, 영소위원회, 영속혁명론, 테르미도르반동, 클레망소 등에 대해 이야기해왔다. 반대파가 사용해온 언어 중에서 난해하지 않은 한 가지는 노동자의 몫을 확대하라는 요구였다. 이 요구는 반대파에게 수동적이기는 하나 폭넓은 동조의 반응을 가져다주었다. 그러나 이제는 그런 동조의 반응도 대부분 흩어지고 사라졌다. 무관심과 적대적 감정의 벽이 반대파를 에워싸고 있었다.

그러나 사람들이 '희미하게만 갖고 있는 희망'이 때로는 강력하기도 한 법이다. 바로 이때 일어난 기이한 사건이 반대파 지도자들에게 위안을 주고 힘을 북돋워주었다. 하루 7시간 노동제가 논의되는 회의가 열리는 기간 중에 레닌그라드에서 이 조치를 기념하는 관제시위가 열렸다. 관제시위의 의례적인 겉치레 행사와 상황이 전개됐다. 엄청난 규모의 군중이 열병하고 분열행진을 하는 모습을 당 지도자들이 사열했다. 사열대에 올라가 있는 지도자들 속에 트로츠키와 지노비예프는 보이지 않았다. 우연이었는지 일부러 그랬던 것인지는 알 수 없으나, 두 사람은 공식 사열대에서 얼마간 떨어진 곳에 있는 트럭 위에 서 있었다. 그곳은 행진하는 시위대가 지나가게 돼있는 위치였다. 트로츠키의 등 뒤엔 타우리드 궁이 있었다. 10년 전에 트로츠키는 바로 그 타우리드 궁에서 케렌스키를 격렬하게 비난하고 레닌그라드의 노동자들을 분기시켜 열광과 행동, 그리고 봉기로 이끌었다. 막 공식 사열대를 지난 시위대의 행렬이 그곳으로 다가오고 있었다. 시위대는 반대파의 두 지도자가 거기에 서 있는 것을 보고 멈칫했다가 움직이더니 다시 발걸음을 멈추고 말없이 그들을 응시하다가 손을 치켜드는 등의 몸짓을 해보이거나 모자와 손수건을 손에 들고 흔들었다. 시위대는 그렇게 하면서 행진을 하다가 멈추기를 반복했다. 트럭 주위에 점점 더 많은 사람들이 모여들더니 교통이 마비됐고, 그러는 사이에 공식 사열대 주위는 텅 빈 공간이 돼버렸다. 마치 1917년에 군중이 열광적으로 환호하며 구호를 외치던 모습이 되살아난 것 같았다. 그러나 트로츠키와 지노비예프의 앞에 모인 군중은 선동된 것처럼 보이긴 했으나 사실은 억눌리고 겁먹은 분위기였다. 군중의 태도는 이중적이고 모호했다. 반대파에 대한 동조의 입장을 표시하려 했다고 보기에는 그들의 태도는 하나의 무언극에 지나지 않았다. 그것은 패배자들에 대한 군중의 존경 또는 동정심의 표현이었지, 반대파의 편에 서서 싸울 자세가 돼있음을 보여주는 태도는 아니었다.

그러나 반대파의 두 지도자는 시위자들의 분위기를 제대로 읽지 못했다. 한 목격자는 "그것은 조용하고 억눌린 감동적 환호였다"고 이때의 장면을 묘사했다. 그러나 목격자의 진술은 이렇게 이어진다. "지노비예프와 트로츠키는 그 광경을 힘의 발현으로서 받아들이며 확실한 기쁨을 느꼈다. 그날 저녁 두 사람은 '대중이 우리와 함께하고 있다!'고 말했다."[94] 이 사건은 그 중요성의 크기를 훨씬 넘어서는 결과로 이어졌다. 바로 그러한 인상에서, 다시 말해 대중이 마침내 실제로 자기들과 함께하게 됐다는 희망적인 생각에서 반대파의 두 지도자는 3주 뒤의 혁명기념일에 직접 '대중에 호소'하기로 결심했다. 반면 지배분파들은 군중의 애매모호한 태도 속에서 경고의 메시지를 보았다. 그들은 인민의 분위기에서 요행수를 바라서는 안 된다는 점을 깨달았다.

스탈린은 곧바로 다시 공격에 나섰다. 10월 23일에 그는 트로츠키와 지노비예프를 중앙위원회에서 축출할 것을 다시금 요구했다. 4개월 만에 마침내 그는 당의 최고 재판부를 구성하고 있는 사람들의 마음속에서 주저함과 저항감을 누그러뜨리는 데 성공했다. 결국 그들은 그가 시키는 대로 할 준비가 됐다. 그러나 그들은 여전히 두려움과 의심을 떨쳐버리지 못했고, 그런 심리는 회의가 매우 초조하고 격렬한 분위기에서 진행된 데서 드러났다. 회의장에는 병적인 긴장감이 감돌았다. 그것은 마치 사형장에서 교수형 집행자와 그의 공모자들이 자기들에 의해 희생될 자를 깊은 증오심을 갖고, 그러나 동시에 자기들이 하려는 행위와 그 결과의 정당성에 대해 깊은 두려움과 불안감을 갖고 바라보는 장면에서 느껴질 법한 분위기였다. 희생될 자가 하는 모든 말과 행동이 그들의 마음속에 바로 이런 모순된 감정을 불러일으켰고, 그 감정은 분노로 폭발됐다. 그들은 모두 자기들이 살려면 희생될 자가 죽어야 한다고 확신하고 있었지만, 그 뒤에 이어질 끔찍한 일들을 생각하며 몸을 떨었다. 그들은 교수형 집행자에게 서두르라고 촉구하고 죄수를 향해 뻔뻔하게 욕설을 퍼붓고 무거운 돌을 집어던짐으로써 자기들의 꺼림칙한 마음을 날려버리려고 했다. 회의에서 스탈린주의자들과 부하린주의자들이 보여준 태도는 바로 이런 것이었다. 그들은 트로츠키의 마지막 항변에 끊임없이 끼어들어 증오심을 표출하고 저속한 욕설을 퍼부었다. 그들은 트로츠키의 주장에는 귀를 닫고 의장에게 그의 입을 막으라고 촉구했다. 트로츠기가 발언을 하는 동안에 의장석 쪽에서 그의 머리로 잉크병, 두꺼운 책, 유리잔 등이 날아왔다. 야로슬라프스키, 슈베르니크, 페트로프스키, 우크라이나의 대통령 등이 큰소리로 스탈린을 부추기며 하고자 하는 일을 해치우라고 재촉했다. 위협, 조롱, 욕설이 끝없이 이어졌다. 회의는 마치 지옥의 망령들의 모임

처럼 보였다.[95]

　오직 스탈린만이 양심의 가책을 전혀 느끼지 않는 듯이 침착한 태도를 유지하면서 거칠고 냉정한 증오심을 드러냈다. 스탈린은 이제 익숙해진 트로츠키의 혐의 목록을 읽어 내려갔다. 연설에서 스탈린은 '랑겔의 전직 장교'를 밀정으로 고용했던 자기 행동을 정당화했다. 그러나 무엇보다도 연설을 한다는 것 자체가 스탈린 자신에게조차 냉소적인 일이었다.[96] 회의장에 있는 다른 사람들 중 오직 트로츠키만이 스탈린과 같은 정도로 침착하게 발언했다. 회의장의 환각상태 속에서 트로츠키의 음성이 높아졌다. 그는 마지막 발언을 하고 회의장을 떠났다. 그는 스탈린의 목적은 반대파를 전멸시키는 것뿐이라고 경고했다. 그리고 조롱의 아우성 속에서 자기의 지지자들뿐 아니라 부하린주의자들과 심지어는 스탈린주의자들도 휘말려 들어갈 일련의 기나긴 피의 숙청을 예언했다. 그는 스탈린의 승리는 단명할 것이며 스탈린주의 정권은 급작스럽게 굉음을 내며 붕괴할 것이라는 희망 섞인 장담을 했다. 그는 지금의 승리자는 폭력에 너무 많이 의존하고 있다고 말했다. 소멸되거나 반동적인 목적을 지지했던 옛 지배계급들, 멘셰비키들, 사회혁명당원들에 대항해 볼셰비키가 폭력을 사용했을 때는 '거대한 결과'를 성취했지만, 스탈린주의자들은 폭력을 써서 역사적 진보의 편에 서 있는 반대파를 파괴할 수 없을 것이라며 트로츠키는 이렇게 외쳤다. "우리를 축출하라. 그래도 당신들은 우리의 승리를 막을 수 없을 것이다." 이것이 당의 최고 위원회가 트로츠키로부터 들은 마지막 말이었다.

　격렬한 움직임이 몇 주간 이어졌다. 여전히 반대파는 지지자들의 수를 과시하는 것을 통해 당의 여론에 영향을 미칠 수 있을 것이라는 기대감에서 강령에 대한 서명을 늘려나갔다. 지노비예프는 2만 내지 3만 명의 서명이 확보될 것이고, 그 정도의 대규모 지지를 확인하면 스탈린도 보복을 계속하지 못할 것이며, 반대파는 역전극을 연출하게 될 수도 있다고 확신했다. 반대파 지도자들은 레닌그라드의 시위를 목격한 이래 느껴왔던 유혹인 '대중에 대한 직접 호소'를 혁명기념일에 하기로 결정했다. 그러나 호소의 방식을 결정하는 일은 쉽지 않았다. 호소의 목적은 대중들에게 반대파의 요구를 알린 다음, 그들을 흔들어 깨워 공식 지도자들에게 대항하게 하는 것이었다. 다만 그 과정에서 공식 지도자들이 반대파에 규율위반의 혐의를 씌울 명분을 제공하지 않도록 유의해야 했다. 그러나 이 두 가지를 조화시키는 것은 거의 불가능해 보였다. 반대파 사람들은 이와 같이 힘을 시험해보는 일에 대해 여러 날에 걸쳐 밤낮으로 논의하고 준비해나갔다.

이 시기에 트로츠키는 다른 동지들과 마찬가지로 많은 시간을 들여 시 외곽의 빈한한 노동자 거주지역을 돌며 자기의 원칙과 관점을 주장하고 설명했다. 이는 그가 젊은 시절에 아직 널리 알려지지 않은 혁명가로서 자주 하던 활동이었다. 그는 또한 열성적이면서도 불안감을 갖고 있는 지지자들의 소규모 그룹들과 만나 그들을 교육하는 활동도 벌였다. 이 시기의 그는 스스로 자신에 비유하곤 했던 테르미도르반동 전야의 로베스피에르와 닮은 점이 거의 없었다. 평소 그의 내면은 당통과 바뵈프라는 두 명의 인물이 지닌 성격이 서로 혼합된 것처럼 비치곤 했다. 그러나 이 시기의 그는 당통보다는 바뵈프, 즉 '평등파의 음모(Conspiracy of Equals, 바뵈프가 처형당하는 원인이 된 혐의 − 옮긴이)'를 주도한 혐의로 쫓기는 지도자에 더 가까워보였다. 그 지도자는 쫓기면서도 혁명의 회복을 외치고 새로운 리바이어던 국가를 구축하는 완고한 세력에 도전했다.

역사의 조류는 바뵈프가 가는 방향과 정반대 방향으로 거세게 흐른 것과 같은 강도로 트로츠키가 가는 방향을 거슬러 흐르고 있었다.

빅토르 세르게는 이 시기에 트로츠키가 참석한 한 전형적인 모임을 이렇게 묘사했다.

약 50명의 사람들이 허름한 식당을 가득 메우고 지노비예프의 말에 귀를 기울였다. 그동안 살이 찌고 얼굴은 창백해진 그는 헝클어진 모습을 하고 낮은 목소리로 말했다. 무기력해보이긴 했지만 그는 대단한 호소력을 지니고 있었다. (…) 식탁의 맞은편 끝에는 트로츠키가 앉아 있었다. 늙고, 머리카락이 희끗희끗해지고, 거대하고, 몸이 꾸부정하고, 얼굴을 찡그린 모습이었다. 그는 친절했고, 언제나 올바른 답변을 찾아냈다. 마룻바닥에 책상다리를 하고 앉아있던 한 여성 노동자가 갑자기 그에게 질문을 던졌다. "그런데 만약 우리가 당에서 축출당하게 된다면 어떻게 해야 합니까?" 트로츠키는 "그 어떤 것도 공산주의자 프롤레타리아가 공산주의자임을 그만두게 할 수 없다"고 대답했다. "우리를 우리의 당에서 정말로 떼어낼 수 있는 것은 아무 것도 없다"는 것이었다. 지노비예프는 반쯤 미소 띤 얼굴로, 우리는 지금 하나의 새로운 시대에 접어들고 있다고 설명했다. 그리고 그 새로운 시대에는 완전히 또는 부분적으로 축출당했지만, 볼셰비키라는 이름을 내세우는 당 비서들보다 훨씬 더 가치 있는 수많은 사람들이 당 주위에 있게 될 것이라고 말했다. 프롤레타리아 독재를 주창하고 얼마 전까지만 해도 막강했던 인물들이 이렇게 가난한 사람들이 거주하는 곳으로 돌아와 그들과 개인 대 개인으로 솔직한 대화를 나누면서 지지를 구하고 동지를 찾는 모습은 단순하면서도 감동적이었다. 바깥 계단에서는 자원자들이 경비를 서면서 오가는 행인이나 그곳에 접근해오는 이들을 감시했다. 게페우가 언제라도 급습할 수 있었기 때문이다.

한번은 트로츠키가 한 남루하고 빈곤에 찌든 집에서 열린 모임에 참석했다가 떠날 때 내가 그를 수행했다. 거리로 나서자마자 레프 다비도비치는 외투의 깃을 올려 세우고 모자를 두 눈 바로 위까지 눌러 썼다. 다른 사람들이 자기를 알아보지 못하게 하기 위해서였다. 그때 그는 20년간의 풍상을 겪은 뒤에도 여전히 꼿꼿한 자세를 유지하고 있는 나이 든 지식인의 모습이었다. 우리는 한 택시기사에게 다가갔다. 레프 다비도비치가 나에게 "요금 흥정 좀 해주시오"라고 말했다. 옛날식으로 턱수염을 기른 택시기사는 그를 향해 몸을 기울이고는 이렇게 말했다. "선생께는 요금을 달라고 하지 않겠습니다. 어서 타세요, 동지. 선생은 트로츠키가 맞지요?" 그의 위장은 스뱌즈스크, 카잔, 풀코보, 차리친에서 전투를 수행했던 그를 충분히 감춰주지 못했다. 트로츠키의 얼굴에 즐거운 미소가 살짝 비쳤다. 그는 이렇게 말했다. "아무에게도 이 일을 이야기하지 마시오. 택시기사는 프티부르주아에 속한다는 것을 누구나 알고 있고, 프티부르주아가 우리를 도와주었다는 사실을 다른 사람들에게 알려봐야 우리의 평판만 나빠질 거요."[97]

트로츠키가 마룻바닥에 책상다리를 하고 앉아있던 여성 노동자에게 "우리를 우리의 당에서 정말로 떼어낼 수 있는 것은 아무것도 없다"고 한 말은 단지 형식적인 위로의 말이 아니었다. 그는 지노비예프와 마찬가지로 대대적인 축출이 이루어질 가능성을 감안하고 있었다. 그러나 그는 혹시나 하는 희망, 즉 그것이 유익한 충격이 되어 당의 양심이 일깨워지고 사람들이 반대파가 지지하는 것이 무엇인지를 스스로 알아내기 위해 반대파의 강령을 들여다보기를 원하게 될 수도 있다는 희망을 품고 있었다. 그렇게 되면 그동안 여러 차례에 걸쳐 반대파가 요구했으나 관철시키지 못한 대규모 토론이 마침내 시작될 것이라고 그는 기대했다. 그는 스탈린이 도를 넘어 과잉행동을 하는 경우를 상상해보았다. 만약 수천 명의 당원들이 반혁명 분자로 낙인찍혀 축출된다면 그들은 당에서 쫓겨나는 데그치지 않고 감옥에도 갇힐 것이다. 그런 상황은 당을 당황하게 하고 당으로 하여금 그러한 탄압행위는 '프롤레타리아 독재의 종식'을 뜻함을깨닫게 할 수밖에 없다. 또 당장 많은 스탈린주의자들과 부하린주의자들이 자기의 동지와 전우들을 박해하고 감옥에 가두는 자가 되어야 한다는생각에 불편해할 것이다. 따라서 스탈린과 몰로토프는 정치국이 반대파를 잘 다루어 너무 늦기 전에 행동을 멈추고 항복하게끔 유도할 것이기때문에 도매금 축출 조치를 취해야 할 필요는 없을 것임을 보장해야 한다. 11월 2일에 트로츠키는 스탈린과 몰로토프가 이런 보장을 해야 한다는 점을 이야기하면서 반대파 사람들에게 그 어느 때보다 공세적인 태도를 취해 달라고 호소했다. 그래야만 스탈린주의자나 부하린주의자들 대다수가 자기네 지도자들의 장담이 기만임을 알아차리고 반대파를 탄압하는 행위를 중단하려는 노력을 기울이게 될 것이고, 박해자들 자신이 움찔하고 항복할 것이라고 그는 주장했다.[98] 그러나 스탈린이나 몰로토프의 장담이 전혀 근거 없는 것은 아니었다. 그들은 반대파의 약점을 움켜쥐고 있었고, 결정적인 계기에는 적어도 지노비예프주의자들은 붕괴할것이라고 내다보고 있었다. 그런가 하면 도매금 축출 조치를 취해야 할필요는 없을 것이라는 장담은 동요와 경악을 가라앉히는 동시에 당으로하여금 상황전개를 수동적으로 기다리게 하고, 그렇게 함으로써 앞으로닥칠 상황에 당이 스스로 순응하도록 유도했다.

한편 반대파에 들이닥친 비난과 위협의 격류가 반대파의 노력을 방해했다. 매일같이 반란의 문건이라는 비난을 받는 반대파의 강령에 감히 서명할 사람은 거의 없었다. 2만 내지 3만 명이 서명할 것으로 봤던 지노비예프의 기대와 달리, 반대파가 실제로 끌어 모은 서명자 수는 기껏해야 5천 내지 6천 명 정도였다.[99] 게다가 서명을 한 사람들이 맞을 결과에 대한 두려움이 워낙 컸기에 반대파의 지도자들은 지지자들을 보호하기 위해 서명자 명단 중에서 단지 수백 명의 이름만을 공개할 수 있었다. 이렇게 해서 강령에 대한 서명운동은 반대파의 취약성을 또다시 내보이는 것으로 귀착됐다.

세도바(트로츠키의 두 번째 아내인 나탈랴 세도바 ― 옮긴이)에 따르면 이때 트로츠키는 '과로, 긴장, 나쁜 건강으로 인한 고통, 발열, 불면증'에 시달리고 있었다. 그는 적들에게는 불굴의 전선을 대표하고 있었고, 지지자들에게는 자기통제와 영웅적인 힘의 표본이었다. 그러나 가정 내 사적 생활에서는 그도 인간으로서의 약한 모습을 드러내고 있었다. 그는 불면증과 씨름하고 있었지만 나아질 기미가 없었고, 약도 도움이 되지 못했다. 두통과 현기증을 호소하며 투덜거리는 일도 점점 더 잦아졌다. 그는 낙담하고 넌더리를 냈다. 때때로 사방에서 그에게 쏟아지는 엄청난 욕설과 비방이 그의 감각을 거의 마비시키곤 했다. 그의 아내는 이렇게 썼다. "아침이면 우리는 그가 신문을 펼치고 들여다보는 것을 보곤 했다. 그는 신문을 보다가 낙담해서 그것을 식탁 위 여기저기로 집어던지곤 했다. 신문에 씌어진 것들은 터무니없는 거짓말, 뻔한 사실 왜곡, 더할 나위 없이 저속한 비방, 가증스러운 위협, 그리고 전 세계에서 보내왔다지만 그 내용을 보면 열광적이면서도 한없이 비굴하게 파렴치하고 똑같은 말만 되풀이하는 전보 등이 다였다. (…) '저들은 혁명이, 당이, 마르크스주의가, 인터내셔널이 도대체 뭐라고 생각하는 건가?'"[100]

트로츠키와 더불어 그의 가족도 호된 어려움을 겪었다. 가족 모두가 긴장된 상태에서 최악의 경우를 예상하다 보니 불면증에 시달렸다. 그들은 다음 날에 가해질 타격을 기다리며 많은 밤을 뜬눈으로 새웠다. 동이 트고 친구들이 찾아오면 그와 그의 가족 모두가 용감한 얼굴표정을 지어 보이며 싸움을 계속했다. 본디 그다지 정치적이지 않았던 세도바는 논쟁하고 계획을 세우고 당원들과 싸우는 분위기 속에 있을 때보다는 박물관이나 미술전시관에 있을 때가 더 편했다. 그러나 그녀도 자기의 여성다운 사랑과 충심에 이끌려 잔혹한 드라마 속으로 완전히 편입됐다. 그녀는 자기 나름의 관심사를 완전히 잊고 남편의 그늘 속에 자리 잡고, 온몸으로 전력을 다해 남편의 삶을 자기의 삶처럼 살았고, 남편이 생각하는 대로 생각하려고 애썼으며, 남편의 분노에 함께 몸을 떨었고, 근심과 걱정으로 움츠렸다.

이 부부의 큰아들인 료바는 이제 스물한 살이었다. 료바는 어린시절과 청소년기의 초반을 아버지의 위대함이라는 주술 속에서 보냈고, 자기의 짧은 인생 중 나머지 기간도 똑같이 그렇게 지내게 된다. 트로츠키의 아들이라는 것, 그의 사상을 공유한다는 것, 그리고 그가 걸어간 길을 따라 걷는다는 것은 청소년기와 젊은 시절의 그에게 아주 커다란 행복의 원천이었다. 그는 콤소몰에 가입할 수 있는 나이가 되기도 전에 실제보다 나이가 더 든 것처럼 가장해 콤소몰에 가입했고, 적군(赤軍)에도 입대하려고 노력했다. 그는 크렘린 궁에 있는 부모의 집을 떠나 코뮌형 숙소에서 굶주리고 누더기를 걸친 노동자이자 학생인 젊은이들 속에서 함께 살기도 했다. 그리고 반대파가 형성되자마자 거기에 가담했다. 그는 최근까지도 자기 아버지를 살아있는 전설이자 정신적 자극으로 여기던 단원들을 거느린 콤소몰이 스탈린의 사주를 받아 트로츠키주의에 등을 돌리는 것을 보면서 분통이 터졌다. 자식으로서 갖는 효심과 혁명적 열정에서 그는 권력에 의해 부패하게 된 관료들이라고 아버지가 낙인찍은 사람들을 증오했다. 그는 여러 해에 걸쳐 토론을 벌이고, 반대파 그룹들을 조직하고, 당 세포조직들을 순회하며 연설했다. 뿐만 아니라 그는 퍄타코프나 프레오브라젠스키와 같은 널리 인정받는 반대파 지도자들과 함께 멀게는 우랄산맥 지역에 이르는 지방 각 지역의 모임에 참석하기도 했다. 젊은이다운 에너지가 그의 낙관주의와 자신감을 지탱해주었다. 고통과 폭력 속에 지낸 이즈음 몇 주간 그는 아버지의 생명에 대한 걱정에 사로잡혔고, 조수이자 경호원으로서 아버지와 떨어질 수 없게 됐으며, 누구라도 공격을 해오는 자가 있다면 그 즉시 그에게 달려들어 멱살을 잡을 준비가 돼 있었다.

료바보다 두 살 어린 세르게이는 형인 료바와 달리 청소년기 내내 아버지의 권위에 반항했고, 아버지의 위대함이 드리우는 그늘에 던져지는 것을 거부했다. 그의 반항은 정치에 대한 반감의 형태로 나타났다. 그는 콤소몰에 가입하지 않았고, 당과 관련된 문제는 들으려 하지도 않았으며, 반대파와도 아무런 관계를 맺지 않았다. 아버지와 형은 그가 경박하다고 생각했지만, 사실은 강인하고 용감하며 모험심도 갖춘 그는 각종 경기, 스포츠, 예술에 탐닉했다. 그는 이 시기의 러시아에서 예술의 지위를 넘보던 곡예(서커스)에 매료당했고, 곡예단원인 한 처녀에게 이끌려 크렘린 궁에 있는 집을 떠나 1년 내지 2년간을 곡예단원들과 함께 지냈던 것으로 보인다. 젊은 시절의 방황을 끝낸 탕아는 이제 집에 돌아와 있었지만, 여전히 자기의 독립성을 주장하면서 정치에 대해서는 회의적인 태도를 보였다. 대신 그는 수학과 과학을 열심히 공부했고, 이 분야에서는 자기 아버지가 같은 나이에 보여주었던 탁월한 능력을 드러냈다. 그러나 아버지와 정치에 대한 그의 적대감을 무너뜨리는 새로운 감정이 그에게 일기 시작했다. 이 젊은이는 아버지의 용기와 희생에 감동했고, 아버지는 물론 아버지와 같은 생각을 갖고 있는 사람들에게 가해지는 일들에 분노했으며, 그날그날의 불확실성과 위험에 대해 염려했다.

트로츠키의 또 다른 가족, 즉 그가 첫 번째 결혼에서 얻은 가족도 트로츠키가 처한 상황과 얽혀있었다. 알렉산드라 소콜롭스카야(트로츠키의 첫 번째 아내—옮긴이)는 나이가 들어가면서도 자기의 신념을 확고히 지키고 있었고, 누구에게든 자기의 신념을 말하기를 두려워하지 않았다. 1890년대에 니콜라예프(우크라이나 니콜라예프 주의 주도—옮긴이)에서 유일한 마르크스주의자였던 그녀는 레닌그라드에서 트로츠키주의자들을 집결시키는 구심점 역할을 계속 해내고 있었다. 그녀가 낳은 두 딸인 지나와 니나는 이제 둘 다 20대 중반으로 모스크바에서 열성적인 반대파로 살아가고 있었다. 둘 다 1917년에 아버지가 큰 인물로 부상하는 모습을 지켜본 순간부터 쭉 자기가 그의 딸이라는 데 대해 짜릿한 전율을 느끼며 살아왔고, 이즈음에는 낙담하고 있었다. 결혼해서 각각 두 명의 아이들을 낳아 기르고 있던 그녀들의 남편들 역시 적극적인 트로츠키주의자였다. 그들은 직장과 생계수단을 빼앗긴 채 이미 당에서 축출됐거나 축출당하기 직전이었고, 곧 시베리아의 유형지로 보내지게 된다. 지나와 니나는 빈곤에 빠지고 의지할 곳도 없는 가운데 아이들, 남편, 부모에 대한 걱정으로 인해 극심한 고통을 겪다 보니 폐병에 걸렸고, 모조리 비극적 파국을 맞는 운명에 처한 트로츠키의 자손들 가운데 첫 번째 희생자가 된다.

혁명의 10주년 기념일이 오기 전에 반대파는 '대중에 대한 직접 호소'를 할 준비를 갖추었다. 반대파는 모든 지지자들에게 11월 7일의 공식

기념행사에 참여하라는 지시를 내렸다. 참여 방식은 반대파의 사상과 요구를 수백만 사람들에게 알리고, 그들이 소련의 각 지역 도시와 마을의 거리와 광장을 가득 메우게 하는 것이었다. 봉기를 선동한다는 분위기는 전혀 띠지 않아야 했다. 반대파가 해야 할 일은 공식 행진을 하는 사람들 속에서 별도의 행렬을 이루고 독자적인 깃발을 내세우고 독자적인 구호를 외치는 것이 다였다. 그 깃발과 구호는 지배집단을 겨냥한 함축적인 의미를 내포하고 있었지만, 겉보기에는 그다지 도발적이지 않았다. 따라서 일반 대중은 정치에 대한 관심이 가장 많은 사람들 외에는 그 깃발과 구호를 공식 슬로건과 구분할 수 없었다.

"쿨라크, 네프맨, 관료들을 타격하자!" "기회주의를 타도하자!" "레닌의 유언을 집행하라!" "당내 분열을 경계하라!" "볼셰비키의 단합을 보존하라!" 이런 것들이 반대파의 슬로건이었다. 이는 단지 당에 있는 사람들과 일부 당 밖의 사람들, 즉 볼셰비키 정책의 기류에 대해 긴밀하고 동조적인 관심을 가진 사람들에게만 영향을 주기 위해 준비된 슬로건이었다. 따라서 그런 반대파의 행동은 진정으로 '대중에게 직접 호소'하는 것이라고 말할 수는 없었다. 오히려 본질적으로 당에 호소하는 것이라 할 수 있었다. 그러나 당에서 쫓겨나고 일반 당원들에 대한 접근을 금지당한 반대파가 온 나라와 전 세계가 지켜보는 가운데 당 밖에서 호소하는 것이라는 데 의미가 있었다. 바로 여기에 반대파의 행동이 지닌 취약성이 놓여 있었다. 반대파의 시위는 당무의 공식적인 수행에 대한 항의를 공개화하고자 한 것이었고, 동시에 반대파의 자기규율과 당에 대한 충성심을 드러내 보이려고 한 것이었다. 따라서 반대파가 계획한 항의시위는 그 목소리가 사람들의 귀에 거의 들리지 않았고, 자기규율의 과시는 효과가 없었다. 규칙에 대한 엄격하게 교조적인 해석이 아닌 다른 종류의 해석을 스탈린에게 기대하는 것은 불가능했고, 그러한 교조적인 해석에 의하면 당 지도자들에 대항하는 대중적 시위는 규율위반에 해당되는 것이었다. 한 마디로 말해 반대파는 너무 멀리 나아갔거나 충분히 멀리 나아가지 못했 거나, 둘 중의 하나였다. 그러나 반대파의 태도가 그러했고 반대파가 처 한 상황이 그러했기에 그들은 실제로 나아간 만큼만 나아가야 했고, 그 이상은 더 나아갈 수가 없었다.

　11월 7일에 반대파에 결정적인 패배가 찾아왔다. 스탈린은 놀라지 않았다. 그는 아무리 무해한 시위라 하더라도 시위가 발생하면 신속하게 진압하라는 엄명을 내렸다. 그의 관점에서는 어떠한 시위도 무해한 것일 수가 없었다. 이번에 성공을 거둔다면 적들은 당장은 아니더라도 언젠가 결국은 마음속에 불평불만을 품고는 있지만 겁먹고 순치되어 표출하지 않고 있는 대중을 봉기시킬 수 있었다. 스탈린은 자기가 권력의 정점에 가까이 다가가고 있긴 하지만 언제든 미끄러져 모든 것을 잃게 될 수도 있다는 걸 알고 있었다. 그리고 자기가 아무리 결정타를 가해도, 조금이 라도 행동의 자유가 허용되는 순간 적들은 단번에 자기를 압도해버릴 수 있다는 것도 알고 있었다. 그래서 그는 11월 7일에 깃발을 내걸거나, 트로 츠키 또는 지노비예프가 그려진 그림을 펼치거나, 인가되지 않은 슬로건 을 외치려고 하는 모든 반대파 그룹들을 습격하라고 행동대와 경찰에게 지시했다. 반대파 사람들은 해산되고 거칠게 다뤄지고 얻어맞았다. 그들 은 맨손으로 방어하고, 대열을 재정비하고, 새로이 시위에 나서기 위해 애를 썼다. 거리와 광장은 난투극과 경찰병력으로 어수선해졌다. 군중은 흩어졌다가 다시 모이기를 반복했고, 결국은 구경꾼들 가운데 정치적인 관심이 가장 적은 사람들도 자기가 지금 목격하고 있는 게 심각하고 중요 한 사건이고, 당내 갈등이 세포조직들에서 거리로 옮겨진 것이며, 시위자들이 지금 모든 사람들에게 지지를 호소하고 있다는 것을 알게 됐다. 사실상 시위를 진압하고 나선 조치로 인해 반대파의 행동이 대중에 대한 직접 호소와 비슷한 외양을 갖추게 되고, 대중적인 동요의 색깔을 띠게 됐으며, 어느 정도는 봉기의 성격도 가진 것처럼 보이게 됐다.

빅토르 세르게는 이날의 레닌그라드 상황에 대한 생생한 묘사를 남겼다.[101] 10월 15일 이후 반대파는 레닌그라드 시민들에게 큰 기대를 걸었고, 지노비예프는 그들의 반응에 대해 자신감을 갖고 레닌그라드에 도착했다. 그러나 10월 15일의 사건으로 미리 경고를 받은 셈이었던 현장의 당 조직이 이미 대비태세를 갖춰놓고 있었다. 다른 일반 시위자들과 함께 공식 지도자들이 서있는 사열대를 처음으로 지나치게 된 반대파 그룹들이 깃발을 치켜들고 구호를 외쳤다. 이런 첫 행위는 별로 주목받지 못했다. 그러나 경찰은 슬그머니 반대파 사람들을 에워싸서 그들을 고립시켰다. 세르게는 경찰의 장벽에 막혀 주된 시위대에 끼어들지 못한 채 멈춰서서 붉은 깃발을 든 노동자들이 레닌그라드 시내 중심지로 행진하는 것을 지켜보았고, 그 과정을 기록해 놓았다. 때때로 활동가들이 행진하는 사람들 쪽을 향해 구호를 외쳤다. 행진하는 사람들은 그 신호에 냉담한 반응을 보였다. 그때 세르게가 행렬 쪽으로 몇 걸음 다가가서 "트로츠키와 지노비예프여 영원하라!" 또는 이와 같은 취지의 구호를 외쳤다. 일반 시위자들의 반응은 놀라는 표정과 침묵뿐이었다. 이때 한 행동대원이 정신을 차린 듯 위협적인 목소리로 "그들과 함께 쓰레기통으로 들어가라!"고 대응하고 나섰다. 행진하는 노동자들은 계속 침묵했다. 세르게는 스스로 자기를 노출시켰으니 이제 박살나겠다는 생각이 들었다. 갑자기 그의 주위가 텅 비었다. 그는 자기 혼자만이 노동자들의 행렬을 마주하고 있음을 알아차렸다. 주위에 다른 사람이라곤 몇 걸음 뒤에 서 있는 한 여성과 어린아이뿐이었다. 한 학생이 그를 에워싼 빈 공간을 가로질러 뛰어와서 그의 귀에 대고 속삭였다. "달아납시다. 결과가 나쁠 수 있어요. 내가 당신과 함께 가면서 당신을 엄호할게요."

레닌그라드 시내의 다른 구역에 있는 예르미타슈 미술관 밖에서는 수백 명의 반대파 사람들이 자발적 참여자들과 함께 기분 좋은 분위기 속에서 시위투쟁을 전개하고 있었다. 군복을 입은 키 큰 남자가 인간 파도를 이끌고 기마경찰대 쪽으로 가고 있었고, 기마경찰은 그들을 저지하고 있었다. 키 큰 남자는 레닌그라드의 게페우 수장을 지낸 바카에프였다. 인간 파도는 밀려났다가 앞으로 치고 나가기를 반복했다. 또 다른 장소에서는 한 무리의 노동자들이 한 땅딸막한 사람의 지휘 아래 기마경찰대를 공격했다. 그 땅딸막한 사람은 말을 타고 있던 경찰 한 명을 끌어내려 때려눕힌 다음 그를 다시 일으켜 세워놓고는 지휘에 익숙한 듯 크고 자신감 넘치는 목소리로 그에게 이렇게 외쳤다. "부끄러운 줄 아시오. 레닌그라드의 노동자들을 공격하다니 부끄러운 줄 아시오." 이렇게 동지애를 담은 분노를 쏟아낸 사람은 라셰비치였다. 그는 전쟁 인민위원회의 부위원장을 지낸 사람이었고, 대규모 군대를 지휘해본 경험이 있었다. 이와 비슷한 싸움들이 도시 전체에서 일어나 여러 시간 동안 계속됐다. 구경꾼들은 당황해서 말문이 막힌 표정으로 그런 싸움들을 지켜보았다. 세르게는 저녁에 열린 반대파 모임에서 바카에프와 라셰비치를 다시 만났다. 그들은 이날의 사건에 대해 논의하기 위해 여기저기 찢긴 옷을 그대로 입고 모임에 참석했다.

모스크바에서도 소요가 일어나고 싸움이 벌어졌는데, '기분 좋은 분위기'와 '동지애의 표출'이라는 측면에서 볼 때 다른 도시들보다 상황이 나빴다. 특공행동대와 경찰이 신속하고 가차 없이 잔인한 대응에 나섰다.

모스크바 시 전체가 긴장된 위기감에 휩싸였고 경고를 받았다. "혁명기념일 전야에 연례행사인 행진을 하러 붉은 광장에 운집할 군인들이 스탈린에 대항하는 시위를 벌일 것이며, 몇몇 간이 큰 병사와 장교들이 '스탈린을 타도하자!'라고 외치면 다른 사람들이 그 구호를 따라 외칠 것이라는 소문이 나돌았다"고 한 목격자는 기록했다.[102] 그러나 이 목격자가 들었다는 소문은 정부 쪽에서 흘린 이야기를 열심히 끌어 모아 조립한 것이었다. 실제로는 그와 같은 일이 전혀 벌어지지 않았다고 이 목격자는 밝혔다. 처음에는 여기저기서 반대파의 여러 무리들이 레닌 묘소 쪽으로 행진하면서 몇 개의 깃발들을 펼쳐 들 수 있었다. 그러나 그들은 붉은 광장에 도착하기도 전에 특공대원들에 의해 포위됐다. 특공대원들은 그들의 깃발을 빼앗아 찢어버렸다. 반대파 사람들은 다시 공식 시위대와 같이 걸었다. 반대파 사람들은 적들에게 포위당한 채 어색한 침묵을 지키며 다른 시위자들의 행렬 속에서 그들과 발을 맞추어 걸었고, 어느새 붉은 광장에 모여 있는 러시아 지도자들과 외국인 내빈들의 앞을 지나게 됐다. 다만 "모스크바의 쑨이센대학에 재학 중인 중국인 학생들이 길고 꾸불꾸불한 용 모양의 대열로 행진하다가 (…) 붉은 광장의 한가운데에 이르자 트로츠키의 성명서 전단들을 공중에 뿌렸다." 하지만 광장의 다른 쪽에서는 반대파 사람들이 공동 대열에서 내쫓기고 경찰곤봉에 얻어맞으면서 해산당하거나 체포되고 있었다. 반대파는 여기저기서 깃발로 뒤덮인 창문 밖으로 레닌과 트로츠키의 초상화를 내걸었다. 그러나 그 초상화들은 모두 떼어내어지고 그것들을 내려 걸은 사람들은 폭행을 당했다. 소비에트 의사당 건물 쪽에서는 하바로프스크에서 돌아온 스밀가가 자기 집의 발코니를 레닌과 트로츠키의 초상화로 장식하고 "레닌의 유언을 집행하라!"라는 슬로건을 내걸었다. 그러자 주먹 패거리가 그의 집에 침입해 초상화와 깃발을 찢고, 집안을 난장판으로 만들었다. 그들은 10년 전에 10월의 봉기를 지원하기 위해 네바 강을 통해 페트로그라드 쪽으로 발틱함대를 진입시켰던 사람을 두들겨 팼다. 그의 죄목은 바로 그 10월봉기의 지도자였던 사람들의 초상화를 내걸었다는 것이었다. 세도바도 시위자들 속에서 발각되어 흠씬 두들겨 맞았다.

이날 트로츠키는 카메네프, 무랄로프와 함께 차를 타고 시내를 돌아다녔다. '혁명광장'에서 그는 차를 멈추고, 레닌 묘소를 향해 행진하는 노동자들의 대열을 향해 연설을 하려고 했다. 경찰과 행동대가 즉각 그를 공격했다. 총소리도 울렸다. "트로츠키, 유대인, 반역자는 물러가라!"는 외침도 들렸다. 그가 탄 차의 앞유리가 박살났다. 대열을 이루어 행진하던 사람들은 그런 장면을 불안한 표정으로 바라보았지만, 그냥 행진만 계속했다.

들뜬 거리를 메운 대중은 마음속으로 무슨 생각을 하고 있었을까? 그것은 아무도 알 수 없었고, 그 누구도 추측할 수 없었다. 그들은 정해진 길을 따라 순종적으로 행진했고, 정해진 슬로건을 외쳤으며, 단 한순간도 자기의 생각을 내비치거나 자기의 감정을 드러내지 않으면서 정해진 규율을 기계적으로 지켰다. 그런 그들의 모습은 굶주리고, 꾸밈없고, 마음이 따뜻하고, 관대하고, 열광적이고, 술에 취한 1917년의 군중과는 너무도 대조적이었다! 도시들의 모습도 이때 기념되고 있던 과거 혁명 당시의 도시들과는 너무 대조적이었다! 또한 그 지도자들의 운명도 너무나 달라졌다! 10년 전에는 두 수도(레닌그라드와 모스크바—옮긴이)의 노동자들이 트로츠키의 명령에 자기들의 목숨을 맡길 태세였다. 그런데 이제 그들은 트로츠키의 말을 들으려고 고개를 돌리지도 않으려 했다. 트로츠키는 10년 전에 멘셰비키들을 이끌고 소비에트 대회에서 떠나는 마르토프를 바라보면서 그에게 "가라, 역사의 쓰레기통으로 들어가라!"고 당당하게 외쳤고, 이어 볼셰비키들의 환호가 그의 목소리를 덮었다. 그런데 이제는 한 반대파 사람이 트로츠키의 이름을 부르며 그를 찬양하려고 하자 경찰 쪽 행동대원이 "그들과 함께 쓰레기통으로 들어가라!" 하고 소리쳤다. 그 외침은 레닌그라드의 광장에 조롱의 메아리처럼 울려 퍼졌다. 반대파 사람들은 역사의 수레바퀴가 거꾸로 돌거나 산산이 부서진 것 아니냐고 생각하며 의아해했다. 혹시 러시아판 테르미도르반동이 시작된 것은 아닌가?

트로츠키 역시 이런 의문에 휩싸였다. 그는 볼셰비키 혁명을 이끌었던 사람들 가운데 지금 자기편에 서 있는 많은 사람들을 보고 있었다. 자기와 그들의 패배와 굴욕이 뭔가 더 깊은 역사적 의미를 갖고 있지 않다고 생각하는 것은 터무니없는 일이었다. 그것이 혁명의 '하향 움직임', 즉 자기가 몇 달 전에 중앙위원회에서 말했던 '혁명의 두 번째 단계'라고 생각하지 않는 것은 터무니없는 일이었다. 혁명의 풍경, 혁명의 기후와 색조가 바뀌었다 하더라도 혁명의 거대한 기본 윤곽은 그 어느 때나 늘 뚜렷하며, 흔들리지도 바뀌지도 않았다는 생각을 그는 아직 갖고 있었다. 반대파가 여전히 불멸의 충성을 맹세하고 있는 볼셰비키 당이 여전히 공화국을 통치하고 있었다. 그리고 여전히 그는 그 공화국이 온갖 관료적 타락에도 불구하고 프롤레타리아 독재 체제라고 생각했고, 노동계급 및 사회주의와의 모든 관계가 단절된 새로운 계급에 의해 통치되는 하나의 새로운 경찰국가라는 낙인을 그 공화국에 찍는 자들과는 자기 자신도 반대파도 단호히 선을 긋고 있다고 생각했다. 그는 관료집단을 하나의 새로운 착취계급으로 간주하기를 거부하고, 대신 그것을 '노동계급의 몸통에 자란 악성종양'으로 보았다. 쿨라크와 네프맨들이 이긴 것도 아직은 아니었다. 공적 소유는 여전히 손상되지 않은 상태였다. 최초의 노동자 국가와 세계 자본주의 사이의 적대는 비록 무력충돌을 빚지는 않았으나 완화되지 않은 상태였다. 아주 많은 것이 변했지만, 따지고 보면 아직은 그리 많이 변하지 않았다. 그것은 마치 연극무대에 태풍이 들이닥쳐 배우들을 사방으로 날려버리고 움직일 수 있는 것은 모두 움직여 무대장치들을 이리저리 흔들었지만 그 뼈대는 손상시키지 않고 그대로 남겨둔 것과 같았다. 이것으로 끝일 수는 없어 보였다. 태풍은 지진을 예고한 것이 아닐까? 11월 7일에 벌어진 상황은 "아직 소련판 테르미도르반동은 아니지만 그 전야인 것이 분명하다"고 그는 결론 내렸다.[103]

세르게는 11월 7일 저녁에 레닌그라드에서 반대파 사람들이 만났을 때 두 가지 목소리가 나왔다고 전했다. 그중 하나의 목소리는 "어쩔 수 없어. 우리는 계속 싸워야 해"라고 단호하게 되풀이했고, 다른 하나의 목소리는 고뇌 속에서 "우리가 싸워야 할 상대는 누구인가? 우리의 인민들과 싸워야 한다는 말인가?"라고 물었다. 반대파 사람들이 만난 자리에서는 어디에서나 이와 똑같은 두 가지 목소리를 들을 수 있었다. 대체로 보아 계속 싸워야 한다고 주장한 쪽은 거의 트로츠키주의자들이었고, 난처한 태도로 질문을 던진 쪽은 지노비예프주의자들이었다. 완전히 낙담한 모습으로 레닌그라드에서 돌아온 지노비예프는 카메네프와 함께 자기들이 그토록 확고한 확신을 갖고 뛰어들었던 '대중에 대한 직접 호소'라는 불운한 시도를 한 것을 후회했다. 그러나 트로츠키는 전혀 후회하지 않았다. 반대파는 해야 할 일을 한 것이고, 일단 해버린 일을 없던 일로 할 수는 없었다. 트로츠키는 "진인사대천명"을 되뇌었다. 그 운명적이었던 날의 직후에 트로츠키는 그날의 상황에 대한 공식 조사를 중앙통제위원회 간부회의에 요구했다. 그는 여전히 낙관적인 생각을 하고 있었다. 그는 자기의 지지자들에게 시위의 최종적인 결과는 그렇게 나쁘지 않았다고 말했다. 어쨌든 반대파는 "볼셰비키의 단합을 보존하라"는 경구를 깃발에 새겨 내걸었고, 그렇게 함으로써 자기들이 어디에 서있는지를 알렸으며, 결국 스탈린이 써먹으려던 슬로건을 그에게서 빼앗았다는 것이었다. 반면 지노비예프와 카메네프는 11월 7일의 일은 반대파를 분열 직전으로 몰고 갔으며, 볼셰비키의 단합을 진정으로 원한다면 발걸음을 되돌려야 한다고 말했다.

그들은 앞으로는 무엇을 해야 하는가를 놓고 며칠간 논쟁을 벌였다. 트로츠키는 11월 7일의 일이 낳은 결과에 대한 자기의 견해를 곧 포기했다. 그가 반대파는 스탈린에게서 "단합의 슬로건을 빼앗았다"는 데 만족한다는 내용의 글을 쓴 지 불과 닷새 만이었다. 이제 그는 당 조직이 무기력한 '테르미도르반동 세력의 도구'가 되어 쿨라크와 네프맨들의 이익을 위해 반대파를 뿌리 뽑는 데 몰두하고 있고, 따라서 "단합을 이야기하기에는 너무 늦었다"고 주장했다.[104] 지노비예프와 카메네프는 트로츠키의 이런 주장에 대해 확신할 수 없었다. 두 사람은 스탈린의 정책에서 변화를 읽어내고는 스탈린이 쿨라크와 네프맨들에게서 등을 돌리고 있다고 말했다. 어쨌든 두 사람은 "단합을 이야기하기에는 너무 늦었다"는 데 대해 동의하지 않았다.

중앙위원회와 중앙통제위원회는 11월 14일에 특별회의를 열어, 반혁명 시위와 사실상의 반란을 선동한 죄로 트로츠키와 지노비예프를 당에서 축출한다는 결정을 내렸다.[105] 라코프스키, 카메네프, 스밀가, 에브도키모프는 중앙위원회에서 제명됐고 바카예프, 무랄로프 등은 중앙통제위원회에서 제명됐다. 당의 세포조직들에서도 수백 명이 축출됐다. 이로써 오랜 기간에 걸쳐 당내 모든 분파들이 망설이고, 일을 꾸미고, 전진하고, 퇴각하고, 주장한 끝에 마침내 당이 분열했다.

11월 7일 저녁에 귀가한 트로츠키는 가족에게 크렘린 궁의 집을 비우고 떠나야 한다고 말하고는 곧장 집을 떠났다. 그는 크렘린 궁 밖이 더 안전하다고 생각했고, 지배집단의 거처에 계속 머무는 것이 그 어느 때보다 불편하게 여겨졌다. 그는 임시로 그라노프스키 거리에 있는 벨로보로도프의 집에 있는 작은 방 하나를 빌렸다. 반대파인 벨로보로도프는 1918년에 예카테린부르크에서 니콜라이 2세(러시아 최후의 황제―옮긴이)를 처형하라는 명령을 내렸던 사람으로, 아직 러시아 연방공화국의 내무 인민위원으로 재직 중이었다. 며칠간 트로츠키의 소재가 비밀에 붙여졌다. 지배집단은 다소 놀라는 가운데 트로츠키가 무엇을 하려고 하는지, 그가 혹시 '지하로 잠적' 한 것은 아닌지 궁금해 했다. 그러나 그는 그럴 의도를 갖고 있지 않았다. 그처럼 널리 알려져 있는 사람은 지하로 잠적하는 게 불가능했다. 당에서 축출된 다음 날 그는 자기 이름이 아직 정식으로 위원 명단에 남아있는 전소비에트 중앙집행위원회의 비서에게 자기의 새 주소를 알려줬다.[106] 그는 크렘린 궁을 떠날 때 반대파의 다른 지도자들이 당한 굴욕을 피할 수 있었다. 반대파의 다른 지도자들은 11월 16일에 쫓겨났다. 그들의 한 친구에 따르면, 지노비예프는 레닌의 데스마스크(death mask, 죽은 사람의 얼굴을 직접 본떠 만든 가면―옮긴이)만을 품고 떠났다. 그 데스마스크는 워낙 그것을 보는 사람을 낙담케 하는 모습이어서 검열관이 그 복제본을 만들어 돌리는 것을 결코 허용하지 않았고, 그래서 지노비예프의 소유물로 남아있던 것이었다. 그에 이어 카메네프도 떠났다. 사십대 초반이던 그는 머리카락이 갑자기 희끗해져서 '매우 총명한 두 눈을 가진 멋진 노인'으로 보였다. 라데크는 갖고 있던 책들을 짐으로 꾸렸다. 남에게 팔기 위해서였다. 그는 남은 책들 중에서 독일어 시집들을 주위에 있던 사람들에게 기념선물로 건네주면서 냉소를 머금고 말했다. "우리는 바보천치가 아니었던가! 우리는 넉넉한 군자금을 마련할 수 있었던 때에도 무일푼으로 남아있었다. 자금부족이 우리를 죽이고 있다. 그 유명한 혁명적 정직성으로 인해 우리는 양심은 충분히 지켰을지 몰라도 한낱 무기력한 지식인에 머물렀다." [107]

이와 동시에 또 한 사람이 다른 방식으로 나름의 탈출을 했다. 11월 16일 저녁에 갑자기 한 발의 총성이 크렘린 궁의 정적을 깨뜨렸다. 아돌프 아브라모비치 요페가 자살을 한 것이다. 그는 트로츠키에게 한 장의 편지를 남겼다. 편지에서 그는 그렇게 하는 것이 자기가 트로츠키와 지노비에프의 축출에 항의하고 그 축출에 대한 당의 무관심한 반응을 보며 느끼게 된 두려움을 표현할 수 있는 유일한 방법이었다고 설명했다. 신경증적 기질의 학생이었던 그는 1910년 이전에 빈판 〈프라우다〉를 편집하던 트로츠키를 도운 이래 쭉 트로츠키의 지지자이자 친구였다. 그는 트로츠키와 함께 1917년에 볼셰비키에 가담했고, 10월봉기 때는 중앙위원회의 위원이었다. 부드러운 마음씨와 미소, 말투를 지녔던 그는 10월봉기를 가장 결연하게 주창하고 조직한 사람들 가운데 하나였다. 그 뒤 얼마 지나지 않아 그는 가장 훌륭한 볼셰비키 외교관들 가운데 하나가 됐다. 그는 브레스트리토프스크 강화협상에 처음 파견된 소련 대표단을 이끌었고, 최초의 베를린 주재 소련 대사를 지냈다. 그는 1921년에 폴란드와 강화조약을 체결하기 위한 협상을, 그로부터 1년 뒤에는 레닌 정부와 중국 쑨이셴 정부 사이에 우호조약을 체결하기 위한 협상을 담당했고, 소련의 대사로 빈에 이어 도쿄에도 주재했다. 그는 1927년 초에 폐결핵과 다발성신경염에 걸린 몸으로 도쿄에서 돌아와 트로츠키가 위원장으로 있는 인허가위원회의 부위원장에 임명됐다. 모스크바의 의사들은 그에게 아무런 희망도 주지 못한 채 외국에 가서 치료를 받으라고 권했다. 트로츠키는 그를 위해 보건인민위원회와 정치국을 움직여보려고 했다.[108) 그러나 정치국은 치료비가 너무 많이 든다는 이유로 그의 외국행 요청을 거부했다. 그의 치료비는 1천 달러에 이를 것으로 추정됐다. 마침 한 미국의 출판사에서 그의 회고록 원고의 대가로 2만 달러를 지급하겠다고 알려왔다. 요페는 자비로 치료를 위한 휴가를 떠날 수 있도록 허락해줄 것을 요청했다. 하지만 스탈린은 그의 치료 휴가 요청을 거부했을 뿐 아니라 회고록 출판도 금지했다. 게다가 스탈린은 그에 대한 모든 의료지원을 중단했고, 온갖 방식으로 그를 괴롭혔다. 병들어 침대에 누워 일어나지 못하는 상태로 고통에 시달리는데다 무일푼이었던 그는 반대파에 가해지는 탄압의 야만성을 보고 낙담한 나머지 권총으로 자기 머리를 날려버리고 말았다.[109)

요페가 남긴 고별의 편지는 트로츠키에 대한 그의 태도를 조명해준다는 점에서 중요할 뿐 아니라 하나의 인간적인, 그리고 정치적인 문건이자 혁명적 도덕성을 담은 진술이라는 점에서 독보적이다.

이 편지는 혁명의 윤리에서는 일반적으로 옳지 않은 행동으로 간주되는 자살을 결심한 요페가 그런 자기의 결심을 정당화하는 논리를 대는 것으로 시작된다. 그는 마르크스의 사위와 딸인 폴 라파르그와 라우라 라파르그 부부가 노쇠함이 자기들을 투사로서 무용하게 만들자 자살한 사실을 언급하고, 자기는 베벨(1840~1913, 독일의 사회주의자—옮긴이)에 맞서 라파르그 부부의 결정을 옹호한 적이 있다고 회상하며 다음과 같이 썼다.

혁명적 정치가는 자기가 언제 떠나야 할지를 알아야 합니다. 그동안 헌신해온 대의에 자기가 더 이상 쓸모가 없음을 알게 되면 늦지 않게 떠나야 한다고 나는 평생 믿어왔습니다. 내가 인간의 삶은 무한한 것에 봉사하면서 살 때만 의미가 있다는 견해를 받아들인 이래 30년 이상이 지났습니다. 우리에게 무한한 것은 인류이고, 그 밖의 모든 것은 유한합니다. 유한한 목적을 위해 일하는 것은 그 목적이 무엇이든 무의미합니다. 인류의 삶이 결국은 종말에 이르게 된다고 하더라도 그 시점은 아주 먼 훗날일 것이고, 그렇기에 우리는 인류를 절대적으로 무한한 것이라고 간주할 수 있습니다. 나처럼 진보를 믿는 사람은 우리의 행성이 소멸할 시간이 오기 전에 이미 인류는 다른 보다 젊은 행성으로 이주해 정착하는 데 필요한 수단을 발견해 놓았을 것이라고 가정할 수 있습니다. (…) 이처럼 우리의 시대에 인류에 이익이 되는 어떤 것을 성취해 놓는다면 그것은 어떤 방식으로든 미래의 시대에도 살아있게 될 것입니다. 그리고 우리의 존재는 바로 그런 성취를 해나감으로써 자기가 유일하게 가질 수 있는 의미를 획득하게 됩니다.

불멸성, 즉 인류와 그 고유한 능력의 불멸성에 대한 숙원을 이처럼 마르크스주의의 어법과 무신론의 정신으로 표현한 다음 요페는 계속해서 자기가 살아온 27년은 완전히 의미 있는 시간이었다고 썼다. 사회주의를 위해 살아왔고, 단 하루도 낭비하지 않았으며, 심지어는 옥중에 갇혀서도 미래의 투쟁을 위해 공부하고 스스로를 준비시키는 데 매일 매일을 이용했다고. 그러나 이제 자기의 삶이 목적을 상실하게 됐고, 따라서 떠나는 것이 자기의 의무라고 그는 말했다. 트로츠키가 축출된 것과 당이 그의 축출을 목격하면서도 침묵한 것이 그에게 가해진 최후의 타격이었다. 만약 건강이 좋았다면 그는 반대파의 일원으로 계속해서 싸웠을 것이다. 그는 자기의 자살은 "당신이 축출당한 것에 비하면 하나의 작은 사건"에 불과하며 "이 같은 괴물에 어떤 식으로든 대응하지 못하는 상태로 당을 전락시킨 자들을 향한 항의의 몸짓"이라고 표현했다. 그러면서 그는 어쩌면 자기의 자살이 테르미도르반동의 위험을 당이 알도록 하는 데 도움이 될 수도 있을 것이라고 썼다. 그는 당이 정신을 차릴 때가 아직 오지 않았다는 점을 우려하면서 어쨌든 자기의 죽음이 자기의 삶보다는 더 유용할 것이라고 썼다.

요페는 트로츠키와의 오랜 우정과 공동작업을 극도로 겸손한 자세로 상기시킨 뒤에 "이런 비극적인 기회를 이용해서" 자기가 생각하는 트로츠키의 약점을 트로츠키 본인에게 말하는 것을 용서해달라고 했다. 그는 이것을 진작 트로츠키에게 말하려고 했지만 차마 그렇게 하지 못했다는 말도 썼다. 그는 1905년 이래 트로츠키가 언제나 정치적으로 옳았다는 것에 일말의 의심도 없다고 했다. 그는 레닌도 그렇게 말하면서 영속혁명에 관한 예전의 논쟁에서 옳았던 쪽은 자기가 아니라 트로츠키였다고 인정하는 것을 보았다고 했다. "사람은 죽기 전에는 거짓말을 하지 않는다고 합니다. 나는 이 말을 지금 당신에게 다시 한 번 그대로 반복합니다." 이어 그는 다음과 같이 썼다.

> 그러나 당신에게는 레닌이 지녔던 불굴의 의지와 단호함이 부족하다고 나는 늘 생각해왔습니다. 레닌은 자신이 옳다고 여기는 길이라면 혼자라도 서 있거나 남아있었습니다. 그러나 당신은 그렇지 못했습니다. (…) 당신은 어떤 합의 또는 어떤 절충을 위해 자신의 옳다고 여기는 길을 종종 포기했습니다. 그러한 합의나 절충의 가치를 과대평가했기 때문입니다.[110]

자신의 마지막 말인 바로 이 대목에서 요페는 트로츠키가 자신의 내면에서 '불굴의 힘', 즉 자기와 트로츠키가 공통으로 갖고 있는 대의가 궁극적으로 승리하는 데 도움을 줄 힘을 찾아내기를 기대했다. 죽음을 앞둔 친구의 깊은 충심과 사랑에서 우러나온 이러한 비판은 트로츠키를 감동시키고 그의 가슴속에 깊이 각인됐다. 그날 이후 트로츠키는 죽는 날까지 '불굴의 의지와 단호한 태도'로 거의 혼자 서있게 된다. 요페의 자살은 그러나 정치적으로는 아무런 영향도 끼치지 않았다. 그의 편지는 공개되지 않았다. 게페우는 심지어 편지의 수신자로 돼있는 트로츠키에게도 이 편지의 존재를 숨기려고 했다. 그래서 트로츠키는 사실상 게페우의 손에서 이 편지를 빼앗다시피 해야 했다. 요페의 자살은 반대파 사람들 사이에 낙담의 분위기를 확산시켰다. 절망의 행동으로 받아들여졌기 때문이다. 트로츠키는 요페의 사례가 전염될까봐 걱정스러웠다. 1923년 반대파가 패배한 뒤에도 그 지지자들 가운데 여러 명이 자살한 바 있었다. 그때 우크라이나 내전에서 활약했던 전설적인 여걸 에우게네 보슈, 탁월한 노동조합 활동가이자 노동자반대파의 베테랑이었던 루토비노프, 트로츠키의 비서들 가운데 한 명이었던 갈츠만이 스스로 목숨을 끊었다. 지금 반대파는 그때와 비교할 수 없을 정도로 더 무자비한 공격을 받고 있는데다 앞으로 가야 할 길도 분명하지 않다는 점에서 공황심리가 폭발할 요인이 더 많았다. 요페의 편지가 반대파 그룹들 사이에 회람된 뒤에야 그가 자살에 부여하고자 했던 의미가 좀 더 잘 알려지게 됐다. 그제야 비로소 그의 자살이 절망의 행동이 아니라 신념의 행동으로 보이게 된 것이다.[111]

11월 19일에 트로츠키, 라코프스키, 이반 스미르노프가 이끄는 긴 장례행렬이 요페의 주검이 담긴 관을 앞세우고 모스크바 시내의 거리와 광장들을 거쳐 시 외곽에 있는 노보데비치 수도원의 묘지까지 걸어갔다. 사람들이 일을 하는 평일의 이른 오후였다. 정부 당국은 장례식 시간을 일부러 이 시간에 맞췄다. 사람들의 눈에 띄지 않게 하기 위해서였다. 그러나 수천 명의 사람들이 장례행렬에 동참해 같이 행진하면서 애도의 노래와 혁명가요를 불렀다. 중앙위원회와 외무인민위원회의 대표들도 반대파 사람들 사이에 섞였다. 그들은 문제가 커지지 않도록 조심하면서 주검으로 변한 적에게 공식적인 경의를 표하기 위해 장례에 참석하러 온 것이었다. 노보데비치 수도원은 과거에 표트르 대제가 자기 누이인 소피아를 가두고 수백 명에 이르는 그녀의 지지자들을 그녀가 갇힌 방의 창문 밖에서 학살한 곳이었다. 이 수도원에서 경찰과 게페우는 장례행렬이 묘지의 바깥에 멈춰 서게 하려고 애썼다. 그러나 사람들은 묘지 안으로 밀고 들어가 요페의 주검이 묻힐 빈 묘 주위에 모여 섰다. 정부 당국의 공식 대변인이 추도사를 하려고 하자 사람들 사이에서 분노의 웅성거림이 일어났다. 트로츠키와 라코프스키가 추도연설을 했다. 트로츠키는 말했다. "요페가 우리 곁을 떠난 것은 싸움을 원하지 않았기 때문이 아니라 싸우기 위해 필요한 육체적 힘을 잃었기 때문입니다. 그는 투쟁에 참여하고 있는 사람들에게 짐이 되고 싶어 하지 않았습니다. 그의 자살이 아니라 그의 삶이 뒤에 남은 이들에게 모범이 돼야 합니다. 투쟁은 계속됩니다. 모두 자기 위치를 지킵시다. 그 누구도 떠나게 하지 맙시다!"

러시아의 공포스러운 과거가 깃들어 있는 묘지에서 열린 이 집회는 반대파의 마지막 대중집회이자 마지막 대중시위가 된다. 러시아 땅에서 트로츠키가 대중 앞에 모습을 드러낸 것도 이때가 마지막이었다. 그리고 용기를 내자고 호소하는 그의 외침 또한 러시아에서의 마지막 대중연설이 된다.[112]

"모두 자기 위치를 지킵시다! 그 누구도 떠나게 하지 맙시다!" 내전의 시절 최악의 시기에 트로츠키가 매일 시달한 명령 속에 이 말이 얼마나 자주 등장했던가! 사기가 꺾여 패주하던 부대들이 이 말을 듣고 다시 싸움터로 되돌아가 승리를 거둘 때까지 싸운 일이 얼마나 많았던가! 그러나 이제 이 말은 그 힘을 잃었다. 지노비예프와 카메네프, 그리고 이들 두 사람의 지지자들은 이미 자기 위치를 이탈하고 있었고, 퇴각로를 찾아 절박하게 주위를 둘러보고 있었다. 요폐의 장례식이 열리기 전날에 이미 모스크바는 이들이 스탈린에게 항복한다는 소문으로 떠들썩했다. 트로츠키는 11월 18일자 메모에서 이런 소문을 일축하고, 스탈린이 반대파를 혼란시키기 위해 그들을 축출한 것이라고 선언했다. 이때 트로츠키는 탄압은 반대파에게 유리하게 작용한다고 다시 한 번 주장했다. 그리고 그는 지지자들에게 당에 소속돼 있다는 생각을 버리지 말아야 하며, 축출되고 추방된다 해도 그것이 새로운 당을 결성하는 것을 정당화할 수 없다고 경고했다. 하지만 지노비예프와 카메네프는 축출을 받아들인다면 반대파는 자기 의지와 상관없이 불가피하게 새로운 당을 저절로 결성하게 되는 것이라고 대답했다. 그러므로 자기들은 축출 조치를 취소시키기 위해 최선을 다할 의무가 있다는 것이었다. 이들은 말했다. "레프 다비도비치, 우리가 항복할 용기를 내야 할 때가 왔습니다." 그러자 트로츠키가 대답했다. "만약 그런 용기, 즉 항복할 용기가 우리에게 필요한 모든 것이라면 혁명은 이미 전 세계에 걸쳐 승리한 상태일 것입니다."[113] 그들 모두는 그러나 12월 초에 열리기로 돼있는 당대회에서 공동의 성명을 발표한다는 데는 여전히 동의하고 있었다. 121명의 반대파 사람들이 서명한 이 성명에서 그들은 자기들의 견해를 포기할 수 없다고 선언하고, 그럼에도 두 진영 간 싸움으로 이어진 분열은 "레닌의 대의에 대한 가장 심각한 위협"이며 반대파는 그동안 벌어진 일들에 대해 주된 책임을 져야 할 입장은 아니지만 책임의 일정 부분을 져야 한다고 생각한다고 밝혔다. 또한 그들은 당내 경합의 형태가 바뀌어야 하며, 반대파는 다시 한 번 조직을 해체할 준비가 돼 있으니 추방되고 투옥된 반대파 사람들을 복권시켜달라고 호소했다.

당대회가 이 호소를 즉각 거부할 것이며, 축출 조치를 취소하는 데 동의하지 않을 것은 분명했다. 이미 상황은 통합반대파가 해체되고 그것을 구성해온 두 그룹(트로츠키파와 지노비예프파―옮긴이)이 각자 자기 길을 갈 수밖에 없는 시점으로 접어든 상태였다.

당대회는 3주간 계속됐고, 분열의 문제에만 초점이 맞춰졌다. 반대파는 투표권을 가진 대표를 단 한 명도 참석시키지 못했다. 트로츠키는 참석하지도 않았다. 그는 자기를 축출한 조치에 대해 개인적인 항의를 할 수 있도록 참석을 허가해달라는 요구도 하지 않았다. 당대회는 반대파가 그들만의 견해를 표출하는 것은 그들의 당원 자격과 양립될 수 없다고 만장일치로 선언했다. 라코프스키는 반대파의 입장을 개진하며 항변해보려고 했지만, 연단에서 밀려났다. 이어 카메네프가 반대파가 처한 곤경에 대해 연민의 감정을 불러일으킬 만한 묘사를 했다. 당대회 참석자들은 그런 카메네프의 연설을 놀라워하면서도 즐기는 듯한 표정으로 경청했다. 카메네프는 자기와 자기의 동지들이 딜레마에 직면했다고 말했다. 제2의 당을 결성해야 할 입장이지만, 그렇게 하면 "혁명에 치명타를 가하면서 스스로는 정치적으로 퇴화하게 될 것"이며, 그렇다고 해서 "한바탕 격렬하고 완강한 투쟁을 벌인 마당에 당에 철저한 항복을 선언"할 수도 없다는 것이었다. 물론 자기들은 항복하는 길을 선택했다고, 다시 말해 당의 공식 정책에 대해서는 그 어떤 비판적인 견해도 표출하지 않겠다는 데 동의했다고 그는 말했다. 이어 자기들은 "올바른 레닌주의 정책의 승리는 우리의 당 밖에서, 또는 우리의 당을 무시한 상태에서가 아니라 오로지 우리의 당 안에서 우리의 당을 통해서만 확보될 수 있다고 깊이 확신"하기에 그런 결정을 내렸다고 덧붙였다. 따라서 자기들은 당대회의 모든 결정들에 승복하고 "그 결정들이 아무리 호된 것이라도 그것을 수행"할 준비가 돼있다는 것이었다.[114]

카메네프는 이처럼 자기와 자기 동지들의 운명을 당대회의 결정에 맡기면서 이미 무릎을 꿇은 뒤에야 중간에서 멈출 지점을 찾으려 했다. 그는 항복하는 반대파 사람들은 볼셰비키로서 행동을 하는 것이지만, 만약 그들이 자기들의 견해까지 포기한다면 그것은 볼셰비키로서 행동하는 것이 아닐 것이라고 말했다. 그는 이어 지금껏 당에서 그 누구도 그렇게까지 하도록 요구받은 적이 없다고 주장했다. 1924년에 자기와 지노비예프가 트로츠키에게 그렇게 하도록 요구했던 일을 잊어버린 듯했다. 그는 계속해서 이렇게 말했다. "만약 우리가 한두 주 전에 내세웠던 주장을 부인해야 한다면, 우리는 위선자가 되고 당신들은 우리를 믿지 않을 것입니다." 그는 투항자들의 체면을 살리기 위해 또 한 번의 절박한 시도를 했다. 그는 투옥된 트로츠키주의자들을 석방해줄 것을 간청하면서 이렇게 말했다. "음라치코프스키와 같은 사람들이 감옥에 갇혀 있는 상태에서 우리가 자유롭다는 것은 말도 안 됩니다. 우리는 동지인 그들과 함께 그동안 싸워왔습니다. 그들의 행동에는 우리의 책임도 있습니다." 그러므로 당대회는 반대파 사람들 모두에게 그동안 벌어진 일들을 원상회복시킬 기회를 주어야 한다면서 그는 이렇게 탄원했다. "여러분, 만약 이번 당대회가 화합의 회의로 역사에 길이 남기를 바란다면, 부디 우리에게 구조의 손을 내밀어주기 바랍니다."[115]

일주일 뒤 통합반대파는 완전히 해체됐다. 12월 10일에 지노비예프주의자들과 트로츠키주의자들은 갈라져서 서로 다른 목소리를 냈다. 지노비예프주의자들을 대표해서 카메네프, 바카예프, 에브도키모프가 당대회에서 채택한 모든 결정들을 최종적으로 수용한다고 선언했다. 그러나 같은 날 라코프스키, 라데크, 무랄로프는 일당체제를 유지해야 할 '절대적인 필요성'에 대해서는 지노비예프주의자들과 의견을 같이하지만 당대회의 결정들에는 승복할 수 없다고 선언했다. 이들은 "우리에게 당 안에서 자기 의견을 주장하지 말라고 하는 것은 우리의 의견을 포기하라는 것과 같으며, 우리가 거기에 동의하는 것은 당과 노동계급에 대한 우리의 가장 기본적인 의무를 이행하지 못하는 결과가 될 것"이라고 말했다.[116]

지노비예프와 그의 지지자들은 사실상 트로츠키가 1924년에 했던 말을 되풀이했다. 당은 10월의 승리를 보장할 수 있는 유일한 힘이자 역사적 진보의 유일한 도구이며, 누구든 당에 대항하는 것은 옳지 않다는 것이었다. 이런 믿음이 그들로 하여금 항복하게 한 것이었다. 반면에 트로츠키와 그의 지지자들은 이제는 당에 대항하는 게 옳다고 확신했다. 단 그들은 자기들의 대항이 당을 위해서, 다시 말해 당을 당 자체로부터, 아니 그 관료집단으로부터 구해내기 위해서라고 생각하면서 싸움을 계속해 나가기로 결심했다. 트로츠키와 지노비예프는 사실 둘 다 불가능한 일을 시도하고 있었다. 다만 서로 다른 방식으로 행동하고 있었을 뿐이다. 지노비예프주의자들은 당 안에 남아있으면 언젠가 상황이 허락할 경우에 당을 되살릴 수도 있을 것이라는 희망을 가졌고, 트로츠키주의자들은 그런 일은 오직 당 밖에서만 가능할 것이라고 확신했다. 양쪽 다 똑같이 "또 하나의 새로운 당을 만들려는 시도는 혁명에 재앙이 될 것"이라는 말을 되풀이했다. 이를 통해 양쪽 다 자기들이 보기에 노동계급은 정치적으로 미숙하고, 그런 노동계급이 두 개의 공산당을 뒷받침할 것이라고는 확신할 수 없으며, 따라서 노동자들에게 당의 관료집단에 대항해 싸워줄 것을 호소하는 것은 아직은 무익한 행동임을 암묵적으로 인정한 셈이었다. 당의 관료집단은 그 모든 오류와 악행에도 불구하고 여전히 프롤레타리아의 이익 수호자로서, 그리고 혁명의 수탁자이자 사회주의의 대리자로서 기능하고 있다고 그들은 생각했다. 트로츠키와 지노비예프의 지지자들이 이렇게 생각하지 않았다면, 두 지도자가 '또 하나의 당'에 관해 이야기하면서 내비친 두려움이 그들에게 납득할 수 없는 우스꽝스러운 것으로 보였을 것이다. 그랬다면 그들은 오히려 또 하나의 당을 만드는 것을 자기들의 의무로 받아들였을 것이다. 반대파는 비록 중대한 단서를 달고 암묵적으로만 그랬을지는 몰라도 어쨌든 적들을 프롤레타리아 독재의 수호자이자 수탁자로 인정하는 동시에 그들과 계속 갈등을 빚음으로써 모순에 빠졌다. 지배분파들이 지시하는 것을 수용함으로써 이런 모순을 해소하고자 한 것이 지노비예프의 속마음이었다. 반면에 트로츠키는 지배분파들이 혁명의 수호자로 오랫동안 남아있을 수 없다고 확신하고, 자신을 포기해서 얻을 수 있는 것은 아무것도 없다고 말해주는 양심의 지시를 따랐다.

눈앞에서 통합반대파가 붕괴하고, 축출이 크게 늘어나고, 수천 명의 반대파 사람들이 투항하는 가운데서도 트로츠키는 불굴의 태도를 유지했다. 그는 '죽은 영혼들'인 지노비예프와 카메네프를 경멸하고, 그들이 이번의 항복에 이어 또 다른 항복을 요구받고 갈수록 더한 굴욕을 겪을 것이라고 내다봤다. 이제 지배분파들은 승리에 들떠 있었다. 그들은 스탈린이 실제로 반대파를 항복시킬 수 있을지에 대해 마지막 순간까지도 확신할 수 없었기에 그만큼 더 환호작약했다. 지노비예프와 카메네프가 투항을 선언했을 때 지배분파들은 아직 자기들은 투항을 받아들이지 않았다며, 그들에게 그동안의 사상을 완전히 버리고 전향할 것을 요구했다. 지노비예프와 카메네프는 처음에는 자기들의 견해를 말하지 않겠다는 데만 동의하면 복권될 것이라고 생각했던 것 같다. 그런데 그들은 그런 동의를 해준 뒤에는 자기들의 침묵이 당에 대한 모욕이자 도전이라는 말을 듣게 된다. 당대회에서 칼리닌은 이렇게 말했다. "동지들이여, 자기가 여전히 옳다고 여기는 견해를 앞으로는 내세워 주장하지는 않겠다고 선언하는 사람들을 노동계급이 어떻게 생각하겠습니까? (…) 그것은 고의적인 기만이거나 (…) 아니면 그런 반대파 사람들은 이미 위선자가 되어 자기의 견해를 속으로는 그대로 유지하면서 겉으로만 옹호하지 않겠다고 하는 것입니다."[117] 사실 지배분파들은 지노비예프와 카메네프의 항복을 그대로 받아들인다면 자기들의 체면이 구겨질지도 모른다고 우려했다. 어떤 특정한 견해를 가질 수는 있지만 그것을 표출해서는 안 되는 당이란 대체 어떤 당이냐고 당원들이 의아해하며 물을 게 뻔했다. 승리한 자들은 도중에 멈춰 설 수 없었다. 방금 획득한 입지를 계속 지켜나가기 위해서 그들은 더 많은 것을 획득하고 패배한 적들을 더 밀어붙여야 했다. 당대회는 패배자들에게 이단의 견해를 표출하지 못하게 한 다음에는 그들이 침묵이라는 방법을 통해 그것을 고백하는 것도 금지해야 했다. 또 그들에게서 목소리를 빼앗은 다음에는 그들의 생각도 빼앗아야 했다. 그런 다음에 그들에게 목소리를 돌려주어 그들이 자기들의 사상을 포기한다는 말을 공개적으로 하게 만들어야 했다.

 그 다음 주는 항복의 조건에 관한 실랑이가 전개됐다. 지노비예프주의자들은 함정 속에서 발버둥을 쳤다. 그들은 자신들이 처음 생각했던 항복으로 돌아갈 수 없었다. 그들은 처음에 생각했던 항복의 의미를 살리고 그것을 통해 얻고자 했던 것을 위해 또다시 항복해야 했다. 12월 18일, 지노비예프와 카메네프는 당대회를 다시 찾아가 자기들의 견해가 오류이며 반레닌주의적임을 인정한다고 말했다. 부하린은 그들을 맞으면서 이렇게 말했다고 한다. "잘 결심했습니다. 지금이 마지막 기회지요. 역사의 철의 장막이 곧 내릴 겁니다." 철의 장막은 그 말을 한 부하린 자신도 무너뜨리게 된다는 것을 우리는 덧붙여 말할 수 있다. 부하린은 지노비예프와 카메네프가 돌아와 복종하는 것을 보고 분명 안도의 한숨의 내쉬었을 것이다. 왜냐하면 그는 지배분파 사람들 가운데 일부와 마찬가지로 만약 지노비예프와 카메네프가 전향을 거부하고 트로츠키와 재결합한다면 어떤 일이 벌어질지를 불안해했기 때문이다. 중앙통제위원회를 대표해 지노비예프와 카메네프의 축출 동의안을 제출했던 오르조니키제조차도 그 같은 억압조치는 "우리의 당에 많은 이익을 가져다주고 여러 해에 걸쳐 우리와 같이 싸워온" 사람들에게 타격을 가하는 것이라고 말할 때 이미 불안한 속마음을 내비친 바 있었다. 그러나 스탈린과 당대회 참석자 대부분은 환희에 취해 이미 엎드린 자들에게 계속 발길질을 했다. 그들은 지노비예프와 카메네프가 전향한 뒤에도 두 사람을 복권시키지 않았다. 아이로니컬하게도, 문 앞에서 기다리는 두 사람을 맞으러 갔다가 두 사람을 문 안으로 들이지 않고 그냥 문을 닫아버린 사람은 훗날 지노비예프와 카메네프의 운명을 똑같이 겪게 되는 리코프였다. 리코프는 두 사람에게 적어도 6개월 동안은 근신해야 하며, 그런 뒤에야 비로소 중앙위원회가 두 사람의 복권 여부를 결정할 것이라고 전했다.

지노비예프주의자들의 변절은 트로츠키와 그의 지지자들을 고립시켰다.

반면에 그들의 변절에서 스탈린이 옳았다는 증거를 찾아낸 스탈린주의 자들과 부하린주의자들의 대다수는 자신들의 양심을 달랠 수 있었다. 그들은 트로츠키의 옛 동맹자들마저 그에게 등을 돌린 걸로 봐서 그의 생각이 절대적으로 틀렸음이 분명하다고 생각했다. 당과 온 나라가 당대회와 거기에서 연출되는 투항의 극적인 장면에서 눈을 떼지 못했다. 그들은 반대파 중에서 그 극적인 장면에 끼지 않은 분파에 대해서는 별다른 관심을 보이지 않았다. 트로츠키주의자들도 경악했다. 그들은 자기들이 마침내 당과 결별하게 됐다는 느낌에 압도당했다. 그들은 자기들과 지노비예프주의자들 사이에 생겨난 깊은 간극을 믿을 수 없다는 표정으로 바라보았다. 그들은 자기들이 무모한 행동을 했던 게 아닌가 하는 생각에 사로잡혔다. 어느 정도는 은밀하게 선전활동을 해야 했던 게 아닌가? 11월 7일에 정말로 '대중에 대한 직접적인 호소'를 했어야 했던가? 분열을 더욱 촉진해야 했던 것 아닌가? 이러한 자책감이 그들로 하여금 당에 대한 변함없는 충성심을 끝없이 당당하게 선언하면서 축출 판결을 받아들이도록 했다. 일부는 지노비예프주의자들의 길을 따라갔고, 일부는 갈팡질팡했다. 그러나 대다수는 투쟁을 계속하고 박해를 감당하겠다는 결의를 그대로 유지했다. 그러나 누가 투항자이고 누가 투항자가 아닌지는 누구도 분간하지 못했다. 당대회 직후에 반대파 사람들 가운데 1500명이 당에서 축출되고 2500명이 전향서에 서명했다.[118] 그러나 전향서에 서명한 사람들 가운데 일부는 투항이 한 번으로 그치지 않고 또 다른 투항으로 이어진다는 것을 알게 되자 서명을 철회했다. 전향서에 서명하기를 거부한 사람들 가운데 일부는 그 뒤에 협박, 유혹, 회유를 받게 되자 결의가 약해졌다. 긱자 다른 선택을 한 반내파 사람들은 서로를 배신자 또는 반역자로 보았다. 이쪽과 저쪽이 어디에서 구분되는지 아무도 알 수 없었고, 혼란과 의심이 예전의 통합반대파 사람들 모두에게 확산됐다.

트로츠키는 지노비예프의 투항이 무익함을 보면서 자기가 올바른 길을 선택했다는 확신을 더욱 굳혔다. 그는 이런 신념을 낙담한 지지자들에게도 심어주려고 열심히 노력했다. 그는 그들에게 스탈린은 어떻게든 그들을 축출할 구실을 찾아냈을 것이므로 아무리 신중을 기하고 꾸물거렸어도 결과는 똑같았을 것이라고 말했다. 이제 중요한 것은 자기의 견해를 지키며 버텨낸 사람들을 결집하고, 그들과 변절자들을 확실하게 구분하고, 애매모호한 태도를 취하지 말고, 동시대인들과 후세에게 결별의 원인을 분명히 밝히는 것이었다. 또한 반대파는 그동안 활동해온 것처럼은 활동할 수 없게 되었으므로 이제는 확실하게 지하로 들어가야 했고, 각 그룹들 사이의 새로운 연락망과 새로운 활동방법을 찾아야 했으며, 국외의 동조자들과 새로이 관계를 맺어야 했다.

그 모든 일을 다 하기에는 시간이 거의 없었다. 해가 바뀌기도 전에 스탈린은 반대파 사람들을 유형지로 보낼 준비를 했다. 곧 무자비하게 피의 숙청을 벌이게 되는 그가 아직은 기이하게도 자기 변명과 겉으로 보이는 외양에 신경을 썼다. 그는 노골적이고 강제적인 유형 집행으로 세상을 떠들썩하게 만드는 것을 피하고 싶었다. 그래서 추방되는 적들의 모습을 마치 자발적으로 떠나는 것처럼 보이게 하려고 애썼다. 그는 중앙위원회를 통해 주요 트로츠키주의자들에게 러시아라는 광대한 나라의 멀고 외진 변방에 있는 소소한 행정관청에 자리를 마련해주겠다고 제의했다. 트로츠키는 '자유의지'에 따라 카스피해 연안에 있는 아스트라한으로 가는 것으로 일단 정해졌다. 1928년 1월 초에 반대파에서 보낸 라데크와 라코프스키가 오르조니키제와 스탈린의 이런 제의를 놓고 협상을 벌였다. 라데크와 라코프스키는 말라리아에 걸려 시달리고 있는 트로츠키의 건강이 카스피해 연안 항구의 고온다습한 기후를 견디지 못할 것이라면서 그를 아스트라한으로 보내려고 하는 데 대해 항의했다. 그들은 자기들을 지방 행정직에 임명하는 것이 단지 유형의 눈속임이 아닐 것, 모든 임명에 대해 반대파의 동의를 받을 것, 당사자와 그 가족의 건강과 안전을 고려한 임명을 할 것 등을 조건으로 내걸고, 이러한 조건이 수용된다면 그 어떤 지방의 행정직도 수용하겠다고 했다.[119] 결국 협상은 결렬됐다.

아직 협상이 진행되고 있던 1월 3일에 게페우가 트로츠키에게 소환장을 보냈다. 트로츠키는 그 소환장을 무시했다. 그러자 우스운 연극이 끝났다. 며칠 뒤인 1월 12일에 게페우는 트로츠키에게 형법 58조에 의해, 다시 말해 반혁명 활동을 한 혐의로 그를 중국 쪽 전선과 가까운 투르키스탄 지역에 있는 알마아타로 유형 보낼 것이라고 통보했다. 유형 집행일은 1월 16일이었다.

모스크바를 떠나기 전 마지막 며칠간의 트로츠키에 대해 두 사람이 글을 남겼다. 그중 한 사람은 국외자였고, 다른 한 사람은 트로츠키주의자였다. 우선 〈베를리너 타게블라트〉의 특파원인 파울 셰퍼(Paul Scheffer)는 1월 15일에 트로츠키와 인터뷰를 했다. 그가 '얼핏 보기에는' 트로츠키가 경찰의 감시를 받고 있다는 낌새는 전혀 없었다. 이 독일 기자의 눈이 그다지 숙련되지 않아 그러한 낌새를 알아차리지 못했다고 가정할 수도 있겠다. 여하튼 그는 트로츠키의 집에서 흥분된 분위기를 보았다. 하나같이 유형지로 보내질 사람들이 찾아와서 작별인사를 하고 돌아갔다. 너도 나도 긴 여행에 앞서 짐을 꾸렸다. "복도와 통로마다 책들이 수북이 쌓여 있었다. 그 책들은 마치 스파르타인들이 영양식으로 먹던 황소의 피처럼 이 혁명가들이 영양식으로 사용하던 것이었다." 이런 상황을 배경으로 그는 트로츠키를 이렇게 묘사했다. "체격이 중간보다 약간 작고, 피부가 매우 곱고, 얼굴색은 노르스름했다. 크지 않으며 푸른 그의 두 눈은 때로는 대단히 상냥했지만, 때로는 광채를 내면서 무척 강렬해 보였다." 또한 크고 생동감 넘치는 얼굴에는 "힘과 고상한 정신이 드러나" 있었고, 입은 얼굴의 크기에 비하면 매우 작았으며, 손은 곱고 부드러운 것이 마치 여성의 손과 같았다. "군대를 급히 만들어내고 원시적인 상태에 있던 노동자와 농민들에게 열정을 불어넣어 그들을 자신들이 이해하는 수준 이상으로 높이 들어올렸던 이 인물은 (…) 첫인상은 수줍어하고 약간 어색해하는 모습이었다. (…) 그런 모습이 아마도 그를 그토록 매력적으로 보이게 하는 이유일 것이다."

인터뷰를 하는 동안 트로츠키는 공손하면서도 경계하는 자세를 유지하며 거침없이 의견을 밝혔다. 그러나 국내 문제에 대해서는 이 부르주아 언론인에게 극도로 말을 아꼈다. 자기의 적들에 대해서는 단 한마디도 하지 않았고, 불평이나 논쟁적인 발언도 전혀 하지 않았다. 로이드 조지(1921~1922년에 총리를 지낸 영국의 정치인―옮긴이)가 '트로츠키의 나폴레옹 같은 미래'를 예언했다고 기자가 말했을 때 딱 한 번 대화가 당내 문제를 스치고 지나갔다. 셰퍼 기자가 유형과 트로츠키의 미래 계획 등에 대해 언급할 수 있는 절호의 기회였다. 그러나 트로츠키는 자기와 나폴레옹의 비교에서 다른 측면을 잡아냈다. 그는 다소 흥미롭다는 표정으로 이렇게 대답했다. "내가 혁명에 종지부를 찍는 사람이 될 것이라고 생각하다니 기이하군요. 하긴 로이드 조지의 오류가 이것이 처음인 것도 아니지요." 자기를 나폴레옹과 비교하는 말을 들은 트로츠키는 둘 다 유형수가 되는 개인적 운명을 타고 났다는 측면에서 명백하긴 하나 표피적인 유사성을 떠올리기보다는 테르미도르반동을 계승한, 자기가 혐오하는 보나파르티즘이라는 정치사상을 떠올렸던 것이다. 그에게는 개인적인 문제보다 일반적인 문제가 우선이었다. 셰퍼도 "이 사람은 다른 무엇이기 이전에 투사"임을 끊임없이 상기해야 한다고 말했다. 트로츠키는 주로 자본주의의 쇠퇴와 유럽 혁명의 전망에 대해 이야기했고, 여느 때와 마찬가지로 유럽 혁명의 전망을 볼셰비키 러시아의 미래와 연관시켰다. 이때 "트로츠키의 말투가 갑자기 평소의 어조를 잃고 웅변조가 되더니 억양이 높아졌다." 그러면서 트로츠키는 아름다운 선율 같은 몸짓으로 세계의 혁명이 오르내리는 곡선을 그려 보였다. 두 사람의 대화는 마침 그날 저녁에 유형지로 떠나야 하는 한 동지에 의해 중단됐다. 그가 끼어들어 자기가 트로츠키를 위해 더 해야 할 일이 있으면 알려달라고 말했기 때문이다. 셰퍼는 답변하는 트로츠키의 모습을 이렇게 기록했다. "끝이 위로 향한 작은 콧수염을 한 트로츠키의 얼굴에 여러 개의 유쾌한 주름이 생겼다. '자네, 오늘 밤 여행을 떠나려는 거지?' 논쟁과 농담의 달인인 그는 결코 기회를 놓치지 않는다. (…) 흔들림 없는 그의 유머감각은 흐려지지 않았다." 셰퍼와 헤어질 때 트로츠키는 그에게 알마아타로 자기를 방문해 달라고 초청했다.[120]

셰퍼와 달리 세르게는 이때 트로츠키의 상황에 대해 "자기들도 경찰의 끄나풀들에 의해 감시당하는 처지인 동지들이 밤낮으로 트로츠키의 주위를 살폈다"고 전했다. 그리고 거리에서는 오토바이를 탄 게페우 요원들이 트로츠키의 집을 드나드는 차량들을 일일이 관찰하고 있었다고 한다.

나는 뒷계단으로 올라갔다. (…) 우리끼리는 예전에 레닌을 그렇게 불렀듯이 애정과 존경심을 담아 그를 '노인'이라고 불렀다. 노인은 야전침대 하나와 탁자 하나가 전부인, 정원이 내려다보이는 작은 방에서 뭔가 일을 하고 있었다. (…) 낡은 재킷을 입은 그는 활력과 위엄을 발산하고 있었고, 정수리 부근의 머리카락이 거의 백발이었으며, 얼굴에서는 병색이 느껴졌다. 그는 그 작은 방 안에서도 강인한 에너지를 내뿜었다. 옆방에서는 그가 방금 구술한 메시지가 타자되고 있었다. 식당에는 온 나라의 구석구석에서 찾아온 동지들이 있었고, 트로츠키는 전화를 받는 사이사이에 서둘러 그들과 이야기를 나누었다. 모두가 다 언제든 체포될 수 있는 상황이었다. 다음엔 무슨 일이 벌어질까? 그건 아무도 알 수 없었다. (…) 그러나 모든 사람들이 그 마지막 몇 시간에서 뭔가 유익한 것을 얻고자 서둘렀다. 왜냐하면 그 시간은 그들에게 주어진 마지막 시간일 게 분명했기 때문이다.[121]

1월 16일은 회의, 지시, 아직 못 다한 작별인사, 여행을 위한 마지막 준비 등으로 꽉 채워졌고, 마치 열기에 휩싸인 듯 지나갔다. 출발시간은 밤 10시로 잡혀있었다. 저녁 무렵부터 온 가족은 지치고 긴장한 가운데 게페우 요원들이 나타나기를 기다리며 앉아있었다. 약속된 시간이 지났지만 그들은 오지 않았다. 가족들은 온갖 추측에 빠져들었다. 마침내 게페우에서 트로츠키에게 전화를 걸어와 아무런 설명도 없이 출발이 이틀 늦춰졌다고 통보했다. 또 다른 추측들이 이어지다가 라코프스키를 비롯한 몇몇 친구들이 들이닥치는 바람에 중단됐다. 그들이 하는 말에 모두가 크게 흥분했다. 역에 갔다 왔는데 그곳에 트로츠키를 환송하려는 사람들이 수천 명이나 모여 있다는 것이었다. 그들이 전하는 얘기는 이랬다. 트로츠키가 타고 갈 것으로 보이는 열차 옆에서 격렬한 시위가 벌어졌다. 많은 사람들이 철길에 드러누워 열차가 못 떠나게 할 것이라고 맹세했다. 경찰은 그들을 철길에서 들어내고 군중을 해산시키려고 했다. 정부 당국은 시위가 심상치 않게 전개되는 것을 보고는 트로츠키의 유형 집행일을 연기하라는 명령을 내렸다. 반대파는 그와 같은 결과에 대해 자축하면서 이틀 안에 다시 시위를 벌인다는 계획을 세웠다. 그러나 게페우가 반대파의 눈을 따돌리고 그 지도자(트로츠키 – 옮긴이)를 몰래 납치해갔다. 게페우의 계획은 그를 다른 역으로 데려가는 것이었다. 게페우는 실제로 모스크바 외곽의 한 작은 역으로 그를 데려가서 중앙아시아로 가는 열차에 태웠다. 원래는 1월 18일에 떠날 준비를 하라는 통보가 그에게 왔었다. 그러나 17일에 게페우 요원들이 들이닥쳐 그를 체포해갔다. 이상하게도 트로츠키의 지지자들은 그의 집 경계를 제대로 하지 못했다. 게페우 요원들이 그의 집에 들이닥쳤을 때 그곳에는 트로츠키, 그의 아내와 두 아들, 그리고 요페의 미망인과 다른 한 명의 여성만 있었다.[122]

보기 드문 희비극의 장면이 이어졌다. 트로츠키는 방문을 걸어 잠그고 그 방으로 게페우 요원들을 들이기를 거부했다. 이는 과거에도 자기에게 손을 대려는 경찰을 상대로 그가 늘 해왔던 수동적 저항의 표시였다. 잠긴 문을 사이에 두고 죄수와 책임장교가 교섭을 벌였다. 결국 그 장교는 병사들에게 문을 부수라고 명령했다. 그들은 방 안으로 밀고 들어갔다. 기이한 운명의 장난인지, 트로츠키를 체포하러 온 장교는 내전의 시기에 트로츠키를 호위하는 임무를 맡아 그의 군용열차에서 그를 위해 일했던 사람이었다. 과거의 상관과 얼굴을 마주 대하게 된 그는 침착성을 잃고 기가 꺾여 심란한 듯 우물거리며 이렇게 말했다. "저를 쏘십시오, 트로츠키 동지. 저를 쏘십시오." 트로츠키는 자기를 체포하러 온 그를 진심으로 위로했고, 더 나아가 받은 명령을 수행하라며 그를 설득했다. 그런 다음에 그는 다시 불복종의 자세로 돌아가 옷을 갈아입기를 거부했다. 무장한 병사들이 그에게서 슬리퍼를 벗겨내고 외출복으로 갈아입혔다. 그리고 밖으로 나가기를 거부하는 그를 계단 아래로 끌어내렸다. 트로츠키의 가족과 요폐의 미망인은 그들을 따라가면서 고함을 지르며 항의했다. 소수의 이웃들, 즉 몇몇 고위 관리들과 그 아내들 외에는 다른 목격자가 전혀 없었다. 고위 관리들과 그 아내들은 소동이 벌어지자 깜짝 놀라 창문 틈으로 밖을 내다보는가 싶더니 금세 놀란 얼굴을 감추었다.

유형수와 그의 가족은 한 경찰차에 던져 넣어졌고, 그 경찰차는 백주 대낮에 10월혁명의 지도자이자 적군의 창설자인 그를 사람들이 눈치 못 채게 실은 채 모스크바의 거리들을 서둘러 통과했다. 그는 카잔 역에서 호송대에 넘겨졌다. 역에서 그는 열차에 올라타기를 거부했다. 그러자 무장한 병사들이 역 한쪽에 따로 서서 그를 기다리고 있던 객차로 끌고 가 거기에 태웠다. 역은 일반인의 출입이 금지됐고, 열차 승객들도 역 구내에서 쫓겨났다. 몇몇 기관사들만이 이리저리 바삐 움직이고 있었다. 호송대의 뒤쪽으로 유형수의 가족이 따라왔다. 유형수의 작은 아들인 세르게이는 한 게페우 요원과 주먹다짐을 벌였고, 큰 아들인 료바는 철도 노동자들을 선동해보려고 "동지들이여, 보라. 저들이 트로츠키 동지를 어떻게 빼돌리는지를 보라"고 외쳤다. 노동자들은 그저 냉담한 표정으로 바라만 볼 뿐이었다. 그들은 항의의 외침은 고사하고 단 한마디의 중얼거림조차 내지 않았다.

젊은 트로츠키가 난생 처음으로 모스크바의 탑들과 성벽을 보았던 때로부터 거의 30년이 지나갔다. 그때 그는 오데사의 감옥에서 시베리아의 유형지로 이송되던 중이었다. 죄수 이송용 차량의 쇠창살 속에서 그는 후에 공산주의 인터내셔널의 수도가 되는 차르의 마을을 처음으로 슬쩍 볼 수 있었다. 지금 그는 그때처럼 쇠창살 속에서 모스크바를 마지막으로 바라보고 있었다. 그는 자기의 승리와 패배가 번갈아가며 수놓아진 그 도시로 다시는 돌아오지 못한다. 그는 박해받는 혁명가로 그 도시에 입성했고, 그 도시를 떠났다.

6장__ 알마아타에서의 1년

트로츠키와 그의 가족을 태우고 수도 모스크바를 떠난 객차 하나짜리 열차는 모스크바에서 50킬로미터 떨어진 어느 황량한 역에 멈춰섰다. 거기서 객차는 중앙아시아로 가는 열차에 붙여졌다. 학업을 계속하고 싶어 한 세르게이는 객차에서 내려 모스크바로 돌아갔다. 병에 걸려 열이 나는 세도바와 료바는 트로츠키의 망명길에 동행했다. 10명 남짓한 호위병들도 동승했다. 그들은 복도에서 반쯤 열린 문을 통해 죄수와 그의 아내를 감시했다. 죄수 부부는 촛불 하나만 켜져 있는 어두침침한 객실의 나무의자에 힘없이 앉아 있었다. 트로츠키를 체포하러 왔던 장교가 계속 지휘하고 있었다. 그가 열차 안에 있다는 사실은 기묘하게도 그가 트로츠키의 호위관으로 탑승했던 또 다른 유명한 열차인 페드레프보엔[1]의 야전사령부를 상기시켰다. 세도바는 이렇게 회상했다. "우리는 그전 며칠간 겪었던 경악, 불확실성, 그리고 긴장으로 인해 완전히 지쳐 있었기 때문에 휴식을 취하고 있었다." 트로츠키는 어둠 속에 누워 있거나 열차가 동쪽으로 가면서 통과하는 끝없는 흰색 평원을 내다보면서 자기가 새로이 처하게 된 상황에 정신을 맞추기 시작했다. 그는 격동과 도취에 휩싸인 세계로부터 분리되고, 자기의 일과 투쟁으로부터 차단되고, 자기를 지지하는 사람들과 친구들로부터 격리된 채 거기에 있었다. 이제 무슨 일이 벌어질 것인가? 그리고 이제 무엇을 해야 하나? 그는 애써 힘을 내어 일기에 조금이나마 기록하고 항의의 글 초안을 작성해보려고 했다. 그러나 그는 필기도구하나 없이 모스크바를 출발했음을 알아차렸다. 이런 사실은 작은 충격 같은 것을 그에게 안겨주었다. 처음 있는 일이었다. 그동안 그는 단 한번도 필기도구 없이 움직인 적이 없었다. 1907년에 북극 지역에서 위험한 도주를 했을 때도 그랬다. 모든 것에 위험이 가득했고, 그는 자기가 향하고 있는 유형지가 여전히 알마아타인지도 알 수 없었다. 이런 불안전한 상황이 그의 반항적인 기질을 자극했다. 그는 자기가 크렘린 궁의 안락한 침대에서 속물처럼 죽지는 않을 것임을 알게 되어 그나마 다행이라고 아내에게 말했다.

다음 날 열차는 사마라에서 멈췄다. 트로츠키는 지금껏 기나긴 혁명적 경력을 쌓아오는 동안 그 어떤 자본주의 국가의 경찰도 게페우처럼 속임수와 거짓말로 자기를 다루지 않았고, 어디로 데려가는지 말해주지도 않은 채 납치해서 옷도 챙겨입지 못하고 기본적인 생활용품은 물론 병든 아내가 먹을 약도 휴대하지 못한 채 여행하게 한 적은 없다는 내용의 전보를 칼리닌과 멘진스키에게 보냈다.[2] 그러나 호위병들은 마치 1907년에 그가 페테르스부르크 소비에트의 지도자로서 유죄판결을 받고 호송될 때 그를 호위했던 차르의 병사들이 그랬던 것처럼 친절하게 대했고, 우호적인 태도를 보이기도 했다. 그들은 트로츠키의 가족에게 입을 옷과 수건, 비누 등을 사다주었고, 역에 설 때면 역사에서 음식을 사다주기도 했다. 그들이 호송하는 죄수는 여전히 그들에게 경외감을 불러일으켰다. 그것은 마치 구체제 아래에서 황태자가 유형지로 가면서도 자기를 호송하는 호위병들에게 불러일으켰을 법한 경외감과 같은 것이었다. 어쨌든 그 황태자가 머지않아 권좌로 복귀할 것인지 아닌지는 아무도 알 수 없는 일이었다. 그래서인지 열차가 투르키스탄에 도착하자 호위대 지휘관이 자기의 태도가 좋았음을 확인해주는 증명서를 써달라고 죄수에게 요청했다.[3] 가는 도중에 트로츠키에게 헌신적인 두 비서, 세르무크스와 포스난스키가 게페우를 따돌릴 수 있기를 기대하면서 열차에 올랐다. 이런 일들이 여행의 단조로움을 깨주었다.

프룬제에서 열차여행이 끝났다.[4] 이곳에서부터 알마아타까지 놓인 길은 약 250킬로미터 정도였다. 이 길을 가기 위해 버스, 트럭, 썰매를 이용하거나 걸어서 얼음으로 뒤덮이고 모진 바람이 부는 산을 넘고 황무지의 버려진 가옥에서 하룻밤을 보내야 했다. 일주일간의 여행 끝에 마침내 1월 25일 새벽 3시에 일행은 알마아타에 도착했다. 유형수와 그의 가족은 고골리 거리에 있는 '일곱 개의 강'이라는 이름의 여관에 투숙됐다. 이 여관은 '고골리(1809~1852, 러시아의 작가-옮긴이)의 시대' 때부터 있던 것으로, 여관을 감도는 위대한 풍자작가의 정신이 앞으로 트로츠키가 알마아타에 관해 관찰하고 기록하는 많은 것들과 그가 이곳에서 모스크바로 자주 보내게 될 항의서한의 문체를 암시하는 듯했다.

1920년대 말경의 알마아타는 아직 동양적인 소도시였다. 이 소도시는 멋진 과수원과 정원들로 유명하긴 했으나 문명의 세례를 거의 받지 못해 볼품없고 생기도 없는 궁벽한 키르기스인들의 마을이었고 지진, 홍수, 차가운 눈보라, 타는 듯한 무더위에 시달려야 하는 곳이었다. 무더위는 짙은 모래구름과 말라리아, 해충이 옮기는 돌림병을 가져왔다. 이 소도시는 장차 카자흐스탄의 행정 중심지로 발전하게 되지만, 이때는 이곳 공화국 행정부가 비로소 그 모습을 갖추기 시작한 단계에 지나지 않았다. 당분간은 관리들이 필요한 시설을 징발했고, 마을 안팎의 빈민가들이 많은 사람들로 붐볐다. "도시 한가운데 있는 시장에 가보니 가게 문 앞마다 키르기스인들이 진흙탕 속에 앉아 햇볕에 몸을 데우거나 이를 잡으려고 자기 몸을 뒤지고 있었다."[5] 문둥병자도 있었다. 트로츠키가 이곳에서 여름을 보내는 동안 가축들이 돌림병에 걸리고 미친개가 울부짖으며 거리를 돌아다녔다.

이해에 알마아타의 삶은 계속되는 식량난으로 더 비참해졌다. 트로츠키가 도착한 뒤 처음 몇 달 사이에 빵값이 세 배로 뛰어올랐다. 몇 안 되는 빵가게 밖에는 사람들이 길게 줄을 서서 자기 차례가 오기를 기다렸다. 다른 먹을거리들은 빵보다 더 구하기 어려웠다. 수송이 정기적으로 이루어지지 않았고, 우편물도 제대로 배달되지 않았다. 이 지역 소비에트는 민간 업자들의 도움을 받아 수송을 정상화하려고 애썼다. 지역 전체의 침울한 분위기와 지역 관리들의 무기력함은 트로츠키가 쓴 편지에 잘 묘사돼 있다. "일전에 이곳 지역신문에 이런 기사가 났다. '먹을 빵이 곧 동날 지경인 와중에 빵을 가득 실은 짐수레들이 오고 있다는 소문이 도시에 나돌고 있다.' 소문대로 빵을 실은 짐수레들이 오고 있긴 했다. 그러나 소문으로만 무성하고 말라리아까지 기승을 부리는 가운데 여전히 빵은 구경할 수가 없다."

이런 곳에서 트로츠키는 머물러야 했다. 스탈린은 트로츠키를 모스크바에서 가능한 한 먼 곳으로 보내고 거기서 제멋대로 알아서 살아가도록 하려고 했다. 트로츠키의 비서 두 명은 체포됐다. 한 비서는 모스크바를 떠나다가 체포됐고, 다른 한 비서는 알마아타에서 체포되어 다른 곳으로 보내졌다. 스탈린은 당장은 자기의 적에 대한 더 이상의 계획은 갖고 있지 않은 듯했다. 그리고 게페우는, 나중에는 생각할 수도 없는 일이지만, 아직은 배려하는 태도로 트로츠키를 다루었다. 게페우는 국가나 당의 중요한 문서들이 포함된 트로츠키의 막대한 장서와 자료들이 트로츠키에게 차질 없이 전달되도록 신경썼다. 장서와 자료들 한 트럭분이 곧 알마아타에 도착했다. 트로츠키는 칼리닌, 오르조니키제, 멘진스키에게 자기가 처하게 된 여건에 대해 항의하고 더 나은 숙소와 사냥여행을 할 권리를 요구했고, 심지어는 모스크바에 남아있는 자기의 애완견을 데려다 달라고 요구하기도 했다. 그는 자기를 고골리 거리의 여관에 처박아둔 것은 오로지 게페우의 편의를 위한 것이며, 자기를 이곳에 추방한 것은 사실상 자기를 감옥에 가둔 것과 같다고 항의했다. "차라리 나를 모스크바의 감옥에 가두지 그랬소. 굳이 4천 베르스타(러시아의 거리 단위로 1베르스타는 1.067킬로미터-옮긴이)나 떨어진 이곳으로 나를 유배시킬 필요가 없었소."[6] 항의는 효과적이었다. 이곳에 도착한 지 3주 뒤에 그는 도심에 있는 방 네 개짜리 아파트로 옮겨졌다. 주소는 크라신 거리 75번지였다. 크라신 거리라는 지명은 그의 죽은 친구의 이름을 따서 지어진 것이었다. 사냥여행을 가는 것도 허용됐다. 그는 빈정대는 투의 전보를 모스크바에 마구 보내어 어떤 때는 심각한 요구를, 또 어떤 때는 사소한 요구를 해댔다. 그러다 보니 거대한 논쟁 속에 말다툼 수준의 언쟁도 끼어들었다. 그는 한 친구에게 보낸 편지에 이렇게 쓰기도 했다. "마야(트로츠키의 애완견 이름)는, 내 사랑하는 마야는 자기가 지금 거대한 정치싸움의 중심에 있다는 걸 눈치도 못 채고 있을 걸세." 말하자면 트로츠키는 자신이 포로 신세가 됐다고 생각하지 않으려 했고, 그를 박해하는 자들은 그에게 관용을 베푸는 태도를 취하고 있었다.

오랜 세월 끊임없는 일과 긴장 속에 살아온 그는 알마아타에서 느긋하게 쉬는 것처럼 보였다. 그래서 의외로, 그리고 기묘하게도 그가 알마아타에 도착한 뒤 처음 몇 달간은 마치 목가적인 분위기까지 풍겼다. 초원과 산, 강과 호수가 어린시절 이래 처음으로 그를 유혹했다. 그는 사냥을 즐겼다. 이때 그가 쓴 수많은 편지들을 보면 경치에 대한 시적 묘사와 사냥여행에 관한 익살맞은 이야기가 정치적 주장이나 조언과 뒤섞여 있다. 그는 처음에는 알마아타 밖으로 나갈 수 없었다. 얼마 뒤에 사냥을 하러 가는 게 허락됐지만, 25베르스타 이상 나가는 것은 허락되지 않았다. 그는 멘진스키에게 전보를 보내어 25베르스타 안에는 마땅한 사냥터가 없고, 자기는 작은 사냥감에는 관심이 없으므로 그 같은 거리 규제는 무시하겠다고 밝혔다. 그는 적어도 70베르스타까지는 나갈 수 있도록 허용돼야 한다면서, 이를 이 지역 게페우에 알려 불필요한 마찰을 피할 수 있게 해달라고 요구했다. 그는 실제로 70베르스타까지 사냥하러 갔고, 마찰은 빚어지지 않았다. 또 그는 밀정이 불손하고 겉으로 드러나게 자기를 미행한다고 지역 게페우에 항의하면서 이 일을 이유로 자기는 '파업'에 들어가 사냥을 중단할 것이라고 선언했다. 다만 경찰이 그런 식으로 자기를 감시하는 것이 모스크바에서 곧바로 내려온 지시에 따른 것이라면, 지역 게페우의 입장을 이해하고 더 이상 반대하지 않겠다고 덧붙였다. 이후 경찰의 감시는 좀 더 온건하고 눈에 덜 띄는 방식으로 바뀌었다.

그는 알마아타에 도착한 직후부터 사냥을 시작해, 동물들이 일리 강을 따라 봄철 이동을 하는 동안 계속했다. 사냥여행은 어떤 때는 열흘이나 걸려 힘이 들었지만 기분전환이 됐다. 친구들에게 보낸 편지에서 그는 자기의 성공적인 사냥에 대해 자랑스럽게 묘사했다. 최초로 사냥여행을 나갔을 때 그는 밤이 되면 키르기스인의 진흙집이나 벌레가 들끓는 유르타(이동식 천막집—옮긴이)에서 10여 명의 현지 주민들과 함께 누워 잠을 잤고, 차를 마시기 위해 더러운 물을 끓이면서 간신히 구역질을 참기도 했다. 그는 "다음번에는 한데에서 잘 것이고, 일행도 모두 그렇게 하도록 하겠다"고 선언했다.[7] 다음번 사냥여행을 떠난 시기는 아직 3월 말이 되기도 전이었지만 그와 일행은 9일 밤낮을 실제로 추운 한데에서 지냈다. 한번은 트로츠키가 말을 타고 강을 건너다 말고 물 속으로 뛰어들었다. 물에서 그가 잡은 것은 얼마 되지 않았다. "잡은 것을 전부 더해봐야 오리 40마리뿐"이었다고 그는 친구들에게 보낸 편지에 썼다. 더 큰 사냥감을 찾으려면 발하슈 호수 쪽으로 멀리 나가야 했다. 거기에는 눈표범과 호랑이도 있었다. "그러나 나는 호랑이와는 불가침 협정을 맺기로 마음을 먹었다"고 그는 썼다.

> 나는 (…) 야만성으로의 이 일시적인 회귀를 그야말로 만끽하고 있다네. 세수를 하고 옷을 입었다 벗었다 할 필요도 없이 야외에서 9일간을 지내면서 양동이에 넣어 끓인 사슴고기를 먹고, 말을 타고 가다가 강물에 뛰어들고 (오직 이때만 입고 있던 옷을 벗어야 했네), 작은 통나무배를 타고 물과 돌멩이와 갈대 속에서 며칠 밤낮을 보내는 것과 같은 경험을 자주 할 수는 없을 테지.[8]

사냥철이 끝나자 고기잡이철이 시작됐다. 트로츠키의 고기잡이는 도시인들이 주말에 낚시도구를 갖고 하는 한가한 놀이가 아니었다. 그의 고기잡이 여행은 많은 짐을 실은 커다란 배를 타고 솜씨 좋게 이리저리 항로를 바꿔야 하는 길고 힘든 여행이었다. 그럼에도 고기잡이 여행에는 나탈랴도 동참했다.

6월 초가 되어 알마아타에 무더위가 찾아오자 트로츠키와 그의 가족은 도시의 외곽에 있는 산기슭의 다차(러시아의 별장주택─옮긴이)로 옮겨갔다. 그곳의 넓은 과수원 속에 있는, 갈대로 지붕을 인 농장주택을 임차한 것이었다. 알마아타 시내가 한눈에 내려다보이는 이 집에서 바라보면 한쪽으로는 넓은 초원이, 다른 한쪽으로는 눈을 모자처럼 쓰고 있는 산들이 보였다. 호우가 내릴 때는 갈대지붕이 새어 가족 모두가 양동이, 단지, 냄비 등을 집어 들고 다락방으로 뛰어올라갔다. 과수원 안에 트로츠키의 서재 겸 작업실로 쓰일 나무 오두막이 하나 지어졌다. 이 오두막은 곧 책, 신문, 원고들로 가득 찼다. 트로츠키가 낡아빠진 타자기를 두들길 때마다 오두막이 흔들리고 타자 소리가 과수원에 울려 퍼졌다. 글을 쓰기 위해 책상 앞에 앉으면 오두막 바닥의 갈라진 틈새를 비집고 올라온 관목 하나가 보였다. 이 관목은 얼마 지나지 않아 그의 무릎 높이까지 자랐다. 이 모든 것이 그곳이 일시적인 거처임을 강조해주었다. 어쨌든 알마아타 시내를 벗어난 것은 다행이었다. 이때 시내에서는 사람들이 먼지구름에 뒤덮인 거리에서 미친개들을 뒤쫓아 가 사살하고 있었다. 알마아타에 온 뒤 처음 몇 달 동안 트로츠키와 세도바는 말라리아에 걸려 고생하다가 키니네 요법으로 겨우 살아났다. 이제는 발열현상도 거의 중단됐다.[9]

유형수는 직접 생활비를 벌어야 했다. 물론 그는 공적으로 지급되는 수당을 받긴 했지만, 그 금액은 아주 소액이었다. 가족 수가 적고 씀씀이가 검소했음에도 수당만으로는 상승하는 식량비를 댈 수가 없었다. 고시즈다트, 즉 국영 출판사는 이미 열세 권까지 출간해온 트로츠키 저작집의 출간을 얼마 전에 중단했다. 이미 출간된 열세 권도 이미 서점과 공공도서관에서 추방당했다. 트로츠키의 머릿속은 새로운 저술계획으로 꽉 차 있었다. 아시아혁명에 관한 연구서를 집필할 생각을 하고 있던 그는 중국과 인도에 관한 참고도서를 다량 수집했다. 그는 10월혁명 이후 러시아와

554

세계의 상황변화를 요약한 또 다른 책을 쓸 계획도 세웠다. 알마아타에 도착한 직후에 그는 반대파의 원칙들에 관한 장문의 본격적인 진술서를 쓰기 시작했다. 그는 이 진술서를 여름에 소집될 예정인 공산주의인터내셔널 6차 대회에 보낼 생각이었다. 그의 친구들, 특히 프레오브라젠스키가 그에게 회고록을 쓰라고 재촉했다. 4월에 그는 이미 회고록 집필에 들어가 있었다. 그는 오래된 남부지방 신문들과 니콜라예프 주, 오데사 주의 지도를 이용해 어린시절과 청년기의 자기 모습을 되살려보려고 했다. 《나의 일생》의 첫대목을 바로 그 모습으로 시작하기 위해서였다.

하지만 이런 집필의 결과물로는 아무런 소득도 올릴 수 없었다. 그것들이 출판될 가망이 전혀 없었기 때문이다. 그렇지만 반혁명 활동에 관한 헌법 58조의 규정에 따라 유형에 처해진 사람도 번역, 편집보조, 교정교열을 해서 생활비를 벌어보려는 시도는 할 수 있었다. 마르크스와 엥겔스의 저작물은 그가 직접 번역할 수도 있고 번역된 것을 감수하는 일을 할 수도 있음이 분명해지자 그는 그 일에 적극적으로 달라붙었다. 그의 오랜 친구이자 모스크바의 마르크스-엥겔스 연구소의 소장으로 있는 랴자노프가 완전한 러시아어판 마르크스-엥겔스 저작집의 간행을 준비하고 있었다. 랴자노프는 트로츠키에게 《포크트 씨(Herr Vogt)》를 번역해달라고 요청했다. 사람들에게 잘 알려지지 않은 긴 분량의 이 팸플릿을 통해 마르크스는 카를 포크트의 비방에 답변했다. 포크트는 나폴레옹 3세의 앞잡이였음이 나중에 드러난다. 트로츠키는 이 팸플릿을 처음으로 읽어보고서, 마르크스가 포크트의 비방을 반박하는 데는 몇백 쪽이 필요했지만 자기가 스탈린의 비방을 반박하는 데는 '백과사전 전체' 분량의 글이 필요할 것이라고 말했다. 랴자노프는 그에게 마르크스와 엥겔스의 다른 저작들을 번역한 원고의 편집과 교정도 맡아달라고 요청했고, 그는 이 일을

맡아 했다.[10]

　트로츠키가 랴자노프와 주고받은 편지들을 보면, 그가 얼마나 겸허하고 성실하게 이 일을 했는지를 알 수 있다. 그는 랴자노프에게 보낸 편지들에서 번역의 문체에 대해 구체적일 뿐 아니라 정밀에 가까운 비판을 가했고, 그것을 개선하기 위한 세밀한 제안을 했다. 그의 편지들은 전적으로 비정치적이었고, 일 자체에서 주도면밀했다. 이제는 소련 안에서 유일하게 자기에게 허용되는 돈벌이에 대해 그가 빈정댄 흔적은 전혀 없다. 랴자노프가 그에게 지급한 돈은 그의 가족이 필요한 것들을 구입하고 그가 엄청난 양의 편지들을 보내는 비용으로 쓰였다.[11]

트로츠키는 알마아타에 도착한 순간부터 러시아 전역에 흩어져서 고립과 침묵 속에 빠져 있는 자기의 친구나 지지자들과 연락할 수 있는 방법을 찾는 데 힘을 기울였다. 처음에는 일반 우편을 통해서만 그들과 연락할 수 있었다. 그곳의 여건은 때때로 펜이나 연필, 몇 장의 거친 종이, 또는 몇 자루의 초를 필요할 때 바로 구하는 것 자체가 대단히 어려운, 무척 원시적인 여건이었다. 료바가 그의 외무부 장관 겸 우편전신부 장관, 경호원, 연구조수, 비서는 물론 사냥여행 조직책이 돼주었다. 료바의 도움 덕분에 알마아타에서 사방으로 편지와 회람장이 끊임없이 쏟아져 나가기 시작했다. 일주일에 두어 번 정도 병약한 우편배달부가 말을 타고 왔다. 우편배달부의 가방은 편지와 신문기사 오려낸 것들로 가득했고, 나중에는 해외에서 보내온 책과 신문들도 배달됐다. 검열당국과 게페우는 트로츠키가 주고받는 우편물에 대해 감시의 눈길을 거두지 않았던 게 분명하다. 우편물의 대부분은 아스트라한으로 추방된 라코프스키, 톨보스크에 있는 라데크, 우랄스크에 망명간 프레오브라젠스키, 나림에 있는 스밀가, 멀리 북쪽으로 코미 공화국의 우스트 킬롬으로까지 추방된 벨로보로 도프, 중앙아시아의 세미팔라틴스크에 있는 세레브리아코프, 타라에 있는 무랄로프, 아르메니아의 노보바야제트에 있는 이반 스미르노프, 보로네슈에 있는 음라치코프스키 등과 주고받는 편지였다. 트로츠키는 그 밖의 다른 많은 반대파 사람들과도 덜 규칙적이긴 했으나 편지를 주고받았다. 그해의 후반기에는 바르나울, 카민스크, 미누신스크, 톰스크, 콜파셰보, 예니세이스크, 노보시비르스크, 칸스크, 아친스크, 악튜빈스크, 타슈켄트, 사마르칸트 등을 포함해 시베리아와 소련령 아시아 지역의 주요 망명자 정착지들 모두와 어느 정도씩은 정기적인 연락을 주고받는 소스노프스키와도 연결됐다.[12] 트로츠키는 유럽 쪽 러시아에 있는 유형지들과는 라코프스키와 음라치코프스키를 통해 교신했다. 라코프스키는 아스트라한에 머물면서 볼가 강 유역 중 남쪽 지역과 크리미아 반도에 있는 반대파 중심지들과의 연락을 담당했고, 음라치코프스키는 보로네슈에 머물면서 북쪽 지역의 유형수 정착지들과 연락선을 갖고 있었다. 망명자들이 많이 가 있는 중심 유형지들에서는 트로츠키가 보낸 편지와 회람문의 사본을 만들어 망명자들의 수가 상대적으로 적은 유형지들로 보냈다. 4월부터는 알마아타와 모스크바 사이에 비밀 우편배달망이 가동되기 시작했다. 비밀 우편배달망은 유형지들 사이에 오가는 우편물을 이삼 주에 한 번씩 집배하는 역할을 했다.

점점 수가 많아지고 규모도 커지는 망명자 집단들은 이런 식으로 나름대로 열정적인 정치적 삶을 살아가는 자신들의 공동체를 형성해 갔다. 트로츠키는 망명 중인 반대파 사람들의 고무자이자 조직자이며, 그들의 상징이었다. 유형수들의 심리상태가 안정된 것은 결코 아니었다. 그들 중 일부는 그동안 벌어진 일들에 놀라고 있었다. 그런가 하면 다른 일부는 자기들이 당하게 된 박해를 나쁜 농담 정도로만 보았다. 처음에는 대부분의 유형수들이 스탈린의 승리는 지속되지 못할 것이며, 곧 상황이 바뀌어 반대파의 정당성이 입증되고 반대파 사람들이 선견지명, 용기, 마르크스주의와 레닌주의에 대한 헌신을 인정받고 망명지를 떠나 환영을 받으며 모스크바로 돌아가게 될 것이라고 확신하는 듯했다.

반대파 사람들이 처한 여건은 고통스럽고 굴욕적이긴 했으나 무자비한 탄압을 받는 수준은 아니었다. 덕분에 그들은 혁명 이전에 익숙했던 삶의 방식으로 되돌아갔다. 투옥된 정치범과 유형수들이 할 일이란, 강요당한 무료한 시간을 이용해 생각을 가다듬고 공부를 하면서 다시 직접적인 투쟁에 나서게 되거나 정부 운영의 책임을 떠맡게 될 때를 대비하는 것이었다. 이를 위해서는 그들이 처한 여건이 오히려 안성맞춤인 듯했다. 많은 유형지들에 교육받은 사람들과 명석한 이론가들이 있었고, 다른 동지들이 그들에게 훌륭한 청중이 돼주었다. 서로의 생각을 집중적으로 교환하는 것이 자기규율과 자존심을 유지하도록 도왔다. 알마아타에서 트로츠키는 유형지들에서 전개되는 이런 생각의 교환을 열심히 추적하고 그것을 더욱 고무했다. 친구들에게 보낸 편지에서 그는 지적인 문제와 도덕적인 문제에서 자기가 이미 갖고 있는 것을 지키기 위해서는 그것을 늘 새롭게 극복할 필요가 있다는 괴테의 경구를 인용하기도 했다. 이리하여 유형지들은 모두 중요한 지적, 문필적, 정치적 활동의 중심지가 됐다. 당장의 현안들에 대한 간단한 논평이나 테제들이 자유분방하게 씌어져 회람된 것 외에 본격적인 큰 저작들도 씌어지기 시작했다. 라데크는 레닌에 대한 연구를 하면서 방대한 전기를 쓰기 시작했고, 라코프스키는 생시몽의 삶에 관한 저술과 유토피아 사회주의의 기원에 관한 저술에 착수했고, 프레오브라젠스키는 소련의 경제에 관한 책과 중세 유럽의 경제에 관한 책을 쓰기 시작해 결국 완성했고, 스밀가는 부하린과 부하린주의에 관한 책을 쓰느라 분주했고, 딩겔슈테트는 인도의 사회구조에 관한 논문을 여러 편 썼다. 이런 예는 이 밖에도 많다. 그러나 이런 지적 추구는 그 자체로 가치 있는 것이긴 했으나 유형수들의 머릿속에서 가장 긴급한 의문이자 상황변화가 머지않아 새삼 제기하게 될 의문, 즉 '다음은 무엇인가?'라는 의문에는 그 어떤 직접적인 답변도 줄 수 없었다.

겨울이 끝나기 전에 시베리아와 중앙아시아의 외진 곳들에서도 새로운 사회적 위기의 충격을 느낄 수 있었다. 그 위기는 오래전부터 형성되기 시작한 것이었고, 반대파 사람들이 추방되기 직전인 가을에 이미 폭발할 지경에 이르렀다. 국가 곡물창고의 절반이 텅텅 비었고, 도시 사람들이 굶주림의 위협에 시달렸으며, 군병력이 보급품을 제대로 공급받을 수 있을지도 장담하기 어려웠다. 트로츠키가 알마아타에서 목격했던 빵가게 앞의 끊이지 않는 줄서기와 빵값의 거듭된 상승을 이제는 소련 전역에서 목격할 수 있게 됐다.

　　그러나 겉보기에는 농업의 상황이 아직 나쁘지 않았다. 수확이 가장 좋았던 시절만큼이나 많은 농지가 경작되고 있었고, 3년 연속으로 풍년이 이어지고 있었다. 그러나 도시와 농촌 사이의 연결고리가 다시 한 번 끊어졌다. 농민들은 식량공급을 거부하거나 고정된 가격에 팔지 않으려 했다. 곡물수집에는 폭동이 수반됐고, 곡물수집관들은 찾아간 농촌마을에서 쫓겨나 빈손으로 도시로 돌아왔다. 농민들은 생산물을 공급하거나 판매할 유인을 거의 또는 전혀 느끼지 못했다. 왜냐하면 전과 마찬가지로 여전히 생산물을 공급한 대가로 옷, 신발, 농기구를 비롯한 공산품을 손에 넣을 수가 없었기 때문이다. 농민들은 곡물가격을 대폭 올려줄 것을 원했고, 그런 요구를 하기 위해 전보다 더 분명하게 부농들의 지도를 따랐다.

정치국의 부하린주의자들과 스탈린주의자들은 한편으로는 힘을 합쳐 트로츠키주의자들을 추방하고 지노비예프주의자들을 탄압하면서, 다른 한편으로는 이런 사회적 위기를 놓고 갈등을 일으키고 있었다. 부하린주의자들은 양보를 통해 농민들을 진정시키기고 싶어 했다. 반면에 스탈린주의자들은 아직 결정을 내리지는 않았지만 무력을 동원하려는 경향을 보였다. 트로츠키가 유형지로 추방되기 열흘 전인 1월 첫 주에 정치국은 곡물수집의 강행에 관한 결정을 내렸다. 농촌 상황에 대한 불안감 때문에 정치국이 트로츠키의 추방을 서둘렀던 게 분명하다. 1월 6일에 정치국은 곡물 수집을 방해하는 농민들을 전보다 훨씬 더 엄격하게 다루고, '빵 융자'를 강요하고, 곡물가격 인상 압력에 단호하게 저항하고, 쿨라크들에 대한 강력한 감시를 계속하라는 지시를 당 조직 전체에 비밀리에 전달했다. 그러나 이 지시는 성과를 거두지 못했다. 지시가 하달된 지 5주 만에 정치국은 똑같은 지시를 더욱 강력하게, 그러나 덜 비밀스럽게 반복해야 했다.

2월 중순에 〈프라우다〉가 경종을 울렸다. "쿨라크가 고개를 치켜들었다"는 내용의 글이 실렸다. 4월에는 마침내 중앙위원회가 마치 트로츠키주의자와 지노비예프주의자들의 용어를 빌린 듯, 온 나라가 심각한 위기의 위협을 당하고 있으며 이 위협은 정부가 재정정책으로 통제하지 못한 쿨라크의 경제력이 강화됨으로 인해 생겨난 것이라고 선언했다. "농민의 분화가 진전됨에 따라 경제적 비중이 확대되고 있는 쿨라크들이 (…) 시장 전반에 엄청난 영향을 끼칠 힘을 획득했다"[13]는 것이었다. 그러나 당은 그들을 억제하는 데 여전히 느슨하다고 중앙위원회를 지적했다.

비상조치가 선포됐다. 쿨라크들의 구매력을 감축시키기 위해 그들에게 강제융자가 부과되고, 곡물재고가 징발되고, 빵에 대해 고정가격이 강제되고, 쿨라크들을 관대하게 다루는 성향을 보이는 관리나 당원은 해직됐다. 이런 결정들은 기존의 정책에서 벗어난 것으로서 정식으로 제시된 게 아니라 예기치 못한 난관을 타개하기 위해 마련된 임시변통일 뿐이었다. 중앙위원회의 결정들은 '전면적인 집단화'의 기색은 전혀 띠지 않았다. 오히려 그런 구상은 단호히 기각됐다. 그러나 중앙위원회가 비상상황에 대해 설명하거나 쿨라크들로 인해 생겨나는 위험과 이에 제대로 대응하지 못한 당의 실패를 강조하는 태도는 이미 어떤 근본적인 정책변경을 암시했다. 중앙위원회의 주도권은 스탈린주의자들이 장악하고 있었다. 스탈린은 쿨라크에 대응하는 당의 완력을 강화할 권한을 획득함으로써 부하린주의자들에 대응하는 자신의 완력도 강화했다. 스탈린은 이제 행정부와 당 조직의 중하위 직급에서는 부하린주의자들을 쉽게 제거할 수 있게 됐다.

유형지 트로츠키주의자들이 이런 상황전개에 대해 보인 첫 반응은 흥미롭다거나 아이로니컬하다는 것이었다. 심지어 환호하는 이들도 있었다. 그들은 반대파의 예측이 현실화된 것 아니냐고 물었다. 그동안 반대파가 주장해온 경로, 즉 '왼쪽 경로'를 스탈린도 어쩔 수 없이 선택하게 된 것 아닌가? 이제는 당이 지난 몇 년간의 거대한 논쟁에서 누가 옳았고 누가 틀렸는지를 어떻게 깨닫지 않을 수 있겠는가? 반대파 대다수는 자축하면서 자기들이 다시 정부와 당으로 복귀해 비상상황을 극복하고 볼셰비키의 정책을 새로운 방향으로 이끌어가는 역할을 맡게 될 것이라고 훨씬 더 자신 있게 예상했다. 트로츠키는 그들의 기대 중 가장 낙관적인 기대에 대해서는 동의하지 않았다. 하지만 그 역시 이때 쓴 편지에

서 반대파의 선견지명에 대해 길게 이야기하면서 희망적인 분위기를 내비쳤다.[14]

여러 주가 지나고 '왼쪽 경로'가 전개되었지만 반대파에 대한 정부의 태도에 아무런 변화도 없자, 유형지들에서 일어났던 자축의 분위기는 불안감과 자기반성의 분위기로 바뀌었다. 상황변화가 반대파의 몇몇 주된 가정과 예측들, 특히 당내의 정치적 기류에 대한 평가에 의문을 제기하게 만들었다. 트로츠키주의자들 가운데 일부는 스탈린을 쿨라크의 보호자라고 비난했던 것이 옳았는지를 놓고 고민에 빠지기 시작했다. 좌파 반대파가 패배하면 당내 세력판도가 흔들리고 부하린주의 우파가 득세해 스탈린주의 중도파를 쓸어낼 것이라고 말한 것이 옳았는가? 우리는 당내 보수주의 요소들의 힘을 과대평가했던 것이 아닐까? 스탈린주의 분파는 우파에 의해 압도당하기는커녕 오히려 우파를 압도하기 시작하고 있었다. 그렇다면 우리는 테르미도르반동의 위험에 대한 불길한 예언을 과장했던 게 아닐까? 그리고 전체적으로 보아 우리는 스탈린에 대항하는 투쟁에서 너무 멀리 나아갔던 게 아닐까?

유형수들의 대부분은 자기가 이런 의문을 갖게 됐음을 인정하지 않았다. 그러나 일부 소수는 점점 더 끈질기게 이런 의문을 제기했다. 그리고 그들이 제기하는 모든 의문은 반대파의 강령과 활동 중 점점 더 많은 것들을 재검토하게 하는 다른 의문들을 불러일으켰다. 이런 의문에 대한 답변은 스탈린의 왼쪽 경로가 어느 정도나 진지한 것인지에 대해 반대파가 어떤 견해를 취해야 하는가에 집중됐다. 쿨라크에 대항해 스탈린이 취한 조치들은 아직은 그가 다시 친쿨라크 정책을 복원하지 못하게 할 정도는 아닌 부차적 전술 운영이라고 볼 수도 있었다. 사실 스탈린의 정책에 대한 대다수 반대파의 생각은 바로 이런 것이었다. 그러나 몇몇은 이미 스탈린의 왼쪽 경로 정책이 진정성을 갖추고 있다고 확신했고, 그것을 중대한 격변의 시작이라고 보았으며, 반대파가 갖고 있는 전망을 불안한 마음으로 재검토했다. 이런 이들은 당이 나라의 자본주의적 또는 준자본주의적 요소들에 대항하기 위한 위험한 투쟁, 즉 그동안 반대파가 당에 요구해온 투쟁에 나서고 있는 마당에 반대파가 어찌 수동적인 방관자로 남아있을 수 있느냐고 물었다.

이처럼 반대파는 모든 중요한 문제들에서 우익이 주도적인 역할을 하고 스탈린주의 분파는 허약하고 동요하면서 단지 그림자처럼 그 뒤를 따를 뿐이라는 생각에 근거해 행동의 방침을 정하려 했고, 쿨라크에 대항한 스탈린의 일차적 또는 예비 공격은 스탈린 자신의 기반을 흔들 것이라고 보았다. 12월에 열린 15차 당대회에서도 지노비예프와 카메네프는 스탈린이 곧 왼쪽 경로로 나아갈 것이라는 주장으로 자기들의 항복을 정당화했다. 그 직후에 트로츠키주의자인 퍄타코프와 안토노프-오브세옌코가 지노비예프와 카메네프의 전철을 밟아 트로츠키와의 결별을 선언했다. 이 두 사람은 1923년에는 반대파의 가장 대담하고 정력적인 지도자였지만 나중에는 반대파의 투쟁에 참여하긴 했으되 그다지 적극적이지 않았으며, 스탈린에게 항복한 뒤에는 스탈린이 반대파의 강령을 그대로 이행하고 있다는 것을 근거로 삼아 자기들의 항복을 정당화했다. 추방된 유형수들은 처음에는 퍄타코프와 안토노프-오브세옌코의 전향에 대해 변절자가 받아 마땅한 경멸과 조롱을 퍼부었다. 하지만 두 사람이 항복하면서 내세운 주장은 유형수들에게 영향을 미쳤고, 그들을 자극해 생각을 다시 해보도록 했다.

5월 초에 트로츠키는 유형지들에서 일어나고 있는 새로운 동요에 대해 거의 또는 전혀 알지 못하는 상태에서 유형수들에게 써 보낸 편지에서 자기의 견해를 밝혔다.[15] 그는 스탈린의 왼쪽 경로 정책은 중요한 변화의 시작을 의미한다고 선언했다. 아울러 반대파는 그 새로운 정책을 고무하고 촉진한 장본인들이라는 점에서 얼마든지 자부심을 가질 권리가 있다고 했다. 물론 직접 성취해야 했던 것을 다른 사람으로 하여금 대신 성취하게 하기 위해 지불한 대가를 생각하면 자부심은 슬픔과 섞이지 않을 수 없을 것이다. 그러나 무겁고 비극적인 희생을 대가로 치르면서 다른 이들, 심지어는 적들에게까지도 강요해 혁명의 강령 중 여러 부분들을 이행하도록 한 것이 그동안에도 혁명가들의 운명이었다. 예컨대 파리코뮌도 많은 피를 흘렸지만, 코뮌 참여자들을 교수형에 처한 자들이 코뮌의 강령을 부분적으로 이행했다는 점에서 결국은 코뮌 참여자들이 교수형 집행자들을 이겼다. 파리코뮌은 비록 프롤레타리아 혁명으로서는 실패했지만 프랑스에서 왕정의 복구를 불가능하게 만들었고, 적어도 의회제 공화국이 수립되게 했다. 여건의 차이를 감안하고 본다면 반대파에 대해서도 같은 말을 할 수 있다. 스탈린의 왼쪽 경로 정책과 관련해 반대파가 패배했을 수도 있고 반대파의 강령 모두가 실행됐다고 보기 어려울 수도 있다. 하지만 반대파의 투쟁은 적어도 자본주의적 요소 앞에서 지배집단이 퇴각을 계속하는 것을 불가능하게 만든 것은 물론이고 새로운 신경제정책(신네프)을 시작하는 것도 불가능하게 만들었다.

반대파는 이제 무엇을 해야 하는가? 우리는 스탈린의 왼쪽 경로 정책에 대해 비판적 지지를 보낼 의무가 있다고 트로츠키는 대답했다. 어떤 상황에서도 반대파는 스탈린의 왼쪽 경로 정책에 대항해 부하린과 리코프와 연대해서는 안 되며, 그 반대로 스탈린주의라는 동요하는 중앙이 우파와 단호히 결별하고 좌파와 연대하도록 고무해야 한다. 쿨라크를 옹호하는 자들에 대항해서, 실현 가능성이 미미하긴 하지만 반대파와 박해자인 스탈린주의자들이 동맹을 맺을 가능성도 배제하지 말아야 한다. 반대파는 그 어느 때보다 더 강력하게 당 내부의 자유를 주장해야 하며, "왼쪽 경로 정책은 프롤레타리아 민주주의를 위한 투쟁을 촉진한다"는 입장을 취해야 한다. 이런 추론에서 트로츠키는 자기 나름의 논리적 일관성을 유지했다. 1923년 이래로 그는 스탈린주의 정권의 주된 기능은 쿨라크와 네프맨들을 보호한 당 관료들을 노동자들로부터 보호하는 것이라고 주장해왔다. 따라서 당 관료들이 쿨라크와 네프맨들을 보호하는 일을 중단했다면, 이제 그들이 노동계급 쪽으로 보다 가까이 다가가고, 노동계급을 대변하는 이들과의 화해를 추구하고, 그 대변자들에게 표현의 자유를 회복시켜줄 것이라고 결론짓는 것은 그에게 자연스러운 일이었다. 반대파는 왼쪽 경로 정책을 지지하면서도 더욱더 단호하게 스탈린주의자들의 탄압에 저항하고, 탄압이 계속된다면 스탈린이 새로운 정책을 추구하거나 쿨라크에게 또다시 굴복하지 않으리란 보장이 없음을 당에 경고해야 한다는 게 트로츠키의 입장이었다. 그는 이런 자기의 입장이 쉽게 채택하기 어려운 이중적 태도임을 인정했다. 그러나 그는 이때의 상황 속에서는 그것만이 정당화될 수 있는 유일한 태도라고 주장했다. 퍄타코프는 이런 트로츠키의 견해를 자기모순이라고 규정했다. 이에 트로츠키는 "(퍄타코프처럼) 강물에 뛰어들어 자살하려는 사람에게는 모든 모순이 사라진다"고 대꾸했다.

트로츠키의 견해는 모호한 상황이 그에게 요구하는 변증법적 유연성을 완전하게 갖추고 있었다. 그는 스탈린의 쿨라크 대항정책 추진을 훌륭하고 희망적인 발전으로 평가했고, 그 새로운 정책의 건전성을 보장할 주된 방법으로 비판과 토론의 자유를 허용할 필요가 있음을 더욱 강력하게 주장했다. 그는 챙겨야 할 이득은 제시하지 않고, 지켜야 할 원칙들만을 제시했다. 그는 적이 자기의 책을 차용한 정책을 추진할 때도 그것이 원래는 자기가 주장한 것임을 인정하면서도, 자기의 지지자들에게 필요하다고 여겨졌던 것을 실행하고 있는 그 적을 지지해줄 것을 촉구했다. 그러나 그의 책에는 그 밖에도 정책화돼야 할 많은 것들이 들어 있었고, 그는 그중 단 하나도 포기할 생각이 없었다. 그는 반대파의 앞날에 대해서는 낙관주의와 비관주의의 양 극단을 피했다. 상황변화에 따라서 스탈린주의자들이 어쩔 수 없이 반대파와의 화해를 추구하게 될 수도 있고, 그럴 경우에는 반대파가 도덕적, 정치적 주도력을 회복할 것이다. 그러나 반대파는 파리코뮌과 같은 운명에 처해질 가능성에도 대비해야 하며, 그럴 경우에는 순교를 통해 사회주의와 진보라는 대의를 더욱 강화시켜야 한다는 것이었다.

스탈린의 왼쪽 경로 정책에 대해 트로츠키가 비교적 우호적인 입장을 취하고 그 긍정적인 함의를 인정했다는 사실은 그의 지지자들에게 커다란, 한편으로는 당황스러운 인상을 주었다. 이는 또한 반대파의 업적을 비판하기 시작한 사람들의 주장에 힘을 실어줬다. 그들은 만약 지금 트로츠키가 옳다면 테르미도르반동의 위험에 대해 경종을 울렸던 과거의 트로츠키는 옳지 않았던 것 아니냐고 물었다. 트로츠키는 스탈린의 정책을 잘못 평가했던 것 아닌가? 또한 역사가 파리코뮌의 정당성을 입증했던 것처럼 반대파의 정당성도 입증할 것이라는 생각으로 자위하는 것이 과연 옳은가? 트로츠키주의자는 지금 나라 안에서 전개되는, 사유재산에 대항하는 중요한 투쟁을 지원함으로써, 미래에 있을 역사의 판결에 수동적으로 의지하기보다 역사를 만들어나가는 일을 도와야 하는 것 아닌가? 코뮈나르(파리코뮌 참여자—옮긴이)들의 순교가 후손의 찬양을 받았는지는 모르지만, 실제 코뮈나르들은 순교의 영광을 위해서가 아니라 실제적이고 그들 스스로 달성할 수 있다고 믿은 목표를 위해 싸웠다.

이와 같은 추론들은 트로츠키의 입장에 내재한 딜레마를 반영하고 있었고, 좌절감과 고통을 가져다주었다. 망명, 강요된 무위, 떨쳐내기 어려운 의구심이 혁명을 성취하고 내전을 겪고 새로운 국가를 세웠던, 정력적이고 강인한 정신의 소유자들을 무겁게 짓눌렀다. 그들은 당을 위해 인생을 바쳤고, 당을 위해 차르의 감옥에서 고달픈 일상을 견뎌냈으며, 지금도 여전히 그 당에서 인류 최고의 희망을 보고 있었다. 그런 당에서 추방당한 것은 그 자체만으로도 충분히 무거운 짐이었다. 그들을 스탈린주의자들과 분리시킨 핵심적인 차이들 가운데 일부가 없어지고, 그들이 그토록 열렬히 실행하고자 했던 일을 당이 실행하기 시작한다는 사실을 인식하게 되자 그들은 그 짐의 무게를 견디기 어려웠다. 정치적 투사는 자기가 지향하는 것이 무엇인지를 분명히 알고 자기가 추구하는 대의의 성패가 전적으로 자기와 동지들이 기울이는 노력에 따라 좌우될 것이라고 느끼는 한 그리 어렵지 않게 좌절, 궁핍, 모욕을 감내할 수 있다. 그러나 가장 잘 단련된 투사라도 자기의 대의 또는 그 대의 가운데 일부가 자기를 박해하는 자에 의해 포용되는 것을 보는 모순된 상황 속에서는 낙담해 기력을 잃게 된다. 이런 경우 그 투사가 추구하는 대의의 성패는 더 이상 그가 그것을 위해 투쟁하느냐의 여부에 좌우되지 않는 것으로 보인다. 투쟁은 목적을 잃고, 그동안 견뎌온 박해도 의미가 없는 것으로 여겨진다. 이렇게 되면 그 투사는 자기를 박해하는 자를 적으로 보는 것이 정당한가 하는 의문을 품기 시작한다.

스탈린은 반대파의 혼란스런 마음을 냉정하고 예리하게 꿰뚫고 있었다. 하지만 그 역시 나름의 딜레마를 갖고 있었다. 왼쪽 경로 정책에 대한 트로츠키주의자들의 칭찬은 그 내용을 불문하고 그에게 도움이 됐지만, 그는 트로츠키주의자들의 도움을 두려워했다. 그는 마지못해 주춤거리며 상황에 밀려 미지의 위험한 길을 걸어가기 시작했다. 그는 농민들과 심각한 갈등을 빚을 위험을 무릅썼다. 그는 자기가 직면하게 될 저항의 범위와 격렬함이 어느 정도일지를 예측하지 않았다. 예측하려 해도 예측할 수 없었다. 그는 그동안 동맹관계였던 부하린주의자들에게서 조심스레 등을 돌렸다. 그렇다고 그가 그들의 인기와 영향력을 과소평가한 것은 아니다. 그는 이 새로운 싸움이 자기를 얼마나 멀리 데려갈 것이며 자기에게 어떤 위험을 가져다줄 것인지를 알 수 없었다. 트로츠키만큼이나 그도 지극히 중대한 상황에서는 자기와 좌파 반대파 사이의 동맹을 추구해야 할 가능성을 배제하지 못했다. 그러나 그 역시 그런 동맹은 트로츠키를 승리자로 만들 것임을 알고 있었다. 그래서 그는 트로츠키와의 화해에 의존하지 않고 부하린주의자들을 패퇴시키기 위해 자기가 가진 권한의 범위 안에서 할 수 있는 모든 일을 다 하겠다고 결심했다. 하지만 그러기에는 스탈린주의 분파가 가진 힘이 충분하지 않았다. 또 무엇보다 스탈린을 따르는 지지자들만으로는 급속한 경제적 확장의 새롭고 어려운 국면에서 국가조직을 운영하고 국유화된 공업과 금융을 관리해나가기 어려울 게 뻔했다. 스탈린주의자들은 주로 당 조직의 사람들로 구성돼 있었고, 이론가, 정책입안자, 경제학자, 공장관리자, 금융과 농업 전문가, 그리고 정치적 재능을 가진 자는 트로츠키주의자, 부하린주의자, 지노비예프주의자들 속에 있었기 때문이다. 스탈린은 반쿨라크 정책을 수행하고 싶어 하고 실제로 신념과 열정을 갖고 그런 정책을 수행할 유능한 사람들의 도움이 필요했다. 그는 그런 사람들을 좌파 반대파에서 발견할 수 있었다. 그래서 그는 트로츠키와 지노비예프에게 밀리지 않으면서 트로츠키주의자와 지노비예프주의자들 가운데 유능한 인재들을 가급적 많이 자기편으로 끌어들일 수 있기를 열망했다. 그는 트로츠키의 등 뒤에서 트로츠키주의자들에게 호소했다. 그는 요원들을 보내 왼쪽 경로 정책으로 그들을 유혹했고, 자기에 대한 그들의 반대는 이미 의미가 없어졌다고 그들을 설득했다. 유형수들은 처음에는 거의 다 이런 스탈린의 호소에 응하지 않았다. 하지만 곧 그의 호소는 비옥한 대지를 만났다. 트로츠키의 지지자들 가운데 일부가 의구심을 품고 반대파가 그동안 이룬 것들을 환멸에 가득 찬 눈으로 재검토하려는 경향을 갈수록 강하게 띠어가고 있었던 것이다.

트로츠키는 5월 중순께에야 비로소 이런 상황을 알아차렸다. 벨로보로도프가 유형지들에서 전개되는 토론에 관한 보고서를 그에게 보냈다. 아직 스탈린 정부의 외교 분야 관리로 일하고 있는 또 한 명의 트로츠키주의자는 베를린에서 그에게 편지를 보내어 스탈린의 향후 계획에 관한 정보를 전했다. 그의 편지에 따르면 스탈린은 추방된 반대파 사람들 가운데 영향력 있는 이들을 유인해 자기편으로 전향시킴으로써 자기의 어려운 처지를 개선하고 싶어 했다. 전향하는 반대파 사람들의 도움을 받아 왼쪽 경로 정책을 실행하는 동시에 트로츠키에게 최후의 일격을 가할 수 있기를 기대했던 것이다. 심지어 그는 다수의 주요 트로츠키주의자들의 항복을 확보할 때까지 왼쪽 경로 정책에 본격적으로 착수하는 시점을 늦추었다. 이제는 모든 것이 그가 이 일에 성공할 것인가에 좌우되게 됐다. 만약 반대파가 그를 좌절시킨다면, 만약 변절자들이 생겨나도 반대파가 약화되지 않는다면, 그리고 상황변화 없이 그대로 가을이 되면 스탈린주의 분파가 난관을 돌파하기 어렵다는 것이 스탈린이 보기에도 분명해질 것이다. 따라서 만약 반대파가 가을까지 버텨낸다면, 반대파가 주도권을 되찾고 권력의 중심부로 되돌아갈 가능성이 높아질 터였다. 그러나 스탈린이 반대파의 사기를 꺾는 데 성공하고, 트로츠키주의자들이 다수 항복해서 그를 돕게 된다면 그는 권력을 유지하고, 부하린주의자들을 무너뜨리고, 트로츠키와 그의 뉘우치지 않는 지지자들과 화해하지 않고도 왼쪽 경로 정책을 밀고나갈 수 있을 터였다. 베를린에서 편지를 보낸 트로츠키주의자는 스탈린이 성공을 거두게 될까봐 두려워했다. 반대파의 사기는 위험할 정도로 가라앉아 있고 너무나 많은 반대파 사람들이 투쟁을 포기할 태세라는 것이었다.[16]

트로츠키는 반대파의 사기가 그렇게 많이 가라앉았다는 말을 믿지 않았던 것 같다. 유형지들에서는 스탈린에게 항복하는 사람이 아주 적었다. 악명 높은 한 가지 사례는 사파로프의 경우였다. 콤소몰의 지도자였던 그는 전향서에 서명을 하고 모스크바로 복귀했다. 그러나 그는 트로츠키주의자가 아니었기에 예외적인 경우에 해당된다. 지노비예프 분파 소속이었던 그는 처음에는 자기가 따르는 지도자와 함께 항복하기를 거부하고 트로츠키주의자들과 함께 유형지로 갔지만, 거기에서 생각을 바꾸어 항복했다. 그의 행동은 트로츠키주의자들의 분위기와는 연관성이 없는 것으로 보였다. 그러나 사파로프는 자기의 행동을 정당화하려고 애쓰는 과정에서 트로츠키주의자들 사이에도 공감을 불러일으킬 만한 말을 했다. 그는 "이제 모든 것이 우리 없이도 이루어지려고 한다!"고 외쳤다. 여기서 '모든 것'이란 쿨라크와 네프맨들에 대항하는 정책의 추진, 사회주의적 경제부문의 확장, 공업화의 가속, 그리고 아마도 농업의 집단화까지를 한꺼번에 가리키는 표현이었다. 사실 왼쪽 경로 정책의 이 모든 측면들은 한 덩어리로 뭉쳐져 있었다. 트로츠키주의자들로서는 '제2의 혁명'이라고 할 수 있는 그와 같은 커다란 변화가 자기들이 없는 가운데 이루어질지 모른다는 것은 생각만 해도 쓰라린 일이었다. 스탈린의 최근 조치들이 바람직하며 진보적인 성격을 갖고 있다고 트로츠키가 사심 없이 강조하면 할수록, 그리고 반대파의 의무는 그런 조치들을 지지하는 것이라고 그가 주장하면 할수록 그의 지지자들이 느끼는 좌절감은 더욱더 커졌다. 그래서 그들은 반대파 정책의 옳고 그름에 대해 점점 더 초조하게 반추했고, 당에서 축출돼 지금 와 있는 황야에서는 왼쪽 경로 정책에 대해 그 어떤 실질적인 지지도 할 수 없음을 더욱더 통렬하게 느꼈다.

5월 말이 되기 전에 트로츠키는 여러 건의 성명을 통해 자기의 지지자들에게 다시 입장을 밝혔다.[17] 그는 반대파의 과거 업적을 옹호하고 새로운 미래전망의 개요를 밝히고자 했다. 이때 그의 주장은 다음 세 가지로 요약될 수 있다.

첫째, 그가 부하린주의 우파의 힘을 과대평가했다는 말은 사실이 아니다. 부하린주의 우파의 힘은 역시 세다. 반대파가 당으로 하여금 테르미도르반동의 위험에 대항하게 하려 한 것에는 잘못이 없다. 그 과정에서 반대파는 테르미도르반동 세력을 묶어두는 데 도움을 주었다. 반대파의 행동과 노동계급의 압력이 스탈린주의자들로 하여금 부하린주의자들과 결별하도록 강요했다. 그렇지 않았다면 당장의 식량위기가 스탈린주의자들로 하여금 자본주의적 농업에 폭넓은 양보를 하도록 유도했을 것이고, 그 결과 왼쪽 경로가 아닌 오른쪽 경로로 강력한 전환이 초래됐을지도 모른다. 그는 반대파가 우익으로부터의 위험을 증폭시켰다고 주장하는 자들이 결국에는 스탈린에게 투항할 것이라고 우려했다.

둘째, 반대파는 투쟁에서 너무 멀리 나아갔다고 자책할 이유가 전혀 없다. 오히려 지노비예프와 카메네프가 겁먹는 바람에 반대파의 투쟁이 충분히 나아가지 못했다. 그는 "우리의 모든 활동은 선전의, 오로지 선전의 성격만을 가진다"고 주장했다. 반대파는 일반 당원들에게 충분히 강하고 대담하게 호소해 본 적이 전혀 없었다. 마침내 11월 7일에 반대파가 그렇게 하려고 하자 스탈린이 반대파를 자극하면서 내전의 상황을 연출하려 했다. 그래서 반대파는 후퇴하지 않을 수 없었다.

마지막으로 셋째, 스탈린이 반대파의 공을 가로챘다는 사실로 인해 반대파가 낙담해서는 안 된다. 스탈린주의 분파는 다른 도리가 없어서 어쩔 수 없이 좌파 정책을 시작했으나 그것을 끝까지 관철시킬 수는 없을 것이다. 따라서 "당은 앞으로도 여전히 우리를 필요로 할 것"이라고 트로츠키는 지지자들에게 장담했다.

그러나 이런 주장과 장담은 트로츠키의 지지자들의 다수를 만족시키지는 못했다. 그는 그들에게 명쾌한 전망을 제시하지 못했다. 그들은 스탈린이 영구히 쿨라크들에게 등을 돌린 것인지, 그의 왼쪽 경로 정책이 단지 가식인 것이 아닌지를 계속 물었고, 거기에 대한 명쾌한 답변을 듣고 싶어 했다. 트로츠키는 명쾌하게 답해줄 수 없었다. 아마 스탈린 역시 아직은 자기가 어디에 서 있는지를 분명하게 알지 못했을 것이다. 트로츠키는 설령 지지자들이 자기의 충고를 따른다 해도, 실제로 그들이 처해 있는 위치에서 어떤 행동을 할 수 있는지, 그리고 그들이 스탈린에 대한 지지와 반대를 어떻게 동시에 할 수 있는지에 대해 말해주지 못했다.

1928년 봄에 트로츠키주의자들이 모여 있는 유형지들에서 두 개의 서로 구분되는 의견의 흐름이 형성됐다. 한쪽에는 트로츠키가 그들에게 거듭거듭 강조한 대로 스탈린의 왼쪽 경로 정책을 지지해야 하는 의무를 진지하게 받아들인 사람들이 있었고, 다른 한쪽에는 트로츠키가 그들에게 촉구한 대로 스탈린에 대한 반대를 계속하는 사람들이 있었다. 트로츠키주의자들과 지노비예프주의자들이 형성한 통합반대파의 내부에 존재한 바 있었던 견해차가 이제는 이처럼 트로츠키주의자들 내부에서 되풀이되어 그들을 '타협파'와 '비타협파'로 분열시켰다. 타협파도 스탈린에게 투항할 생각을 하는 것은 결코 아니었다. 그러나 타협파는 반대파가 스탈린주의 분파에 대한 적개심을 누그러뜨리고 왼쪽 경로 정책을 토대로 삼아 그 위에서 그들과 원만한 화해를 할 준비를 하자고 했다. 타협파는 원칙과 반대파의 이익을 위해서는 반대파의 기존 견해를 비판적으로 재검토하고 변화된 상황에 맞춰 그것을 수정해야 한다고 생각했다. 이런 태도를 가진 사람들 중에는 나이든 세대, 사려 깊고 침착한 성향의 사람들, 과거의 당에 대한 향수를 갖고 있는 사람들이 특히 많았다. 또한 당내의 자유와 프롤레타리아 민주주의에 관한 반대파의 요구보다 공업화와 계획경제에 관한 반대파의 정책강령에 더 많은 관심을 가진 경제전문가와 행정관리 등의 계몽된 관료들, 그리고 그동안 겪은 시련으로 인해 이미 지배집단에 대한 저항을 계속해나갈 의지가 약화된 사람들도 이런 태도를 취했다. 이들은 개인적으로는 복합적인 충동에 따라 움직이곤 했지만, 많은 경우 그 행동의 동기들을 분석하기란 거의 불가능했다.

비타협파 트로츠키주의자들의 대부분은 당에서 추방당한 것이 삶의 단절이라고 여기는 정도가 선배들보다 덜한 젊은이들, 반대파의 경제적, 사회적 요구보다는 프롤레타리아 민주주의 요구에 이끌려 반대파에 합류한 사람들, 그리고 관료주의를 교조적으로 적대시하거나 맹목적인 반스탈린주의자들과 같은 열광적인 반대파 사람들이었다. 이 집단에서도 각 개인의 참여 동기는 쉽게 분간되지 않았다. 당과의 단절이 그다지 도덕적인 혼란으로 이어지지 않는 젊은이들은 복잡한 경제적, 사회적 쟁점들에 대해 상대적으로 무관심한 경우가 많았다. 이들은 표현의 자유에 대한 반대파의 호소에는 열렬하게 호응했고, 관료집단 전체를 강한 적개심을 가지고 대했으며, 박해를 받고 유형지로 추방되면서 그와 같은 적개심이 더욱더 강렬해졌다.

트로츠키주의 반대파의 이런 두 진영은 각각 외부의 다른 그룹과 부분적으로 넘나들기 시작하는 경향을 보였다. 타협파는 그동안 경멸해왔던 지노비예프주의자들 쪽으로 점점 더 가까이 다가갔다. 타협파는 지노비예프주의자들을 새로운 각도에서 바라보기 시작했고, 그들의 뒤를 따를 준비는 돼있지 않았지만 그들이 스탈린에게 투항한 이유를 이해하고, 그들의 주장에 귀를 기울이고, 공감하는 태도로 그들의 행동을 살피기 시작했다. 한편, 가장 극단적인 비타협파는 뉘우치지 않는 모히칸 족과 같은 노동자반대파나 민주집중파와 자기들 사이에 공통점이 많음을 알게 됐다. 노동자반대파와 민주집중파는 사프로노프와 블라디미르 스미르노프의 지도 아래 활동하다가 트로츠키주의자들과 함께 추방당했다. 관료집단에 대한 적개심에서 이들은 트로츠키주의자들보다 훨씬 덜 억제된 태도를 보여 왔다. 이들은 정도의 차이는 있으나 기존의 국가와 당에 충성을 다하기를 거부했다. 이들은 혁명과 볼셰비즘은 죽었으며, 노동계급은 처음부터 다시 시작해야 한다고, 다시 말해 새로이 등장한 국가자본주의, 네프 부르주아, 그리고 쿨라크들에 의한 착취에서 스스로를 해방시키기 위한 새로운 혁명투쟁을 시작해야 한다고 선언했다. 많은 젊은층 트로츠키주의자들에게는 이들의 이런 간명하고 외곬수적인 메시지가 트로츠키가 신중하게 균형을 잡아 제시한 분석이나 그의 '이중적 정책'보다 더 설득력 있게 들렸다. 그것은 그 어떤 변증법적 복잡성 없이 옳은 건 옳은 것이고 그른 건 그른 것이라는 식이어서 이해하기가 더 쉬웠다. 스탈린을 가리켜 혁명의 무덤을 파는 자라고 비난하면서 동시에 그의 왼쪽 경로 정책의 진보적 함의에 대해서는 지지를 보내는 것은 어불성설이며, 스탈린과 싸우면 싸웠지 그를 지지할 수는 없다고 민주집중파는 말했다.

두 진영의 트로츠키주의자들 모두 트로츠키의 지도를 존중했지만, 그의 충고 중 자기들에게 맞는 일부만을 받아들이는 경향을 보였다. 두 진영 모두 반대파의 기본원칙과 반대파 공통의 이익을 내세웠다. 그러나 두 진영 사이의 차이가 커지면서 동지애가 엷어지고 서로에 대한 의심이 깊어지다가 마침내 상대방 진영에 대해 험악한 눈초리와 거친 욕설을 보내는 것 외에 달리 할일이 없게 됐다. 비타협파가 보기에 자기들보다 온건한 성향의 동지들은 아직 변절자가 되지는 않았지만 신념이 약한 자들이었다. 반면에 그 온건한 자들은 비타협파를 마르크스주의자로서의 지적 규율과 혁명의 운명에 대한 책임감이 결여된 극좌파 또는 원색적인 아나키스트로 보고 경멸했다. 비타협파는 타협파가 의식적 또는 무의식적으로 스탈린을 돕는 행동을 하고 있다고 의심한 반면, 타협파는 교조적이거나 맹목적인 트로츠키주의자들이 과잉행동을 하는 것보다 더 효과적으로 반대파를 훼손하고 스탈린을 돕는 것은 없다고 생각했다.

두 진영 각각의 대변자는 오랜 세월 반대파로 지내온 이들로, 둘 다 트로츠키가 신뢰하고 존중하는 그의 친구였다. 프레오브라젠스키는 스탈린주의에 대해 보다 유화적인 태도를 취해야 할 필요성을 가장 먼저 거론한 이였다. 그는 반대파로서 결코 흔들린 적이 없었고, 이기심이나 기회주의라고는 전혀 찾아볼 수 없는 성품을 지닌 인물이었다. 만약 그에게 약점이 있다면 그것은 오히려 편법과 인기를 완전히 무시하는 태도와 이론적으로 너무 일관성 있는 견해를 가졌다는 것이었다. 그는 1924~1925년의 저작으로까지 거슬러 올라갈 수 있는 깊은 신념에서 화해를 주장하기 시작했다. 우리는 그가 사회주의적 원시축적의 주된 이론적 주창자였다는 것을 안다. 《신경제학》이라는 저서에서 그는 이렇게 썼다. "사회주의적 원시축적의 기간은 내전이 끝난 뒤 사회주의 국가의 생존에서 가장 중대한 시기다. (…) 이 기간을 가급적 신속하게 통과해서 자본주의에 대해 사회주의 체제가 가진 장점들이 모두 발달하는 단계에 가능한 한 일찍 도달하는 것에 사회주의 경제의 사활이 달려있다." 그 기간에는 사회주의 국가가 자본주의와 사회주의 두 세계의 가장 나쁜 것들만을 갖게 되고, 자본주의의 장점으로부터도 사회주의의 장점으로부터도 혜택을 입지 못한다는 것이다. 이때 사회주의 국가는 사회주의 부문의 축적을 금융적으로 뒷받침하기 위해 농민들을 '착취'할 수밖에 없다. 이 점에서 프레오브라젠스키는 부하린과 충돌했고, 자신이 '우리의 소비에트 맨체스터 학파'라고 부른 신인민주의 학파와도 충돌했다는 사실은 훗날까지 기억된다. 그는 "오직 사회주의 독점체제만이 (해외, 특히 미국의) 자본주의 독점체제가 가하는 압박을 막을 수 있다"고 주장했다. 그리고 사회주의 독점체제는 재정정책을 수단으로 이용하면서 국가가 규제하는 가격 메커니즘과 사적 경제부문, 특히 농업을 통해 독자적으로 굴러가야 한다는 것이었다. 분노한 부하린이 대들고 나서자 프레오브라젠스키는 이렇게 대답했다. "하지만 그렇게 하지 않고 달리 어떤 방도가 있는가? 가장 간단하게 말해보자. 국유 공업을 발달시키기 위한 부담을 (…) 300만 명의 공업노동자들의 어깨에만 올려놓아야 하는가? 아니면 2200만 명에 이르는 우리의 소농들도 그들의 몫을 부담하면서 기여하도록 해야 하는가?" 그도 물자의 징발과 강제적인 집단화를 주장하지는 않았다. 그러나 그는 다른 누구보다도 '사회주의적 원시축적의 법칙이라는 철굽' 아래에서는 국가와 농민들 사이에 격렬한 갈등이 빚어질 수 있음을 인식하고 있었다.[18]

프레오브라젠스키가 스탈린의 왼쪽 경로 정책에 적극적으로 호응한 것은 당연했다. 그는 그것을 자기 이론을 입증해주는 것으로 받아들였다.

그는 그것이 피할 수 없으며 전적으로 바람직한 발전이라고 보았다. 처음부터 그는 그것이 중대한 의미를 갖고 있다고 확신했고, 트로츠키보다도 더 확고하게 그 의미를 믿었다. 그동안의 저작에서는 잠재적으로 존재했지만 실제적인 결과를 빚어내지는 않았던 그와 트로츠키 간의 입장차이가 이제 두 사람의 태도에 영향을 미치기 시작했다. 트로츠키는 노동자들의 국가는 일반적으로 농민들을 '착취'하게 된다는 견해를 전적으로 받아들인 적이 없었고, 적어도 이런 견해를 프레오브라젠스키처럼 그렇게 단호하게 내세운 적이 없었다. 그는 공업화의 속도에 대해서도 프레오브라젠스키의 예상과 같은 정도로 강제해야 한다고 주장한 적이 없었다. 프레오브라젠스키가 《신경제학》에서 전개한 공리적 주장은 일국사회주의와 양립할 수 없는 게 아니었다. 그의 공리에 따르면 자본주의에서 사회주의로 이행하는 과정 중 가장 어려운 부분인 원시축적은 공업적으로 저발전 단계에 있는 단일의 근대적 국민국가 안에서나 성취될 수 있는 것이었다. 마지막으로, 프레오브라젠스키는 트로츠키와 달리 사회주의로의 이행과 관련된 법칙의 '객관적인 힘', 즉 스스로 작동하여 당의 지도자들로 하여금 자기의 의지와 상관없이 저절로 사회주의의 대리자로 행동하도록 강요하는 힘에 대해 숙고했다. 모든 대규모 공장의 국유화는 불가피하게 계획경제와 급속한 공업화로 이어진다고 그는 생각했다. 스탈린주의자나 부하린주의자들은 이런 견해에 대응하는 과정에서 역사적 필연성에 대해 반대했다. 반대파만이 그러한 역사적 필연성을 제때에 파악하고 볼셰비키들로 하여금 그것에 대해 인식하게 하려고 했다. 스탈린과 부하린이 반대파를 패배시켰을지는 모르나 "역사의 법칙을 깰 수는 없을 것"이며, "우리가 가진 경제적 리더십의 체제 전체보다 더 진보적임을 이따금씩 스스로 입증하는 우리의 국가경제 구조"는 결국 그들로 하여금 반대파의 강령을 실행하도록 강요할 것이라는 게 프레오브라젠스키의 생각이었다.

　프레오브라젠스키의 초기 저작들에서는 부차적이거나 암시적으로 언급되는 수준에 그쳤던 이런 생각들이 이제는 그의 사상 전체를 지배하게 됐다. 그가 보기에 쿨라크에 대한 전쟁을 선포한 스탈린은 필연성을 의식하지 못하면서도 마지못해 그 필연성의 대리자로 행동하는 존재에 지나지 않았다. 여전히 왼쪽 경로 정책을 다소 미심쩍게 바라보면서 그것이 단지 일시적인 변화인 것은 아니냐는 생각을 하는 트로츠키와 달리, 프레오브라젠스키는 스탈린의 정책은 농지거리가 아니고, 그는 왼쪽 경로에서 후퇴하기는커녕 쿨라크와의 전쟁을 점점 더 가혹하게 해나가도록 강요받을 것이며, 그 전쟁은 나라 전체에, 그리고 특히 반대파에도 완전히 새로운 상황을 가져다줄 것임을 믿어 의심치 않았다. 그는 나라가 엄청난 혁명적 격변을 맞이하기 직전에 있다고 주장했다. 그는 쿨라크들이 계속해서 곡식 판매를 거부하면서 도시에 굶주림의 위협을 가할 것이라고 말했다. 중농과 빈농들은 충분한 식량을 공급할 수 없을 것이고, 쿨라크들에 대한 정부의 공격은 정부에 대한 그들의 적대감을 키워 정부와 대다수의 농민들 사이에 거대한 충돌을 불러올 것이다. 1928년에 작성된 한 조사보고서에서 프레오브라젠스키는 스탈린의 위협과 긴급조치들은 이미 농촌에 격렬한 폭풍을 불러일으켰고, 그것을 진정시키기 위해서는 정부가 자본주의에 광범위하고 위험한 양보를 해야 할 것이지만, 그 정도의 양보는 스탈린은 물론 부하린과 리코프도 선뜻 하지 못하고 거부할 것이라고 주장했다.[19] 오직 철저한 우파 정책이나 철저한 좌파 정책만이 파국을 피할 수 있게 해줄 것이고, 모든 상황은 스탈린이 훨씬 더 왼쪽으로 움직여갈 것임을 보여주고 있었다.

그런 격변 속에서 반대파가 해야 할 역할은 무엇인가? 반대파는 그동안 자신들이 역사적 필연성에 대한 의식 있는 해석자 역할을 했다고 대답했다. 반대파는 우월한 선견지명을 보여주었고, 반대파의 사상은 "스탈린의 새로운 정책에 왜곡된 모습으로나마 반영돼 왔다"는 것이었다. 만약 당이 반대파가 그동안 해온 조언에 따라 조치를 취했다면 당면한 위기가 그렇게 심각하지는 않았을 것이다. 반대파는 계속해서 가속적인 공업화를 주장해야 하고, 프롤레타리아 민주주의를 그 어느 때보다 일관되게 요구해야 한다. 반대파는 그동안 시대의 요구를 정확하게 해석하긴 했지만, 그것을 실현시키는 역할은 하지 못했다. 실천의 과업은 스탈린과 그의 지지자들이 담당하고 있다. 그들은 역사적 필연성을 이해하지도 못할 뿐더러 오랫동안 그것에 저항하긴 했지만, 바로 그들이 역사적 필연성의 대리자다. 그렇다면 반대파는 어딘가에서 잘못된 길로 빠진 것이다. 반대파는 오른쪽으로부터의 위험, 그리고 스탈린주의자들과 쿨라크들 사이의 담합을 과장했다. 반대파는 당 안의 기류와 그 기류가 당 밖의 사회계급들과 갖는 관계를 오판했다. 이 오판은 마르크스주의자인 그들로서는 심각한 오류다. 따라서 반대파는 태도를 수정하고 스탈린주의 분파와의 화해에 기여해야 한다.

이와 같은 목표를 염두에 두고 프레오브라젠스키는 반대파가 새로운 상황과 반대파의 행동에 대해 토론하기 위한 반대파 총회를 열 수 있도록 정부에 공식 허가를 요청해야 하며, 그 총회에는 모든 유형지의 대표들이 다 참석해야 한다고 주장했다. 트로츠키는 우파에 대항한 좌파와 중도파의 동맹이 가능하고 바람직하다는 말을 한 적은 있으나, 그러한 동맹을 실현하기 위한 방안은 제시한 적이 없었다. 프레오브라젠스키는 그 정도로 만족하지 않았다. 그는 만약 동맹이 이루어져야 한다면 그 시점은 스탈린주의자들이 우파에 타격을 가하고 있는 지금이며, 반대파의 의무는 상황변화가 그러한 동맹을 저절로 만들어낼 때까지 기다리기보다는 직접 행동에 나서는 것이라고 주장했다. 그는 이렇게 하지 않고는 좌파와 중도파의 동맹은 결코 이루어지지 못할 것이라고 덧붙였다.

트로츠키는 프레오브라젠스키의 제안을 정면으로 반대했다. 그는 중도파와 좌파의 동맹이 이론적으로는 바람직할지 모르지만, 그러한 동맹을 실현시키기 위해 반대파가 할 수 있는 일이 전혀 없다고 생각했다. 감옥에 갇힌 자와 그를 감옥에 가둔 자는 동맹관계가 될 수 없다. 그는 프레오브라젠스키가 왼쪽 경로 정책에 대해 지나치게 우호적인 견해를 갖고 있다고 우려했다. 스탈린주의와 반대파 사이의 간극은 변하지 않고 그대로 유지되고 있다. 박해도 계속되고 있다. 당은 여전히 자유를 강탈당한 상태이고, 그 체제는 점점 더 나빠지고 있다. 지도자의 무오류성이 도그마로 확립돼 있고, 그 도그마는 현재뿐 아니라 과거에도 적용되고 있다. 당의 역사 전체가 이런 도그마가 요구하는 바에 맞게 조작됐다. 이런 여건에서는 반대파가 지배분파와 중간에서 만나기 위한 행동을 취할 수가 없다. 반대파 총회를 열기 위해 박해자들에게 허가를 요청하는 것은 굴욕적인 행동이다. 그러한 요청을 하는 것 자체가 투항의 의미를 띠게 된다고 트로츠키는 지적했다.[20]

5월에 유형지들에서 프레오브라젠스키의 제안을 놓고 토론이 벌어졌다. 이 토론은 왼쪽 경로 정책에 대해 유형지 반대파가 어떤 대응을 할 것인지를 가늠하게 해줄 첫 시금석이었다. 프레오브라젠스키의 제안은 곧바로 거부됐다. 반대파의 대다수는 비타협적인 분위기였고, 왼쪽 경로 정책에 대해 회의적이었다. 그들은 전과 마찬가지로 스탈린에게서 쿨라크 옹호자의 모습과 테르미도르반동 세력과 공모하는 자의 모습을 보았다. 그들은 반대파의 대의를 확신했기에 자기들의 태도를 바꿔야 한다는 생각을 전혀 하지 않았다.

프레오브라젠스키의 제안은 퇴짜를 맞았으나, 그의 사상은 많은 사람들의 마음속에서 발아하기 시작했다. 라데크가 반대파 지도자들 가운데서 처음으로 그의 영향을 받게 된 것 같다. 지금까지 라데크는 스탈린주의자들을 공격하다가 적당히 중간에서 그만두는 사람들 중 하나가 아니었다. 그는 1927년 내내 체면 차리는 몸짓과 고답적인 이론에 자족하지 말고 지배집단을 보다 대담하게 공격하고, 당 밖에 있는 공장노동자들에게 호소하고, 그들의 불만을 공격적으로 대변할 것을 반대파에게 촉구했다. 그는 새로운 당이라는 구상 앞에서 몸을 사리지 않았고, 그러한 구상을 지지하는 민주집중파를 반대파에서 수용해야 한다는 입장을 취했다. 그는 유형지로 추방당한 뒤에도 그런 호전적인 분위기를 유지하면서 지노비예프와 퍄타코프의 변절과 그들이 뿜어내는 도스토예프스키풍의 병적인 냄새에 대해 경멸조의 글을 썼다. "그들은 자기 신념을 부인했고, 노동계급에게 거짓말을 했다. 거짓말로는 노동계급을 도울 수 없다."[21] 프레오브라젠스키가 실제로 반대파 총회 소집에 나섰던 5월까지도 라데크는 여전히 프레오브라젠스키의 구상에 반대하고 있었던 것으로 보인다. 적어도 그는 프레오브라젠스키의 유화적 태도를 비판했다.

그랬던 그가 그로부터 한 달이 채 지나기도 전에 완전히 바뀐 듯했다. 이제 그는 특유의 재간, 열정, 재치를 다 동원해 화해를 설교하고 나섰다. 온건파는 그의 동참으로 크게 강화됐다. 그와 프레오브라젠스키는 유형지에 망명 중인 지도자들 가운데 트로츠키와 라코프스키 다음으로 권위를 인정받는 지도자였기 때문이다. 그가 실제로 투항하기까지는 거의 1년이 더 걸렸지만, 이때부터 스탈린주의에 대한 그의 저항의지는 거의 한 주일이 지날 때마다 점점 더 무너져갔다.

이런 그의 변화가 단지 변덕과 용기부족 탓이라고 보는 것은 너무나 단순한 생각이다. 여러 동기가 뒤얽혀 그를 변화시켰다. 다른 이들이 지하 정치활동, 차르의 감옥에서 겪은 수감생활, 그리고 여러 해에 걸친 시베리아 유형을 통해 체득한 '볼셰비키적 대담성'을 그가 갖고 있지 못했던 것은 분명하다. 그는 짧은 기간 동안만 지하활동을 했고, 1917년 이전에는 주로 오스트리아-헝가리와 독일의 공개적인 사회주의 운동에 참여해 정치활동을 했다. 그는 본질적으로 대도시의 공기와 자극을 호흡하고 공적인 일의 중심에 서있는 데 익숙한 사교적인 서구인이자, 보헤미안의 기질을 갖고 있었다. 그는 25년이 넘는 기간에 걸쳐 자기의 견해와 재담으로 역대의 주요 중앙위원회들과 매체 편집국들을 사로잡았고, 10년간에 걸쳐 볼셰비키 당과 공산주의인터내셔널의 지도적 인사들 가운데 한 사람으로 지냈다. 소란스러운 정치판 속에 있는 한 그는 자신감과 기개를 잃지 않았다. 그는 늘 대담하고 적극적이었고, 1919년에는 베를린에 있는 모아비트 감옥에 갇혀서도 당면 현안과 관련된 사건의 중심에 있었다. 그러나 갑자기 텅 비고 황량하며 엄혹한 북부 시베리아의 황야로 내던져지자 그는 정신적 활력을 잃기 시작했다. 고립감이 그를 엄습했다. 그는 삶으로부터 추방당한 것처럼 느꼈다. 현실감각이 흔들렸다. 레닌의 곁에서, 그의 동지이자 조언자로 평가받고 그가 전 세계의 여러 가지 일들을 지도하는 것을 도우면서 보낸 그 모든 세월이 한갓 꿈에 지나지 않는 것이었던가? 탄력성이 훨씬 더 큰 사람들도 비슷한 감정에 휩싸였다. 예를 들어 내전의 영웅이었던 이반 스미르노프가 남부 아르메니아에서 북부 시베리아에 있는 라데크에게 써 보낸 편지에도 바로 이런 감정이 스며 있다.

친애하는 카를류샤,[22] 당신은 우리가 당 밖에 있어야 한다는 것을 고통스러위하겠지요. 내게도 역시, 그리고 다른 모든 이들에게도 이런 상황은 실로 고통스럽습니다. 처음에 나는 악몽에 쫓겼습니다. 밤에 갑자기 깨어나곤 했고, 내가 추방당했다는 것을 믿을 수 없었습니다. 1906년 이후 10년간이나 당을 버렸던 구볼셰비키협회의 저 무뢰한들과 달리 나는 1899년 이래 줄곧, 단 하루도 빠짐없이 당을 위해 일해 왔습니다.[23]

그러나 라데크와 그의 친구들을 괴롭힌 곤경은 이것만이 아니었다. 그들은 혁명의 운명에 대해 곰곰이 생각했다. 그들은 스스로를 '10월의 승리'의 진정한 수호자이며, 스탈린주의자와 부하린주의자들이 희석시키거나 조작해온 마르크스주의와 레닌주의의 유일한 수탁자로 여기는 데 익숙했다. 그들은 마르크스주의와 혁명에 유익한 것이면 그게 무엇이든 반대파에게도 유익하며, 반대파의 패배는 혁명의 패배라고 생각하는 데 익숙했다. 이제 그들은 반대파가 그들 스스로와 동일시했던 위대한 국가와 당으로부터 소외된, 완전히 무기력한 하나의 작은 집단 또는 분파로 축소된 상황을 눈앞에 보고 있었다. 그들은 그토록 드높은 사명을 자임했던 운동이 어떻게 이처럼 저급한 상태로 왜소화될 수 있었는지 의아해 했다. 그들은 딜레마에 직면해 있었다. 만약 그들이 유일하게 믿을 수 있고 정당성을 지닌 10월혁명의 수호자인 게 맞는다면, 그들이 겪은 잔혹한 패배는 혁명에 되돌릴 수 없는 재앙을 가져다줄 수밖에 없고 10월혁명의 유산은 소실될 것이다. 하지만 만약 그렇지 않다면, 즉 '10월의 승리'가 그런대로 훼손되지 않고 보존되었고 이미 벌어진 그 모든 일들에도 불구하고 소련이 여전히 노동자들의 국가라면, 반대파는 스스로를 마르크스-레닌주의의 유일한 수탁자로 간주하면서 자기의 적들이 지닌 혁명적 덕목을 전적으로 부정하는 오류를 저지르고 오만의 죄를 범한 것이 아닌가?

수천 명의 반대파가 세계를 뒤흔든 위대한 볼셰비키 운동이 남긴 모든 것인가? 혁명이라는 태산에서 고작 한 마리의 쥐만 튀어나온 것인가? 라데크는 소스노프스키에게 보낸 편지에 이렇게 썼다. "레닌이 수행한 모든 일과 혁명이 해낸 모든 일이 러시아 전체를 통틀어 단지 5천 명의 공산주의자들만 남겼다는 것을 나는 도저히 믿을 수가 없습니다."[24] 그런데반대파의 주장을 그대로 받아들인다면, 다른 볼셰비키 분파들은 단지 반혁명의 길을 닦는 데 그쳤다고 믿는다면 바로 그러한 결론에 도달할 수밖에 없었다. 하지만 현실감각도 마르크스주의적 역사감각도 그러한 결론을 기피했다. 그 모든 영웅적 행동, 희생, 기대, 유혈, 노고의 볼셰비키 서사시가 단지 아무 의미도 없는 잡음이었을 수는 없었다. 스탈린주의자와 부하린주의자들이 공동으로 쿨라크와 네프맨 들을 보호하는 한 반대파의 주장과 비판에는 뭔가 알맹이가 들어 있었다. 그러나 스탈린주의 분파를 사유재산과의 치명적 갈등에 몰아넣은 왼쪽 경로 정책은 레닌의 작업과 10월혁명이 소수의 고결한 위인들을 넘어서는 어떤 것, '러시아 전체를 통틀어 5천 명의 공산주의자들'을 넘어서는 어떤 것을 남겼음을 증명하는 것이었다. 혁명의 화산은 한 마리의 쥐만을 내어놓은 채 꺼져가고 있는 게 아니라 아직 활력을 잃지 않고 있었던 것이다.

프레오브라젠스키는 러시아의 혁명적, 사회주의적 변혁을 더욱 진전시키는 추동력을 제공하는 것은 사회적 소유의 '객관적인 힘'이라고 주장했다. 그 객관적인 힘은 그 주관적 대표자인 사람들을 통해 모습을 드러낸다. 스탈린주의 분파는 역사적 필연성의 대리자이며, 혼동과 오류, 심지어는 범죄까지 저질렀음에도 10월혁명이 남긴 유산의 수호자로, 사회주의 투사로 행동한다. 따라서 스탈린주의자들은 반대파가 생각하는 것보다 가치있는 집단임을 스스로 입증했다고 라데크는 생각하게 됐다. 반대파는 그 어떤 자기비하도 없이 이 점을 인정해야 하고, 인정할 수 있다는 것이었다. 사회주의로의 새로운 진군에서 반대파가 전위의 역할을 했다면 스탈린주의자들은 후위의 역할을 했다. 전위와 후위는 동일한 부대에 속하는 것이니, 둘 사이의 갈등은 적대적 계급 간의 이해관계 충돌이 아니라 동일한 계급 내의 두 분파 간 불화였다. 이제는 그 불화를 치유해야 할 때다. 스탈린주의자와 트로츠키주의자가 화해를 한다는 구상에 대해 많은 반대파 사람들이 화들짝 놀랐다. 그러나 라데크는 그러한 분파구도 재편성은 과거에 벌어졌던 당내 동맹관계 재구성에 비하면 전혀 이상할 게 없다며 이렇게 덧붙였다. "스탈린은 훌륭한 혁명가지만 지노비예프는 가망이 없다고 생각했던 때가 있었다. 그런데 상황이 바뀌었고, 앞으로도 상황은 바뀔 수 있다."

이런 호소에는 절망의 기미가 들어있음을 놓칠 수 없다. 하지만 그것은 스스로에게서 벗어나 희망으로 변하고자 하는 절망이었다. 볼셰비키 러시아의 고립이 심화하는 가운데 유화파적 분위기가 강화되고 있었다. 라데크와 프레오브라젠스키를 비롯한 많은 이들이 공산주의의 운명에 거대하고 희망적인 변화가 일어나기를 기대한 것은 소련 내부에 대해서였지 소련 외부에 대해서는 아니었다. 그리고 바로 이런 사실이 그 후의 상황전개 중 많은 것들을 설명해준다.

이때는 중국혁명 직후였다. 1927년 12월 광둥 지역에서 공산주의자들의 봉기가 진압됐다. 이 봉기는 1925~1927년 드라마의 마지막 장 또는 에필로그였다. 중국에서의 패배가 가져다준 충격은 볼셰비키의 사고 전반에 영향을 주었다. 그것은 레닌주의의 국제주의 전통을 훨씬 더 약화시키고 가라앉게 했으며, 러시아의 자기중심주의를 강화시켰다. 그 어느 때보다도 일국사회주의가 유일한 탈출구이자 유일한 위안이 되는 것처럼 보였다. 이때 고립주의의 조류가 반대파에도 밀려들었다. 그 조류는 외진 유형지들에도 가 닿았고, 유화파의 사고에 영향을 끼쳤다. 스탈린의 좌경화와 마찬가지로 이 최근의 패배는 프레오브라젠스키와 라데크가 반대파의 업적에 대해 새로이 환멸을 느끼게 되는 동기가 됐다. 두 사람은 반대파가 러시아의 국내적 발전에 대한 추정에서 부분적인 오류를 저질렀다고 주장하면서, 그렇다면 국제적 전망에 관한 반대파의 견해도 오류가 아니었느냐고 의문을 제기했다. 트로츠키는 소련의 테르미도르반동에 대해 잘못 판단했는데, 그의 영속혁명론도 역시 오류가 아니었는가?

트로츠키와 프레오브라젠스키는 유형지로 추방된 지 이삼 주 뒤부터 중국 광둥 지역의 봉기에 관한 편지를 주고받기 시작했다. 트로츠키는 그곳의 실제 상황에 관해 거의 알지 못하는 가운데 〈프라우다〉가 어쩌다 한 번씩, 그것도 뒤늦게 전하는 소식만으로 광둥 봉기에 대해 어떤 견해를 취해야 하는지를 판단해보려고 애쓰면서 편지를 통해 자기가 내린 판단을 프레오브라젠스키에게 전하고 또 그의 의견을 들었다. 반대파의 많은 옛 볼셰비키들과 마찬가지로 프레오브라젠스키는 영속혁명론과 이 이론에 따르는 추론으로서 중국혁명은 오직 프롤레타리아 독재를 실현함으로써만 승리할 수 있다는 생각을 받아들이지 않았다. 지노비예프나 카메네프와 마찬가지로 그도 중국은 부르주아 혁명의 단계를 넘어설 수 없다고 생각했다. 트로츠키와 프레오브라젠스키는 각각의 유형지에서 편지로 광둥 봉기에 대한 이런 견해차에 대해 토론했다. 〈프라우다〉는 광둥에서 봉기한 이들이 노동자대표자 위원회를 구성하고 공업의 사회화에 착수했다는 소식을 전했다. 3월 2일에 쓴 편지에서 트로츠키는 광둥의 봉기는 비록 진압되긴 했으나 다음번 중국혁명이 취해야 할 경로에 관한 메시지와 중요한 지침을 남겼다고 지적했다. 다음번 중국혁명은 부르주아적 단계에 국한되지 않고 소비에트를 수립하고 사회주의를 목적으로 삼게 될 것이라는 얘기였다. 이에 대해 프레오브라젠스키는 광둥 봉기는 스탈린이 중국 국민당에 계속 굴복해온 끝에 오직 자기 체면만을 차리기 위해 연출한 것으로 무모한 모험이었고, 광둥의 소비에트와 그 사회주의적 슬로건들은 그 어떤 대중운동과도 유기적인 관계를 맺고 있지 않으며, 진정한 혁명 과정의 내재적 논리도 전혀 반영하지 않았다고 답변했다.[25] 물론 프레오브라젠스키는 트로츠키보다 실제 상황을 더 잘 알고 있었고, 이때 트로츠키는 모호한 증거들에만 의존해서 다음번 중국혁명의 성격에 대한 자기 나름의 결론을 내려야 했다. 그럼에도 트로츠키의 결론은 정확했다. 1948~1949년의 중국혁명은 부르주아적 한계를 넘어섰고, 이런 측면에서 볼 때 비록 그 경로와 그 안에서의 사회계급 배열이 혁명에 대해 트로츠키주의, 마르크스주의, 레닌주의가 상정한 모습과 크게 다르긴 하지만 '영속혁명'이다.

프레오브라젠스키는 "우리는, 반대파인 옛 볼셰비키는 영속혁명에 관한 한 트로츠키와 관계를 끊어야 한다"고 선언했다. 트로츠키에게 이 선언의 내용 자체는 놀랄 일이 아니었지만, 그 단호한 어조는 분명히 놀랄 일이었다. 트로츠키는 볼셰비키가 아니었던 자기의 과거를 상기시키는 적의 말을 듣는 데 이미 익숙했고 최근에는 지노비예프와 카메네프에게서 또다시 그런 말을 들었지만, 1922년 이래 같은 생각을 하며 가까이 지내온 프레오브라젠스키에게서 그런 말을 들을 줄은 몰랐다. 그런 말은 우연한 기회에 갑자기 튀어나오는 말이 아니라는 것을 트로츠키는 알고 있었다. 그를 더욱 놀라게 한 것은 옛 볼셰비키는 아니지만 라데크도 그동안 진심으로 영속혁명론을 옹호해오던 입장에서 벗어나 영속혁명론에 대해 비판을 가하고 나섰다는 것이었다. 그는 이때도 1906년에 트로츠키가 레닌보다도 더 정확하게 러시아혁명의 경로를 예측했다고 인정하면서도, 그렇다고 해서 다른 나라들에서도 영속혁명의 구도가 타당하다는 결론으로 이어지는 것은 아니라고 덧붙였다. 중국에서는 레닌이 말한 '프롤레타리아와 농민의 민주적 독재' 이론이 더 낫다고 라데크는 주장했다. 그 이론이 부르주아 혁명과 사회주의 혁명 사이에 생겨날 수 있는 간극을 고려하는 것이기 때문이라는 게 그 이유였다.

이 논쟁은 이때의 현안 쟁점들과는 직접적인 관계가 전혀 없는 게 분명했지만, 트로츠키는 어쩔 수 없이 이 논쟁에 이끌려 들어갔다. 그는 모든 현대의 혁명은 사회주의적 격변으로 완성되지 않는다면 부르주아 혁명으로서도 좌절하게 된다는 것을 중국이 새롭게 입증했다고 답변했다. 트로츠키가 자기의 이론을 반대파의 교리로 만들려는 시도를 한 적이 없음에도 타협파인 두 사람이 구체적인 찬반논거가 무엇이든 간에 영속혁명론을 공격했다는 사실은, 영속혁명을 그만큼 더 상징적인 것으로 만들었다. 해외에서 공산주의가 패배함에 따른 좌절감과 국내의 고립주의 경향이 볼세비키로 하여금 명칭부터가 그들의 고립주의에 도전하는 이론인 영속혁명론에 등을 돌리게 한 것은 이번이 처음은 아니었다. 1924년 이래 영속혁명론을 놓고 수없이 많은 교조적 논쟁이 벌어져왔다. 그리고 그런 논쟁들은 마침내, 당의 입장에서 볼 때 영속혁명론이 트로츠키주의의 상징이자 트로츠키의 주된 이단이론이며 그의 모든 정치적 악행의 지적 원천인 것으로 보이게 만들었다. 스탈린과 부하린의 지지자들에게는 영속혁명론이 공포를 불러일으키는 금기가 됐다. 반대파 중에서도 의구심을 품고 생각을 다시 해서 잃어버린 낙원인 당으로 복귀할 길을 찾아 나서기에 이른 사람들은 그 금기와 연관된 것은 그게 무엇이든 본능적으로 피하려고 했다. 지노비예프와 카메네프가 자기와 좀 더 쉽게 연대할 수 있게 해주고 싶었던 트로츠키는, 자기가 예전에 영속혁명론에 대해 쓴 글들은 역사자료 보관실에 들어가 있으며, 스스로는 자기의 생각이 시간의 검증을 통과했다고 확신하지만 그 이론의 모든 요소들을 다 방어하려고 하지 않을 것이라고 선언했었다. 이 사실은 훗날까지 기억될 것이다. 그러나 그는 자기의 이론을 계속 역사자료 보관실에 놔둘 수 없었다. 그의 적들이 그것을 다시 끄집어냈을 뿐 아니라 그로 하여금 그것을 방어하도록 강요했다. 그의 동맹자들도 거듭해서 비슷한 일을 했고, 그들이 그렇게 할 때마다 그의 정치적 동맹자 또는 연대자들이 하나씩 그로부터 떨어져나갔다.

이 같은 이반은 머지않아 좀 더 시사적이기는 하되 덜 이론적인 쟁점들을 놓고 표면화됐다. 1928년 여름에 모스크바에서 공산주의인터내셔널 6차 대회가 소집됐다. 반대파는 이 대회에서 러시아의 당으로부터 자기들이 추방당한 것에 대해 항의할 법적 권리를 갖고 있었고, 실제로 그렇게 하려고 했다. 그러나 그들의 호소가 적절히 경청되거나 반대파 지도자들이 이 대회에 출석해 반대파의 입장을 진술하도록 허용될 가능성은 없었다. 이때 트로츠키는 이렇게 썼다. "이번 대회는 아마도 매우 권위적인 방식으로 가장 무거운 묘석 아래 우리를 파묻으려는 시도를 할 것이다. 다행히도 마르크스주의는 그러한 모조의 무덤에서 일어나 걸어 나와서 제지할 수 없는 고수처럼 경종을 울릴 것이다!"[26] 그는 코민테른의 정책에 대한 간략하면서도 단호한 비판과 반대파의 목표에 관한 간결한 선언을 이 대회에서 발표하려고 했다. 이를 위한 그의 작업은 엄청난 분량의 논문으로 발전했다. 그는 봄과 여름 전체를 이 일에 매달렸다.[27] 대회는 하나의 강령을 채택할 예정이었다. 대부분 부하린이 작성하고 일국사회주의에 초점이 맞춰진 이 강령의 초안은 이미 출간된 상태였다. 트로츠키는 이 새로운 강령에 대한 비판의 형식으로 자기가 발표할 글을 작성했다. 그는 이 작업을 6월에 완료했고, 7월에는 '다음엔 무엇을 해야 할 것인가?'라는 제목으로 대회에 전달할 메시지를 추가로 썼다. 그는 말을 삼가거나 이중성 또는 외교적 고려의 흔적이 전혀 없는 태도로 5년간에 걸친 인터내셔널의 실패와 그 5년간 반대파가 해온 일을 요약하고, 반대파와 그의 적들 사이에 가로놓인 간극을 분명하게 드러내려고 했다. 그는 대회가 열리기 직전에 그 사본을 각 유형지에 보냈고, 반대파 사람들 모두에게 대회에 집단적 또는 개인적 메시지를 보내 자기가 발표할 진술서를 추인해줄 것을 요청했다.

같은 시기에 라데크와 프레오브라젠스키도 내용과 어조에서 보다 유화적인 그들 나름의 진술서를 작성했다. 프레오브라젠스키는 최근 몇 년간에 걸친 코민테른의 정책에 대한 통렬한 대차대조표를 작성했고, 모든 트로츠키주의자들을 스탈린주의나 코민테른과 구분 짓는 차이점들에 대해 거리낌 없이 말했다. 그러나 결론 부분에서 그는 "이러한 차이점들 가운데 많은 것들이 인터내셔널의 정책에 일어난 변화의 결과로 사라졌다"고 선언했다. 인터내셔널도 러시아의 당을 따라 '왼쪽으로 방향전환'을 했기 때문이라는 것이었다.[28] 라데크도 똑같은 의견을 밝히면서 곧바로 자기의 진술서를 모스크바로 보냈다. 그는 이렇게 썼다. "어제 우리와 서로 검을 겨눈 당의 일부 지도자들이 지금 옹호하는 견해보다 그 지도자들 자신이 더 낫다는 것을 역사가 입증해준다면 우리보다 더 크게 만족해할 사람은 아무도 없을 것이다."[29]

트로츠키와 라데크가 서로 다르고 부분적으로 충돌하는 메시지를 인터내셔널 대회에 보냈다는 사실은 반대파의 대의를 크게 훼손하는 일이었다. 반대파는 단합을 과시하기는커녕 두 목소리로 이야기하고 있는 꼴이었다. 무슨 일이 벌어졌는지를 알아차린 트로츠키는 반대파의 주요 거점들에 전보를 보내어 모든 유형수와 망명자들에게 라데크와의 관계를 끊을 것을 요구했다. 유형지들은 분노로 들끓었고, 여기저기서 라데크와의 관계를 단절하고 적절한 진술서를 모스크바로 보냈다. 결국 라데크는 스스로 자기가 보낸 메시지를 철회하고, 자기는 트로츠키와 완전히 생각이 일치한다고 대회에 알렸다. 그는 트로츠키가 쓴 《코민테른의 강령에 대한 비판》이 자기에게 너무 늦게 도착하는 등 트로츠키와의 의사소통에 어려움이 있었다고 말하며 동지들에게 자기의 실수를 사과했다. 트로츠키는 그의 사과를 받아들였고, 이것으로 당장은 문제가 해결됐다. 트로츠키는 반대파가 "전선을 정비했다"고 말했다. 그러나 이런 초기단계의 분열은 봉합되지 않았고, 단지 얇은 막으로 가려졌을 뿐이었다.

하나의 중요한 사건이 트로츠키가 유형지 망명자들을 결집시킬 수 있도록 도왔다. 7월에 열린 중앙위원회에서 부하린파가 스탈린파를 누른 듯했다. 핵심 쟁점은 전과 마찬가지로 식량위기와 러시아 도시 지역에 드리워진 기근의 위협이었다. 그해에 들어 취해진 긴급조치들은 그러한 위협을 피하게 해주지 못했고, 우크라이나와 북부 카프카스의 겨울철 수확이 부분적으로 실패함에 따라 상황이 더 나빠졌다. 농민들이 소요를 일으켰다. 농민들은 혁명 이전에 판매하던 양의 절반에 해당하는 곡물만을 내다 팔았다. 곡물 수출도 전면 중단돼야 했다.[30] 곡물 수집에 동원된 완력은 농민들의 분노를 불러일으키기에는 충분했지만 그들에게 겁을 주기에는 부족했다. 여기저기서 횡포한 행정조치에 항의하는 농민들의 시위가 이어졌다. 이를 계기로 농민들 사이의 불만을 인식한 중앙위원회는 그러한 행정조치가 "자본주의적 요소들이 농민들의 불만을 이용하는 것을 돕고,

그 불만이 소련 정부로 향하도록 하고 (…) 향후 네프의 폐지에 관한 소문을 불러일으켰다"고 발표했다.[31]

　중앙위원회에서 미코얀의 보고가 있은 뒤에 부하린주의 분파가 왼쪽 경로 정책의 종식을 촉구했다. 리코프는 반쿨라크 정책을 취소하라고 요구했고, 재무 인민위원인 프룸킨은 한걸음 더 나아가 15차 당대회(이 대회에서 스탈린은 트로츠키주의자들과 지노비예프주의자들을 혼동시키기 위해 그들의 생각 중 일부를 받아들였다)에서 발표된 농민정책을 전면 수정하고 그 이전의 당대회에서 발표된, 거의 부하린주의적인 정책으로 복귀할 것을 요구했다. 중앙위원회는 15차 당대회의 결정들을 지지한다고 선언했지만, 중앙위원회가 자체적으로 채택한 반쿨라크 긴급조치는 취소했다. 아울러 중앙위원회는 앞으로는 '법의 지배'가 관철돼야 한다고 선포했고, 곳간이나 농장을 수색하거나 급습하는 것을 금지했으며, 곡물 징발과 곡물대부 강요를 금지시켰다. 마지막으로, 그러나 결코 덜 중요하지 않은 조치로 중앙위원회는 3개월 전에는 단호하게 금지했던 빵 가격의 20퍼센트 인상을 승인했다.[32] 돌이켜보면 이런 결정은 농민들을 달래보기 위한 중앙위원회의 마지막 시도, 즉 사적 농업을 억압하는 길로 나아가기 전에 해본 마지막 시도였다. 그러나 그 당시에는 마치 쿨라크가 한 차례의 승리를 거둔 것처럼, 스탈린이 왼쪽 경로 정책을 포기한 것처럼, 그리고 부하린과 리코프가 새로운 정책을 지시한 것처럼 여겨졌다.

　유형지의 트로츠키주의자들이 이런 중앙위원회의 결정을 어떻게 받아들였는지는 충분히 상상이 된다. 그들은 익숙한 경기장으로 돌아간 셈이었다. 그 안에서 생각을 하고 주장을 하는 상황구조가 다시 수립된 것으로 보였다. 그들은 '쿨라크의 옹호자들'이 다시 나서는 모습을 보았다. 그들은 스탈린의 '흔들리는 중앙'이 계속 밀리는 것을 보았다. 중앙위원회는 빵 가격 인상을 승인함으로써 공업노동자들에게 타격을 가하고 부농들의 이해관계에 부합하는 행동을 했다. 분명 이것이 끝인 것도 아니었다. 싸움은 계속되고 있었다. 우익이 공세를 재개하고 스탈린주의자들은 퇴각을 계속할 것이다. 테르미도르반동의 위험은 그 어느 때보다 가까이 다가와 있었고, 테르미도르반동 세력이 움직이고 있었다. 트로츠키도 이와 비슷하게 생각했다. 그는 이렇게 선언했다. "리코프의 연설을 통해 (⋯) 우익은 10월혁명에 도전장을 던졌다. (⋯) 그 도전에 응해야 한다." 빵 가격 인상은 새로운 신경제정책의 시작에 불과하다. 쿨라크를 달래기 위해 우익은 대외무역의 국가독점을 허물어뜨리기 위한 결연한 시도를 곧 하게 될 것이다. 트로츠키는 "예전에 스탈린이 지노비예프를 박해한 것처럼 이제는 승자가 된 리코프와 부하린이 곧 스탈린을 트로츠키주의자로 몰아댈 것"이라고 지적했다. 중앙위원회에서 리코프는 "트로츠키주의자들은 우익의 승리를 막는 것을 주된 과제로 삼고 있다"고 말했다. 트로츠키는 그것이 바로 반대파의 주된 과제인 것이 맞다고 화답했다.[33]

트로츠키주의자들 사이에서는 일단 타협파가 완전히 고립됐다. 유형수들은 "스탈린의 왼쪽 경로는 어디에 있느냐?"면서 라데크와 프레오브라젠스키를 다그쳤다. "그것은 일시적인 것에 그쳤다. 그런데 당신들은 그것을, 오래되고 충분히 검증된 우리의 사상과 견해를 내던져버리고 스탈린주의자들에게 항복하라고 우리를 채근하는 근거로 사용했다!" 또다시 그들은 스탈린의 득세는 그들 자신과 부하린주의자들 사이의 근본적인 투쟁 속에서 일어난 하나의 작은 사건이었다고 생각하게 됐다. 혁명에 대한 신념을 지켜낸 볼셰비키들은 모두가 곧 현안 문제들을 바로 이런 관점에서, 즉 본질적으로 좌익과 우익 간 갈등의 관점에서 바라보고 좌익의 길을 선택할 것이라고 이전보다 더욱 강렬하게 믿었다. 스탈린이 당황한 것처럼 보인 것이 그들의 기대감을 드높였다. 소스노프스키와 같은 탁월한 트로츠키주의자는 이때 이렇게 썼다. "트로츠키의 복귀를 요구하는 목소리가 전 세계에 울려 퍼질 날이 머지않았다."[34)]

이런 정치적 흥분의 와중에 트로츠키의 가족에게 비극이 찾아왔다. 트로츠키의 두 딸 지나와 니나는 이미 폐결핵을 앓고 있었다. 둘 중 동생으로 이때 스물여섯 살이 된 니나가 남편인 네벨손의 투옥과 추방을 겪은 뒤에 건강을 잃었다. 트로츠키는 봄에 고기잡이 여행을 하던 중에 니나가 병에 걸렸다는 소식을 전해 들었다. 그는 니나의 병이 얼마나 심각한 상태인지를 아직 정확히 몰랐다. 그는 불안한 마음으로 걱정하면서 그 뒤 몇 주일을 보냈다. 그는 두 딸과 그 아이들이 극도의 빈곤 속에서 살고 있고 친구들의 도움에 기댈 처지도 아니며, 지나는 자기도 폐결핵으로 인한 열병에 시달리고 있으면서도 앓아누운 니나의 침대 곁에서 매일 밤낮을 지낸다는 것을 알고 있었다. 트로츠키는 이런 전보를 보냈다. "내가 니누시카(니나-옮긴이)를 곁에서 돌볼 수 없다는 것이 몹시 슬프구나. 그 아이의 상태를 나한테 전해다오. 너희 둘 모두에게 키스를 보낸다. 아빠가." 계속해서 소식을 알려달라는 편지를 보냈으나 아무런 답장도 받지 못하자 그는 라코프스키에게 편지를 보내 모스크바에서 좀 알아봐달라고 간청하기도 했다. 마침내 그는 니나가 6월 9일에 죽었음을 알게 됐다. 훨씬 뒤에야 니나가 마지막으로 부친 편지가 그에게 전해졌다. 이 편지는 10주간이나 검열관의 손에 붙들려 있었다. 니나가 임종 직전까지 헛되이 자기의 답장을 기다렸을 거라고 생각하니 트로츠키는 고통스러웠다. 그는 자기의 딸이면서 동시에 열렬한 혁명가이자 반대파의 일원이었던 니나의 죽음을 애도했다. 그리고 니나가 죽어간 시점에 쓰고 있었던 《코민테른의 강령에 대한 비판》을 그녀에게 헌정했다.

많은 유형수들이 보낸 위로의 메시지가 아직 알마아타에 도착하고 있을 때 또 하나의 타격이 트로츠키에게 더 큰 슬픔과 고통을 안겨주었다. 니나가 죽은 뒤 지나가 알마아타로 오려고 했다. 지나의 남편도 유형수였고, 그녀는 동생을 간병하느라 과로해 건강을 잃은 상태였다. 알마아타로 오는 지나의 여행이 한주 두주 늦춰지더니 그녀가 병이 깊어져 여행을 할 수 없는 상태라는 소식이 알마아타에 도착했다. 오랫동안 계속된 심각한 신경증이 지나의 병을 악화시켰던 것이다. 결국 그녀는 트로츠키가 러시아 밖으로 추방되기 전에는 그와 같이 살 수 없게 된다.

세르게이가 알마아타에서 휴가를 보내기 위해 왔을 때 알마아타 시 외곽의 시골집에서 어쨌든 가족의 재회가 이루어졌다. 불안하고 슬픔에 젖은 재회였다. 그는 료바의 아내와 아이를 데리고 왔다. 이들은 단지 몇주만 이곳에 머물렀다.

정부 정책의 방향이 오른쪽으로 전환한 뒤에는 거의 모든 반대파의 중심지들에서 극단적이거나 비타협적인 트로츠키주의자들의 목소리가 커졌다. 대다수의 유형수들이 자신과 스탈린주의자들 사이의 간극을 좁혀보려는 시도에는 귀조차 기울이지 않으려 했다. 그러나 극단적인 비타협파는 프레오브라젠스키나 라데크와 같은 권위와 능력을 가진 대변자를 갖고 있지 못했다. 소스노프스키, 딩겔슈테트, 엘친, 그리고 분명한 정치사상보다는 단지 분위기만을 표현할 줄 아는 소수의 사람들이 그들의 견해를 정식화했다.

이 그룹에서는 소스노프스키가 가장 재능있고 논리적이었다. "트로츠키의 복귀를 요구하는 목소리가 전 세계에 울려 퍼질 날이 머지않았다"는 그의 자신감 있는 주장은 대다수 동지들이 지닌 열렬한 희망을 대표한 표현이었다. 그는 트로츠키가 신뢰하는 친구이자 가장 유능한 볼셰비키 언론인들 가운데 하나였고, 반대파 안팎의 사람들 사이에서 인기가 높았다. 그러나 그는 정치적 지도자 또는 이론가는 아니었다. 그는 볼셰비키 러시아의 역사 기록자이자 사회관습에 대한 예리한 비평자로서 탁월했다. 반역자의 기질을 타고났으며, 불평등과 불의에 대한 강렬한 증오심으로 불타는 그는 노동자들의 국가 안에서 특권적인 관료집단이 부상하는 것을 분노의 눈으로 관찰하고 있었다. 그는 그 관료집단의 탐욕과 부패, 속물근성, 그리고 옛 관료나 귀족들과 같아지려고 하면서 결혼을 통해 그들과 인척관계를 형성하려고 하는 신분상승욕을 예리하게 폭로했다. 지배집단과 조금이라도 타협하려는 사람들에게 그는 오직 혐오감만을 느꼈다. 이런 측면에서 그는 라데크와 정반대였다. 라데크가 쓴, 레닌의 당에 남은 것이 단지 한줌의 고결한 반대파 사람들뿐이라는 것이 믿기지 않는다는 내용의 편지는 바로 소스노프스키에게 보낸 것이었다. 소스노프스키가 보기에는 반대파야말로 10월혁명이 남긴 유산의 유일한 수호자였다. 그가 자기의 오랜 동지이자 사파로프와 함께 반대파를 버리고 투항한 인물인 바르딘에게 써 보낸 편지만큼 그의 성격을 분명하게 보여주는 것은 없다. 이 편지에서 소스노프스키는 무자비한 경멸조로, 죽은 사람의 시체가 묘소로 옮겨지면 그 사람의 예배당 친구들로 하여금 시체의 귀에 대고 "아무개야, 아무개의 아들아, 너는 죽었다는 것을 알라!"라고 외치도록 하는 옛 유대교 장례관습을 상기시켰다. 이제 소스노프스키는 그 말을 옛 동지의 귀에 대고 외쳤다. 그리고 그는 그 말을 스탈린에게 투항한 모든 사람들의 귀에 대고 외칠 참이었다. 그는 그 말을 라데크의 귀에 대고도 외쳐야 하는지 궁금해 하면서 라데크의 변화를 관찰하고 있

었다.[35]

반대파 중 이들과 같은 부류의 또 다른 대변자로 좀 더 위상이 낮고 나이도 적은 이들이 있었다. 딩겔슈테트는 유망한 사회학자인 동시에 경제학자였고, 1910년 이래 볼세비키였다. 그는 1917년에 발틱함대에서 탁월한 선동가로 활동했으며, 아직 삼십대 초반의 나이였다. 엘친은 트로츠키의 유능한 비서들 가운데 하나였다. 이 두 사람은 트로츠키가 동요의 조짐을 보이지 않는다고 확신할 수 없었다. 그래서 딩겔슈테트는 트로츠키에게 보낸 편지에서 '스탈린의 왼쪽 경로 정책은 의심할 바 없는 우리 쪽 방향의 조치이므로 반대파는 그것을 무조건 지지해야 한다'는 그의 견해로 인해 "일부 동지들이 크게 혼란스러워하고 있다"고 지적했다.[36] 이들은 또한 트로츠키가 라데크와 프레오브라젠스키를 '관용'으로 대하고 있는 것을 문제 삼았다. 이들은 당내에서 개혁이 일어나고 그 속에서 프롤레타리아 민주주의가 부활할 것이라는 트로츠키의 희망도 공유할 수 없었다.

이처럼 반대파의 한쪽 극단에는 박해자들과 화해를 이루기를 점점 더 강하게 바라는 사람들이 존재하게 됐고, 다른 쪽 극단은 V. 스미르노프와 사프로노프의 지지자들, 민주집중파, 그리고 아직 남아있는 노동자 반대파 사람들과 거의 구분되지 않게 됐다. 이들 극좌 그룹은 1926년에 통합반대파에 가담했지만 그 뒤에 자발적으로 통합반대파를 떠나거나 축출됐다. 유형지들에서 이들의 지지자들은 트로츠키주의자들과 뒤섞여 지내며 그들과 끊임없이 논쟁을 벌였다. 이들은 트로츠키주의자들의 사상을 극단적인 결론으로 이끌어갔다. 이렇게 해서 도출된 결론은 때로는 논리적이었지만 때로는 터무니없었다. 트로츠키의 추론 중 많은 것들을 이해하지 못했으면서도 이들은 과장된 태도로 트로츠키의 마음속에 일어난 정서까지 표현했다. 그러다 보니 이들은 트로츠키가 처음에는 분개하며 반박했다가 나중에 다시 끄집어내어 말한 것들에 대해 자주 언급했다. 이들은 트로츠키의 우유부단함을 비판했고, 당내의 민주적 개혁에 기대는 것은 가망 없는 일이라고 지적했다. 트로츠키가 이와 똑같은 결론에 도달하는 데는 5~6년이 더 걸리게 된다. V. 스미르노프는 1928년에 스탈린이 지도하는 당은 "악취 나는 송장"이라고 썼다. 그와 그의 지지자들은 스탈린이 최대한 거슬러 올라가면 1923년에 이미 일어난 러시아 테르미도르반동의 개선장군이자 쿨라크와 자산계급 전체의 틀림없는 지도자라고 주장했다. 이들은 스탈린 정권을 가리켜 '부르주아 민주주의' 또는 '농민 민주주의' 정권이라고 비난하면서 새로운 프롤레타리아 혁명만이 그것을 전복시킬 수 있다고 말했다. 스미르노프는 이렇게 썼다. "1923년에 당내 민주주의와 프롤레타리아 민주주의 전체가 붕괴한 것은 농민-쿨라크 민주주의의 발달을 예고하는 전주곡임이 입증됐다."[37] 사프로노프는 "이 나라에서 이미 부르주아 정당들이 합법적으로 결성되고 있다"고 생각했는데, 이때는 1928년이었다![38] 이처럼 이들은 러시아에서 으뜸가는 잠재적 자본주의 사육장인 사적 농업을 스탈린이 막 파괴하려고 할 때에 그가 자본주의를 복구하려고 한다고 비난했고, 스탈린이 일당체제를 극단적인 형태로 밀고나가면서 스스로 유일한 지도자가 되려고 할 때에 부르주아적 다당제를 선호하는 태도를 보였다. 이들의 이런 태도는 실로 돈키호테적인 것이었다. 이런 태도의 한 요소를 트로츠키에게서도 찾아볼 수 있지만, 그의 현실주의와 자기규율이 그러한 요소를 억제하고 있었다. V. 스미르노프, 사프로노프, 그리고 두 사람의 지지자들은 그러한 억제가 이루어지지 않았기에 스탈린의 '쿨라크 민주주의'라는 풍차를 향해 돌진했다. 트로츠키의 지지자들 가운데 젊고 이해력이 부족한 일부 사람들도 이들에게 유인돼 그 행동에 동참했다. 특히 7월에 '왼쪽 경로 정책의 해체'가 일어난 뒤에는 이들의 표적이 된 풍차가 일시적으로 마치 실제로 움직이는 적처럼 보이기도 했다.[39]

이 모든 역류 속에서 트로츠키는 반대파가 산산조각 나는 것을 막기 위해 할 수 있는 일을 다 했다. 그는 반대파의 불화가 반대파 내 두 세대 간의 갈등이 표출된 것이라고 보았다. 그것은 아버지 세대와 아들 세대 사이의 충돌과 같은데, 아버지 세대는 지식과 경험을 갖고 있으나 늙고 지친 반면 아들 세대는 순진한 열정과 대담성을 갖고 있다는 것이었다. 트로츠키는 양쪽 모두의 의견을 공감하고 이해하고 염려했다. 그는 라데크와 프레오브라젠스키에 대해 불길한 예감이 들었다. 두 사람이 풍기는 분위기와 그들이 전개하는 논리에서 그는 그들을 투항으로 이끌고 말 충동을 간파했다. 그러나 그는 그들을 소외시키지 않으려고 조심했고, 그들에게서 발견되는 미심쩍은 점들을 선의로 해석했으며, 지나치게 열성적인 트로츠키주의자들의 비방으로부터 그들을 보호해주려 했다. 그는 인내심 있게, 그러나 단호한 태도로 두 사람과 토론을 벌였고, 왼쪽 경로 정책과 변화하는 나라의 미래 전망에 관해 그들이 한 말에 진실이 담겨 있다고 인정하기도 했다. 그러나 그는 그들에게 성급하게 결론을 내리지 말고 스탈린주의와 진정한 화해를 이룰 가능성을 과장하지 말라고 간곡하게 호소했다. 이와 동시에 그는 다른 편의 극단론자들을 향해 반대파의 전망에 대한 지나친 자신감은 자칫 환멸을 자초할 수 있다고 말하면서 그들을 제어하려고 했다. 쿨라크들을 달래기 위한 최근의 시도가 '스탈린이 마지막으로 휘두른 검'이며 그 결과는 스탈린 정권의 '불가피한 붕괴'일 뿐이라고 상상해서는 안 된다는 것이었다. 그가 보기에 반대파의 전망은 훨씬 더 복잡했고, 그 전망의 단지에서 '무엇'이 튀어나올지를 정확히 단

정하는 것은 불가능했다. 어쨌든 그는 비록 "당이 앞으로도 우리를 필요로 할 것"이라고 말하긴 했으나 "트로츠키의 복귀를 요구하는 목소리가 곧 전 세계에 울려 퍼질 것"이라는 데 대해서는 소스노프스키보다 자신감을 덜 갖고 있었다.[40]

그는 '당내 개혁을 위한 지속적이고 비타협적인 투쟁'을 토대로 반대파의 단합을 유지하려고 애를 썼다. 스탈린주의와의 화해에 관한 환상을 단호히 거부하는 그의 태도는 비타협파 젊은이들이 마음을 끌었고, 당내 개혁을 강조하는 그의 태도는 그와 타협파 사이의 연결고리가 됐다. 그는 당에 대한 민주집중파의 완전히 부정적이고 무익한 태도를 반박하면서 향수와 같은 당에 대한 갈망, 슬그머니 확산되는 고립감, 나이든 반대파 사람들이 빠져들기 쉬운 '나는 쓸모가 없다'는 자기비하를 막아보려고 했다. 그는 그들의 사명감, 즉 그들은 유형지에서도 여전히 말없는 노동계급을 대변하고, 그들이 말은 여전히 중요하며 조만간에 노동계급과 당에 가 닿을 것이라는 신념을 다시 불러일으키려고 노력했다. 물론 이런 신념이 반대파에 독선이나 오만을 가져오게 해서는 안 된다고 그는 덧붙였다. 반대파만이 마르크스와 레닌주의 전통을 일관되게 지킬 수 있긴 하지만 그렇다고 해서 모든 적들을 다 무가치한 자들로 치부해서는 안 되고, 레닌의 당에서 남겨진 것이 몇천 명의 반대파 사람들뿐이라고 생각해서도 안 된다는 것이었다. 반대파가 당의 '관료적 타락'을 폭로한 것은 옳았지만 이 문제에 대해서도 균형감각을 유지해야 할 필요가 있으며, 그렇게 해야 하는 이유는 타락의 정도가 다양할 뿐 아니라 부패하지 않고 건전한 요소들이 당에 아직 많이 남아있기 때문이라는 것이었다. "스탈린이 지금의 지위를 차지한 것은 당 조직에 의해 실행된 공포정치 덕분만이 아니라 볼셰비키 노동자들 가운데 일부의 신뢰 또는 부분적 신뢰 덕분이기도 하다"고 그는 지적했다. 반대파는 바로 그러한 노동자들과의 관계도 잃지 말아야 하며, 그들에게도 호소할 것은 호소해야 한다는 것이었다.[41]

트로츠키가 정교하게 균형을 잡아 시도한 중재가 항상 잘 받아들여진 것은 아니었다. 극단적인 과격파는 타협파에 대한 그의 관대한 태도를 트집 잡았고, 프레오브라젠스키와 라데크는 반대파가 기존 당의 한 분파가 아닌 새로운 당인 것처럼 행동하는 트로츠키주의자들의 '민주집중파적 태도'를 관용하는 그를 책망했다. 각 그룹이 서로 이반하는 현상이 점점 확대됐다. 그러나 트로츠키가 알마아타에 머물면서 거기에서 영향력을 발휘하고 있는 동안에는, 그리고 스탈린의 정책이 불안정한 상태이기는 하더라도 반대파의 딜레마를 더 첨예하게 만들지 않는 동안에는, 트로츠키가 여러 지지자 그룹들이 서로 너무 멀리 떨어져 결국 반대파가 침몰하는 사태를 막을 수 있었다.

이런 힘겨운 상황에서 트로츠키는 라코프스키에게서 강력한 정신적 원군을 찾았다. 두 사람 사이의 오랜 친구관계는 이때 우정, 친밀함, 지적 조화의 측면에서 새로운 깊이를 갖게 됐다. 라코프스키는 우크라이나에서 볼셰비키 정부의 수반과 외교관의 직책을 훌륭하게 수행한 뒤 유형지인 아스트라한에서 그 지역 고스플란의 하급 관리로 일하고 있었다. 그가 트로츠키와 주고받은 편지와 그에 대한 목격담은 그가 얼마만큼 절제의 침묵 속에서 자기의 운명을 감내했는가와 유형 중에 그의 지적 작업이 얼마나 강도 높고 폭넓게 이루어졌는지에 대한 인상적인 증거가 되고 있다.[42] 방랑자인 그의 가방 속에는 아스트라한으로 갈 때 가지고 간 생시몽과 앙팡탱(1796~1864, 프랑스의 사회이론가-옮긴이), 다수의 프랑스 역사가들, 마르크스와 엥겔스의 저작들과 디킨스의 소설 및 러시아 문학의 고전들이 들어있었다. 그는 유형지 생활을 시작한 뒤 처음 몇 주일 동안은 세르반테스의 작품들을 주로 읽었다. 그는 트로츠키에게 보낸 편지에 "이런 상황 속에서 돈키호테를 다시 읽고 있는데 매우 만족스럽다"고 썼다. 그는 자기의 고향인 도브루자를 그리워하며 오비디우스(고대 로마의 시인—옮긴이)의 시를 다시 읽었다. 그는 아스트라한 지역의 경제계획과 관련해 카스피 연안 초원지대의 지질학적 자료들을 열심히 공부했다. 그는 자기가 공부하는 것에 대해 트로츠키에게 설명하는 글의 중간중간에서 단테와 아리스토텔레스를 언급했다. 그는 무엇보다도 프랑스혁명을 다시 열심히 연구했고,[43] 생시몽의 일생에 관한 글을 쓰기도 했다. 그는 트로츠키에게 자기의 작업이 얼마나 진전되고 있는지를 알렸고, 서로 적대적인 두 대국으로 러시아와 미국의 미래를 전망한 생시몽의 예측(이 예측은 상대적으로 덜 알려져 있긴 하지만 훗날 토크빌이 내놓은 예측보다 더 독창적인 것이었다)을 발췌해 그에게 보냈다. 유형 갈 때 쉰다섯이었던 그는 나이가 들어 기억력과 상상력이 약해졌다고 투덜대면서도 '엄청난 열정으로 열심히!' 연구를 했다. 그는 아버지 같은 다정한 태도를 내비치며 트로츠키에게 당장의 현안에만 정력과 재능을 쏟아 붓고 쓸데없는 낭비는 피하라면서 이렇게 충고했다. "내가 읽는 생시몽과 같은 것, 즉 커다란 주제에도 관심을 갖는 것이 대단히 중요하네. 그러한 주제는 자네로 하여금 많은 쟁점들을 새로운 각도에서 바라보고 많은 것들을 명확한 시각에서 다시 읽어보도록 할 걸세."[44] 그는 알마아타에서 구할 수 없는 책과 정기간행물들을 구해 트로츠키에게 보내주었다. 그는 모스크바에 있는 트로츠키의 자식들과 연락하며 지냈고, 트로츠키 가족이 겪은 불행을 함께 슬퍼했다. 정치적으로 그는 타협파와 극단적 과격파 모두에 대항해 트로츠키를 지지했고, 트로츠키는 반대파 지도자들 가운데 그 누구보

다도 크리스티안 게오르게비치(라코프스키의 이름-옮긴이)에게 애정을 가졌다.[45]

라코프스키의 정치적 기질은 많은 측면에서 트로츠키의 정치적 기질과 달랐다. 그는 트로츠키와 같은 사고, 열정, 표현의 힘과 퍼붓는 듯한 에너지를 갖고 있지 않았다. 그러나 대단히 명석하고 통찰력 있는 정신을 갖고 있었고, 철학적으로 초연한 태도를 유지하는 능력에서도 뛰어났다. 반대파에 대한 그의 모든 헌신에도 불구하고 적어도 그의 견해가 대체로 반대파의 당면 목표와 전술을 넘어섰다는 의미에서 그는 열성적인 반대파는 아니었다. 그는 반대파의 견해가 옳으며 그 옳음이 궁극적으로 입증될 것이라고 믿었지만 반대파가 정치적으로 성공할 가능성에 대해서는 크게 믿지 않았다. 그는 한 걸음 물러서서 혁명의 광대한 그림을 바라보았고, 그 그림 전체를 관철하면서 상쟁하는 모든 분파들에 영향을 끼치는 비극의 기조를 파악했다. 그 기조는 '혁명의 당은 승리한 뒤에 불가피하게 해체된다'는 것이었다.

그는 〈발렌티노프에게 보내는 편지〉에서 이런 자기의 생각을 개진했다. 이 편지는 1928년 여름에 트로츠키주의자들이 거주하는 유형지들을 동요시켰다.[46] 끝없는 사악함과 도덕적 타락이 볼셰비키 당에서, 다시 말해 정직하고 헌신적이며 용감한 혁명가들로 구성된 당에서 모습을 드러낸 것을 과연 어떻게 설명할 수 있겠느냐고 라코프스키는 물었다. 지배 집단이나 관료들을 탓하는 것으로는 충분한 답변이 될 수 없었다. 더 깊은 원인은 '혁명 이후에 대중이 정치적으로 냉담해지고 승리한 노동계급이 무관심해졌다'는 데 있었다. 트로츠키는 러시아의 후진성, 노동계급의 수적 약세, 고립, 그리고 자본주의에 의해 포위된 상황이 국가와 당의 '관료적 타락'을 초래한 요인이라고 지적한 바 있었다. 라코프스키에게는 이런 설명이 타당하기는 해도 충분하지는 않았다. 그는 많이 발전하고 완전하게 공업화된 나라에서도, 거의 전적으로 노동자들로만 구성되고 사회주의 국가들로 둘러싸인 나라에서도 혁명 이후에는 대중이 정치적으로 냉담해지고, 자기의 삶을 스스로 형성해나갈 권리를 포기하고, 전횡적인 관료집단으로 하여금 권력을 찬탈하게 할 수 있다고 주장했다. 그는 바로 이것이 그 어떤 승리한 혁명에도 내재하는 위험이며, 정부의 행정과 관련된 '전문성의 위험'이라고 말했다.

혁명과 내전이 일어난 뒤에는 일반적으로 혁명을 이룬 계급의 사회적 해체가 따른다. 프랑스의 제3계급도 구체제에 대항해 승리를 거둔 뒤에 해체됐다. 계급적 적대, 즉 부르주아와 평민들 사이의 갈등이 제3계급의 단합을 파괴했다. 그러나 사회적으로 동질적인 집단들도 그 구성원들의 '기능적 전문화' 탓에 분열되어 그 가운데 일부는 새로운 지배자가 됐지만 다른 일부는 여전히 피지배자로 남았다. "기능이 기관을 자기에게 적응시켜 그 기관을 변화시켰다"는 것이다. 이와 같은 제3계급의 해체로 인해 혁명의 사회적 기반이 협소해졌고, 권력이 점점 더 소수의 사람들에 의해 행사됐다. 선거제는 임명제로 대체됐다. 이런 과정은 테르미도르반동 세력의 쿠데타가 일어나기 전에 이미 상당히 진척됐다. 이런 과정을 촉진시킨 이가 로베스피에르였지만, 그런 뒤에 그도 그 과정의 희생자가 된다. 처음에는 굶주림과 빈곤에 지치고 분노한 인민들이, 자코뱅 당이 혁명의 운명을 일반선거에 맡기는 것을 허용하지 않았다. 하지만 그 다음에는 자코뱅 당의 전횡적인 공포정치가 인민들을 정치적으로 무관심하게 만들었고, 이로 인해 테르미도르반동 세력이 로베스피에르와 자코뱅 당을 파멸시킬 수 있었다. 러시아에서도 노동계급의 '해부학적, 생리학적' 수준에서 이와 비슷한 변화가 일어나 역시 비슷한 결과를 낳았다. 그 결과는 선거제가 폐지되고, 극소수의 수중으로 권력이 집중되고, 임명된 자들의 위계질서가 대의조직을 대체하는 것으로 나타났다. 볼셰비키 당은 지배자들과 피지배자들로 분열됐고, 그 성격이 매우 크게 바뀌어 "1917년의 볼셰비키는 1928년의 볼셰비키 속에 있는 자신을 거의 알아차릴 수 없게" 됐다는 게 라코프스키의 생각이었다.

깊고 충격적인 정치적 냉담의 태도가 노동계급을 마비시킨 상태가 계속됐다. 트로츠키와 달리 라코프스키는 스탈린으로 하여금 왼쪽 경로로 가도록 강요한 것이 노동자들의 압력이었다고 생각하지 않았다. 스탈린의 왼쪽 경로 정책은 전적으로 위로부터 이행된 관료적 작동이라는 것이었다. 일반 당원들은 주도력을 전혀 발휘하지 못했고, 자기들의 자유를 지키겠다는 열망을 별로 갖고 있지 않았다. 라코프스키는 1794년에 바뵈프가 한 말 하나를 회상했다. "자유를 사랑하는 인민들을 재교육하는 것은 자유를 쟁취하는 것보다 더 어렵다." 바뵈프는 "자유와 선출된 코뮌을 달라!"라는 슬로건을 내걸었지만, 그의 외침은 묵살됐다. 프랑스인들은 자유를 "배웠다가 잊어버렸다." 그들이 자유를 다시 배우고 정치적 냉담 상태에서 깨어나 또 다른 혁명 속에서 봉기하는 데는 1793년부터 1830년까지 37년이나 걸렸다. 라코프스키는 이 대목에서 저절로 제기되는 질문, 즉 러시아의 대중이 정치적 활력을 되찾는 데는 얼마나 걸리느냐라는 질문을 명시적으로 던지지 않았다. 그러나 그의 주장은 러시아에서는 비교적 먼 미래에나 대중의 정치적 부활이 이루어질 수 있을 것이라는 예측을 내포하고 있었다. 다시 말해 사회에 커다란 변화가 일어난 뒤에나, 노동계급이 성장해 발전하고 다시 단합하게 되어 그동안 수없이 겪은 충격과 환멸로부터 회복된 뒤에나 그것이 가능할 것이라는 예측이 그의 말 속에 들어 있었다. 그는 반대파가 조기에 정치적 승리를 거둘 것이라고는 결코 예상해본 적이 없다고 '고백'했다. 그는 반대파는 주로 장기적으로 노동 계급에 대한 정치적 교육을 수행하는 데 노력을 집중시켜야 한다는 결론을 내렸다. 이런 측면에서 반대파는 지배집단보다는 더 많은 일을 했지만, 실제로 해야 할 많은 일을 했거나 하려고 시도하지는 않았다고 그는 말했다. '정치적 교육은 매우 느리게만 열매를 맺는다'는 것을 반대파는 염두에 둬야 한다고도 했다.

반대파는 궁극적으로는, 즉 아마도 죽은 뒤에는 자기들이 옳았음이 입증될 것이라고 자신 있게 내다볼 수 있을지는 몰라도 현재의 상황변화에는 무시할 수 있을 정도의 미미한 영향만을 줄 수 있을 뿐이라는 게 라코프스키의 주장에 내포된 무언의 결론이었다. 그는 반대파가 처한 기본적 곤경을 부각시켰다. 한편에는 타락하고 반역적이며 전제적인 관료집단이 있고, 다른 한편에는 희망을 잃고 정치적으로 냉담하며 수동적인 노동계급이 있는데, 그 사이에 반대파가 위치해 있다는 것이었다. "관료집단에 기반을 둔 채로 당내 개혁을 기대하는 것은 완전히 비현실적이라고 생각한다"고 그는 강조했다. 또한 그는 앞으로 긴 세월 동안 대중의 혁신운동도 일어나지 못할 것이라고 내다봤다. 명시적으로 말하지는 않았지만, 이런 그의 주장으로부터 도출되는 것은 관료집단이 있는 그대로의 모습으로 아마도 수십 년간 유지되면서 소련 사회를 재구성하는 데 주도력을 발휘하고 조치를 취할 수 있는 유일한 세력으로 작용할 것이라는 결론이었다. 반대파는 원칙상 관료집단에 대해 돌이킬 수 없는 적대를 계속해야 하지만, 인민들에게 관료집단에 대항하도록 효과적으로 호소할 수는 없을 터였다. 그렇다면 반대파는 당과 국가가 진화하는 과정에서 그 어떤 실제적인 역할도 할 수 없을 것이며, 소련 사회를 머지않아 변모시킬 거대한 역사적 과정으로부터 사전에 이미 차단된 상태다. 따라서 반대파는 주로 사상의 영역에서만 미래에 대비하는 일을 하기를 기대할 수 있을 뿐이다.

라코프스키의 〈발렌티노프에게 보내는 편지〉에 함축돼 있는 이런 종류의 결론은 어떤 특정한 상황에서는 이론가들과 이데올로그들의 소규모 서클을 만족시킬 수 있다. 하지만 그것은 결과적으로 그 어떤 정치적 운동에 사망선고를 내리는 것이나 마찬가지일 터였다. 라코프스키는 혁명의 경로와 반대파의 전망을 냉정하고 깊은 통찰력과 자기절제의 평정심을 갖고 바라보았다. 그러나 〈발렌티노프에게 보내는 편지〉를 읽은 수천 명의 반대파 사람들에게도 리코프스키와 같은 초연한 태도 혹은 평정심을 요구할 수는 없었다. 노동자이든 지식인이든 그들은 실천적인 혁명가이자 투사였고, 그들 자신의 투쟁이 가져올 즉각적인 결과와 그들의 나라를 뒤흔들고 재구성하고 있는 격변에 대해 열정적인 관심을 갖고 있었다. 그들은 정치적 운동을 하는 반대파에 가담한 것이지, 철학자와 이데올로그들의 소집단인 반대파에 가담한 것이 아니었다. 그리고 그들은 반대파가 하나의 정치적 운동으로서 승리하기를 바랐다. 가장 영웅적이고 사심 없는 반역자나 혁명가라 하더라도 일반적으로 어느 정도는 자기들의 세대에서 도달할 수 있는 범위 안에 있다고 믿는 목표를 위해 싸운다. 단지 극소수의 예외적인 사람이나 사상가만이 자기가 죽은 뒤에나 역사가 베풀어줄 보상을 위해 싸울 수 있을 것이다.

반대파의 대다수는 소련 경제의 사회주의적 부문을 강화하고, 공업화를 촉진하고, 국제주의 정신을 부활시키고, 당내에 어느 정도의 자유를 복원시키기 위해 분투해 왔다. 그들은 이런 목표들을 달성할 수 없다는 것을 도저히 믿을 수가 없었다. 그들은 자기들끼리만 독자적으로는 그것들을 달성할 수 없으며, 대중 또는 관료집단의 도움을 받아야 한다는 사실을 이미 알고 있었다. 그들은 둘 중 어느 쪽의 도움도 받게 될 가망이 없다는 견해를 받아들일 수 없었다. 정치적으로 생존하기 위해서는 대중이 조만간 관료집단에 대항해 봉기할 것이라고 믿거나, 관료집단이 나름의 이유로 반대파가 주장해온 개혁조치들을 실행할 것이라고 믿어야 했다. 급진적인 트로츠키주의자들은 대중을 바라보았고, 타협파는 지배집단 전체 또는 그중 일부를 바라보았다. 양쪽의 기대는 모두 환상이었으나, 그 정도가 똑같지는 않았다. 나라 안에서 반대파의 목표를 지지하는 자발적인 대중운동이 일어날 조짐은 전혀 보이지 않았다. 그러나 관료집단은 분명 동요하고 있었다. 관료집단은 공업화와 농민정책과 같은 쟁점을 놓고 분열돼 있었다. 타협파는 이런 쟁점들에 대해서는 스탈린주의 분파가 결국 반대파 쪽으로 더 가깝게 이동했다고 보았고, 이런 생각은 그들로 하여금 스탈린주의 분파가 다른 측면에서도 반대파 쪽으로 더 가깝게 이동할 것이라는 기대를 품게 했다. 관료집단이 유효한 사회적 주도력을 발휘하는 유일한 세력이라는 사실도 그 관료집단이 당에 자유를 복원시킬 수도 있다는 기대를 유발했다. 그렇지 않은 다른 상황은 너무 음울한 것이어서 상상하기도 어려웠다. 그러나 실제로 당내 자유와 프롤레타리아 민주주의는 대체로 그 뒤 오랜 세월 헛된 꿈으로만 남아있게 된다.

트로츠키는 라코프스키의 견해에 크게 감명을 받아 그것을 반대파 전체에 추천했다. 그러나 그는 라코프스키의 견해가 지닌 보다 깊고 상대적으로 비관적인 함의를 읽어내지 못하고 놓친 것 같다. 트로츠키의 내부에서 초연한 사상가와 적극적인 정치지도자가 충돌하고 있었다. 사상가로서의 그는 반대파가 정치적 운동으로서는 사실상 수명을 다했다는 결론이 도출되는 분석을 받아들이고 있었다. 그러나 정치지도자로서의 그는 그런 결론에 자기 자신을 적응시키는 것은 물론이고 그것을 고려할 수조차 없었다. 이론가로서의 그는 러시아가 프랑스와 마찬가지로 자유를 배웠다가 잊어버렸지만 새로운 세대가 등장하기 전에 그것을 다시 배우게 될 수도 있다는 점을 인정했다. 그러나 행동가로서의 그는 이런 전망을 머릿속에서 지워버리고 자기의 지지자들에게 당장 실천할 수 있는 목표를 제시하는 노력을 기울여야 했다. 사상가로서의 그는 시대를 앞질러 후세의 평결을 염두에 두고 일해 나갈 수 있었다. 그러나 반대파 수장으로서의 그는 당대로 돌아와 그 안에서 살아나가면서 자기의 지지자들과 함께 그 안에서 해야 할 위대하고 건설적인 역할이 있다고 믿어야 했다. 사상가로서나 정치지도자로서나 트로츠키는 조국이 세계로부터 격리되어 고립되는 상황을 받아들이려 하지 않았다. 그는 고립은 볼셰비즘을 최악의 곤경에 빠뜨릴 것이며, 다른 무엇보다도 혁명을 다른 나라들로 확산시키는 것이 소련의 인민들로 하여금 자유를 훨씬 더 빨리 다시 배울 수 있도록 도울 것이라고 계속 확신하고 있었다.

1928년 늦여름에 모스크바에 있는 트로츠키주의자들의 비밀모임이 놀라운 소식을 알마아타에 전했다. 이 소식은 스탈린이 왼쪽 경로 정책을 곧 재개할 것이며 스탈린파와 부하린파의 분열이 갈 데까지 가서 치유가 불가능한 지경에 이르렀음을 보여주는 구체적인 증거들을 포함하고 있었다. 게다가 부하린주의자들과 스탈린주의자들이 각각 내부적으로 좌파반대파와의 동맹을 논의하기 시작했으며 이미 양쪽이 트로츠키주의자들과 지노비예프주의자들의 지지를 얻기 위한 경쟁에 들어갔다고 주장하는 보고도 전달됐다. 마침내 트로츠키의 복귀를 요구하는 목소리가 실제로 높아지려는 것처럼 보였다.

모스크바에 있는 트로츠키주의자들은 카메네프와 매우 긴밀한 접촉을 하고 있었다. 카메네프는 그들에게 자기가 중앙위원회의 7월 회의 때 소콜니코프와 나눈 대화의 내용을 전해주었다. 아직 중앙위원회 위원이자 절반은 부하린주의자이고 절반은 지노비예프주의자라고 할 수 있는 소콜니코프는 스탈린주의의 중도파에 대항하는 우파와 좌파 간 동맹의 형성에 대한 기대감을 품고 있었던 것으로 보인다. 그래서 그는 중개자역할을 하고 싶어 했다. 그가 카메네프에게 전한 바에 따르면, 스탈린은 부하린주의자들에 대항하는 싸움에서 트로츠키주의자들과 지노비예프주의자들을 자기편으로 곧 끌어들일 수 있을 것이며 사실은 이미 그들을 자기의 '호주머니' 안에 갖고 있다고 자랑했다고 한다. 낙담한 부하린은 소콜니코프를 통해 좌파 반대파에 접근해 스탈린에 대한 지지를 삼가줄 것을 호소하고 더 나아가 스탈린에 대한 공동행동에 나서는 방안을 제안하기까지 했다. 중앙위원회의 7월 회의는 일단 부하린의 승리로 끝난 것처럼, 아니 그와 스탈린 간의 타협으로 끝난 것처럼 보였다. 그러나 그 직후에 두 사람은 다시 충돌하게 되고, 부하린은 소콜니코프가 배석한 가운데 카메네프와 비밀리에 만난다. 부하린은 카메네프에게 자기와 스탈린 둘 다 좌파 반대파 쪽으로 고개를 돌리고 그들과의 연대를 시도할 수밖에 없을 것이라고 말했다. 부하린주의자들과 스탈린주의자들은 예전의 적에게 도움을 호소하기를 아직 꺼리고 있지만 양쪽 다 '두어 달 내에 불가피하게' 그렇게 하게 되리라는 걸 알고 있다는 것이었다. 어쨌든 당에서 축출되고 추방당한 반대파 사람들이 머지않아 모스크바로 돌아가 당에 복귀하게 될 것은 분명하다고 부하린은 말했다.[47]

카메네프는 아직 준망명 상태로 보로네슈에 거주하고 있던 지노비예프에게 편지를 보내 자기가 부하린과 만난 일에 관해 자세히 설명했다. 이 편지 덕분에 우리는 특이한 색조와 분위기를 연출했던 두 사람의 회동

모습을 재구성해낼 수 있다. 카메네프와 소콜니코프를 만나 밀담을 나눈 부하린은 불과 7개월 전에 열린 15차 당대회에서 반대파 탄압에 힘을 보태던 부하린과는 매우 다른 모습이었다. 당시 그는 "트로츠키에 의지한다"며 카메네프를 조롱했고, 스탈린은 그가 반대파 지도자들과 '논쟁'을 벌이기보다 그들을 '학살'한 것에 대해 축하의 말을 전했었다. 그러나 그토록 자신감 넘치고 큰소리를 쳐대던 당시의 부하린의 모습을 이번에는 전혀 찾아볼 수 없었다. 그는 공포에 질려 창백한 표정으로 몸을 떨며 몰래 카메네프의 집에 도착해서는 뒤를 살피며 목소리를 낮춰 속삭이듯 말했다. 그는 카메네프에게 이렇게 만난 일을 아무한테도 말하지 말고, 게페우의 염탐에 걸릴 수 있으니 글로도 전화로도 역시 언급하지 말라고 간청하는 것으로 말문을 열었다. 사기가 꺾인 그는 역시 사기가 저하된 과거의 적에게 '의지'하러 온 것이었다. 겁을 집어먹은 탓에 그가 하는 말 중 일부는 조리에 맞지 않았다. 그는 스탈린의 이름을 입 밖에 내지 않으면서 "그가 우리를 살해할 거요", "그는 새로운 칭기즈칸이오", "그는 우리를 목매달아 죽일 거요"라는 말을 집요하게 되풀이했다. 카메네프는 부하린에게서 마치 죽을 운명에 처해진 사람 같다는 인상을 받았다.

부하린은 지도력의 위기는 정부와 농민들 간의 갈등에서 유래됐음을 확인해주었다. 이해의 상반기에 게페우는 산발적으로 여기저기서 일어난 150건의 농민반란을 진압해야 했다고 그는 말했다. 이는 곧 스탈린의 긴급조치들이 무지크들을 그만큼 심각한 절망으로 몰아넣었음을 의미하는 것이었다. 7월에 열린 중앙위원회는 이런 상황에 경악을 금치 못했고, 스탈린은 후퇴를 가장해야 했다. 그는 일시적으로 긴급조치들을 철회했다. 하지만 그가 그렇게 한 것은 단지 부하린주의자들을 약화시키고, 동시에 자신이 새로운 공세에 나서는 데 더 유리한 환경을 조성하기 위해서였다. 그 뒤에 그는 그동안 부하린주의자들에 동조하던 보로실로프와 칼리닌을 자기편으로 끌어들이는 데 성공했고, 이로써 정치국에서 다수파를 형성하게 됐다. 이제 스탈린은 사적 농업에 대한 최종적인 공세를 취할 준비가 돼 있다고 부하린은 말했다. 스탈린은 프레오브라젠스키의 생각을 받아들여 농민들을 '착취'하는 것을 통해서만 러시아에서 사회주의적 원시축적이 이루어질 수 있다고 주장했다. 왜냐하면 초기 자본주의와 달리 사회주의는 식민지에 대한 착취와 외국 대부자본의 도움을 통해 발달할 수가 없는 처지이기 때문이라는 것이었다. 이런 논리에서 스탈린은 부하린이 "무식하고 바보 같다"고 한 결론을 이끌어냈다. 그 결론은 사회주의가 발전하면 할수록 사회주의에 대한 대중적 저항이 강해지고, 그 저항은 오직 '확고한 지도력'만이 억누를 수 있다는 것이었다. 부하린은 "이는 곧 경찰국가를 의미한다"면서 "스탈린은 무슨 일도 주저 없이 할 것"이라고 말했다. 부하린은 또 "그의 정책은 우리를 내전으로 이끌 것이고, 그는 반란자들을 피바다에 빠뜨려야만 할 것이며, 우리에게 쿨라크를 옹호하는 자들이라는 비난을 해댈 것"이라고 말했다. 그렇다면 당은 깊은 위기의 직전에 있다. 만약 스탈린이 이긴다면 자유는 눈곱만큼도 남지 않을 것이다. 부하린은 이런 말 뒤에 "그는 우리를 학살할 거요", "그는 우리를 목매달아 죽일 거요", "악의 뿌리는 당과 국가가 완벽하게 하나로 합쳐진 데 있소"라는 말을 또다시 되풀이했다.

바로 이런 상황에서 부하린은 좌파 반대파에 도와달라는 호소를 하기로 결심했던 것이다. 그는 과거의 분열은 지금의 현실에서는 큰 의미가 없다고 생각했다. 그는 카메네프에게 이렇게 말했다. "우리가 스탈린과 의견을 같이할 수 없다는 것이 우리가 당신네와 의견을 같이할 수 없다는 것보다 훨씬, 훨씬 더 중요하오." 이제 문제가 되는 것은 보통의 정책적

차이가 아니라 당과 국가의 보존과 스탈린의 적들이 모두 자기를 지키는 것이다. 좌파 반대파가 반쿨라크 정책을 지지하고는 있지만, 스탈린이 휘두르려고 하는 무모하고 유혈적인 방식으로 정책을 추진하는 것은 원치 않는다는 것을 부하린은 알고 있었다. 어쨌든 스탈린에게 중요한 것은 사상이 아니라면서 부하린은 이렇게 말했다. "그는 모든 것을 권력욕에 종속시키는 무원칙한 음모가요. (…) 그는 오직 보복과 (…) 배반만 아는 사람이오." 그러므로 스탈린의 적들은 자기방어를 위해 서로 손을 잡아야 하며, 그들 사이에 존재하는 사상의 차이가 그것을 가로막도록 해서는 안 된다는 것이었다.

잠재적 동맹 파트너를 분발시키려는 열망에서 부하린은 스탈린에 대항하고 나설 준비가 돼 있다고 보이는 조직과 영향력 있는 개인들의 명단을 열거했다. 우선 노동자들이 스탈린을 증오한다는 것은 누구나 알고 있는 사실이라고 그는 말했다. 한번은 술에 취한 톰스키가 스탈린의 귀에다 대고 "곧 우리의 노동자들이 당신에게 총을 쏘기 시작할 것이오, 암 그렇게 하고말고"라고 말했다고도 했다. 당의 세포조직 당원들은 스탈린의 무원칙한 태도에 염증을 느끼고 있으며, 그래서 왼쪽 경로 정책이 시작됐을 때 "트로츠키는 유형에 처해져 알마아타에 가 있는데 리코프는 어째서 중앙 인민위원회의 수장 자리에 아직도 앉아 있느냐?"고 물었다는 것이었다. 스탈린을 축출하기 위한 '심리적 여건'은 아직 익지 않았지만 계속 익어가고 있다고 부하린은 주장했다. 스탈린이 보로실로프와 칼리닌을 자기편으로 끌어들인 것은 사실이고, 스탈린을 증오하게 된 오르조니키제는 배짱이 없다. 그러나 안드레예프, 레닌그라드의 지도자들(키로프도 여기에 포함될지는 모르겠지만), 게페우의 2인자급 간부인 야고다와 트릴리세르, 그리고 그 밖의 여러 사람들이 스탈린에게 등을 돌릴 준비가 돼있다고 했다. 게페우의 유능한 간부 두 명이 자기편이라고 주장하면서도 부하린은 여전히 게페우에 대한 공포감을 드러내며 말했다. 그가 스탈린에 대항해 배치할 수 있다고 한 세력에 대한 설명은 그와 마주 앉아 그것을 듣고 있는 이에게는 믿음직하지 않았다.

몇 주 뒤 모스크바는 또다시 카메네프와의 만남을 보고해 왔다. "스탈린은 좌파 반대파에 화해를 제의할 것이다." 카메네프는 워낙 자신 있게 이런 전망을 하고 있었기에 이미 지노비예프에게 스탈린의 접근을 너무 선뜻 받아주어 자기 입지를 약화시키는 일은 하지 말라고 경고해놓고 있었다. 그는 대단원의 막이 내릴 시점이 임박했다고 보았고, 스탈린의 정책은 쿨라크만이 아니라 농민들 전체를 적대적인 세력으로 만들었고 이로 인한 갈등이 폭발할 지경에 이르렀다고 생각하는 데서 "트로츠키와 의견이 같다"고 말했다. 따라서 당 지도부의 변화는 불가피하며 "그것은 올해 연말 이전에 일어나게 돼있다"고 그는 주장했다. 그러면서 그는 트로츠키에게 쉽게 당에 복귀할 수 있게끔 조치를 취하라고 호소하며 이렇게 말했다. "레프 다비도비치는 '우리를 다시 불러들이고 우리도 같이 일할 수 있게 하라'고 촉구하는 내용의 성명서를 지금 당장 발표해야 한다." 그러나 레프 다비도비치는 완강했다. 그는 그렇게 하려고 하지 않았고, 오히려 당이 특별열차를 보낼 때까지 계속 그대로 알마아타에 머무르려 했다. 그러나 당이 특별열차를 보내야겠다고 마음을 먹기 전에 상황은 통제불능 상태가 되고 새로운 케렌스키가 등장한다.[48]

스탈린은 카메네프가 예상했던 것 같은 직접적인 접근을 시도하지 않았다. 대신 그는 화해가 가능함을 내비치는 암시를 폭넓게 많이 뿌렸고, 이런 암시가 돌고 돌아 트로츠키에게 전달되는지를 확인했다. 스탈린은 한 아시아 공산주의자에게 트로츠키와 그의 지지자들이 비록 유형지에 가 있기는 하지만 민주집중파와는 달리 여전히 볼셰비키 사상이라는 토대 위에 서 있으며, 자기는 어떻게 하면 그들을 가능한 한 빨리 다시 불러들일 수 있을지를 궁리하며 기회를 보고 있다는 말을 흘리기도 했다. 스탈린의 측근들, 특히 오르조니키제는 공개적으로 자유롭게 트로츠키의 복직에 대해 이야기했다. 또 6차 코민테른 대회에 참석하기 위해 외국에서 온 대표들은 스탈린과 트로츠키가 동맹관계를 맺을 가능성 또는 그럴 개연성을 고려해야 한다는 말을 비밀리에 듣기도 했다.[49]

이즈음에는 위기감이 러시아의 당에서 인터내셔널로까지 확산됐다. 6차 코민테른 대회는 의견일치가 과시되고 공식적으로는 열광의 분위기였지만, 그 내막을 들여다보면 인터내셔널과 관련된 일을 스탈린과 부하린이 공동으로 처리하는 것에 대해 실망하는 분위기가 역력했다. 새로운 강령에 대한 트로츠키의 비판은 검열을 거친 문건으로나마 대회 참석자들에게 회람됐고, 트로츠키에게 보고된 바에 따르면 참석자들에게 영향을 끼쳤다.[50] 외국의 공산주의 지도자들 가운데 열렬한 스탈린주의자로 통하는 사람들조차 사적인 자리에서는 스탈린이 공산주의 운동에 강요해온 교리와 의례에 대한 혐오감을 드러냈다. 톨리아티-에르콜리(Togliatti-Ercoli, 1893~1964, 이탈리아 공산주의 지도자 톨리아티. 에르콜리는 톨리아티가 1935년 코민테른 사무국원이 될 때 사용했던 이름-옮긴이)는 코민테른 대회에서 회의진행의 비현실적인 분위기와 '지루하고 구슬픈 충성의 행렬', 그리고 러시아 당 지도자들의 오만한 태도에 대해 불만을 토로했다고 한다. 그는 이 대회의 분위기에 대해 "마치 완전한 절망에 걸려든 것 같다"면서 이렇게 말했다고 한다. "비극은 가장 중요한 현안에 대해서도 진실을 말할 수 없다는 데 있다. 우리는 감히 나서서 말을 해야 한다." 톨리아티는 트로츠키의 《코민테른의 강령에 대한 비판》

이 일국사회주의에 대한 대단히 흥미롭고 명석한 분석임을 알게 됐다. 프랑스 공산당의 지도자인 토레즈는 이 대회의 분위기를 '불안, 불만, 회의'로 요약했다. 그 역시 일국사회주의에 대한 트로츠키의 비판 중 많은 것들에 수긍했다. 그는 이렇게 물었다. "우리가 이런 이론을 받아 삼키다니, 어떻게 이런 일이 일어났을까?" 러시아의 당이 스탈린의 도그마를 받아들이지 말았어야 했다는 것이다. 그는 인터내셔널의 퇴화가 거의 참을 수 없을 정도에 이르렀다고 보았다. 대회에서 스탈린과 부하린 사이의 갈등이 숨겨질 수 없었다. 부하린과 결별하게 될 경우 스탈린이 트로츠키와 동맹을 맺는 것을 바람직하고 필요한 일로 고려할 수 있다는 이야기가 외국 공산당 대표자들에게 전해진 것은 바로 이런 맥락에서였다.

8월과 9월 내내 곳곳에서 이와 유사한 보고들이 알마아타에 잇달아 도착했다. 스탈린도 트로츠키의 임박한 복귀를 환영하고 있는 듯한 태도를 취하며 사람들이 계속 그렇게 믿도록 유도했다. 그런 태도는 부분적으로 기만과 술수의 성격을 지니고 있었다. 스탈린은 트로츠키와 화해할 준비가 돼있다고 암시하는 것을 통해 부하린과 리코프에게 위협을 가하고, 트로츠키주의자들을 혼란시키고, 그들 중 타협파로 하여금 타협에 더욱 조바심을 내게 만들고자 했다. 그러나 스탈린이 허풍을 떨기만 한 것은 아니었다. 그는 자기가 부하린, 리코프, 톰스키와 결전을 벌일 경우 그 결과가 어떻게 될 것인지에 대해, 그리고 국가적인 위기 속에서 좌파와 우파라는 양쪽의 반대파를 동시에 다뤄낼 능력이 자기에게 있는지에 대해 아직 확신할 수 없었다. 그는 지칠 줄 모르고 양쪽 반대파 모두를 무릎 꿇게 하기 위한 작업을 벌이면서도 그것을 완전히 성공시킬 수 있게 하기 위해 필요하다면 그들 중 어느 한쪽과 화해할 여지를 계속 남겨두었다. 그는 이미 부하린에 비해 자기의 지위를 훨씬 강화시켜 놓은 상태였기 때문에 직접적인 제안을 할 필요가 없었다. 하지만 그는 이런저런 애드벌룬을 떠우고는 트로츠키와 그의 동료들이 그것을 어떻게 받아들이는지를 관찰했다.

트로츠키는 이런 상황전개 중 일부에 대해서는 준비가 잘 돼있었다. 그러나 다른 일부의 상황전개는 그를 놀라게 했다. 도농 간의 갈등이 아주 위험한 형태로 재발한 것, 스탈린과 부하린 사이에 갈등이 빚어진 것, 그리고 적들과 투항자들 가운데 일부가 다시 자기에게 눈길을 돌린 것 등은 모두 트로츠키가 예상한 대로였다. 그의 생각은 여전히 스탈린주의 분파가 자력으로 스스로를 구제하지 못하고 좌파 반대파에 도와줄 것을 간청하게 될 수밖에 없다는 쪽으로 기울어져 있었다. 그러한 상황이라면 반대파는 "자기 임무를 다할 것"이며 협력하기를 거부하지 않을 것이라고 그는 가장 공식적이고 진지한 태도로 거듭거듭 선언했다. 이때도 그는 이런 맹세를 되풀이했다. 그러나 그는 '관료적 결합'은 무조건 거부한다고 덧붙였다. 정치국에 자기가 앉을 자리를 확보하기 위해 막후 거래를 하지는 않을 것이며, 스탈린이 극한상황에서 당 조직에 대한 통제권 중 일부를 자기에게 내줄지도 모르지만 그런 것에 만족하지도 않을 것이라는 얘기였다. 자기와 자기의 동료들은 표현과 비판의 자유를 완전하게 보장받는 가운데 프롤레타리아 민주주의가 실행된다는 조건에서만, 그리고 그동안 익숙해진 대로 당 간부회의에서 분파 간 공모를 통해 당 지도부가 임명되기보다 일반 당원들의 투표에 의해 당 지도부가 선출되는 방식이 채택된다는 조건에서만 당에 복귀할 것이라고 선언했다.[51]

스탈린이 처한 상황은 어렵기는 했으나 트로츠키가 제시한 조건들을 받아들여야 할 만큼 절박하지는 않았다. 그러나 트로츠키는 스탈린의 처지가 더 악화될 것이며, 그럴 경우 스탈린주의 분파의 대부분은 그들의 지도자와 함께로든 별도로든 자기가 제시한 조건을 어쩔 수 없이 수용하게 될 것이라고 기대했다. 원칙의 측면에서나 자기의 이익이라는 측면에서나 그는 다른 조건은 그 어떤 것도 고려하지 않을 생각이었다. 그 모든 경험을 거친 뒤에 그가 '당 조직'의 호의에 기댈 수는 없는 노릇이었다.

그러는 동안에 트로츠키는 예기치 못한 상황변화에 직면하게 됐다. 그는 여러 해 동안 줄기차게 '오른쪽으로부터의 위험'에 대해 이야기했고, 쿨라크와 테르미도르반동 세력을 경계하라고 당에 경고해 왔다. 그는 부하린에 대항해 스탈린과 통일전선을 구축할 준비도 돼 있었다. 그러나 오히려 부하린이 스탈린을 공동의 적이자 압제자라고 부르면서 그에 대항해 연대하자고 좌파 반대파에 간청해 왔다. 부하린이 목소리를 낮춰 속삭이듯 "그가 우리를 목매달아 죽일 거요", "그가 우리를 학살할 거요"라고 말했을 때 트로츠키는 이를 미혹되고 겁에 질린 사람의 상상이라고 일축할 수만은 없었다. 트로츠키 자신도 '혁명의 무덤을 파는 자'가 준비하고 있는 대규모 학살에 관해 거듭 말해 왔다. 사실 부하린의 호소는 스탈린이 반대파를 탄압하고 당의 자유를 파괴하는 것을 그 자신이 도와준 뒤에야 나온 뒤늦은 것이었다. 그러나 그런 식으로 행동한 뒤에 스탈린의 적이 된 사람이 그가 처음은 아니었다. 지노비예프와 카메네프도 똑같은 행동을 했지만, 그렇게 했다는 이유로 트로츠키가 그들과 손을 잡지 않은 것은 아니었다. 그렇다면 부하린이 내민 손도 잡아야 하는 것 아닌가? 트로츠키가 쓴 책 내용의 일부인 왼쪽 경로 정책을 스탈린이 가져다 썼다고 한다면, 다른 일부는 부하린이 가져다 쓰고 있다고 말할 수 있었다. 다시 말해 부하린은 프롤레타리아 민주주의의 이름으로 좌파 반대파에 호소하고 있는 것이었다. 트로츠키는 딜레마에 빠졌다. 그는 자기의 원칙 중 하나를 부정하지 않고는 부하린의 호소에 귀를 닫을 수 없었고, 자기가 왼쪽 경로 정책을 지지하는 데 근거가 됐던 또 다른 자기 원칙에 어긋나는 태도를 실제로 취하거나 취하는 것처럼 보이지 않고는 부하린의 호소에 호응할 수 없었다.

탈출구를 찾던 그는 스탈린의 왼쪽 경로 정책에 대해 좀 더 유보적인 태도를 취하는 동시에 이 정책에 대한 반대파의 지지를 좀 덜 강조하는 태도를 취했다. 그가 이렇게 하게 된 데는 부하린의 접근 외에 그 나름의 다른 이유도 있었다. 소련 전역에서 그의 지지자들이 봄과 초여름에 걸쳐 스탈린이 온 나라에 풀어놓은 공포와, 스탈린에 의해 중농과 심지어는 빈농들까지 빠져들게 된 '야만의 잔치'에 대해 보고하는 편지를 보내왔다. 관료들은 트로츠키주의자들과 지노비예프주의자들의 압력이 농민에 불리한 정책 추진을 불러왔다고 인민들에게 말하는 것으로써 책임을 피해 가려고 했다. 모든 상황으로 미루어보건대 만약 스탈린이 왼쪽 경로 정책을 재개한다면 그때는 유혈의 격변이 초래될 것이 분명했다. 트로츠키는 그런 사태에 대한 책임을 지는 것을 미리부터 거부했다. '쿨라크 집단의 해체'가 실행되기 거의 일 년 전인 1928년 8월에 그는 지지자들에게 보낸 편지에서 반대파가 왼쪽 경로 정책을 지지한다고 선언하긴 했지만 스탈린주의자들이 보여주는 방식으로 농민들을 다루라고 제안한 적은 결코 없다고 밝혔다. 반대파는 부농에 대한 세금 중과, 빈농에 대한 정부의 지원, 중농에 대한 공평하고 온건한 대우, 자발적 집단화 장려 등을 지지했지, 행정적 강압과 야만성을 주된 요소로 하는 왼쪽 경로 정책을 지지하지는 않았다는 말이었다. 스탈린의 정책을 판단하는 데는 "그가 무엇을 했는가뿐만 아니라 그가 어떤 식으로 했는가도 고려해야 한다"고 그는 지적했다.[52] 트로츠키는 반대파에게 왼쪽 경로 정책을 지지해야 한다고는 말하지 않았지만 지지와 가혹한 비판을 병행해야 함을 그 어느 때보다 강조했다. 그는 스탈린과 부하린의 불화가 아직도 치유되지 않은 가운데 스탈린이 '쿨라크에 대항하는 정책 추진'을 곧 재개할 것이라는 최근의 증거를 보고 힘을 얻은 타협파의 주장에 반대했다. 그는 카메네프의 요구를 경멸하는 태도로 거부했다. 그는 자기의 당 복귀를 '쉽게' 하기 위해서 아무 일도 하지 않을 것이며, 자기를 모스크바로 다시 불러줄 것을 박해자들에게 간청하지도 않을 것이라고 선언했다. 그들이 스스로 원해서 자기를 당에 복귀시킨다면야 거부하지 않겠지만, 그럴 경우에도 자기는 그들과 투항자들에 대한 공격을 멈추지 않겠다는 것이었다.[53]

이는 카메네프의 제안에 대한 트로츠키의 답변이었을 뿐 아니라 스탈린의 은근한 감언이설에 대한 답변이기도 했다. 둘 사이의 화해는 불가능했다. 트로츠키는 부하린의 호소에 훨씬 더 호의적으로 대응했다. 그는 '선의를 가진 당원과의 솔직한 대화'라는 제목의 9월 12일자 회람편지에서 바로 이런 태도를 취했다. 여기서 '선의를 가진 당원'은 이제는 우파 반대파로 분류되는 우익에 대한 트로츠키의 태도에 관해 질의하는 편지를 써서 보낸 한 부하린주의자를 가리키는 말이었다. 트로츠키는 공업정책 및 사회정책과 관련된 주된 쟁점들에 대해서는 자기와 우파 반대파 사이의 견해차가 그 어느 때보다 크다고 답변했다. 그러나 그는 단 하나의 목적, 즉 당내 민주주의의 복권을 위해서는 우익과도 협력할 준비가 돼 있다고 덧붙였다. 만약 리코프와 부하린이 정직하게 선출된 대의원들이 참여하는 진정으로 민주적인 당대회를 공동으로 준비하기 위해 좌파와 같이 일할 준비가 돼 있다면 자기는 그들과 뜻을 같이할 것이라고 그는 밝혔다.

트로츠키의 이런 진술은 트로츠키주의자들이 거주하는 유형지들에서 경악과 심지어는 분노까지 불러일으켰다. 타협파뿐 아니라 많은 유형수들이 항의하고 나섰다. 그들은 중앙에 대항하는 좌파와 우파의 동맹은 무원칙하고 유해하며 과거에 여러 번 혁명을 붕괴시키는 원인이 됐다고 트로츠키가 얼마나 자주 말해 왔는지를 트로츠키에게 상기시켰다. 테르미도르반동도 좌파 자코뱅과 우파 자코뱅이 바로 그렇게 결합해 로베스피에르의 중앙에 무도하게 대항한 것 아니었던가? 그동안 반대파가 취해 온 모든 행동은 부하린주의자들에 대항해 스탈린주의자들과 조건부로 연대할 준비가 돼있었기에 가능했던 것이지 그 반대는 아니었지 않은가? 아주 최근에 트로츠키가 좌파 반대파는 오른쪽에서 스탈린주의를 반대하는 자들과는 그 어떤 결합도 결코 하지 않을 것이라고 공산주의인터내셔널에 확언했던 것은 바로 그러한 원칙을 엄숙하게 재천명했던 행동이 아닌가?

트로츠키는 중앙 스탈린주의자들보다는 우파 부하린주의자들을 여전히 주적으로 보고 있다고 답변했다. 그는 정책의 쟁점들에 대해서는 부하린에게 그 어떤 동맹도 제안한 적이 없었다. 그러나 그는 당내 민주주의의 재확립이라는 분명하게 규정된 목표를 위해서는 그들과 손을 잡지 말아야 할 이유가 없다고 보았다. 그는 "두 명의 결투자가 각자의 보조자를 통해 자기들이 지킬 결투의 규칙에 관해 상의하는 것처럼 부하린과 협상을 할" 준비가 돼 있었다.[54] 좌파는 당내 민주주의라는 규칙 아래에서는 가능하다면 우파와도 토론을 할 수 있고, 만약 우파도 그렇게 하기를 원한다면 그러한 규칙이 관철되도록 하기 위해 좌파와 우파가 협력하는 것 이상 자연스러운 일은 없다고 트로츠키는 지적했다.

그러나 이런 호소는 트로츠키의 지지자들을 거의 설득하지 못했다. 그들은 부하린의 분파를 주적으로 보는 데 워낙 익숙해져 있었기에 그들과 합의한다는 것을 상상조차 할 수 없었다. 트로츠키의 지지자들은 그동안 워낙 오랫동안 일관되게 스탈린주의자들을 우파와 은밀하게 공모해온 위선자들이라고 공격해왔기에 이제는 자기들이 스탈린주의자들의 공모자로 비칠 수 있게 됐다는 생각에 두려웠다. 그들은 부하린주의자들에게 단지 결투에서 규칙을 정하는 것과 같은 기술적 합의만을 제안할 것이라는 트로츠키의 설명도 받아들일 수 없었다. 그 이유 중 한 가지는, 이때의 상황은 양자 간의 결투가 아니라 3파전이며, 3파전에서 이루어지는 양자 간의 합의는 자동적으로 나머지 제3자를 겨냥하는 것이 된다는 것이었다. 또 하나의 이유는, 당내 민주주의는 모든 중요한 쟁점들과 관계가 있는 전형적인 정치 문제라는 것이었다. 우파와 좌파의 동맹은 아무리 그 목적이 제한적인 것이라도 만약 성공한다면 스탈린주의 분파의 전복으로 귀결될 것이고, 그렇게 된다면 스탈린주의 분파가 왼쪽 경로 정책에 착수한 뒤에 전복된다는 이야기가 된다. 그렇다면 왼쪽 경로 정책은 곧바로 중단되고, 그 다음의 상황은 우파와 좌파 간 경합이 낳을 불확실한 결과에 의해 좌우될 것이다. 만약 우파가 이긴다면, 그들은 그동안 트로츠키주의자들이 늘 염려했던 위험, 즉 새로운 신경제정책(네프)을 선포할 것이 분명하다. 트로츠키주의자들이 그러한 위험을 감당할 수 있겠는가? 나라가 경제적으로 파탄하기 직전이고 농민들이 동요하고 있는 가운데 그들이 당을 혼란에 빠뜨리면, 그 과정에서 스탈린주의자들이 전복될지는 모르지만 부하린주의자들과 트로츠키주의자들은 공동으로 통치를 할 수 있기는커녕 그들 사이의 견해차를 민주적으로 해소하지 못할 수 있다. 그러면 그들은 자기도 모르게 당을 망치고 반볼셰비키 세력에게 기회를 주게 될 수도 있다. 이것은 그야말로 테르미도르반동의 재연이 될 것이다. 왜냐하면 그것은 공포정치에 분개한 우파와 좌파의 동맹, 즉 로베스피에르의 실각을 불러온 동맹과 정확하게 같은 것이기 때문이다. 그동안 여러 해에 걸쳐 다른 사람들에게 경계하라고 했던 테르미도르반동의 불장난을 지금 트로츠키 자신이 하려는 것인가?

트로츠키와 반대파는 곤경에 빠졌다. 그들에게 남은 자기보존의 기회는 반스탈린주의 볼셰비키 전체의 폭넓은 동맹에서만 찾을 수 있었다. 그러나 그들은 그러한 동맹이 자기들을 구할 것이라고도 거의 기대할 수 없었다. 그러한 동맹은 결과적으로 볼셰비키 당의 종말을 불러올 것이라는 두려움 때문이었다. 트로츠키와 부하린은 동맹이라는 구상에서 순간적으로 자기방어의 반사작용을 일으켰다. 그러나 어느 쪽도 그 반사작용에 따라 계속 운신하지 못했다. 양쪽 분파 모두 그들의 분파를 보존하기보다는 기존의 당을 보존하고 싶어 했다. 아니, 그들은 자기들이 처한 가혹한 딜레마의 상황을 분명하게 파악하지 못했다. 물론 일부 지도자들은 그것을 제대로 파악했던 게 분명하다. 카메네프가 부하린과 만난 일에 대해 설명해 놓은 기록에는 다음과 같은 음울한 말이 들어 있다. "때때로 나는 예핌(구체적으로 누구인지는 미상―옮긴이)에게 이렇게 말한다. '우리의 상황은 가망 없는 게 아닐까? 우리나라가 무너진다면 우리도 같이 무너질 거야. 또 우리나라가 이런 상황에서 벗어나고 스탈린이 늦지 않게 경로를 바꿔도 우리가 무너지기는 마찬가지일 거야.'" 라데크는 자기의 동지들에게 보낸 편지에서 그들 앞에 놓인 선택은 "두 가지 형태의 정치적 자살 중 하나", 즉 당에서 격리된 상태를 계속 유지하는 것과 신념을 포기한다는 선서를 하고 당에 복귀하는 것 중 하나를 고르는 것이라고 지적했다.[55]

따라서 부하린이 겁에 질려 내놓은 동맹 제안과 트로츠키의 잠정적인 답변은 아무런 결과도 가져오지 않았다. 부하린주의자들 역시 트로츠키주의자들이 자기들의 지도자가 내놓은 답변에 대해 저항한 것과 같은 수준으로 자기들의 지도자가 내놓은 제안에 대해 저항하는 반응을 보일 수밖에 없었다. 그들은 트로츠키주의자들과 지노비예프주의자들 속에 자기들의 주적이 있다고 보았다. 가장 최근에 그들이 스탈린에게 던진 비난도 그가 비밀 트로츠키주의자가 됐다는 것이었다. 그들은 프레오브라젠스키의 사상을 받아들였다고 스탈린을 비난했다. 이런 상태에서 어떻게 그들이 트로츠키주의자들과의 연대를 생각할 수 있었겠는가? 그들은 트로츠키주의자들과 지노비예프주의자들이 왼쪽 경로 정책에 대해 은밀히 동조하고 있다고 보았다. 틀림없이 부하린도 카메네프와 나눈 대화에서 그런 인상을 받았을 것이다. 그리고 추방당한 트로츠키주의자들조차 우파와 좌파 간 동맹이 당에 가할 충격을 두려워했다면, 그동안 지배집단에 통합돼 있었고 아직도 그 안에 남아있는 부하린주의자들은 그런 전망을 얼마나 더 두려워했겠는가? 그들은 자기들이 처신을 잘못하면 트로츠키와 동맹을 맺을 수 있다는 스탈린의 암시에 당황했다. 그래서 그들은 처신을 올바르게 하려고 했다. 그들은 트로츠키주의자들과 지노비예프주의자들이 그랬던 것과 달리 공개적으로는 스탈린에 대항하는 투쟁을 전개하지도 않았다. 그들은, 만약 그렇게 할 경우, 좌파 반대파에게서 표현의 자유를 박탈한 그들 자신도 표현의 자유를 박탈당할 거란 걸 알고 있었다. 때문에 부하린은 트로츠키에 대한 접근을 계속할 수도, '제한적 합의'라는 트로츠키의 구상에 대응할 수도 없었다.

이런 상황전개는 트로츠키주의 타협파를 강화시켰다. 유형 중인 반대파 지도자들 가운데 가장 권위가 있는 스밀가, 세레브리아코프, 이반 스미르노프는 이제 라데크와 프레오브라젠스키와 행동을 같이하고 있었다. 이들은 7월에 스탈린이 쿨라크에게 양보하는 것처럼 비쳤을 때, 스탈린은 아직 '최종 발언'을 한 것이 아니며 왼쪽 경로 정책을 계속 진행하고 있는 게 분명하다고 주장했다. 트로츠키는 좌파 반대파가 영광스러운 고립 상태에 계속 머물 수는 없을 것이니 동맹 상대를 찾아야 한다는 점은 암묵적으로 인정했다. 그러나 좌파 반대파의 자연스러운 동맹 상대방은 스탈린주의자들이지 부하린주의자들이 아니었다. 그렇다고 해서 스탈린이 우파 반대파를 다루는 태도에 대해 타협파가 반색했다고 말하려는 것은 아니다. 스밀가는 이렇게 썼다. "이 정권은 과거에 레닌주의 반대파를 가격했던 것과 같은 방식으로 지금 부하린을 가격하고 있다. (…) (부하린주의자들은) 당과 노동계급의 등 뒤에서 교살당하고 있다." 그는 이렇게 덧붙였다. "그러나 그렇다는 이유로 레닌주의 반대파가 우파에게 정치적으로 동조한다는 뜻을 밝힐 이유는 없다." 다시 말해 반대파의 슬로건은 여전히 '우파 타도!'가 돼야 한다는 것이었다.[56] 트로츠키는 여름에는 이것을 슬로건으로 삼았으나, 가을에는 거의 그렇게 하지 않았다. 그와 타협파의 관계는 점점 더 긴장되고 적대적으로 변해갔다. 그는 프레오브라젠스키와 거의 접촉하지 않았고, 라데크와도 간헐적으로나 편지를 주고받았고 그 내용도 신랄해졌다. 라데크는 트로츠키가 지노비예프, 카메네프와 그 밖의 투항자들을 통렬하게 공격하는 것을 나무랐다. 라데크는 이렇게 썼다. "그들이 단지 비겁해서 항복했다고 생각하는 것은 터무니없습니다. 이 그룹 저 그룹이 하루는 투항에 반대하는 말을 했다가 그 다음날에는 투항에 동의하고 있는 일이 거듭해서 많이 벌어지고 있다는 사실은, 우리가 지금 원칙의 충돌에 직면해 있는 것이지 단지 탄압에 대한 두려움에만 직면해 있는 것이 아니라는 걸 말해주고 있습니다."[57] 투항자들이 정치적 자살을 저지른 것은 사실이었지만, 투항하기를 거부한 사람들도 정치적 자살을 한 것은 마찬가지였다. 당 안에 더 많은 변화가 일어나 당이 왼쪽으로 더 많이 나아가 분위기가 분명해지고 좌파 반대파가 품위

를 지키며 당에 복귀할 수 있게 되기를 기대하는 것밖에는 다른 희망이
없었다.

　라데크는 이처럼 지노비예프와 카메네프가 투항한 동기를 변호하는
한편, 트로츠키의 영속혁명론을 반박하는 내용의 긴 논문을 써서 동지들
에게 회람시켰다.[58] 그러나 그는 그 논문을 트로츠키에게는 보내지 않았
다. 트로츠키는 그것을 모스크바를 통해 간접적으로 입수했다. 트로츠키
는 라데크를 조롱하듯 라데크 자신이 이전에 트로츠키주의를 옹호하는
내용으로 쓴 글들을 동봉한 편지를 그에게 보내면서, 최근에 그가 한 주
장들에 대한 최선의 답변은 그 글들 속에서 찾을 수 있을 것이라고 했
다.[59] 그는 아직 라데크가 투항할 생각을 하고 있다고는 의심하지 않았다.
그는 라데크의 유머감각과 유럽 마르크스주의자로서 그가 가진 사고방
식에 비추어 그가 '음모적'인 전향의 의식을 치르지 못할 것이라고 믿고
있었다. 여전히 라데크의 인간성을 좋아하고 그를 존경하는 트로츠키는
그의 행동이 '기분상의 변덕' 탓이라고 보았고, 젊은층 비타협파의 의심
으로부터 그와 프레오브라젠스키를 계속 방어했다.[60]

　이때에도 반대파, 타협파, 비타협파 모두가 똑같이 트로츠키를 이론
의 여지가 없는 지도자로 보고 있었다. 트로츠키에 대한 그들의 감정은
트로츠키의 건강이 나빠졌다는 소식이 유형지들을 들끓게 했던 10월에
다른 누구도 아닌 라데크가 중앙위원회에 보낸 다음과 같은 항의편지에
잘 표현돼 있다.

　　트로츠키의 병이 악화됐다는 소식이 우리의 인내심을 고갈시켰습니다. 일
　　생을 노동계급을 위해 봉사해오고 10월혁명의 보검(寶劍)이었던 한 투사의
　　힘이 말라리아에 의해 소모되고 있는데 우리가 침묵하며 수수방관하고 있

을 수는 없습니다. 만약 분파적 이익에 대한 집착이 당신들 마음속에서 함께해온 혁명적 투쟁의 기억을 모두 소멸시켰다면, 지성과 순전한 사실들로 하여금 말하게 하십시오. 소련이 대항해 싸워야 할 위험들이 쌓여가고 있습니다. (…) 그러한 위험들에 대항하기 위해서 무엇이 필요한지를 이해하지 못하는 자들만이 투쟁의 심장인 트로츠키 동지가 서서히 죽어가는 데 대해 계속 무관심할 수 있을 것입니다. 그러나 당신들 가운데 내일이 되면 무슨 일이 벌어질지에 대해 두려움을 갖고 생각하는 사람들의 수가 적지 않다고 나는 믿고 있으며, 그런 사람들은 (…) 이렇게 말해야 합니다. 트로츠키 동지의 건강과 생명을 이렇게 비인간적으로 갖고 노는 일은 이제 중단돼야 한다고!"[61]

트로츠키의 건강은 실제로 여름부터 악화되고 있었다. 그는 또다시 말라리아에 걸려 심한 두통과 만성위염에 시달리고 있었으며, 특히 만성위염은 훗날 그가 죽을 때까지 그에게서 떠나지 않게 된다. 그의 와병 소식이 알려지자 그를 위로하고 모스크바에 항의하는 내용의 편지와 전보가 봇물처럼 터져 나왔다. 유형수들 가운데 일부는 트로츠키를 옹호하는 좀 더 적극적인 행동에 나서고자 했고, 집단적인 단식투쟁을 벌이는 계획도 세웠다. 트로츠키는 그들이 그런 무모한 결정을 내리지 말도록 설득하는 데 다소 어려움을 겪었다. 그는 유형지들에 메시지를 보내어, 일을 하지 못할 정도로 건강이 나쁘지는 않으니 자기의 건강에 대해 크게 걱정할 필요 없으며, 과격한 행동에 호소하는 것은 관련된 사람들의 처지를 악화시킬 뿐인 경솔한 태도이므로 자제하라고 말했다.[62]

가을이 깊어지면서 트로츠키에게 더 많은 먹구름이 몰려들기 시작했다. 10월에는 친구나 지지자들의 편지가 더 이상 배달되지 않았고, 반대파를 버릴 준비가 돼있는 사람들의 편지만 배달됐다. 검열이 선별적으로 이루어지고 있었다. 트로츠키가 쓴 편지나 통지는 목적지까지 배달되지 않았다. 그를 계속 불안하게 하는 지나의 건강상태를 묻기 위해 보낸 전보에 대한 답장조차 받을 수 없었다. 그는 혁명기념일을 고독과 근심 속에서 보냈고, 의례적인 축하의 메시지조차 받지 못했다. 그러더니 불길한 징조가 늘어났다. 반대파에 은밀히 동조하면서 트로츠키와의 접촉을 유지해 오던 한 지역 관리가 갑자기 투옥됐다. 모스크바를 떠나와 알마아타에서 운전기사로 일하면서 대중목욕탕에서 남몰래 트로츠키를 만나 모스크바와 알마아타 사이의 '비밀편지'를 전달하던 한 반대파 사람은 흔적도 없이 사라졌다. 이때쯤 트로츠키 가족은 과수원과 화단이 있는 시골집을 떠나 황량한 시내에 돌아와 있었다. 세도바는 한 친구에게 이런 내용의 편지를 써 보냈다. "10월 말 이후부터 고향 집에서 오는 편지를 전혀 받지 못하고 있어. 우리가 보낸 전보에 대한 답장도 전혀 받지 못하고 있어. 우편물 배달을 차단당하고 있는 것이지. 물론 세상 일이 여기서 멈추지도 않을 거야. 우리는 더 나쁜 일이 일어날 거라고 생각하고 있어. (…) 이곳엔 지금 된서리가 내리고 있어. 우리 방의 냉기는 고통스러울 정도야. 이곳의 집들은 추운 날씨에 대비해 지어진 것이 아니야. 목재 가격도 터무니없이 비싸지."

마침내 트로츠키가 알마아타에 계속 머물지 못할 것이며 곧 더 먼 곳으로 추방되어 훨씬 더 엄격하게 격리될 것이라는 소문이 여기저기서 전해져 왔다. 트로츠키는 처음에는 이런 소문을 일축했다. 그는 10월 2일자로 옐친에게 보낸 편지에 이렇게 썼다. "나는 그런 일이 실제로 일어날 것이라고 생각하지 않소. 그들이 나를 도대체 어디로 보낼 수 있다는 거요?" 그는 다가오는 겨울에 알마아타에서 집중적으로 공부를 하고 글도

쓰려고 했다. 물론 주변의 야외로 사냥여행도 갈 생각이었다. 그러나 같은 소문이 끈질기게 계속 들려왔다. 또한 우편배달 금지조치와 그 밖의 다른 조짐들은 '뭔가 더 나쁜 일'이 실제로 곧 벌어질 것이라고 예고하고 있었다.

참으로 기이한 가을이었다. 혁명기념일에 모스크바의 붉은 광장에서 다음과 같은 공식적인 구호가 울려 퍼졌다. "오른쪽에 위험이 있다!", "쿨라크에 타격을!", "네프맨들을 통제하라!", "공업화의 속도를 높이자!" 이 구호들은 온 나라에 울려 퍼졌고, 가장 멀리 떨어진 외딴 곳들에까지, 심지어는 알마아타에까지 와 닿았다. 트로츠키가 얼마나 오랫동안 그런 정책을 채택하도록 당을 설득하려고 했던가! 바로 일 년 전의 혁명기념일에만 해도 그의 지지자들이 이 구호들과 똑같은 슬로건이 적힌 깃발을 들고 모스크바와 레닌그라드의 거리로 쏟아져 나왔다. 그때 그들은 강제로 해산당하고 거칠게 다뤄졌을 뿐 아니라 반혁명 행위를 했다는 비난을 들었다. 지배집단이 반대파의 사상을 가져가 쓸 수밖에 없었다는 사실보다 반대파의 정당성을 더 잘 입증해줄 수 있는 것은 없다고 누구든 생각할 수 있다. 공적인 일에 조금이라도 관심을 가진 사람이라면 그 누구도 이런 점을 알아차리지 못하고 놓칠 리 없었다. 트로츠키가 '초공업화론자'니 '무지크의 적'이니 하는 말을 들으면서 맹렬한 공격을 받던 상황이 모든 사람의 기억에 아직 생생했다. 이제 그에게 가해졌던 공격이 얼마나 바람직하지 못하고 터무니없는 것이었는지가 백일하에 폭로되고 있었다. 스탈린도 초공업화론자가 되고 농민들의 적이 되고 있는 것 아니냐고 많은 볼셰비키들이 의아해했다. 그러나 전해와 마찬가지로 이해에도 수백만의 시민들이 공식적인 행진에 참여했고, 정해진 경로를 따라 걸었으며, 주어진 슬로건을 외쳤다. 마치 상궤를 벗어난 일은 전혀 일어나지 않은 듯했고, 시민들은 생각할 줄도, 반성할 줄도, 행동할 줄도 모르는 듯했다.

대중의 정치적 무관심으로 인해 스탈린은 아무런 벌도 받지 않고 무사히 트로츠키가 입는 옷을 훔쳐갈 수 있었다. 트로츠키는 그 옷은 스탈린에게 맞지 않아서 그가 입지 못할 것이라고 스스로를 위로했다. 여전히 그는 국가적 위기가 심화되고 있으며 스탈린주의 분파가 독자적으로는 그 위기를 극복할 수 없을 것이라고 내다보고 있었다. 실제로 위기는 심화됐다. 농민들이 반란을 일으키고 도시들은 기아에 대한 두려움에 사로잡힌 가운데 온 국민이 견뎌내기 어려운 긴장 속에서 살아나가고 있었다. 안절부절못하는 초조한 분위기가 형성되고 위기감이 확산됐다. 당 조직은 가차 없이 공권력을 배치하고 모든 사람들에게 아직 확인되지는 않았지만 엄혹한 긴급상황에 대비하도록 요구했다. 그러나 당은 유형 중인 반대파 사람들을 다시 불러들일 기미는 전혀 보이지 않았다.

이해 말경에는 스탈린의 지위가 여름에 비해 훨씬 더 강력해졌다. 그는 이제 두 부류의 반대파와 동시에 싸우게 된다 해도 전처럼 두려움을 느끼지 않을 정도였다. 우파 반대파는 위협을 당하고 사기가 꺾여 이미 투항하고 있었다. 좌파 반대파는 내부 불화로 분열되어 마비상태였다. 스탈린은 트로츠키, 라데크, 프레오브라젠스키, 비타협파, 민주집중파 사이의 논쟁을 관찰했고, 시간은 자기편이라는 결론을 내렸다. 아직도 그는 공업화와 집단화를 전면적으로 밀어붙이기 위해 필요한 사전조치들에 몰두하고 있었다. 트로츠키주의자들 가운데 타협파는 이미 자기들도 더이상 옆으로 비켜 서있기만 해서는 안 된다고 느끼고 있었다. 스탈린이 사전조치를 넘어 실제 행동에 들어간 뒤에는 이런 느낌을 얼마나 더 갖게 되겠는가? 그들이 아직은 스탈린에게 항복할 마음자세는 안 돼 있었던 게 사실이다. 그러나 그들은 서서히 그러한 단계에 접근하고 있었다. 완전히 그 단계로 넘어가기 위해 필요한 것은 시간과 약간의 격려뿐이었다. 스탈린은 자기의 앞잡이들을 통해 동원할 수 있는 모든 수단을 동원해 그들을 격려했다. 그는 혁명의 최고 이익을 거론했고, 볼셰비키의 충성심에 호소했고, 협박과 사탕발림을 혼합해 구사했고, 비타협파 트로츠키주의자들과 민주집중파를 겨냥한 공포정치를 강화했다.[63] 이런 식으로 그는 자기가 한 장담, 즉 자기가 좌파 반대파를 자기의 '호주머니'에 넣어놓고 있다는 장담을 실현시킬 수 있다고 생각했다. 이 장담은 그가 처음 입 밖에 낼 때는 성급한 것이었으나 이제는 그렇지만은 않은 게 됐다. 사실 그는 자기의 새로운 정책을 실행하기 위해서는 좌파의 도움이 필요했다. 그러나 그는 좌파와의 동맹을 통해서가 아니라, 좌파를 분열시키고 그중 상당부분을 길들이고 그렇게 길들여진 이들이 트로츠키에게 대항함으로써 도움을 얻었다. 그는 그동안 자기가 트로츠키에게 가한 그 어떤 타격보다 훨씬 더 소름끼치는 패배를 트로츠키에게 안겨주고 싶어 했다.

그러나 그 모든 힘을 가졌음에도 불구하고 스탈린은 자신의 목표를 실제로 달성할 수 있을 거라고 자신할 수 없었다. 그는 지금껏 그 어느 통치자도 시도해보지 않았던 거대한 시도에 곧 착수할 참이었다. 그는 2천여만 명에 이르는 농민들의 재산을 단번에 몰수하고 그들과 그들의 가족을 집단농장에 몰아넣을 작정이었다. 그는 자본주의적 원시축적의 공포가 거대한 규모로, 그리고 매우 짧은 기간 내에 압축된 형태로 재현되는 공업화 과정 속으로 러시아의 도시 거주자들을 강제로 편입시킬 참이었다. 국민들이 그런 조치를 어떻게 받아들일지, 그로 인한 격변이 어떤 절망과 분노와 폭력과 반란을 초래할지, 자기가 어떤 길로 내몰리게 될지, 그리고 자기의 적들이 그런 격변을 역전의 기회로 이용하려고 하지는 않을지, 그 모든 것을 그도 알 수 없었다. 적들이 만약 그것을 기회로 이용하고자 한다면 트로츠키를 지도자로 삼을 것이 확실했다. 트로츠키는 알마아타로 유배됐다. 하지만 여전히 영웅적인 순교의 후광에 둘러싸인 그의 사상과 인격은 볼셰비키 엘리트들을 매혹시키고 있었다. 유형수들 사이에 퍼진 그 모든 혼동과 낙담에도 불구하고 트로츠키주의는 당 세포조직들에서 새로운 지지자들을 확보해가고 있었다. 이런 식으로 늘어난 트로츠키주의 지지자들의 수는 워낙 많았고, 게페우는 그들을 모두 처리해야 했다. 이에 따라 1928년 초에 트로츠키주의자와 지노비예프주의자를 모두 합해도 4천~5천 명에 지나지 않았으나, 이해 말에 이르면 6천~8천 명의 좌파 반대파가 투옥되거나 유형지로 보내지게 된다. 비상상황에서는 당이 트로츠키에게 '특별열차'를 보내야 할 것이라고 생각한 사람은 카메네프만이 아니었다. 투항자들은 물론이고 심지어는 스탈린주의자들 중에서도 고민에 빠진 이들이 많았다. 그들 가운데 일부는 왼쪽 경로 정책이 정당화된다면 트로츠키는 그동안 줄곧 옳았던 것 아니냐는 생각을 하게 됐고, 그래서 그간에 트로츠키가 당한 비방과 야만적 대우를 되짚어 보며 역겨워했다. 스탈린은 자기 생각을 버리기보다 감옥에 가거나 유형을 당하는 쪽을 선택한 이들이 6천~8천 명이라면 그들보다 덜 유연한 동지들과 견해를 같이 하게 된 투항자의 수는 그 1~2배에 이르며, 스탈린주의 분파 안에 있는 회의주의자 또는 '타협파'(스탈린은 이들을 '표리부동한 자들'이라고 불렀다)의 수도 그 1~2배에 이른다는 것을 알고 있었다. 그자들은 모두 지금은 납작하게 엎드려 있지만 조류가 바뀌면 스탈린에 대항해 들고 일어나지 않겠는가?

스탈린은 트로츠키와 부하린이 동맹을 맺을 가능성의 위협도 무시할 수 없었다. 트로츠키가 논란의 여지가 없는 좌파 반대파의 수장이어서

'특별열차'로 복귀할 수 있는 인물로 남아있는 한 그러한 위협은 당장 구체화된 것은 아니라 하더라도 없어지지 않고 존속하는 것이었다. 그래서 스탈린은 반대파의 사기를 꺾기 위한 노력을 더욱 강화했다. 스탈린의 앞잡이들이 라데크와 프레오브라젠스키, 그리고 그 둘의 친구들에게 공동의 목표를 거론하고 당과 사회주의를 위해 그들이 아직 수행할 수 있는 위대하고 유익하며 영광스러운 일에 대해 이야기하면서 모든 가능한 희망과 유혹거리를 제시했다. 그러나 이 모든 노력은 트로츠키가 알마아타에서 행사하는 영향력이라는 만만치 않은 장애물에 부닥쳤다. 사실 이런 트로츠키의 영향력은 그동안 유형 중인 반대파의 붕괴를 막아 왔다. 스탈린은 자기의 앞길에서 이 장애물을 제거하기로 결심했다.

그는 어떻게 그 일을 하려는 것이었을까? 그는 암살자를 보내는 것은 아직 주저하고 있었다. 이때만 해도 그는 적을 감옥에 집어넣는 일도 감히 하지 못했다. 그동안 벌어진 그 모든 사건에도 불구하고 혁명에서 트로츠키가 해낸 역할은 온 국민의 마음속에 아직도 생생하게 살아남아 있었기에 그에 대한 스탈린의 증오가 매우 컸을 것이다. 그는 트로츠키를 러시아 밖으로 추방시킬 계획을 세웠다. 그는 이 조치가 충격을 불러일으킬 거란 걸 알고 있었기 때문에 신중하게 여론조작에 나섰다. 그는 우선 새로운 추방조치에 관한 소문을 퍼뜨렸고, 그 다음에는 그 소문을 부인하라는 명령을 내렸고, 마지막으로 그 소문을 다시 퍼뜨렸다. 그는 이런 방법으로 대중의 감각을 무더지게 했다. 소문 유포, 부인, 새로이 부추겨진 소문이라는 단계적 방법만이 트로츠키가 소련 밖으로 추방된다는 생각을 익숙한 것으로 만들 수 있었고, 그래야만 충격을 덜 일으키면서 자기가 의도한 바를 관철할 수 있었다.

트로츠키는 자기의 미래에 관한 온갖 불확실성 속에서 거대하고도 혼란스러운 질문을 새롭게 던졌다. 그 질문은 "혁명은 어디로 가고 있는가?"였다. 이제 소련은 네프와 스탈린주의에 의한 '제2의 혁명'이라는 두 개의 시대 사이에 끼인 회색 막간의 시기에 들어와 있었다.[64] 앞으로 다가오는 사물의 형체가 너무 흐릿해서 안경을 껴야만 겨우 보이는 형국이었다. 트로츠키는 최근 몇 년간 자기가 이야기해온 사상 중 일부가 현실의 상황 변화에 의해 곧 추월당할 상황에 이르렀음을 어렴풋이 인식해가고 있었다. 그는 그런 사상을 넘어서려고 했으나, 그 사상은 그를 강하게 붙들고 놓아주지 않았다. 그는 새로운 전망의 윤곽을 그려보려고 했으나, 네프의 시기에 형성되고 그 현실에 적응된 사고습관과 프랑스혁명에 대한 역사적 기억이 그의 시야에 계속 끼어들었다.

예를 들어 트로츠키는 소련판 테르미도르반동이라는 개념이 현실성을 잃었음을 깨달았다. 부하린과 리코프가 사유재산을 옹호하는 가운데 스탈린이 부지불식간에 그들을 지원하는 역할을 하고 있으며, 부하린과 리코프는 스탈린이 펴는 정책의 궁극적인 수혜자가 될 것이라는 주장은 터무니없는 것이 돼버렸다. 그래서 트로츠키는 그동안 주장해 왔던 소련판 테르미도르반동이라는 개념을 사실상 포기했다.[65] 그가 1928년 10월에 쓴 '친구들에게 보내는 편지'는 알마아타에서 쓴 주목할 만한 글들 가운데 하나다. 이 글에서 그는 부하린과 부하린주의자들은 자기들의 신념에 따라 행동할 용기를 잃어버린 테르미도르반동세력 지망생들이라고 주장했다.[66] 그는 그들의 행태를 냉소적이면서도 생생하게 묘사했다. "부하린은 (쿨라크와 네프맨이 이익을 증진시키는 데 있어서) 우파의 그 어떤 지도자들보다 더 멀리 나아갔고, 그러는 동안 리코프와 톰스키는 안전거리에서 그를 관찰해왔다. 그러나 부하린은 (테르미도르반동의) 차가운물 속으로 발이 빠질 때마다 몸서리치고 떨면서 물에서 뛰쳐나오고, 그때마다 톰스키와 리코프는 안전한 곳을 찾아 수풀 쪽으로 뛰어간다." 결과적으로 볼셰비키 우파에게 환멸을 느낀 쿨라크, 네프맨, 그리고 보수적인 관료들은 다른 곳에서, 특히 군에서 유능한 지도력을 찾는 경향을 보였다. 트로츠키는 프랑스의 선례를 고려하면서 임박한 '보나파르티즘의 위험'에 대해 말했다. 이는 곧 러시아혁명이 테르미도르반동의 단계를 건너뛰어 볼셰비키의 단계에서 보나파르티즘의 단계로 직행할 수도 있다는 뜻을 내포한 말이었다.

계속해서 그는 보나파르티즘의 위험은 두 가지 형태를 취할 수 있다고 말했다. 이 위험은 고전적인 군사 쿠데타로 구체화돼 러시아판 브뤼메르 18일을 재현할 수도 있고, 스탈린의 개인통치의 형태를 취할 수도 있다는 것이었다. 그는 군이 자산을 소유하고 있는 농민들에게 직접 호소하고 그들의 지원을 받으면서 스탈린을 전복시키고 볼셰비키 정권 전체를 종식시키려고 하는 사태도 빚어질 수 있다고 보았다. 이럴 경우 군 지도자들 가운데 누가 그러한 움직임을 주도하는 지도자가 될 것인가는 그에게 부차적인 문제였다. 여건만 주어진다면 보로실로프 또는 부디에니 같은 평범한 자들도 주도권을 쥐고 성공할 수 있다고 그는 보았다. 트로츠키는 스탈린도 좋아하는 속담이 하나 있다면서 그것을 인용했다. "군주는 시궁창 오물로도 만들어질 수 있다." 쿠데타에 유리한 여건은 조성돼 있었다. 농민들은 스탈린이 지도하는 당에 적개심 외에는 아무것도 느낄 수 없었고, 노동계급은 불만을 품은 채 활력을 잃고 있었다. 그러므로 군사독재가 나타난다면 넓은 기반을 가지게 될 터였다. 군사독재는 그 성격과 결과에서 반혁명적일 것이고, 사적 경제부문에 안전, 안정, 그리고 확장을 보장해주려 할 것이다. 군사독재는 사회주의 부문을 해체하거나 불구로 만들고 자본주의를 복원시킬 것이다. 이러한 위험을 앞에 두고 트로 츠키는 사회주의를 지키고자 하는 모든 볼셰비키는 단결해야 하고, 좌파 반대파는 스탈린 및 그의 분파와 협력해야 한다는 결론을 내렸다. 왜냐하 면 스탈린은 재산가가 아닌 '프롤레타리아 출신 부자들'을 대변해왔으며 노동계급과의 공개적인 결별을 피해왔기 때문이라는 것이었다.

또 다른 가능성은 스탈린이 스스로 소련판 나폴레옹 보나파르트가 되는 것이었다. 이렇게 될 경우에는 소련이라는 나라와 반대파는 다른 상 황에 직면하게 될 것이다. 스탈린은 군을 통해서가 아니라 당 조직을 통 해서만 개인적 통치를 실행할 수 있을 것이다. 그의 독재는 군사 쿠데타 로 이어질 수 있는 반혁명적 결과를 바로 가져오지는 않을 것이다. 그러 나 그 기반은 매우 협소할 것이고, 대단히 불안정할 것이다. 스탈린은 모 든 사회계급들과 끊임없이 갈등하게 될 것이다. 그는 이번에는 이 계급, 다음에는 저 계급을 탄압하고, 계급들 사이를 이간질할 것이다. 그는 당 조직, 국가 관료집단, 그리고 군이 계속 자기에게 복종하도록 하기 위해 계속 싸워야 할 것이고, 그들 중 어느 집단도 반항하고 나설 수 있다는 데 대한 두려움 속에서 통치를 해야 할 것이다. 그는 모든 자발적인 사회적, 정치적 활동과 모든 표현의 자유를 억압하게 될 것이다. 그러한 여건에서 는 좌파 반대파와 스탈린주의자들 사이에 그 어떤 '통일전선'도 형성할 여지가 거의 없을 것이며, 좌파 반대파에게는 타협을 넘어서서 투쟁을 하 는 길밖에 없을 것이다.

이런 맥락에서 트로츠키는 향후 20년간 스탈린의 지배가 어떤 사회 적 배경에서 어떤 모습으로 어떻게 전개될 것인지를 명쾌하게 분석했다. 그는 당 서기장에서 완전한 전체주의 독재자로 바뀐 스탈린의 모습을 그 려보았다. 그러나 그런 뒤 그 그림을 다시 보니 회의적인 생각이 들었다.

그는 모든 것을 고려해서 전체적으로 보면 순전한 군사독재의 위험이 더 현실적이라고 생각했다. 보로실로프, 부디에니, 또는 어떤 다른 장군이 군대를 이끌고 스탈린에 대항하게 될 가능성이 더 높아 보였고, 그럴 경우에는 트로츠키주의자들과 스탈린주의자들이 '바리케이드 한쪽의 같은 편에서' 함께 싸워야 할 것이었다. 그는 장기적인 역사적 관점에서 보면 스탈린과 보로실로프 중 누가 백마에 올라타고 누가 그 백마의 발굽에 짓밟히는지는 그리 중요한 게 아닐 수 있다고 보았다. 그러나 단기적으로는 그 차이가 중요했다. 그것은 군사독재 아래에서 반사회주의 세력이 공개적이고 즉각적인 승리를 거두느냐, 아니면 스탈린의 지배 아래에서 훨씬 더 복잡하고 혼동되고 오랜 기간이 걸리는 발전이 전개되느냐의 차이였다. 그러므로 장기적으로는 스탈린의 독재도 사회주의에 해로울 것이라고 그는 생각했다. 그리고 그는 스탈린의 길 끝에도 승리한 쿨라크와 네프맨들이 서 있을 것이라 생각했다. 그는 이렇게 썼다. "혁명의 필름이 거꾸로 돌아가고 있다. 그 안에서 스탈린의 역할은 뒤집힌 케렌스키의 역할이다." 케렌스키주의는 러시아가 자본주의에서 볼셰비즘으로 이행한 과정을 상징하는 것이었다. 그리고 승리한 스탈린주의는 그 과정을 되돌리는 길을 상징하는 것일 수 있었다.

지금 되돌아보면, 이런 트로츠키의 추론이 지닌 오류를 간파하는 것은 너무도 쉽다. 그러나 그 추론에 내포된 진리의 핵심을 놓치는 것은 더욱 쉽다. 보로실로프나 부디에니가 나폴레옹 보나파르트의 역할을 하게 된다고 트로츠키가 상상할 수 있었다는 것 자체가 거의 터무니없게 비칠 게 분명하다. 그와 같은 '시궁창 오물'로는 군주가 만들어질 수 없었다. 그러나 정치적 분석가로서의 트로츠키는 현실성뿐만 아니라 잠재적 가능성에도 주목해야 했다. 그리고 군사 쿠데타의 가능성은 실제로 잠재하고 있었다. 비록 현실화되지 않았지만 그 가능성의 위협은 처음에는 스탈린을, 그 다음에는 그의 후계자들을 거듭해서 괴롭혔다. 이로 인해 스탈린은 1937년에 투하체프스키를 비롯한 장군들과 갈등을 겪은 데 이어 1946년에는 주코프와 갈등을 겪었고, 1957년에는 흐루시초프가 주코프와 충돌했다. 트로츠키는 이때 소련의 정치에 내재된 하나의 경향을 눈치챘지만, 그 경향의 힘을 과대평가했던 게 분명하다. 그는 또한 마르크스주의 이론에 의하면 그러한 경향의 배후에 존재하는 사회적 추동력, 즉 자기 재산을 지키려는 농민들의 결의와 힘, 그리고 그들이 군을 통해서 도시에 대항해 자기주장을 하고 나설 수 있는 능력도 과대평가했다. 트로츠키는 1906년에 "자본주의의 역사는 농촌이 도시에 종속되어가는 역사"라고 쓴 바 있었다. 그런 맥락에서 그는 구체제 속에서 러시아의 농민들이 보여준 무정형성과 정치적 무기력증을 분석했었다.[67] 그렇게 볼 때 소련의 역사는 도시에 대한 농촌의 종속이라고 특징지을 수 있다. 곧 스탈린의 쇠망치가 가공할 충격으로 사적 농업을 내리치고 농민들을 박살낼 참이었다. 그러나 그 쇠망치도 농민들이 집단화에 저항하지 못하게 할 수는 없을 것이다. 형체가 없고 분산된 상태로 끈질기게 지속되는 농민들의 저항은 집단화된 농업의 만성적인 비효율과 후진성으로 귀결될 것이다. 그러나 그 저항은 전국적인 규모의 효과적인 정치적 행동으로 집중되지는 못할 것이다. 그렇다면 소련판 나폴레옹 보나파르트의 자리를 노리는 군부의 후보자들이 결국은 실패하게 된다는 비밀이 재산을 애지중지하는 무지크들의 패배에 내재돼 있는 셈이었다.

농민들의 무기력증과 침묵은 혁명 이후 사회의 정치적 무관심의 한 단면이었다. 이는 지배관료들이 엄청난 활력과 그럴듯한 전능함을 형성하는 배경이 돼주었다. 트로츠키는 상황의 이런 측면을 천착했다가 떨쳐버리는 과정을 되풀이했다. 한번은 크루프스카야가 레닌이 한 말 중에서 골라냈을 가능성이 큰 말을 했다. 트로츠키는 대중의 정치적 무관심을 과소평가하는 경향이 있다는 말이었다.[68] 이 점에서 트로츠키는 자기 자신과 혁명가로서의 자기 본능에만 충실했다. 사회가 움직일 때, 즉 사회가 내재돼 있던 에너지를 모두 뿜어내고 모든 사회계급들이 최대한의 활력과 기세를 보이며 각자의 열망을 추구할 때에는 그의 혁명가로서의 본성이 발휘된다. 이때 그의 감각은 가장 예민해지고, 그의 이해력은 가장 예리해지며, 그의 눈은 가장 재빠르고 날카로워진다. 그러나 무기력증에 의해 압도당한 사회, 그 속에 존재하는 다양한 계급들이 모두 혼수상태에 빠져있는 사회, 트로츠키이건 마르크스이건 위대한 혁명적 이론가가 그의 비전과 통찰력을 잃어버린 사회는 트로츠키에게 절대로 맞지 않았다. 그는 그런 여건에 적응하지 못했다. 그래서 판단의 오류를 저질렀던 것이다. 혁명 이후에 대중이 지친 상태라는 것을 최대한으로 감안했을 때도 그는 가장 깊은 심연까지는 헤아려보려 하지 않았다. 여전히 그는, 노동자와 쿨라크 같은 모든 사회계급들과 군 지도자와 다양한 볼셰비키 그룹 같은 모든 사회적 집단들이 각각 자립적이고 활기찬 상태에서 언제든 자유롭게 서로 맞서서 거대한 싸움을 벌이며 이런저런 활동을 하는 모습을 상상했다. 그러다가 관료집단에 의해 길들여지고 손발이 묶여버린, 활력을 잃고 나태해진 거인들을 보게 되자 그의 사고는 방향을 잃고 흔들렸다.

궁극적으로 그는 혁명의 과정을 힘겹게 일하며 살아가는 대중의 의식 및 행동과 동일시했다. 그래서 그는 그러한 의식과 행동이 존재하지 않는 상황에 직면하자 '스탈린주의가 승리한 가운데 혁명의 영화필름이 거꾸로 돌아가고 있고, 그 속에서 스탈린의 역할은 뒤집힌 케렌스키의 역할'이라는 결론을 내렸다. 여기에 또다시 오류가 있음이 분명하다. 하지만 그 안에 들어 있는 진리의 핵심을 간과해서는 안 된다. 영화필름은 그 전의 유사한 영화필름과 혁명을 만든 사람들이 기대했던 대로 돌아가지 않고 있었다. 그것은 부분적으로 다른 방향으로 돌아가고 있었다. 하지만 거꾸로 돌아가고 있었던 것은 아니다. 그 속에서 스탈린의 역할도 뒤집힌 케렌스키의 역할이 아니었다. 영화필름은 계속 돌아가고 있었고, 최종적인 결론을 내리기에는 아직 이른 시기였을 수도 있다. 이론상으로는 프랑스나 영국의 혁명과 같은 과거의 위대한 혁명들이 겪은 것과 마찬가지로 러시아의 혁명도 심각한 후퇴로 귀결될 가능성이 있었다. 그러나 아직 그렇게 될 가능성은 지극히 희박했다. '영화필름이 거꾸로 돌아가고 있다'는 트로츠키의 표현은 자본주의의 복원으로 상황이 전개되고 있다는 것을 뜻했다. 그렇지만 실제 상황은 계획경제, 공업의 확장, 대중적 교육 쪽으로 움직이고 있었다. 이는 관료적 왜곡과 타락에도 불구하고 혁명의 약속이 실현되는 것임을 말해주는 상황이라고 트로츠키가 인식했던 것들이다. 전제조건이 충족됐다고 해서 목표가 실현됐다고 말할 수는 없다. 1950년대의 소련은 스탈린주의의 행적을, 적어도 그것의 다양한 측면 중 일부를 쓰라린 환멸의 눈으로 되돌아보게 할 이유를 충분히 갖고 있었다. 그러나 1950년대의 소련은 스탈린의 길 끝에 승리한 쿨라크와 네프맨들이 서 있다는 것은 알지 못했다.[69]

스탈린의 그간 행적은 보나파르티즘으로 볼 수 있는 것이었는가? 일반적으로 보나파르티즘이란 용어는 무력 통치와 개인적 지배라는 의미로만 사용되지만, 트로츠키는 이 용어를 그런 의미로 사용하지 않았다. 보나파르티즘에 대한 좀 더 폭넓은 마르스크주의적 정의는 국가 조직이나 관료 조직에 의해 행사되는 독재이며, 군사독재는 그중 하나의 특별한 형태일 뿐이다. 마르크스주의의 관점에서는 국가 또는 정부가 모든 사회 계급으로부터 정치적 독립성을 획득하고 사회에 대한 절대적 우위를 확립하는 것이 보나파르티즘의 필수조건이다. 이런 의미에서 보면 스탈린의 지배는 보나파르티즘과 많은 공통점을 갖고 있었다. 그러나 스탈린의 지배를 보나파르티즘과 등치시키는 것은 그 모든 복잡성과 모순성을 다 감안하면서 스탈린의 지배라는 현상을 이해하는 데는 매우 일반적이고 모호한 단서만을 제공해줄 뿐이다. 스탈린은 독립적인 국가 조직을 통해서 지배력을 행사했다기보다는 독립적인 당 조직을 통해서 국가를 통제하고 지배력을 행사했다. 혁명의 경로와 소련의 정치적 분위기에는 이런 차이가 커다란 의미를 갖는다. 당 조직은 스스로를 볼셰비키의 사상과 전통에 대한 유일하게 권위 있는 수호자이자 해석자로 간주했다. 그러므로 당 조직을 통한 통치는 볼셰비키의 사상과 전통이 그동안 실용적이고 교리적인 재정식화를 거치고서도 소련의 통치이념과 지배적 전통으로 유지되고 있음을 의미했다. 이것이 가능했던 것은 오로지 그 사상과 전통이 소련의 사회구조에 단단하게 뿌리를 박고 있었기 때문이다. 이런 상황과 부분적으로라도 비슷한 사례를 프랑스혁명에서 찾아내는 것은 상상을 통해서나 가능할 것이다. 그렇게 하려면 우리는 만약 테르미도르반동이 로베스피에르를 무너뜨리지 않았다면, 그리고 만약 지금 역사가들이 총재정부, 통령정부, 제국이라고 부르는 모든 시기에 걸쳐 로베스피에르가 불구화되고 순치된 자코뱅당의 이름으로 통치했다면 혁명 프랑스는 어떻게 됐을까를, 다시 말해 만약 나폴레옹이 전면에 등장하지 않고 자코뱅주의의 깃발 아래 혁명이 완전하게 다 전개됐다면 프랑스가 어떻게 됐을까를 상상해야만 할 것이다.[70]

우리는 당 조직에 의한 지배가 사실상 레닌 시대의 말기에 시작됐음을 보았다. 레닌은 일당지배 체제를 본질적으로 핵심 볼셰비키들이 지배하는 체제라고 보았다. 그런 일당지배 체제에는 당 조직에 의한 지배가 원래부터 내재돼 있었다. 그러므로 트로츠키가 보나파르티즘이라는 용어를 사용한 방식에 따르면, 레닌 시대 말기의 레닌 정부는 보나파르티즘의 진정한 완성형태, 즉 개인적 지배라고 할 만한 특징을 결여하고 있긴 했어도 '보나파르티즘적'이라고 말할 수 있다. 사실 1928년에 트로츠키가 보나파르티즘의 위험에 대해 이야기하면서 앞으로 그 모습을 드러낼 것이라고 한 것들은 이미 대부분 실현되어 발전의 단계에 들어선 것들이었다. 레닌 시대 이후 당 조직의 독재가 점점 더 공격적이고 잔혹해진 것은 물론이다. 그러나 1921년부터 1929년까지 전개된 격동의 정치사는 당 조직의 독재만으로 채워졌다기보다는 오히려 한 개의 당에 의한 지배가 한 개의 분파에 의한 지배로 바뀌는 변화로 더 많이 채워졌다. 이것이 볼셰비즘의 정치적 독점이 살아남고 확고해질 수 있는 유일한 방식이었다. 이 책의 첫 부분에서 우리는 일당체제란 용어 자체가 모순임을 보았다. 볼셰비키의 다양한 분파, 그룹, 사상집단들이 하나의 당 안에서 '그림자 다당제'와 같은 것을 형성하고 있었다. 일당체제의 논리는 바로 이것을 제거할 것을 암묵적으로 전제하는 것이었다. 볼셰비키 당은 단일체여야 하며 그렇지 않다면 그것은 볼셰비키 당이 아니라고 한 스탈린의 선언은 바로 이런 일당체제의 논리를 말한 것이었다. 물론 단일체가 되어가는 과정에서 어느 시점에 이르면 당은 볼셰비키적 성격을 잃는다.

만약 오랜 세월에 걸친 빈곤과 후진성을 떨쳐내지 못한 채 포위되고 고립됐던 소련의 역사가 나라의 생존 자체를 위협하는 재난, 비상사태, 위기의 거의 끊임없는 연속이 아니었다면, 일당체제의 논리는 그렇게 강력하게 대두하지도, 그렇게 무자비한 것이 되지도 않았을 것이다. 어쩌면 일당체제 자체가 노동자 민주주의의 성장에 의해 폐기됐을지도 모른다. 모든 비상상황과 위기가 국가정책의 모든 주된 쟁점들에 첨예하게 제기되어 볼셰비키 내 분파와 그룹들을 서로 충돌하게 했고, 그들 사이의 갈등을 말로 다 표현할 수 없을 정도로 격렬하게 만듦으로써 하나의 당에 의한 지배를 하나의 분파에 의한 지배로 대체시키는 결과를 빚어냈다. 우리가 이 책에서 전개해온 이야기가 지금 도달한 시점에는 스탈린주의자들과 부하린주의자들 사이의 충돌 속에서 그와 같은 과정이 끝나가고 있었다. 앞날의 일로 남아있는 것은 준보나파르티즘적 결말, 즉 1930년대 초에 이르러 하나의 분파에 의한 지배가 한 명의 지도자에 의한 지배로 대체되는 것뿐이었다. 트로츠키는 다른 것들에 대해서는 판단을 잘못했는지 몰라도 바로 이러한 결말, 즉 스탈린의 독재체제가 들어설 것임은 분명히 예견했다.

그러나 이때까지도 트로츠키는 스탈린주의의 부상을 볼셰비키에 의한 권력독점의 필연적 결과로 인식하지 못했다. 반대로 그는 그것을 볼셰비키 정부가 사실상 마무리되는 것으로 보았다. 그래서 스탈린이 자기 분파에 의한 통합된 지배를 일당지배의 결과이자 그것에 대한 궁극적인 긍정으로 제시한 반면, 트로츠키는 그것을 일당지배에 대한 부인이라고 보았다. 사실 스탈린의 권력독점 속에는 레닌과 트로츠키에 의해 수립된 볼셰비키의 권력독점에 대한 긍정과 부정이 모두 들어있었다. 그리고 서로 상반되는 이 두 가지 요소는 각각 하나의 문제가 지닌 두 가지 서로 다른 측면과 연결돼 있었다. 우리는 앞에서 하나의 당에 의한 지배가 하나의 분파에 의한 지배로 바뀌고 이를 통해 레닌주의가 스탈린주의에 자리를 내어준 이행과정을 추적해 보았다. 우리는 그 과정의 시작단계에서는 잠재돼 있었던 것들이 그 과정의 마감단계에서는 겉으로 드러나면서 극단적이거나 과장되게 표출됐음을 보았다. 이런 점에 비추어볼 때 스탈린이 자기는 당의 일을 볼 때 레닌이 설정해 놓은 노선을 따른다고 한 주장은 현실의 문제에 대해 이야기한 것이었다. 그러나 이런 스탈린의 주장을 강력히 부정한 트로츠키의 입장도 그에 못지않게 현실에 단단한 뿌리를 둔 것이었다. 하나의 분파에 의한 지배는 사실 하나의 당에 의한 지배의 결과인 동시에 그 남용이었다. 트로츠키는 물론이고 다른 볼셰비키 지도자들도 잇달아 항의했다. 즉 레닌의 지도 아래 볼셰비키의 정치적 독점을 수립했을 때 자기들은 그것을 노동자 민주주의와 결합시키고자 했고, 당 그 자체에 그 어떤 획일적 규율을 부과하기는커녕 당 내부의 자유를 당연시했을 뿐 아니라 그것을 보장했다는 것이었다. 오직 눈멀고 귀먹은 자들만이 스탈린주의와 레닌주의 사이의 대조적인 차이를 인식하지 못할 것이다. 그 차이는 조직이나 규율의 문제에서보다는 사상의 영역과 볼셰비즘의 도덕적, 지적 분위기에서 훨씬 더 강하게 드러났다. 바로 이 지점에서 혁명의 영화필름이 거꾸로 돌아간 게 분명했다. 적어도 스탈린주의가 한편으로는 무지크들의 문맹상태와 야만성, 다른 한편으로는 옛 지배집단들의 절대주의 전통을 동반한 러시아의 원시적이고 반아시아적인 것들 모두와 마르크스주의의 대표적 혼합물이라는 의미에서는 확실히 그랬다. 이에 비해 트로츠키는 마르크스주의의 모든 지적, 도덕적 힘은 물론 마르크스주의의 모든 정치적 약점, 즉 마르크스주의가 러시아의 후진성과는 양립하기 어렵다는 점과 서구에서 사회주의가 실패했다는 점에서 유래되는 마르크스주의의 약점에도 불구하고 희석되지 않은 고전적 마르크스주의를 대변했다. 스탈린은 트로츠키를 추방함으로써 러시아에서 고전적 마르크스주의도 추방한 셈이다.

두 적대자는 이와 같이 상반되고 모순된 운명을 갖고 있었다. 그래서 트로츠키가 조국에서 추방되고 있을 때 스탈린은 특유의 야만적인 태도로 고전적 마르크스주의를 게워내고 있는 러시아의 후진성과 야만성을 뿌리 뽑는 일에 착수했고, 스탈린주의 관료집단은 사회주의적 원시축적에 관한 트로츠키의 정책강령을 실행하려고 하고 있었다. 트로츠키는 이후 10년간 스탈린이 실행하고 관리하게 되는 2차 혁명을 고무하고 촉진한 장본인이었다. 트로츠키라면 2차 혁명을 어떻게 인도했을까? 그러면 소련 인민을 스탈린 치하에서 겪었던 것 같은 궁핍, 비참, 억압에 빠뜨리지 않고도 같은 속도와 규모로 러시아의 공업화를 추진하는 데 성공했을까? 그라면 강요가 아닌 설득을 통해서 무지크들을 집단농장에 들어가게 할 수 있었을까? 이런 추측을 해보는 것은 무익한 일일 것이다. 이런 질문들에 대해 답변하는 것은 불가능하다. 역사가들은 과거에 실현됐을 수도 있는 어떤 사건과 상황을 애써 그려보려 하지 않는다. 실제로 벌어진 사건과 상황을 있었던 그대로 놓고 분석하는 데만도 역사가들이 해야 할 일이 많기 때문이다. 실제로 벌어진 상황을 보면, 1920년대에 전개된 정치상황이 1930년대에 러시아 사회가 변화하는 방식을 규정했다. 그 진화과정은 독재와 획일적인 규율로 이어졌고, 그 결과 강제적인 공업화와 집단화가 일어났다. 사회주의적 원시축적에 필요한 정치적 도구는 1920년대에 마련되어 1930년대가 되면 언제든 사용될 수 있는 상태에 있었다. 이 정치적 도구는 사회주의적 원시축적이라는 과제를 위해 계획적, 의식적으로 마련됐다기보다는 볼셰비키의 권력독점을 스탈린주의의 권력독점으로 전환시킨 당내 갈등과 투쟁이라는 우발적 과정을 통해 마련됐다. 그러나 만약 독재와 획일적 규율이 흔히 마르크스주의자들이 이야기하듯 사회주의적 원시축적의 정치적 상부구조를 형성했다면, 그들은 그 상부구조에서 일정한 자기정당화의 요소를 찾아낼 수 있을 것이다. 스탈린의 지지자들은 독재와 획일적 규율 없이는 스탈린이 실행한 규모로 축적을 시도할 수 없었을 것이라고 주장할 수 있었다. 단순하게 말한다면, 볼셰비키 분파들의 오랜 경합을 경험하는 동안 스탈린이 그 나름대로 추구해온 '확고한 지도력'을 갖추게 됐을 수 있다. 그는 그러한 지도력을 행사할 수 있게 되자 그것을 소련을 공업화하고, 농업을 집단화하고, 나라의 전망 전체를 변화시키는 데 사용했다. 그리고 그다음에는 자기의 행동을 정당화하기 위해 그 '확고한 리더십'을 이용해 자기가 한 일들을 내세웠다.

트로츠키는 스탈린이 자기정당화를 위해 내세우는 주장들을 반박했다. 그는 계속 자기의 적을 보나파르티즘적 권력찬탈자라고 비난했다. 그는 스탈린의 2차 혁명이 지닌 '긍정적이고 진보적인' 측면을 인정하고 그것을 자신의 정책강령이 부분적으로 실천되는 것으로 봤어야 했다. 우리는 그가 1871년에 프롤레타리아 혁명가로서 승리하는 데는 실패했지만 그럼에도 불구하고 왕정복고의 길을 차단했던 파리코뮌 참여자들의 운명과 반대파의 운명을 비교한 바 있었음을 기억한다. 파리코뮌 참여자들은 패배 속의 승리를 거두었고, 트로츠키에게는 1930년에 소련에서 일어난 거대한 변화가 패배 속의 승리였다. 파리코뮌 참여자들은 자신들이 없었다면 결코 확립될 수 없었던 부르주아 공화국, 즉 제3공화정과 타협하지 않았다. 그들은 제3공화정의 적으로 계속 남았다. 이와 비슷하게 트로츠키도 관료적 2차 혁명과 영원히 타협하지 않았고, 그것에 대항해 노동자 국가 안에서 노동계급이 자기주장을 할 수 있어야 하고 사회주의 국가 안에서 사상의 자유가 인정돼야 한다고 주장했다. 이렇게 하는 과정에서 그는 정치적 고립에 빠졌다. 왜냐하면 너무도 많은 동지들이 부분적으로는 좌절하고 지쳐서, 부분적으로는 나름의 신념에서 스탈린의 2차 혁명에 의해 포획되거나 매수됐다. 유형 중이던 반대파는 스스로에 의해 거의 해체될 지경에 이르렀다.

그렇다면 트로츠키는 시대와 충돌한 것이었나? 그는 결국 '역사에 대항'하는 가망 없는 싸움을 한 것이었나? 니체의 글을 인용해보자.

만약 전기(傳記)를 읽고자 한다면 '아무개와 그의 시대'라는 식으로 전설을 담은 전기를 찾지 말고, 속표지에 '시대에 대항한 투사'라고 쓸 수 있을 만한 전기를 찾아라. (…) 역사라는 것이 '열정과 오류의 포괄적 체계' 이상의 것이 아니라면, 전기는 괴테가 《젊은 베르테르의 슬픔》이 읽히기를 바라는 방식대로, 다시 말해 '한 인간이 되고, 나를 따르지 말라!'는 것이 그 전기의 도덕률인 것처럼 읽어야 할 것이다. 그러나 다행히도 역사는 '역사에 대항한', 즉 실제의 맹목적 힘에 대항한 위대한 '투사들'의 기억도 살아있게 해주며 (…) 더 큰 즐거움과 더 큰 자부심을 가지고 '앞으로 어떠해야 하는 것(당위 또는 과제—옮긴이)'을 따를 수 있기 위해 '지금 어떠한 것(현상 또는 현실—옮긴이)'에는 거의 신경 쓰지 않는 사람들 속에 들어 있는 진정한 역사적 성격에 영광을 돌린다. 그들의 세대를 무덤으로 끌고 가지 말고 새로운 세대를 찾아내는 것, 이것이야말로 그들을 앞으로 나아가게 하는 동기다.

이는 주관주의적 낭만주의가 그 밑바탕에 깔려 있음에도 훌륭한 구절이다. 트로츠키는 비록 니체적인 의미에서는 아닐지 몰라도 실로 '시대에 대항한 투사'였다. 마르크스주의자로서 그는 '지금 어떠한 것'에 크게 관심을 갖고 있었고, '앞으로 어떠해야 하는 것'은 '지금 어떠한 것'이 낳는 자식임을 인식하고 있었다. 그러나 그는 '실제의 맹목적 힘'에 고개 숙이지 않았고, '앞으로 어떠해야 하는 것'을 '지금 어떠한 것'에 굴종시키지 않았다.

그는 돈키호테나 니체가 말한 초인의 행동이 아니라 선구자의 행동으로, 과거의 이름이 아니라 미래의 이름으로 시대에 대항했다. 우리가 어떤 위대한 선구자의 얼굴을 관찰할 때 거기에서 돈키호테적인 특징을 발견하게 되더라도 그 선구자 자체는 돈키호테도 유토피아주의자도 아닐 수 있다. 1917년과 그 이후의 트로츠키만큼 승리자로서 그 시대와 완벽한 조화를 이룬 인물은 역사에서 거의 찾아볼 수 없다. 그러므로 그 뒤에 그가 시대와 충돌하고 갈등을 빚은 것은 자기와 같은 시대를 살아간 세대의 현실로부터 이탈할 소지가 그에게 미리 잠재돼 있었기 때문이 아니다. 선구자로서의 성격과 기질이 그로 하여금 그런 방향으로 치닫게 했다. 1905년에 그는 1917년의 혁명과 소비에트의 결성을 예고했고, 1917년에는 소비에트들의 으뜸가는 지도자였으며, 1920년대 초 이후에는 계획경제와 공업화를 고무했다. 그 뒤에도 그는, 오류가 없었다고는 할 수 없지만, 혁명적 인민들을 다시 일깨우는 역할을 하는 위대한 선구자로 남았다. 그리고 그러한 인민들의 정치적 재각성에는 1953~1956년에 소련에 뿌리 내린 스탈린주의를 극복하려는 충동이 아직 희미하기는 했으나 하나의 중요한 지침으로 작용했다. 그는 역사의 이름으로 역사에 대항해 싸웠고, 흔히 억압의 결과로서 역사에서 실현된 사실들에 대항해 더 나은, 훗날 언젠가는 실현될 수 있는 해방의 성취들을 제시했다.

12월 초에 트로츠키는 자기의 우편물이 차단당하는 데 대해 칼리닌과 멘진스키에게 항의했다. 그는 두 주 동안이나 답변을 기다렸다. 12월 16일에 모스크바에서 온 게페우의 고위관료가 그에게 최후통첩을 전달했다. 즉각 반혁명 활동을 중단하지 않으면 정치판에서 완전히 격리시킬 것이며 거처를 강제 이주 시킬 것이라는 내용이었다. 바로 그날로 트로츠키는 당과 인터내셔널의 지도자들에게 도발적인 편지를 보냈다.

> 나에게 정치적 활동을 포기하라고 요구하는 것은 삶에서 깨어있는 시간 전부를 바쳐 국제 노동계급의 이익을 위해 수행해오고 32년간에 걸쳐 부단히 참여해온 투쟁을 부정하라는 것이다. (⋯) 뿌리까지 다 썩은 관료집단만이 내게 그러한 자기부정을 요구할 수 있다. 비열한 변절자들만이 그렇게 하겠다고 약속할 수 있다. 이 외에는 더 이상 언급할 말이 없다![71]

잠 못 이루는 불안하고 긴장된 나날이 한 달간 이어졌다. 게페우에서 파견한 요원은 모스크바로 돌아가지 않고 알마아타 현장에서 다음 명령을 기다렸다. 다음 명령은 정치국이 어떤 결정을 내리느냐에 달려 있었지만, 정치국은 아직 결심을 하지 못하고 있었다. 스탈린이 정치국에 트로츠키 추방명령을 재가할 것을 촉구했을 때 부하린, 리코프, 톰스키가 격렬하게 반대했다. 정치국 회의에서 부하린은 그동안 트로츠키에게 저질렀던 행동을 후회하고 '새로운 칭기즈칸(스탈린—옮긴이)'을 더욱더 두려워하면서 비명을 지르고 눈물을 흘리고 흐느꼈다. 그러나 정치국 위원 중 다수가 스탈린이 바라는 대로 투표했다. 트로츠키가 모스크바에서 추방된 이후 일 년 만인 1929년 1월 20일에 무장한 병력이 알마아타에 있는 트로츠키의 거처를 포위했다. 게페우 관리는 트로츠키에게 새로운 추방령을 전달했다. 이번에는 소련의 모든 영토에서 추방한다는 것이었다. 트로츠키는 명령 수령장에 이렇게 썼다. "나는 내용상 범죄이고 형식상 불법인 게페우의 결정을 1929년 1월 20일에 전달받았다."[72]

그가 모스크바에서 체포될 때와 비슷한 희비극적 장면이 또다시 연출됐다. 그를 감금한 자들은 트로츠키에게 전달된 명령에 당황했고, 그에게 씌워진 혐의를 보고는 말 그대로 두려움에 빠졌다. 그들은 자기들이 그를 도대체 어디로 데려가게 될지 몰라 두려워하면서 오히려 불안한 표정으로 그의 가족에게 이런저런 질문을 던졌고, 그에게 자기들의 우려하는 마음과 우정을 은밀히 내보였다. 그러나 그들에게 내려진 명령은 가혹했다. 그들은 그에게서 무기를 빼앗고, 스물네 시간 안에 그를 집에서 끌고 나갔으며, 그가 어디로 가게 될지에 대해서는 가는 도중에 알려줄 것이라고 말했다.

1월 22일 동틀 무렵에 죄수인 그와 그의 가족, 그리고 상당한 규모의 호위대가 차를 타고 알마아타를 떠났다. 일행은 산악의 사막지대와 쿠르데이 고개를 거쳐 프룬제로 향했다. 그들은 일 년 전에는 눈보라 속에서 같은 길을 통해 알마아타로 왔다. 이번 여행은 그때보다 더 힘들었다. 이해 겨울은 특별히 추위가 심했던 것으로 기억되고 있다. 아마도 한 세기에 한 번 올까말까 하는 추위였을 것이다. "우리가 탄 일곱 대의 자동차를 끌고 고개를 넘어야 하는 힘센 트랙터가 눈 속에 처박혀 옴짝달싹못하게 되는가 싶더니 곧바로 눈에 덮여 보이지 않게 됐다. 일곱 명의 사람과 여러 필의 말이 얼어 죽었다. (…) 우리는 썰매로 갈아타야 했다. 약 삼십 킬로미터를 가는 데 일곱 시간 넘게 걸렸다."[73]

프룬제에서 트로츠키와 그의 가족은 유럽지역 러시아로 가는 특별열차에 태워졌다. 도중에 그가 콘스탄티노플로 추방되고 있는 것임을 알리는 메시지가 전달됐다. 그는 곧바로 모스크바에 항의 메시지를 보냈다. 정부는 자기의 동의도 받지 않은 채 자기를 나라 밖으로 추방할 권리를 갖고 있지 않다고 그는 항의했다. 콘스탄티노플은 랑겔(1878~1928, 내전 당시 백위대의 지휘관 ―옮긴이)의 군대병력 중 살아남은 자들이 크리미아반도에서 넘어와 집결하는 장소였다. 정치국이 감히 그를 백위대의 보복에 노출시키려고 했던 것일까? 그들은 독일이나 다른 나라로부터 그의 입국사증도 받지 못했던 것일까? 그는 모스크바에서 살고 있는 가족을 만나게 해달라고 요구했다. 그의 이 마지막 요구는 받아들여졌다. 그들이 모스크바에서 데려온 세르게이와 료바의 처가 열차에서 추방당하고 있는 그를 만났다. 트로츠키는 다시 한 번 콘스탄티노플로 가는 것을 거부한다고 밝혔다. 그의 추방 길에 동행하던 게페우 요원은 그의 항의를 모스크바에 전달하고 지시가 내려오기를 기다렸다. 그동안 열차는 가던 궤도에서 벗어나 '아주 작은 역' 근처의 지선 궤도 위에 멈춰 서있었다. 이때의 상황을 트로츠키는 이렇게 묘사했다.

> 두 줄로 이어진 가느다란 수풀 사이에서 열차는 혼수상태에 빠졌다. 하루하루가 지나갔다. 열차 옆에는 점점 더 많은 통조림 깡통이 나란히 쌓여갔다. 까마귀와 까치들이 먹을 것을 찾아 점점 더 많이 모여들었다. 황무지 (…) 고독 (…) 여우가 열차 바로 앞까지 발자국을 몰래 남기고 갔다. 우리의 점심식사와 신문을 가져오기 위해 매일같이 기관차가 열차 한 칸을 매달고 좀 더 큰 역에 갔다 오곤 했다. 인플루엔자가 우리의 열차에 침범했다. 우리는 아나톨 프랑스의 작품과 클류체프스키의 역사서를 다시 읽었다. (…) 기온이 영하 53도여서 매우 추웠다. 기관차는 계속 앞뒤로 왔다 갔다 했다. 엔진이 얼어붙는 것을 막기 위해서였다. (…) 우리는 우리가 어디로 가는지도 알지 못했다.[74]

이렇게 열두 번의 낮과 밤이 지나갔고, 그동안 누구도 열차를 떠날 수 없었다. 신문만이 유일하게 세상의 메아리를 듣게 해주었다. 신문들에는 트로츠키주의에 대한 가장 격렬하고 위협적인 욕설과 새로운 '트로츠

키주의 중앙'이 발견됐다는 보도, 그리고 반대파 사람들 수백 명이 체포됐다는 소식으로 가득했다.[75)]

열이틀이 지났을 때 열차여행이 다시 시작됐다. 열차는 그에게 익숙한 우크라이나 초원지대를 통과해 남쪽을 향해 전속력으로 달렸다. 모스크바 당국이 주장했던 대로 이때 독일 정부는 트로츠키에게 입국 허가를 내주지 않았다. 그래서 그는 결국 콘스탄티노플로 내쫓기게 된 것이다. 학위과정을 마치고 싶어 했던 세르게이와 료바의 처는 빠른 시일 안에 해외에서 가족이 재결합하게 되기를 희망하며 모스크바로 돌아갔다. 트로츠키 부부는 돌아가는 세르게이와 료바의 처를 불길한 예감 속에 포옹했지만, 자기들의 미래도 불안한 처지인 탓에 그들에게 망명길에 동행하자고 감히 권할 수가 없었다.

열차 속에서 트로츠키는 밤의 어둠 너머로 러시아 땅을 마지막으로 바라보았다. 열차는 그가 어린시절을 보내면서 세계에 대한 그의 첫 야망과 꿈을 키웠던 오데사의 거리들과 항구를 가로질러 달렸다. 그의 기억 속에는 '성질을 억제하지 않고 절대적인 권력을 행사하던', 그리고 '마차 속에서 꼿꼿하게 선 채로 주먹을 휘두르며 거리에 대고 거친 목소리로 고함을 질러대던' 옛 차르의 오데사 주지사가 자리 잡고 있었다. 그는 이제 또 하나의 욕설과 거친 목소리를 듣고, 또 하나의 주먹 휘두르기를 보고 있었다. 아니, 그것은 '또 하나'가 아니라 예전의 그것과 같은 것은 아닐까? 이제 쉰 살이 된 그의 눈은 자기가 어린시절에 누볐던 거리들을 따라가고 있었다. 그때 그는 주지사를 보고는 위축되어 '학교가방을 추스르고 서둘러 집으로 달려갔다.' 지금은 죄수가 된 그를 실은 열차가 서둘러 항구로 달려가고 있었다. 그 항구에서 그는 자기를 미지의 곳으로 실어 나를 배에 올라타야 했다. 그는 부조리한 자기의 운명을 반추할 수 있을 뿐이었다. 불과 4년 전만 해도 항구의 부두는 그의 명령에 따라 움직이던 군 병력이 촘촘히 에워싸고 있었다. 마치 그를 조롱하려는 듯 그를 기다리는 배에는 레닌의 성인 '일리치'라는 글자가 적혀있었다! 그 배는 강풍이 부는 한밤중에 다급하게 항구를 떠났다. 이해 겨울에는 흑해마저 얼어붙어, 100킬로미터 남짓까지는 쇄빙선이 앞서 가며 뱃길을 만들어내야 했다. 일리치 호가 닻을 올릴 때 트로츠키는 멀어져가는 해변을 바라보았다. 그는 자기가 떠나고 있는 나라 전체가 사막으로 얼어붙어버린 듯, 혁명 자체가 동결돼버린 듯 느꼈을 것이 분명하다. 그 나라로 돌아갈 뱃길을 열어줄 권력도, 인간 쇄빙선도 전혀 없었다.

| 주석 |

머리말

1) 이 두 권의 책 제목은 "모든 무장한 예언자는 정복자가 되었고, 비무장의 예언자는 파멸했다" 는 마키아벨리의 경구에서 따온 것임을 기억하라(The Prophet Armed, pp. xiv에 인용된 《군주론》의 구절 참조).

1장

1) Trotsky, Sochinenya, 3권, pp. 318~329.
2) Trotsky, Pyat Let Kominterna, pp. 284~287; Radek, Pyat Let Kominterna, 2권, pp. 464~465; Tretii Vsemirnyi Kongress Kominterna, pp. 58 이하, 308 이하; Lenin, Sochinenya, 32권, pp. 444~450와 여기저기.
3) Kritsman, Geroicheskii Period Velikoi Russkoi Revolutsii, pp. 150 이하; 3 Syezd Profsoyuzov, pp. 79~86과 4 Syezd Profsoyuzov, pp. 72~77에 수록된 밀류틴의 보고.
4) 9 Vserossiiskii Syezd Sovietov, pp. 23~26에 수록된 칼리닌의 보고서 참조.
5) 4 Syezd Profsoyuzov 및 Bukharin, Lozovsky, Miliutin의 보고.
6) 로조프스키는 일부 공장들에서 생산물의 50퍼센트가 도난당했다고 주장했다. 그리고 임금은 노동자 생계비의 5분의 1을 충족하는 데 그친 것으로 추정된다. 같은 자료, p. 119.
7) 마르크스, 《루이 보나파르트의 브뤼메르 18일》
8) Lenin, Sochinenya, 26권, pp. 396~400; Trotsky, Kommunizm i Terrorizm.
9) The Prophet Armed, pp. 89~97와 여기저기.
10) 1921년 12월에 열린 소비에트 총회에서 '프롤레타리아의 대표'를 자칭하는 이들 모두에 대해 레닌은 이렇게 이의를 제기했다. "잠깐, 실례요만 당신은 누구를 두고 프롤레타리아라고 말하는 겁니까? 대규모 공장에 고용된 노동자 계급을 말하는 건가요? 그러나 당신이 속한 대규모 공장이란 것은 어디에 있습니까? 어떤 종류의 프롤레타리아라는 겁니까? 왜 그 공장은 놀고 있습니까?"(Sochinenya, vol. xxxiii, p. 148.) 1922년 3월에 열린 11차 당대회에서 레닌은 또다시 이렇게 주장했다. "전쟁 이후에 공장으로 간 사람들은 전혀 노동계급이 아니고 꾀병을 부리며 일을 하지 않으려고 하는 자들입니다. 그리고 현재 우리의 사회적, 경제적 여건에서 진정한 프롤레타리아가 공장으로 가겠습니까? 아닙니다. 마르크스에 따르면 그들은 공장으로 가야 합니다. 그러나 마르크스가 쓴 글은 러시아에 대한 글이 아닙니다. 그는 일반적인 자본주의, 즉 15세기 이래 발달돼온 자본주의에 대해 글을 썼습니다. 그 모든 내용은 600년

동안 옳았지만, 오늘날의 러시아에서는 옳지 않습니다."(앞의 책, p. 268.) 슐랴프니코프는 노
동자반대파를 대표해 발언하면서 레닌에게 이렇게 대꾸했다. "어제 블라디미르 일리치는 마
르크스주의의 관점에서 하나의 계급으로서의 프롤레타리아는 러시아에는 존재하지 않는다
고 말했습니다. 존재하지도 않는 계급의 전위가 된 당신에게 축하를 드려도 되겠습니까?" II
Syezd RKP(b), p. 109. 이 빈정댄 말은 엄혹한 진실을 표현한 것이었다. 같은 책 408~409쪽에
나오는 지노비예프의 연설도 참조하라.

11) 혁명 5년차에도 볼셰비키가 그들 자신의 일당체제에 얼마나 적응하지 못했던가는 무엇보다
도 11차 당대회에서 지노비예프가 한 연설에 포함된 다음과 같은 구절에서 여실히 드러난다.
"우리는 법률적으로 존재하는 유일한 당입니다. (…) 말하자면 우리는 하나의 독점체입니다.
(…) 이것은 우리 당의 애국주의에는 거슬리는 것으로 들립니다. (…) 우리는 적들의 정치적
자유를 인정하지 않았습니다. (…) 그러나 우리는 달리 행동할 수 없었습니다." 같은 책, pp.
412~413. (이탤릭체 강조는 필자가 한 것임. 아이작 도이처.)

12) 지노비예프에 따르면, 1922년의 당원들 가운데 1917년 2월 이전에 지하에서 투쟁했던 볼셰
비키는 단지 2퍼센트에 불과했다. 같은 책, p. 420.

13) 같은 책 pp. 413~414.

14) Izvestya Ts. K., 1921년 11월 15일자(34호). Popov, N. Outline History of the CPSU(b), 제2권,
p. 150.

15) Lenin, Sochinenya, 제33권, pp. 228~230.

16) 11차 당협의회와 11차 당대회의 결의문들을 보라. 이 결의문들은 KPSS v Rezolutsyakh, 1권,
pp. 595~596, 612, 628~630에 실려 있다.

17) 예를 들어 11차 당대회에서 마누일스키는 내전에 참여했던 베테랑 당원이 당원증을 찢어버
려 영웅적 후광을 갖게 되었다는 이야기에 대해 항의하고 그런 당원은 반역자로 다루어져야
한다고 주장했다. 그는 당시의 만연한 분위기를 1849년과 1907년에 혁명이 좌절된 직후의 낙
담한 분위기와 비교했다. II Syezd RKP (b), pp. 461~463.

18) 아서 랜섬(Arthur Ransome, 1884~1967, 영국의 언론인, 작가 — 옮긴이)은 1919년에 자기가 부
하린에게 차에 넣을 사카린을 조금 준 일을 소개하면서 그것이 한턱 낸 것이라고 썼다. 그에
따르면 지노비예프의 사무실에서는 '가느다란 말고기 조각들이 들어간 수프 (…) 약간의 카
샤(죽과 비슷한 러시아 음식 — 옮긴이) (…) 차와 설탕 한 덩어리'가 한 끼 식사였다고 한다. 〈
러시아에서의 6주(Six Weeks in Russia)〉, pp. 13, 56.

19) Moya Zhizn, 2권, p. 77.

20) 예를 들어 트로츠키가 1921년 10월 25일 모스크바 수비대의 지휘관과 인민위원들을 상대로
한 연설과 같은 해 9월 육군 기동훈련이 끝날 무렵에 한 연설을 보라. Kak Vooruzhalas
Revolutsia, 3권, 1책.

21) Annual Report of C.C. in Appendix to II Syezd RKP (b), pp. 637~664; Pyat Let Sovietskoi
Vlasti; and Kak Vooruzhalas Revolutsia, 3권, 여기저기.

22) Morizet, Chez Lénine et Trotski, pp. 108~111. 세르게와 로스메는 각자 쓴 글에서 이 시기의

트로츠키에 대해 생생하고 우호적인 묘사를 했다. 물론 우호적이든 적대적이든 그에 대한 증언의 기록과 인물묘사가 많이 남아있다. 그 가운데 일부를 들면 다음과 같다. L.-O. Frossard, Sous le Signe de Faurès and De Faurès a Lénine; B. Bajanov, Avec Staline dans le Kremlin; R. Fischer, Stalin and German Communism; F. Brupbacher, 60 Fahre Ketzer; Clare Sheridan, Russian Portraits; the early writings of Radek, Bukharin, Sadoul, Eastman, Holitscher, L. Fischer.

23) Chetvertyi Vsemirnyi Kongress Kominterna, pp. 74~111; Trotsky, Pyat Let Kominterna, pp. 233~240, 460~510.

24) 트로츠키 자료실(하버드대학).

25) 3장을 보라.

26) The Prophet Armed, pp. 424 이하 참조.

27) 〈프라우다〉 1922년 5월 10일자; Pyat Let Kominterna, pp. 373~374.

28) 〈프라우다〉 1922년 5월 16, 18일자와 6월 18일자; Lenin, Sochinenya, 제33권, pp. 294~298; 2차 및 3차 인터내셔널과 빈 동맹(Vienna Union); Trotsky, Moya Zhizn, 제2권, pp. 211~212.

29) II Syezd RKP (b), appendix.

30) 앞의 책, pp. 138~157.

31) 앞의 책, p. 144.

32) 앞의 책, pp. 80~83.

33) 앞의 책, pp. 83~87.

34) 앞의 책, pp. 77~79.

35) 앞의 책, pp. 458~460.

36) 앞의 책, pp. 89~90.

37) 앞의 책, pp. 453~457.

38) 트로츠키 자료실. 트로츠키가 올민스키에게 보낸 편지의 날짜는 1921년 12월 6일로 돼있다.

39) 〈프라우다〉 1920년 4월 23일자.

40) 트로츠키 자료실.

41) 1921년 8월 9일에 일어난 일이다. 이 사실은 11차 당대회에서 자주 언급됐다. II Syezd RKP (b), pp. 605~608와 여기저기.

42) Lenin, Sochinenya, 33권, pp. 299~306, 316~318.

43) 정치국에 대한 트로츠키의 1922년 4월 18일 논평 참조. 이 논평은 트로츠키 자료실에 있다.

44) 트로츠키가 정치국에 보낸 1921년 8월 7일과 1922년 8월 22일의 진술 참조. 이들 진술은 트로츠키 자료실에 있다.

45) Trotsky, Sochinenya, 15권, pp. 215~232. 그러나 그때에도 레닌은 크지자노프스키에게 보낸 간결하고 표현력이 풍부한 메모에 이렇게 썼다. "우리는 극빈자들이다. 굶주리는, 절박한 극빈자들. 우리를 위한 포괄적인 계획은 '관료적 유토피아'다." Lenin, Sochinenya, 35권, p. 405.

46) Pyat Let Sovietskoi Vlasti, pp. 150~152.

47) 트로츠키가 레닌에게 보낸 편지('Po povodu knizhki I. Shatunovskovo')는 트로츠키 자료실에 있다. Leninskii Sbornik, 20권, pp. 208~209도 참조하라. 레닌은 지노비예프에게 보낸 메모에 "트로츠키는 곱절로 공격적인 분위기"라고 썼다.

48) 트로츠키는 네프가 채택되기 직전에도 이런 주장을 계속했다. Sochinenya, 15권, pp. 215~232, 233~235를 보라.

49) 1922년 10월 11일 공산주의청년동맹에서 그가 한 연설을 참조하라. Sochinenya, 21권, pp. 294~317.

50) 앞의 자료.

51) 앞의 자료.

52) 10 Syezd RKP (b), pp. 208 이하; The Prophet Armed, pp. 509~510.

53) Sochinenya, 21권, 앞의 책.

54) 12 Syezd RKP (b), p. 321; E. A. Preobrazhensky, Novaya Ekonomika, 1권, 1부, p. 57.

55) 트로츠키 자료실.

56) Stalin, Sochinenya, 5권, pp. 50~51을 보라. 여기에 그가 레닌에게 보낸 편지가 실려 있다. 이 편지에서 그는 계획에 대한 트로츠키의 생각을 가리켜 "자기 스스로 러시아를 구하게 돼있는 입센주의적(관습타파적—옮긴이) 영웅이라고 상상하는 중세적 장인"의 생각이라고 묘사했다.

57) 레닌은 정치국에 보낸 1922년 5월 5일자 편지에서 이런 비판에 대해 언급했다. 그의 저작집, 33권, pp. 316~318을 보라.

58) 트로츠키 자료실.

59) Trotsky, Sochinenya, 15권, p. 223.

60) Lenin, Sochinenya, 33권, 앞의 책과 여기저기.

61) 트로츠키가 정치국에 보낸 1922년 8월 22일자와 1923년 1월 15, 20, 25일자 편지 참조. 이 편지들은 트로츠키 자료실에 있다. Moya Zhizn, 2권, p. 216도 참조하라.

62) The Prophet Armed, pp. 393 이하.

63) 이런 갈등에 대한 므디바니, 마하라제, 오르조니키제, 예누키제, 스탈린, 부하린의 설명이 12 Syezd RKP (b), pp. 150~176, 540~565에 실려 있다. 필자의 저서 《스탈린의 정치적 전기 (Stalin, a Political Biography)》, pp. 236~246도 참조하라.

64) The Prophet Armed, pp. 354 이하.

65) Trotsky, Sochinenya, 15권, pp. 218~221; The Prophet Armed, p. 503.

66) 이 회의에서 트로츠키가 한 연설은 Kak Vooruzhalas Revolutsia, 3권, 2책 pp. 244 이하에 실려 있다. The Prophet Armed, pp. 402 이하를 보라.

67) 1921년 3월 21일에 열린 회의에서 이런 일이 일어났다. 트로츠키 자료실. 몇 달 뒤에 트로츠키는 대중연설에서 이 일을 언급한다. Kak Vooruzhalas Revolutsia, 3권, 1책, p. 81.

68) The Prophet Armed, pp. 384 이하를 보라.

69) 코프의 보고서와 트로츠키의 메모, 레닌의 메모가 트로츠키 자료실에 보관돼 있다.

70) E. Herriot, La Russie nouvelle, pp. 157~158.

71) 인터내셔널 3차 총회에서 명예의장에 추대된 이는 레닌과 트로츠키, 단 두 사람뿐이었다. Tretii Vsemirnyi Kongress Kominterna, p. 16.

72) Pyat Let Kominterna, pp. 266~305.

73) 앞의 책.

74) 앞의 책, p. 563.

75) 앞의 책, pp. 429~430.

76) 1921년 6월 23일에 열린 두 번째 회의 때 트로츠키는 〈세계의 위기와 인터내셔널의 과제에 관한 보고서〉를 제출했다. 라데크는 '극좌' 반대파로 기울어진 지노비예프를 대신해 〈전술에 관한 보고서〉를 제출했다. Tretii Vsemirnyi Kongress Kominterna.

77) Moscou sous Lenine, pp. 172~188. Radek, Pyat Let Kominterna, 2권, 서문에서 알프레드 로스메는 이 시기에 대한 다양한 설명을 해놓았다. 레닌은 집행위에서 한 연설에서 자기와 트로츠키 사이의 완전한 연대를 선언했고, 극좌파의 대변인인 벨라 쿤에 대해서는 그를 거듭 '바보'라고 부르며 강력한 공격을 퍼부었다. 나는 이 연설의 전문을 여러 해 전에 읽은 바 있지만 이 책을 쓸 때는 그것을 찾을 수 없었다. 트로츠키는 이 연설의 일부를 발췌해 〈반대파 회보(Bulleten Oppozitsii)〉 1932년 12월호에 실었다. 레닌은 이렇게 말했다. "내가 여기에 온 것은 트로츠키 동지를 옹호하지 않고 오히려 공격하고 나선 벨라 쿤의 연설에 항의하기 위해서입니다. 스스로 진정한 마르크스주의자로 행동하고자 했다면 그는 트로츠키 동지를 옹호했어야 합니다. (…) 트로츠키 동지가 천배는 더 옳습니다. (…) 요컨대 나는 트로츠키 동지가 말한 모든 것을 지지하는 것이 나의 임무라고 생각했습니다." 레닌은 이 회의에서 극우파를 대변한 카생(Cachin)과 프로사르(Frossard)에 대항해서도 트로츠키를 지지했다. 같은 자료.

78) Trotsky, Pyat Let Kominterna, pp. 288 이하.

79) Tretii Vsemirnyi Kongres Kominterna, p. 58.

80) 이 4차 총회에 관한 트로츠키의 보고 참조. Pyat Let Kominterna.

81) 트로츠키 자료실.

82) 같은 출처.

83) Preobrazhensky, 앞의 책, p. 79.

84) Lenin, Sochinenya, 33권, pp. 338~340.

85) 1922년 12월 12~27일에 레닌과 트로츠키가 주고받은 편지들을 참조하라. 이 편지들은 트로츠키 자료실에 보관돼 있다. 또한 트로츠키가 쓴 《날조를 일삼는 스탈린 일당(The Stalin School of Falsification)》, pp. 58~63도 참조하라.

86) 포스터 교수(Professor Forster)는 레닌의 의사들 가운데 한 사람이었다.

87) 나는 이 책의 처음 2개의 장을 주로 트로츠키 자료실에 보관돼 있는 자료들을 토대로 1954년에 썼다. 그로부터 불과 2년이 지난 시점에 흐루시초프가 소련공산당 제12차 당대회에서 공개 조치를 취함으로써 이 중요한 자료들 가운데 일부가 모스크바에서 처음으로 출간된 데 이어 《레닌 저작집》 제4판의 특별부록(36권)에 포함됐다. 내가 이 책을 쓸 때 트로츠키 자료실

에서 인용한 부분들을 이 특별부록과 대조해 보았더니 단 한 글자도 고칠 필요가 없었다. 그러나 지금도 이 자료실에 들어 있는 자료들 가운데 다른 것들은 말할 것도 없고 레닌의 편지들 중에서도 단지 일부만이 그동안 출간됐다.

88) 트로츠키 자료실; Lenin, Sochinenya, 36권, pp. 548~549. 사실 레닌은 트로츠키의 기본적 생각을 완전히 받아들였지만, 크지자노프스키가 고스플란의 수장으로서는 무능하다는 그의 주장은 받아들이지 않았다.

89) 트로츠키 자료실. 스탈린은 다음과 같이 애매하게 말했다. "나는 이것을 인쇄해야 할 필요가 없다고 본다. 무엇보다 우리는 레닌의 허가를 얻지 못하지 않았는가."

90) Trotsky, Moya Zhizn, 2권, pp. 215~217.

91) Lenin, Sochinenya, 33권, pp. 235~276.

92) Lenin, Sochinenya, 36권, pp. 545~546.

93) Stalin, Sochinenya, 5권, pp. 145~159.

94) Lenin, 앞의 책, pp. 553~559. Voprosy Istorii KPSS, 4호, 1957에 포함된 L. A. Fotieva의 비망록도 참조하라.

2장

1) KPSS v Rezolutsyakh, 1권, pp. 525, 576~577, 657~658.

2) The Prophet Armed, pp. 351 이하.

3) 〈Voprosy Istorii KPSS〉 1957년 제4호에 Fotieva가 쓴 'Iz Vospominanii o Lenine' 참조

4) 트로츠키는 1928년에 알마아타에서 이반 스미르노프에게 써 보낸 편지에서 10월혁명 직후 레닌과 나눴던 다음과 같은 '짧은 대화'를 전했다. "나는 레닌에게 말했습니다. '나를 놀라게 하는 사람은 지노비예프입니다. 카메네프의 경우엔 그의 마음속 어디에 혁명의 끝이 있고 기회주의자의 시작이 있는지 알 만큼 잘 알겠습니다. 지노비예프는 1917년 이전에는 개인적으로 알지 못했습니다. 그러나 그가 한 말과 외양을 보고 그가 어떤 일에도 멈추지 않고 무엇도 두려워하지 않는 사람일 것이라 생각했습니다.' 블라미미르 일리치는 이렇게 대꾸했습니다. '그가 두렵지 않다는 것은 아무것도 두려울 게 없다는 뜻입니다.'" 트로츠키 자료실.

5) Protokoll über die Verhandlungen des Ausserordentlichen Parteitags zu Halle와 Zinoviev, Zwölf Tage in Deutschland 참조.

6) Heinrich Brandler와 Angelica Balabanoff가 이렇게 묘사했다.

7) Zinoviev, Sochinenya, 1, 2, 5권과 Gegen den Strom.

8) The Prophet Armed, 10~13장.

9) Protokoly Tsentralnovo Komiteta, pp. 141~143, The Prophet Armed, p. 307.

10) 스탈린은 1923년 4월 열린 12차 당대회에서 처음으로 3인연합의 존재를 고백했다. Stalin, Sochinenya, 5권, p. 227과 필자가 쓴 Stalin, pp. 257~258, 참조.

11) 지성적인 문제와 관련한 부하린과 레닌의 관계는 필자의 책 Life of Lenin에서 논의하겠다.

12) "트로츠키, 10월봉기의 총명하고 영웅다운, 인민의 보호자, 지칠 줄 모르는 열정적인, 혁명의 설교자." 부하린은 1917년 사건을 설명하면서 이렇게 썼다.

13) Trotsky, Moya Zhizn, 2권, p. 207.

14) 13 Konferentsya RKP, pp. 6~7, 8 Vserossiiski Syezd Sovetov, pp. 100~102.

15) Trotsky, Sochinenya, 17권, 2책, p. 542.

16) Z Pola Walki와 여타 폴란드 정기간행물에 실린 제르진스키의 사적인 서신에는 그의 성격이 잘 드러나 있다.

17) Bajanov, Avec Staline dans le Kremlin, p. 139.

18) 트로츠키 자료실.

19) 슬라브 속담에서 뻐꾸기는 흉조다.

20) 트로츠키 자료실에서 1923년 1월의 문서 참조.

21) Lenin, Sochinenya, 33권, pp. 440 이하. 트로츠키가 1923년 2월 23일 중앙위원회의 모든 위원들에게 보낸 편지, 트로츠키 자료실. (Voprosy Istorii KPSS 4호, 1957년에 실린 Fotieva의 회고록도 참조.)

22) 트로츠키 자료실.

23) Moya Zhizn, 2권, pp. 220~221, The Stalin School of Falsification, pp. 69~70.

24) 이 편지는 제20차 당대회에서 흐루시초프가 읽었고 미국과 영국에서 출간된 그의 연설문에 그 내용이 포함되어 있다. 그러나 레닌의 Sochinenya 36권이나 Kommunist 9호, 1956년에는 들어있지 않다. 오직 Fotieva만이 이 편지가 존재함을 암시하고 있다.

25) Trotsky, Moya Zhizn, 2권, pp. 223~224.

26) 위에 인용한 부분.

27) 편지는 1956년 6월 Kommunist에 처음 실렸다.

28) Moya Zhizn, 2권, p. 219.

29) Trotsky, Stalin, p. 366.

30) 12 Syezd RKP (b), pp. 89, 488, 496, 502~503.

31) 중상모략에 대해 언급한 필자의 책《스탈린의 정치적 전기》에 대해 어떤 비평가는 이렇게 주장했다. "트로츠키가 일부 공산주의자들의 눈에 잠재적 나폴레옹 보나파르트로 비친다는 것은 아주 최근에 도이처 같은 작가가 발견한 사실이다. (…) 당시에는 아무도 그렇게 생각하지 않았다."(G. L. Arnold, Twentieth Century, 1951년 7월.) 작가가 '중상모략'의 출처를 밝히는 것이 늘 가능하지는 않다.《스탈린의 정치적 전기》에서 필자는 모스크바에서 들은 정보를 근거로 그 내용을 썼다. 그것도 아직 기억이 아주 생생할 때였다. 한편 1923년에 모스크바에서 코민테른 집행위원회의 일원으로 활동했으며 트로츠키의 신상에 관해 아주 잘 알고 있던 알프레드 로스메가 회고록을 출간했는데 그는 거기서 다음과 같이 말했다. "지금(1923년) 모든 사람들이 무턱대고 믿는 소문은 잘 만들어진 작품이다. (…) '트로츠키가 스스로를 나폴레옹 보나파르트로 생각한다.', '트로츠키가 보나파르트처럼 행동하고 싶어 한다.' 이런 소문이 러시아 구석구석에까지 퍼져 있다. 모스크바에 오는 공산주의자들이 내게 와서 그렇게 말한다.

그들은 트로츠키가 무언가를 꾸미고 있다고 믿고 나에게 이렇게 재촉한다. '트로츠키에게 경고해야 합니다.'" Rosmer, Moscou sous Lnine, p. 283. 이 '중상모략'에 대한 언급은 당시의 문학작품에도 등장한다. 이스트먼이 쓴 Since Lenin Died에는 한 장 전체를 '반보나파르트 분파'라는 제목으로 이 내용에 할애하고 있다.

32) 12 Syezd RKP (b)에 실린 카메네프와 지노비예프의 개회연설 참조.

33) 12 Syezd RKP (b), pp. 46~47.

34) 같은 자료, pp. 105~106.

35) 같은 자료, pp. 92~95. 또 다른 연설자는 대회가 열릴 무렵에 나돈 전단, 즉 3인연합을 중앙위원회에서 제거할 것을 요구하는 내용으로 된 익명의 전단을 언급했다. 그는 이 전단에 대한 책임이 노동자반대파에게 있다고 주장했다. 같은 자료, p. 136.

36) 스탈린, Sochinenya, 5권, p. 227.

37) 12 Syezd RKP (b), p. 63.

38) 같은 자료, pp. 150~151.

39) 같은 자료, pp. 528~534.

40) 12 Syezd RKP (b), pp. 561~565.

41) 같은 자료, pp. 45~46.

42) 같은 자료, p. 577. 한 달밖에 안 지난 시점에 트로츠키는 〈프라우다〉에 실린 글에서 스탈린의 그루지야 정책을 또다시 공격했다. 그러나 스탈린의 이름을 직접 거론하지는 않았다. 트로츠키는 대러시아 쇼비니즘이 카프카스까지 뻗어나가게 된다면 그것은 소련의 카프카스 침략이 '최대의 범죄'였던 것으로 판명되는 것이라고 썼다. Sochinenya, 21권, pp. 317~26.

43) 12 Syezd RKP (b), pp. 282~322.

44) 같은 자료, pp. 292~293.

45) 같은 자료, p. 285.

46) 12 Syezd RKP (b), p. 331.

47) 말년의 트로츠키는 '사회주의적 원시축적'을 거의 거론하지 않았다.

48) 12 Syezd RKP (b), p. 315.

49) 같은 자료, pp. 351~352.

50) 위에 인용한 부분.

51) 같은 자료, pp. 322~350, 그 외 여기저기.

52) 12 Syezd RKP (b), p. 320.

53) 이 성명은 이 그룹에 공감하는 독일인들이 1924년 베를린에서 출간했다. Das Manifest der Arbeitergruppe der Russischen Kommunistischen Partei.

54) V. Sorin, Rabochaya Gruppa, pp. 97~112. 이 그룹은 모스크바에 200명의 회원들을 갖고 있었다.

55) 이는 브란틀러가 필자에게 직접 한 말이다.

56) Max Eastman, Since Lenin Died, pp. 142~143.

57) 앞의 책.

58) The Prophet Unarmed, p. 241 참조.

59) 이 발언은 브란틀러가 한 것이다.

60) 스탈린의 전 비서는 기묘했던 이 일을 이렇게 전한다. "그것은 황제의 집무실이었던 방에서 벌어졌다. 그 방의 문은 거대하고 육중했다. 트로츠키는 그 문으로 성큼성큼 다가갔다. 그리고 온힘을 다해 문을 당겼다. 그러나 문은 아주 느릿느릿 열렸다. 결코 쾅 하고 닫히지 않는 문이었기 때문이다. 그러나 잔뜩 화가 난 트로츠키는 그런 사실을 깨닫지 못했다. 그래서 또 다시 힘껏 문을 닫으려 했다. 하지만 유감스럽게도 문은 열릴 때만큼이나 느릿느릿 닫혔다. 그래서 우리는 화가 났음을 보여주는 극적인 몸짓이 아니라 문과 씨름하는 안쓰럽고 무력한 그의 모습을 보아야 했다." Bajanov, Avec Staline dans le Kremlin, pp. 76~77.

61) 트로츠키 자료실.

62) 46인의 행동에 대한 트로츠키의 책임은 1924년 1월 열린 13차 당대회의 주요 쟁점이었다.

63) Moya Zhizn, 2권, p. 215.

64) 13 Konferentsya RKP (b), pp. 46, 92~102, 104~113, 13 Syezd RKP (b), pp. 156 이하.

65) KPSS v Rezolutsyakh, 1권, pp. 766~768.

66) 13차 당대회에서 라데크는 '3년간의 침묵'에 대해 이야기했다. 그것은 이 토의가 있기 전의 일이다. 13 Konferentsya RKP (b), pp. 135~137.

67) 이는 리코프가 인정한 내용이다. 같은 자료, pp. 83~91. 당내 위기를 묘사한 프레오브라젠스키의 설명도 참조할 것. 같은 자료, pp. 104~113.

68) 같은 자료, p. 124.

69) 14 Syezd VKP (b), p. 459.

70) Moya Zhizn, 2권, pp. 234 이하.

71) 앞의 책, 2권, p. 240.

72) 13 Konferentsya RKP (b), pp. 131~133에 실린 사프로노프의 연설 참조.

73) The Prophet Armed, pp. 106 이하.

74) 개정안은 1923년 12월 7일자 〈프라우다〉에 실렸다.

75) 뒤에 나오는 인용문은 미국판 《새로운 경로(The New Course)》를 이용했다. 그러나 원본과 비교한 뒤 번역문을 수정해 인용하기도 했다.

76) Trotsky, The New Course, pp. 99~105.

77) 같은 팸플릿, p. 104.

78) Stalin, Sochinenya, 5권, pp. 369~370.

79) The New Course, pp. 89~98.

80) The New Course, p. 94.

81) 야로슬라프스키는 13차 당대회에서 이 편지들을 트로츠키의 신뢰도를 떨어뜨릴 의도로 인용했다. 13 Konferentsya RKP (b), p. 125.

82) 같은 자료, pp. 131~133.

83) 예컨대 Sochinenya, 5권 pp. 383~387과 6권, pp. 5~40에 실린 스탈린의 대답을 보라.

84) 1928년 10월 21일자 '친구들에게 보내는 편지'에서 트로츠키가 소련의 비밀투표에 대해 언급한 내용을 보라. 트로츠키 자료실.

85) The New Course, pp. 20~21.

86) 트로츠키는 이렇게 멘셰비키와 자유주의자들이 볼셰비즘과 자코뱅주의를 비교한 것에 대해 "피상적이고 모순된다"고 지적한 뒤 자코뱅파의 몰락은 그 지지자들이 사회적으로 미숙했던 데서 그 원인을 찾을 수 있으며 볼셰비키의 상황은 이런 측면에서는 "비교할 수 없을 정도로 훨씬 더 유리하다"는 의견을 밝혔다. "프롤레타리아는 러시아혁명의 좌익일 뿐 아니라 그 핵심이기도 하다. (…) 프롤레타리아는 정치적으로 대단히 강력해서 일정한 범위 안에서는 새로운 부르주아의 생성을 허용하면서 (…) 농민들에게도 국가권력의 행사에 (…) 직접 참여할 수 있게 해준다." 같은 자료, p. 40.

87) 보건인민위원인 세마슈코와 크렘린 궁의 의사 다섯 명이 서명한 트로츠키의 건강에 대한 보고서에는 인플루엔자, 호흡기 염증, 기관지 확장, 38도를 넘지는 않으나 계속되는 열, 그리고 체중, 식욕, 업무능력 감퇴가 적혀 있다. 의사들은 환자가 모든 일에서 손을 떼게 해야 하며, 모스크바를 떠나 "적어도 두 달간 기후가 온화한 곳에서 요양을 하라"고 조언해야 한다고 생각했다. 1923년 12월 21일에 서명된 이 보고서는 1924년 1월 8일자 〈프라우다〉에 실렸다.

88) 리코프에 따르면 퍄타코프가 연설을 한 모스크바의 모든 당 세포조직들에서는 반대파의 동의안이 다수표를 얻었다. 13 Konferentsya RKP (b), pp. 83~91. 야로슬라프스키는 모스크바의 군대 내 당 세포조직들 가운데 3분의 1은 토론이 중단되기 전에 반대파를 지지하는 투표를 했고, 학생 세포조직들 가운데 다수도 그렇게 했다고 밝혔다. 같은 자료, pp. 123~126.

89) Trotsky, O Lenine, pp. 166~168.

90) Moya Zhizn, 2권, p. 250.

91) 여러 해 뒤에 트로츠키가 추방되고 나서 크루프스카야는 M. 카롤리 백작 부부에게 이렇게 말했다. "트로츠키는 블라디미르 일리치를 매우 좋아했습니다. 그가 죽었다는 소식을 듣고 트로츠키는 거의 혼절한 상태에 빠져 2시간 동안 회복되지 못했습니다."《미카엘 카롤리의 회고록》, p. 265.

92) '레닌의 소집'에 대한 몰로토프의 보고서를 보라. 13 Syezd RKP (b), pp. 516 이하.

93) 트로츠키는 1924년 4월 11일 티플리스에서 이런 내용의 연설을 했다. "지난 몇 달간 일어난 일들 중 정치적으로 가장 중요한 것은 (…) 우리의 당에 공장노동자들이 대거 입당한 것입니다. 이는 노동계급이 자신들의 의지를 내보이고 (…) 러시아 공산당에 대한 신뢰를 표시하는 가장 좋은 방식이었습니다. (…) 이는 참되고 믿을 만하며 아주 확실한 검증이었습니다. (…) 그것은 그 어떤 의회선거보다 더 진실됩니다."(Trotsky, Zapad i Vostok, p. 27에서 인용.) 트로츠키는 12년 뒤에 이 '검증'을 돌이키며 이렇게 썼다. "레닌의 죽음을 이용해 지배집단은 '레닌의 소집'을 발표했다. (…) 이 술책의 정치적 목적은 혁명의 전위를 경험이 없고 미약한 인적자원 속에서 해체시키는 것이었다. (…) 그것은 성공적이었다. (…) '레닌의 소집'은 레닌의 당에 치명적인 타격을 입혔다." The Revolution Betrayed, pp. 97~98.

94) 이 회의에서 서기를 맡았던 바자노프는 그 상황에 대한 목격담을 남겼다(앞의 책, pp. 43~47). 트로츠키는 바자노프의 설명이 맞다고 암묵적으로 인정했다(트로츠키, Stalin, p. 376). '은닉된 레닌의 유언(The Suppressed Testament of Lenin)'이라는 글에서 트로츠키는 좀 더 자세한 상황설명을 덧붙였다. "유언이 낭독되는 동안 라데크는 내 옆에 앉아 있었다. (…) 그는 내게로 몸을 기울이더니 '이제는 저들이 감히 당신에게 맞서지 못할 겁니다'라고 말했다. 나는 이렇게 대답했다. "오히려 반대일 겁니다. 저들은 끝까지 가려고 할 것입니다. 그것도 최대한 빨리.'" p. 17.

95) 13 Syezd RKP (b), p. 112.

96) 〈프라우다〉, 1923년 12월 18일자.

97) 13 Syezd RKP (b), p.113.

98) 같은 자료, pp. 235~237.

99) 같은 자료, pp. 153~168.

100) 같은 자료, pp. 165~166(이탤릭체 강조는 필자가 표시한 것임).

101) 이 연설은 당대회 기록에 첨부돼있다. 같은 자료. 이 당대회에 참석했던 맥스 이스트먼은 자기가 트로츠키에게 좀 더 단호한 태도를 취하고, 연단에 올라가 레닌의 유언을 직접 읽으라고 촉구했지만 트로츠키는 자기 말을 듣지 않았다고 전했다. 트로츠키는 1928년에 알마아타에서 지낼 때 무랄로프에게 보낸 편지에서 이런 이스트먼의 설명이 맞다고 했다. 트로츠키 자료실.

102) 수바린은 러시아 공산당의 13차 당대회에서 프랑스의 항의에 대해 이야기했다(13 Syezd RKP (b), pp. 371~373). 폴란드의 항의는 폴란드 공산당의 자료실에 보관돼있다(Les Temps modernes에 실린 Deutscher, 'La Tragedie du communisme polonais entre deux guerres', 1958년 3월).

103) 독일의 위기에 대한 이런 설명은 다음 자료들을 근거로 한 것이다. 트로츠키의 많은 글들, 브란틀러가 필자에게 말한 자신의 기억과 설명, 루트 피셔의 Stalin and German Communism, Thalheimer가 1923년에 쓴 Eine verpasste Revolution?, 라데크와 지노비예프, 부하린의 분석, Za Leninizm에 실린 쿠시넨의 글, 독일 문제에 관한 토론이 벌어졌던 1924년 1월 코민테른 집행위원회 회의의 내용을 기록한 글인 '독일의 사건들이 남긴 교훈(The Lessons of the German Events)', 독일 문제를 논의한 코민테른 및 소련과 독일 공산당의 각종 회의에 관한 기록, 1924년 이후 10년 이상 국제 공산주의 신문에서 전개된 폭넓은 토론.

104) 필자가 쓴 Stalin, pp. 393~394를 보라.

105) Fischer, Stalin and German Communism, pp. 311~318; The Lessons of the German Events, pp. 36~37 이하와 13 Konferentsya RKP (b), pp. 158~178에 실린 지노비예프의 연설; 트로츠키, Uroki Oktyabrya.

106) 이는 브란틀러가 필자에게 직접 말해준 것이다.

107) The Lessons of the German Events, p. 14. 이에 대해 트로츠키가 1931년과 1932년에 A. Treint와 A. Neurath에게 써 보낸 편지도 보라. 이 편지는 The New International, 1938년 2월

호에 실렸다.

108) 13 Syezd RKP (b), pp. 371~373.

109) 5 Vsemirnyi Kongress Kominterna, 1권, pp. 175~192.

110) 앞의 책, pp. 550~559.

111) 앞의 책, 2권, pp. 156~157.

112) 앞의 책, p. 181.

113) The Prophet Armed, pp. 374 이하.

114) 앞의 책, p. 467.

115) Lenin, Sochinenya, 33권, pp. 392~394. 이런 뜻의 더 명확한 의견은 레닌이 인터내셔널 집행 위원회에서 한 발언(미간행)으로 표명됐다.

116) Lenin, Pyat Let Kominterna를 보라. 이 책은 《코민테른의 처음 5년(The First Five Years of the Communist International)》이라는 제목으로 영어판으로도 간행됐다. 1권과 2권 참조.

117) 앞의 책, 2권, pp. 124~184; Rosmer, Moscou sous Lénine, pp. 236~260; Frossard, De Faurès à Lénine.

118) 트로츠키에게 돌아온 답변 중 가장 중요한 것들이 Za Leninizm이라는 두꺼운 책에 실려 있다. 이 책에 실린 글들이 스탈린, 지노비예프, 카메네프, 부하린, 리코프, 소콜니코프, 크루프스카야, 몰로토프, 부브노프, 안드레예프, 크비링, 스테파노프, 쿠시넨, 콜라로프, 구세프, 멜니찬스키 등의 답변이다.

119) Stalin, Sochinenya, 6권, pp. 324~331.

120) Stalin, A Political Biography, pp. 281~293을 보라.

121) Trotsky, The Stalin School of Falsification, p. 90.

122) Krupskaya, 'K Voprosu ob Urokakh Oktyabrya', Za Leninizm, pp. 152~156.

123) M. Eastman, Since Lenin Died, pp. 128~129; Bajanov, Avec Staline dans le Kremlin, p. 86.

124) Stalin, Sochinenya, 6권 pp. 326~327. 스탈린이 지노비예프와 카메네프를 '훌륭한 옛 볼셰비키'라고 변호한 발언이 스탈린의 저작집에 실려 있다. 이것은 Za Leninizm, pp. 88~89에 실린 원래의 발언 내용보다 어조가 약하지만 그 뜻은 충분히 명확하게 드러내고 있다.

125) 13차 당대회에서는 공식 대변자들도 트로츠키가 발휘하는 견제의 영향력에 대해 언급했다. 예를 들어 로미나제의 연설을 보라. 13 Konferentsya RKP (b), p. 113.

126) Moya Zhizn, 2권, pp. 253~254.

127) 이 편지의 전문은 Eastman, Since Lenin Died, pp. 155~158에 실려 있다.

128) Popov, Outline History of the CPSU, 2권, p. 216; KPSS v Rezolutsyakh, 1권, pp. 913~921.

3장

1) 〈프라우다〉, 1923년 7월 10일자; Sochinenya, 21권, pp. 3~12.

2) Sochinenya, 12권, pp. 357~363.

3) 〈프라우다〉, 1923년 5월 16일자; Sochinenya, 21권, pp. 26~31.

4) The Prophet Armed, pp. 404 이하를 보라.

5) 트로츠키는 13차 당대회가 그의 '레닌주의로부터의 이탈'을 비난한 뒤인 1924년 6월에 이 연설을 했다. Sochinenya, 21권, pp. 133~163.

6) Sochinenya, 21권, pp. 97~98.

7) 앞의 책, p. 260.

8) 트로츠키는 노동자의 생산력을 높였지만 자본주의 아래에서 착취도구로 기능하기도 한 기계의 이중적 역할에 대해 말했다. 이런 기계의 이중적 역할에도 불구하고 사회주의는 기계 사용을 포기할 수 없고 포기하지도 않는다. 이 점은 누구에게나 명확하다. 그리고 문명이 그 어떤 성취의 단계에 있더라도 이와 똑같은 말을 할 수 있다.

9) Trotsky, Maya Zhizn, 2권, p. 262.

10) Sochinenya, 21권, p. 276.

11) 데카르트가 우주에서 운동의 질량은 변하지 않는다고 주장했을 때 그는 에너지 보존에 관한 과학의 발견을 이미 200년 전에 예견한 것이었다고 엥겔스는 《자연변증법》에서 지적했다. 과학자들이 데카르트의 생각을 이해했다면 에너지 보존에 관한 발견을 실제보다 훨씬 더 빨리 해냈을 것이다. 이는 칸트의 '성운설(星雲說)'에는 더욱 들어맞는 말이다. 그는 이렇게 썼다. "자연 연구자들 대부분이 철학적 사유에 대한 반감(뉴턴은 "물리학은 형이상학을 경계하라"라는 경고로 이런 반감을 표현한 바 있다)을 덜 가졌더라면 끝없는 우회로에서 벗어날 길을 칸트의 발견에서 찾아냈을 것이다. (…) 칸트의 발견은 모든 추가적인 발전(즉 자연 전체에 대한 정태적인 관점을 극복하고 동태적인 관점을 채택하는 것)의 시발점이었다. 만약 연구가 단번에 이 방향으로 나아갔더라면 자연과학은 지금보다 훨씬 더 발전돼있었을 것이다. 그렇다면 철학에서 어떤 이득을 얻어낼 수 있었을까? 칸트의 연구작업은 즉각적인 반향을 일으키지 못했고 오랜 세월이 흐른 뒤에야 라플라스와 허셸에 의해 그 진실성이 입증됐다." Dialektik der Natur, pp. 14, 62.

12) 엥겔스는 앞에서 인용된 저서에서 적어도 "지식의 현재 상태에서는" 이런 일반적이고 기초적인 법칙이 오직 철학의 용어, 즉 변증법의 용어로만 명시될 수 있으며 자연과학의 용어로는 명시될 수 없다는 견해를 밝혔다.

13) 트로츠키는 이 점을 J. M. 케인스의 말을 인용해 설명했다. 케인스는 1925년에 모스크바를 방문해 국가경제최고회의에서 강연을 하면서 영국 인구의 증가율을 이용해 영국의 실업을 설명했다. 1925년 9월 15일자 Ekonomicheskaya Zhizn의 기사에 따르면 케인스는 이어 이렇게 말했다. "나는 전쟁 이전에 러시아가 가난했던 까닭이 인구의 지나친 증가에 있었다고 봅니다. 지금도 사망률에 비해 출생률이 상당히 높은 현상이 눈에 띕니다. 이것은 러시아 경제의 앞날에 가장 큰 위험요인이 될 것입니다." 당시에는 러시아에 아직 실업이 존재했다. 그러나 불과 3년 뒤 계획경제가 수립됐을 때와 그 후 몇십 년간에 걸쳐 러시아의 경제에 '가장 큰 위험요인'으로 작용한 것은 인력부족과 인구성장의 둔화였다. 이런 사실은 '생존수단에 미치는 인구의 압력'이라는 맬서스적 또는 신맬서스적 개념을 공업적으로 팽창하는 사회의 경제에

적용하는 것이 얼마나 부적절한지를 극명하게 보여준다.

14) Sochinenya, 21권, p. 415.

15) 파블로프에게 보낸 편지에서 트로츠키는 두 학파의 유사성에 대해 다음과 같이 주장했다. "내가 보기에는 조건반사에 대한 당신의 학설은 프로이트의 이론을 하나의 특수한 경우로 포함하는 것 같습니다. 성적 에너지의 승화는 (…) 성이라는 토대 위에서 엔(n) 플러스 원, 엔 플러스 투, 그리고 그 이상의 차원에서 일어나는 조건반사를 정식화한 것에 불과합니다." 앞의 책, p. 260.

16) 앞의 책, pp. 430~431. 파블로프의 방법이 프로이트의 방법보다 느리게 결과를 낸다는 트로 츠키의 말이 옳은지는 전문가들이 판단할 문제다. 트로츠키는 자기가 프로이트주의를 옹호하는 것이 부르주아 대중 사이에서 유행하는 '속류의 사이비 프로이트주의'에 탐닉하는 것으로 오해돼서는 안 된다고 강조했다.

17) Pod Znamyenem Marksizma, no. 1.

18) 이들 작가 중 일부는 나중에 망명자가 됐다. 조지 오웰은 자먀틴이 망명 중에 쓴 소설 《우리 (We)》를 본떠 《1984년》을 구상했다.

19) Literatura i Revolutsia, p. 36.

20) 여기서 '부랑자들(Bagmen)'이란 내전과 기근의 시기에 먹을 것을 찾아 가방(bag)을 들고 나라 곳곳을 떠돌던 사람들을 말한다. 때로는 소규모 암거래상도 부랑아로 묘사됐다. 객차가 파괴된 탓에 사람들은 대부분 화물차를 타고 여행했다. 앞의 책, pp. 26~27.

21) 이 장(章)에서 이 용어는 나중에 영어권에서 얻게 된 의미가 아닌 그 본래의 의미로 사용된다.

22) 미래파의 '이론가'인 N. Altman은 1918년에 〈이스쿠스트보 코무니(Iskusstvo Kommuny)〉에 "오직 '미래파 예술'만이 집산주의 위에 세워졌다. 오직 미래파 예술만이 우리 시대의 프롤레타리아 예술을 대표한다"고 주장했다.

23) 트로츠키는 이탈리아의 공산주의 이론가이자 〈오르딘 누오보(Ordine Nuovo)〉의 창간인인 안토니오 그람시의 요청에 따라 《문학과 혁명》의 부록으로 이탈리아 미래주의의 기원 및 이 것과 파시즘의 관계에 관한 글을 발표했다. 그 직후에 이탈리아로 돌아간 그람시는 무솔리니의 감옥에 갇혀 죽을 때까지 풀려나지 못했다. 그람시가 모스크바에 머무는 동안 트로츠키는 그를 전적으로 신뢰했다.

24) "프롤레타리아가 권력을 쟁취한 것은 바로 계급문화를 영구히 종식시키고 보편적인 인류문화로 가는 길을 닦기 위해서였다. 그런데 우리는 이 점을 종종 잊어버리는 것 같다."

25) "부르주아는 동시대의 문화로 완전히 무장했을 때 힘을 얻었다. 프롤레타리아는 문화에 대한 접근권을 확보하고자 하는 절실한 욕구로만 완전히 무장할 때 힘을 얻는다."

26) Literatura i Revolutsia, p. 166.

27) 앞의 책, p. 170.

28) 앞의 책, pp. 172~173.

29) 이 새로운 풍자가는 소련의 검열과 싸워야 했다. 트로츠키는 그의 풍자가 혁명을 위하여 사회악을 공격하는 한 그를 돕겠다고 약속했다.

30) Literatura i Revolutsia, pp. 180~181.

31) 앞의 책, pp. 181~182.

32) 《문학과 혁명》이 출간되고 35년이 지난 뒤에도 소련의 문학비평에 대한 트로츠키의 영향은 계속되고 있었다. '탈스탈린화' 운동이 벌어진 1950년대 중반에 그동안 트로츠키주의를 표방한 죄로 1930년대의 대숙청 때 목숨을 잃은 작가들 가운데 다수가 복권됐고, 곧이어 교조적 이론의 수호자들은 문학에서 '트로츠키주의자'들의 영향력이 되살아나는 상황에 직면해야 했다. 1958년 5월에 〈즈나먀(ZnaMya)〉를 통해 한 작가가 다음과 같이 말했다. "〈크라스나야 노피〉의 비평가이자 편집자이자 그 시절(1920년대)에 유명했던 A. 보론스키는 트로츠키주의의 문학적 견해로부터 분명한 영향을 받았다. 이제는 그가 트로츠키주의자들의 지하조직과 관련이 없음이 사실로 밝혀졌다. 이런 점에서 그는 사실과 다른 혐의를 받았던 다른 작가들과 마찬가지로 복권됐다. 그렇다 하더라도 그의 (…) 이론적 원칙들이 부르주아적 관념주의 미학에서 가져온 것들을 트로츠키주의 사상과 융합시킨 것임에는 변함이 없다." 이 작가는 몇 쪽에 걸쳐 트로츠키가 문학에 관해 개진한 견해를 반박했다. 그러나 그는 스탈린주의자들처럼 극단적인 조작과 비방에 빠지지는 않았다.

33) 〈크라스나야 노피〉, 1925년 5월.

4장

1) Serge, Le Tournant obscure, p. 97, Mémoires d'un révolutionnaire, p. 229. 세르게는 이 '지시'에 대해 처음에는 트로츠키가 내린 것이었다고 했다가 나중에 트로츠키의 조수인 빅토르 엘친이 내린 것이라고 말을 바꾼다. 어쨌든 엘친은 이 문제와 관련한 트로츠키의 견해를 밝혔을 것이다.

2) 이스트먼은 필자에게 보낸 편지에 이렇게 썼다. "나는 그 원고를 라코프스키에게 보여주었습니다. (…) 그러고는 그의 결정에 따라 그것을 발간할 수도 있고 안 할 수도 있다고 말했습니다. 라코프스키의 부인이 그 원고를 돌려주며 칭찬을 아끼지 않았습니다. 그래서 나는 그것이 그 상황에서 얻을 수 있는 '승인'이라고 생각했습니다."

3) 트로츠키는 알마아타에서 무랄로프에게 보낸 1928년 9월 11일자 편지에서 이 상황을 설명했다. 트로츠키 자료실.

4) Stalin, Sochinenya, 10권, p. 175.

5) 라코프스키, 요페, 크레스틴스키는 런던, 파리, 도쿄, 베를린에서 대사직을 맡고 있었지만, 트로츠키와도 친밀한 관계를 유지했다.

6) 그러나 그 당에서 라데크와 제르진스키는 룩셈부르크를 적대했고, 다른 당원들보다 볼셰비키에 가까웠다.

7) 1926년 10월에 발행된 〈크라스나야 노피〉 10호에 실린 라데크의 회고문을 보라. 《스탈린과 독일 공산주의(Stalin and German Communism)》 pp. 203~11.

8) 1914년 이전에 라데크는 로자 룩셈부르크의 이론지인 폴란드의 Przeglad Socjal- Demokratyczny

에 실린 글에서 아시아의 식민지와 반(半)식민지에서 전개되고 있는 혁명적 상황에 대해 분석한 바 있다.

9) K. Radek, Portrety i Pamflety, pp. 29~34.

10) 트로츠키가 라데크와 주고받은 편지들(트로츠키 자료실)과 Écrits, 1권, pp. 160~163에 실린 글 '라데크와 반대파'를 보라.

11) The Prophet Armed, pp. 171 이하.

12) 앞의 책 pp. 221, 298~301, 434~435를 보라.

13) Sochinenya, 21권, pp. 419~420.

14) Sochinenya, 21권, pp. 44~45. 트로츠키의 1925년 12월 7일자 연설문을 보라. 스탈린 시대의 거의 전 기간에 걸쳐 공식적인 선전가들은 러시아와 서구를 비교하기를 회피했다.

15) 앞의 책, pp. 397~405.

16) 앞의 책, p. 419.

17) 트로츠키는 중앙위원회의 1926년 4월에 열린 중앙위원회 회의 기록에 있는 스탈린의 발언을 그대로 인용했다. 트로츠키의 1927년 4월 14일자 '개인적 발언'을 보라. 트로츠키 자료실.

18) Sochinenya, 21권, p. 437.

19) 지노비예프가 5차 코민테른 대회에서 한 연설(Pyatyi Vsemirnyi Kongress Kom. Internatsionala pp. 64 이하)과 같은 자료 pp. 175~192에 실린 루트 피셔의 발언을 보라.

20) Europa und Amerika, p. 22.

21) 앞의 책, p. 36.

22) 1922년에 열린 '워싱턴 해군회의(Washington Naval Conference)'에서 영국은 전통적인 형태의 '영국 해군의 우위'를 사실상 포기했다.

23) Europa und Amerika, p. 42.

24) 1925년 11월 5일자 〈프라우다〉에 실린 트로츠키의 1925년 10월 25일자 연설을 보라.

25) Europa und Amerika, p. 47. 트로츠키는 10월혁명 직후 레닌에게 반농담조로 "레닌과 윌슨이라는 두 이름은 우리 시대의 두 묵시록적 대척점"이라고 말했다고 한다.

26) 앞의 책, p. 49.

27) 앞의 책, p. 91.

28) 앞의 책, pp. 90~91.

29) 트로츠키와 레닌 둘 다 1차대전 초기에 이미 사회주의 유럽합중국에 대해 지지하는 발언을 했다는 사실은 앞으로도 기억될 것이다. The Prophet Armed, pp. 195~196을 보라. 사회주의 유럽합중국이라는 개념은 트로츠키가 1924년에 쓴 5차 코민테른 대회의 성명서에도 들어 있었다. 그러나 그 직후에 사회주의 유럽합중국이라는 개념이나 이와 관련된 슬로건은 코민테른에 의해 트로츠키주의의 백일몽으로 일축된다.

30) 미국의 한 비평가는 1925년 11월 25일자 〈볼티모어 선〉에 실린 글에서 세계는 루터의 시대 이후로 트로츠키가 내뱉는 것과 같은 지독한 독설을 들어본 적이 없다고 했다.

31) 《영국은 어디로 가고 있는가?(Where is Britain Going?)》, p. 67.

32) 앞의 책, p. 47.

33) 앞의 책, p. 127.

34) 앞의 책, p. 126.

35) 앞의 책, pp. 130~131.

36) 앞의 책, p. 14. "혁명의 벌집이 이번에는 제대로 북적북적하다!"고 트로츠키는 덧붙였다. p. 52.

37) The Nation, 1926년 3월 10일.

38) Lansbury, Labour Weekly, 1926년 2월 27일.

39) New Leader, 1926년 2월 26일.

40) 〈프라우다〉, 1926년 2월 11일과 3월 14일.

41) Kuda Idet Angliya? (Vtoroi Vypusk), p. 59.

42) 예를 들어 R. Palme Dutt가 Labour Monthly의 1926년 4월호에 기고한 평론을 보라.

43) Die Freiheit, 1925년 11월 15일.

44) 트로츠키 자료실. 1926년 6월 초에 열린 정치국 회의 기록에서 발췌.

45) 노동자 대여섯 명 중 한 명만 사적소유 공장에 고용돼있었다.

46) 2천만 개 이상의 농장 가운데 10퍼센트가 쿨라크의 소유였다. 따라서 중농을 제외한다 하더라도 몰수 조치는 당장에 이삼백만 곳의 경작지에 영향을 미치게 돼있었다. 중농의 상위계층은 쿨라크와 구분되지 않는 경우가 많았으므로, 실제로 몰수 조치의 영향을 받을 농민의 수는 아마 이보다 훨씬 더 많을 것이었다.

47) 당시에 시행 중이었던 단일 농업세는 쿨라크에게 유리한 세금이었다. 쿨라크에게 경작지의 일부를 빌려준 베드니아크는 나머지 경작지에서 농사를 짓기 위해 말과 농기구를 빌려야 했고, 이를 위해 대개 쿨라크에게 빌려준 경작지에 부과되는 토지세를 내야 했다. 소련의 정부 재정에서 간접세가 점점 더 중요해졌고, 늘 그렇듯이 이런 간접세는 부자보다 가난한 사람에게 더 큰 부담이 됐다.

48) E. A. Preobrazhensky, Novaya Ekonomika, 1권, 1부, pp. 101~140.

49) 앞의 책, p. 240.

50) 앞의 책, p. 63.

51) 앞의 책, p. 184.

52) 앞의 책, p. 254.

53) The Prophet Unarmed, pp. 102~103를 보라.

54) 논쟁에서 부하린은 트로츠키와 프레오브라젠스키 사이의 이런 차이를 강조했다. Bukharin, Kritika Ekonomicheskoi Platformy Oppozitsii, p. 56.

55) 앞의 책, p. 21.

56) 앞의 책, p. 16.

57) 프레오브라젠스키는 노동자들이 소비자로서의 자기 이익을 지키려는 압력이 관료적으로 운영되는 경제의 기생적인 성격에 대한 결정적인 견제력이 돼야 한다고 대답했다. 이런 압력은

노동자들이 국가에 대항해 자기들의 이익을 지킬 자유를 누릴 수 있어야만, 즉 노동자의 민주주의라는 조건 아래에서만 생겨난다.

58) 당 전체와 부하린은 농업부문에서 협동조합을 발전시키기 위한 레닌의 개략적인 계획을 버리지 않고 있었다. 그러나 이 계획은 실제 정책에는 영향을 미치지 못했다. 프레오브라젠스키는 레닌의 계획도 생산자의 협동조합을 강조하지 않고 그보다 덜 중요한 형태의 협동조합을 강조한다는 점에서 부적절한 것이라고 주장했다.

59) Bukharin, Kritika Ekonomicheskoi Platformy Oppozitsii, p. 9.

60) 14 Syezd VKP (b), p. 484를 보라.

61) 트로츠키는 자신이 있는 자리에서 터져 나온 보로실로프의 이 폭로를 부정하지 않았다. 앞의 책, pp. 388~9. 지노비예프는 사실상 그것을 인정했다. 같은 책, pp. 454~456.

62) "그들은 오늘 한 사람의 목을 자르고, 내일 또 한 사람의 목을 자르고, 모레는 또 다른 사람의 목을 자른다. 이런 식으로 한다면 마지막에는 당에 누가 남겠는가?" 스탈린, Sochinenya, 7권, pp. 379~380.

63) KPSS v Rezolutsyakh, 2권, pp. 46~50; 포보프, 앞의 책, 2권, p. 239.

64) 〈볼셰비키〉, 8호, 1925.

65) 〈볼셰비키〉, 9~10호, 1925.

66) 이해 후반에 열린 14차 당대회에서 스탈린주의 대변자들은 이런 사실을 인정했다. 예를 들어 미코얀은 이렇게 선언했다. "우리는 쿨라크의 정치적 포로가 된 중농을 되찾으려고 많은 노력을 기울이고 있다." 14 Syezd VKP (b), pp. 188~189. 몰로토프는 보다 완곡하게 말했다. "지금은 우리가 진정으로 중농을 이끌고 있지 못하다." 같은 책, p. 476.

67) Stalin, Sochinenya, 7권, pp. 123, 173~181과 여기저기.

68) 14 Syezd VKP (b), pp. 150~152.

69) 검열당한 구절은 우글라노프가 14차 당대회에서 인용했다. 앞의 책, p. 195.

70) Stalin, Sochinenya, 7권, p. 159.

71) The Case of Leon Trotsky, pp. 322~323.

72) The Prophet Unarmed, pp. 255~256에 실린 요약을 보라. 원문은 트로츠키 자료실에 보관돼 있다.

73) 트로츠키는 회의에서 딱 한번 끼어들었다. 지노비예프가 전해에 트로츠키를 정치국에서 제외하자고 요구했던 것은 트로츠키에게 온갖 공격을 퍼부어놓고 그를 정치국 위원으로 다시 선출하는 것은 말이 되지 않는다는 이유에서였다고 설명할 때였다. 트로츠키는 "옳소!"라고 말했다.

루트 피셔는 당대회가 열리는 동안 모스크바에 있었지만 당대회 참석을 허락받지 못했다. 대신 그는 보그레빈스키에게 당대회의 상황을 매일 보고받을 수 있었다. '게페우의 대표'로 참석한 스탈린의 부하는 이렇게 증언했다. "보그레빈스키는 특히 트로츠키에게 관심이 있었다. (…) 두 그룹 모두 트로츠키를 두려워했다. (…) 그리고 이제 두 그룹 다 그를 이기고 싶어 했다. 트로츠키의 태도는 동요하는 지방의 대표들에게 결정적인 영향력을 발휘할 것이었다. 보그레빈스키는 날마다 트로츠키의 표정을 살폈다. 트로츠키는 좋아 보일 때도 있고 나빠 보일 때도 있었다. 트로츠키는 이 사람 저 사람과 이야기했다. '오늘 트로츠키를 복도에서 봤어요. 어떤 대표들과 이야기를 하고 있더군요. 그 내용을 조금 엿들을 수 있었어요. 결정적인 문제에 대해서는 아무 말도 하지 않더군요. 그는 암시하는 방식으로도 반대파를 지지하는 말을 하지 않았어요. 정말 놀라워요. 레닌그라드에서 온 자들은 완전히 당할 겁니다.'" Fischer, Stalin and German Communism, p. 494.

74) N. 포포프, Outline History of the CPSU, 2권, p. 255.

75) 트로츠키 자료실.

76) 같은 출처.

77) 트로츠키 자료실

78) 우크라이나가 독일에 점령당해 스코로파드스키의 지배를 받고 있던 1918년에 오데사의 랍비들이 트로츠키와 지노비예프에 대한 파문을 선언했다(Zinoviev, Sochinenya, 16권, p. 224). 한편 백위대는 트로츠키가 유대인임을 부각시키고 레닌 또한 유대인이라고 주장했다. 이에 대한 호기심 어린 반향이 20세기 초 소련의 민담과 소설에 나타난다. 세이풀리나(Seyfulina)의 작품을 보면 어느 무지크가 이렇게 말한다. "트로츠키는 우리랑 같은 러시아인이고 볼셰비키지. 레닌은 유대인이고 공산주의자야." 바벨(Babel)의 단편 〈소금〉에서는 한 농민 아낙네가 적위군에게 이렇게 말한다. "러시아 때문에 골치 아파할 필요 없어요. 당신은 그 더러운 유대인인 레닌과 트로츠키를 구하기만 하면 돼요." 적위군은 이렇게 대답한다. "우리는 지금 유대인 얘기를 하고 있는 게 아니오, 이 몹쓸 사람아. 유대인은 이 일과 아무 상관이 없소. 어쨌든 난 레닌에 대해서는 아무 말도 안 할 것이오. 하지만 트로츠키는 탐보프 주지사의 가망 없는 아들이었는데 노동계급의 편이 됐소. (…) 그 사람들은 뼈 빠지게 일하고 있소. 레닌과 트로츠키는 우리를 자유의 길로 이끌기 위해 그렇게 하고 있는 거요."

79) 14차 당대회가 끝난 뒤 부하린주의자와 스탈린주의자들이 중앙위원회의 다수파의 입지를 더욱 굳혔다. 새로 구성된 정치국의 위원 수는 7명이 아니라 9명이었다. 그 9명은 스탈린, 트로츠키, 지노비예프, 부하린, 리코프, 톰스키, 칼리닌, 몰로토프, 보로실로프였다. 이 중 칼리닌과 보로실로프는 우파와 중도파 사이를 오락가락하며 동요했고, 스탈린의 분파가 부하린의 분파보다 수적으로 조금 열세였다. 카메네프는 정치국의 교체위원일 뿐이었다. 그 외에 우글라노프, 루드주타크, 제르진스키, 페트로프스키도 교체위원이었다.

80) Trotsky, Stalin, p. 417.

81) 루트 피셔는 지노비예프가 언젠가 자기와 얘기를 하다가 트로츠키와 제휴하는 것에 관한 이야기를 "소심하다 싶을 정도로 조심스럽게 꺼냈다"고 묘사했다. "지노비예프는 이렇게 말했다. '이것은 국가권력을 놓고 벌이는 싸움입니다. 우리는 트로츠키가 필요합니다. 이는 우리가 그의 명석한 두뇌와 폭넓은 지지자들의 도움 없이는 국가권력을 획득할 수 없기 때문이기도 하지만, 우리가 승리한 뒤에 러시아와 인터내셔널을 사회주의의 길로 되돌려 놓을 강력한 지도력이 필요하기 때문이기도 합니다. 더구나 그 외에는 누구도 군사를 조직할 수 없습니다. 스탈린은 성명이 아니라 힘으로 우리를 억압해왔습니다. 우리도 성명이 아닌 더 큰 힘으

로만 그에게 대적할 수 있습니다. 라셰비치는 이미 우리 편입니다. 만일 트로츠키와 우리가 힘을 합친다면 우리는 승리할 것입니다.'" Fischer, Stalin and German Communism, pp. 547~548.

82) "(노동절 행진에서) 딱 한번 동료들이 조심스럽게 내게 말했다. '저기서 당신의 사진을 팔고 있습니다.' 그러나 그 사진으로는 누구도 우크라이나의 교육인민위원회 관리인 쿠즈멘코를 알아볼 수 없었다." Moya Zhizn, 2권, p. 269.

83) 트로츠키는 베를린 대사관에 머무는 동안 많은 시간을 대사인 크레스틴스키 및 코민테른의 뛰어난 경제학자인 E. 바르가와 토론을 하며 보냈다. 바르가와 벌인 토론의 주제는 일국사회주의였다. 바르가는 스탈린주의는 경제이론으로는 가치가 없지만 스탈린의 일국사회주의는 허튼소리임에도 후진적인 대중을 고무하는 정치적 수단으로는 유용하다고 했다. 트로츠키는 종이에 토론의 내용을 옮겨 적으면서 바르가를 가리켜 '코민테른의 폴로니어스(Polonius, 셰익스피어의 《햄릿》에 나오는 교훈적인 인물-옮긴이)'라고 했다. 트로츠키 자료실.

84) 트로트키는 자서전에서 이 확인이 자기의 예상보다 빨리 이루어졌다고 말한다. Moya Zhizn, 2권, p. 272.

85) 〈프라우다〉 1926년 5월 26일자. 한편 스탈린은 지노비예프의 지지자들을 코민테른 집행위원회에서 제거했다. 5월에 열린 회의에서 집행위원회는 피셔, 마슬로프, 트렝, 돔스키를 비롯해 독일, 프랑스, 폴란드의 공산당 지도자들 가운데 지노비예프주의자들에 대한 강등조치를 결정했다.

86) Serge, Le Tournant obscur, p. 102.

87) 부하린과 스탈린조차 폴란드 공산주의자들의 행동에 동의하지 않았다. Les Temps Modernes의 1958년 3월호에 실린 Deutscher, 'La Tragedie du Communisme Polonais'를 보라.

88) 앞의 혐의는 영국 공산당이 제기한 불평에 근거한 것이었고, 뒤의 혐의는 트로츠키가 "농촌과 도시의 관계에 관한 문제는 올해 풍년이 들든 흉년이 들든 상관없이 첨예한 문제로 남을 것"이라고 말한 성명에 근거한 것이었다. 흉년이 들면 식량이 부족해질 것이고, 풍년이 들면 쿨라크가 더 강해지고 더 큰 자신감을 갖게 되면서 식량 거래에서 더 큰 협상력을 갖게 될 것이었다. 트로츠키 자료실.

5장

1) 이는 필자가 1931년에 모스크바에 있을 때 많은 당원들에게서 들은 당시 투쟁에 대한 설명에 따른 것이다.

2) 4천 명은 스탈린주의자들이 추정한 숫자이고, 8천 명은 트로츠키주의자들이 말한 숫자다.

3) The Prophet Unarmed, p. 20을 보라.

4) 이 회의는 중앙위원회와 중앙통제위원회의 합동회의였다. 이 회의는 7월 14일부터 23일까지 열렸다. 트로츠키 자료실, KPSS v Rezolutsyakh, 2권, pp. 148~169. N. Popov, Outline History of the CPSU, 2권, pp. 274 이하. L. Trotsky, Moya Zhizn, 2권, pp. 260~275. E. Yaroslavsky, Aus

der Geschichte der Komm. Partei d. Sowjetunion, 2권, pp. 394 이하.

5) 정부가 보드카를 국가 독점함으로써 세입의 상당부분을 거둬들인다는 것, 이를 위해서 대중이 술에 취한 상태로 지내게 함으로써 특혜적 이익을 취한다는 것은 반대파가 보기에 황당한 일이었다. 보드카 생산자 입장인 정부에 이익이 되는 것이 공업부문 고용자 입장인 정부에는 손해로 작용했다. 술 취한 노동자들은 작업능률이 떨어지고 사고를 일으킬 확률이 높기 때문이었다. 정부가 보드카에 대한 독점을 변호하는 논리는 이 독점이 더 끔직한 상황, 즉 집에서 만든 술을 대량으로 소비하는 상황을 효과적으로 막는다는 것이었다. 이것은 어려운 문제였다. 반대파는 보드카에 대한 독점을 시험 삼아 잠정적으로 1~2년 중단해볼 것을 정부에 제안했다. 그러나 다수파는 이 제안을 거절했다. 우리는 10월혁명의 첫 주에 볼셰비키들이 조국 러시아의 유산에 속하는 대중의 만취습관과 싸워야 했음을 알고 있다(The Prophet Armed, pp. 266 이하). 10년 뒤에도 그와 같은 현상은 여전했다. 통치자들이 재정상의 편의를 위해 그것을 이용했고, 이로 인해 대중은 정치적 판단력을 상실했다.

6) N. Popov, Outline History of the CPSU, 2권, pp. 279~292; E. Yaroslavsky, 앞의 책, 2부, 10장; 트로츠키 자료실; 스탈린, Sochinenya, 8권, pp. 176~203, KPSS v Rezolutsyakh, 2권, pp. 160~166.

7) 그러나 반대파는 스탈린주의자들과 부하린주의자들이 쿨라크를 세레드니아크로 분류해서 자본주의 농업의 강점을 축소시키곤 했다고 주장했다.

8) Stalin, Sochinenya, 8권, pp. 190~191.

9) The Prophet Armed, Chapter 11을 보라.

10) 따라서 1930년대에 트로츠키는 부르주아 서구가 경제적 민족주의로 후퇴하는 것에서, 특히 독일 제3제국의 자급자족 정책에서 부르주아 서구의 퇴화를 알리는 확실한 징조를 보았다.

11) 이탤릭체 강조는 필자의 표시임.

12) 1928년(정확한 날짜는 미상)에 쓴 라데크의 비망록 'Nado dodumat do kontsa'를 보라. 트로츠키 자료실.

13) Trotsky, The Third International After Lenin, p. 67. 영어 번역은 일부 구절을 풀어썼다.

14) 볼셰비키의 역사서술에서도 이런 점이 드러난다. 특히 자본주의의 발달과 러시아의 상태에 대한 포크로프스키의 서술이 그렇다. 포크로프스키는 이 당시에 정통적인 스탈린주의 역사가였다.

15) 레닌의 태도에 대한 상세한 묘사와 분석은 필자의 책 《레닌의 생애(Life of Lenin)》에 나와 있다. 여기에서는 레닌의 말 중 다음과 같은 몇 가지만 인용해두는 것으로 충분할 것이다. "우리는 국제혁명에 운명을 걸었고, 그것은 백번 타당한 것이었다. (…) 우리는 언제나 국제적 관점에서 보며, 어느 한 나라에서만 사회주의 혁명과 같은 위업을 달성하는 것은 불가능하다고 강조해왔다." 레닌은 10월봉기 3주년 기념일에 이렇게 말했다. Lenin, Sochinenya, 25권, p. 474(1928년판, 그 뒤의 판본에서는 인용된 부분 중 이탤릭체로 표기된 부분이 빠졌다). 그리고 내전이 끝난 뒤에 레닌은 다시 한 번 다음과 같이 선언했다. "우리는 언제나 되풀이해 노동자들에게 (…) 우리가 승리하는 기본적 조건은 적어도 몇 개 이상의 선진국들로 혁명이

확산되는 것이라고 말해왔다." 6차 소비에트 대회에서도 그는 이렇게 말했다. "어느 한 나라 안에서는 사회주의 혁명의 완전한 승리를 생각할 수 없습니다. 왜냐하면 그것을 위해서는 러시아를 넘어서는 선진국들 가운데 적어도 몇 개국의 매우 적극적인 협력이 필요하기 때문입니다." Lenin, Sochinenya(1950년판), 28권, p. 132.

16) The Prophet Unarmed, p. 139를 보라.

17) Trotsky, Écrits, 1권, pp. 160~163.

18) Stalin, Sochinenya, 8권, pp. 209~213. 그들은 특히 독일의 루트 피셔와 아르카디 마슬로프, 그리고 프랑스의 보리스 수바린과의 관계를 부정했다.

19) 이스트먼이 필자에게 보낸 편지에서 인용.

20) 스탈린의 '테제'는 당대회 개막일인 10월 22일에 〈프라우다〉에 실렸다. Stalin, Sochinenya, 8권, p. 233.

21) Serge, Vie et mort de Trotsky, pp. 180~181에서 인용. 이 책의 상당 부분은 세도바가 썼다. 그녀는 이런 일이 있었던 때는 1927년 말이었다고 했지만, 날짜를 착각했다. 1926년에 열린 15차 당대회 때 이미 부하린이 이 일을 언급하면서 '혁명의 무덤을 파는 자'와 관련된 트로츠키의 발언을 인용했다. 15 Konferentsya VKP (b), p. 578.

22) Stalin, Sochinenya, 8권, pp. 421~463.

23) 15 Konferentsya VKP (b), p. 486.

24) 훗날 5개년 계획하에서 소련의 공업은 실제로 이런 속도로 성장했다. 여기에서 트로츠키는 1925년에 간행된 자기의 소책자 《사회주의로 갈 것인가, 자본주의로 갈 것인가?》에서 한 구절을 인용했다. 1930년에 스탈린은 연간 50퍼센트의 성장을 요구하게 된다! 필자가 쓴 스탈린 전기의 321쪽을 참조하라.

25) 스탈린은 이것이 레닌의 견해였음을 부인한다(Sochinenya, 9권, p. 39). 그러나 그 부인은 근거도 없는 것이었다.

26) 15 Konferrentsya VKP (b), pp. 505~535.

27) 앞의 책, p. 535. 라린은 1914년까지 멘셰비키의 극우파에 속해 있었고, 1917년 여름에 볼셰비키에 합류했으며, 그 뒤로 트로츠키와 친숙하게 지냈다. 1923년 반대파에 대한 라린의 태도는 모호했다. 훗날 그는 스탈린파에 가담한다.

28) 의사록에 따르면 이것은 지노비예프가 한 다음과 같은 연설의 결론이다. "동지들이여, 나는 그 집단(통합반대파)에 대해 몇 마디 하고 싶습니다. 나는 (…)('당신은 이미 충분히 말했소. 그만하면 됐소!'라는 말과 소음이 끼어듦)에 대해 말하고 싶습니다. 나는 그 집단과 코민테른에 대해 몇 마디 하고 싶습니다. (…)('됐어, 됐다고! 당신은 다른 이야기보다도 이 이야기를 좀 더 일찍 해야 했소!'라고 여러 사람이 동시에 외침.) 이제 그것은 옳지 않습니다. 여러분은 (지노비예프가 이야기한) 일국사회주의 문제가 중요하지 않다고 말하려고 합니까? 그렇다면 왜 스탈린은 그것에 대해 세 시간이나 얘기했을까요? (…)(소음과 항의.) 10분 내지 15분만 더 말하겠습니다. 그러면 내가 그 집단과 코민테른의 문제에 대해 얼마간 이야기할 수 있을 겁니다. (…)(소음과 '그만해!'라는 여러 명의 외침.) 동지들이여, 여러분도 알다시피 지금 당은

내가 더 이상 코민테른에서 일하지 못하게 하는 결정을 하려고 합니다('그건 이미 결정된 사항이오!'라는 외침이 들림). 그런 결정은 현재의 상황에서 전적으로 불가피한 것입니다. 그러나 여러분이 코민테른 문제에 대해 말할 시간을 내게 5분도 허용하지 않는 것이 공정한가요? (…)(소음과 '이제 됐소!'라는 고함에 이어 의장이 벨을 울림.) 부탁입니다, 동지들이여. 10분 내지 15분 정도만 더 주시면 이 두 가지 문제에 대해서 이야기하겠습니다." 그러자 의장이 지노비예프에게 연설시간을 10분 더 줄 것인지를 표결에 붙였고, 압도적인 다수가 반대했다. 같은 책. p. 577.

29) 15 Konferentsya VKP (b), pp. 578~601.

30) The Prophet Unarmed, pp. 440~443.

31) 15 Konferentsya VKP (b), p. 601.

32) 15 Konferentsya VKP (b), p. 637.

33) 앞의 책, p. 671.

34) 앞의 책, p. 638.

35) 앞의 책, pp. 754~755.

36) 15 Konferentsya VKP (b), pp. 698~707.

37) 1926년 11월 26일에 트로츠키가 쓴 메모를 보라. 트로츠키 자료실.

38) Serge, Le Tournant obscur, p. 116.

39) 트로츠키와 지노비예프가 스탈린과 정치국에 보낸 1926년 12월 13일자 '편지'. 트로츠키 자료실.

40) 이때 트로츠키는 1917년까지 레닌을 대했던 자기의 태도에 관해 의미심장한 설명을 했다. 그는 레닌에게 점점 더 가까이 이끌려가면서도 마음속으로 '내적 저항'을 느꼈다고 말했다. 그런 만큼 결국 트로츠키는 더욱더 온 마음으로 완전하게 레닌주의를 받아들였다. 그는 그런 자기의 경우를 프란츠 메링의 경우와 비교했다. 메링은 주된 자유주의자의 입장에서 마르크스주의에 대항해 싸운 다음에야 마르크스주의를 받아들였다. 그럼에도 불구하고, 안 그랬기 때문에 메링의 신념은 흔들리지 않았고, 노년에도 자유와 목숨을 바쳐가며 그 신념을 지켰다. 반면 카우츠키와 베른슈타인을 비롯한 마르크스주의의 '구세대'는 마르크스주의의 깃발을 저버렸다. 트로츠키 자료실에 보관돼 있는 12월 9일자 기록을 참조하라. The Stalin School of Falsification, p. 85도 보라.

41) 특히 트로츠키는 정치국이 퍄타코프를 무역에 관한 임무를 주어 캐나다로 보내려고 하자 개입했다. 그는 캐나다에는 우크라이나 출신 망명자들이 많이 거주하고 있으므로 내전 때 우크라이나에서 볼셰비키들을 이끌었던 퍄타코프를 캐나다로 보내는 것은 위험할 수 있다고 지적했다. 이때는 퍄타코프가 '러시아의 선량한 시민들에게 사형을 선고한 자'라는 이유로 미국 입국을 거절당한 직후였다. 트로츠키가 오르조니키제에게 보낸 1927년 2월 21일자 편지. 트로츠키 자료실.

42) The Prophet Unarmed, p. 305를 보라.

43) 이 문제에 대한 더 자세한 분석은 이 책의 6장과 《추방된 예언자(The Prophet Outcast)》에 실

29) 대회에 보낸 라데크의 메모. 이 메모는 1928년 6월 톰스크에서 작성됐고, 현재 트로츠키 자료실에 보관돼 있다. '어제 우리와 서로 검을 겨눈' 당의 지도자들에 대해 라데크가 쓴 구절 중에서 '어제'라는 단어에 붉은색 밑줄이 그어져 있다. 이를 보면 트로츠키는 이 구절을 '정신분석학적'으로 읽었던 것이 분명하다.

30) KPSS v Rezolutsyakh, vol. ii, p. 392.

31) 앞의 책, p. 395.

32) 앞의 책, p. 396.

33) 트로츠키 자료실에 보관돼 있는 'Yulskiye Plenum i Prava Opasnost' 참조.

34) 소스노프스키가 라파일에게 보낸 8월 24일자 편지. 트로츠키 자료실에 보관돼 있다.

35) 비슷한 시기에 라데크도 바르딘에게 편지를 써 보냈다. 그의 편지와 소스노프스키의 편지는 기묘한 대조를 이룬다. 이때는 5월이었고, 라데크가 타협적인 분위기를 막 보이기 시작하던 때였다. 그는 바르딘을 꾸짖었지만 그 어조가 부드럽고 동정하는 투였으며, 투항자(바르딘 – 옮긴이)를 결코 '도덕적으로 죽은 자'로 다루지 않았다. 라데크의 편지와 소스노프스키의 편지는 트로츠키 자료실에 보관돼 있다.

36) 딩겔슈테트가 트로츠키에게 보낸 7월 8일자와 8월 24일자 편지를 보라. 이 두 편지는 트로츠키 자료실에 보관돼 있다. 그가 라데크에게 보낸 8월 22일자 편지도 참조.

37) 이는 트로츠키 자료실에 보관돼 있는 민주집중파의 논문 'Pod Znamya Lenina'에서 따온 것이다. 트로츠키는 V. 스미르노프가 이 논문을 썼다고 보았다.

38) 사프로노프가 익명의 친구 앞으로 보낸 6월 18일자 성명. 이 성명은 트로츠키 자료실에 보관돼 있다.

39) 트로츠키는 V. 스미르노프와 사프로노프와 견해를 같이하는 사람들을 가리켜 반스탈린주의 광신자들이라고 묘사했고, 이들보다 온건한 민주집중파 사람들, 예를 들어 라파일, V. 코시오르, 드로프니스, 보구슬라프스키 등과의 협력을 선호했다. 민주집중파에 관한 그의 1928년 9월 22일자 회람편지를 보라. 이 편지는 트로츠키 자료실에 보관돼 있다.

40) 트로츠키가 'V. D.'(옐친?)에게 보낸 1928년 8월 30일자 편지를 보라.

41) 반대파가 민주집중파와 의견을 달리하는 것들에 관한 트로츠키의 1928년 11월 11일자 회람편지 및 같은 주제를 다룬 그의 7월 15일자, 8월 20일자, 10월 2일자, 11월 10일자 편지를 보라.

42) 아스트라한으로 가서 라코프스키를 방문했던 루이 피셔(Louis Fischer)는 그가 그 지역 정부 당국에 고용되어 한 무리의 미국인 관광객들에게 통역을 해주는 일을 하고 있는 모습을 본 적이 있다고 밝혔다. 피셔에 따르면 그때 라코프스키는 수척하고 초췌해 보였다. 그가 통역을 마치자 미국인 관광객들이 그에게 팁을 주려고 했다. 그러자 그는 절반은 슬프고 절반은 재미있다는 표정을 지으며 공손한 몸짓으로 그것을 거절했다.

43) 라코프스키는 파리에서 대사로 일할 때 자기가 깊은 관심을 갖고 있는 프랑스혁명에 관한 자료들을 소련의 역사가들이 더 많이 연구하도록 지원하는 일을 많이 했다. 그가 유형지로 갈 때 가지고 간 애지중지한 책들 중에는 저자인 올라르(Aulard, 1849~1928, 프랑스의 역사가)가 그에게 헌정한 책 《프랑스혁명의 정치사(Histoire politique de la Revolution Francaise)》도 들

어 있었다.

44) 라코프스키가 트로츠키에게 보낸 1928년 2월 17일자 편지를 보라. 이 편지는 〈반대파 회보〉 35호에 실렸다.

45) 트로츠키는 《문학과 혁명》을 그에게 헌정하면서 "이 책을 투사이자 남자이자 친구인 크리스티안 게오르게비치 라코프스키에게 바친다"라고 썼다.

46) 1928년 8월 2일에 작성된 이 편지의 내용은 트로츠키 자료실에 보관돼 있다. 발렌티노프는 〈트루드〉(소련 노동조합중앙평의회에서 발행한 신문 - 옮긴이)의 편집국장으로 일하다가 트로츠키주의자라는 이유로 유형에 처해졌다.

47) 모스크바에 있던 트로츠키주의자들의 보고서들은 트로츠키 자료실에 보관돼 있다. 소콜니코프가 카메네프와 나눈 대화에 대해 보고한 문건은 1928년 7월 11일자로 돼 있고, 부하린과 카메네프의 회동에 대해 보고한 문건은 8월 11일자로 돼 있다. 트로츠키주의자들과 카메네프가 만난 일에 대한 또 다른 보고서는 9월 22일자다. 카메네프와 부하린의 대화에 대해 보고한 문건은 몇 달 뒤에 모스크바에 있던 트로츠키주의자들 사이에 비밀리에 회람됐다. 하지만 그때 트로츠키는 러시아에서 추방당해 국외로 쫓겨나고 있었다.

48) 카메네프는 트로츠키가 투항자들을 공격하는 데 대해 분개했다. 그럼에도 불구하고 그와 지노비예프는 트로츠키를 위해 부하린 및 몰로토프와 함께 나서서, 건강에 치명적으로 해로운 여건 속에서 트로츠키에게 유형생활을 계속하게 하는 조치에 항의했다.

49) 'Podgotovka Kongresa'라는 제목으로 씌어진 날짜 미상의 편지와 모스크바에서 온 그 밖의 날짜 미상 편지들을 보라. 이 편지들은 트로츠키 자료실에 보관돼 있다.

50) 미국인 공산주의자들이 러시아에서 미국으로 가져가 1928년에 미국에서 출판한 《코민테른의 강령에 대한 비판》은 바로 이때 검열을 거쳐 코민테른 대회에서 회람된 판본이었다.

51) 예를 들어 트로츠키가 S. A.에게 보낸 1928년 8월 20일자 편지를 보라.

52) 트로츠키가 악튜빈스크로 유형 간 경제학자이자 이른바 '적색 교수'인 팔라트니코프에게 보낸 8월 30일자 편지를 보라. 트로츠키는 라코프스키에게 보낸 7월 13일자 편지에서 왼쪽으로 이동한 스탈린주의 분파는 '오른쪽 꼬리'만을 갖고 있으니 그것을 잘라버리도록 그들을 설득해야 한다는 게 라데크와 프레오브라젠스키의 생각이라고 썼다. 트로츠키는 그게 비록 맞는 말이라고 해도 별로 도움이 되지 않는다면서 "꼬리를 잘랐다고 해서 원숭이가 대번에 인간이 되는 것은 아니다"라고 지적했다. 이 편지들은 트로츠키 자료실에 보관돼 있다.

53) 10월 21일자 'Pismo Druzyam'.

54) 날짜 미상의 글 'Na Zloby Dnya'를 보라. 이는 트로츠키가 자기를 비판한 이들에게 답변으로 쓴 글로 트로츠키 자료실에 보관돼 있다.

55) 9월 16일자로 돼 있는 이 편지는 트로츠키 자료실에 보관돼 있다.

56) 여기의 인용문은 1928년 9월 30일자 〈프라우다〉에 실린 부하린의 글 'Zametki Ekonomista'에 대한 논평으로 스밀가가 1928년 10월 23일자로 쓴 글 'Plaforma Pravovo Kryla VKP (b)'에서 따온 것이다. 〈프라우다〉에 실린 부하린의 글은 왼쪽 경로 정책에 대한 반대의 뜻을 밝힌 유일한 공개적 진술이었다. 스밀가는 부하린과 부하린주의자들에 관한 책도 쓰고 있었지만,

그 원고가 완성됐는지는 알려져 있지 않다.

57) 라데크가 동지들에게 보낸 9월 16일자 회람편지를 보라.

58) 이 논문(Razvitie i Znachenie Lozunga Proletarskoi Diktatury, 아직 출간된 바가 없다)은 트로 츠키 자료실에 보관돼 있다. 이 논문에 대한 답변으로 트로츠키는 'Pemanentnaya Revolutsia'를 썼다. 이것은 트로츠키가 가장 포괄적이면서 역사적, 이론적으로 자기의 사상 을 옹호한 글이다.

59) 트로츠키가 라데크에게 보낸 10월 20일자 편지를 보라. 이 편지는 트로츠키 자료실에 보관돼 있다.

60) 여러 달이 지난 1929년 5월 말경 프린키포에서 라데크의 투항에 관한 소식을 처음으로 들었 을 때도 그는 그 소식에 대해 대단히 미심쩍어하면서 이렇게 썼다. "라데크는 그동안 반세기 에 걸쳐 혁명적 마르크스주의자로서 일을 해왔다. (…) 그가 스탈린주의자들의 편에 가담할 수 있을지 의심스럽다. 어쨌든 그는 그들과 계속 함께할 수 없을 것이다. 왜냐하면 결국 그는 더할 나위 없는 마르크스주의자이며 국제적인 사고방식을 워낙 깊이 갖고 있기 때문이다." 이 글은 트로츠키 자료실에 보관돼 있다.

61) 1929년 1월 1일자 〈더 밀리턴트(The Militant)〉(1928년에 창간된 미국 사회주의노동당(SWP) 의 기관지 – 옮긴이)에서 인용.

62) 예를 들어 예니세이스크의 유형지에 있는 사람들에게 보낸 1928년 10월 14일자 전보에는 이 렇게 쓰여 있었다. "당신들이 고려하는 형태의 항의에 대해서는 단호히 반대함. (…) 나의 병 은 당장 위험한 수준은 아님. 부디 공동의 행동노선을 준수하기를. 우정의 인사를 보냄. 트로 츠키." 이 전보는 트로츠키 자료실에 보관돼 있다.

63) 가을에 유형수들에 대한 경찰의 감시가 갑자기 강화됐고, 많은 유형수들이 투옥됐다. V. 스미 르노프는 지역 게페우에 정기 보고를 5분 늦게 했다는 이유로 투옥됐다. 트로츠키의 비서 중 한 명인 부토프는 감옥에서 50일간 단식투쟁을 벌이다가 사망했다.

64) 필자는 《스탈린의 정치적 전기(Stalin, a Political Biography)》의 294쪽 이하에서 처음으로 '제 2의 혁명'이라는 용어를 사용했고, 이 때문에 비판을 받았다. 필자를 비판한 이들은 집단화 와 공업화는 혁명에 해당하지 않는다고 말한다. 그러나 2천만 명가량의 소작농들이 단번에 가진 자산을 박탈당함으로써 초래된 자산관계의 변화가 경제적, 사회적 혁명이 아니라면, 무 엇이 혁명이란 말인가?

65) 트로츠키는 터키로 망명한 뒤에 이 개념을 다시 끄집어내고 옹호했지만, 몇 년 뒤에는 다시 그것을 '수정'했다.

66) 트로츠키 자료실에 보관돼 있는 10월 21일자 글 'Pismo Druzyam'.

67) The Prophet Armed, pp. 129 이하를 보라.

68) Krupskaya, 'K Voprosu ob Urokakh Oktyabrya' in Za Leninizm, p. 155.

69) 그러나 헝가리, 폴란드, 동독 등 동유럽은 스탈린 시대가 끝날 때에 부르주아적 복고가 임박 한 상황이었다. 소련의 군사력 또는 군사적 위협만이 그것을 중단시킬 수 있었다.

70) 오귀스트 블랑키(Auguste Blanqui, 1805~81, 프랑스의 혁명가이자 사회주의자 – 옮긴이)는

로베스피에르를 '미숙한 나폴레옹' 또는 '유산된 나폴레옹'으로 묘사했고, 스탈 부인 (Madame de Staël, 1766~1817, 프랑스의 평론가이자 소설가 - 옮긴이)은 제1집정(나폴레옹 - 옮긴이)을 '말을 탄 로베스피에르'라고 불렀다(이 주제에 대해 다니엘 게랭(Daniel Guérin, 1904~1988, 프랑스의 정치사상가 - 옮긴이)은 《제1공화정 치하의 계급갈등(La Lutte de classes sous la Première République)》 2권의 301~304쪽에 흥미로운 구절들을 남겼다). 그러나 말을 탄 로베스피에르의 배후 사회세력은 자코뱅당 지도자들의 배후 사회세력과 달랐다. 로베스피에르의 주된 세력기반은 프티부르주아가 아니라 군대였고, 그는 자코뱅당 이념의 제약을 받지 않았다. 미슐레(Michelet, 1798~1874, 프랑스의 역사가 - 옮긴이)는 로베스피에르를 가리켜 "그는 왕이라기보다 신부(Il cut le coeur moins roi que pretre)' 라고 말했다. 나폴레옹은 '왕'일 뿐이었지 '신부'는 아니었다. 스탈린은 '교황'인 동시에 '황제'였다.

71) 트로츠키 자료실.
72) 같은 출처.
73) Moya Zhizn, vol. ii, p. 314.
74) Moya Zhizn, vol. ii, p. 315.
75) 투옥된 사람들 중에는 〈크라스나야노피〉(1921년부터 1942년까지 소련에서 간행된 문예잡지 - 옮긴이)의 편집자였던 보론스키, 부두 음디바니, 1921년부터 스탈린에 반기를 든 몇몇 그루지야 지역 볼셰비키들, 그리고 위에 인용된 트로츠키의 '친구들에게 보내는 편지'를 돌려본 모스크바의 반대파 140명 등이 있었다.

| 참고 문헌 |

《무장한 예언자 트로츠키》의 참고문헌도 참조하라.

BAJANOV, B., *Avec Staline dans le Kremlin*. Paris, 1930.

BALABANOFF, A., *My Life as a Rebel*. London, 1938.

BELOBORODOV, 트로츠키와 주고받은 미간행 편지들. 하버드대학에 있는 트로츠키 자료실(*The Archives*)에서 인용됐다.

BRANDT, SCHWARTZ, Fairbank, *A Documentary History of Chinese Communism*. London, 1952.

BRUPBACHER, F., *60 Fahre Ketzer*, 1935.

BUBNOV, A., 'Uroki Oktyabrya i Trotskizm', in *Za Leninizm*, 1925.

——— *Partiya i Oppozitsia, 1925 g.* Moscow, 1926.

——— *VKP (b)*. Moscow-Leningrad, 1931.

BUKHARIN, N., *Proletarskaya Revolutsia i Kultura*. Petrograd, 1923.

——— *Kritika Ekonomicheskoi Platformy Oppozitsii*. Leningrad, 날짜 미상.

——— *K Voprosu o Trotskizme*. Moscow, 1925.

——— 'Teoriya Permanentnoi Revolutsii' in *Za Leninizm*.

——— *V Zashchitu Proletarskoi Diktatury*. Moscow, 1928.

——— (프레오브라젠스키(Preobrazhensky, E.)와 공저) *The ABC of Communism*. London, 1922.

CHEN TU-HSIU, 'Open Letter to members of the Chinese Communist Party'. 〈스탈린과 부하린은 어떻게 중국혁명을 파괴했나(How Stalin-Bukharin destroyed the Chinese Revolution)〉라는 제목의 미국어 번역이 〈더 밀리턴트(The Militant)〉 1930년 11월호에 게재됐다.

DEGRAS, J. (ed.), *Soviet Documents on Foreign Policy*. London, 1952.

DINGELSTEDT, I., 미간행의 논문과 기고문, 그리고 트로츠키, 라데크 등과 주고받은 편지들. 트로츠키 자료실에서 인용됐다.

DZERZHINSKY, F., *Izbrannye Stati i Rechi*. Moscow, 1947.

EASTMAN, M., *Since Lenin Died*. London, 1925.

ENGELS, F., *Dialektik der Natur*. Berlin, 1955.

FISCHER, L., *Men and Politics*. New York, 1946.

――― *The Soviets in World Affairs*, vols. i~ii. London, 1930.

FISCHER, R., *Stalin and German Communism*. London, 1948.

FOTIEVA, L. A., 'Iz Vospominanii o Lenine', in *Voprosy Istorii KPSS*, no. 4, 1957.

FROSSARD, L-O., *De Faurès a Lénine*. Paris, 1930.

――― *Sous le Signe de Faurès*. Paris, 1943.

GUÉRIN, D., *La Lutte de Classes sous la Première Republique*, vols. i~ii. Paris, 1946.

HERRIOT, E., *La Russie Nouvelle*. Paris, 1922.

HOLITSCHER, A., *Drei Monate in Sowjet Rußland*. Berlin, 1921.

ISAACS, H., *The Tragedy of the Chinese Revolution*. London, 1938.

KAMEGULOV, A. A., *Trotskizm v Literaturovedeni*. Moscow, 1932.

KAMENEV, L., 'Partiya i Trotskizm' and 'Byl-li Deistvitelno Lenin Vozhdem Proletariata i Revolutsii', in *Za Leninizm*.

――― 그가 다른 사람들과 같이 작성한 문서들과 1928년 여름에 부하린과 만난 일에 관한 그의 편지가 트로츠키 자료실에서 인용됐다.

――― 그의 연설들이 소련 공산당의 당대회 및 여러 회의의 속기록에서 인용됐다.

KAROLYI, M., *Memoirs*. London, 1956.

KHRUSHCHEV, N., *The Dethronement of Stalin*, 1956. 이것은 20차 당대회에서 이루어진 '비밀 연설'의 〈맨체스터 가디언〉 판이다.

KOLLONTAI, A., *The Workers' Opposition in Russia*. London, 1923.

KPSS v Rezolutsyakh, vols. i~ii. Moscow, 1953.

KRITSMAN, L., *Geroicheskii Period Velikoi Russkoi Revolutsii*. Moscow, 1924(?).

KRUPSKAYA, N., 'K Voprosu o Urokakh Oktyabrya', in *Za Leninizm*.

――― 그녀의 연설들이 당의 기록으로부터 인용됐다.

KUUSINEN, O., 'Neudavsheesya Izobrazhenie "Nemetskovo Oktyabrya"', in *Za Leninizm*.

LATSIS (SUDBARS), *Chrezvychainye Komissii po Borbe s Kontrrevolutsiei*. Moscow, 1921.

LENIN, V., *Sochinenya*, vols. i~xxxv. Moscow, 1941~1950. 레닌의 말과 글은 모두 바로 이 《레닌 저작집(Lenin's Works)》 4판에서 인용됐다. 다만 한 번은 1928년 판(36권)에서 인용됐고, 그러한 사실이 주석에 명기됐다.

――― *Sochinenya*, vol. xxxvi. Moscow, 1957. 《레닌 저작집》 4판에 첫 번째로 추가된 권. 이것은 20차 당대회 이후에 간행됐고, 그 전에는 간행이 금지됐거나 알려지지 않았던 레닌의 글들을

담고 있다.)

―――― 레닌이 트로츠키 등과 주고받은 편지들 가운데 아직 간행되지 않은 것들이 트로츠키 자료실에서 인용됐다.

Leninskii Sbornik, vol. xx. Moscow, 1932.

Manifest der Arbeitergruppe der Russischen Kommunistischen Partei. Berlin, 1924.

MAO TSE-TUNG, *Izbrannye Proizvedeniya*, vols. i~ii. Moscow, 1952~1953.

MARX, K., *Das Kapital.*

―――― *Das Kommunistische Manifest.*

―――― *Der 18 Brumaire des Louis Bonaparte.*

―――― *Herr Vogt.*

MOLOTOV, V., 'Ob Urokakh Trotskizma', in *Za Leninizm.*

―――― 그의 연설들이 소련 공산당의 당대회와 여러 회의들의 속기록에서 인용됐다.

MORIZET, A., *Chez Lénine et Trotski.* Paris, 1922.

MURALOV, N., 그가 트로츠키 등과 주고받은 미간행 편지들. 트로츠키 자료실에 보관돼 있다.

MURPHY, J. T., *New Horizon.* London, 1941.

POKROVSKY, M. N., *Oktyabrskaya Revolutsia.* Moscow, 1929.

―――― *Ocherki po Istorii Oktyabrskoi Revolutsii*, vols. i~ii. Moscow, 1927.

POPOV, N., *Outline History of the C.P.S.U.(b)*, vols. i~ii (러시아어 16판의 영어 번역). London, 날짜 미상.

PREOBRAZHENSKY, E., *Novaya Ekonomika*, vol. i, part 1. Moscow, 1926.

―――― 논문, 비망록('Levyi Kurs v Derevnie i Perspektivi', 'Chto Nado Skazat Kongresu Kominterna', etc.), 그리고 그가 트로츠키, 라데크 등과 주고받은 편지들. 트로츠키 자료실에서 인용됐다.

―――― (부하린과 공저) *The ABC of Communism.*

Pyat Let Sovietskoi Vlasti. Moscow, 1922.

RADEK, K., *In den Reihen der Deutschen Revolution.* Munich, 1921.

―――― 'Noyabr, iz Vospominanii', *Krasnaya Nov*, nr. 10, 1926.

―――― *Pyat Let Kominterna*, vols. i~ii. Moscow, 1924.

―――― *Portrety i Pamflety.* Moscow, 1927. (뒤에 간행되는 판본에서 제외된 글 〈승리의 조직가 트로츠키(Lev Trotski, Organizator Pobedy)〉가 이 판본에는 들어 있다. 이 글은 원래 〈프라우다〉 1923년 3월 14일자에 처음 실렸던 것이다.)

―――― *Kitai v Ogne Voiny.* Moscow, 1924.

―――― *Razvitie i Znachenie Lozunga Proletarskoi Diktatury.* (이것은 트로츠키의 영속혁명론에

대해 라데크가 1928년에 유형지에서 길게 쓴 논문으로 트로츠키 자료실에 보관돼 있으며 아직 간행되지 않았다. 트로츠키가 《영속혁명론(The Permanent Revolution)》을 저술한 것은 바로 이 논문에 응답하기 위한 것이었다.)

───── 트로츠키, 제트킨, 딩겔슈테트, 소스노프스키, 프레오브라젠스키, 테르-바가냔 등과 주고받은 미간행 편지들. 트로츠키 자료실에 보관돼 있다.

───── 그의 연설들이 소련 공산당과 코민테른의 속기록에서 인용됐다.

RAKOVSKY, Ch., 〈발렌티노프에게 보내는 편지(Letter to Valentinov)〉, 미간행 메모, 트로츠키 등과 주고받은 편지들. 이것들은 트로츠키 자료실에 보관돼 있다. 〈발렌티노프에게 보내는 편지〉의 프랑스어 번역은 Les Bolcheviks contre Staline, Paris, 1957에 들어 있다.

RANSOME, A., Six Weeks in Russia in 1919. London, 1919.

ROSMER, A., Moscou sous Lénine. Paris, 1953.

ROY, M. N., Revolution und Kontrrevolution in China. Berlin, 1930.

RYKOV, A., 'Novaya Diskussiya' in Za Leninizm.

───── 그의 연설들이 소련 공산당의 당대회와 여러 회의들의 속기록에서 인용됐다.

SAPRONOV, T., 트로츠키 자료실에 보관돼 있는 메모와 편지들.

SCHEFFER, P., Sieben Fahre Sowjet Union. Leipzig, 1930.

SEDOVA, N. (세르게(V. Serge)와 공저) Vie et mort de Trotsky. Paris, 1951.

SERGE, V., Le Tournant obscur. Paris, 1951.

───── Mémoires d'un Révolutionnaire. Paris, 1951.

───── Vie et mort de Trotsky. Paris, 1951.

SHERIDAN, C., Russian Portraits. London, 1921.

SMILGA, I., 그의 편지와 글들(Platforma Pravovo Kryla VKP (b))이 트로츠키 자료실에서 인용됐다.

SMIRNOV, I., 트로츠키, 라데크 등과 주고받은 미간행 편지들. 위와 같은 출처.

SMIRNOV, V., Pod Znamya Lenina (1928년에 민주집중파의 견해를 서술해놓은 미간행 글. 트로츠키는 이 글의 필자로 스미르노프(V. Smirnov)를 지목했으나, 실제로 그런지에 대해서는 확신하지 못했다.)

SOKOLNIKOV, G., 'Teoriya tov. Trotskovo i Praktika Nashei Revolutsii' and 'Kak Podkhodit k Istorii Oktyabrya', in Za Leninizm.

SORIN, V., Rabochaya Gruppa. Moscow, 1924.

SOSNOVSKY, L., Dela i Lyudi, vols. i~iv. Moscow, 1924~1927.

───── 그가 트로츠키 등과 주고받은 미간행 편지들이 트로츠키 자료실에서 인용됐다.

STALIN, J., Sochinenya, vols. v~x. Moscow, 1947~1949.

TANG LEANG-LI, The Inner History of the Chinese Revolution. London, 1930.

THALHEIMER, A., 1923, Eine Verpasste Revolution?. Berlin, 1931.

TROTSKY, L., Sochinenya. Moscow, 1925~1927. 이 책(《비무장의 예언자 트로츠키》)에서 인용되

거나 거론된 트로츠키의 말과 글의 출처는 바로 이 판본의 《트로츠키 저작집》 중에서 아래에 열거된 권들이다.

Vol. III: (1부) *Ot Fevralya do Oktyabrya*; (2부) *Ot Oktyabrya do Bresta*. 많은 논란을 불러일으킨 글 〈10월의 교훈(Uroki Oktyabrya)〉은 바로 이 권(Vol. III)의 서문으로 처음 발표됐다.

Vol. XII: *Osnovnye Voprosy Proletarskoi Revolutsii*.

Vol. XIII: *Kommunisticheskii Internatsional*.

Vol. XV: *Khozaistvennoe Stroitelstvo v Sovietskoi Rossii*.

Vol. XVII: *Sovietskaya Respublika i Kapitalisticheskii Mir*.

Vol. XX: *Kultura Starovo Mira*.

Vol. XXI: *Kultura Perekhodnovo Vremeni*.

———— *Kak Vooruzhalas Revolutsia*, vols. i~iii. Moscow, 1923~1925.

———— *Pyat Let Kominterna*, vols. i~ii. Moscow, 1924~1925. 〈공산주의 인터내셔널의 처음 5년간(The First Five Years of the Communist International)〉이라는 제목의 미국판 1권과 2권이 각각 1945년과 1953년에 처음으로 간행됐다.

———— *Moya Zhizn*, vols. i~ii. Berlin, 1930. 영국판은 *My Life*. London, 1930.

———— *Terrorism i Kommunism*. Petersburg, 1920.

———— *Voina i Revolutsia*. Moscow, 1922.

———— *Literatura i Revolutsia*. Moscow, 1923. 미국판인 *Literature and Revolution*, New York, 1957.

———— *Voprosy Byta*. Moscow, 1923. 영국판은 *Problems of Life*, London, 1924.

———— *Mehzdu Imperializmom i Revolutsiey*. Moscow, 1922.

———— *Novyi Kurs*. Moscow, 1924. 미국판은 *The New Course*, New York, 1943.

———— *O Lenine*. Moscow, 1924.

———— *Zapad i Vostok*. Moscow 1924.

———— *Pokolenie Oktyabrya*. Moscow, 1924.

———— *Kuda idet Angliya?*. Moscow, 1925. 영어판인 《영국은 어디로 가는가?(Where is Britain Going?)》는 브레일스퍼드(H. N. Brailsford)의 서문과 함께 1926년 런던에서 출간됐다.

———— *Kuda idet Angliya? (Vtoroi Vypusk)*. Moscow 1926. 제목만 보아서는 이것이 이전 저작의 2판인 것처럼 보일지 모르나 사실은 그렇지 않다. 이 책은 러셀(Bertrand Russell), 맥도널드(Ramsay MacDonald), 브레일스퍼드(H. N. Brailsford), 랜스버리(George Lansbury) 등 영국 저술가들의 비판과 그 비판에 대한 트로츠키의 답변을 모은 것이다.

———— *Europa und Amerika*. Berlin, 1926.

———— *Towards Socialism or Capitalism*. London, 1926.

———— *The Real Situation in Russia*. London, 날짜 미상. 트로츠키와 지노비예프가 같이 작성한 《통합반대파 강령(Platform of the Joint Opposition)》의 영국 판.

———— *Problems of the Chinese Revolution*. New York, 1932.

———— The Third International After Lenin. New York, 1936. 이것은 《3차 인터내셔널 강령에 대한 비판(Critique of the Programme of the Third International)》의 미국판으로 1928년에 작성됐다.

———— Chto i Kak Proizoshlo?. Paris, 1929.

———— Permanentnaya Revolutsia. Berlin, 1930.

———— Stalinska Shkola Falsifikatsii. Berlin, 1932. 미국판은 The Stalin School of Falsification. New York, 1937.

———— The Suppressed Testament of Lenin. New York, 1935.

———— Écrits, vol. i. Paris, 1955.

———— The Revolution Betrayed. London, 1937.

———— Stalin. New York, 1946.

———— The Case of Leon Trotsky. London, 1937. 듀이 위원회(Dewey Commission)가 1937년에 멕시코에서 연 조사청문회에서 트로츠키가 한 진술과 반대신문의 내용이 담겨 있다.

이와 같은 트로츠키의 기간행 저작 목록은 이 책(《비무장의 예언자 트로츠키》)에서 인용되거나 언급된 책이나 팸플릿들만 열거한 것이다.

The Trotsky Archives, Houghton Library, Harvard University. 이 자료실에 대한 설명은 《무장한 예언자 트로츠키》의 '참고문헌'에 들어 있다.

트로츠키의 연설이나 진술은 트로츠키 자료실 또는 소련 공산당의 당대회나 여러 회의의 속기록에서 인용됐고, 각각의 출처는 주석에 명기돼 있다.

YAROSLAVSKY, E., Rabochaya Oppozitsia. Moscow, 날짜 미상.

———— Protiv Oppozitsii. Moscow, 1928.

———— Vcherashny i Zavtrashny Den Trotskistov. Moscow, 1929.

———— Aus der Geschichte der Kommunistischen Partei d. Sowjetunion, vols. i~ii. Hamburg-Berlin, 1931.

———— Ocherki po Istorii VKP (b). Moscow, 1936.

YOFFE, A., 'Farewell letter to Trotsky'. 이 편지의 전문이 트로츠키 자료실에 보관돼 있다.

Za Leninizm, Leningrad, 1925. 트로츠키가 쓴 〈10월의 교훈(Lessons of October)〉을 놓고 벌어진 논란과 관련된 스탈린, 지노비예프, 카메네프, 리코프, 부하린, 소콜니코프, 크루프스카야 등의 중요한 글들을 모은 책. 〈10월의 교훈〉도 물론 들어 있다.

Zayavlenie o Vnutripartiinom Polozheni. 1923년 10월 15일의 The Statement of the 'Forty Six'가 트로츠키 자료실에 보관돼 있다.

ZINOVIEV, G., Sochinenya, vols. i, ii, v, xvi. Moscow, 1924~1929.

———— Dvenadtsat Dney v Germanii. Petersburg, 1920.

———— 'Bolshevizm ili Trotskyizm', in Za Leninizm.

———— Istoriya RKP (b). Moscow, 1924.

——— *Lenin*. Leningrad, 1925.

——— *Leninizm*. Leningrad, 1926.

그의 메모, 비평문 등의 미간행 문서들이 트로츠키 자료실에서, 그의 연설들은 소련 공산당의 간행된 기록에서 인용됐다.

외교문서나 일차적 보고서는 다음과 같은 판들에서 인용됐다.

소련 공산당의 당대회와 회의:

10 Syezd RKP (b). Moscow, 1921.

11 Konferentsya RKP (b). Moscow, 1921.

11 Syezd RKP (b). Moscow, 1936.

12 Syezd RKP (b). Moscow, 1923.

13 Konferentsya RKP (b). Moscow, 1924.

13 Syezd RKP (b). Moscow, 1924.

14 Syezd VKP (b). Moscow, 1926.

15 Konferentsya VKP (b). Moscow, 1927.

15 Syezd VKP (b), vols. i~ii. Moscow, 1935.

Protokoly Tsentralnovo Komiteta RSDRP. Moscow, 1929.

소련의 노동조합 회의:

3 Syezd Profsoyuzov. Moscow, 1920.

4 Syezd Profsoyuzov. Moscow, 1921.

5 Syezd Profsoyuzov. Moscow, 1922.

6 Syezd Profsoyuzov. Moscow, 1925.

7 Syezd Profsoyuzov. Moscow, 1927.

소비에트 대회:

8 Vserosiiskii Syezd Sovetov. Moscow, 1921.

9 Vserosiiskii Syezd Sovetov. Moscow, 1922.

공산주의 인터내셔널 대회:

3 Vsemirnyi Kongress Kominterna. Petrograd, 1922.

4 Vsemirnyi Kongress Kominterna. Moscow, 1923.

5 Vsemirnyi Kongress Kominterna, vols. i, ii. Moscow, 1925.

집행위원회 회의:

Rasshirenny Plenum IKKI. Moscow, 1923.

Rasshirenny Plenum IKKI. Moscow, 1925.

Shestoi Rasshirenny Plenum IKKI. Moscow, 1927.

Puti Mirovoi Revolutsii (1926년 11~12월 회의), vols. i~ii. Moscow, 1927.

Rasshirenny Plenum IKKI, vols. i~xii. Moscow, 1930.

The Lessons of the German Events. London(?), 1924.
(1923년의 '독일 위기'에 관한 집행위원회 간부회의의 논의에 관한 보고서.)

기타:

The Second and Third International and the Vienna Union (1922년 베를린에서 열린 3차 인터내셔널 대회에 관한 보고서), 날짜 미상.

신문과 정기간행물들:

Bolshevik, Bulleten Oppozitsii, Ekonomicheskaya Zhizn, Die Freiheit, L'Humanité, Izvestya Ts. K. RKP(b), Iskusstvo Kommuny, Internationale Presse Korrespondenz, Kommunist, Kommunisticheskii Internatsional, Krasnaya Letopis, Krasnaya Nov, Kuznitsa, Labour Weekly, Labour Monthly, The Militant, The New International, Na Postu, The Nation, The New Leader, The New York Times, Oktyabr, Pechat i Revolutsia, Pod Znamyenem Marksizma, Pravda, Proletarskaya Revolutsia, Przeglad Socjal-Demokratyczny, Revolutsionnyi Vostok, Trud, Voprosy Istorii KPSS, Znamya, Z Pola Walki.